本书为安徽省高校人文社科重点项目"桐城父子宰相张英张廷玉年谱"(SK2014A361)研究成果

本书出版得到安徽大学桐城派研究中心资助

张英年谱

著

ZHANG YING NIANPU

安徽人民出版社
全国百佳图书出版单位

张养浩传

张化云 著

图书在版编目(CIP)数据

张养浩传/张化云著. —合肥:安徽人民出版社,2017.6
ISBN 978-7-212-09740-0

Ⅰ.①张… Ⅱ.①张… Ⅲ.①张养（1637—1708年）—考据 Ⅳ.①K827=49

中国版本图书馆 CIP 数据核字(2017)第 148371 号

出 版 人：佘 毅　　　　　　　　　　　　　　责任印制：霍 英
责任编辑：杨赵林　　　　　　　　　　　　　　装帧设计：张文武

出版发行：时代出版传媒股份有限公司　http://www.press-mart.com
　　　　　安徽人民出版社　http://www.ahpeople.com
地　　址：合肥市政务文化新区翡翠路 1118 号出版传媒广场八楼　邮编：230071
电　　话：0551－63533258　0551－63533292(传真)
制　　版：合肥市中海印刷有限责任公司
印　　刷：合肥现代印务有限公司

开本：710mm×1010mm　1/16　　印张：29.25　　字数：610 千
版次：2017 年 6 月第 1 版　　　　印次：2017 年 6 月第 1 次印刷
ISBN 978-7-212-09740-0　　　　定价：66.00 元

版权所有，侵权必究

序 一

蒋长栋

张英与张廷玉作为清代前中期的父子宰相,对当时及此后政治、经济、文化、军事乃至社会等各方面都产生了巨大的影响,因而,为这样两位人物作年谱,其意义是巨大的。这些,我已在为体云女士的《张廷玉年谱》所作之《序》中有所论述。今次,体云女士的《张英年谱》也将要出版了,我以为,此书的出版,无论是对二张的整体研究,还是对康乾盛世之形成的研究,拟或是对填补清代重要历史人物谱牒的研究空白,都是有着其更重要更特殊之意义的。兹试述于下:

其一,就二张这一历史上为数不多的父子宰相之特例的形成而言,作为父亲的张英是起着决定性与先导性作用的。当我们将二张作为一个整体来进行研究时,追源溯流,若不先从作为龙头的张英开始,便难以准确全面地了解其龙身与龙尾。只有首先研究了张英,方能对张氏这一儒门世家的家规门风、思想传统乃至家道盛衰,找到其发展演变的源头和轨迹。而且,即使是只对张廷玉一人进行研究,也是绕不开浸透于张廷玉之血液与灵魂中张英之基因与烙印的,更遑论与家族事物有关的其他方面了。可以说,张英在担任宰相与其他官职时,已是父孕子相;而张廷玉在担任宰相或其他官职时,更是子承父风。所以,对于这样一对父子宰相,无疑是连贯起来进行研究才更为明智。正因为如此,所以体云女士出版《张英年谱》而与《张廷玉年谱》配套,便已基本完成了张氏父子综合研究中最重要最关键的基础工程——生平事迹的研究。两《谱》成为相互连贯而又不可互缺的碧玉双宝,足以托起二张诸多其他综合研究的重任,其意义非同小可。

其二,就研究对象的历史成就与社会影响而言,张英作为清代康乾盛世之康熙时代的重臣,对于此一盛世的形成,曾起到过独特的促进与奠基作用。一个重要而不容忽视的历史事实是,张英步入仕途后,曾有幸破例于康熙十二年至二十五年在内廷侍筵,陪同康熙皇帝研习经史,因而有机会在相互切磋交流中,将其民本思想、选贤授能主张、治国理政之道等儒家价值观与帝王之术教授给康熙皇帝,从而对康熙的人格精神、执政理念与行事风格的形成,起到了极为重要而独特的促进作用,这对康乾盛世的到来无疑具有开启"发动机"的意义。在张英由内宫步入朝廷担任各种重要官职后,他又辅佐康熙较严格地按儒家理念处理政务,使朝政逐渐走上有利于国力强盛、民生稳定的盛世之路。另一方面,作为起支柱作用的文臣,张英对清代儒文化这一软实力的建设更是起到了巨大的推动作用。他所任官职多是执掌翰林院、礼部等负责礼义治国、文明兴邦重任的职务,除亲自制定过一系列典章制度外,还担任过《孝经衍义》《渊鉴内函》《明史》《政治典训》《大清一统志》

的总裁官，《三朝国史》的监修官，编次过《北征方略》等。在康熙四十一年乞休归里后，又陆续整理出版了《笃素堂诗集》《应制诗》《存诚堂诗文集》等诸多个人著作，并主持续修了《张氏宗谱》。应该说，清代作为我国封建时代文化学术成就达致顶峰并进行总结的时代，是离不开张英等围绕在康熙身边的一批儒学重臣之功绩的，这也成为康乾盛世另一道亮丽的风景线。当我们今天来评价作为少数民族的满族是如何成功实现对汉民族的统治，并进而完成了与汉民族文明的恰当融合而使中华文明得以顺利延续与发展时，我们不能不赞叹像张英这样的汉族儒家政治家与学问家所起到的巨大推动作用。因此，体云女士以《张英年谱》的问世而开启对张英这样重量级历史人物的系统研究，可谓是功莫大焉。

其三，就《张英年谱》的体式运用及写作质量而言，它是一部填补了中国重要历史人物年谱之空白的独具特色的学术著作。目前已经存世或出版的大型谱牒文献如《中国历代名人年谱》《北京图书馆珍本年谱》《乾嘉名儒年谱》《清初名人年谱》等，居然皆未有张英年谱，仅此即可见出《张英年谱》出版的价值和意义。作为一项无现成完整写本可资借鉴的具开拓意义的研究，体云女士几年来遇到的困难之大可想而知，但她硬是凭着自己的艰辛努力以及考据方面的扎实功底，终于出色地完成了这一艰巨而浩繁的工程。若论其特色，我以为至少有三：一曰整体构架的完整系统性。全书按年谱这一体式的固有要求，严格以年份作为主线，渐次展示张英的生平事迹。每年之下又按月份依次展开，每月之下则按日期依次展开，毫不紊乱。对于所涉较重要的历史人物及较重大的历史事件，也不排除进行突破时空的插叙或补叙。这样，全书便在总体纵向叙述的格局下，构成能容纳更丰富时代背景及历史事实的立体推进式个人谱牒。二曰考据论证的客观可靠性。《张英年谱》以黑体字简洁地表述生平事迹之主体内容，其后便以扎实的史料为据印证这一主体内容的可靠性。有时为了使这种印证更加充分，还不惜以多种史料的互证来增强其说服力。"有一份材料说一份话"，是该著具有真正学术价值的基本保证。三曰对材料处理的深刻思辨性。体云女士作为张英故乡的后人，在张英研究方面拥有更充裕的材料优势，但是，充裕的材料往往伴随着不同记载间的相互抵牾与矛盾，成为研究路上的拦路虎。体云女士将追求真实的原则与辩证变通的方法相结合，在复杂混沌的迷雾中廓清了种种历史真相，体现出独具慧眼的思辨能力与鉴别眼光。然而，若碰上的确难以作定论的问题，她也宁可阙如而不妄下结论。

体云女士对张英的研究其实并非只停留于生平事迹本身，从《张英年谱》之《前言》以及所发表的大量相关论文还可以见出，体云女士对张英一生的政绩、思想、为人乃至文学与学术成就等诸多方面，皆已有较深入而全面的研究。当对研究对象的把握已达致如此立体深入的程度后，又会反过来促进其生平事迹的研究，这或许也是《张英年谱》之所以取得成功的又一重要原因。

2016 年元旦作于湘潭大学

（作者系湘潭大学教授）

序 二

周兴陆

记得很小的时候，父亲就给我们讲过桐城六尺巷的故事。这个故事与孔融让梨一样，生动地诠释了中华传统"让"的美德，滋润我们幼小的心田。长大后，学习古代文史，渐渐对桐城张英、张廷玉父子宰相的文治武功有所了解，又读过桐城派方苞、刘大櫆、姚鼐等人的一些古文，知道家乡人文在清代达到鼎盛，感到很自豪。的确，所谓的"康乾盛世"，是离不开桐城诸位先贤辅弼教化之功的。人文滋养的力量，历久而弥新。百年前陈独秀、胡适等之所以能得时代风气之先，化古生新，缔造现代新文明、新文化，未尝不是得益于家乡深厚人文的沾溉。

但是近现代一段时间里，人们不够尊重自己的文化传统。桐城派被视为"谬种"，遭到排斥；张英父子作为封建文臣，受到冷遇。与传统的隔膜，必然导致当前文化的迷失。于是有识之士提倡发扬优秀的传统文化。"桐城派"已经成为清代文学研究中的一个热点，张英父子的著作、治政思想和清廉作风，至近年才得到一些研究。我觉得从借鉴和发扬传统政治文明的角度来看，张英父子的道德、事功和文章，大有研究的必要。

三四年前，一次在复旦光华楼遇到体云君，闲聊中她说自己一直在研究张英父子。这是一个开创性的、有意义的大题目，我敬佩她的勇气和卓识，同时也不免疑虑：教学任务繁重，能啃下这块硬骨头吗？现在收到她寄来张英、张廷玉父子年谱的书稿，两大册，我的疑虑打消了。体云君能奉献出如此厚重的成果，很是可敬。相信此书的出版，将嘉惠学界，有力地推动对于张氏父子的研究。也祝愿体云君百尺竿头更进一步，对张英父子的道德、事功和文章作出全面深入的研究，让优秀的传统资源真正襄助当代文明的建设。最后聊吟数句，以志感佩之怀。

> 文章天下数桐城，父子德功如保衡。
> 三祖清醇浮俗扫，两朝勤恪汉冠成。
> 家风已泯世间事，义法空存纸上名。
> 喜见乡贤弘正学，巷宽六尺有人行。

2015 年 9 月 3 日

（作者系复旦大学中文系教授、博导）

前　言

一、生平

张英（1637—1708年），字敦复，号圃翁，江南桐城人。生平事迹《安庆府志》卷之四《选举志》、卷之十四《仕籍》、卷之十五《事业》、《清史稿》卷二百六十七《列传》五十四、《桐城续修县志》卷之十二、《人物志·宦绩》、《光绪安徽通志》、《大清一统志》、《江南通志》、《康熙桐城县志》、《桐城耆旧传》卷八、《张氏宗谱》卷三十一《列传》三、张廷玉《先考行述》等文献都有记载。

关于敦复的命意，民间有相关传说。据清人陈其元《庸闲斋笔记》载云：“桐城张封翁少时曾梦金甲神，自称晋之王敦，欲托生其家，封翁以乱臣也，拒之，敦曰：'不然。当晋室丧败之际，我故应运而生，作逆臣；今天下清明，我亦当应运而生，作良臣矣。'惊寤。后果生一子，然未几而夭。后数年，又梦敦来托生，封翁责之曰：'汝果奸贼，复来欺我，今不用汝矣！'敦曰：'我历相江南诸家，福泽无逾于君者，是以仍来，今不复去矣'。遂生文端公英，故小字敦复。相圣祖，为名臣。”（卷四《古人转世》条）

此说可不可信，已难于确考。但笔者认为，作为书香门第出身，张英字的来源应该具有更深刻的学术内涵。

在《周易》六十四卦中，有"复"卦，张英解释说："复者，阳虽孤处方盛之时，阴虽众处将退之时，而且震动于下，坤顺于上，动而以顺行，故为复也。"又云："复者，天地阴阳之候，人心善恶之几，循环而不已者也。微复则天人之理几息矣。在天地，为冬至一阳之候，在人心，为平旦之气。"又云："复有五等。复之初者，善也，'不远复'是也；复之始终不渝者，善也，'敦复'是也；资于人以为复者，亦善也，'休复'是也。处流俗之中而克自振奋者，亦善也，'中行独复'是也。见之不真，守之不固，或得或丧者，犹可冀其至于善也，'频复'是也。至'迷复'而始不可道矣。复有六爻，而圣人许之者多，绝之者少，所以广迁善之途也夫。"（《易经衷论》卷上）张英出生在农历十二月十六日，"敦复"二字，与他的出生时间有关，同时也与家人对他所寄寓的期望有关。后来，他因为爱慕中唐诗人白居易之乐而自号"乐圃"。《聪训斋语》云："香山字乐天，予窃慕之，因号曰'乐圃'，圣贤仙佛之乐，予何敢望？窃欲营履道，一邱一壑，仿白傅之'有叟在中，白须飘然'，'妻孥熙熙，鸡犬闲闲'之乐云耳。"（卷一）

据张英介绍，张氏家族，一世祖贵四公与弟贵五公于洪、永年间自江西鄱阳瓦屑坝迁往芜湖，再迁桐城之东北乡。贵四公之子永贵公始渐殷繁，未百年同堂兄弟且数十人，孙近百人，比屋而居，土人称其所居为张家塝。三世为永贵公之五子铎公。四世东川公为铎公之五子。五世高祖琴川公为东川公之子。

又据张英介绍，张氏家族的兴起，主要有以下几个方面历史原因。

第一，是祖坟葬得好。张英称，其三世祖铎公时，偶尔"戏陇上，见堪舆与其徒相顾曰：'吾步山水数十里，始得此，诚吉穴也。葬此，当贵盛累世'。因之徒指其处，公阴识之，归以语诸兄，时永贵公在殡，遂葬焉"（《张氏宗谱》卷二八）。三世祖铎公于无意中获知了一块风水宝地，遂将二世祖下葬在此处。"葬之日，梦墓上树旌旗袍笏而拜者数十人，然则吉地固自有兆矣，享其泽者尚无忘所自焉。"（《张氏宗谱》卷二八）张英认为，祖坟葬得好，对张氏家族后来兴盛起到了很重要的作用。

第二，是祖宗们乐善好施，积了阴德。《四世东叟公东川公传》云："东叟公，豪气俊迈，雅好济人困，为府掾吏，多隐德，每岁暮必捐赀数百金，自数两至数钱，为小函若干，辇而致诸府城，尝曰：'岁暮而争者，小则反唇，大则抵狱，皆为阿堵物耳。吾视其所争多寡与之，解纷止讼，莫善于此'。尤念伏腊时，惟狱中人最苦，岁出数千缗，嘱谨厚狱吏为之经营衣荐灯火酒食之费。晚年家居，夜则有二童子扶掖直宿床下，呼辄应，如是者屡岁，始以为诸孙也，一日询之，举家骇然，殆亦阴德所致欤。"又东川公，"公时际承平，家道殷裕，性豪侠自喜，乡里有缓急，辄济之。乡人罔不德公，公泊如也"（《张氏宗谱》卷二八）。可见，张氏宗祖们乐善好施，为后世子孙积了不少阴德。这是张氏子孙后来兴起的另一个原因。

第三，怀琴公在科举仕途上的崛起，为后世子孙的发展树立了榜样，也为后世子孙的发展提供了一个重要的平台。据相关文献记载，怀琴公张淳："隆庆二年进士，授浙江永康令，擢礼部主事，历郎中，以病乞休。三年，荐起严杭道，迁陕西临巩道参政，辞疾甚力，时年五十。公谙习典故，居乡廉隅截然。年七十三卒。子：士维、士缙、士绣、士绸。"（《江南通志》卷四七、一七；《康熙桐城县志》卷之四《仕绩》三二；《张参政传》第二七；《桐城耆旧传》九六）张士维有四子：张秉文、张秉成、张秉彝、张秉宪。老大张秉文（1585—1639年）为张英大伯父，字含之，万历间进士，初授户部主事，督榷临清，有廉洁声。崇祯丙子转山东左布政使。已卯春，清军兵临济南，以身殉国。老三张秉彝即张英父亲。

第四，良好的家庭教育。

首先是父亲正确引导。父亲张秉彝，"性素俭约，于声色华丽之物绝无所嗜好，一羔裘衣三十年，虽敝不忍易。时以'惜物力留有余'为训，然性乐施济，遇人之急，不啻身受。方吾桐苦寇，岁且大祲，先君设粥糜以济饥者，全活甚众。平生多隐德，不以告人。其教子弟也，惟以孝谨纯愨、读书立行为先。即不孝英旅食京邸，先君犹屡谕曰：'祖宗积德累世，尔惟益自勉励，以无贻前人羞。老亲千里拳拳，惟此而已'"（《先考拙庵府君行述》，《笃素堂文集》卷一一，上册，四三一）。父亲俭约风格和乐善好施的品德，以及对张英等人的正确引导，对张英生平行事和思想有重大影响。

其次是母亲严格管教。母亲吴太君在张英兄弟们很小的时候，对他们学习的重视和严格要求，为张氏兄弟学业进步、科举成功打下了基础。张英云：母吴太君"督诸兄甚严，择贤师良友，脱簪珥以佐束脩。寓金陵时，所僦屋甚隘，迁徙无定居，太君必先营书室，隔窗听呫哔声，入深夜不倦，则色喜。时大人往来于桐，太君以教子为己任，间请于大人简题数百为籖,作大斗贮之,遇文期则掣籖命题,文未毕不令就寝。后迁桐,居山中,犹择邻庵,命叔兄读书其中。采山蔬以给馈食,勉厉益力。以故播迁琐尾中,而诸兄侄未尝废学,太君之教肃也"(《先妣诰赠一品夫人吴太君行略》,《笃素堂文集》卷一一,《张英全书》上册,四三八)

由于父母的重视,张英六岁时出就外傅,四子五经书,过目成诵。七岁,从同里诗人祝祺游,为其及门弟子。九岁,母吴氏卒。父命从三兄学,十八岁应童子试,补博士弟子员。张廷玉《先考行述》云:"甲午应童子试,学使者山左蓝公润深加赏识,拔置府庠第四,补博士弟子员。"年二十科试食饩,自是试辄高等。

第五,历史机运。

自一六四四年大清国建立以来,经过顺治皇帝十八年的努力,清朝的政权基本稳定,但各项文治武功,尚未健全,正百废待兴之时,康熙皇帝继位。康熙六年,正值康熙皇帝亲政,张英于是年中式进士,殿试二甲第四名,选庶吉士,习清书,每遇馆试,辄褎然居首,成绩突出。康熙十一年秋散馆,钦定第二,授翰林院编修。由于张英在馆期间,清书成绩优异,为其赢得了侍直内廷的机会。康熙十二年春,康熙皇帝要求掌院学士傅达礼及熊赐履选文学之臣醇谨通达者入侍左右,讲论经史,对被择人员的要求,除学术人品过人外,还要求清书水平过硬,以便与皇帝之间无障碍交流。当时二公以学问人品及清书成绩都过硬的张英、李光地、蔡启僔、耿愿鲁四人以进,张英名列第一。不久,进《南苑赋》得到康熙皇帝的嘉奖。之后,上每幸南苑,张英皆珥笔以从,因此而成为康熙皇帝身边的近臣。

康熙十二年五月,张英充《孝经衍义》纂修官。七月,为日讲起居注官。康熙十五年,升左春坊左谕德,奉命与叶方蔼同为《孝经衍义》总裁官。康熙十六年二月,擢翰林院侍讲学士。十一月,特旨以侍讲学士支正四品俸,入直南书房,赐第西安门内瀛台之西。词臣赐居内城者,自张英始。期间,"出则扈法驾,入则侍经帏,夙夜在公,寒暑罔间,于兹十年"(张廷玉《先考行述》)。

康熙二十一年,以葬父乞假归,七月抵里。康熙二十四年七月奉召赴阙,补原官。康熙二十五年三月,升翰林院掌院学士兼礼部侍郎,教习乙丑科庶吉士,充《政治典训》总裁官。十二月,升兵部右侍郎。康熙二十六年三月,刑部汉堂官俱缺员,上命张英署理五十日,全活者百余人。康熙二十八年十二月升工部尚书,兼管詹事府詹事事。二十九年六月,奉旨兼管翰林院掌院学士事,充《大清一统志》《礼记日讲解义》总裁官。七月,调礼部尚书,仍兼管翰林院詹事府事。张廷玉《先考行述》云:"府君以一人绾三绶,入宠弼亮之谟,出典寅清之任,润色鸿业,黼藻升平,一时典礼仪制皆由斟酌裁定,而庙堂制诰之词播于遐陬、勒诸琬琰者,胥出府君之手。北海云:'阶莫重于尚书,选莫荣于学士。'府君以一身兼之,论者以为宠眷之极致焉。"

康熙三十八年十一月,授文华殿大学士,兼礼部尚书,仍命兼经筵讲官。康熙三十六年起,公屡具疏请辞,不允。康熙四十年十月,具疏乞休成功。康熙四十一年正月初十日,康熙皇帝于畅春园赐宴饯行。二月初六日出都,三月初三日抵里。"亲串友朋暨阖邑耆庶郊迎数十里,黄童白叟环聚,而观者数千人,皆藉藉叹息,以为有二疏遗风焉。"(张廷玉《先考行述》)

从康熙十五年起，张英就无意仕进，一心向往田园隐逸生活。归里后，与友朋兄弟一起，过着一种清静无为的生活。康熙四十二年、四十四年、四十六年，康熙皇帝三次南巡，张英都前往接驾，每次康熙皇帝都赏赐有加，温语慰问。休致期间，张英将自己生平诗文作品整理出版，有《笃素堂诗集》《应制诗》《存诚堂诗文集》问世。康熙四十七年，又利用余力续修《张氏宗谱》成。康熙四十七年九月十七日未时病逝于里第，享年七十有二。

张英自康熙十二年至康熙二十五年，一直在内廷侍筵，陪康熙皇帝研习经史。康熙皇帝是历史上少见的勤学皇帝，他每天读书不倦，通过二人之间的切磋交流，张英极力弘扬正学，将有价值的帝王之术教授给康熙皇帝，对康熙大帝人格的形成和后来执政成功起到了重要的推动作用。康熙二十五年三月起，掌翰林院事达十年之久，康熙皇帝自己学习好了之后，将张英调到东宫，辅导太子功课。随着宫内学习任务逐渐完成，张英慢慢地开始承担政治职务，任礼部侍郎、尚书、翰林院掌院等职，长期主管、负责文教工作，为康熙皇帝制订政策，参与人才选拔。康熙十二年任会试同考官，康熙三十六年任会试总裁，辛未、甲戌两科文武殿试读卷官，教习乙丑科、辛未、甲戌科庶吉士，参与或主持重要文献的修纂工作，先后担任《孝经衍义》《渊鉴类函》《明史》《政治典训》《大清一统志》《礼记日讲解义》总裁官，《三朝国史》监修官，编次《北征方略》等。事实上，张英在清代前期的政治、经济、文化领域都发挥了不可忽略的历史作用。

二、张英思想及其历史贡献

（一）张英的帝王之术

张英对于清代朝廷的贡献，除《南书房记注》略有记载外，仅通过历史书籍，后人无法知晓。张英自康熙十二年春侍筵以后，至康熙二十一年，十年时间，张英和康熙皇帝一直在一起，陪同康熙皇帝研究修身、齐家、治国、平天下之术。尤其是关系国家命运的重大问题，他能直言进谏。十年间，他为康熙皇帝所讲书目有《大学》《中庸》《论语》《孟子》《周易》《尚书》《诗经》及《资治通鉴纲目》等经史著作，并结合其多年讲习及研究心得著作《易经衷论》二卷、《书经衷论》四卷、《易经参解》六卷进献给康熙皇帝。在退直之暇，他还将其在南书房讲读情况记录下来，成《南书房记注》。从这三部著作中，我们不仅可以看到张英深厚的经学功底，而且可以发现张英作为一个文学侍臣，以非常平易的方式，为一个满族帝王解读中国传统思想文化精髓，将传统的天地自然之理、帝王之术、治国之道、用人之方、修身之法、圣贤之道，与现实国家政治和生活实际结合起来，深入浅出，学致于用。可以说，张英的经史之学，对康熙皇帝人格及意识观念的形成，具有重要的塑造作用，对康熙皇帝执政、用人各个方面的决策，有深刻影响。从某种意义上来讲，张英通过对康熙皇帝立身行事及意识形态的直接影响，在大清王朝的稳定和兴盛，康乾盛世的形成方面，都发挥了不可忽视的历史作用。

下面，具体探讨一下张英对康熙皇帝及康熙王朝的影响，了解张英在一代明君形成过程中所起的特殊作用，从而了解他在清代历史发展中的的重大贡献及其特殊的历史地位。

从张英的《书经衷论》和《易经衷论》来看，张英陪康熙皇帝研习期间，他主要向康熙皇帝解读的帝王之术主要有以下方面：

1. 民本思想

（1）民乃国之基，人君者宜养德得民。

"民惟邦本，本固邦宁"。道："独人君托于万民之上以成其尊，所以成其巍巍之势者，皆由于芸芸之众。德则我后，而万方戴之；不德则我仇，而万方去之。故《易》曰'君子以厚下安宅'，孟子曰：'民为贵'之义如此。"（《书经衷论》卷二《五子之歌》第九条，《张英全书》上册，一二六）

（2）人君要敬天、敬神，根本在敬民。敬民就等于敬天、敬神，不敬民，做什么都是徒劳无益。

"'王司敬民'，正所谓先成民而后致力于神是也。盖天子何职？以敬民为职，天以民传之于君，祖宗以民付之后嗣，职守莫大于此。乃旷其职守，堕其统绪，虽日奉牲帛以见天、祖，神不且吐之乎！"（《书经衷论》卷二《高宗肜日》第三条，《张英全书》上册，一四六）

（3）敬天由民，逆乎人，即逆乎天。

"圣人最谨于承天，天不可见，见之于民，逆乎人，即逆乎天矣，岂圣人之所敢哉？"（《书经衷论》卷一《益稷》第四条，《张英全书》上册，一一七）

（4）君民一体，爱民如子。

《书经衷论》卷三《洪范》第七条中，他说，君民一体，人君与人民共呼吸，就是治世。人君若脱离人民，就会丧失民心，成为孤家寡人。"至治之世无它，不过君与民如一父之子，一人之身，呼吸相通。海宇近于堂阶，赤子登于衽席而已。"（《张英全书》上册，一六二）

而国家之败亡，"其始必有水旱灾伤，使人民流离失所，皆放弃其良心，违越其典常，而后兵革随之，败亡因之。此皆由天心之厌弃而后至于斯极也。"（《书经衷论》卷二《西伯戡黎》第二条，《张英全书》上册，一四七）正因为此，人君宜深入了解民生民情，免于"毒恶流于四海，愤疾深于肌髓，而庙堂之上宴然而不之觉者，所谓敢怒而不敢言是也。明皇、禄山之变，田间老人曰：'草野之臣知有今日久矣。'"等到人心已去，"虽欲极力拯救之而不能矣。"（《书经衷论》卷二《五子之歌》第四条）

（5）益民方能富国，损民便是损君。

张英在《易经衷论》卷下《损卦》中，通过解析上下卦体之间的损益关系，讲到君民之间的利益关系。云："损乎下则益乎上，此必然之势。既言益上矣，复名损者，何哉？盖上虽益而下实损，披根以荣枝，根尽则枝槁。剥民以奉君，民贫则君病，虽益之，实所以损之也。……诚益于国，何损于君；诚益于民，何损于上。……下既益矣而上必不损。"（《张英全书》上册，六六）强调的是：民富则君富，民富则国强，民损则君国全损，"足寒则伤心，民病则伤国，根本拔则枝叶尽"（《易经衷论》卷上《剥卦》）的民本思想。故此："圣人在上，节制谨度，不伤财，不害民，而天下食其福者也。"（《易经衷论》卷下《节卦》）

（6）不戕害正人，不聚敛民财，方能赢得民心，赢得天下。

在《书经衷论》卷三《洪范》第二十条中，他说人君之戒，不能戕害正人，不能聚敛民财。"人君之失人心，莫大于戕害正人、聚敛民财二者，纣皆为之，民怨亦已深矣。……如秦民最苦苛法，而汉高首除之，关中之基实定于此。以楚之强，终不能与之争，得民心故

也。究之治天下守天下之大端,亦不出此数事而已。"(《书经衷论》卷三《洪范》第二〇条)

2. 执政用人策略

(1)为君之道,明正乃吉。

张英在《易经衷论》卷上《离卦》中论君臣之道云:"君之道以明为主,臣之道以柔为本。明非正则苛察之弊生,柔非正则谄谀之风炽,故皆丽于正而后吉。"(《张英全书》上册,四九。)作为人君,"主德愈明,谏者愈多。主德愈圣,谏者愈直。"(《书经衷论》卷二《说命上中下》第九条)

(2)喜谏臣。

《书经衷论》卷二《说命上中下》第九条云:"人君当以有谏诤之臣为喜,以无谏诤之臣为忧。倘直言不闻,则当反而自思,或吾有咈谏之名。不然,决无有所行皆尽善,而无一可言之日也。如此,庶乎逆耳之言得闻于前矣。"(《张英全书》上册,一四二)

(3)听危言。

忠臣多危言,有利长治久安。谀臣侈言祥瑞,而福祚渐远。"人君之大务,莫难于听言。"听言之法,"惟一准之以道,如镜之明,如衡之平,持之极定,守之极坚。""心平气和,理明识定,而天下无不可听之言矣。人君能味此数语以察天下之人,则亦庶几其不惑矣。"(《书经衷论》卷二《太甲上中下》第八条)

(4)刍荛不弃,广听则明。

人君最难在听言,宜广开言路,刍荛不弃,这样才能不致走上惑途,正确决断。张英云:"用人之道贵严,而听言之途贵宽。故曰'匹夫匹妇不获自尽,民主罔与成厥功',正刍荛不弃之意也。"(《书经衷论》卷二《咸有一德》第七条)

(5)严于用人,先德后才。

康熙十七年四月二十七日,上与张英论用才之道,《南书房记注》云:"上因论人才器使之道,臣英对曰:'材有所长,则必有所短。古人云:取人不求备,但当于各取所长之中,又观其本末轻重耳。'"(《张英全书》下册,三六五)人才之用不能求全责备,但需以德为重。"丹朱之不肖,非无才之谓也,有才而不胜其德也。"三代才人很多,但尧舜最终将天位让于有德之人。"天下如鲧、如共工、如驩兜,皆当世所称有才人也,而天位之让终归之斋栗之舜,平成之功终归之勤俭之禹。自圣人如尧舜尚不敢用有才之小人,而曰'畏乎巧言令色'如此,况后世之天下乎!"(《书经衷论》卷一《益稷》第六条)

康熙十七年七月初九日,上与张英在内廷讨论人才问题,上以德才兼备为难。曰:"世风浇漓,人皆不能洁己自爱,故今日求操守廉介之人甚难,或仅能自守,而其才不克有为。当理繁治剧之时,又苦于不能肆应。"公谏以操守比才更重要。否则弊大于利。原文云:"古人尝有言,惟廉生公,惟公生明,国家固欲得才守兼全之人,然后可以应事,二者难兼,而守为尤要。若操守不足而小有才,更足为百姓累也。"(《张英全书》下册,三七八)

(6)人君宜自固正气,小人方不能乘间而入。

张英云:"自古奸雄窃人家国,未有无所因者。物必先腐也而后蠹生之。人必元气不固,而后风寒邪气得乘间而入。使人君励精于上,民心固结于下,虽有奸雄,其何所萌其觊觎乎?"(《书经衷论》卷二《五子之歌》第一条)作为人君,宜"清心寡欲,明目达聪",不能迷于声色，"天下未有君志荒，小人进，其国不亡者。"（《书经衷论》卷二《五子之歌》第五条）小人进，国家乱，因此他在《易经衷论》卷上《师卦》中云："由乱而后用师，因师而念乱本。……既济亦曰'高宗伐鬼方，三年克之，小人勿用。'言靖乱如此之难，以深戒小人之当远。"

（7）亲贤臣，远小人。

张英在分析《五子之歌》时，论人君之失除声色奢侈之好外，又有乱风四条。

《五子之歌》其言色荒、甘酒嗜音、峻宇雕墙之戒至矣，即三风中之巫风、淫风也。至汤又益之以乱风四条，一曰"侮圣言"。圣贤典谟训诰之言乃人主之律令格式，循之则治，悖之则乱。如菽粟之养人、鸩毒之伤生，确然而无可疑。其显而悖之者，侮也。即阳奉之而阴违之，或疑其未必然，或倖其偶不然，皆侮也。二曰"逆忠直"。天下忠直之人难，而忠直于人君之前者更难。忠直于圣明之朝者难，而忠直于浊乱之朝者尤难之难。此其人必不惜利害，不顾身家，卓然奇异，世不恒有之士。故后世人主失德之事甚多，而杀谏臣者必亡。此逆忠直之所以为大戒也。三曰"远耆德"。国家有耆艾老成，更事久而人望孚，所以为国之干、家之桢，平居有矜式之益，临事有纠绳之功。古人所谓垂绅正笏，不动声色，而措天下于泰山磐石之安者，人君疏远之，则新进喜事之人竞进，而聪明乱旧章之弊必生矣。此国家之大害也。四曰"比顽童"。狎暱小人，日损而不觉，古人比之如火销膏。此数条不独人君当铭于丹扆，即卿大夫亦当勒于座右。伊尹之言详明，激厉上智中材，尊卑贵贱皆可守为法程，况有国有家者乎！（《书经衷论》卷二《伊训》第四条，《张英全书》上册，一三四）

文中列人君四乱为"侮圣言""逆忠直""远耆德""比顽童"，其中任何一条错误都足以令人君亡国破家。为康熙皇帝敲响警钟。康熙十八年九月十九日，张英和康熙皇帝在内廷讨论明武宗和明神宗这两位明代帝王之失，康熙认为明武宗"废弛游佚，非复人君之体"。张英指出，明武宗不仅是"废弛游佚"的问题，而是"天性轻浮愚暗，好昵比小人，为其所蛊惑"，明武宗的问题在亲小人，远贤臣。（《张英全书》下册，四一七）

康熙十八年九月二十四日，康熙和张英一起在内廷总结明亡教训。康熙帝认为这是人君失德之过，张英云："臣愚观明末之弊，莫大于朋党。彼此各立门户，互相倾轧，置国事于度外，以致溃决不可收拾也。"他认为朋党之争是明亡的一个重要原因。（《张英全书》下册，四一八）所以他本人立朝三十年，端端正正，从不与任何人结党，去世以后，谥号"文端"。

3. 人心风俗，关系国家兴亡

（1）俗偷国亡。

张英认为，人心风俗乃国家之根本，"从古政乱俗偷，则其国未有不危亡者"（《书经衷论》卷二，《张英全书》上册，一四八）。人心风俗的治理是事关国运的大事。但人心风俗的转变，不是一朝一夕所能为，需人君发挥表率作用，自上而下地进行引导，方能逐渐转移风气。康熙十七年四月二十七日，康熙皇帝与张英在南书房讨论风俗人心。康熙皇帝讲到朝臣习气之坏："今人沿习明季陋习，积渐日深，清操洁己难言之矣。职守亦多至旷怠，罕能属勤。朝廷良法美意，往往施行未久，即为丛弊之地。朕常欲化导转移，每患积习难去。"公对曰："人心风俗乃国家根本，但习染既非一朝，则转移亦自不易，惟在我皇上事事常用鼓舞之法,以潜移默化之,则人心自能丕变。臣尝闻古人有言:人君之心,与斗杓相似。一东指,则天下熙然而春;一西指,则天下肃然而秋。发之者只在几微,应之者捷于影响。今使天下之人皆晓然于皇上意指之所在,争趋而应之,于以转移天下,如风行海流,虽积习不足为虑也。"(《张英全书》下册,三六五)张英告诉康熙皇帝,世道人心的转移,皇帝本人应发挥其表率作用,在全社会提倡一些东西,反对一些东西,从而引导全社会向善弃恶。

(2)宁俭勿奢。

康熙十八年九月初八日,他们又谈到当时社会风俗问题,康熙皇帝深为民间奢靡风气担忧。曰:"近日民生贫困,家给人足之乐远不及于古,而风俗之奢靡日甚。向严加禁止,渐有规模,自兵兴以来,稍弛其禁,诚恐奉行不善,或至扰民。每思足民良法,终无逾于此。"张英对曰:"自古婚嫁、埋葬、宫室、衣服、宴会之制,皆有一定,宁俭无奢。今日风俗侈靡,此倡彼效,正贾谊所谓'贫富相耀'也。古人比百姓于婴儿、赤子,彼安知饥饱之节哉? 全在为父母者为之节之制之。彼初但觉其苦,而后乃知其益。"(《张英全书》下册,四一五)

张英认为世风宁俭勿奢,节俭之风,有利于整个社会和谐稳定,但这需要人君自上而下的引导,上行下效,方能成功。"返奢为俭,则可以防吏之贪,止民之盗。辩贵贱,正名分,美风俗,皆在于此。惟在皇上渐以行之而已。"(《张英全书》下册,四一五)

(3)孝行天下。

康熙十八年九月二十二日,康熙皇帝在阅《明宣宗实录》之后,为明宣宗"奉事母后,和敬有礼"的做法所感动。并言:"朕常思先王以孝治天下,故夫子称'至德要道,莫加于此'。"自唐朝以来,很少见到人君能克尽孝道的。张英对曰:"我皇上孝养两宫,问安视膳,必躬必亲,克诚克敬,寝门之外,或日一至焉,或日数至焉,先意承志,孺慕纯笃。臣侍从起居以来,备见其详,寸心感悦,莫罄赓扬,真从古帝王不多见之盛事也。"(《南书房记注》,《张英全书》下册,四一九)康熙皇帝是个非常孝顺的皇帝,张英抓住了皇帝身上这个优点,不停地颂扬,后来为官期间,他利用职务之便,在全社会高倡"百行孝为先。"进行从上而下的引导,云:"方今圣天子以孝敬臣民,乃有《孝经衍义》推援古人仁孝之德,以广敦伦厚俗之谊,而一时闾里族党,皆留心宗族,肆力谱牒,孝思油然以兴矣。"(《金氏宗谱序》,《张英全书》下册,三一二)而康熙皇帝"钦颁上谕十六条,首重孝弟,次崇节俭,使天下皆敦本务实"(《重修江氏宗谱序》,《张英全书》下册,三一〇)。可见,提倡孝治,张英不仅颂扬康熙皇帝这样做,而且他本人也身体力行,在全社会推行"孝"思,努力于敦朴淳厚的民风民俗建设。

4. 其他治国方略

(1)宽严相济。

除此之外,张英和康熙皇帝还探讨了一系列军国大事。如治国方略方面,主张宽严相济。他说:"从来宽严相济,乃致治之要道也。"(《张英全书》下册,四一九)又《书经衷论》卷二《胤征》第四条云:"治体以宽为主,而济之以严。"(《张英全书》上册,一二八)

(2)反对战争。

《易经衷论》卷上《师》："圣人敢轻言师哉！兵,凶器也。战,危事也。师之所过,荆棘生焉;火炎崐岗,玉石俱焚。夫杀掠淫暴,横征急敛,无不由之,当其时则有锋镝死亡之忧,迨其后犹有水旱疾疫之应。谈者变色,闻者惊魂,古人为兵端者,鲜不遭奇祸。人臣敢以此进说于其君哉？淮南王谏伐闽越,贾捐之论弃珠崖,苏轼谏用兵书,皆可谓痛切言之者也。"从来战争都会让百姓生活遭殃,所以,张英认为为政者宜尽量避免战争。倘若迫不得已必须出师,张英认为严于治师,是战争胜利的根本保证,否则必败。正如其析"师出以律"所云："盖师以纪律以本,而律当严之于初;失律于初,而其后未有不致败者。"(《易经衷论》卷上《师》,《张英全书》上册,一四)

(3)宏观调控。

与康熙皇帝一起探讨治民之术。张英认为政府作为老百姓的父母,需要对全民进行宏观调控。政府与老百姓之间的关系,是父母和孩子之间的关系。他说："古人比百姓于婴儿、赤子,彼安知饥饱之节哉,全在为父母者为之节之制之。彼初但觉其苦,而后乃知其益。所以古人云:'百姓可与乐成,不可与虑始也。'"(《张英全书》下册,四一四)老百姓像孩子一样,对日用经济缺乏长远打算和经济眼光,需要君臣去为之节制计划。就如粮食的储备,需要国家层面进行整体的干预,年成好的时候,主动储粮,年成不好的时候,做好赈济,这都是政府应该做的事。

5. 爱民如子的康熙大帝

张英的这些思想对康熙皇帝的影响,通读《康熙实录》和《康熙起居注》者,不难发现,康熙皇帝民本意识很强,关心民瘼,爱民如子,是康熙皇帝执政的一大特色。"民为邦本",是他时常挂在嘴边的一句话。每当民间有灾害发生,他都会积极作为,或免其赋税,或赈以钱粮,让天下百姓安居乐业,一直是他的心愿。如康熙十八年八月,京师发生地震,上"忧形于色,斋居减膳,求直言以通民隐,发帑金以恤民灾,虚己求治"。传谕曰："地震灾变,人民荼苦,朕心昼夜不宁,寝食俱废,思所以挽回天心,以消灾警。"(《张英全书》下册,四一一)非常关心民间疾苦,每逢雨水愆期,他都会忧心如焚,认真斋戒,亲自为民祈祷。

张英认为节用爱民,是"祖宗仁民首政,所以为承天子民之本,乃万世子孙之法宪也"(《张英全书》下册,四二一)。这种节用爱民的思想,被康熙帝所奉行。康熙十八年十月初六日,康熙皇帝和张英、高士奇在内廷,康熙皇帝道："国家财赋出于民,民力有限,当思撙节爱养,则国家常见其有余。朕见明季诸君,奢侈无度,宫中服食及创造寺观,动至数十万。我朝崇尚朴质,较之当时,仅百之一、二耳。"高士奇对曰："我皇上御极以来,节用爱人,事事务从俭约。至于赈荒恤灾及有益于民生之事,又必发内帑,蠲租赋,真所谓俭于自奉而丰于养民,昔汉文帝惜露台之费,天下享其丰亨,今皇上深宫燕闲,时存此念,诚四海万民之福也。"

康熙十八年十一月初八日,康熙皇帝和张英共同讨论明朝皇帝的奢侈无度行为。

上曰："朕每闻明宫掖中人数甚多,往往饥寒不恤,鞭笞无度,因而致毙者亦甚众。小有营建,动费巨万。以本朝各宫计之,尚不及当时妃嫱一宫所用之数。本朝自入关定鼎以来,外廷军国之费,与明代略相仿佛。至宫中服用,则三十六年之间,尚不及当时一年所用之数,盖深念民力艰难,国储至重,鉴彼侈靡之失,弘昭敦朴之风。古人云:'以一人治天下,不以天下奉一人。'常思此言而不敢过也。"张英对曰:"臣自侍从内庭,窃见宫闱中经费俭约,体统清肃,从古人君之俭德,即书史所载,未有盛于今日者。若非臣得自目击,亦不知富有四海而躬自节省若斯之至也。语云:'人君知俭,则天下足养。'成君德,为万民,惜福莫大于此。"

上曰:"自祖宗以来,累代相传,家法如此,朕惟恪遵之耳。即如巡幸所至,尤以劳费为虑。我太宗皇帝时,每车驾所历,一切御用之物,皆办自宫中,凡扈从之人,丝毫不以扰民。朕偶有巡幸,惟守成宪,诚恐驻跸之地侵扰官民也。"公对曰:"此实万世子孙之法。"

上曰:"明季征敛于百姓者,正赋而外,如练饷及临清烧造、四川采木诸费,名项甚多,我世祖章皇帝入关以来,尽行革除,所以宫中经费务从简约,诚不欲轻取民力而縻之于无用之地也。"公对曰:"此祖宗仁民首政,所以为承天子民之本,乃万世子孙之法宪也。"(《张英全书》下册,四二一)

散财。张英认为,人君不仅要懂得节用,而且还要会散财。张英在《易经衷论》卷下《涣卦》中云:"涣者,散也。……人生之当散者,莫如有我之私,次莫如朋比之私。人君之当涣散者,莫如号令之昭布与府库之蓄积。"(《张英全书》上册,八九)每逢民间灾害,皇帝都会积极作为,予以帮助。康熙二十三年三月癸未,康熙皇帝巡行近畿,发现当地百姓民食维艰,遂下令各部商议赈济之法,即行具奏。谕户部:"民为邦本,必年谷顺成,家给人足,乃惬朕抚育群生之意。比者巡行近畿,见闾阎生计,仅支日用。乃米价渐贵,民食维艰。又闻河南地方荒歉,所在苦饥,小民无以资生,恐致流移失所。朕心深切轸念。直隶应作何平粜及劝谕捐输,河南应行缓征并鼓励捐输、设法赈济等项事宜,著九卿詹事科道会同确议具奏。"

康熙二十八年,康熙皇帝南巡,见江南积欠赋税较多,江南百姓负担很重,遂下旨免去历年江南所欠的赋税。传谕云:"夫民为邦本,足民即以富国。朕平日躬行节俭,一丝一粟,未尝轻费。所以如此简约者,无非爱养物力,为优恤元元之地。在民间惟正之供,军国所需,岂易骤言蠲免?迩年国用少裕,故能频沛恩施。总期藏富于民,使家给人足,则礼让益敦,庶渐臻雍穆之治。"(《清实录》卷一三九)

受民本思想指导,康熙皇帝爱民如此,俭于自奉,丰以养民,他的这些做法,为其赢得了全国人民的爱戴,为大清朝统治稳定和经济、文化繁荣作出了巨大贡献。

而且,康熙皇帝执政方面,在关系国计民生的大问题时,很注意广泛听取大臣意见,凡大事都召集大臣廷议,同时要求各部共同商议,然后将讨论结果具奏。康熙皇帝能成为历史上少见的一代明君,这与张英的正确引导有很大关系。张英也因此获得康熙皇帝的尊重和信任。除了在南书房研习期间,与张英多所切磋以外,在后来的执政用人过程中,凡张英推荐之人,康熙皇帝坚信不疑。最经典的事例就是陈鹏年。"四十二年圣祖南巡,迎谒行在至江宁。上将返跸,为公(按:指张英)留再宿。是时总督阿山欲加钱粮耗银供南巡,江宁知府陈公鹏年持不可。总督既怒知府素强项,欲因是以罪供张故不办。扈从王大臣及侍卫多言知府诽谤巡游,罪不赦。及公见上,盛称鹏年,总督意沮。陈公得免罪,反以

是见知,竟为名臣。"(马其昶《桐城耆旧传》,二七七)

(二)张英的生活智慧

1. 务本力田

张英的生活智慧,主要体现在《恒产琐言》和《聪训斋语》二书中。马其昶《桐城耆旧传》云:"公既归里,冬日城居,自余三时多在龙眠双溪间。自是徜徉山中者凡七年,为《聪训斋语》《恒产琐言》,教子弟以务本力田、随分知足之义,而于择交积德尤谆谆焉。"(卷二七)基本能概括该二书的主旨。概括起来,张英认为人生的立身之本,还是在"耕"、"读"二字。围绕"耕",他告诫子弟要"务本力田"。田地,是人生最根本的财富。

(1)要有恒产。

恒产的观点是由孟子提出的,张英云:"孟子以王佐之才说齐宣、梁惠,议论阔大,志趣高远,然言病虽多端,用药止一味,曰:'有恒产者,有恒心而已';曰:'五亩之宅,百亩之田而已';曰:'富岁子弟多赖而已。'重见叠出,一部《孟子》实落处不过此数条,而终之曰:'诸侯之宝三:土地、(人民、政事)。'"(《笃素堂文集》卷一四)对于诸侯而言,真正宝贝有三件,首要的便是土地。

(2)土地是永远的财富。

张英云:"天下之物有新则必有故,屋久而颓,衣久而敝。臧获牛马服役久而老且死。当其始重价以购,越十年而其物非故矣,再越十年而化为乌有矣。独有田之物,虽百年千年而常新。既或农力不勤,土敝产薄,一经粪溉,则新矣。即或荒芜草宅,一经垦辟,则新矣。多兴陂池,则枯者可以使之润;勤薅茶蓼,则瘠者可以使之肥。亘古及今,无有朽蠹颓坏之虑,逃亡耗缺之忧。呜呼!是洵可宝也哉。"土地之所以重要,是因为世上一切之物都是经不住时间的洗礼,只有土地,永远不会败朽,永远生生不息,给人回报。(《笃素堂文集》卷一四)他说:"人思取财于人不若取财于天地。"取财于人,总不免是非计较;取财于土地,则"不劳心计,不受人忌疾","上可以告天地,幽可以对鬼神",依靠土地来谋求生计,安全可靠,心安理得。

(3)热爱劳动,恒念物力惟艰。

他从《诗经》中读出古人对土地的珍爱。"……尝读雅颂之诗,而汉古人之于先畴如此其重也,《楚茨》《大田》之诗,皆公卿有田禄者。"(《张英全书》上册,四八三)诗中记录了他们珍视土地,热爱农业劳动生产的历史事实。"雅颂之景,如在目前,而乃视为鄙事,不一留意,抑独何哉?"古来富贵之家,都深知土地的重要作用,以之为生存之本,衣食之源,从而很重视农业生产。但现实中富家弟子们却并没有这种意识。他说,必须让富家子弟体验农耕之苦,恒念物力惟艰,懂得节约:

"今人家子弟鲜衣怒马,恒舞酣歌,一裘之费,动至数十金;一席之费,动至数金。不思吾乡十余年来谷贱,鬻十余石谷不足供一筵,鬻百余石谷不足供一衣。安知农家作苦终年,霑体涂足,岂易得此百石?况且水旱不时,一年收获不能保诸来年。闻陕西岁饥一石价至六七两,今以如玉如珠之物,而贱价粜之,以供一裘一席之费,岂不深可惧哉!古人有言:'惟土物爱,厥心臧。'故子弟不可不令其目击田家之苦,开仓粜谷时，当令其持筹。以壮夫之力不过担一石，四五壮夫之所担，仅得价一两，随手花费，了不见其形迹而已仓庚空竭矣。使稍有知觉，当不忍于浪掷，奈何深居简出，但知饱食暖衣，绝不念物力之可惜而泥沙委之哉！"

他建议富家子弟们都应该亲身体验农家之苦，感受衣食来之不易，了解农业生产的具体步骤和程序，不鄙视农耕。树立正确的生活观念，家庭花费，要量入为出，根据收成情况，计划安排每年每月的消费。

（4）选择合适的生活方式。

张英曾剖析城乡生活差别，城市生活成本太高，农村生活可以得天地自然之便，节约很多经济，且耕且读，可以让日子过得逍遥自在：

"大约人家子弟最不当以经理田产为俗事鄙事而避此名，亦不当以为故事而袭此名。细思此等事，较之持钵求人，奔走啜嚅，孰得孰失、孰贵孰贱哉！人家富贵两字暂时之荣宠耳，所恃以长子孙者毕竟是耕读两字。子弟有二三千金之产，方能城居，何则？二千金之产，丰年有百余金之入。自薪炭、蔬菜、鸡豚、鱼虾之属，亲戚人情、应酬宴会之事，种种皆取办于钱。丰年则谷贱，歉年谷亦不昂，仅可支吾，或能不致狼狈。若千金以下之业，则断不宜城居矣。何则？居乡则可以课耕数亩，其租倍入可以供八口，鸡豚畜之于栅，蔬菜畜之于圃，鱼虾畜之于泽，薪炭取之于山，可以经旬屡月，不用数钱。且乡居则亲戚应酬寡，即偶有客至，亦不过具鸡黍。女子力作，可以治纺绩，衣布衣，策蹇驴，不必鲜华。凡此皆城居之所不能。且耕且读，延师训子亦甚简静，囊无余畜，何致为盗贼所窥？吾家湖上翁子弟甚得此事，其所贻不厚，其所度日皆较之城中数千金之产者更为丰腴。且山水之间，悠游俯仰，复有自得之乐，而无窘迫之忧，人苦不深察耳。果其读书有成，策名仕宦，可以城居，则再城居一二世，而后宜于乡居，则再往乡居。乡城耕读，相为循环，可久可大，岂非吉祥善事哉。况且世家之产，在城不过取其额租，其山林湖泊之利所遗甚多，此亦势不能兼。若贫而乡居，尚有遗利可收，不止田租而已，此又不可不知也。"

2. 读书为业

除了告诫子弟务本力田之外，他还告诫子弟要以读书为业。张英一生酷爱读书，他在《聪训斋语》中既谈到读书的作用，又谈到怎么读书的问题。

（1）书卷乃养心第一妙物。

他说："人心惟危，道心惟微。嗜欲之心，如堤之束水，其溃甚易，一溃则不可复收也。微者，理义之心，如帷之映灯，若隐若现，见之难而晦之易也。人心至灵至动，不可过劳，不可过逸，惟读书可以养之。每见堪舆家，平日用磁石养铁，书卷乃养心第一妙物。闲适无事之人，镇日不观书，则起居出入，身心无所栖泊，耳目无所安顿，势必心意颠倒，妄想生嗔。处逆境不乐，处顺境亦不乐。每见人栖栖皇皇，觉举动无不碍者，此必不读书之人也。古人有言：'扫地焚香清福已具。其有福者，佐以读书；其无福者，便生他想。'旨哉斯言，予所深赏。"

他认为读书乃养心第一妙法。不仅如此，他还详细列举古今人事情节，说明读书可以让人明古今人事，开阔心胸和眼界。

(2)重视读书人。他说:"虽至寒苦之人,但能读书为文,必使人钦敬不敢忽视,其人德性亦必温和,行事决不颠倒,不在功名之得失、遇合之迟速也。"又云:"读书固所以取科名继家声,然亦使人敬重。今见贫贱之士,果胸中淹博,笔下氤氲,则自然进退安雅,言谈有味,即使迂腐不通方,亦可以教学授徒,为人师表。至举业乃朝廷取士之具,三年开场大比,专视此为优劣。人若举业高华秀美,则人不敢轻视。"

(3)读书关系到一个家族的兴衰。

张英云:"每见仕宦显赫之家,其老者或退或故,而其家索然者,其后无读书之人也;其家郁然者,其后有读书之人也。山有猛兽,则藜藿为之不采;家有子弟,则强暴为之改容,岂止掇青紫、荣宗祊而已哉。予尝有言曰:'读书者不贱',不专为场屋进退而言也。"

他告诫子孙读书、守田、积德、择交非常重要。他说:"予之立训更无多言,止有四语:读书者不贱,守田者不饥,积德者不倾,择交者不败。"(《文端集》卷四五,二四)作为子孙,"思尽人子之责,报父祖之恩,致乡里之誉,贻后人之泽有四事:一曰立品、二曰读书、三曰养身、四曰俭用"。(《文端集》卷四二,二)

3. 俭以养身

不论居官还是在家,张英一生坚守俭约的习惯。在朝为官期间,居室数十年曾不易一椽,不增一瓦。张廷玉云:"昔文端公官宗伯时,屋止数楹,其后洊登台辅,数十年不易一椽,不增一瓦。曰:'安敢为久远计耶?'其谨如此,其俭如此,其刻刻求退如此。"(《澄怀园语》卷一)对自己非常俭约,但对寒苦之人却充满爱心。他在六十岁生日时,将请梨园、宴宾客之费省下来,用来制绵衣裤百领以施道路饥寒之人。(《聪训斋语》卷一)退休之后,他的生活更加俭朴,不著华服,不食人参:

> 予于归田之后誓不著缎、不食人参。初时华丽可观,一沾灰油,便色改而不可洗。况予性疏忽,于衣服不能整齐,最不爱华丽之服。归田后,惟著绒、褐、山茧、文布、湖紬,期于适体养性。冬则羔裘,夏则蕉葛,一切珍裘细谷悉屏弃之,不使外物妨吾坐起也。老年奔走应事务,日服人参一二钱。细思吾乡米价,石不过四钱,今日服参,价如之或倍之,是一人而兼百余人糊口之具,忍孰甚焉,侈孰甚焉?夫药性原以治病,不得已而取效于旦夕,用是补续血气,乃竟以为日用导常之物,可乎哉?无论物力不及,即及亦不当为。予故深以为戒,倘若邀恩遂初,此二事断然不渝吾言也。

他说:"俭于处身而裕于待物,薄于取利而谨于盖藏,此处富之道也。"要求子孙"不足则断不可借债,有余则断不可放债",经济上要量入为出,不在金钱上打主意。退休之时,他"以一岁之费分为十二股,一月用一分,每日于食用节省;月晦之日,则总一月之所余,别作一封以应贫寒之急",他说:"能多作好事两件,其乐逾于日享大烹之奉多矣。但在勉力而行之。"

他对于俭字内涵,有其深刻理解。他多次谈到俭约的意义和内涵,他说:"人生福享,皆有分数。惜福之人,福尝有余;暴殄之人,易至罄竭,故老氏以俭为宝,不止财用当俭而已,一切事常思节啬之义,方有余地。俭于饮食,可以养脾胃;俭于嗜欲,可以聚精神;俭于言语,可以养气息非;俭于交游,可以择友寡过;俭于酬酢,可以养身息劳;俭于夜坐,可以安神舒体;俭于饮酒,可以清心养德;俭于思虑,可以蠲烦去扰。凡事省得一分,即受一分之益。"(《聪训斋语》卷一)

他还说:

"天子知俭,则天下足;一人知俭,则一家足。且俭非止节啬财用而已。俭于嗜欲,则德日修,体日固;俭于饮食,则脾胃宽;俭于衣服,则肢体适;俭于言语,则元气藏而怨尤寡;俭于思虑,则心神安;俭于交游,则匪类远;俭于酬酢,则岁月宽而本业修;俭于书札,则后患寡;俭于干请,则品望尊;俭于僮仆,则防闲省;俭于嬉游,则学业进。其中义蕴甚广,大约不外于葆啬之道。"(《聪训斋语》卷二)

他对于俭字的理解远远超出物质上不铺张浪费,包括欲望控制、饮食有节,精神俭省等各个方面,发人警醒。

4. 慈、俭、和、静致寿

除了告诫子孙坚持耕、读之业,俭以养身之外,张英还告诫子弟为人处世、养身立命的其他问题。致寿之道在:慈、俭、和、静。

(1)慈以致寿。"昔人论致寿之道有四:曰慈、曰俭、曰和、曰静。……道德五千言,要旨不外于此。""人能慈心于物,不为一切害人之事,即一言有损于人亦不轻发。推之戒杀生以惜物命,慎翦伐以养天和,无论冥报不爽,即胸中一段吉祥恺悌之气,自然灾沴不干而可以长龄矣。"(《聪训斋语》卷一)

(2)俭以致寿。"人生福享皆有分数,惜福之人福尝有余,暴殄之人易至罄竭,故老氏以俭为宝。不止财用当俭也,一切事常思节啬之义,方有余地。俭于饮食,可以养脾胃;俭于嗜欲,可以聚精神;俭于言语,可以养气息非;俭于交游,可以择友寡过;俭于酬酢,可以养身息劳;俭于夜坐,可以安神舒体;俭于饮食,可以清心养德;俭于思虑,可以蠲烦去扰。凡事省得一分,即受一分之益。"(《聪训斋语》卷一)

(3)静以致寿。《传》曰:"仁者静",又曰:"知者动"。每见气躁之人举动轻佻,多不得寿。……静之义有二:一则身不过劳,一则心不轻动。凡遇一切劳顿、忧惶、喜乐、恐惧之事,外则顺以应之,此心凝外不动,如澄潭,如古井,则志一动气,外间之纷扰皆退听矣。(《聪训斋语》卷一)

他介绍自己处静之法:"予自四十六七以来,讲求安心之法,凡喜怒哀乐劳苦恐惧之事,只以五官四肢应之,中间有方寸之地,常时空空洞洞朗朗惺惺决不令之入,所以此地常觉宽绰洁净。"(《影印文渊阁四库全书》集部第一三一九册,七二八)

5. 守分知命

(1)他告诫子孙,不占弱者小便宜。他说:"乡里间荷担负贩及佣工小人切不可取其便宜,此种所争不过数文,我辈视之甚轻,而彼之含怨甚重。每有愚人见省得一文,以为得计,而不知此种人心忿口碑,所损实大也。"(《聪训斋语》卷二)

(2)他告诫子孙,凡事要懂得谦让,古语云:"终身让路,不失尺寸",又云:"天道亏盈而益谦,地道变盈而流谦,鬼神祸盈而福谦,人情恶盈而好谦。"又曰:"日中则昃,月满则亏,天地不能常盈,而况于人乎?况于鬼神乎?"(《聪训斋语》卷二)以天地自然之理来说明谦的重要意义。待人要谦和:"待下我一等之人,言语辞气最为要紧,此事甚不费钱,然彼人受之,同于实惠,只在精神照料得来,不可惮烦。《易》所谓劳谦是也。"

(3)他告诫子孙,要安分知命。他说:"人生第一件事莫如安分。分者,我所得于天多寡之数也。"(《张英全书》下册,五三六)又云:"得失荣辱不必太认真,是亦知命之大端也。"(《聪训斋语》卷二;《张英全书》下册,五三七)又云:"《论语》云:'不知命无以为君子'。考亭注:'不知命则见利必趋,见害必避,而无以为君子'。予少奉教于姚端恪公,服膺斯语,每遇疑难踌躇之事辄依据此言,稍有把握。"(《文端集》卷四五)

在《易经衷论》卷上《无妄》卦中,他说:"人之修身,不能无动于得丧之来。然方其为己而预有一计功避害之心,即妄矣。天下原有不期然而然之福,所谓不耕获、不菑畬者是也。天下亦有不期然而然之祸,所谓行人得牛、邑人之灾、无妄之疾,是也。君子知天下原有此不期然而然者,一切听之于自然,而不以纷扰其纯诚精一之心,则所谓无妄者,乃真无妄矣。"(《张英全书》上册,四一)他认为,人应该顺应自然,若"不循理,不安命,多求而不得,则苦;多欲而不遂,则苦。"(《聪训斋语》卷二)循理安命,免于烦恼。他说:"'富贵贫贱总难称意,知足即为称意;山水花竹无恒主人,得闲便是主人。'语虽俚却有至理。天下佳山水、名花美景无限,大约富贵人役于名利,贫贱人役于饥寒,总无闲情及此,惟付浩叹耳。"

总之,张英关于天地自然人生,为人处世修身等众多方面,都有独到的领悟,思想成果丰富。不论是治国还是齐家,修身还是处世,他的这些思想,直至今日仍为真知灼见。他的民本思想、俭约作风、谦让精神,对当今社会和谐稳定建设仍具有重要的参考价值和借鉴意义。十八大以来,包括礼让精神在内的张英思想正成为当代社会关注的一个热点,跟张氏家族有关的"六尺巷",也被世人频频走访。但大部分人不知道,在礼让之外,他有更丰富的思想精神,值得后人学习借鉴。

三、张英的文学世界

除了上述修身齐家治国平天下之术外,张英终生笔耕不辍,为后人留下了丰富的诗文作品。关于他的著作及其版刻流传情况,另有专文著述,这里笔者将就其诗文思想及其文学艺术特征谈一些个人的粗略看法。

(一)张英的诗歌理论

张英进入仕途之前,刻苦读书。入仕以后,一面读书,一面讲学。每日侍筵,非常忙碌辛苦,却仍然爱诗,退直之暇,流连光景,徜徉岁月,总不免写意抒情,虽留下了诸多自成面目的诗歌作品,但论诗之处倒不是很多。

1. 诗以言志,自然吟咏真性情

在《朴巢诗集序》中,他说:"诗以言志,而声与律因之,三百篇所托始也。古今来以诗名家者,未易更仆数,而约略可举,若渊明志在恬适,故其诗清以旷;太白志在豪放,故其诗丽以肆;少陵志在悲时悯物,故其诗苦而多思,一篇一咏,未尝不闻其叹息。乐天晚年志在安分守乐,饮酒坐禅,故其诗晓畅而旨入越州、香山之胜,千载而下犹如即乎其人,见乎其事。大约古人以其志之所在,而发之篇章,以直写其磊磊落落之概,而其才又足以佐之。若非其素所怀抱,虽极意言乐,极意言愁,必格格未快,安能使一人喜而人人为之发笑,一人悲而人人为之出涕,从纸背间见其貌、闻其声哉!"

这段文字中,他直接引用传统的儒家诗教来说明他对诗歌的看法。"诗以言志,而声与律因之",内容决定形式。写诗就是抒发自己的真性情,"以其志之所在,而发之篇章,以直写其磊磊落落之概,……若非其素所怀抱,虽极意言乐,极意言愁,必格格未快,安能使一人喜而人人为之发笑,一人悲而人人为之出涕,从纸背间见其貌、闻其声哉!"没有真性情,作品就缺乏打动人心的力量,自古名家如陶渊明、李白、杜甫、白居易辈,都是以真性情写诗,故能千载而下,面目各具,读其诗能想见其人。

张英的性情说,在次子张廷玉那里得到了明确。他在《大司寇励南湖诗集序》中称:"余少学诗,先文端公教之曰:'诗何为而作哉?盖蕴于吾之性情、抑扬咏叹而不能自已者耳!'"(《澄怀园文存》卷七,二二;《四库全书存目丛书》第二六二册,三七三)张英认为,诗歌创作的动机和目的皆在吟咏性情,抒发人的真情实感,作诗时要内心情感充盈,"如鲠在喉"、"抑扬咏叹"。"真性情"是诗歌的生命和灵魂。张英批评时人失却"自然"之性和"性情之真",刻意追求新丽文辞的做法,他说:"'今之为诗者,争取新丽。夫新与丽非诗之旨也。古人间一有之,亦自然而新,自然而丽,而无容心焉。若求新与丽而转以蔽性情之真,则不知其诗为何人作也。古之善诗者,若晋之陶、唐之李、杜、韦、白、宋之苏、陆辈,不名其集,而试其辞则知为某作,此无他,其性情之真不可掩耳。'"(《澄怀园文存》卷七,二二;《四库全书存目丛书》第二六二册,三七三)

2. 根据诗歌语言艺术不同,将诗分为诗人之诗和非诗人之诗

除了诗言志,自然吟咏真性情之外,张英还根据诗歌语言艺术的不同,将诗歌分为"诗人之诗"和"非诗人之诗"。康熙二十年,他在《芸圃诗序》中说:"今之为诗者最众,必先辨其为诗人之诗,而后诗可论也。诗人之言,思曲而语新,词近而趣远。状难名之景,若接于耳目之前;述难言之情,如见其欣戚之貌。脱唇离吻,浏漓顿挫,经营于一字之间,而曲折乎万物之表。故古今人有以一篇一韵而千载传之,以为不可及者,其言则诗人之言也。有连篇累牍而经宿不鲜者,其言非诗人之言也。"

显然,所谓诗人之诗,对诗歌的语言艺术是有很高要求的,包括语辞形象、生动、鲜明、浏亮,着意推敲,含蓄而有张力等众多方面。而"非诗人之言"则"连篇累牍而经宿不鲜",语言陈旧,缺乏生趣。(《笃素堂文集》卷四)

3. 言为心声,以文观人

张英论言与人之间的关系,即文与人之间的关系。他认为"言为心声","不知言,无以知人",文章可以反映一个人的内在思想水平。他在《丁丑会试录序》中云:"古人以言取士,岂尽渺然无可依据?夫言者,心之声也。古者敷奏以言。"又曰:"不知言,无以知人。大约心术端纯者,则其言必正大,而无偏驳之病;识解明通者,则其言必条畅而无结塞之弊;律己恭慎者,则其言必谨饬而无叫呶之习。且先之经书,以观之义理;继之表策,以观其才识。阅者沉心静气,以与作者之精神相遇。谁谓制科之文,不可以观其人之梗概哉!"(《文端集》卷四〇,一)

在张英看来,"言为心声","不知言,无以知人",以文观人,是必要的。因为,一种文字就是一种性情,通过文字可以了解作者的心胸、器量和境界等等方面。这与其诗论中"诗言志"和"诗者,吟咏性情"的主张本质上是一致的。

(二)张英诗论的地位和影响

1. 张英的"性情说",是传统的儒家诗教的继承,更是对晚明公安、竟陵派诗歌观念的继承

明代诗歌以"三袁"为代表的公安派首倡诗歌要吟咏性情,抒写性灵,写真情实感,作文若没有真情实感就只能模拟,为文而造情。袁中道说:"心中本无可喜之事而欲强笑,亦无可哀之事而欲强哭,气势不得不假借模拟耳。"(《论文》)他们认为诗歌创作,要充分发挥自己的个性,要"独抒性灵,不拘格套,非从自己胸臆中流出,不肯下笔"。(袁宏道《叙小修诗》)公安派的性情说,是在反对明代前后七子的模拟之风的背景下提出来的,他们主张诗歌要吟咏真性情,要抒写个性,这种观点被当时和后来许多诗人所接受,明末至清初众多诗人多主此说,如竟陵派,清初三大家等。清初大儒顾炎武云:"诗主性情,不贵奇巧。"(顾炎武《日知录卷二一·古人用韵无过十字》,《万有文库》,民国十八年)黄宗羲云:"夫诗以道性情,自高廷礼以来,主张声调,而人之性情亡矣。"(黄宗羲,《黄梨洲文集·景州诗集序》,北京:中华书局,一九五八年版)王夫之明确指出:"长言咏叹,以写缠绵悱恻之情,诗本教也。"(《姜斋诗话》卷二)他还提出"诗以道情"的主张,"诗以道情,道之为言路也。诗之所至,情无不至,情之所至,诗以至……往复百歧,总为情止"。(《古诗评选》卷四)又云:"诗以道性情,道性之情也。"(《明诗评选》卷五)可见,性情说,是清初诗坛主流风尚之一。

2. 张英"性情说"在康熙朝的地位

到康熙朝,身边最高统治者的康熙皇帝喜读诗、作诗。康熙十七年五月初十日,他在读唐太宗诗歌时说:"诗以吟咏性灵,如唐太宗诸篇,未有不以天下黎民为念者。"(转引自《张英全书》下册,三七三)康熙十六年十二月,康熙皇帝和张英在内廷读书时说:"朕于经史之暇时阅唐诗,前代帝王,惟唐太宗诗律高华,朕亦常于宫中即景命题,以涵泳性情。"(《南书房记注》,《张英全书》下册,三四六)可见,康熙皇帝也认为,诗是用来抒写性灵、涵泳性情的。

康熙十八年状元归允肃在《族兄禹平诗序》中论诗云:"闻之:'诗以言志,言心之声也。有动于中而不形于言,其必有郁而未宣者,然则咏叹之,淫佚之',固所以抒写其性情,而非以愁苦其心志者乎?《书》曰:'诗言志,歌永言,声依永,律和声。'噫,尽矣!……诗也者,出于心之自然而按之成声,衍之成章,其取义也隽永而深长,而其旨归,期不倍于风雅。……余固曰:所以抒写性情,而非烦苦其心志也。"(《归宫詹集》卷二,三)又云:"诗本性情,非可作意求合也。"(《王子静诗序》,《归宫詹集》卷二,一〇)仔细推敲这几段文字所言,归允肃也主张"诗言志",诗歌要自然抒写人之性情、心声,这与张英的"诗言志"、"自然吟咏真性情"的诗歌主张吻合。

(三)张英性情说的影响

张英"性情"说主要影响对象是他的弟子们。如上文所言康熙皇帝,算是张英的弟子

之一,曾长期在张英等人指导下,共同探讨学习汉族文化。康熙皇帝认为诗歌当吟咏性情,抒写性灵,这与张英的影响应当有一定的关系。而其同门师弟归允肃,曾与张英同门多年,后又投靠过张英,从他的诗论中可以看出张英对归允肃的文学观念也是有明显的影响的。

除了对身边的人产生影响外,张英的文学观念也被他的儿女们直接继承。张氏家族影响力最大的诗人张廷玉、张廷璐、张令仪都主张:诗以吟咏性情。

张廷玉等人从小受到张英教导,深受其诗歌观念的影响,这从前文的引述中可见。张廷玉在评价和欣赏时人诗歌时,基本上是以张英的诗歌观念为标准来进行优劣判断的。同时,他自己论诗时,也离不开性情。他说:"诗之为道,原本山川,极命草木,比物以属事,离辞而连类,此古人立言之大凡也。然必有性情以绾结于中,斯委婉啴谐自盎然流露于采色声音之外。"(《澄怀园文存》卷九,二〇)诗歌创作既遵循山川自然之道,又得以表达人的情志为中心,"有性情绾结于中",在张廷玉的诗论中,"性情"在诗歌创作中具有核心地位。他还进一步提出了"抒写性灵"的主张,他说:"余尝谓诗文出于性灵者必传于后世。"(《空明阁诗序》,《澄怀园文存》卷九,一八)他在《梅亭小草序》中称作者之诗:"沉酣六代,镕铸三唐,以绝妙之辞,写性灵之语,不事雕绘,而吐纳风流,自然中节,迥非近代诗人之所及。"(《澄怀园文存》卷七,一七)表达的也是他自然抒写性灵的诗歌理念。总之,张廷玉继承了张英的诗歌主张,认为诗歌要"自然吟咏真性情"。

三子张廷璐在《咏花轩诗集自序》中也谈到自己的诗歌观念和写作感想。"夫诗以道性情,发于其所不自知而动于其所不能自已,如春鸟之鸣,秋虫之语,感时流响,长吟短韵。鸟与虫又何知焉?予之率胸臆而出之者亦只自道性情,初未尝计工拙也。引商刻羽之会,厕以巴人下里,何必非歌?金钟大镛之间,杂以击壤拊缶,又何必非乐也哉!"(《四库未收书》捌集第二五册,六八四)可见,他的诗论和创作也遵循"自然吟咏真性情"这一方向,与他的父亲观点完全一致。

三女张令仪也是清代诗坛颇有名气的闺阁诗人。她的《蠹窗诗集自序》亦云:"诗所以道性情也,凡人有所忧思郁结不能去于怀,每托诗与词以道之。无论孤愤离骚,昔贤不免,即采蓝采绿之会,风雅犹采择焉。予自弱龄于归吴兴,先太傅太夫人作宦京师,弟兄皆随侍而予独留故国,瞻望燕云,寄声北雁,情难当已,涕泪因之。先舅翁阶州公为清白吏,壁立萧然。夫子湘门怀才不遇,糊其口于四方者几四十载。予索居穷巷,形影相依,草曛风暖,夏箪冬缸,触事兴怀间发之于长章短句,信口吟成,工拙难计。"从她的序文可知,她的诗论和创作原则都是"自然吟咏真性情"的。

(四)张氏家族"性情说"在雍乾时期的影响

张英的诗歌观念显然是影响了他全部子女的诗歌观念和创作。而张英子孙在雍乾时期的社会影响力是巨大的。首先次子张廷玉主政和兼管翰林院近三十年,作为汉人的代表,他在国家文教政策及人才的选拔各方面都发挥着举足轻重的作用,他在雍乾社会的影响可想而知。三子张廷璐及六子张廷瑑也长期担任江苏学政官及礼部侍郎之职,管理文教工作多年,还多次参加乡会试考官及阅卷工作,他们的诗文理念对士子的影响,也是深远的。

张氏家族的诗道性情说，虽然在《毛诗序》《文心雕龙》等重要作品中都有论及，但在清代康熙年间，在各种诗风争相斗艳的时代，张氏父子坚持诗道性情的传统诗教，一方面可以见出他们对儒家传统诗教的继承态度，另一方面也表现出他们自己在诗歌创作方面的特定立场，他们的诗歌主张对雍乾时期成长起来的众多文学家的文学观念产生了深刻影响。

乾隆中叶最有影响的两股诗歌势力，一是提倡温柔敦厚诗教的沈德潜，一是提倡性灵的"乾隆三大家"，他们在不同方面不同程度上接受张英等人的诗歌理论和创作主张。

乾隆年间著名的诗人和诗论家沈德潜，是张廷玉兄弟一手培养和提拔起来的，深得乾隆皇帝器重，乾隆十六年，乾隆皇帝御赐诗有"我爱沈德潜"之句，乾隆皇帝本人的诗集都交由他来评读。沈德潜一生诗歌理论和创作成果丰富，有诗论《说诗晬语》，历代诗歌选本《古诗源》《唐诗别裁集》《明诗别裁集》《清诗别裁集》等。在《说诗晬语》卷上第一条中，就以传统的诗教来谈诗歌的时代作用，他说："诗之为道，可以理性情，善伦物，感鬼神，设教邦国，应对诸侯，用如此其重也"，不仅如此沈德潜对张英等人的性情说，给予相当的尊重。他在《说诗晬语》卷上第七条中道："诗贵性情，亦须论法"，首先承认"性情"是诗歌创作的根本。另外，《说诗晬语》卷上第六十三条中，他说："诗至于宋，性情渐隐，声色大开，诗运一转关也。"这里，他也以性情作为考察诗歌特性的一个重要元素。可见，沈德潜论诗在某种程度上，是肯定"诗主性情"这一说法的。

乾隆中叶另一位著名诗人袁枚，提出"诗者，人之性情"的说法。(《随园诗话》卷六)并云："诗难其真也，有性情而后真；否则敷衍成文矣。"(《随园诗话》卷七)诸多言论，强调的是诗歌离不开性情。他的性灵说最重"真性情"，所谓"性情得其真"(《寄程鱼门》)，"情以真而愈笃"(《答尹相国》)，都是强调真性情对于诗歌的重要意义。

同时的蒋士铨论诗文也很重视性情，他说："文章本性情，不在面目同"(《文字四首》)，还说诗要"性灵独到删常语，比兴兼存见国风"。(《怀袁叔论二首》)他的言词也肯定了"性情"在诗文作品中的重要地位。大诗人兼诗论家赵翼说："力欲争上游，性灵乃其要。"(《闲居读书作六首》之五)认为有性灵的诗歌才是好诗。张问陶有"天籁自鸣天趣足，好诗不过近人情"(《论诗十二绝句》)，"诗中无我不如删，万卷堆床亦等闲"(《论文八首》)，强调"有我"之诗，实质是强调诗歌创作者的"真情实感"。他标举"性灵"，如"传神难得性灵诗"(《梅花》)，"同无青白眼，各有性灵诗"(《冬日》)，"浓抹山川写性灵"(《题子靖〈长河修禊图〉》)等句。另外，袁枚《随园诗话》卷八第九九条称："朱竹君学士曰：'诗以道性情。性情有厚薄，诗境有浅深。性情厚者，词浅而意深；性情薄者，词深而意浅'。"这句话强调的是性情在诗歌中的重要地位，认为性情的厚薄决定着诗境的深浅，可见，朱筠也是"性情"说中的一员。

凡此可见，在他们培养下成长起来的文人创作群体，如诗坛领袖沈德潜以诗道性情为论诗的前提，乾隆三大家袁枚、赵翼、蒋士铨等人都主张抒写性情，他们的诗歌观念就是对张英、张廷玉、张廷璐等人的性情说的继承发展。

总之，张英的性情说，源自晚明公安派的"抒写性情"。他的性情说，得到了最高统治者康熙皇帝、同门师弟归允肃等人的支持，经其子张廷玉、张廷璐等发扬广大，在社会上产生强大的影响力,进一步影响到雍乾时期众多文人士子,使性情说成为乾隆时期影响最为普遍的诗歌主张之一。

四、张英的诗文创作

张英主张诗以言志,言为心声,诗歌要吟咏性情。他长期侍直内廷,日夕忙于机务,不以诗文为业,也不以文人自居,但仍免不了吟咏一二,创作了为数不菲的诗歌作品。现存有《存诚堂诗集》二十五卷、《应制诗》五卷、《笃素堂诗集》七卷,正如老友陈廷敬在《笃素堂文集序》中所总结的那样:"儒者以道德文章蒙知遇,被显擢,在密勿论思之地,昼日三接,夕漏不休,造膝之谋,同列不闻;伏蒲之语,外庭不知;推贤与能,庆流朝著;横经讲义,泽及生民;弥历岁年,延登受策。于斯时也,当大有为之日,赞不世见之功,休休乎、济济乎,骏声鸿业,与五曜三阶争光映采可也。岂犹与夫庭㨾郎署,备官散秩,以及穷巷布衣韦带之士,竞秀摘华,角一字句之胜负,薪荣名于虫书虫简之中也哉!"作为康熙皇帝身边的陪臣,他以辅佐康熙修身治国为主要任务,虽也润色鸿业,歌颂升平,但他不以文人自居。由于其特殊的人格修养,他还是创作了一些思想性、文学性都很强的作品,陈廷敬评云:"此一代伟人神明寄托,高标霞举,添辉成文,有不薪其然而然者,非夫人之可仰而测其津涯者也"。(《午亭文编》卷三七,二)

而这些作为业余爱好产生的诗歌作品,主要有两种类型:一种是润色鸿业的《应制诗》,另一种是抒写个人情怀的作品。

(一)应制诗

1. 应制诗的思想内容

张英从康熙十二年起,康熙皇帝"每巡行必侍从"(《讲筵应制集序》),康熙皇帝爱读书写诗,时有应景之作,命廷臣以和。在这种环境中,张英创作了应制诗约三百二十八首。具体而言,他的这些应制诗,有重笔描绘皇家园林的,有侧重描写皇家声威的,有表现康熙皇帝文韬武略的,有讴歌皇帝勤政爱民的,也有不少表现君臣之情以及他对康熙皇帝感恩之情的。

(1)写皇家气象。

他的应制诗,有一部分重在对皇家林园幽美景象进行描写。如"柳风细指炉烟外,莺啭稀闻昼漏余"(《南苑讲筵恭纪应制四首》其二,《张英全书》下册,九),"千树周庐青人座,五云垂盖结成阴"(《南苑讲筵恭纪应制四首》其三),"马散平原春草绿,幕连芳树晚烟多"(《南苑扈从讲武恭纪二首》)等诗句,重点描写皇家园林幽盛境界。

也有一些描写皇家宴饮生活的诗篇,如《读蛟门舍人禁庭灯夕诗有作即次同年曹升六韵二首》,其一:"月迎金掌露华明,九陌无尘夜转清。仙跸到时灯作仗,宫绯环处锦为城。看残玉蕊三千树,听彻霓裳第一声。何异泛槎银海曲,好持机石问君平。"(《文端集》卷一六,八)《上元赐宴恭纪》诗:"龙㨾春早至,凤历月初圆。紫阁银花丽,天街玉镜悬。笙歌连绮陌,宴赏入华年。令节叨恩重,调兰出御庭。"(《文端集》卷二)诗中对皇家景色和热闹的宴饮生活进行描写。

而其《瀛台赐宴赏荷恭纪应制二十韵》,更是这方面的代表作品,诗云:

西苑良辰当盛夏，烟波太液晓苍苍。云开翠巘连长乐，水涨明湖接建章。飞阁千寻凌古木，画楼一半出疏杨。芳洲掩映黄金幄，碧涧潆洄白玉堂。几处轩窗波上下，万重烟树水中央。湖边曲磴通瑶岛，天际长虹卧石梁。观稼亭幽藏浦溆，迎薰殿敞俯沧浪。花浓水榭春光晚，柳拂鱼矶午梦凉。凤舸隔林声欸乃，鸾旗拂树影悠扬。芙蕖发处龙池丽，菡萏花时凤沼香。翠盖翻风擎夜雨，红衣浥露艳朝阳。常垂并蒂迎芳辇，时有微芬逐彩舫。太华由来开玉井，西园自昔种银塘。争如此地涵波泽，得奉余欢入景光。不向越溪迎画楫，岂同楚客泛罗裳。灵池广集鱼龙戏，醮宴分沾鹓鹭行。群卉独标君子号，千官留赏圣人傍。太平盛事镂银甕，游宴新诗愧锦囊。此日随车过辇路，频年珥笔侍岩廊。小臣拜献《甘泉赋》，愿逐凫鹥捧御觞。（《张英全书》下册，一三）

这首诗，前半部对西苑山水亭台楼阁进行了全方位的描写刻画，后半部重笔描写花中君子荷花的形貌和品性。全诗二十韵，第一韵和最后一韵都用的是叙笔，交待写作的时间、地点及具体事件。第十四韵用的是议论，其他诸韵几乎全用对杖，使得全诗形式整齐，对仗形容过程中，娴熟运用汉赋的铺排笔法，淋漓尽致地夸写皇家园林各种景致，体现出张英台阁诗中善于铺彩摛文的一面。

写皇家气势。如《扈跸南苑恭纪应制二首》其一："和风丽日象昭回，游豫观呼动九垓。旌影过时千骑拥，钟声迎处六龙来。"（《张英全书》下册，八）该诗首句"和风丽日"四字写出当日天气晴好，"游豫观呼动九垓"一句中"观呼"二字，写臣民呼声震天，欢迎圣主，场面气氛的热烈。第三句以"千骑拥"写出庞大的皇家随行队伍，"六龙"写康熙皇帝仪止气象。全诗虽规模不大，但诗中所表现出来的皇家气势非常宏大。

另外，《南苑大阅恭纪十二韵》，描写了一场盛大的阅兵仪式，为其《应制诗》代表作之一。诗云："翠辇乘时驻翠微，六军讲武近南畿。礼娴蒐狩遵王制，梦叶熊罴合御围。七校腾骧夸虎旅，三驱指顾视龙旂。弓弯明月垂金勒，人度春风动铁衣。铠甲光疑林雪满，骅骝色斗岭云飞。普天雷动钲声出，卷地风鸣猎骑归。翡翠旌麾翻晓日，珊瑚鞭影入斜晖。玉盘晚进黄羊熟，金弹新开白兔肥。盛代丰岐皆宿将，清时颇牧在彤闱。选徒自昔闻蒐乘，治外当今赋《采薇》。常藉羽干昭圣德，还将戈楯耀天威。儒臣载笔惭讴颂，纬武经文历代稀。"（《张英全书》下册，一三）

这首诗运用汉大赋的铺排手法，将南苑阅兵的场面描写得大气磅礴，有声有色，语言铺张。张英此类应和之作为数不少，作为儒臣，他常常载笔讴颂皇家风景，为读者展示了别样的皇家气象。

（2）写康熙皇帝的文韬武略。

首先，如《南苑讲筵恭纪应制四首》其三云："圣主崇文轶古今，缥囊随辇入华林。春秋不辍符天健，寒暑无分见帝心。"该句写康熙皇帝不分寒暑，春秋不辍的崇文勤学精神。（《张英全书》下册，一〇）再如《南苑讲筵恭纪应制四首》中对其讲筵生活的记录。其一云："行宫清閟晓垂裳，棐几先陈黼座旁。圣主勤民兼讲诵，儒生报国藉文章。……况是土阶崇俭德，图书道已接羲皇。"（《张英全书》下册，九）对康熙皇帝的勤学精神、俭约品德进行歌颂。再如《扈跸南苑恭纪应制二首》其二云："川融山霭迓鸾舆,树里星罗尽直庐。万马踏云开御道,千官近日护宸居。平原旷衍初游猎,行殿深严尚说书。扈从属车蒙授简,抽毫作赋愧相如。"(《张英全书》下册,九)此诗记录了康熙出游并驻跸南苑时的情景,前二句写山水风景之盛,第三句写康熙皇帝行居情形,用语恢弘。后四句写康熙皇帝出门游猎,不废读书,文武兼治,勤励自勉的勤学精神。这首诗写出了康熙皇帝行止之间不同凡响之处,及其勤励自勉、文韬武略兼备的贤明帝王形象。

又如《南苑扈从讲武恭纪二首》其二云："云边影疾韝鹰落,柳外风鸣猎骑过。"(《张英全书》下册,一〇)写康熙皇帝打猎雄姿,都写出了主人翁英武矫健的姿态,与王维名句"草枯鹰眼疾,雪尽马蹄轻"颇有一比。而紧接着两句"日暮天清西岭出,居庸层嶂远嵯峨",从动到静,着力构建出一个阔大的南苑游猎场景,相较王维的"回看射雕处,千里暮云平"的塞外景致,虽英雄气慨不及,但雍容和平过之,风格特色,各有千秋。(《张英全书》下册,一一)

（3）写康熙皇帝的重民思想。

《恭和御制郊外即事》云："风过凉生树,云来雨濯枝。三农耕稼苦,常藉豫游知。"(《张英全书》下册,三九)写皇帝常到郊外,实地考察,了解民情,体味耕稼之苦。而《耕耤礼成恭记四首》其四云："十载恩波遍海隅,苍生比屋戴涵濡。淮扬水旱频颁粟,丰沛巡行数赐租。帝力久知歌父老,圣躬犹欲试泥涂。叠逢盛事书惇史,还进《豳风》七月图。"(《文端集》卷一)歌颂康熙皇帝恩被四海,体恤民情,关心百姓生活,身体力行,感受农耕生活的艰辛。而《恭和圣制喜雨诗》诗："灵雨东来满帝城,和烟霭洒玉阶轻。卷帘笑指云生处,稼穑深萦圣主情。"(《张英全书》下册,三八)康熙皇帝关心稼穑,看到春雨适时而降,不禁面露喜色,"卷帘笑指云生处",让我们看到康熙皇帝与民同忧、与民同乐的爱民情怀。

康熙二十七年二月康熙帝南巡,时年五十二岁的张英扈从,车驾至畿辅道上,民献嘉禾数岐,以示从臣。张英用诗把当时的情景纪录下来："春风转韶律,时巡历郊原。王道广周咨,冀以康黎元。"又云："民天在粒食,农事古所敦。稼穑允为宝,珠玉安足论。再拜纪惇史,大哉真王言。"(《张英全书》下册,九九)这首诗中把康熙皇帝的亲民行为和重农思想纪录了下来。而其二《诏免山东来年田赋》云："王政先足民,实惠惟捐租。浩瀚若河海,百谷同时濡。跂行与喙息,万类皆昭苏。比年屡拜赐,大泽已频敷。蠲除常巨万,食德非一区。銮辂莅东土,民瘼勤咨诹。特兀免正供,闾里无追呼。讴吟起岱畎,抃舞洎海嵎。温诏有徽言,民富国乃腴。父老扶杖听,荡荡歌尧衢。"(《张英全书》下册,九九)诗中记录了康熙皇帝诏免山东康熙二十八年田赋之事,时山东数年受灾,人民饱受自然灾害的折磨,正待休养生息。康熙皇帝"比年屡拜赐","蠲除常巨万"的惠举,满足了大量饥民的需要。张英认为此举功劳巨大,反映了康熙皇帝强国先富民的民本思想,以"民富国乃腴"道出了民为邦本的事实。

以上这些诗,都是写康熙皇帝的爱民情怀和民本思想,笔者以为意味颇深,它们实际上是张英自己以百姓之心为心的民本思想的一种表达。他的这些诗,表面看来似乎只是在阿谀贤帝形象,事实上,他是有意选择了他所关注、感动的生活情景,他通过对皇帝民本思想的欢呼,表达着他本人的重农思想和天下苍生情怀。

这些应制诗,处处都在发挥着汉大赋的"劝百讽一"精神,以讴歌的形式引导着康熙皇帝向大气、向学和重民方向发展,康熙皇帝的勤奋、刚毅、仁民、节俭、孝思等各个方面的行为,与张英的正面影响不无关系。古人云:"近朱者赤,近墨者黑",有良臣方有贤君,张英用他自己的思想和言行,"无声胜有声"地影响着康熙皇帝,参与塑造康熙皇帝的性格,并对其作风进行影响,这是关系国运的大事。理解这一点,对于理解张英在康熙朝的历史贡献和作用具有重要意义。

(4)表达自己对皇恩的感戴之情。

张英自康熙十一年受到翰林院掌院学士的推荐入直内廷进讲之后,与康熙帝朝夕相处,天天如是。从《南书房记注》中的文字,我们可以看出,张英和康熙皇帝之间是历史上少见的贤君与良臣的关系,他们在政治思想上有诸多契合之处,张英在康熙皇帝面前知无不言,康熙皇帝对张英的人品学问亦赏识有加,恩赐无数。对于皇帝的这一份厚爱,张英自有深刻体会,他经常在诗中表达自己对康熙皇帝的感恩之情。如《除夕养心殿侍宴应制》诗云:"深殿宵沈宝炬然,岁除欣侍五云边。步随仙仗陪鹓鹭,坐近天香听管弦。柏叶分行传玉斝,椒花送暖入琼筵。渐知温律阳春早,拜手君恩又一年。"(《张英全书》下册,三〇)这首诗写作者和康熙皇帝一起共度除夕夜的情形,作为一位陪臣,他以"拜手君恩又一年"的方式,表达了自己对康熙皇帝深深的感念之情。

在张英的《应制诗》集中,像这样的诗还有很多,如《南苑讲筵恭纪应制四首》其四:"藜光三载禁庭阴,此日传呼入上林。作赋忽承君命重,读书久荷圣恩深。欣逢盛代明良会,敢负平生启沃心。"(《张英全书》下册,九;《文端集》卷一)再如《康熙十九年六月蒙擢授翰林学士兼礼部侍郎纪恩四首》其一有句云:"手攀天上星辰近,身被人间雨露饶。"其二有句云:"蓬瀛自古人争羡,史册如臣遇亦稀。"(《存诚堂诗集·应制三》)其三云:"涓滴何能思报答,冰渊常恐负遭逢。褒纶惊捧王言重,野质深惭圣度容。自是清时荣侍从,章缝偏觉渥恩浓。"(《存诚堂诗集·应制三》)《康熙二十一年正月赐假南归经营丘垄恭赋纪恩诗八首》其一云:"臣心寸草由来久,未敢封章达至尊。每见青郊陈麦饭,思乘春水到柴门。上书幸鉴愚情迫,当宁偏承诏语温。回忆此身依日月,芸编香案十年恩。"(《张英全书》下册,八七)其七云:"沛泽如天常覆物,报恩无地愧言情。迢遥江国三千里,一片葵心向日倾。"(《张英全书》下册,八九)众多诗作,或直接、或间接地表达了他饱受君恩,欲有以报的一片赤诚之心。体现了中国传统文人知恩图报的美好品德。

2. 应制诗的地位和影响

康熙四十九年十月二十四日,康熙在给张英的谕祭文中,称其:"表典型于艺苑,播誉望于卿班。"(《张英全书》下册,五一一)乾隆皇帝在《赐碑文》中称:"文章尔雅,恒领袖乎清班。"(《张英全书》下册,五一三)清代前中期最重要的几位皇帝对张英文章的评价是相当高的。且张英在朝为官时,康熙皇帝对张英的喜爱,是朝野所共知的。上有所好,下必效焉。张英诗歌在当时,成为天下词臣研习的范本,出生在康熙朝、成长于雍正朝、成功于乾隆朝的诗人领袖沈德潜在《清诗别裁》中说:"本朝应制诗共推文端,入词馆者,奉为枕中秘。"(《清诗别裁》)他的诗歌,在当时成为词臣掌中之宝和重要研习对象。就其时代影响而言，张英应制诗的时代影响不亚于初唐时期名扬天下的上官仪，也不亚于北宋初年让天下"一时争效"的西昆诗人，以及明朝初年"三杨"。他们的共同点在于：他们生活的年代都是在新王朝建立不久，国家局势正由上升走向兴盛的历史时期；他们都要以宫廷诗人身份，用诗歌来"鼓吹升平"、"润色鸿业"，为升平盛世歌唱。在中国文学史上，上官仪、西昆诗人、"三杨"及沈德潜等宫廷诗人，他们的地位都得到了肯定，但张英在清代宫廷文学中的地位却至今只字未提，不能不说，这是一个很大的遗憾。

（二）其他类型的诗歌

除了应制之作，张英还有更多的诗歌作品。事实上，他从小就开始学习写诗，而且早年就名闻乡里，与同里齐邦直、潘江、张杰、许来惠切磋诗艺，号称"龙眠五子"。（张英《许伊蒿先生传》）他前期诗歌有《存诚堂诗集》二十五卷，后期诗歌有《笃素堂诗集》七卷，张英曾自作诗序云："余自束发学为诗，今自顺治己亥年以迄于康熙壬申约略凡三十四年，存其诗若干首，为二十五卷。自幼至老，多好言山林、农圃、耕凿之事，即与人赠答往来，游历之所至，亦不能离乎此。迨年五十以后，山林之思益迫，引退之思愈急，每不惮其言之重复而恒苦出于不自觉，殆欧阳子所谓年益加老，病益加衰，而其心渐迫，其言愈多者与？余自弱冠即抱此志，每见才俊之士，著作非不多，当其言廊庙则志耽轩冕，言山林则志耽邱壑，一卷之中，忽而慕夔龙，忽而慕巢许，乍浓乍淡，倏近而倏远，情随境迁，心与物移，令人读之而茫然不知其志之所在。夫诗以言志，虽中更出处进退而无中变其志之事，洵如此，则其诗可知矣，则其人可知矣。余诗谫鄙，固多重复，而自少至老，止言其志之所在，而无暇计论工拙，聊可以免于读其诗不知其志之所在云尔，敢云望古人堂奥哉！"（张英，《存诚堂诗集自序》，《四库全书》集部第一三一九册，二七六）

从张英这篇序文来看，他自少至老，终身志向，在山林、农圃和耕凿之中。除了应制诗，他还有为数不菲的其他诗作。下文试就其重要方面，略作介绍。

1. 田园诗

顺治十七年，张英避兵山中，书所触目，得《己亥秋日避兵山中书所触目二首》，其二诗云："悯农诗苦何堪读，此景山中尽日看。处处印泥惊虎迹，家家葺屋卫牛寒。荷锄晚岁无衣惯，种豆频年得食难。正对盘中增愧色，野人偏与劝加餐。"（《存诚堂诗集》卷九；《张英全书》中册，一八一）该诗叙说了当时民生的艰难，和他自己面对劳动者时自我羞惭之感。当时作者才二十三岁，很年轻的时候就自发地表现出一种悯农情怀。又如其《郊行》诗云："性拙寡所谐，蚤岁归田园。篮舆游近郊，指顾农家村。暖暖茅茨接，依依桑柘繁。今年雨泽时，耕获及高原。良苗怀好风，浅碧翻波痕。叹彼耨者劳，汗滴秋禾根。我独饱稻粱，毕世惭君恩。"（《张英全书》中册，一〇三）这首诗写他早岁归田，游赏郊外，看到农村风调雨顺，一派欣欣向荣的丰收气象，并由此引发作者对农人劳动的辛劳和自己不躬耕南亩，也能饱食稻粱的羞惭之感。

从上述二诗两看，张英早期虽关心农民疾苦，面对农人的辛勤劳动，甚感羞惭，也很欣赏碧波万顷的丰收气象，但他并没有将自己当成是农民中的一员。这与他在后来创作的田园诗中，直接将自己融入诗中的农夫形象，表达一种躬耕南亩的快乐心境是有差别的。

如他的《拟古诗五首》（《张英全书》中册，七）其一《陶渊明田园》："谋生固有道，委情在耕凿。但勤四体力,勿嫌岁收薄。策杖看良苗,吹香如杜若。好风动平畴,垄间自舒约。"写他亲自参加劳动的快乐。其二《谢康乐游山》:"将游浮渡山,言登细石岭。……倘许结茅茨,尘滓可长屏。"其三《左太冲招隐》:"千岩一径入,修竹隐精庐。柴门尽日掩,中有幽人居。好鸟落翠岑,文鳞戏清渠。啸傲弄朱弦,坐起携琴书。天风鼓长松,庭际鸣笙竽。愿言招印友,此境常自如。往归沮溺贤,春田良可锄。"这些诗表达了作者祈愿避世的理想和对栖隐中耕读生活的赞美和享受心境。

又如《拟古田家诗六首》(《张英全书》中册,五)其一云:"柴门拥溪水,溪响无朝昏。农夫荷锄倦,独倚秋树根。顾我田畴好,念我桑麻繁。脉脉不能语,感兹风雨恩。风雨岁时熟,古俗今犹存。遥指烟生处,亲戚满前邨。稚子驱鸡犬,夜来忘闭门。何以酬清时,努力从田园。"

比读一下东晋诗人陶渊明的《归园田居》(其三):"种豆南山下,草盛豆苗稀。晨兴理荒秽,带月荷锄归。道狭草木长,夕露沾我衣。衣沾不足惜,但使愿无违。"张英诗中的农夫形象几可与陶诗中的农夫形象混为一体。陶诗中的"晨兴理荒秽,带月荷锄归"与张英诗中"农夫荷锄倦,独倚秋树根"正好前后相随,衔接成一体。第三联前一句"顾我田畴好"与陶诗中的"草盛豆苗稀"气象完全不同,这是反用陶诗的意境。而"念我桑麻繁"句中以极具乡村风味的"桑麻"意象,让人感受到孟浩然的田园诗代表作《过故人庄》中"对酒话桑麻"的那种朴素平易的乡村生活。第四联"脉脉不能语,感兹风雨恩",农人深情地看着自己的庄稼,无言中感念起大自然给予的这份恩赐。这种感念既是对农夫普遍心情的表达,也是作者本人对于天地的那份敬畏之情的表达。第五、六联"风雨岁时熟,古俗今犹存。遥指烟生处,亲戚满前村",本句中兼用杜牧《清明》诗中"牧童遥指杏花村"之句的字面和意境,以"遥指"、"烟生"二词传达出一种乡村情趣。第七联"稚子驱鸡犬,夜来忘闭门"中"稚子驱鸡犬"的活动描写,鲜明、生动,富于生活气息。第八联"何以酬清时,努力从田园",以直接抒情的方式,表达了遭逢盛世的农人,准备以努力耕作来表达他对于所处时代的感激和热爱之情。在这首诗中,作者化用了诸家田园诗中的意象和意境,有陶渊明、王绩、孟浩然、王维、杜甫,但又不失其个性,以《拟古田家诗》的方式,展现了家乡桐城独特的田园生活美、乡村情趣美。

其二:"昔爱诵《豳风》,亦常歌《小雅》。桑柘栖鸡豚,结庐在中野。春菑方扶犁,秋禾倏盈把。野老乐时和,高枕瓜棚下。田家老瓦盆,新醪月中泻。击鼓赛先农,调瑟娱方社。何必桃花源,此境足潇洒。风尘久误人,我岂悠悠者。"这首诗描写的是一派丰收、富足、愉快、自乐的乡村生活情境。诗中说"何必桃花源,此境足潇洒",表达了作者对这种田园生活的向往与热爱之情,而"风尘久误人,我岂悠悠者",则是对自己身在朝廷的处境的一种无奈之情,与陶渊明所言"久在樊笼里","误入尘网中"的想法是一致的。沈德潜说他"有陶处士之气",可谓知言。

其三:"新晴土膏动,原上春草生。陂塘引碉壑,活活春水鸣。桑阴悦好鸟,布谷时一声。夜来饱饭牛,朝来从耦耕。耦耕一畦毕,淡泊心无营。偶然召邻叟,索取壶觞倾。高谈视天壤,把酒欢平生。面无忧喜色,胸无宠辱情。始知于陵子,灌园逃公卿。"本诗前三联描写了一幅万象更新、生机活泼的乡村图,和一位"面无忧喜色,胸无宠辱情"的豁达超然的村夫形象。

沈德潜评价这一组《拟古田家诗》云:"感风雨恩,忘宠辱念,寻常田父有此襟抱耶?题云《拟古田家诗》,公之寄托,盖在陶处士一流人矣。"(《清诗别裁集》)诗中"感风雨恩"的情怀,是一种近乎圣人才有的"天地敬畏情怀",而"忘宠辱念"的姿态,则是儒家知识分子那种"不以物喜,不以己悲"的豁达、超旷情怀。张维屏《国朝诗人征略》中以"面无忧喜色,胸无宠辱情。始知于陵子,灌园逃公卿"为奇句摘引。(《清代人物传记丛刊》第二一册,三〇九)

总之,在这组拟古田家诗中,作者以讴歌的笔调描绘了他心中的田家生活,表达了他对隐逸田园的生活的向往和他对那个时代发自心底的热爱之情。

2. 咏史诗

张英爱读书,淹通经史之学,他在解经的过程中,能将历史事实信手粘来,这在《易经衷论》和《书经衷论》中常有。在他的集子中,有一些咏史诗,借历史人物、事件,抒发自己的见解,深刻独到,不同凡响。他的《读汉书十首》其四云:"壮哉霍子孟,易置多英风。离席按剑时,发议惊群公。走马杜鄠间,曾孙方困穷。手挈天子玺,授之咸阳宫。海枯石可烂,孰能訾其功。珠襦黄金匣,甫葬茂陵东。狐鸣尚冠里,妻子烟尘空。秅侯杀弄儿,累世兀其宗。子孟庇阿显,九族罹悯凶。割爱与殉私,延促霄壤同。臣术惟敬慎,庶几保厥终。"(《张英全书》中册,八一)该诗通过对博陆、秅侯这两个生平行迹和结果大不相同的两个历史人物的比较,一则身后族诛,一则赏延于世,在"殉私"与"割爱"不同。他提倡"割爱",反对"殉私",认为作为臣子,惟有敬慎,才能"永保厥终"。这首诗表达了他高超的为官处世之道,足以为天下臣子法,沈德潜点评这首诗:"敬慎以昭臣道,事君者其知所法诚焉。"(详见《清诗别裁集》)

还有《读元道州贼退示官吏诗慨然有作》云:"我爱元次山,诗篇独简质。短章如长谣,仁心自洋溢。至欲委符节,甘心就鱼麦。昔人志康济,岂云耽暇逸。置身君民间,无能澹忧恤。汗颜拖长绅,不如腰带铚。贤哲耻旷官,斯义久萧瑟。谁无湖畔山,浩歌抚遗帙。"沈德潜评这首诗道:"次山之欲归老江湖,非耽高隐,为不能救时恤民,不得已而甘就鱼麦也。康济之心,特为表出,近日司牧者尚敬闻此言。"(《清诗别裁》卷九)

中唐诗人元结以高度的现实主义精神,在《贼退示官吏》诗中痛斥战乱后官吏不顾百姓死活,对受灾后百姓横征暴敛、鱼肉百姓的现实,表达了作者对苦难中百姓的同情以及其作为官吏一员,他宁愿辞官归隐,也不愿做残民邀功的贤臣的决心。他认为作为一名官员,若不能拯救苍生,不如归隐江湖,强如与虎狼为伍。张英以"我爱元次山"直抒胸臆,对元结的这种爱民、忧民精神大加赞叹。这首诗体现了张英以百姓之心为心的仁民精神。

又如《严陵江》诗:"千嶂桐庐道,清风几溯洄。不知天子贵,犹是故人来。垂钓本无意,披裘亦浪猜。翻嫌人好事,高筑子陵台。"(《张英全书》中册,二三二)严子陵隐居垂钓,光武帝派人请之,不仕。关于严子陵和光武帝的故事,唐朝以来,歌咏者数以百记,或咏严陵与光武帝的故事,或咏严陵隐士形象,大体不脱史事本身。但该诗却别开思路,避开前人所咏的问题,显得更胜一筹,尤其是"翻嫌人好事,高筑子陵台",表达的是一份根本无意声名的真隐情怀,这种高致,是一般诗人所不能达到的。所以沈德潜说:"王贞白诗

后,赋严陵者,俱落坑堑,此篇不着议论,笼罩一切,可以追踪古人。"(《清诗别裁》卷九)

3. 咏物诗

张英一生生活清廉,无不良嗜好,惟爱种花植草,他在《聪训斋语》中说:"予生平嗜卉木,遂成奇癖,亦自觉可哂。细思天下歌舞、声伎、古玩、书画、禽鸟、博弈之属,皆多费而耗物力,惹气而多后患,不可以训子孙。惟山水花木差可自娱,而非人之所争。草木日有生意,而妙于无知,损许多爱憎烦恼。京师难于树植,艰于旷土,书阁中置盆花数种,滋培收护,颇费心力,然亦可少供耳目之玩。琴荐书幌,床头十笏之地,无非落花填塞,亦一佳话也。"(《张英全书》上册,五二三)或静坐一室,或游山访水,总免不了讴吟几首,在他的诗文集中,有大量的咏物诗,有些诗颇有奇境,值得一读。

如他的《牡丹》诗:"万叠罗衣倚画栏,沉香亭畔昔同看。和风梦暖红珠帐,晓露光凝赤玉盘。粉颊微痕脂欲透,绛绡斜映锦成团。上林三月花千种,更有何花压牡丹。"(《存诚堂诗集》卷九)该诗第二联从牡丹的色、光、形上对牡丹进行描写,第三联则宕开一笔,展开想象,将其比作粉面含春的女子,写出牡丹的雍容富贵之态。最后一联"上林三月花千种,更有何花压牡丹",指出牡丹花中之王的特殊地位。语含奇境,作者这是在写牡丹,实质上也是对自我人格一种评定。

张英一生酷爱花卉,但众花之中,最爱的还是梅花。他在家乡龙眠和京城寓所都种有梅花,一生作梅花诗无数。早年,他就作有《梅花诗三十首》,以大型组诗的形式,从各个方面、各个角度对梅花形象进行写照,托物言志,寄托遥深,令览者称奇。现摘录几首如下:

其二:苍枝经岁古苔封,忽点疏花在暮冬。时近艳阳应有待,天怜寒谷若为容。床头屋角香先透,月下溪边影自重。此际与谁同晚节?层岩冻雨滴青松。

其三:一天雪意压明缸,臞骨棱棱战未降。老树数花开隔岸,春风昨夜渡寒江。遥怜瘦影临官阁,静对香痕落纸窗。可惜黄莺啼不到,任他山雀自双双。

其四:清溪茅屋复疏篱,临水临檐初放时。雪里自支高士骨,帘前欲点美人眉。疑传沧海珠林种,谁琢空庭玉树枝。偏以岁寒为令节,旁人错认晓风吹。

其五:朱梅几树绕山扉,爱尔偏当雪正霏。掩映珊瑚银海浪,轻笼红玉白绡衣。也知冰骨姿原冷,未觉琼枝体太肥。长信祇今推第一,浓将香粉抹杨妃。

其九:孤情未易与时谐,只合龙钟傍鹿柴。草阁梦回依纸帐,山桥花落衬芒鞋。

其十:潇湘神女和烟立,姑射仙人踏雪来。盘屈盆中非所愿,羡君犹傍水仙开。

其十八:嫩蕊疏枝影自交,一帘新月映花梢。纵横字体摹张旭,冷落诗情托孟郊。折得晚香兰可伴,惊闻清唳鹤还巢。嘉名异日传调鼎,记取蟠根在草茅。

其二十:无数寒花发旧柯,闲庭从此苦吟多。十分春信劳青帝,一点芳心托素娥。开落总宜人澹荡,醉醒偏称影婆娑。布帘香透寒灯暗,听我清狂彻夜歌。(《存诚堂诗集》卷九;《张英全书》中册,二○一—二○五)

康熙初年,张英以其《梅花诗》示同门师弟归允肃,归为作《梅花诗序》云:"讽诵之下,顿觉寒香沁人肺腑，秀骨凌然，幽韵独绝，乃益叹张子之命意深而托兴远也。夫张子以研京练都之才，敷扬藻绘，笔吐星汉之华，气含风雨之润，异日者，劗象管以润色鸿猷，称燕许巨工于是乎在，而独于梅花乎讽咏之不置，何哉？吾谓诗以言志，张子之诗，非拘于诗以为诗也，当其性情所寄，而讽咏形焉。故其油然之光，苍然之色，溢于笔墨之表，见之者以为姑射神姿，非复人间烟火。古云：'冰雪净聪明'，又云：'骨重神寒天庙器'，张子兼而有之矣。宋广平作《梅花赋》，古人谓公端方直谅，而为文正复娟娟方尔，不知其幽姿劲质，不辞霜雪，独挺寒岩，正可于此见立朝之节，岂仅疏影横斜、暗香浮动争胜于孤山浅水之间已哉！故读张子之诗者，当思其命意托兴之所在。噫！此九龄之丰度，非同张绪之风流也。则谓今日之张子即当日之广平可也。"（《归宫詹集》卷二，一，《清代诗文集汇编》第一五八册）

张英的《梅花诗三十首》和归允肃的《梅花诗序》都作于张英中式进士之前，但归允肃能从这组《梅花诗》中读到张英独特的人格和品味，谓其"异日者劗象管以润色鸿猷，称燕许巨工于是乎在"，从中预见到他将来必领袖清班的地位，以张九龄许之，并指出他这一组诗"命意深而托兴远"，"读张子之诗者，当思其命意托兴之所在"。不仅如此，康熙十五年，时为谕德的张英，将他的诗集交由友人王士禛评定，王读其《梅花》诗，惊其出语不凡，预言曰："'嘉名他日传调鼎，记取蟠根在草茅'，宰相语也。"（蒋寅，《王渔洋事迹征略》，二二一）后果验。

张英的诗歌观念，强调吟咏真性情。他的咏物诗大都有所寄托，或是其不凡人格的写照，或是其清静无为、与世无争心理的反映，基本上是在自然吟咏自己的真性情。

4. 抒情诗

在张英诗集中，除了上述写景咏物诗外，还有更多的如《归卧》《蚤起》《桑下读放翁集》《山雨》《入山》《北轩与内人晚坐》等日常生活诗，处处抒写性情。如其《偶然作》云："胸怀不复贮纤尘，鸟语蝉吟听转亲。总藉云山消世味，常将藜藿买闲身。衣冠队里离群客，书卷中间有数人。忘却东窗惊蚤白，年来方觉黑甜真。"（《存诚堂诗集》卷一九；《张英全书》中册，四〇〇八）诗中抒发了作者远离官场，心无杂念，寄身云山之中，听鸟语蝉吟，在读书闲吟中与志趣相投的古人对话的惬意生活。又如其《中年》诗云："中年万事不相关，惟见林峦一破颜。出处规模钱若水，诗篇枕藉白香山。五官用尽都成拙，百计轮来未胜闲。陌上樵人时放担，听予高咏落花间。"（《张英全书》中册，四二八；《存诚堂诗集》卷二〇）诗中表达了不挂心世事，读书吟咏于山水之间的独特乐趣。

同样，他的《倚徙》诗也表达了他归避世事，于林石间自得其乐的生活追求。诗云："俗尘吾久怯，幽事剩相关。有树皆围屋，无窗不见山。惜阴常恐晚，锄地莫教闲。倚徙林间石，从沾碧藓斑。"另有《山居即事二首》也表达了谢绝俗缘、"倚徙林石间"的隐逸情怀。其二诗云："久向尘嚣谢俗缘，闲中忙事亦幽偏。露垂自翦当门柳，雨过来扶蘸水莲。分涧每教烹绿雪，履霜时复弄朱弦。枕前榻畔知何有，陶白遗诗只一编。"（《存诚堂诗集》卷二〇；《张英全书》中册，四四一）正如张英所言，自幼至老，他"好言山林、农圃、耕凿之事，即与人赠答往来，游历之所至，亦不能离乎此"。他在《聪训斋语》中说："予无嗜好，惟酷好看山种树。昔王右军亦云吾笃嗜种果，此中有至乐存焉。手种之树，开一花，结一实，玩之偏爱，食之益甘，此亦人情也。阳和里五亩园虽不广，倘所谓有水一池，有竹千竿者耶？花有十二种，每种得十余本，循环玩赏，可以终老。城中地隘，不能多植，然在居室之西数武，花晨月夕，不须肩舆策蹇，自朝至夜分可以酣赏饱看一花一草，自始开至零落，无不穷极其趣，则一株可抵十株，一亩可敌十亩。山中向营赐金园，今购芙蓉岛，皆以田为本，于隙地疏池种树，不废耕耘，阅耕是人生最乐。"（《文端集》卷四五，一〇）吟啸林泉，在花开花落中，以阅耕为人生至乐，是张英特殊的生活追求。

纵观张英一生作品，在人生的不同时期，他的诗歌作品中所表达的情怀是有差异的。年轻时代虽也模山范水，但也曾为仕途不遇而感慨，在进入仕途之前，他的诗歌中充满了高情逸致，如他的《牡丹》和《梅花诗三十首》那样，他在自然的花草身上，寄托着一个不同凡俗的自己，对仕途充满着希望。进入仕途以后，他的人生态度发生很大转变，他说："予自谕德后即无意仕进，不止无竞进之心，且时以陨越为惧。"（《张英全书》上册，五一一）但结果是他的官越做越大，"由讲读学士，跻学士，登亚卿、正卿，皆华膴清贵之官"（《张英全书》上册，五二二）。他是安于知命的，只是没想到他的命太好，不想做官都不行，平心而论，他更愿意像二兄湖上先生那样，做一个世间隐士，就像他在诗中反复吟唱的那样，"窗间叠膝焚香坐"（《此味》，《存诚堂诗集》卷一九；《张英全书》中册，四一一），"胸怀不复贮纤尘"。

他的《自题新诗后》云："卷中何处著纤尘，句句新诗自写真。留向人寰任埋弃，千秋定有爱予人。"（《张英全书》中册，四一六）他心无尘念，句句写真，他相信经过时间的洗礼，千秋之后，定然有爱他的诗，与他会意于心之人。

5. 写景诗

张英有一部分写景诗，也不乏佳构，如《七月十七日夜将晓金水桥看月》诗云："万井鸡声绕建章，西清云树转苍茫。石桥倒影看残月，金水微波动蚤凉。曙色觚棱先送晓，露华松柏暗生香。几年坐听南宫漏，千步廊前数雁行。"（《存诚堂诗集》卷一四；《张英全书》中册，三一二）

又如《早经玉蝀桥》诗云："新荷香在叶，芳草露为华。碧瓦迷朝雾，红亭接曙霞。几年骑马客，鞭影起林鸦。"（《张英全书》中册，三三五）

《晚春郊外二首》其一："平郊一道踏晴沙，春色留人春日斜。紫燕飞时穿柳絮，黄鹂啼处落松花。幽溪水饮青丝骑，碧草香承油壁车。日暮苦吟何所羡，远村如画两三家。"（《张英全书》中册，一八〇）多清微淡远之音。

五、其他文体创作

张英的作品，除了他存世的三部诗集外，还有文集十六卷，包括赋、颂、表、疏、序、传等各种文体。这里笔者就其文学性较强的赋体文学和传序等散文略作介绍。

（一）赋

《笃素堂文集》卷一收其赋文八篇。前六篇《瀛台赐宴赏花赋》《喜雨赋》《南苑赋》《懋勤殿秋兰赋》等，属于宫廷应制作品。后两篇《赐金园赋并序》《双溪芙蓉赋》写的是他个人居住环境，主要是吟咏个人性情。

《瀛台赐宴赏花赋》，是康熙皇帝瀛台赐宴群臣并赏花时，应制而作。文章共分四个部分，先写瀛台的山水林泉之美，亭台楼阁之胜，时而按方位顺序描绘，时而以类分述瀛台景致,如"其为桥也,……其为木也……其为舟也,……"。又有百果之园,仙(益鸟)繁华。……"外则……,内则……,上则……,下则……",变换笔调角度,把园中之景,写得井然有序。其次,极力描绘荷花情态,如"新荷满汀,红蕖吐艳,……",摹形写神,意态横生。接着写君臣宴赏之乐,"圣心载悦,群工咸休",最后不忘发挥汉赋的劝讽功能,希望君臣"上下交励",共图大业,为舟为楫,为民父母,"心实周乎四海与九州",号召君臣以天下国家为念。

《喜雨赋》中先写盛夏炎炎,久旱未雨的背景;接着交待康熙皇帝关心民瘼,斋戒三日之后,亲自为百姓祈雨,第二天,果然乌云大作,大雨应时而至。文中描写大雨欲来及大雨滂沱而下时,以情语写景,情景交融,把雨势和心情一并表达了出来。文云:

云油油而被天,雷隐隐而出地,雨霏霏而入帘,风依依而生袂。听静夜之霡濡,爱官槐之含翠。此盖睿念之方兴,已获上灵之报赐。致斋三日,时维厥明。天子乃御轻辇,听鸾声,享圜丘,礼太清。荐紫坛之圭璧,奏玉琯之《韶》《頀》。穆穆乎,皇皇乎,睹千官之肃,而咸师一人之诚。法驾载旋,爰居爰处。惟德动天,翼日而雨。石燕双飞,商羊对舞。云兴于西,日之方午。始而度凤城,过龙楼,气霭霭而如暮,声飒飒而兼秋。浩乎如风樯阵马之疾,沛乎如江涛波影之流。已而滴沥飘扬,滂沱汪濊。细珠溅于罘罳,飞点侵乎绮缀。其泛碧落而下也,若九天之瀑布,高转于银河;其缘鸳瓦而注也,如百道之飞泉,下垂于玉砌。

另外,他的《恋勤殿秋兰赋》,也是一篇很好的咏物赋。文章开头从高处落笔,首写秋兰与众不同的品格。文云:"臣闻兰之生也,隐于空山,被于幽谷。其守贞也,虽无人而亦芳;其德馨也,不因风而自续。是以尼父发猗兰之歌,郢客和幽兰之曲。当其植根九畹,毓秀三湘,昔作骚人之佩,古称王者之香。名楚台而留赏,启汉殿而发祥。"将幽兰的高雅品质与皇家生活联系起来,紧扣"恋勤殿秋兰"运思。又描其形貌,写其品质云:"娟娟自赏,既媲美乎幽人之洁;亭亭独立,复比德于君子之清。以兹高致,怡我皇情。""何馥馥之袭人,每帘动而香起。""风入户而虫鸣,月临轩而人静。绕灯开历乱之花,隔幔送参差之影。"将秋兰的幽洁、芳香及其婀娜参差之美,全方位进行表现。"喜君心之见珍,荷遭遇之良难。"最后歌曰:"有香草兮华且滋,邻玉树兮与紫芝。自楚泽兮来轩墀,枝挺生兮花离离。感君恩兮欣自持,观秋兰之独茂兮,岂微草之无知?"读其篇章,所咏寄身殿阁,感念君恩而又清操自持的秋兰,似乎就是作者自我处境和心意的一个类比,分明是一篇托物言志之作。

再如他的《赐金园赋》一文,也不失为情景俱佳的上乘之作。

文中前面部分重在全方面描写赐金园山水林泉之胜及其中的人文景观。先按方位顺序,"其西轩也,……其南轩也,……其东轩也,则历幽篁之宫,入古梅之里。……中则有堂名'香雪',楼称'鹤背'。"接着分类介绍,"其室,则南窗北牖,延爽招凉,碧纱外卷。……其亭,则也红倚山,曲江临水,芙蓉溪亭,在河之涘。……其圃,则早韭百本,晚菘一畦。丹茄紫姜,霜薤露葵。……"如此,将各处景观之盛有条不紊地描写出来,语言清新淡雅,婉转自然。

文中最后两段写身处其中、其乐融融的自己：

> 先生之处此也，谢轩冕，远尘嚣。叹人生之形役，悯机事之日劳。惟白云之可怡，誓栖息于林皋。旷天地而睥睨，何有乎蜾裸之与二豪。爰因四序，周乎四轩，抱书携笈，移琴挈尊，逐花时之早晚，量风日之凉温。拥万轴于坐隅，手一编而朝昏。怀古人之可见，接羲轩而道存。尔乃葆光味腴，崇简敦素，息虑屏思，纳新吐故。惟万物之齐观，常蔬水而自裕。时则佳辰淑景，日丽风和。或蹋径草，或倚庭柯，或攀危凳，或临素波。珍禽啼而未歇，锦鳞聚而遂多。濯尘缨于磐石，藉文茵于浅莎。翘首天地，临风浩歌，落花落叶，伤如之何！
>
> 当其春雨一犁，其耕泽泽。麦覆四陇，草回南陌。鱼戏春水生，鸠鸣杏花白。先生乃服春衣，振轻策，循陇亩而劝农，眺春云而自适。迨夫秋潦澄清，木落群岫，柏弄色于寒初，枫染丹于霜后。千岩烂若披锦，万壑殷如钻绣。殊形异采，不可殚究。先生乃命巾车，挈茶铛，坐丹岩，临赤城。朱霞映乎朝旭，绛云弥于太清。较四时之景物，惟秋晚之莫京。其游迹所至也，则有寒潭澄碧，石马当路。飞泉媚笔，皎若纨素。带麓南村，沿溪别圃。修篁隐衲子之宫，茂树表贞臣之墓。纵步屦之所如，随攀涉而成趣。噫嘘嘻！四时之序有代谢，九逵之轨无终全。躬耕钓以自给，甘笋蕨而长年。慕彭泽之避世，希香山之乐天。侣春花与秋月，休吾生之自然。
>
> 歌曰：壑有涧兮山有岑，白云度兮笼轻阴。竹坞花田春似海，板桥流水闭门深。鸟隔树而关嘤，鱼喋藻而浮沉。鱼鸟各无意，听我归来吟。遥遥千载后，何人知我心！

此中文字写自己忘情世外，以云壑为家，栖身林皋，享自然之趣，以读书为乐，躬耕农亩，逍遥自由的人生向往。诗中清新优美的景致，高旷隐逸的情怀，无不令人羡慕。

总之，张英的赋文，与他的诗歌一样，台阁、山林兼而有之。文风随内容变化而有不同，或高华典丽、或清新淡雅，各有性情，不乏可读之篇。

（二）散文

不仅如此，其散文写作也有佳构，文学性较强的主要体现在传序类作品中，以《湖上先生传》为例：

> 先生清河仲子，名载，字子容。少倜傥，负气节。读书好奇，不屑屑章句。幼补博士弟子，年四十辄弃去，隐居于松湖之隈。先大夫授滨湖田数十亩，宅一区。门临大泊，可以畜鱼，岁发荷花数万挺。泊之外为长堤，左右接山麓，榆柳枫榴之属掩映堤上。堤之外为大湖，烟波浩渺，帆樯出没。绕湖则群峰矗立，黛色横亘。先生率妻子隐于其间，家才足稻粱布衣蔬食，晏如也。与五兄同居湖上三十余年，足迹不履城市，往还惟田夫野老，经年不见宾客，或婚嫁将会姻亲，前数日辄作恶曰，予岂耐衣冠而与人拱揖，……晚年以田产付诸子而自以渔为业，鲜鳞日给于笭箵，未尝乏绝。鸡豚蔬果菱藕之类无算，悉素所艺畜。客至亦罗列灿然，而未尝取给于市。于宅之左别构一

墅，去湖岸数十步，以便网罟。柳径柴门，绕土楼植桃千树，木槿、鞭蓉、杂卉称是，号曰"桃村"……予每于公卿间述先生行事，莫不低徊欣慕者久之。大司农泽州陈公诗："平生最爱江南客，晚岁心怜湖上翁。"叔兄曾官吴门，请老归。高致相颉颃，当时咸知吾家有湖上先生、吴门先生云。(《文端集》卷四三，一二)

《湖上先生传》，是张英为其二兄所写的传记。文中首先对二兄生平情况进行概要介绍，"先生清河仲子，名载，字子容。少倜傥，负气节。读书好奇，不屑章句。幼补博士弟子，年四十辄弃去，隐居于松湖之隈"。用简炼文辞，交待其人生大节，惜墨如金。然后，大笔墨描写其滨湖生活环境，由近及远，移步换形，娓娓有序。有开阔的宅前大泊，有湖上岁发的荷花，有远处榆柳枫榴之属掩映的长堤，长堤左右相连接的山麓，和堤外更远处的大湖：烟波浩渺，帆樯出没。绕湖则群峰矗立，黛色横亘。对湖上及其周边风光的描绘充满诗情画意，婉如一幅秀丽的风景画。

接着作者着重对宅前宅后近景，作细致的描绘，所谓"宅之前，极平衍轩豁，古树罗列，田壤绣错，目前之景皆可指而瞩也。宅之后，修竹乔松为先大夫手植，皆近百年物，鬱然深靓。"好一个鬱然深靓，古淡清幽之处。而他的三兄也率领妻儿，隐居在这样清幽的环境中，"布衣蔬食宴如"。二兄"与五兄同居湖上三十余年，足迹不履城市，往还惟田夫野老，经年不见宾客"，没有繁华尘世中的纷扰和纠缠，有的是桃花园境界和渔水之乐、自然之怡，这当然令身在朝廷、政务繁杂的张英艳羡不已。张英曾多次向他的同事及好友陈廷敬介绍他这两位幸福的老兄，引发陈廷敬的无限羡慕之情，并挥笔题诗，云："平生最爱江南客，晚岁心怜湖上翁。"

他的《湖上先生传》是一篇很成功的美文，饱含感情，语言清新，境界优美，言辞之间，作者对于田园生活的向往之情，溢于言表。除此之外，张英还有大量的声情并茂的传记作品，这里不再赘述。

除了人物传记之外，张英还有各种序文多篇，他的《麻溪吴氏宗谱序》尤其让人印象深刻。《序》云：

盖闻源远其流必长，本固者其枝必茂，德积盛者，其子孙必蕃衍昌大，以食其报于无穷。

吾邑麻溪吴氏，其先为神明之裔泰伯，得姓以传于今，凡八十一世。自太一公始迁于桐，嗣是而下，四世枝派最蕃，分为东西股。其东股则有方伯公、宫谕公、司马公，其西股则有廷尉公、黄州公，蝉联而起，代著伟人。

其以文章理学、经济事业显赫当时，焜耀国史。又皆有端方毅直、敦庞浑厚之德以教训其子孙，化导其乡人。而其以文学著名列在胶序者，皆博闻渊雅，苦志力学，以克守先人之训而伏处畎亩者，皆愿朴敬谨、节俭敦厚。故吾邑称德行者，必以麻溪吴氏为最。不特仕宦在朝，其功德福泽之所绵历者甚大；而伏处在野，其流风余韵之足以绵历其子孙者，更为广且大也。

故予谓姬姓之昌，肇启农事，其卜年卜世之久远，文昭武穆，凡蒋、邢、毛之布濩，璇源万派,全在于浑浑噩噩,历唐、虞、夏、商,耕田凿井所培养。所谓源之长,本之固,德积盛大,而其流不穷者,在陶复陶穴之时,而礼明乐备,特其所发挥者然也。(《张英全书》上册,三一一)

在文章第一段中,作者首先表明其"源远而流长,本固而枝茂,德积盛者,子孙必蕃衍昌大"的宗族思想。明家族昌盛,要以德为本,这是全文的纲领和核心。第二自然段,用几句话叙述了吴氏家族自神明以至今的发展历史,用一句话概括上古至今"凡八十一世"的繁衍历程,用两句话概括迁桐以来两股四世的发展格局,略古详今,简明扼要,短短数语,将吴氏家族发展历史及其当前格局描述得非常清晰,毫无悬念。第三自然段重点分述两类人的德行。入世者为"文章理学、经济事业显赫当时"者,隐逸者为"伏处在野"之人,两类人各有德行,或"博闻淹雅,苦志力学",或"愿朴敬谨、节俭敦厚",各得其所,其贡献于后世子孙者一也。叙述文字条理清晰,井然有致。第四自然段以跨越古今的大视野描述一个宗族如何"源远流长,本固枝茂,德盛子昌",照应文章的开头问题。

综观此序,详略得当,叙述得法,重点突出,逻辑严谨,笔势变化。句式时见整饬,文辞时见藻华,铺彩摛文与简洁平易结合,时高华、时简易,可谓舒张有度,融左史笔法与骈赋风格为一体,尤其是布局谋篇,非常巧妙,足见其一代文宗的行文功力。

当然,除了以上两篇很特别的散文之外,他还有更多的散文,称心而出,不事粉饰,如他的《红木轩纂册题辞》云:"古人于佳山水,凡游历之所经,耳目之所寓者,辄著为诗歌记序,以纪述其事,盖将使岭云烟树之奇、飞瀑鸣泉之胜,一展卷而可得,虽晤言一室之内,可以卧游于千里之外也。余尝谓人家古鼎传罇、法书名画以及奇葩异卉,凡接于目者皆当写为短句长吟,以曲尽其情状,载于卷帙之中,则不必其物皆为吾有,而吾与主人已各得其半矣。"(《文端集》卷四三)这样的文章,文风朴素淡雅,集中多有,兹不赘述。

关于他的著作,《四库全书提要》云:

> 英遭际昌辰,仰蒙圣祖仁皇帝擢侍讲幄,入直禁廷,簪笔雍容,极儒臣之荣遇,矢音赓唱篇什最多,其间鼓吹升平,黼黻廊庙,无不典雅和平。至于言情赋景之作,又多清微淡远,抒写性灵。台阁、山林之二体,英乃兼而有之。其散体诸文,称心而出,不事粉饰,虽未能直追古人,而原本经术,词旨温厚,亦无忝于作者焉。(《文端集提要》,《四库全书》集部一三一九册,二七五)

好友陈廷敬称其于"神明寄托,顾尝在丘中田间、野云流泉、岑寂闲旷之地,既操笔内庐,暨均衡台席,以经术润色廊庙,浃邑幽退,时以其意,发为咏歌,高文清思,孤行独赏。田家渔父,樵夫牧童,则储公之格高调逸、趣远情深也。在泉成珠,著壁成画,则辋川之秀词雅韵、意惬理精也。以至香山之挺出于长庆,苏陆之名擅乎南北,迹其流风,会其神解,皆超然于自得之余。此岂有意焉竞秀摛华,角一字句之荣名者哉?盖先生之所蓄积者然也。穷达不异其操,约乐不改其度,故其得于心而溢于辞者,有不蕲然而然者矣。先生之诗必传于后……"(《午亭文编》卷三七,二)

友人赵士麟在《笃素堂文集序》中的评价尤为全面:

> 吾读桐城大宗伯公文与诗,若有以启予者。先生禀光岳精灵之气,钟秀拔冲粹之质。凡天文地理之要,礼乐政刑之详,治乱因革之变,草木虫鱼之细,与夫百家众技之说,靡不究心。故其为文,瀚然而云雷兴,沛然而河海流,蔚然而蛟龙升,彪然而虎豹腾,煦然而百卉滋。秾丽之极,固若未易得其涯矣。及其造乎平淡渊微,则又若太羹玄酒,不假调胹而至味自具也。由公以《六经》为本根,《史》《汉》为波澜,诸子百家为奴隶,以修之身者而修辞,和之心者而和声,成之德者而成文。是以值鼎新之运,逢至圣之君,天纵睿哲,游心精一。公出入承明,身近光华,忠诚素贯,上厪睿知。凡雄文大册、黼黻制诰多出燕、许,况典章仪礼,则禘祫宗庙、山川百神之典,觐享宴庆、礼乐律历、衣冠之制,远方朝贡赏赍之仪,及宝册勋封、徽章鸿伐之文,一一论次撰述,使郁郁之盛远轶三五,而陋汉唐宋于不居焉。至于海内名山大川、释老之宫、王公墓隧之碑,得公文辞以为荣。片言只字,流传海内,咸知宝爱。文学德行,卓然名世,羽仪斯文,辉煌治具,岂浅鲜哉?

总之,作为皇帝的老师,太子的老师,太傅,张英将自己所知道的"内圣外王"之道教授给皇帝,成就了英明的大清皇帝,而自己却选择做一个栖心山林的平凡人。他的现实贡献得到了清代皇族的高度评价;他的经学成就,也得到了学术界的好评,他的《聪训斋语》《恒产琐言》,更是千古流传,被后人奉作"金玉良言",他的"片言只字",每被人"宝爱"。他是一位哲学家、教育家、学者、诗人、无为而有为的政治家,在清代政治、经济、文化发展史上,发挥过无形而有效的作用。他在政治上的崛起,为桐城文化繁荣昌盛,提供了有力的支持。

凡 例

一、为精简起见，本年谱起自崇祯十年，终至康熙四十七年，以谱主一生生平为主体。正文部分以其人生的重大转折点为分节点，分成七卷。重要的家世资料附入卷一。不再作世系繁琐考证。

二、为完整起见，对其身后相关大事，及其存世行述、传记资料一并收录，以求资料的相对完整。是为附录一、附录二。

三、《南书房记注》对于认识张英与康熙皇帝之间关系，了解张英在清代历史上的地位和影响，具有重要作用。该书所记内容，也是其重要的生平活动，故完整附录于后。是为附录三。

四、附录四收录时人或后人对张英诗文评论资料，以期从诗文角度认识张英成就及其时代影响。

五、附录五收录张英佚文，以期更全面收集谱主的著作成果，与《张英全书》配成完帙，利于更全面地认识谱主的创作面貌。

六、附录六收录友朋赠答作品，便于读者从文字细节中了解张英交游情况及相关内容。

七、附录七收录笔者研究谱主所得的相关成果，为了解谱主提供更多视角。

八、内容编排采用甲子纪年和公元纪年兼顾的方法。所有相关事件的时间都以农历为准。如文中"十二月十六日，张英生"，指丁丑年（1637年）农历十二月十六日，其他类此。

九、文中涉及各类相关人物，为方便读者理解人物之间的关系，将文中人物生平略予说明。普及性的历史常识不再标注其文献来源。

十、文中征引材料，有些事件多书并载，差异不大的，主要引用一种文献。其他文献名列述于后，便于读者查阅参考。差异较大的，同时收录，以便读者比读。文中引用材料，一一标明其文献来源。

十一、有些重要文献资料存在事实性的文字错误，笔者根据正确材料予以辨正。如

《张氏宗谱》中也有一些错误和疏漏，《康熙起居注》和《康熙实录》中有些内容记载也存在细微差别，如有确凿证据，加按语辨正，如不能，也将其列出说明。

十二、有些文献引用时，本身就有缺漏字处，文中用方框代替，并注明"原文缺"字样。

十三、正文所有材料包括文史多个方面。时间可准确确定年月日的按时间先后顺序排列。能确定月、季、年，但不能确定具体日期的资料，分别附于该月、季、年之末。不能确定年份的资料不录。

十四、张英存世诗文，对认识谱主思想或交游等有重要作用的，将具体内容予以收录，对认识谱主作用不大的作品，只列标题，具体内容从略。

目 录

序一 ………………………………………………………………………… 001
序二 ………………………………………………………………………… 001
前言 ………………………………………………………………………… 001
凡例 ………………………………………………………………………… 001

第一卷　崇祯十年至康熙六年 ……………………………………… 001

　　崇祯十年（丁丑,1637 年）　一岁 ………………………………… 001
　　崇祯十一年（戊寅,1638 年）　二岁 ……………………………… 009
　　崇祯十二年（己卯,1639 年）　三岁 ……………………………… 011
　　崇祯十三年（庚辰,1640 年）　四岁 ……………………………… 011
　　崇祯十四年（辛巳,1641 年）　五岁 ……………………………… 012
　　崇祯十五年（壬午,1642 年）　六岁 ……………………………… 012
　　崇祯十六年（癸未,1643 年）　七岁 ……………………………… 013
　　顺治一年（甲申,1644 年）　八岁 ………………………………… 015
　　顺治二年（乙酉,1645 年）　九岁 ………………………………… 015
　　顺治三年（丙戌,1646 年）　十岁 ………………………………… 015
　　顺治四年（丁亥,1647 年）　十一岁 ……………………………… 017
　　顺治五年（戊子,1648 年）　十二岁 ……………………………… 017
　　顺治六年（己丑,1649 年）　十三岁 ……………………………… 018
　　顺治七年（庚寅,1650 年）　十四岁 ……………………………… 019
　　顺治八年（辛卯,1651 年）　十五岁 ……………………………… 019
　　顺治九年（壬辰,1652 年）　十六岁 ……………………………… 020
　　顺治十年（癸巳,1653 年）　十七岁 ……………………………… 020
　　顺治十一年（甲午,1654 年）　十八岁 …………………………… 021

顺治十二年（乙未，1655 年）	十九岁		022
顺治十三年（丙申，1656 年）	二十岁		024
顺治十四年（丁酉，1657 年）	二十一岁		025
顺治十五年（戊戌，1658 年）	二十二岁		026
顺治十六年（己亥，1659 年）	二十三岁		026
顺治十七年（庚子，1660 年）	二十四岁		027
顺治十八年（辛丑，1661 年）	二十五岁		029
康熙一年（壬寅，1662 年）	二十六岁		029
康熙二年（癸卯，1663 年）	二十七岁		030
康熙三年（甲辰，1664 年）	二十八岁		032
康熙四年（乙巳，1665 年）	二十九岁		033
康熙五年（丙午，1666 年）	三十岁		034
康熙六年（丁未，1667 年）	三十一岁		036

第二卷　康熙七年至康熙十一年 ……………………………………… 040

康熙七年（戊申，1668 年）	三十二岁		040
康熙八年（己酉，1669 年）	三十三岁		042
康熙九年（庚戌，1670 年）	三十四岁		048
康熙十年（辛亥，1671 年）	三十五岁		053
康熙十一年（壬子，1672 年）	三十六岁		058

第三卷　康熙十二年至康熙二十年 ……………………………………… 063

康熙十二年（癸丑，1673 年）	三十七岁		063
康熙十三年（甲寅，1674 年）	三十八岁		072
康熙十四年（乙卯，1675 年）	三十九岁		074
康熙十五年（丙辰，1676 年）	四十岁		084
康熙十六年（丁巳，1677 年）	四十一岁		093
康熙十七年（戊午，1678 年）	四十二岁		104
康熙十八年（己未，1679 年）	四十三岁		117
康熙十九年（庚申，1680 年）	四十四岁		123
康熙二十年（辛酉，1681 年）	四十五岁		127

第四卷　康熙二十一年至康熙二十四年 ………………………… 134

　　康熙二十一年(壬戌,1682 年)　四十六岁 ………………………… 134

　　康熙二十二年(癸亥,1683 年)　四十七岁 ………………………… 143

　　康熙二十三年(甲子,1684 年)　四十八岁 ………………………… 150

　　康熙二十四年(乙丑,1685 年)　四十九岁 ………………………… 154

第五卷　康熙二十五年至康熙三十七年 ………………………… 160

　　康熙二十五年(丙寅,1686 年)　五十岁 …………………………… 160

　　康熙二十六年(丁卯,1687 年)　五十一岁 ………………………… 166

　　康熙二十七年(戊辰,1688 年)　五十二岁 ………………………… 172

　　康熙二十八年(己巳,1689 年)　五十三岁 ………………………… 175

　　康熙二十九年(庚午,1690 年)　五十四岁 ………………………… 185

　　康熙三十年(辛未,1691 年)　五十五岁 …………………………… 189

　　康熙三十一年(壬申,1692 年)　五十六岁 ………………………… 194

　　康熙三十二年(癸酉,1693 年)　五十七岁 ………………………… 197

　　康熙三十三年(甲戌,1694 年)　五十八岁 ………………………… 201

　　康熙三十四年(乙亥,1695 年)　五十九岁 ………………………… 208

　　康熙三十五年(丙子,1696 年)　六十岁 …………………………… 215

　　康熙三十六年(丁丑,1697 年)　六十一岁 ………………………… 222

　　康熙三十七年(戊寅,1698 年)　六十二岁 ………………………… 229

第六卷　康熙三十八年至康熙四十年 …………………………… 235

　　康熙三十八年(己卯,1699 年)　六十三岁 ………………………… 235

　　康熙三十九年(庚辰,1700 年)　六十四岁 ………………………… 243

　　康熙四十年(辛巳,1701 年)　六十五岁 …………………………… 249

第七卷　康熙四十一年至康熙四十七年 ………………………… 256

　　康熙四十一年(壬午,1702 年)　六十六岁 ………………………… 256

　　康熙四十二年(癸未,1703 年)　六十七岁 ………………………… 261

　　康熙四十三年(甲申,1704 年)　六十八岁 ………………………… 266

　　康熙四十四年(乙酉,1705 年)　六十九岁 ………………………… 268

　　康熙四十五年(丙戌,1706 年)　七十岁 …………………………… 272

康熙四十六年(丁亥,1707年)　七十一岁 …………………………………… 274

康熙四十七年(戊子,1708年)　七十二岁 …………………………………… 277

附录一　身后事 ……………………………………………………………… 283

附录二　行述、传记 ………………………………………………………… 290

附录三　《南书房记注》 ……………………………………………………… 310

附录四　诗文评 ……………………………………………………………… 364

附录五　佚文 ………………………………………………………………… 366

附录六　友朋赠答作品 ……………………………………………………… 390

附录七　张英著作及其刊刻流传考 ………………………………………… 398

主要参考文献 ………………………………………………………………… 417

后　记 ………………………………………………………………………… 423

第一卷　崇祯十年至康熙六年

崇祯十年（丁丑，1637年）　一岁

二月二十日，从兄张克任生。叔秉宪五子。

　　按：张克任，字子尹，号筼谷，治《诗经》。生明崇祯丁丑年二月二十日，卒康熙辛丑年正月初七日，享年八十有五。配江氏，文学讳之汉女，生明崇祯乙亥年九月初三日，卒康熙戊子年二月十九日，享年七十有四。二子：廷珏、廷祜。五女：长适监生方文焕；次适考授县丞胡上浑；三适江映方；四适考授迪功郎胡上洲；五适祝绳祖。(《张氏宗谱》卷四，二四)

七月二十七日，从兄张克佐卒。

　　按：张克佐，张秉成次子，字子猷，治《诗经》，郡廪生。生万历癸丑(1613年)年十二月初八日，卒崇祯丁丑(1637年)年七月二十七日。配马氏，赠奉直大夫敕旌孝子讳懋襄女。生万历丙辰年十月三十日，卒崇祯辛巳年四月二十三日。一子：麟。一女适荫生左震，左国柱子。(《张氏宗谱》卷四，二六)

八月二十七日，从兄张克仪卒。享年二十岁。张秉宪长子，配吴氏，无传。(《张氏宗谱》卷四，二二)

十二月十六日，张英生，字敦复，自号乐圃。

敦复的命意。

　　在《周易》六十四卦中，有"复"卦，张英解云："复者，阳虽孤处方盛之时，阴虽众处将退之时，而且震动于下，坤顺于上，动而以顺行，故为复也。"又云："复者，天地阴阳之候，人心善恶之几，循环而不已者也。微复则天人之理几息矣。在天地，为冬至一阳之候；在人心，为平旦之气。"又云："复有五等。复之初者，善也。'不远复'是也。复之始终不渝者，善也，'敦复'是也。资于人以为复者，亦善也，'休复'是也。处流俗之中而克自振奋者，亦善也，'中行独复'是也。见之不真，守之不固，或得或丧者，犹可冀其至于善也，'频复'是也。至'迷复'而始不可道矣。复有六爻，而圣人许之者多，绝之者少，所以广迁善之途也夫。"(《易经衷论》卷上)

后因慕中唐诗人白居易之乐，自号乐圃。

《聪训斋语》云："香山，字乐天，予窃慕之，因号曰'乐圃'，圣贤仙佛之乐，予何敢望？窃欲营履道，一邱一壑，仿白傅之'有叟在中，白须飘然'，'妻孥熙熙，鸡犬闲闲'之乐云耳。"（卷一）

张廷玉《先考行述》云："英字敦复，号圃翁，先世自豫章迁桐，六世而高王父怀琴公成隆庆戊辰进士。筮仕永康令，举循良第一，所至廉能著闻，历官至大中大夫、陕西布政使司左参政。曾王父恂所公，以文学封中宪大夫、抚州府知府，赠正议大夫、广东按察使。先王父拙庵公以明经考授别驾，封文林郎、内文院庶吉士加一级。三世俱以府君贵累诰赠光禄大夫、经筵讲官、文华殿大学士兼礼部尚书加二级。高王母尹太君、曾王母齐太君、王母吴太君俱累诰赠一品夫人。先王父生子七人：长，先伯文学子敬公讳克俨；次二，先伯文学桃村公讳载；次三，先伯苏州学博西渠公讳杰；次五，先伯国学授州司马西来公讳嘉；次七，先叔奉政大夫直隶大名广平郡丞一斋公讳夔；次八，叔父奉政大夫现任陕西西延郡丞秋圃公讳芳。府君行六，生而天挺秀异，童子时即严毅庄重，不苟言笑。六岁出就外傅，四子五经书过目成诵，日记数千言。丙戌十岁，遭先王母之变，哀毁过成人。辛卯，从三先伯读书石门僧舍，专攻制举业，旁及词赋骈丽之学。癸巳，娶先妣姚太君。"

一世贵四公与弟贵五公于洪永年间自江西鄱阳瓦屑坝迁往芜湖，再迁桐城之东北乡。贵四公之子永贵公始渐殷繁，未百年同堂兄弟且数十人，孙近百人，比屋而居，土人称其所居为张家塝。

张英《一世二世传》云："吾族之始迁也，源自豫章鄱阳，相传其地名瓦屑坝。其迁也，在洪永年间，贵四公同弟贵五公自豫章迁于芜湖，自芜湖迁于桐之东北乡，地名土桐山，去城三十余里，因爱其风土朴茂，遂居焉。贵四公犹往来芜桐之间，至今莫得其坟墓所在。公之子永贵公始渐殷繁，子五人，葬站嘴头，配李太君，葬庐之兔儿园，相传其冢，岁加高大，或亦吉阡与？赞曰：天之大其人之家也，必有所以致之。其积之也，非一人矣。贵四公、永贵公之行事，迄今已莫可考。然公之始迁也，干戈甫定，鸿雁在郊，或不无流离琐尾之困，乃再传而东川公遂以殷阜著于闾里，又一传而琴川公，遂膺纶命。后先相望未百年，同堂兄弟且数十人，孙近百人，比屋而居，阡陌鳞次，土人遂以所居地名张家塝焉。奕世簪缨，后先接武。使非隐德隆盛，乌能俾昌炽若是之速且远哉？"（《张氏宗谱》卷二八）

按：有同安闲人者，考今之土铜山所在地在桐北吕亭镇。原文摘录如下：

桐城《张氏宗谱》记载，宰相张氏一世祖贵四公，始迁地为"土铜山"，"去城三十余里"。桐城宋时九镇中有铜山镇，即今甑山铜镇村，闲人初以为土铜山在此处。后查康熙县志，铜山镇、土铜山同列，且皆在北乡，一距县城三十里，一距县城四十里，土铜山非铜山镇显而易见。再查道光县志桐城县全图，发现两者皆在桐城东北，隔河相望。非常明确的是铜山镇在甑山，土铜山当在隔河的石南、新店境内。细细寻下去，直到发现石南得名之原由时，一切方豁然开朗。原来，所谓的石南，原名石南山，是由石留头、南湾、土铜山三保合并而来，石南山即三保之合称，后简省成石南。由此可见，土铜山就在石南。几番周折，终于获得石南老地图。石南之东北，有村曰土山。该村有大小土山，应即为大小土铜山。其中大土山高64米。小土山之南，有地名张塝，当即《张氏宗谱》所云张家塝无疑。至此，土铜山何在水落石出。闲人据此断定，石南土山村即桐城宰相张家始迁地土铜山。石南原属孔城区，今属吕亭镇。

三世为永贵公之五子铎公。

四世东川公为铎公之五子。

张英为《传》云："东川公，讳鹏，字腾霄，讳铎公之五子。公时际承平，家道殷裕，性豪侠自喜，乡里有缓急，辄济之。乡人罔不德公，公泊如也。将卒，谓子琴川公曰：'吾地固非沃土，先人田庐坟墓之所在也，恐为势家所夺，其葬我于东园，庶其无觊觎乎？'今之祖居左侧，东川公之墓在焉。噫！保世滋大，实自公始，而职思其外且如是，后有贤子孙独不长虑却顾师公之瞿瞿也哉！"

五世高祖琴川公，东川公之子。

张英为《传》云："高祖赠奉政大夫琴川公，讳木，字惟乔，一号前琴，东川公之子。席丰履厚，少厉志经史，未尝干仕进，醇谨姻睦，事东川公、胡太君以孝闻。治家肃然以法，与人煦然以和，宗族姻党无间言。惜年不逮志，以三十有七卒。遗怀琴公、思琴公资最厚，以故怀琴公得不问家人事，殚力于学，成隆庆戊辰进士。万历三年乙亥，怀琴公政成，朝廷赠公为承德郎、礼部祠祭司主事。母余太君为安人。万历十年壬午，加赠奉政大夫、礼部精膳司郎中，母为宜人。合葬仓基墩。赞曰：吾家自东川公始大，诞膺封爵，实自高王父始。大参公筮仕以来，每以公早世不逮养，春雨秋露，未尝不涕零也。然公捐馆时，大参公甫十有七龄耳，席先人业，惴惴焉，惧为豪右所伺。未十年而丕振家声，纶綍之光，荣于既没，大参公仁声直节著海内，仰风烈者，并诵赠大夫之德不衰。噫！天之报施善人不于其身，于其子孙，信夫！"

六世曾祖怀琴公张淳。

《张氏宗谱》："淳，字希古，号怀琴，治《诗经》。邑廪生。中隆庆丁卯科应天乡试第一百十七名，联登戊辰科会试第三百二十名。殿试三甲第一百五十二名，刑部观政，本年授浙江金华府永康县知县。辛未，以治行第一行取授礼部祠祭司主事，升仪制司员外郎，精膳司郎中。壬申以嫡孙承重丁祖母胡太君忧。乙亥，服阕，补原官。随告假回籍。家居六年，复起原官，出任福建建宁府知府，升湖广荆岳道副使，以病告假，随起浙江杭严兵备道副使，升陕西监巩道参政。上疏力请致仕，时年五十，部议品格甚高，才华并茂，遽尔乞休，甚为可惜，俟病痊，抚按具奏起用。年余，凡十四荐，不起。万历乙亥敕授承德郎、礼部祠祭司主事。壬午，诰授奉政大夫、礼部精膳司郎中，以曾孙英贵，累诰赠光禄大夫、经筵讲官、文华殿大学士兼礼部尚书加二级。永康建宁崇祀名宦祠，本县崇祀乡贤祠，治绩载《明史·循吏传》。生嘉靖庚子年四月十九日，卒万历壬子年正月十一日，享年七十有三。四子：士维、士缙、士绣、士綱。"（卷二，一六）

张淳，字希古，号怀琴。隆庆二年进士，授浙江永康令，擢礼部主事，历郎中，以病乞休。三年，荐起严杭道，迁陕西临巩道参政，辞疾甚力，时年五十。公谙习典故，居乡廉隅截然。年七十三卒。子：士维、士缙、士绣、士絅。(《江南通志》卷四七，一七；《康熙桐城县志》卷四《仕绩》三二，《张参政传》二七，《桐城耆旧传》九六)

按：《桐旧集》(卷二一)录其诗一首。

七世祖恂所公张士维。

张英为传云：王父讳士维，字立甫，号恂所。曾王父大参公长子。幼而端伟宏硕，朗慧天成。十有二龄，曾王父释褐，王父愈自翼翼。十四补邑庠，试辄为有司所激赏。时曾王父宦游四方，王父总持家政，里中贵公子或华靡相耀，王父谢之若浼。终岁一布袍，键户诵读，萧然如寒素，偕弟通甫公以文名里。曾王父遗之书有云："闻汝兄弟居家敦朴，且勤读书，足慰。可以养德，亦可以惜福。语云：'盛极衰至，福过灾生。'造物之定理，古人之明训。近世儒者若司马君实、邵康节两先生惓惓言此，思深而虑远矣。"噫！非曾王父不能为斯言，非王父不能当斯言也。曾王母尹宜人从宦京华，卒于徐州，王父千里扶榇，劳勚哀毁，每以不逮养为恸。曰："吾母少食贫，椎髻荆布，躬亲舂汲，迨大人稍致通显，而北堂告殒矣。"旅次含殓，皆从俭啬。愿终身不御纨绮，以志吾憾。遇佳辰晦朔，必号于曾王母之灵，数十年无间。时学使者求敦行之士，佥论咸推王父，以行优特受上赏。曾王父既乞休，王父年且强仕矣，承欢定省无异孺子。时黻卿公、锦卿公方就塾，王父友爱笃至，择贤师友提命之。曾王父析产为三，田宅取其窳者。曰："吾已成立，若固幼弱也。"五十有四，长伯钟阳公成进士，乡人咸以为世德之报。万历四十六年戊午，钟阳公以户部主事报绩，朝廷封王父如其官。天启元年辛酉，钟阳公守抚州，封王父中宪大夫、抚州府知府，再举乡饮大宾。性简淡渊静，无他嗜好，惟多积隐德，不欲令人知。周恤姻党，赈给贫乏，佐人婚丧，虽屡请无倦容，尤恂恂善下人。十三为贵介，五十膺纶封，骄贵之色未尝几微见于颜面。食不兼味，衣不文绣，以俭故常裕，因无妄营，训子孙以孝谨醇笃。屏谢宾客，闭门扫轨，尝曰："吾六十年来，未尝走尺牍以干有司。"乡射礼行之日，观者如堵墙，咸欲一识其面以为荣。当时雅望，比之祥麟威凤、景星庆云焉。卒年六十有七。崇祯三年庚午，钟阳公平粤寇有功，赠王父正议大夫、广东按察司使。辛未，邑之士大夫请祀诸乡贤，曰："微公，则祀典不光。"学使者蔡公讳国用赞曰："孝友天植，文行世传。作述重光，后先济美。"先是，乙卯，曾王父崇祀于前，相距十六年，踵武泽宫之地，偕登俎豆之旁，猗与休哉。

赞曰：士之能以清白吏世其家也，岂偶哉？曾王父之仕也，历登华膴而饮泉酌水，不问家人生产，以吾王父为之子也。方伯公之仕也，又克以清慎廉洁，重光祖武，以吾王父为之父也。吾王父惟宝俭德，遂以成大参、方伯之廉，俾得为名公卿，所祢顾不重哉？早岁虽困举场，服官之年再膺宠命，方伯公得之，无异王父之自得也。窃闻诸长老曰："而王父敦庞浑厚，嶷然如山如岳，挹其风度，可以挽浇振颓。"噫！际隆遇，备景福，生为乡先生，没而可祭于社，微王父，其孰与归？(《张氏宗谱》)

恂所公娶齐近女，有子五：长钟阳公张秉文，齐太君出；次钦之公张秉成(继士缙为嗣)，次秉正，刘太君出；次拙庵公张秉彝，齐太君出；次清庵公张秉宪，刘太君出。三女：长适庠生吴道谦文学讳应寰子，齐太君出；次适守备尹光莘，刘太君出；三适江西

赣州府知府何应璜，万历乙未进士大学士谥文端讳如宠子，齐太君出。(《张氏宗谱》卷二，二九)

大伯父张秉文(1585—1639年)。万历三十八年进士(1610年)，官至山东左布政使。

《张氏宗谱》：秉文，讳士维长子，字含之，号钟阳。治《诗经》，邑庠生。中万历己酉科应天乡试第八十一名，联登庚戌科会试第七十三名，殿试三甲第六十四名。刑部观政，授浙江归安县知县，不赴，改徽州府学教授。壬子升国子监助教。甲寅升户部山东司主事管验粮厅。丙辰管临清钞关。戊午，以考绩敕授承德郎户部山东司主事。妻方氏，封安人，父母封如其官。……乙亥起补江西右布政使。丙子升山东左布政使。己卯殉难，赠太常寺卿。赐祭锡荫，崇祀忠孝祠，详《明史·忠义传》本朝特恩襃录前忠，春秋致祭。乾隆丙申，钦奉恩诏赐谥忠节，建祠二在山东济南府历城县西芙蓉街北一本县南城内。生万历乙酉年五月初十日，崇祯己卯年正月初二日卒于官。配方氏，万历己丑进士大理寺少卿讳大镇女，累封安人、恭人、淑人，以殉难赠一品夫人。赐祭。生万历癸未年七月十七日，卒崇祯己卯年正月初二日。四子：克倬、克仔、克俑、佑。三女：长适旌德县训导倪天彌；次适方其义，方孔炤子。三适江西德安县知县行取候补主事姚文燕。(《张氏宗谱》卷三，一二)

《安庆府桐城县志》云："张秉文，字含之，万历间进士，初授户部主事，督榷临清，有廉洁声，累迁江楚闽粤司道。所至著绩，在粤剿海寇李之奇等以数万计，全省安堵。崇祯丙子转山东左布政使。己卯春，本朝兵临济南，……遂以身殉，沥血遗书，致二子，有'身为大臣，自当死于封疆'等语。妻方氏亦死焉。事闻，赠太常寺卿，与祭葬，荫一子入监。秉文孝友端悫，乡称长者，年少声第文字尤为一时之俊云。"(《安庆府桐城县志》卷五《忠节》四。事迹另见《江南通志》卷四七，二二)

张秉文墓在县西三十里薛家铺。(《康熙安庆府志》卷四《陵墓》八六)

按：《桐旧集》卷十一录其诗十三首。

二伯父张秉成，四十八岁。《张氏宗谱》(卷三〇)有传。继叔祖士缙为嗣。

《张氏宗谱》：秉成，讳士维次子，继讳士缙。字钦之，号敬庵。治《诗经》。郡岁贡生。生明万历庚寅年三月二十日，卒顺治甲申年八月二十三日。配叶氏，万历癸丑进士礼部尚书谥文庄讳灿女。侧室徐氏、段氏。四子：克俊、克佐，叶太君出；伊、传，段太君出。(卷三，一六)

叔父张秉宪。《张氏宗谱》(卷二九)有传。

《张氏宗谱》：秉宪，讳士维五子，字淑之，号清庵。治《诗经》，崇祯戊辰恩贡，吏部考授知县，给假未仕。以子菁贵，康熙癸巳敕赠孺林郎河南开封府郑州以州同管州判事加一级。生明万历丙申年五月初二日，卒康熙乙丑年九月十二日，享年九十。配乔氏，文学讳若嵩女，敕赠安人。侧室梅氏，以子菁贵敕赠安人。(《张氏宗谱》卷三，一五)

父张秉彝(1593—1667年)，是年四十五岁。

张英《先考拙庵府君行述》云："先君讳秉彝，字孩之，号拙庵。先世自豫章徙于桐，至七世曾王父怀琴公成进士，历官大中大夫、陕西左参政。初令永康为循良第一，所至有廉能声，至今咸尸祝焉。王父恂所公以文学封中宪大夫、抚州府知府、赠正议大夫、广东按察使。先君兄弟有四：长钟阳公庚戌进士，历任山东布政赠太常寺卿；次钦之公、次淑之公皆明经。先君行三，生而颖慧绝人。稍长，就外傅，六经子史之书，靡不淹贯。为文一本经术，初不烦思索，伸纸立就。十五补博士弟子，精攻制举业，以廪例入南雍，名噪士林者三十余年。历成均岁久，考授别驾，未仕，优游林泉者又二十余年。生平孝友纯笃，自钟阳公筮仕以来，王父母皆里居，先君孝养诚顺。……先慈吴太君，文学石莲公女，勅赠孺人。庶母姜氏、吕氏。子七人：长克俨，庠生，早世，娶姚氏，孝廉讳之蘭公女；次载，庠生，娶倪氏，明经讳善公女，继娶叶氏，文学讳士公女；次杰，郡廪生，娶潘氏，明经讳应室公女，继娶黄氏，吴太君出。嘉，娶李氏，明经讳在公公女，庶母姜出；次即不孝英，中康熙丁未科进士，钦授内弘文院庶吉士，娶姚氏，明经讳孙森公女，吴太君出；次燮，聘广昌令刘公讳鸿都女；次芳，聘汝南道彭公讳爌女，俱庶母吕出。女三人：长适庠生方穀，次适邑廪生吴德音，吴太君出；次适水部吴公讳道新子吴澈，庶母吕出。孙五人：长思耀，庠生，娶夏氏，黄陂令夏公讳统春女，继娶翁氏，克俨出；次廷璨，娶方氏，庠生讳仪女；次廷瑞，娶倪氏，廪生讳士棠女；次廷珠，载出；次廷瓒，娶廪生吴讳德音女，英出。孙女七人：长适庠生吴讳道丰子吴德博，载出；次字庠生吴德怀子吴骊甡；次字庠生吴讳商霖子吴意，杰出；次字明经姚讳文焱子姚士黉，英出。余具幼未字。"（《文端集》卷四三；《国朝耆献类征》卷九；《清代传记丛刊》第一三七册，二九一）

按：《桐旧集》（卷一一）录张秉彝诗一首。

母，吴氏，麻溪吴应耀之女。

长兄张克俨（1615—1638年），是年二十三岁。

《道光续修桐城县志》云："张克俨，字子敬。幼颖悟，日诵千言。年十五补县学生，为文每一篇出，人争传诵。事亲以孝闻，待兄弟友爱笃挚。生平无疾言厉色，恂恂然如不胜衣。年二十四卒。工诗，著有《古训堂诗》二卷。"（卷一六）

按：《龙眠风雅》（卷三八）录张克俨诗三首，并有小传云："张克俨，字子敬，崇祯初诸生，天姿俊朗，为文温雅醇茂，所交皆通人名儒。年二十四，早卒。与从弟子獻皆负才名，而先后不禄，若符徽献，士林惋惜。所著《古训集》，石城李居仁止为之序而传之。"（《四库禁毁书丛刊》集部第九八册，五〇〇）

又：《桐旧集》（卷一一）录其诗四首。

克俨子：张思耀，是年六岁。

张英为传云："侄思耀，字德远。生七岁而孤，长嫂自幼鞠育，先君尤笃爱之。七岁就外傅，为文敏慧。吾桐是时流寇纷扰，随长嫂侨寓白下。乱甫定，先归里门。是时，侄已娶妇，子媳同事孀母，克尽诚孝。当艰难转徙之际，桐又有驻兵作祟，人心汹汹，殆无宁宇。侄奉母家居，一以安静宁谧，门庭宴然。生平倜傥仪表，瞻视不群，事叔皆孝谨。甲午，与予同受知于即墨蓝公，补博士弟子。屡试南闱不售，旋入北雍，部试授州司马,未仕。继娶翁氏。吾侄与妇事孀母日久,同心敬爱,得慈母欢心,吾嫂卒,致哀尽礼。早岁能为诗,时时与朋友倡和。尤笃气谊,与朋友交,重然诺,敦信义,金石不渝。遇事有经济才,侃然议论不阿人。有缓急,尤周给之,故多得其力云。"(《张氏宗谱》卷三〇《列传》一九)

《道光续修桐城县志》:"张思耀,字德远,幼聪颖,读书过目不再览。事孀母克尽孝养。祖赠大学士拙庵公(张秉彝)尝器之。弱冠与叔文端公并受知于即墨蓝公,为诸生。声名□□(按:原文缺),屡困棘闱。人咸爱其才,而惜其遇。所交皆里门名宿,以文章义气相磨切。有缓急告者,辄委曲周恤之不遑。叔克俨,早卒。子廷珍幼,抚之成立。著有《花亚轩诗集》。"(卷一六)

按:《龙眠风雅续集》卷十二录其诗十二首并作小传云:"张思耀,字德远,号岵瞻。少孤力学,蜚声胶序。以屡困棘闱,转入成均,考授州司马。遍迹燕赵齐楚吴越闽粤之区,名山大川,动多题咏。至与贤豪长者游,赠答之篇充溢行笥,兹虽仅登片羽,可想见其风韵修然物表矣。"(《龙眠风雅续集》卷一二,一九)

按:《桐旧集》(卷二二)录其诗二首。

张思耀五子张若岩

《道光续修桐城县志》云:"张若岩,字及申,少孤,力学。既壮,客京师。时叔父廷璐官翰林,遂留馆焉。若岩工书法,选充圣祖仁皇帝实录馆誊录,在事七年。戊申,保举以知县,分发直隶试用。时畿辅郡邑间,被水旱灾,檄分赈,所至苏民。历试剧邑,授曲周令。若岩才敏决且恤下,讼牒至,立与剖决,鞫问不逾期日。修学宫,浚泮池,邑人士遂连掇科第。凡桥梁堤堰在境内者,无不次第修举。《实录》成,议叙北路同知,以劳卒于官。"(卷一三)

按:《桐旧集》(卷二二)录其诗一首。

二兄张载,二十二岁。

张载(1616—1693年),字子容,号晋斋,别号湖上仲子。治书经,邑庠生。以孙若堃贵,雍正乙卯貤赠文林郎,山西平阳府太平县知县。少倜傥负气节,读书好奇,不屑屑章句。幼补博士弟子,年四十辄弃去。隐居于松湖之间。(张英为作《湖上先生传》,见《文端集》与《张氏宗谱》卷三〇)生于万历四十四年十月初四,卒于康熙三十二年(1693年)五月十五日,年七十有八。(《张氏宗谱》卷三,九;《桐旧集》卷一一录诗二首)

《桐城耆旧传》云:"张湖上先生,讳载,字子容,文端公仲兄。少倜傥,有风概。明季诸生,年四十辄弃去,隐居松湖之隈。滨湖田数十亩,宅一区,门临大泊,可畜鱼,岁发荷花数万挺。长堤左右接山麓,堤外为大湖。当鼎革初,张氏方贵盛,而先生独率妻子躬耕湖上,与世相忘。家才足稻粱,经年不见宾客,不入城市。或婚嫁,将会姻亲,辄作恶曰:'予岂耐衣冠而与人拱揖邪?惟疏节阔目,存大意而已。'晚年以田付诸子,自以渔为业。每岁十月后湖水稍退,则集庄农,具舟楫,结罾网,即以鱼为雇值。先期大设酒馔以劳之,妻治具,僮仆持壶觞,先生劝酬,茅檐之下,谈笑移时,各尽欢去。性至孝,母遗手绣佛像,构一亭事之。有僧诣门募施,笑曰:'彼以我佞佛邪?此吾亲也，吾故事之。'性不能多饮，常微醺，体貌颓然。为书学钟繇，至老，目视不衰。尝作舆图，详沿革，方寸中字数百，小于蚁脚。文端时年五十，自谓不能辨也。乡人化其行，松湖数十年无盗。每贻文端书，辄劝以归休。年七十有八，与妻同时卒。子廷珠，自称松山樵者，高达有父风。卒年八十。马其昶曰：文端在朝，时时有江湖之思，尤喜于公卿间述先生行事。然吾窃怪其不慕荣利可矣，即何至衣冠聚会亦屏不与？岂其性真不堪邪？抑有所不得已于中者而姑托是以逃也？其殆以明之遗民自处邪？呜呼，贤已！"（马其昶《桐城耆旧传·传第七七》）

《静照轩笔记》："张湖上先生，居松湖，隐于渔。每年逢冬初水落，妻治馔于树阴下，布大席。先生自觞诸渔人，然后入湖取鱼，为一年生计。年四十，隐居三十年，不入城市，七十二卒。晚岁耳目聪明，能写细字，尺幅可数千，文端方五十五，许劳政事，目已昏，归视之，不能辨也。"（陈诗《皖雅初集》卷二，四）

按：《安徽通志馆列传稿》（列传一，三五）有《张载潘江传》。

三兄张杰，十二岁。

张杰（1626—1704年），字如三，号西渠，治《诗经》，廪贡生。康熙丙辰，选授苏州府学训导。辛酉，遇覃恩勅授徵仕郎。丙寅告休回籍。庚辰，举乡饮大宾。以子廷琰贵，诰赠中宪大夫、山西汾州府知府，崇祀乡贤祠。（《张氏宗谱》卷三，一○）

张英《张杰传》云："张杰，字如三，号西渠，生而天挺秀异，纯孝性成。五岁出就外傅，聪颖过人。甲戌里门之变，仓皇出城，举家星散，时兄方九岁，与先君先母相失，昏夜只影无依，哀号道左，恍惚闻先母长喟声，疾趋而前，果遇先君先母，盖天性之真，有以感动于仓卒之际也。明年流寇困桐，先君挈家避乱金陵。丙子，复归里门。戊寅，长先兄遘疾不起，兄哀恸几绝。己卯，伯父钟阳公殉难山左。逾月，而先祖母又辞世。时值流氛扇虐，先君流离转徙，又值数大丧，经营拮据。吾兄赞襄其间，尽诚备物无遗憾焉。（后略）壬午岁，吾致政归里，朝夕与吾相左右，或在城中，或往来龙眠、双溪社坛。吾兄素健，咸谓百年可致，乃以七十九岁而逝。"（《张氏宗谱》卷三○《列传》六）

《浮山志》云："康熙初以明经授苏州府训导。著作有《家居琐言》《桐城张氏语录》三卷。因酷爱浮山之胜，写有《浮山纪游》长诗一首。"

《道光续修桐城县志》云："张杰，字如三。赠大学士秉彝第三子。性方严，博洽经史，弟文端师事之。伯父秉文为山东方伯，殉城死。杰总其家政，成立其孤。诸子德之，割腴田以酬，却不受。以明经司铎吴门，教士修学，卓有声迹。会郡饥，当道令赈粟太仓、昆山诸州邑，部署周详，民沾实惠。汤中丞荐于朝，未及迁擢，即乞归。居乡，风规整峻，里中奉为典型。庚辰秋，县行乡饮酒礼，举大宾。著有《读史诗著》《义斋集》。《桐旧集》卷十一录其诗八首。卒年六十九，祀乡贤祠。"（卷一二）

按：事迹另见《重修安徽通志》（卷二四七）《人物志·义行》

杰长子：张廷莹，字琇瞻。年十五补府学生，工诗文，尤长于书画。游历燕赵齐鲁间，所交尽当世知名士。叔父大学士文端公器重之，悉以其著述进呈诸王，以教谕需次京师，卒。诸王闻而哀之，遣使赐祭，恩礼有加。事载文端家传。有《耘斋诗集》行世。（《道光续修桐城县志》卷一六）

五兄张嘉(1630—1705年),八岁。

  张英传云:"张嘉,字子彀,号西来。治《诗经》。生而谨厚沉挚,有至情。就傅,为文落笔,便有矩矱,多篇皆立就。同予入京师,遂入北雍。壬子,同廷瓒赴北闱,未售。部试高等。授职州司马,归而隐居湖上。与仲兄桃村相去咫尺,兄弟友爱,诸侄过从,处乡里,谦光醇厚,虽田夫野老皆待之以礼,盛德感人,人咸化之。每有所称贷,见人贫不能偿,即折券,而全无德色。存心至厚,素不雌黄人物,而遇人有过,则又正辞以匡之。性素俭约,居恒蔬食布袍绝无纨绮之习,奉先大人训,守先畴田亩惟谨,享年七十有七。素康健,徒步可行数里,忽痰喘,觉疾笃,遂捡笥箧,出平昔通欠故纸,尽焚之,戒吾侄勿复问,可谓积善诒谋以垂教子孙者矣。予致政归里,三兄五兄皆七十余。每入城,则一堂欢聚,共相友爱。予自念老年兄弟,聚首甚难,同气怡乐,人皆羡之。不数年而两兄见背,能无恸夫?妻:李在公女;侧室:黄氏、许氏;子:廷瑚。"(《张氏宗谱》卷三〇《列传》一〇,一一,事迹另见《道光续修桐城县志》卷一七)

姚士塈,二岁。

  姚士塈,端恪公第一子,字注若,号鲁斋,治《易》,廪贡生,睢宁县教谕。擢国子监学正,顺天府通判,刑部贵州司员外郎本司郎中。奉使河南察审,后以病告归。居乡,赈恤之事无不为,孝义载《江南通志》,仕绩载《先德传》。崇祯丙子十月二十六日生,康熙癸未七月一日卒。崇祀乡贤祠。娶潘大培女,赠宜人,崇祯己卯正月五日生,康熙甲辰十月十二日卒。合葬会宫大程庄。生一子孔钦,一女适附监生马潜。继娶庠生张克位女,封宜人,顺治辛卯二月二十一日生,雍正癸丑正月二十一日卒。(《桐城麻溪姚氏宗谱》卷一二,一)

崇祯十一年(戊寅,1638年) 二岁

三月二十六日,长兄张克俨病卒,享年二十有四。

  张克俨(1615—1638年),字子敬,治诗经,邑庠生,以孙若岩贵,乾隆丁巳貤赠奉政大夫,直隶保定府同知,生万历乙卯年正月十六日。配姚氏,万历乙卯举人讳之蘭女,貤赠宜人。明万历癸丑年十月十二日生,卒康熙癸丑年六月二十四日。守节三十六年,雍正己酉奉旨建坊旌表崇祀节孝祠。一子思耀。(《张氏宗谱》卷三,九)
  张英为传云:"长兄讳克俨,字子敬,幼而魁梧端悫,天姿俊朗。稍长,大人授之书,日诵千言。童子时,屹然如成人,两大人笃爱之。十五补邑庠生,益攻苦,读书西山别业,与仲兄相师友,经月不入城市,为文温雅醇茂,桐人士争传之。性笃孝,承两大人之欢者无弗至。时两大人日以亢宗望诸子,子敬手一编弗辍,虽由此而致羸疾,勿止也。其与诸弟同就外傅也,质疑问难,称家督焉。入则采衣相耀,姜被共欢,十余年无间。人对之如饮醇,恂恂然如不胜衣;遇人有缓急若身受,必捐己以济之。如吾长兄者,无一不寿理,乃竟以二十有四卒。疾既笃,两大人忧形于色,犹强起以慰之。徐而泣曰:'吾虽不获侍两大人,吾弟众且贤,勿吾念也。'生平笃交谊,所与游,皆一时知

名士。吊之日，抚棺而呼，且流涕有失声者。少攻举子业，未尝为诗，养疾数年，涉笔为之，辄窥阃域，所著《古训集》一卷，古城李仁止讳居序而行之。谓其古体沉郁顿挫，今体流丽风华，格律韵调不愧一代诗人云。长嫂姚孺人，孝廉梦弧公女也。先是，兄疾笃，嫂哀呼于天，刲股和药，遂脱然愈。越七年，疾复作，再刲股以进，不能救。呜呼，可为者，人也；不可为者，天也。七年之救，则人而造乎天者也。嫂茹荼蘖，训藐孤，秉家政，致孝养，苦节三十年。故事，贞妇五十始得旌，今吾嫂五十有三矣，表章孝节，不能不望于秉持风教者焉。"（《张氏宗谱》卷三〇《列传》，二）

张英《张杰传》云："戊寅年，长先兄遘疾不起，兄哀恸几绝。己卯，伯父钟阳公殉难山左。逾月，先祖又辞世。"（《张氏宗谱》卷三〇《列传》，六）

时克俨子张思耀七岁，出就外傅。

十二月二十八日，从弟张茂稷生。

张茂稷（1638—1683年），字子艺，号芸圃。族叔张秉贞子。自幼勤苦读书，虽为贵公子而铅黄著作不下于寒士，以大司马荫，不欲就仕，而读书励志不辍。司马公以贤劳卒于官，请恤典，赐祭葬，扶榇还里，事母夫人孝养备至，……后遂绝意仕进，沉酣六艺，博极群书。其为学甚富，而尤以诗名。

按：张英有《芸圃诗集序》云："予长子艺一岁。"（《张氏宗谱》卷三〇《列传》一二，事迹另见邓之诚《清诗纪事初编》五八三）

《张氏宗谱》云："茂稷，讳秉贞长子。字子艺。号芸圃。治《诗经》。荫生，候补光禄寺署正。以孙若淮贵，雍正乙卯，貤赠承德郎兵部车驾司主事。乾隆丁巳，貤赠奉政大夫兵部车驾司主事加二级。辛巳，诰赠通议大夫鸿胪寺卿加二级。辛卯，诰赠光禄大夫都察院左都御史加二级。生明崇祯戊寅年十二月十八日，卒康熙癸亥年七月初七日。"（《张氏宗谱》卷四，二八）

叔祖张士絅，淳第四子。天启四年甲子（1629年）卒。

按：张士絅，字锦卿，治《诗经》，邑庠生。生万历丙申年五月十二日，卒天启甲子年八月二十日。配范氏。一子：秉哲。一女，适庠生何永绍。（《张氏宗谱》卷二，三二）

张秉贞，字元之，号坤安，张士绣子。"生而伟秀，十三补邑庠。丁卯，登贤书，初拟发解，遂以葩经冠本房。辛未，登陈于泰榜进士，廷对二甲，除户主事，督仓监清，大学士范文程、陈名夏荐拜兵部侍郎。阅月，除刑部尚书，拜兵部尚书。锡三子官荫，以劳瘁卒于官。年四十有九。谕赐祭葬，谥曰：僖和。早年邃于禅理，晚嗜程朱之学。古文辞雄劲明快，切中事情，长于牋奏，所著《即心即佛说》及《石林问答》《石林漫语》等书藏于家。"（《张氏宗谱》卷二九《列传》二六，二七）

《康熙桐城县志》（卷六）："张秉贞，妻吴氏，工部郎吴道新之妹，有道韫家风。贞历宦四方，多置媵妾自随，吴独家居修妇职，以简静自持焉。"

潘江辑《龙眠风雅》（卷二四）收录张秉贞诗九首，有小传云："张秉贞，字元之，号坤安，崇祯辛未进士，除户部主事，梳爬蠹孔，精于会计，疏陈户曹七事，皆达大体。累官藩宪，所至职办。顺治初，以祠部擢通政使，逾年拜刑部尚书，公以名家子孺染典故，善推情隐，执法公平廉恕，释纍系、全要领者无算，转兵部尚书，与枚卜者再。时枢政繁剧，以运筹劳瘁于官。朝廷震悼，谕赐祭葬，谥僖和，荫三子。一时恩遇之渥，莫与为俪。公端凝厚重，深于经术。早年栖心禅悦，与古德耆宿相扣击，晚嗜程朱之学，古文辞诗歌皆有根柢，所著《即心即佛说》及《石林问答》《石林漫语》《矍庵诗草》诸稿行于世。"(《龙眠风雅》二九七）

其事迹另见《道光续修桐城县志》《重修安徽通志》《江南通志》《安庆府志》等。

崇祯十二年（己卯，1639年）　三岁

正月二日，伯父张秉文殉难山左，方伯母孟式殉节，随赴难。（《张氏宗谱》卷三，一〇）

正月二十六日，汪懋麟生。[（日）太平桂一，《汪蛟门懋麟年谱初稿》，《东方学报》，第五九期]

按：汪懋麟（1640—1688年），字季角，号蛟门，江苏江都人。康熙六年进士，授内阁中书。因徐乾学荐，以刑部主事入史馆充纂修官，与修《明史》。撰述最富，吏才尤通敏。旋罢归，杜门谢宾客，昼治经，夜读史，日事研究。与同里汪楫同有诗名，时称"二汪"，著有《百尺梧桐阁集》二十六卷、《清史列传》行于世。

逾月，祖母辞世。（《张氏宗谱》卷三〇《列卷六·张杰传》）

时家中连遭大事，三兄张杰有赞襄之功。

是后，值民乱，举家随父母往返于金陵桐城之间。

九月十日，从弟张佑生。张秉文四子。

按：张佑，字吉如，号南汀。治《诗经》。附监生。生明崇祯己卯年九月初十日，卒康熙丙戌年六月十九日。配左氏，浙江武康县知县讳国柱女。生明崇祯壬午年十月初六日，卒康熙己巳年八月初六日。五子：廷珂、廷瑸、廷琚、廷璟、廷琨（继克偁为嗣）。五女：长适监生姚士庄文学敕旌孝子讳文鳌子，次适庠生方曾泽讳云磐子，三适吴于屏，四适庠生左廉文学讳正务子，五适胡思永，苦志守节，乾隆庚申奉旨建坊旌表崇祀节孝祠。（《张氏宗谱》卷四，八）

崇祯十三年（庚辰，1640年）　四岁

正月三日，张英元配姚夫人生。

张廷玉《先妣姚太君传》云："先妣姚太君，祖渥源公，前丁未进士，湘潭令。父珠树公，龙泉学博，母方太夫人。太君，外王父第六女也。幼受书外王母。《毛诗》《通鉴》悉能通贯大义。性恭诚醇笃，居室时孝谨节俭，已具大家风范。初，先公方九龄，王母病笃，亟为择嘉偶，识太君，鞶卯中，遂缔姻。逾月而王母卒，时太君甫六龄，越九年来

归。"(《张氏宗谱》卷三四,一)

张廷玉《先考行述》云:"元配先妣姚太君,前丁未进士、湖广湘潭令渥源公讳之骐孙女,明经龙泉学博赠文林郎珠树公讳孙森女,累诰封一品夫人。"

按:姚之骐,字汝调,号渥源,明万历三十五年进士,授湘潭知县。待人宽厚,尤注重学宫教育,勤于课士,年四十八卒。

《龙眠风雅》载:"姚之骐,字汝良,号渥源。万历丁未进士。博洽精理学,早岁授经,及门生徒与两弟成进士,公犹未补博士弟子,怡然自乐。及作令湘潭,以刚介廉洁著闻,卒于官。子孙林、孙森俱幼。诗文多散落,然犹有存诸门人及楚间所拔士所,后收辑过半,林携入山,猝遇寇难,与林所著述一时俱尽,此诗亦从外家残帙中搜出者。文人之厄,不独公为然也。"(潘江辑《龙眠风雅》一六七下)

《康熙桐城县志》云:"姚之骐,勤于课士,分校礼闱,号称得人,以劳瘁卒于官,民间有'只吃湘潭一口水,不惹长沙半点泥'之谣。湘举名宦,桐举乡贤。子孙林,郡廪生,奉母避难,死孝。次孙森,孝友高才,以明经仕学博,俱详别传中。孙文焱,康熙己酉举人;文燮,顺治己亥进士。"(《康熙桐城县志》卷四《仕绩》四〇)

崇祯十四年(辛巳,1641年)　五岁

五月二十七日,叔祖张士绣卒。

张士绣,淳三子,字黻卿,号泰岩。治《诗经》。邑附监生。以子秉贞贵封承德郎、户部贵州司主事,累诰赠中宪大夫、太仆寺少卿。生万历庚寅年七月十五日,卒康熙崇祯辛巳年五月二十七日。配方氏。侧室余氏,吴氏。三子:秉贞,方太君出;秉健,吴太君出;秉观,余太君出。(《张氏宗谱》卷二,三二)

七月八日,从弟张克似生。叔张秉宪六子。

按:张克似,字子有。治《诗经》。生明崇祯辛巳年七月初八日,卒康熙庚戌年五月十三日。配李氏,学博讳呈秀女,生顺治甲申年四月初四日,卒康熙丁亥年五月十四日。守节三十八年。一子:廷珍。一女,适杨嘉秩。(《张氏宗谱》卷四,二四)

是年,族弟张洵,选授苏州府崇明县教谕。(《张氏宗谱》卷四,三一)

崇祯十五年(壬午,1642年)　六岁

二月二十三日,何如宠卒。享年七十二。

按:何如宠,字康侯,号芝岳,思鳌公幼子,行十四。生明隆庆辛未十二月十四,以《易》补郡增生,万历辛卯乡试中式八十四名举人,乙未会试中式四十七名,戊戌殿试二甲二名进士,改庶吉士。丁未授编修,壬子迁左春坊中允,癸丑会试,段《易》一房册封郑府,升右春坊右谕德。乙卯迁右春坊右庶子,己未册封周府,升国子监祭酒。天启壬戌,拜礼部右侍郎兼翰林院侍读学生。乙丑廷推礼部左侍郎,以忤魏珰削籍

归。崇祯戊辰起为吏部右侍郎,协理詹事府少詹事,未至,拜礼部尚书。己巳,以礼部尚书进东阁大学士,参预机务,庚午晋太子太保文渊阁大学士,阶光禄大夫柱国少保兼太子太保户部尚书、武英殿大学士。辛未会试副总裁。事竣,以病乞休。疏九上,乃允。遣行人护送马驿归里。癸酉臭烘烘再召进左柱国少傅兼太子太傅、吏部尚书、中极殿大学士,抚按敦请,六疏力辞,始得请赐老秦淮,岁给舆廪如制。己卯,遣行人存问,以崇祯壬午二月二十三卒,寿七十二。上闻震悼,谕祭有加,赠太傅。遣尚宝卿造葬,福王时赠太保,谥文端,入祀皖郡乡贤祠,事详《传》中,葬太平府。配鸿庐方公浃女,诰封一品夫人,以子贵,诰赠一品夫人,别有《传》。生明隆庆庚午十二月二十五,卒明崇祯乙亥十二月初九,葬祔夫。副室张氏,生卒葬未详。子一,应璜,方出。女二:长适太仆方公大美子侍讲学士拱乾方出,次适蓟辽总督兵部右侍郎吴公用先子文华殿中书舍人日昶,张出。(《青山何氏宗谱》卷一三,三一)

春,军事扰乱,山城民不聊生。表姐吴坤元携家往金陵,时表侄潘江二十四岁。

> 潘江《恭祝母大人六袠一百韵》记当年扰乱状况:"民家无长物,官舍亦空帑。族偪多孤鼠,兵骄尽虎貙。蠲赀消众忌,破产给军需。(注云:崇祯十五年春事)儿去趋安斋,身留守畏途。逾时方转徙,间道倍崎岖。危地仍思楚,炎天似渡泸。(自注云:母氏以是年五月渡江之白下)山城非乐土,建业尚皇都。"(《木厓集》卷二二,一三)

八月十三日,长姊卒,享年三十三岁。详见顺治九年。

是年,出就外傅,四子五经书,过目成诵,日记数千言。(张廷玉《先考行述》)

是年,友人李光地生。

崇祯十六年(癸未,1643年)　七岁

是年起,从桐城诗人祝祺游,为及门弟子。

> 张英《朴巢诗集序》云:"诗以言志,而声与律因之,三百篇所托始也。古今来以诗传家者,未易更仆数,而约略可举,若渊明志在恬适,故其诗清以旷;太白志在豪放,故其诗丽以肆;少陵志在悲时悯物,故其诗苦而多思,一篇一咏,未尝不闻其叹息;乐天晚年,志在安分守乐,饮酒坐禅,故其诗晓畅,而旨入越州、香山之胜,千载而下,犹如即乎其人,见乎其事。大约古人以其志之所在,而发之篇章,以直写其磊磊落落之概,而其才又足以佐之。若非其素所怀抱,虽极意言乐,极意言愁,必格格未快,安能使一人喜而人人为之发笑,一人悲而人人为之出涕,从纸背间见其貌、闻其声哉!吾师朴巢先生集癸未以来诗,凡八卷。念英是年既执经先生,迄今无日不从先生游,窃有以窥先生之志矣。癸甲之交,先生方避乱白门,四方诸名士鹄立,无不推先生为骚坛主,雨花桃叶之间,掛诗瓢于酒楼,六代风烟,一时生色尔。时先生方志在豪放,其为诗云绮霞丽、惊艳一世。其后兵革频仍,大江南北委诸草莱,尔时先生方志在忧悯,其诗如建安猛虎诸行,至今读之,不啻与花门彭衙同一欷歔也。年来闭门息静,酒一樽,香一炉,琴一张,种一蕉一桐,庭径萧然,绿阴啼鸟,先生于其中颓然自远尔。时方志在恬

退,其诗复淡以幽、玄以隽,合而传之,无不与渊明、少陵、太白、香山诸君子先后同工,岂非先生之志不愧古人,而先生之才亦不愧古人,故其声其律,上接建安,高揖沈谢,直窥三百篇堂奥,有以哉!若夫格格未快,以自己笔墨写他人胸臆,先生曰:'此必见哂于古人之作诗者矣。'灯下读先生诗,因敬识之,使凡读先生诗者俱有以见其志之所存。门人张英拜题。"(《四库禁毁书丛刊》集部第一四五册,第四三七—四三八)

同里马教思《朴巢诗集序》云:"是集也,由癸未迄庚子凡十八年存诗,门人类而梓之。以公同好,余日诵其诗不知其人可乎?因言其崖略如此,庶天下重其人而因以重其诗,重其诗而益以想见其为人,可无古今不相及之叹矣!如徒区区以诗人目之,不几重失吾山如哉!同里会小弟马教思拜撰。"(《四库禁毁书丛刊》集部第一四五册,四四〇)

按:从马教思序中可知,祝祺诗集中所收是崇祯十六年癸未至顺治十七年庚子年间诗歌作品,那么该集应成书于顺治末或康熙初年,在张英应乡试之前。张英之《朴巢诗集序》应是张英早年所作。有《新春张梦敦招同吴式昭马一公姚彦彪经三集远峰亭二首》云:"出门疏世法,却喜到君亭。"(《朴巢诗集》卷四,一四)又有《题张梦敦远峰别业》(《朴巢诗集》卷五,三二)及《同张梦敦东园玩菊》(《四库禁毁书丛刊》集部第一四五册,五一四)等诗,可见其交游情况。

又按:祝祺,字山如,号朴巢,桐城人。明末诸生,博学工文,醇厚和雅,下笔淋漓,卓荦自异。冠军人序,屡试高等。嗣以棘围数奇,娱志烟云,吟咏累积,远近名流争负笈焉。同里大学士张英师事之。匿名迹,远权势,所为诗,博奥萧远。有《朴巢诗集》《朴巢续集》。(见张英《朴巢诗集序》;《桐城耆旧传》卷七;《康熙桐城县志》卷五《儒林》,一二;《康熙安庆府志》卷一九《文学》二三)

又,马教思,字临公,号严冲,马之瑛四子,与张英是连襟。才气超卓,学问渊雅,年垂五十,清康熙十八年举进士第一,授编修。历任会试同考,《会典》纂修,署日讲起居注官。著有《文集》二十卷、《〈左传〉纪事本末》四十卷、《等韵捷要》二卷、《古学类解》八卷、《群书集粹》十六卷、《蠹斋杂俎》六卷、《皖桐幽贞录》一卷。(《桐城耆旧传》之《马编修传第八十》)

《桐城耆旧传》之《马编修传第八十九》云:公兄弟皆贤而有文。长一公,讳敬思,工书画,有《虎岑集》十二卷;次永公,讳孝思,号玉峰,有《屏山诗草》三卷;次愚公,讳继融,号舫斋,有《菜香园集》十二卷。公与诸兄齐名,时称"四马",而一公、愚公诗尤专家。

据《重修安徽通志》(卷五九)《舆地志陵墓》:"编修马教思墓在桐城县林家潭。"

马教思事迹另见《道光续修桐城县志》(卷一二,六四)。

是年,姚文然进士及第。

按:姚文然(1620—1678年),字弱侯,号龙怀,江南桐城人。清初名臣、文学家。治《春秋》,明崇祯十六年进士,改庶吉士,兵部侍郎,钦命左都御史,刑部尚书,封光禄大夫。康熙十七年卒,谥端恪。姚孙棐第三子,姚之兰孙。(《桐城续修县志》卷一二,五四)

《桐城麻溪姚氏宗谱》云:"十年,两江总督麻勒吉坐事逮诣京师,仍用锁系例。文然复上疏论之,上谕:'自后命官赴质,概免锁系,著为令。'寻迁副都御史,再迁刑部侍郎。十二年,调兵部督捕侍郎。京口副都统张所养劲将军柯永蓁徇私纵恣,令文然往按,永蓁坐罢,迁左都御史。万历庚申十二月二十一日生,康熙戊午六月二十四日卒。赐祭葬于县西三里岗艮山。娶庠生夏承春女,赠一品夫人。天启辛酉三月十四日生,康熙甲辰八月十四日卒。葬枞阳松茂岭。生五子:士堲、士堂、士坚、士基、士塾。侧室杨氏,附葬三里岗。三女:长适宿州学正潘仁樾,次适禀生左之延,次适太保保和殿大学士谥文和张廷玉。侧室张氏,生一女,适处州府同知夏启珍。"(《桐城麻溪姚氏宗谱》卷八,四。另见《康熙桐城县志》卷四《仕绩》,六九;《江南通志·人物志》卷四七,二九)

姚文然著作有《姚端恪公文集》。《龙眠风雅续集》(卷一)录其诗二百二十四首。《桐旧集》(卷五)录其诗十三首。

莫友芝《姚端恪公墨迹跋》云:"予平生论书不尽右书家,以书本心画,可以观人。书家但笔墨专精取胜,而昔人道德文章政事风节著者,虽书不名家,而一种真气流溢,每每在书家上,国初同时诸老魏敏果书近元常而快,魏文毅书近信本而舒,端恪此卷,近登善而质,皆不经书名家而气韵胜者。"(《皇清书史》卷一一,一七)

顺治一年(甲申,1644年)　八岁

八月二十三日,二伯父张秉成卒。享年五十有六。(《张氏宗谱》卷三,一六)
九月十八日,侄廷璨生。

按:张廷璨,仲兄张载长子,字仲璞。治《书》经。生顺治甲申年九月十八日,卒康熙戊午年八月十九日。配方氏,文学讳仪女,生明崇祯癸未年六月初六日,卒康熙己卯年闰七月二十七日。侧室胡氏。(《张氏宗谱》卷五,一〇)

是年,三兄张杰陪同父母从金陵回桐,隐居西山,虽播迁琐尾而学业不废。(张英《张杰传》)

顺治二年(乙酉,1645年)　九岁

是年,在里中读书。
二月六日,族侄孙张若函生。

张若函,讳留长子,字长源,号纳斋,治《诗经》,监生。生顺治乙酉年二月初六日,卒康熙庚子年十月初九日,享年七十有六。配吴氏,文学讳德闲女,生顺治丙戌年正月初九日,卒康熙甲戌年十月二十九日。二子:鸿樾、鸿彬。(《张氏宗谱》卷七,一)

顺治三年(丙戌,1646年)　十岁

二月,张杰就童子试,学使者极赏之,拔冠一军。

时，母吴太君病笃，病中识元配姚夫人，急为定盟。
　　据：张英《诰封一品夫人亡室姚氏行实》云："犹记九龄，先母赠一品夫人，疾中识其贤淑，急为定盟，逾月而先母太夫人遂逝，可谓先达矣。"（《笃素堂文集》卷一〇，《张英全书》本）据《张氏宗谱》记载，吴太君卒于是年五月二十八日，从其"逾月而卒"来看，姚夫人之聘在是年四月。
　　按：《四库全书》本未载此篇。
　　张英《先妣诰赠一品夫人吴太君行略》云："不肖英生也晚，太君即世，英甫九龄耳。尤愚顽无知，于太君之丧，曾不知恸，故太君之嘉言懿行不能记忆其万一。今从大人暨兄嫂间所熟闻于耳者，谨志其大略如此，以庶几于仁人君子之一言焉"。（《文端集》卷四三）

五月二十八日，母吴氏卒。
　　张英《张杰传》云："五月，先母不幸见背。"（《张杰传》，《张氏宗谱》卷三〇《列传》六）
　　《张氏宗谱》："（张秉彝）配吴氏，文学讳应耀女。敕赠孺人、安人，诰赠一品夫人、一品太夫人。生明万历乙未年十一月初三日，卒顺治丙戌年五月二十八日。"（卷三，一三）

公哀毁过成人。
　　张廷玉《先考行述》称："丙戌十岁，遭先王母之变，哀毁过成人。"
　　《康熙安庆府志》载："吴氏，赠光禄公张秉彝妻，相国英之母也。年十五归张，事舅姑以孝闻。姑齐淑人喜篝火夜坐，夫人聚诸子妇绕膝下，罗列果饴，诸子妇次第进食，齐淑人欢然解颐。毁寝，夫人方敢入室；昧爽，则已盥栉立帏外矣。齐淑人疾，夫人躬药饵，淑人疾既笃，每顾夫人曰：'爱我无如贤妇。'及卒，夫人哀毁欲绝，丧事尽礼。赠君以成均高选授别驾，且铨选矣，夫人曰：'鱼轩翟茀，何如羊裘鹿车耶？遗荣偕隐，原效古人。'不果仕。夫人课子极严，当流寇时，寓居金陵，流离转徙僦居，必先择书室，隔窗常听书声，至深夜不倦则喜，否则终日不食。以是，诸子俱有名当世。夫人殁后，以子英贵，赠一品夫人，夔仕至漳河司马，芳仕至西延司马，孙曾为显宦者数人，人皆以为慈孝之报云。"（卷二三《慈孝》一三三）

时公十岁，父命从三兄学。（《张杰传》，《张氏宗谱》卷三〇《列传》六）
　　兄"于是益肆力于制业之学，自六经左国子史两汉八家之文，靡不搜探淹贯，为文洋洋洒洒，顷刻千言"。（《张杰传》，《张氏宗谱》卷三〇《列传》六）

时，张杰与里中名俊立"瑟玉堂"文会，与公同读书于石门僧舍，既又迁城南心远楼中，夜手一编不辍。（《张氏宗谱》卷三〇《列传》六）
　　《文端集》《题马西樵画册十首》其七诗下自注云："吾里近城瀑布首则披雪，次则石门，又次则似古山房，予自幼龄从叔兄读书于石门僧舍，今此庵已成茂草，可慨。"（《文端集》卷三〇，一九）

顺治四年（丁亥,1647年） 十一岁

二月十五日,族弟张洵生。

  按:张洵,讳秉哲长子。字子岐,号怡斋。治《诗经》,附贡生。选授苏州府崇明县教谕。壬戌内升国子监学正。丙寅,升大理寺司务。丁卯,告假回籍。生顺治丁亥年二月十五日,卒康熙己巳年六月十一日。配何氏,文学讳永绍女。生顺治乙酉年二月十七日,卒康熙丁丑年正月初六日。二子:必恭、友敬。一女,适雍正癸卯举人沭阳县教谕方亦堪,国学讳云骏子。(《张氏宗谱》卷四,三一)

  何永绍:"字令远,号存斋,应璿公子,以《易》补邑廪生。生明天启甲子八月二十二,卒未详。配庠生张公士絅女。继配庠生吴公道轼女。副室黄氏。子四:试曾、象曾、茂曾、承曾。女三,长适庠生张洵,张出。三适浮山吴昌正,黄出。"(《青山何氏宗谱》卷二三,八九)

是年,桐城程芳朝、王大礽、方若玭、方亨咸、吴道凝中式进士。(《重修安徽通志》卷一五七《选举志表》)

  按:王大礽、吴道凝事迹见《康熙桐城县志》(卷四《仕绩》六〇)。

  程芳朝,初名钰,字其相,后梦朝中人赠丹桂一枝,改今名。顺治丁亥进士,殿试,果第二,授内国史院编修。己丑,迁秘书院修撰,翻译五经。壬辰会试同考官,转左春坊左谕德。甲午提督北直学政,历国史院侍讲学士、侍读学士、詹事府少詹事。丙午,克册封安南正使,转太常寺卿加一级。公潜心稽古,早掇巍科,两握文衡。……今上亲政之初,尝御殿传命作大字,公伏几作楷书,点画端劲,有古大臣笔谏之风。上方欲大用之。而公已移疾乞休矣。归里后,杜门却扫,弗与外事,惟邑中大利弊不惮抗颜直言无隐。卒年六十六。号立庵,里人私谥文纯先生。(《康熙桐城县志》卷四《仕绩》六八;另见《江南通志·人物志》卷四七,二九)

夏,桐城大旱,斗米四钱。

十月十二日,桐城地震有声。(《康熙桐城县志》卷一《祥异》一一)

顺治五年（戊子,1648年） 十二岁

是年,在里中读书。

八月二十二日,侄姚士藟生。

  《桐城麻溪姚氏宗谱》云:"姚士藟,开化公第二子,字绥仲,号华曾。治书,郡庠生。康熙丁巳举人,戊辰进士。翰林院庶吉士,授编修,入直内廷,历左春坊左赞善东宫讲官、丙子湖广乡试正考官、乙酉顺天乡试副考官。授承德郎,诰封奉直大夫,赠中宪大夫,行实载《江南通志》及《先德传》。顺治戊子八月二十三日生,康熙戊子二月一日卒。"(卷六,五)

尤珍有《哭姚绥仲宫赞二首》。(《沧湄诗钞》卷六；戴廷杰《戴名世先生年谱》七六八)

《道光续修桐城县志》："姚士藟，字绥仲，号华曾，少工诗文，张文端谓其深醇和雅有刘子政、曾子固遗风。居母丧，哀毁骨立。中康熙戊辰进士，授编修，以父老乞养，终丧始赴补，入直内廷。屡荷温旨，擢左赞善，历典湖广北直乡试，所拔皆知名士。为人笃实谦冲，敦本睦族，乡人颂之。著有《瞻云草》《南归草》《余斋诗集》《泳园文集》。"(《道光续修桐城县志》卷一二，六六。另《安庆府志》卷一五《事业》八七有传)

是年，姚文然受命任山东乡试主考官。(《桐城麻溪姚氏宗谱》卷八，四)

是年，张秉彝分田产，张英得田三百五十余亩。

《恒产琐言》云："先大人戊子年析产，予得三百五十余亩。后甲辰，再析予一百五十余亩。予戊戌年初析釁，始管庄事。是时，吾里田产正当极贱之时，人问曰：'汝父析产有银乎？'予对曰：'但有田耳。'问者索然。予时亦曰：'田非不佳，但苦急切难售耳。'及丁未后，予以公车有称贷，遂卖甲辰年所析百五十亩。予四十以前，全不知田之可贵，故轻弃如此。后以予在仕宦，又不便向人赎取，至今始悟：析产正妙在无银。若初年宽裕，性既习惯，一二年后所分既尽，怅怅然失其所恃矣。田之妙正妙在急切难售，若容易售则脱手甚轻矣。此予晚年之见，与少年时绝不相同者也。是皆予三折肱之言，其思之毋忽。"(《文端集》卷四四)

顺治六年(己丑，1649年)　十三岁

是年，在里读书。

是年，同里潘士璜、吴道观、方元成、何采(江宁籍)中式刘子壮榜进士。

是年，以两广初定，二甲授参议，三甲授知府。(《重修安徽通志》卷一五七《选举志表》二)

十一月十七日，遂宁张鹏翮生。(《遂宁张文端公年谱》)

按：康熙末年，应次子张廷玉之请，张鹏翮为张英作《桐城张文端公墓志》。(《张文端公全集》卷四，八八)

十二月二十四日，从侄张祁度生。

按：张祁度，张克倬子。字我思，号檀冲，治《诗经》，监生，考授国子监典簿，以子若宗贵，雍正乙卯敕赠承德郎署江南淮安府山盱通判。生顺治己丑年十二月二十四日，卒康熙庚辰年八月十五日。配左氏，崇祯乙卯副榜浙江武康县知县讳国柱女。敕赠安人。生顺治辛卯年十一月初二日，卒康熙壬戌年五月二十三日。侧室钱氏，以子若宗贵，敕赠安人。生康熙癸卯年三月二十三日，卒康熙癸未年六月初三日。二子：若宣、若宗。二女：长适监生杨第国学讳嘉谟子，次适吴振高国学讳兆遴子，俱钱太君出。(《张氏宗谱》卷五，六)

顺治七年（庚寅,1650年）　十四岁

是年,在里读书。

二月十六日夜,桐城地震三次。(《康熙桐城县志》卷一)

三月二十九日,从弟菁生。叔秉宪七子。

> 按:菁,字梓一,号澡岑。治《诗经》,监生,考授州同知,河工效力。癸未补河南开封府郑州判。癸巳遇覃恩敕授儒林郎、河南开封府郑州,以州同管州判事,加一级。妻姚,封安人,父母赠如其官。辛丑升直隶延庆州知州,休致回籍。生顺治庚寅年三月二十九日,卒雍正癸卯年七月二十日,享年七十有四。配姚氏,文学讳孙植女。敕封安人。生顺治辛卯年四月初八日,卒康熙甲午六月二十一日。一子:廷班。三女:长适监生方捷;次适潘广渊文学讳紫芝子;三适雍正癸卯举人沭阳县学教谕方亦壎,国学讳云骏子。(《张氏宗谱》卷四,二五)

十月二十八日夜,天狗坠声如雷。(《康熙桐城县志》卷一)

顺治八年（辛卯,1651年）　十五岁

是年,与三哥张杰读书于石门僧舍。

> 张廷玉《先考行述》云:"辛卯,从三先伯读书石门僧舍,专攻制举业,旁及词赋骈丽之学。"

> 按:张英《张杰传》所记时间比张廷玉所记要早一些。

八月二十六日,岳丈姚珠树公卒,享年五十有一。

> 张英《姚珠树公传》云:"英为珠树公幼婿,公捐馆舍时,英年十有五,犹及侍公左右,见其仪范,巍然岳峙,渊然海涵,吐纳宗风,神采四映。……卒年五十有一。"(《文端集》卷四九,八)

> 《桐城麻溪姚氏宗谱》云:"姚孙森,渥源公第二子,字绳先,号珠树。治《易》,郡廪生。岁贡生,任浙江龙泉县训导,赠文林郎。善文词,兼学兵事。流贼攻桐城,佐邑令守御城得不堕,详《县志》及《先德传》,崇祀乡贤祠。万历辛丑五月十七日生,顺治辛卯八月二十六日卒。葬白沙岭蔡庄。娶方大羹女,封孺人。万历壬寅正月九日生,康熙戊辰二月九日卒。葬合明寺右花山。生三子:文焱、文燮、文燊。以文燊嗣兄孙休。六女:长适庠生方晋;次适庠生江桂,以贞节旌表;次适庠生方仪;次适马敬思;次适庠生吴闻署;次适太傅文华殿大学士谥文端张英。"(卷九,二)

> 《康熙桐城县志》云:"姚孙森,字绳先,前湘潭令之骐仲子也。万历间邑廪生。食贫力学,试辄高等。天性孝友,善草书。诗赋古文,靡不淹贯,德器淳雅汪洋,公卿名流争折节焉。崇祯间,举贤良方正。顺治初年,署龙泉县学博,士林比之关西夫子,归养庭训数载,卒。二子:焱、燮,先后登第。所著有《可处堂诗》行世。燮任雄县,赠如其

官。"(卷五《儒林》一○)

《龙眠风雅》云："姚孙森，字绳先，号珠树，天启初诸生，湘潭令渥源公之仲子也。少与方太史拱乾、蒋民部臣诸公号'六骏'。文誉翔起，性好游，器量淹雅，姿容玮丽。每出，车服，甚都所至，奉为重客。即千金装，随手辄尽，意廓如也。一中副车，再举贤良方正。顺治初，以明经署浙江龙泉学博，作士有声。公诗初学竟陵，既乃浏漓浑脱，出入钱、刘。所著《可处堂集》，仲子文燮官建宁镂版问世，吴水部无斋、钱司李饮光为序而行之。"(卷四五，一○)

按：《桐旧集》(卷五)录诗十一首。

顺治九年（壬辰，1652年） 十六岁

是年，在里读书。

正月二十二日，长姊夫方谷卒，享年四十二岁。

  按：方谷，讳若洙第二子，字子桓，县学生，生万历辛亥八月初七日，卒顺治壬辰正月二十二日。配张氏，赠礼部侍郎秉彝女，生万历辛亥十二月二十三日，卒崇祯癸未八月十三日。葬松山庄。(《桐城桂林方氏家谱》卷一三，二六)

二月十五日，桐城地震。(《康熙桐城县志》卷一)

十一月三日，侧室刘氏生。(《张氏宗谱》卷四，一八)

顺治十年（癸巳，1653年） 十七岁

是年，里人陈焞、吴宏安中式进士。(《重修安徽通志》卷一五七《选举志·表》)

闰六月二十三日，长子廷瓒元配吴氏生。吴德音女。

  《张氏宗谱》："廷瓒生顺治乙未年正月十一日巳时，康熙壬午年十月二十七日酉时卒于官。配吴氏经莱分司运判讳德音女。顺治癸巳年闰六月二十三日丑时生，卒康熙癸亥年九月十九日。"(卷四，一五)

  按：吴德音，字式昭，吴道谦子，吴坤元弟。妣张氏，大学士英姊妹，生子三：天况、天驷、天骧。天骧，德音幼子。名骧。妣张氏，文端公英之次女。

  潘江《龙眠风雅》载："吴德音，字式昭，原名德基，字宜民。予外祖鹤滩公之子。三岁失怙，育于嫡母张太君，保抱调护倍至。甫就外傅，又丧母。能自淬励，攻文史，交有道，廿四即蜚腾艺苑。既廪邑庠，将贡于礼部，以功令停止，不果。康熙己酉，复俞举行。犹记岁暮时，舅氏袖邸抄谒于予家，欣欣色喜，甫颂《椒花》，旋歌《薤露》，伤如之何！予外祖恂恂若处子，外祖母螽斯衍后，以报夫子，而皆不得大年。舅氏亦未及五十而殁，天道其可问耶！舅氏不求工声律，偶因吾母便道经过，赋诗一首，手足之谊，老而弥笃，可以风已。"(《龙眠风雅》卷四七，二三)

十一月十九日，侄张留卒。

　　《张氏宗谱》云："十世祖张公讳留，字圮儒，治《诗经》，郡庠生，生明天启丁卯年三月二十日午时，卒顺治癸巳年十一月十九日戌时。配潘氏，国学讳金芝女，生明天启乙丑年五月二十日卯时，卒康熙戊午年正月十五日戌时，守节二十六年，建坊旌表，崇祀节孝祠。合葬黄家湾乙山辛向。二子若函、若湛。一女，适潘仁树，候选州同讳江子，苦节四十年，康熙癸未奉旨建坊旌表崇祀节孝祠。"（《张氏宗谱》卷四）

　　张英为《传》云："圮孺，名留，伯兄子牧子。风仪修伟，姿性颖特。少与予同执经读书，目十行下，常晨起诵数千言，仅一过，问之不爽一字。文敏捷如飞，才思宏朗。庚寅，补郡庠。二十有七，赍志早卒。娶潘氏太学九荃公女，苦节训子，持门户，称贤妇焉。"（《张氏宗谱》卷三○）

是年，元配姚氏来归。（张廷玉《先考行述》）

顺治十一年（甲午，1654 年）　十八岁

是年秋，在金陵应童子试，和同学友潘江同舟回乡途中，得知举童子试的消息。潘江于途中即诗送其南下。是年补博士弟子员。

张廷玉《先考行述》云："甲午应童子试，学使者山左蓝公润深加赏识，拔置府庠第四，补博士弟子员。"

潘江《芜阴舟中喜得张梦敦捷音即送其南下》云："献赋同归里，扬舲羡此行。一帆秋水下，百里暮潮平。遇主名方重，登仙舟倍轻。临歧吾怅别，君自急南征。"（《木厓集》卷一三，一六）

　　潘江（1619—1702 年），字蜀藻，号木厓，又号耐翁、河墅先生。桐城人。尝与张英、张杰、齐邦直、许来惠切磋诗艺，号称龙眠五子。康熙十八年荐举鸿博，以母老不赴。长期隐居乡里，筑室河墅，自称河墅先生。编纂《龙眠风雅》，自著《木厓集》《木厓续集》《桐旧集》卷三十四载："潘江，字蜀藻，号木厓，康熙间诸生，有《蜀藻集》。"《江南通志》："江为诗学少陵、昌黎，晚兼涉香山、剑南，年八十四卒。"

　　《潘氏宗谱》云："江，金芝公长子，原名大璋，字蜀藻，一字耐翁，别号木厓。晚著书河墅，学者称河墅先生。廪贡生。考授州同知。万历己未年五月十二日午时生，康熙壬午年十二月初三日申时卒，享寿八十有四。著《木厓集》五十六卷、《木厓续集》三十卷、《龙眠风雅》六十八卷、《龙眠风雅续集》二十八卷、《桐城乡贤实录》一卷，又《六经蠡测》《字学析疑》《诗韵尤雅》《古年谱记事》《珠文聚》《诗正》共四十余种，载《江南通志》，葬县□乡古井铺保史家冲乙山辛向。张文端英题碑曰：大诗伯河墅先生潘公之墓。配方氏，侍御学尹曾孙女，岁贡大赓孙女，附生叔猷女。泰昌庚申年七月十三日卯时生，康熙己酉年七月初三日子时卒。侧室李氏，君祥女，崇祯辛未年七月二十三日生，康熙丁亥年十一月十一日卒。葬县北乡古塘保毛河河墅后山。六子，高铣、某、仁桃皆殇，仁树、仁标、仁樾，以仁标继弟大培为嗣。一女，适束鹿县丞陈堂谋、

兵部主事焞子,方出。"

> 许来惠,字绥人,桐城贡生。授邳州学官,迁瑞安丞,有治声。以耿介忤俗,投劾归。与同里大学士张英、副贡齐邦直、贡生潘江、学博张杰有《五子诗义》行世,世人争传而诵之。(《重修安徽通志》卷二二二《人物志·文苑》一三)

> 齐邦直,字古愚,邑廪生。性朴质,嗜学。文章出之沉静,行谊寓于浑全,时人目为宫墙鲁子敬。顺治甲午,登副榜。名绅俊彦,多出其门。著有《诗义论策》行世。(《康熙桐城县志》卷五《儒林》一二)

是年,同里戴硕同补博士弟子,因得相交。

> 张英《戴氏宗谱序》云:"余少与戴公孔曼同见知于学使蓝公,因得与孔曼交。朋从讲习,嘉言懿行,皆可师法。"戴名世《先君序略》云:"岁甲午,年二十一,补博士弟子。"(《戴名世年谱》,二一)

> 按:戴名世(1653—1713年),字田有,一字褐夫,号南山,别号忧庵。"桐城派"奠基人、文学家。二十岁授徒养亲,二十七岁所作时文为天下传诵,清康熙二十二年应乡试。二十六年,以贡生考补正兰旗教习,授知县。因愤于"悠悠斯世,无可与语",不就,漫游燕、越、齐、鲁、越之间。有《南山集偶钞》。康熙五十年,由赵申乔告发其《南山集》"语多悖逆",以"大逆"罪入狱,掀起闻名清史的《南山集》案,康熙五十二年腰斩而死。

是年,侄思耀同受知于即墨蓝公,补博士弟子。(《张氏宗谱》卷三〇《列传》一八)

顺治十二年(乙未,1655年)　十九岁

正月十一日,长子张廷瓒生。

> 张廷瓒(1655—1702年),讳英长子,字卣臣,号随斋。治《诗经》。监生。中康熙戊午科顺天乡试第二十名。主考朱阜,浙江会稽人;杨瑄,江南华亭人。同考张瑛,浙江海宁人。己未科会试第一百九名,殿试二甲第二名,钦选翰林院庶吉士。辛酉,授翰林院编修。乙丑,充会试同考官、《大清会典》纂修官。己巳,升右春坊右中允兼翰林院检讨,转左春坊左中允兼翰林院编修。辛未,升翰林院侍讲转翰林院侍读,升右春坊右庶子兼翰林院侍讲。壬申,转左春坊左中允兼翰林院侍读,升翰林院侍讲学士。癸酉,转翰林院侍读学士,奉命入直南书房。甲戌,以原衔充日讲起居注官。丙子,充《明史》《渊鉴类函》纂修官。本年奉命祭告南岳。己卯,赐御书玉堂扁额,充山东乡试正考官。辛巳,升詹事府少詹事,兼翰林院侍讲学士。壬午,赐御书"传恭堂"扁额。雍正癸卯,以子若霈广西苍梧道任内,遇覃恩晋赠中宪大夫,崇祀乡贤祠。

> 《张氏宗谱》:"顺治乙未年正月十一日巳时生,康熙壬午年十月二十七日酉时卒于官。配吴氏,明经赠胶莱分司运判讳德音女,封孺人,赠宜人,累赠太恭人。生顺治癸

巳年闰六月二十三日丑时，卒康熙癸亥年九月十九日酉时。继配浙江仁和顾氏，康熙癸丑进士内阁学士兼礼部侍郎讳祖荣女，诰封宜人，累封太恭人。生康熙丙午年八月二十八日寅时，卒雍正戊申年四月初十日申时。侧室周氏生康熙戊午年十一月二十六日辰时，卒康熙己亥年十二月初二日辰时。守节十八年，雍正甲辰年奉旨建坊旌表，崇祀节孝祠。三子：若霖、若霈，吴太君出；若霆，顾太君出。"（卷四，一四、一五）

《桐城耆旧传》云："詹事张公，讳廷瓒，字卣臣，号随斋，文端长子也。康熙十八年进士。由编修累官至少詹事。二十六年，典试山东，所拔皆宿学士。三十四年六月，上召翰詹八人至畅春园赐宴，时文端以尚书兼掌院事，公同时官翰林侍读学士，又同为日讲官，父子并与宴。车驾三征绝漠皆扈从。性谨厚，每迁除，悚然若不胜。先文端卒。"（《桐城耆旧传·传第八四》）

《道光续修桐城县志》云："张廷瓒，字卣臣，号随斋。文端长子。康熙戊午举人，己未进士，翰林院庶吉士。由编修历宫尹，趋承讲幄，以清慎著。分校礼闱，典试山左，衡鉴公允，所取皆知名士。以熟于掌故，久在中秘，朝廷有大著作，多出其手。父文端前后掌院十余年，编纂之事，廷瓒尤能济美。立朝风度严整，未尝以私干当事。于读书立品之彦，奖掖常不去口。事文端婉愉纯谨。文端有子六人，廷瓒居长，诸弟皆师事之。崇祀乡贤。著有《传恭堂诗集》五卷。"（《道光续修桐城县志》卷一二，六五）

《江南通志·安庆府志》云："张廷瓒，字卣城，桐城人，大学士英长子。康熙己未进士。入翰林，陟宫尹，趋承讲幄，屡应纂修之任。圣祖仁皇帝北征沙漠，三临绝塞，以儒臣得与扈从之列，屡被殊恩，益务恪慎。分校礼闱，典试山左，皆弊绝风清，尤熟于掌故，一切大著作，多出其手。子若霖，字岩举，天性孝友，好义乐施，文行兼茂，称令子焉。"（《重修安徽通志》）

又：《桐旧集》（卷二二）录其诗九首。《皖雅集》（卷二）录其诗三首；事迹另见《词林辑略》（卷二，七一）及《皇清书史》《国朝先正事略》《国朝耆献类徵初编》等文献。

六月十九日，桐城大雷雨，漂没田庐数百处。（《康熙桐城县志》卷一）

十月十二日，七弟张夔生。

张夔（1655—1703年），字次皋，号一斋，治《诗经》，岁贡生。康熙己未廷试，丙寅选授常州府靖江县学训导。己巳，计典卓异，钦赐蟒服，升直隶正定府平山县知县，戊寅调顺天府固安县知县。己卯，调保定府清苑县知县。壬午，升大名、广平两府管河同知，诰授奉政大夫。妻刘氏，封宜人。生母吕氏，赠宜人。大名、广平两府崇祀名宦祠，本县崇祀乡贤祠。以孙若炳贵，诰赠中宪大夫、广东潮州府同知加二级。生顺治乙未年十月十二日，康熙癸未年八月二十四日卒于官。（《张氏宗谱》卷三，一六）

《道光续修桐城县志》云："张夔，字次皋，号一斋。赠大学士秉彝第七子。初以明经授靖江学博，课士有方。卓异，升直隶平山县令，调固安、清苑。畿辅近地，案牍填委。夔所至，仁惠有声。邑有鄢氏，疑狱久不决，夔立得其情实。有张氏妇为强暴所逼，廉问之，奸猾首服，一时称为神君。大吏交章荐之，升大名府同知，调广平督理河务。康熙癸未春，漳河水决，夔身亲畚插，捍御堤防。其被灾之家，复捐俸赈给，所活无算。

以劳瘁婴疾卒于官。士民请崇祀名宦祠。康熙丙申岁，三院允里人士公请，与其兄杰并祀乡贤祠。"（卷一二《人物志·宦绩》，六四）

张夔长子张廷琪，字芝田，号闲斋，附贡生。江宁溧水教谕。礼贤爱士，善诱诸生。丁母忧，服阕，擢山西平顺知县，调平遥县。约己爱民，兴利除弊，卓有政声。（《道光续修桐城县志》卷一三；《张氏宗谱》卷四，三〇）

顺治十三年（丙申，1656年） 二十岁

十一月十七日，族弟张苣生。（《张氏宗谱》卷四，三四）

《张氏宗谱》："苣，讳秉哲四子，字武仕，号雪岑。治《诗经》，监生。康熙癸亥选授湖广武昌府通判。甲子九月，遇覃恩敕授承德郎湖广武昌府通判。妻孙氏，封安人，父赠如其官。母封太安人。戊辰五月署武昌府知府，值夏逢龙之变，抗节不屈，被系，乘间逸出，随振武将军瓦岱等屡建功绩。克平夏逆。庚午请养回籍。丙子，丁母忧。戊寅，服阕。庚辰，补湖广襄阳府通判。壬午，升四川嘉定州知州。庚寅十月，升工部都水司员外郎。辛卯三月，告病回籍。乙未，举乡饮大宾。雍正甲辰，以子廷珩翰林院检讨任内遇覃恩诰赠奉政大夫工部都水司员外郎加一级。以子廷庆贵，雍正乙卯诰赠中宪大夫、湖广湖北粮储道按察使司副使，武昌嘉定崇祀名宦祠，江夏建专祠。治绩载《湖广通志》。生顺治丙申年十一月十七日，卒康熙丁酉年十月初三日，葬钱家桥。配孙氏，明经讳中夏女。五子：廷庆、廷珩、廷琬、廷璇。"（卷四，三四）

又：张苣，字武仕，号雪岑。祖讳士纲，父蔚乔，讳秉哲，顺治十一年举人，有学行。子四，公其季也。康熙二十二年选授湖广武昌通判，摄知府事。二十七年，督标材官夏逢龙为乱，露刃围官廨，署布政使叶公映榴死之。公闻变，出骂贼，被执。父老数百人走哭，贼不敢害，囚之。授以官，骂裂其札。绝食三日，夜半，有老民怀饭以进，得不死。夫人孙氏奉姑怀印间行，匿民舍，潜归印于公。会叶公柩归，公给守者同出送。登舟哭拜毕，跃入江中，守者拯之，不死，囚益急。顷之，贼犯荆州，监守者胡定海义公，阴释之。夜奔武穴，录状达部，请师剿贼。时，蕲州、武昌相继叛，公率众讨平之。进驻道士洑，饬器械，具刍粮，招徕流散，贼由是不敢东下。七月，振武将军瓦岱等帅大兵抵蕲水，公迎谒，因随师进剿，与贼战黄州，提督徐治都败之于金口。逢龙遁，公察知踪迹，白将军亲往禽取，磔之，余党悉平。事闻，复原官。居一年，乞养归。母终，起补襄阳通判，迁四川嘉定州。乱后土旷，招垦，增万余户；创书院兴学，变荒陋之俗。迁工部员外，以病去，遂不复出。喜为诗，性倜傥，以推解为快。凡事见其大，不守小谨。尝佩一刀，杂置书画侧，一日客至，作画方毕，手刀出室曰："磔逢龙时，吾亲持此割肉一脔，酾酒酹叶公也。"

子廷庆，字荣怀，恩贡生。以荐举授湖北安陆县，调江夏。冒雨塞金口堤，泥没至胸。终湖北粮储道。先是，工部平夏逢龙乱，楚人请祀"名宦"，并建专祠。命下，适粮道君至，奉主入祠，观者荣之。（《桐城耆旧传》卷八《张工部传第八十二》；另见《道光续修桐城县志》卷一二，六七）

是年，公以攻苦致疾，久而不愈，经姚氏经心照顾，三年始愈。

"先公年二十，以攻苦致疾，久而不愈。太君尽质簪珥以治，饮食药物，尝手剥莲子，十指尽秃。于是三年，先公病良已，益发为学，委家政太君，不一置问。（《张氏宗谱》卷三四，二）

顺治十四年（丁酉，1657 年）　二十一岁

自是试辄高等，而禀气素弱，有疾在身。与三兄张杰读书远峰亭中，至庚子岁病始痊。

张廷玉《先考行述》云："丁酉科试食饩，自是试辄高等，而禀气素弱，患疾历三载不愈。凡饮食药饵之属皆先妣手自调治，衣裳簪珥典鬻殆尽，至庚子岁始痊。一切家事，皆付先妣经理之，独肆其力于学。与三先伯读书家园中，相对手一卷不释。每当霜寒星落之时，一灯荧然，伊吾之声达于巷外，自六经左国以及庄骚子史两汉唐宋之文靡不搜讨淹贯。为文根极理要，纯粹精深。与里中名俊建'瑟玉堂'文会，复与齐公邦直、许公来会、潘公江及三先伯为《五子诗艺》，至今脍炙人口，习艺经者奉为津梁焉。"

秋，从兄张克伟，应试长干，被放。落魄而归，资装罄然，郁郁不得志，遂感疾。（《张氏宗谱》卷三〇《列传》五）

十月十四日，从兄张克伟卒。享年六十有三。

按：张克伟（1595—1657 年），字子亮，治《诗经》，郡廪生。叔清庵公（按：张秉宪）次子。至性醇笃，谦谨和易，十九补郡庠，二十有三食饩。每试辄前茅，享年六十有三。配吴氏，文学讳道惇女，生明天启庚申年十二月十七日，卒康熙乙丑年七月二十五日。三子，廷宜、廷琮、廷林。二女，长适迪功郎方庆余；次适监生盛文寀，文学讳缵裕子。（《张氏宗谱》卷三〇《列传》五；卷四，二二）

又：《龙眠风雅》（卷五三）录诗一首。

又按：张秉宪（1613—1703 年），张士维第四子，张英叔。字淑之，号清庵公。生于世族，少席丰膴，幼有长厚谦冲之德。和蔼敦硕，孝友静穆，出于性成。早年为文，即有时誉。补博士弟子，屡试棘闱。以明经试县令，时际鼎革，不乐仕进。故园流寇纷扰，移家金陵。及乱稍定，公挈家居潜之深山，避世隐遁，足迹不入城邑，与山农野老酬酢数十年。泉石烟霞，素性然也。性最俭素，生平无贵介纨绮之习，而言方行轨，虽居山中，而瞻视岸异，不与俗人为伍，人咸敬惮之。少通释典，于空门无生之学，大有领悟。布衣蔬食，履之如常，素不与有司通姓字，养高习静，教其子孙以读书力行、醇重谨饬。年八十余，须髯皆如漆，步履视听不衰。寿至九十余，须始间白，杖履翩然，人瞻望之如天竺古先生。九十之辰，君太守刘公特遣使为文以致贺，羡为人瑞。邑之人皆登堂相祝，公犹蹩躠趋拜如常，予适归里，称觞献寿，逾年无病而卒。

顺治十五年(戊戌,1658年)　二十二岁

八月十五日,张英长女生,适同里姚士簧。

　　《桐城麻溪姚氏宗谱》卷五:"姚士簧,娶文端张英女。顺治戊戌八月十五日生,乾隆癸亥四月初七日卒。"

　　三女张令仪有《丁酉中秋寿长姊夫人六十初度》诗云:"气爽秋高风日美,官斋闲静清如水。……长姊今年周甲子,扁舟千里远迎养。共羡君家有孝女。……鸿案长抛十五年,荻灰画尽继前贤。今看诸子皆成立,训诲辛勤岂偶然。"诗中自注云:"时两侄应试白门。"(《蠹窗诗集》卷二,一〇)

　　按:姚士簧,峡江公第一子,字东胶,号鹤山,治《易》,邑廪生。康熙庚午举人,以孝行上闻,钦旌孝子,入祠崇祀,赠文林郎,翰林院编修,累赠中大夫。顺治戊戌八月二日生,康熙壬午六月二十七日卒,葬白沙岭蔡庄,行义载县志及先德传。娶文华殿大学士太傅谥文端张英女,封孺人,累封恭人。顺治戊戌八月十五日生,乾隆癸亥四月七日卒。葬姚家嘴贾庄。生四子:孔锕、孔锌、孔銅、孔鍨。四女:长适康熙戊子举人广西苍梧道张若需,次适刑部主事张若宣,次适翰林院检讨张若潭,次抚于舅氏张廷琪为女,适太学生何士衔。

是年,张英与兄弟们分家分伙。开始自己经理田庄。(见康熙三年《恒产琐言》引文)

顺治十六年(己亥,1659年)　二十三岁

筑远峰亭,并作《种竹诗》。

　　《偶作》自注云:"予己亥初筑远峰亭,作《种竹诗》,有'倚窗遥计密阴时'之句,李芥须赏之。客徐莘叟前辈家,作移竹诗,用此结句也。"(《文端集》卷一九)

晚春,郊外踏晴。

　　《晚春郊外二首》其一云:"平郊一道踏晴沙,春色留人春日斜。紫燕飞时穿柳絮,黄鹂啼处落松花。幽溪水饮青丝骑,碧草香承油壁车。日暮苦吟何所羡,远村如画两三家。"此诗具清雅之美。

　　《四库提要》云:"英遭际昌辰,仰蒙圣祖仁皇帝擢侍讲幄,入直禁廷,簪笔雍容,极儒臣之荣遇。矢音赓唱篇什最多,其间鼓吹升平,黼黻廊庙,无不典雅和平。至于言情赋景之作,又多清微淡远,抒写性灵。台阁、山林之二体,英乃兼而有之。其散体诸文,称心而出,不事粉饰,虽未能直追古人,而原本经术,词旨温厚,亦无忝于作者焉。"(《文端集提要》;《影印文渊阁四库全书》集部第一三一九册,二七五)

闰三月二十七日,从兄张克俩卒。伯父张秉文次子。

　　按:张克俩,字相如,生明崇祯甲戌年(1634年)二月二十八日,卒顺治己亥年(1659

年)闰三月二十七日。配吴氏,崇祯辛未进士兵部主事讳国琦女,生明崇祯甲戌年七月十三日,卒顺治癸巳年九月初四日。无子,康熙庚辰年祁度始议立佑第五子廷琨为之后,祁度以五里铺田种十二担给廷琨为祭扫之费。(《张氏宗谱》卷四,八)

是年,内兄姚文燮中式进士。

见《麻溪姚氏宗谱》《明清进士题名碑录》。

按:姚文燮(1627—1692年),字经三,号羹湖,晚称黄蘖山樵,安徽桐城人。张英妻兄。顺治十六年进士,官中书。工诗、古文、词。善山水,用笔简贵,设色淡雅。尝绘赐金园图,朱彝尊有诗称云:"画手前身李伯时(公麟)。"

据《道光续修桐城县志》:姚文燮,字经三,号羹湖,又号黄蘖山樵、听翁、泳园,室名无异室、乐耕室。江南桐城人。顺治甲午举人,己亥进士,授福建建宁府推官。康熙八年,改知直隶雄县,寻擢云南开化府同知,摄曲靖府阿迷州。(中略)滇寇平,遂乞养归居龙眠山中,颜其堂曰'乐耕'。未几,持母丧以毁致疾,卒年六十六。所著《羹湖诗选》《泳园诗集》《黄柏山房古文》《李昌谷诗注》《龙眠诗传》《史论》《四六偶存》《芝山春草录》《薙簏吟》《雄山草》《滇行草》《武夷游草》十余种,又梓定方密之《通雅》、方羽南《易盪》,皆刊行于世。尤工画,仿大痴云林及黄鹤山人、梅花道人,皆逼肖。片缣尺幅,人争宝之。(《道光续修桐城县志》卷一二,六一)

《麻溪姚氏宗谱》(卷五):"文燮,珠树公第二子,字经三,号羹湖,别号听翁,又号黄柏山樵。治《易》,县学生。博通古今,工文辞书画,号称名家。顺治甲午举人,己亥进士,建宁府推官,丙午福建雄县知县,升云南开化府同知,封徵仕郎,翰林院庶吉士,貤赠中宪大夫,仕绩、文艺载国史馆及《县志·先德传》,天启丁卯三月六日生,康熙壬申六月二日卒。葬龙眠黄柏岭。娶吴之璘女,封孺人,赠恭人。天启丙寅三月二十四日生,康熙甲寅八月三日卒。附葬黄华小陈庄湘潭公墓右。生二子:士莱、士藋。"

秋日,避兵山中。书所触目,叙说农民苦状及他自己面对劳动者时自我羞惭之情。

《己亥秋日避兵山中书所触目二首》其二云:"悯农诗苦何堪读,此景山中尽日看。处处印泥惊虎迹,家家葺屋卫牛寒。荷锄晚岁无衣惯,种豆频年得食难。正对盘中增愧色,野人偏与劝加餐"。(《存诚堂诗集》)

秋夜望月,作《秋夜》诗。(《存诚堂诗集》卷九)

冬日,作《冬日》诗。(《存诚堂诗集》卷九)

顺治十七年(庚子,1660年) 二十四岁

病始痊。

八月,父张秉彝陪同就试长干,访其何氏姑。

《祭诰封何姑母文》云:"以垂老之兄妹聚首,道十年契阔,恩勤笃挚,形影相依者数阅月。"(《笃素堂文集》卷一〇,《张英全书》本)

按：祖张士维有三女，第三女适何应璜。即何氏姑。

何应璜，字元瑜，号蓉庵。如宠公子，以《书》补邑庠生，荫授詹事府录事，迁太仆寺主簿，转右府都事，升户部主事筦银库转郎中，请假终养。服阕补兵部武库司郎中加衔太仆寺少卿。顺治癸巳督抚交荐，补刑部员外郎，转郎中，升江西赣州府知府，诰授中宪大夫，行详《传》中。生明万历丁酉（1597年）七月二十二，卒未详。葬芦庄村东，距东村六里。配赠文华殿大学士礼部尚书张公士维女，诰封恭人，生明万历丙申（1596年）七月十四，卒未详，葬附夫，副室霍氏，生卒葬未详。子五，允戴、亮功、采、槃，张出。棠，霍出。女六，长适方亨咸，次适兵备道潘映娄子庠生天芝，三适给事中吴公家周子庠生元礼，四适兵部吴公国琦子庠生宠宁，俱张出。五适开封知府吴公士讲子庠生世忠，六适贡生李在公子当，霍出。（《青山何氏宗谱》卷一三，五五）

秋，应乡试不第，回乡途中作诗赠友人周孚先，表达了被放后的失落心境。

《庚子放后舟中赠信臣二首》。其一云："与君相对数秋晨，几度高吟涕泪新。携手正当黄落日，入门俱有白头人。岂应我辈长贫贱，莫漫相逢说隐沦。枫叶亦知游子意，寒声萧瑟古江津。"

其二有句云："一叶轻舟逐水湄，西风吹客到家迟。依然江岸芦花路，况是秋深暮雨时。暂屈敢言同鹤胫，长愁只恐负蛾眉。惜阴亭畔蘋香老，难荐湘累楚客祠。"

按：周孚先，字信臣，桐城人，张英同学友。

何姑母闻其被放消息，悲伤而泣。

《祭诰封何姑母文》云："是年被放，姑母持先君与予涕泣不能自胜，犹忽忽若前日事也。"（《笃素堂文集》卷一〇）

回乡后，周孚先有诗相赠，言放后抱病，公闻忧之，次韵二首以答，共叙被放心情及对朋友的担心之情。

《次韵答信臣二首》其一云："八月寒江秋正清，与君同作秣陵行。晓过茅店看霜迹，夜泊庐洲听雨声。旧路总余游子恨，新诗弥见故人情。高吟正复增惆怅，难遣人间百感平。"（《存诚堂诗集》卷九）

其二云："依旧驱车往复还，秋花重与闭柴关。云霄待客何年事，风雪容人此日闲。泪落顿添桃叶水，情多数梦雨花山。君归抱病予愁绝，相待何曾一解颜。"（《存诚堂诗集》卷九）

冬，聚同里左国治小圃饮酒。

《集左橘亭小圃二首》其一云："荒园手自翦荆扉，侍御先生此息机。几树梅花传晚节，满庭橘柚凛霜威。"诗下注云："左侍御三山公为忠毅公弟。"

其二云："幽径闲来趁晚晴，故人归复自皋城。淮南招客皆词赋，灵运能诗本弟兄。午夜清霜增酒数，一帘明月驻歌声。茗香客醉狂吟后，移得琅玕影正横。"

按：左国治（1628—1691年），左光斗七弟左光先三子，字子周，号橘亭，生于崇祯元年。副贡，考授州同。卒于康熙三十年辛未。享年六十四岁。

顺治十八年（辛丑，1661年） 二十五岁

七月，往宜城道中望龙山，有诗《之郡城道中望龙山三首》。

  其一云："二龙山色翠漫漫，常向宜城陌上看。望入江南秋色里，青当皖口白云端。遥连野水岚光湿，半背斜阳树影寒。极目千峰倍惆怅，何年策仗蹑层峦。"

  其三云："野老家家获稻梁，一川风景近柴桑。晚花著屐寻霜圃，秋水扶筇渡石塘。隔岸乱灯螯正美，千村老树橘才黄。何年丛桂招人隐，北渚南汀筑草堂。"

  按：从其一和其三诗中"望入江南秋色里"及"秋水扶筇渡石塘"等句来看，此诗作于是年秋。而该诗下一首诗为《闰七夕》。则前诗当作于七月。姑系于此。(《存诚堂诗集》卷九)

到安庆后，与陈堂谋诸子登迎江寺，有《登迎江寺浮图二首》。

  诗见《存诚堂诗集》(卷九)，该诗在《康熙安庆府志》(卷三〇)《七律》，八十二页题为《登迎江寺同陈大匡诸子赋》，内容相同，当是同作。

  按：陈堂谋，字大匡，焯长子，年十六为县廪生，试辄冠其偶。博览工诗，与太仓周肇、宜兴陈维崧齐名。吴祭酒伟业、周司农亮工胥引为忘年友。登岁荐，授青浦训导，勤于课文，好睭恤寒士。制府阿公、于公，开府慕公、余公，先后荐以教化兴行，为十四郡儒官第一。秩满改东鹿丞，巡抚为清襄甚重之，历署东鹿、故城、景州、祁州诸州县。于公将以循卓举堂谋，适丁外艰，会于公奉命督河，折奏以自随，居淮上累年，于公卒，遂绝意仕进。自号溪翁，所著有《北溪诗古文集》《溪翁近诗》。(《道光续修桐城县志》卷一二，六九)

闰七月十五日，有《闰七夕》诗。

是年，座师黄贞麟官凤阳。

  按：黄贞麟，据《清史稿·黄贞麟传》："黄贞麟，字振侯，山东即墨人。顺治十二年进士。十八年，授安徽凤阳推官，严惩讼师，合郡懔然。"

康熙一年（壬寅，1662年） 二十六岁

秋，远峰亭初成，闲居读书，友人周孚先来访，赠诗五首，公次韵奉答。

  诗中有句云："寒声留客听，络纬满秋瓜。""鸟影没残照，秋声满竹阴。"信臣来访，当在秋日。姑系于此。

是年，妻兄姚文燄岁贡廷试第一。

  《道光续修桐城县志》："姚文燄，字彦昭，号磐青，之骐孙，父孙森为龙泉训导，善文词，兼习兵事，流贼攻桐，佐县令。守御得全，乡人德之。文燄生十二岁作《金陵感怀诗》，时称神童。十四入泮，学使者金特试以诗，立就。人争传之，与从兄端恪、外兄方亨咸辈，皆以诗名，为'潜园十五子'。顺治壬寅(按：此处当是康熙元年壬寅)岁贡，

廷试第一。"(卷一二,六三)

《桐旧集》(卷五)录其诗七首。

是年,潘江为父秉彝作《七十寿序》。

是年,代作《张拙庵先生七十序》。

《序》云:"舅父七袠,览揆之辰,诸先生长老毕集。予小子不护躬进觞,顾诸戚属以予附惇史之后属一言为祝。"(《木厓文集》卷一,二九)

康熙二年(癸卯,1663年) 二十七岁

暮春,过周孚先龙眠草堂,作诗二首。

《春暮过信臣龙眠草堂二首》有句云:"愧我暂来还欲去,羞看白鸟向云飞。"表达了对更高远的人生境界的向往。(《存诚堂诗集》卷九)

四月初八日,八弟张芳生。

张芳,字次蘭,号秋圃,治书经,廪贡生,康熙戊寅选授陕西西安府咸阳县县丞。己卯升盩厔县知县,赐御书七绝句一幅。甲申,升西安、延安两府督捕同知。辛卯,罢归。癸巳,以子承先胶莱分司运判任内遇覃恩,诰封奉政大夫。雍正甲辰,大学士朱轼保举引见,特旨补授浙江严州府知府。丁未,以黄河清恩加一级。庚戌,奉特旨升太常寺少卿,旋请休致,奉旨俞允。十二月回籍。雍正乙卯,以子廷璪銮仪卫经历任内遇覃恩诰赠中宪大夫。生康熙癸卯年四月初八日,卒雍正甲寅年十二月初二日,享年七十有二,葬花园坂曹庄。配吴氏,文学讳德秀女。封宜人,累诰封太淑人。生康熙甲辰年九月初一日,卒乾隆壬戌年正月初十日。享年七十有九。侧室刘氏,以子廷璪贵,勅封太孺人。生康熙癸亥年四月十八日,卒乾隆戊午年四月二十二日。三子:承先,吴太君出;廷璪、廷璈,俱刘太君出。六女:长适姚孔镕,候选州同讳士僙子。次适浙江慈溪县知县倪知本,福建南漳县知县讳灏子。三适四川夔州府通判谢昊,陕西西安同知讳嵩龄子。四适浙江慈溪县知县倪知本,福建南漳县知县讳灏子,俱吴太君出。五六俱早卒,刘太君出。(《张氏宗谱》卷三,一七)

八月,举乡试第十二名,受知于同考即墨黄公贞麟。主考大兴王公勗、茌平王公曰高。是年同举乡试者,有归允肃。(《重修安徽通志》卷一六一《选举志·举人表》九)

按:茌平王公即王曰高。王曰高(1628—1678年),字登鲁,号北山。茌平县北八里村人。自幼聪敏,七岁能文,十岁执父丧如成人,清顺治三年中举人,一六五八年中进士,入翰林院,后升工科右给事中,被选作翰林后,曾当过康熙的启蒙老师,后官至礼部掌印给事中。王居官二十年,手无余金,著有《槐轩集》。

又按:根据王氏族人辑录的县志资料,王曰高就是生于崇祯戊辰(1628年)四月八日,卒于康熙十七年(1678年)中元节。

清陈康祺《郎潜纪闻初笔》(卷六)第二四八条载:"康熙癸卯科江南乡试,得人之盛。"

云："康熙二年癸卯科江南乡试，同榜凡两鼎甲、五尚书、三大学士，得人最盛。时典试者，编修大兴王勖，工科给事中茌平王曰高也。"

按：归允肃（1642—1689年），江苏常熟人，字孝仪，号惺崖。清康熙十八年（1679年）状元。授翰林院修撰，充日讲官。历任中允、侍读、侍讲学士，官至少詹事。与议政事，持正不阿，以疾告归。工诗文，简质厚重，有《归宫詹集》四卷、《笔诠》二卷。

《归宫詹集》云："先宫詹公年二十为诸生，明年科试食饩，又明年癸卯举于乡，越十七年，己未成进士，廷对第一。主辛酉科顺天乡试，壬戌授日讲起居注，甲子升左春坊左中允，迁侍讲。乙丑，转侍读，升侍讲学士，转侍读学士。升詹事府少詹事，纂修《平定方略》《明史》总裁。丁卯，乞假葬亲归里。己巳七月初一日，卒于家。生于明崇祯十五年壬午二月初九日，存年四十八。……惟成进士最艰，凡六上公车。家贫，困苦特甚，尝留馆淄川张氏、宛平王文贞公、座主茌平王北山给谏、同门桐城张文端公家。通籍后，五年之内，遂晋宫詹。"（《归宫詹集》，嘉庆十年刻本。《清代诗文集汇编》第一五八册，三二五）

张英《惺崖归公暨配华恭人合葬墓志铭》云："余同门友惺崖归公，自康熙癸卯秋与余同举于乡，同出于即墨黄夫子之门，历今凡四十五年。余两人交最深。惺崖屡举会试不第，潦倒公车，困不得意，又以贫故，辄授徒奔走于四方。每至京师，则馆于余家，晤对间，余必以第一人许之。屡遭困踬，而余信之益坚。余以扈从至吴门，相见慰藉，是时气体微弱，次年遂殁。"（《张英全书》下册，三二九）

时，归允肃与公交谊甚深，为言其兄莪庵之文行，公向往之。

张英《归节母陈太君松筠教子图记》云："癸卯岁与余同登乡荐，交深言密，时述莪庵之文行，足为当世楷模，心乎仰止者甚久。己酉岁，余游吴下，与惺崖一登松筠草堂，慨然想见归母之清节，不胜敬慕，至是始得亲炙莪庵之为人，德容道貌，蔼若春风，对之尘氛尽涤，有相见恨晚之叹，益信惺崖之言为不诬也。乙丑岁，长君胥臣公车北上，随叔氏惺崖同过荒署，即出里中诗文一帙示余，读之，皆节母陈太君受圣朝旌典建坊。贤士大夫交相颂述之作，完节纯孝，世称盛焉。"（《张英全书》下册，三三九）

此次乡试，学友潘江与张英一起，同舟而归，途至芜湖，张英闻捷音，返赴鹿鸣宴。

《邸抄至得张卣臣捷章赋寄兼束敦复学士》："十五年前捷骑同，今朝又报冀群空。牵丝好抱盈床笏，破浪先乘万里风。"诗后自注云："癸卯秋敦复与予同舟归至芜湖，闻捷音，还朝赴鹿鸣之宴。"（《木厓续集》卷三，二；《四库禁毁书丛刊》集部第一三二册，二九四）

表姐吴坤元得知表弟张英登科，潘江落第的消息，悲欢交集，追念爱婿方里，作诗二首。

《喜表弟梦敦之登科嗟吾儿之落第悲欢交集兼追栗村二首》其一诗云："雁行鹏翼喜飞腾，此际那知百感并。千古悲凉车笠叹，几行血泪死生情。心如落叶才初下，愁托寒鸡第一声。可惜安仁嗟老大，眼看仲蔚又成名。"（《松声阁三集》二一）

秋,友人潘江婿陈大匡随父陈焯远游闽越,潘江次公韵作诗以送。

  《送陈大匡婿远游次徐羽先张梦敦韵》有句云:"枫叶落时天漠漠,芦花泊处雾冥冥。"(《木厓集》卷一九,一八)

之后,拜别父母,始为数千里游,入京赶考。

  张英《先考行述》云:"去年冬再赴公车,将束装,微察先君起居,虽春秋渐高,然犹善饭且步履甚健,私心欣慰。拜别之日,先君抚之曰:'勉旃此行,吾迩来气体益强,齿摇落者复生矣,尔毋以老亲萦念。'"

途中经江村、采石矶、邹县、钟离古迹、闵子祠、戚里、东平等处,各有诗记之。(诗见《存诚堂诗集》卷九)

除夕日,在赴京途中,作《除夕河间道中次昭兹韵》,抒发异乡飘泊之感。

  诗云:"椒盘柏酒异乡同,此夕惊心叹转蓬。鹤发老亲千里外,鸡声残梦五更中。星悬屋角光全白,灯近床头影乍红。南去归鸿凭寄语,帝城明日足春风。"(《文端集》卷一三,一三)

康熙三年(甲辰,1664年) 二十八岁

元旦日,又次前韵,自我宽慰。

  诗云:"蓟北风烟故国同,不须千里怨飘蓬。柳深细雨龙池外,花满宜春御苑中。莺语渐催宫草绿,马蹄行蹋上林红。建章一夜千门晓,从此朝朝待好风。"(《文端集》卷一三,一四)

游慈仁寺,作《慈仁寺》诗,描写京师的繁华热闹景象。

  诗云:"长安千骑蹋香尘,尽是看松古寺人。海市乍开楼观日,石家初试绮罗春。玉藏锦箧夸前汉,珠泻金盘出大秦。看到山门将日落,更谁来问老龙鳞?"

  按:慈仁寺,即报国寺,自清初即为京城庙会之所,又为文玩旧书麇集之地。

又作《春半》诗。

春,公车不第,因担心父亲身体,疾驱返里。

  张英《先考行述》云:"不孝英前此三十年来,未尝一日违膝。癸卯之秋,幸举于乡,以应南宫试,始为数千里游。时值先君微疴,依依不忍就道。先君怡颜勉之曰:'吾健,可无虑也。'次年不第,疾驱返里,再拜问先君寝膳,则康健逾曩时。"张廷玉《先考行述》云:"甲辰公车不第,归益专攻制策。"

寒食节,公失意归来,途经河间道中作诗一首。

  《寒食河间道中》诗云:"驱车日暮尚徘徊,寒食今朝何处杯?渐喜柳从归路碧,始知春自故乡来。千村禁火烟空冷,几树临风花渐开。丘垄旧山兄弟在,漫忧阴雨积莓苔。"

又经彭城境内,过亚父冢,作《亚父冢》诗。

过九里山,作《过九里山二首》。

渡黄河。
　　《归渡黄河》云："春水黄河接远天,人归依旧夕阳边。马衔青草嘶沙岸,客傍梨花唤渡船。波影潆洄成九曲,涛声澎湃自千年。祖生空有闻鸡声,击楫中流一慨然。"(《文端集》卷一三,一五)

夏初四月,抵家,作《放归》二首,有不得志之叹。
　　《放归二首》其一云："衣上空沾京洛尘,闭门犹许作闲人。旧栽松竹惊心看,久别琴书到眼新。花事芳菲看渐晚,莺声圆滑听才真。翻怜蓟北多羁旅,输却江南一度春。"

冬,父张秉彝欲重修族谱,让其负责完成。
　　张英《日照李氏族谱序》云："余自康熙癸卯举于乡,先大夫时年七十馀,即以一编示余曰:'此族谱稿本久未诠次,予年且老,前人行事,予犹能缕缕叙述,子盍为编葺成书以毋坠祖宗之绪?'予敬受而卒业。首世谱、次世纪、次丘陇、次纶言、次家传,为若干卷。每念欧阳文忠公集中载家谱一帙,其言皆简质,不事摭拾藻采,斯可以传示久远,故义例多仿之。"(《文端集》卷四〇)
　　张廷玉《先考行述》云："甲辰冬,先王父重修家谱,府君实左右之。"

是年,父张秉彝再分田产,公得田一百五十余亩。(《恒产琐言》)

康熙四年(乙巳,1665 年)　　二十九岁

暮春,和归允肃一起去凤阳拜见房师,一起泛舟淮河,并观骑射,有诗《春晚同孝仪从房师即墨黄公泛舟淮河并观骑射》,题下注云:"黄公时为凤阳司理。"
　　诗云:"千畦麦穗带城斜,供帐行旌驻水涯。明月雕弓穿柳叶,春风金勒映桃花。(中略)漫道使君归路晚,还停铙吹看桑麻。"(《文端集》卷一三,一六)
归允肃亦有《清明日侍即墨黄夫子淮上宴集二首》,为同时同韵之作。(诗见《归宫詹集》卷三,一)
此次谒见黄公,公与归允肃晨夕相与,出其所作《梅花诗》三十韵示之,孝仪为作《张敦复〈梅花诗〉序》。
　　《序》云:"诗之为道,本乎性情。古今才有不同,而性情皆有以自见;惟抱负过人者,命意深而托兴远。固非若骚人韵士,匡坐支颐,对床觅句,祇以标新领异,矜艳一时也。张子敦复为风雅宗盟,为词坛鼓吹,才擅雕龙,学窥全豹,其抱负洵有过人者。乙巳春,与余同谒黄夫子,旅食招提,乐数晨夕,出所著《梅花三十韵》示余。讽诵之下,顿觉寒香沁人肺腑,秀骨凌然,幽韵独绝,乃益叹张子之命意深而托兴远也。夫张子以研京练都之才,敷扬藻绘,笔吐星汉之华,气含风雨之润,异日者簪象管以润色鸿猷,称燕许巨工于是乎在,而独于梅花乎讽咏之不置,何哉?吾谓诗以言志,张子之诗,非拘于诗以为诗也,当其性情所寄而讽咏形焉。故其油然之光,苍然之色,溢于笔墨之表,见之者以为姑射神姿,非复人间烟火。古云'冰雪净聪明',又云'骨重神寒天庙器',张子兼而有之矣。宋广平作《梅花赋》,古人谓公端方直谅,而为文正复娟

娟方尔,不知其幽姿劲质,不辞霜雪,独挺寒岩,正可于此见立朝之节,岂仅'疏影横斜'、'暗香浮动'争胜于孤山浅水之间已哉!故读张子之诗者,当思其命意托兴之所在。噫!此九龄之丰度,非同张绪之风流也。则谓今日之张子,即当日之广平可也。"(《归宫詹集》卷二,一)

按:《梅花诗》三十诗,见《存诚堂诗集》(卷九)。

在钟离遇到友人徐莘叟和他的儿子,赠以《钟离遇徐莘叟前辈却赠》诗。

按:徐致觉,字先众,号莘叟,江南六合县人。顺治六年(1649年)中式己丑科二甲第三名进士,选庶吉士,散馆授翰林院检讨。

七月十四日,何姑母七十寿,表姐吴坤元有诗贺之。

吴坤元《寿姨母何太夫人七十》其一诗有句云:"一代宣文谁与俦,鹤南飞唱正新秋。……明年又值蟠桃熟,海屋同添第一筹。"(《松声阁三集》三二)

据《青山何氏宗谱》:何姑母生日是七月十四日。

秋,宿西山别墅,次信臣壁上韵三首,放歌其隐居山林的自得之趣。

其一诗云:"深径寒林叶渐凋,此中人久赋招招。梦同春草因曾到,路觉秋山转不遥。一带苍岩垂石乳,数家茅屋住峰腰。支颐笑指云生处,仿佛闻歌是晚樵。"

其二云:"手自披榛葺故庐,闭门聊且遂吾初。夕阳山下闻驱犊,秋柳阴中看打鱼。兰佩香偏宜卉服,芒鞋健可谢篮舆。"(《文端集》卷一三,一六)

九月一日,弟张芳配吴氏生。

《张氏宗谱》云:"吴氏,讳德秀女,封宜人,累诰封太淑人,生康熙甲辰年九月初一日,卒乾隆壬戌年正月初十日,享年七十有九。侧室刘氏,以子廷璪贵勅封太孺人,生康熙癸亥年四月十八日,卒乾隆戊午年四月二十二日。"(卷三,一七)

康熙五年(丙午,1666年)　三十岁

寒食节,清扫母亲殡所,以未能归葬丘中感到惭愧。

《寒食扫先慈殡所以未归丘墓感赋二首》,其二诗云:"兄弟无由种墓田,每逢寒食哭荒阡。为贪白日千年事,耽却黄泉几岁眠?泪尽啼鹃空复尔,梦凭归鹤亦茫然。北邙寸土艰如此,羞向东风吹纸钱。"(《文端集》卷一三,一七)

暮春,看姐妹们绣球花,联想到自身高洁的人格追求,即"淡如新柳白如银"。同时,夸赞姐妹们冰清玉洁美。

《绣球花》诗云:"萼绿应知是后身,淡如新柳白如银。请看姊妹繁华队,尽是神仙冰雪人。翠黛渐舒眉色浅,玉颜齐簇粉腮匀。黄鹂声唤东风急,吹落梅花在暮春。"(《文端集》卷一三,一八)

又作《春郊》诗。(《文端集》卷一三,一八)

五月,里友国史院侍读学士程芳朝奉使册封安南。

据《康熙实录》:"康熙五年五月二十三日壬寅,遣内国史院侍读学士程芳朝为册封正

使。礼部郎中张易贲为副使。"（卷一九）

> 按：《龙眠风雅》有程芳朝《奉使册封舟行》诗云："扬子江平八月时，孤帆万里挂秋飔。久惭刘向陪东观，今学张骞使月氏。（后略）"（《龙眠风雅》卷四四，一〇）

夏，师祝祺病卒，有《竹窗迂话》未完，自订《朴巢诗集》十卷锓板行世。

> 同学友潘江有《挽祝如山》，其一有句云："谁遣西风铩羽翰，半生踽踽老儒冠。"其三自注云："今年夏，同汪瑶若饮予家，携所著《迂话》相质，及次日见招，予病不克赴，遂成永诀。"（《木厓集》卷二一，七）
> 其四云："喧市丛中独闭门，授经尽足度晨昏。无田不受输租累，好客时闻学道言。"（自注：自订《朴巢诗集》十卷锓板行世）

六月十八日，兄嘉侧室许氏生。

> 按：许氏卒于乾隆甲子年六月十一日，享年七十有九。（《张氏宗谱》卷三，一一）

七月一日，作《张氏宗谱后序》。

《张氏宗谱后序》有："康熙五年岁次丙午孟秋之吉，九世孙英百拜书。"（《文端集》卷四一，八）

七月七日，作《七夕》诗。

> 诗云："凉宵斜月照疏棂，一树秋声梧叶庭。最喜风光当七夕，又教儿女认双星。去年夜雨山村梦，前岁秋香水末亭。莫道人间无远别，几回同尔倚云屏。"（《文端集》卷一三，一八）

八月二十八日，张廷瓒继配顾氏生。浙江仁和内阁学士兼礼部侍郎顾祖荣女。

> 按：顾祖荣，字山容，号培园，浙江余杭（一作北京宛平）人。康熙十二年癸丑韩菼榜进士，榜名张祖荣。授编修。康熙十五年会试同考官，三十六年由少詹事升任詹事，三十八年升内阁学士，三十九年忧免。康熙四十二年卒。

又作《牡丹》《咏梅三十首》。（《存诚堂诗集》卷九）

> 按：据《存诚堂诗集》排序来看，此诗当作于是年。但又据《归宫詹集》之《梅花诗序》所云：《咏梅三十首》应在康熙四年春，与归允肃相聚时已作好。

八月，三兄张杰科试高等，中举人。（《张氏宗谱》卷三〇《列传》七）

冬，再赴公车。

> 张英《先考行述》云："去年冬，再赴公车。"（《笃素堂文集》卷一一）

是年或稍前，友人张英《咏梅三十首》成。（《存诚堂诗集》卷九）

> 按：据《存诚堂诗集》排序来看，此诗当作于是年。但又据《归宫詹集》之《梅花诗序》所云：《咏梅三十首》应在康熙四年春，与归允肃相聚时已作好。

潘母吴坤元有步韵梅花诗四首。（《松声阁三集》二三）

> 《步梦敦表弟梅花诗韵》其一云："纸阁晴窗韵益胜，琉璃千尺玉壶冰。最宜映月成珠树，偏趁临阶倚寿藤。雪照黄昏清影合，霜飞碧瓦晓寒凝。长堤曲水应无恙，衰鬓舟车已不能。"（步韵张英《梅花诗三十首》第二五首）
> 其二云："早寒初放雪全消，不遂长条与短条。南国漫劳添粉黛，西施应愧著春绡。可

怜蜡屐寻山倦,肯惜银瓶注水浇。惭愧闺中无丽句,临风惆怅思萧萧。"(步韵张英《梅花诗三十首》第一七首)

其三云:"一年一度看花天,只记花开不记年。拂幔正添香案供,窥窗岂傍晓妆妍。曾闻道士空山梦,虚拟高人踏雪船。独坐小楼清磬歇,几回答杀五陵烟。"(步韵张英《梅花诗三十首》第一六首)

康熙六年(丁未,1667 年)　　三十一岁

二月六日,"以户部尚书王弘祚、兵部尚书梁清标为会试正考官。吏部侍郎冯溥、内院学士刘芳躅为副考官。"(《康熙实录》卷二一)

王弘祚,字玉铭,云南永昌人,庚午举人。梁清标,字玉立,直隶正字人,癸未进士,吏部侍郎。冯溥,字孔博,山东益都人,丁亥进士。刘芳躅,字增美,顺天宛平人,乙未进士。题"唯天下至诚为能化论",会元黄礽绪,字成伯,江南崇明人。状元缪彤,字歌起,江南长洲人。榜眼张玉裁,字礼存,江南丹徒人。探花董讷,字默庵,山东平原人。(法式善等,《清秘述闻三种》,中华书局,三八)

三月二十二日会试,公殿试二甲第四名。(张廷玉《先考行述》)

"甲午。策试天下贡士黄礽绪等于太和殿前。制曰:'朕惟帝王统一寰区,必任用贤才,澄清吏治,使国有丰亨之象,民饶乐利之休,而后庶政毕修,群生克遂,登上理焉。'"(《康熙实录》卷二一)

是科状元缪彤,榜眼张玉裁,探花董讷。

按:缪彤(1627—1697 年),清代第十二位状元,字歌起,号念斋,江苏吴县人。有《双泉堂文集》42 卷。

按:张玉裁(1639—1674 年),字礼存,号退密,镇江府丹徒人。九岁通《五经》。康熙五年丙午科乡试中举,康熙六年(1667 年)丁未科缪彤榜进士第二人,阅卷考官叹曰:"此长沙痛哭书也。"授翰林院编修。后以疾归隐丹徒,一病不起,年仅四十。有《礼存文集》。

同里姚文熊、杨臣邻亦中式进士。(《康熙安庆府志》卷八《选举》四五)

按:姚文熊(1640—1690 年),字望侯,号非庵,御史孙榘子,生于崇祯十三年九月十三日,师事同里姚文鳌。丁未进士,出宰浙江江山、萧山两县,后迁甘肃之阶州。其卒,年五十有一,故山祀乡贤祠,萧山入名宦祠,阶州亦为祀。娶左光斗三子国林之女。举五子,三子士封配张英三女张令仪。(《麻溪姚氏宗谱》卷八,二;《续修桐城县志》卷一二《宦迹》六二;《桐城耆旧传》卷七)

三月二十七日,传胪。

"己亥。传胪。赐殿试贡士缪彤等一百五十五名进士及第出身有差。"(《康熙实录》卷二一)

喜作释菜先师庙恭赋二十韵。有句云:"昭代崇文日,群英习礼时。"

三兄张杰亦为之喜。

> 张英云:"予以癸卯举于乡,及丁未成进士,兄不以不遇为悲,而顾为予喜曰:'余虽潦倒诸生,不获一第为老亲欢。赖吾第显扬,足酬吾父暮年期望之怀,慰吾母于九泉矣。'"(《张氏宗谱》卷三〇《列传》七)

四月十七日,孝端文皇后忌辰。(《康熙实录》卷二一)

> 按:孝端文皇后(1599—1649年),博尔济吉特氏,名哲哲,清太宗文皇帝爱新觉罗·皇太极的皇后,系蒙古科尔沁贝勒莽古思之女,孝庄文皇后布木布泰、敏惠恭和元妃海兰珠的姑姑。生于明万历二十七年(1599年)。努尔哈赤和皇太极时期,后金逐渐重视与蒙古的联盟,哲哲也因蒙古受到重视,地位逐渐上升,清太宗时为国君福晋、中宫皇后。1644年,顺治帝即位后,与孝庄文皇后两宫并尊,称母后皇太后,无徽号。顺治六年(1649年)四月十七日崩,享年五十一岁。顺治七年二月,葬于昭陵。雍正、乾隆累加谥,谥号曰:"孝端正敬仁懿哲顺慈僖庄敏辅天协圣文皇后。"无子,生三女。

四月二十二日,授一甲进士缪彤为内秘书院修撰,张玉裁为内国史院编修,董讷为内弘文院编修。(《康熙实录》卷二一)

闰四月九日,令授翰林院庶吉士张英等人在馆学习,习满书。

> 《康熙实录》云:"谕吏部:选拔庶常,原以作养人材。今科进士,特加简阅,取夏沇、张英、史鹤龄、卢琦、谢兆昌、刘泽溥、唐朝彝、丁蕙、潘翘生、杨仙枝、储振、王曰温等十二员,著改为庶吉士,教习满书。"

> "英以康熙六年丁未成缪彤榜进士,授翰林院庶吉士。是年冬以先大夫忧去。"(张英《讲筵应制集序》)

友人潘江闻张英拔庶席,作诗志喜。

> 《张梦敦新授庶常赋寄志喜》诗云:"忽传金马召邹枚,初临晓殿开影动。阁藜新视草衣披,宫锦旧栽槐□□。宠词自合居清秘,卓识还应擅史才。更羡银钩书法好,紫泥斑管待君裁。"(《木厓集》卷二一,八)

在京师,有思乡之情,作《忆家山诗十首》,回忆家乡光景。

暮春时节,海棠花开,往慈仁寺,作《慈仁寺海棠》诗。

> 诗云:"长安初见海棠红,带露含烟古寺中。酒盏时来浇艳质,车尘不解避芳丛。新妆厌浥朝酣雨,锦珮招摇暮倚风。苦忆江南千万树,莫愁湖畔石城东。"

秋,有《院中秋晚》《秋夜宿院中二首》,表达他在翰林院学习时的感受。诗见《文端集》(卷一四,五)。

中秋节晚上,怀念家乡,有《赋得好处秋光好四首》。

> 其一,怀念老亲。其二,怀念弟兄;其三,怀念朋友;其四,怀念旧欢。诗见《文端集》(卷一四,五左)。

后,给座师梁清标投诗,示崇敬之情。

> 《投座师大宗伯真定梁公二十韵》诗云:"仰止宗工久,熙朝盛羽仪。文昌符象纬,海岳毓灵奇。"

按：张英自中式以后，诗风大有变化，台阁气渐浓。这与其生活环境的变化有很大关系。

梁清标（1620—1691年），明末清初著名藏书家、文学家。字玉立，一字苍岩，号棠村，一号蕉林，直隶真定（今河北省正定县）人。明崇祯十六年进士，清顺治元年补翰林院庶吉士，授编修，历任宏文院编修、国史院侍讲学士、詹事府詹事、礼部左侍郎、吏部右侍郎、吏部左侍郎、兵部尚书、礼部尚书、刑部尚书、户部尚书、保和殿大学士等职。著有《蕉林诗集》《棠村词》等。

与友人集胡氏园林，作诗十首。

其十末注云："壁上龚大司马诗有'安得彩绳千百尺，画楼高处系斜阳'之句。"（《文端集》卷一四，七）

十月十九日，父张秉彝疥病发。

时三兄张杰在侧，日夜侍汤药，衣不解带。（《张氏宗谱》卷三〇《列传》七）

十月二十四日，父张秉彝卒，享年七十有五。

张英《先考行述》云："偶以疥疾，十月十九日稍觉畏寒，越一日腹中利数十次，遂觉元气耗失，子孙环膝下问所嘱，曰：'吾心了无罣碍。'二十四日巳时，气渐微而逝。呜呼痛哉！先君生于明万历癸巳年正月十二日辰时，殁于皇清康熙丁未年十月二十四日巳时，享寿七十有五。"（《先考行述》张英《文端集》卷四三，一八）

按：关于张英父亲去世的时间问题。张廷玉《先考行述》云："十一月，先王父卒于家，府君闻讣，哀号擗踊，几不欲生，奔丧归里。"与公《先考行述》说明其父卒于"十月二十四日巳时"时间不偶。张廷玉《先考行述》所记先王父卒时错误。

又：《重修安徽通志》（卷二三五）《人物志·孝友》有传云："国朝张秉彝，字孩之，桐城人。秉文弟，明季诸生。为文一本经术，以秉文官于外，父母年老，遂绝意仕进，家居奉养极意承欢，秉文殉难山东，泣走数千里，携孤扶榇以归。及亲丧，庐墓，冢树交花，人称孝感。以子英贵，赠翰林院学士兼礼部侍郎，谕祭葬，后又赠文华殿大学士兼礼部尚书。"

张秉彝"墓在县东北三十里仓基墩"。（《康熙安庆府志》卷四《陵墓》八六）

时八弟张芳甫五岁。

张廷玉《张芳传》云："八叔父太常公讳芳，字次兰，号秋圃。先王父（按：张秉彝）少子也。峭直不偶，为诸生十余年，辄弃之。投牒吏部，为丞陕西之咸阳，稍迁盩厔令，擢西安捕盗同知。始来咸阳，夺营兵牧马侵地与民。在盩厔，决疑狱，劝农桑，恤民疾苦，益廉悍自振，不俯仰视上官颜色。及同知时，白水大盗肆刦掠，为民害，乃乘夜往捕，冒雪驰数十里，生擒得之，置之法。胁从解散，境内大安。顷之，以强项忤上官意，罢归。世宗御极之初，用故大学士高安文端朱公荐，起知严州。公放废十余年，而西安民顾□张公不置，名啧啧在人间。世宗锐意吏治，欲得清强练事者，布在郡县，以振从前顽皮阘茸之习。于是，高安公为太宰，遂首疏荐焉。治严六载，驭吏严而有法，不事假借，而煦百姓如婴儿，属县民皆奉法输赋，凛凛不敢犯。久之，以太常少卿召。本朝罕有以郡守入为京卿者,公乃谢病固辞,予致仕。时年六十有八。公生五年而失先王父,终身以不逮养为戚,严事诸兄,友爱倍笃。伯父桃村公(按:张载)殁,卜葬地,得吉壤在公所,兄辑五辈以请立,畀之。雅尚气谊,重然诺。交游有急难,辄脱手赠千金,喜施惠乡里。城北山河水暴涨,岁啮城,坏民居,公捐赀数百金为堤岸,以捍水不为患。初为鳌屋令,时二曲李先生颙讲道自重,寻常不与人接。公下车即屏趋从,访之,先生为延见,及迁去,亲为文送之,所称述皆实政云。"(《张氏宗谱》卷三一)

十一月,张英奔丧回里,处理丧事及家事。

张廷玉《先考行述》:"是冬,恭遇恩诏加一级敕封先王父如其官,赠先王母孺人。十一月,先王父卒于家,府君闻讣哀号擗踊,几不欲生,奔丧归里,家故寒薄,至是生计益贫,至不能给朝夕,而府君悉安之。"(《澄怀园文存》卷一五,《四库全书存目丛书》,集部第二六二册,四七三)

途经四女祠,为四女孝养精神所感动,遂赋诗一首。有"四女无家翻有祠","独怜名利天涯子,南北年年怨路歧"等句。

经聊城,登光岳楼。作《登聊城光岳楼》,于诗中俯仰古今,有今昔之叹。

是时,同学友归允肃潦倒公车,困不得意,又以贫故,辄授徒奔走四方。每至京师,则馆于公家。晤对间,公必以第一人许之。(张英《惺崖归公暨配华恭人合葬墓志铭》,《张英全书》下册,三二九)

是年,以公车有称贷,遂卖甲辰所析田百五十亩。(《恒产琐言》)

是年,康熙皇帝亲政。

第二卷　康熙七年至康熙十一年

康熙七年（戊申，1668年）　三十二岁

三月，友人潘江游太学。

  潘江有《报国寺古松歌》云："长安三月疏沟渠，黄尘赤汗驰通衢。金台买骏少高价，燕市击筑无酒徒。践子席绢来北阙，布衣不得轻上书。稍喜同志蜡双屐，十日松前一岸帻。"（《木厓集》卷一〇，一七）

春三月，在安山道中。舟上，见新柳，作《安山道上新柳》。

  诗云："一行疏柳受斜风，偏向河桥水驿逢。路比回肠千寸结，家从归梦片时通。倚风有恨怜人瘦，带雨如啼妒眼红。陌上飞花舟上客，三春与尔共飘蓬。"（《文端集》卷一四，八）

经徐州，游挂剑台，作《挂剑台》诗。

  诗云："延陵遗迹到于今，指顾犹堪感客襟。风起白蘋吹剑草，雨滋苍藓没碑阴。长虹不散千年气，秋水长悬一片心。翻覆人间等闲事，因君高义起愁吟。"（《文端集》卷一四，八）

  按：挂剑台，又名季子挂剑台，是徐州的著名古迹之一，位于徐州泉山区云龙山的之麓，旁边有一块高大的青石做成的石碑。碑的中间刻着"挂剑台"三字，两侧刻着一副对联。上联是"延陵季子兮不忘故"，下联是"脱千金剑兮挂丘墓"，上边的横联是"践信泉台"。

夜宿淮阴城，作《淮阴城下》诗，对淮阴府当时交通南北的重要地理位置进行了描绘。

  诗云："桃花春浪拥孤城，合派河淮此际清。九服洪流归大泽，万方嘉种达神京。"又云："独惜未登高阁望，中宵欹枕海涛声。"（《文端集》卷一四，八左）

途经海印庵，回想当年和兄弟一起滞留此处的情景，心生今昔之感，作《海印庵忆旧》诗。

  《海印庵忆旧》诗云："兄弟扁舟江上人，昔年曾此滞河滨。秣陵烟树迷青嶂，采石风涛起白蘋。避暑同依僧舍柳，摊书还扫佛龛尘。重过旧路无相识，谁解临风感叹频。"

秋，作《四秋诗四首（同四松木厓三兄作）》分别咏秋荷、秋露、秋草、秋莺。
> 按：方畿，字奕于，号还青，又号四松居士，桐城人。精书法，与同里李雅、左国栋、钱澄之、姚文焱等唱和。生平有诗近万首，多散佚。有《四松斋集》行世。
> 又：《桐城桂林方氏家谱》："畿（1602—1673年），体乾之子，字奕于，一字少游，号还青，晚自号四松居士。生于万历三十三年六月二十五日，顺治六年（1649年）恩贡生，任河南府推官，迁汉府同知，后解职归家，卒于康熙十二年七月七日。著有《四松斋集》。妣左光斗长女。"（《道光续修桐城县志》卷一二，五二）

又赋得秋荷、秋莺二章次四松韵即赠之。
> 句云："芙蕖冉冉立寒塘，不向花时斗艳妆。乍褪红衣沙岸冷，频摇白羽水亭凉。"

又《语菊》二首，同四松、木厓、三兄作。
九月，有《菊答》二首。（《文端集》卷一四，一二）
九月十九日，与同里方还山、李石逋、许绥人、李芥须、潘江及三兄游九松分韵赋诗。
> 潘江有《重九后十日同方还山李石逋许绥人李芥须张如三梦敦游九松分得阔字》。（《木厓集》卷七，七）
> 按：公康熙六年秋不在桐城。八年、九年、十年秋亦不在桐城，只有康熙七年在桐城。故此诗当作于此时。

方畿往金陵，诗以送之。（《送四松先生之金陵》诗见《存诚堂诗集》卷一〇）
十一月十一日，三女张令仪生。
> 按：张令仪（1668—1752年），张英三女，姚士封妻。
> 姚士封（1670—1720年），姚文熊第三子，字玉笥，号湘门。治《易》，邑庠生，以子孔鋆贵赠承德郎、湖广沅州府通判。以子鋐贵，诰赠朝议大夫、长芦盐运史，司青州分司运司。康熙庚戌二月十七日生，康熙庚子四月十四日卒。娶康熙丁未进士文华殿大学士晋赠太傅谥文端张英女，封安人，晋封恭人。有《蠹窗诗集》《锦囊冰鉴》行世。康熙戊申十一月十一日生，乾隆壬申九月八日卒，葬七里图三墩沟。生二子，孔鋆、鋐。一女，适监生张若楷。（民国十年姚联奎修，姚国祯纂《桐城麻溪姚氏宗谱》卷九）

冬，公有秋浦之游，任鹳峰从南通来晤，作《秋浦晤任鹳峰即赠》。
> 诗云："海门风浪里，偶挂片帆来。秋浦冰初结，齐山雪未开。（后略）"（《文端集》卷一四，一二）

登齐山。
葬先太夫人于高岭山。欲结交同里徐公，未得。
> 张英《塘山公寿序》云："戊申冬，为先太夫人营葬于高岭山。自山东行里许，平原沃野，竹木周布，清流环绕，其中庐舍参差，宛然蓬莱方丈，迥非人境，余心异之。……余向所恨未与交者，于今忽遇之，因愿一至其庐，以得识子孺之后为幸。是年服阕入京，不果来。越二十年，天子加惠先大夫，给假归葬，都人士咸造观焉，而公高节，足迹不入城市。余以假满备员东宫，又不得过其庐而访也。丁卯秋，公年晋六十，予愿以一

言为介，而生平梗概，马太史严冲序之已详，则公之为人，又无因而交焉矣。甲戌冬，令嗣衍士谒选都门，其来见余也，升自宾阶，仪观甚伟，与之语，蔼然以和。……七月既望，公称七十觞，衍士以书乞言于予。嗟夫，予年六十，其仕宦三十余年，行将乞休林泉，筑庐于先人墓侧，与公衔杯酒、话桑麻，优游以乐余年，若此不可骤得。…康熙丁丑年七月既望，赐进士第、光禄大夫、经筵日讲官起居注、礼部尚书加二级、兼管翰林院掌院、詹事府正詹事、教习庶吉士、年家眷弟张英顿首拜撰。"（《张英全书》下册，三二四）

按：此文中"戊申（1668 年）冬"与"越二十年"这两个时间必有一误。此处"越二十年"当为"越十年"，因公第二次请假归里是康熙二十一年（1682 年）。

是年或稍后，作《与浮山金谷岩僧》，相约重游佳境。

康熙八年（己酉，1669 年）　三十三岁

是年，在里服丧。

二月，同学友潘江携长子潘仁树游太学，诗以送之。

《送木厓偕长君务滋入成均》诗云："吾党有潘子，才思蚤纵横。十岁能属文，落笔前辈惊。悠悠四十年，华发双鬓生。潘子勿复叹，遇晚名亦成。文字摹大家，韩欧同规程。古风久沦弃，力为流俗撑。浩浩写胸次，意匠无经营。赋诗耽杜白，历落倾珠琼。丹黄海内书，月旦操其评。脉望食馀字，皆得分时荣。"（《文端集》卷六，二）

据《木山潘氏宗谱》：潘仁树，潘江第三子，是年纳赀入太学，旋以母逝归。康熙十年病卒。（卷一，二四）

春，往金陵，访族叔，作《大隐园诗四首》（按：园在金陵为族叔观察公别业）。

诗云："杨柳春烟覆白门，冶城佳气满亭轩。"从句中"杨柳春烟"意象来看，这首诗作于春天，故推张英于此时往金陵，拜访乡贤方文。

春，张英往晤方文。

《文端集》（卷六）《重晤方明农先生赋赠》："桃渡诗人宅，春水生柴门。未到已七年，相忆劳晨昏。壁间画梅竹，斑剥今尚存。百卷嵞山诗，古调无纤尘。"

按：李圣华《方文年谱》将此诗系于此年，从之。（李圣华，《方文年谱》，四七七）

按：据《桐城桂林方氏家谱》：方文（1612—1669 年），大铉长子，字尔识，更名文，号尔止。明亡后，更名一耒，号嵞山、明农、忍冬、淮西山人。生于万历四十年壬子正月初九日，天启诸生。工诗能文，因与陶渊明、杜甫、白居易同属壬子生辰，故请画师作《四壬子图》，渊明居中，杜甫、白居易分列左右，自己则伛偻呈诗于前，以寄仰慕之情。明亡，隐居金陵，后归桐城，专心著述。康熙八年己酉（1669 年）秋殁于芜阴，葬江宁西单桥小山脚下。有《嵞山诗文集》五十卷、《说文条贯》十八卷。妣左光斗之女，生子一：御寇。女三：长适马之瑛次子孝思，次适太学生左森生员国昌之子，三适嘉兴王之辅之子名概。卒于顺治十三年三月，葬碾玉峡。继妣汪氏，御史谥文烈伟之女，生于

崇祯戊辰六月二十六日。生女一，卒失考，葬合夫墓。侧室金氏，名鸳，小名兴娘，杭州人，长于嘉兴。生于天启丙寅二月二十九日。生子二：易耨（殇）、兔儿（殇），生女一，适生员吴时逢之子圣历，卒于顺治丙申三月初七日，葬江宁单桥萧家园。侧室鹤胎，姓氏不详，后被遣出。（《康熙桐城县志》卷五《儒林》一一）

又：据《方文年谱》，方文遣出鹤胎事在顺治十年秋冬之际。时诸友作诗以劝，潘江有《方尔止有姬名鹤胎者，将放之，戏作鹤吟二首，冀尔止之不能忘情也》，其二云："倜傥相伴还留在，必欲长抛任遣行。只有些些惆怅事，耳边难舍咏诗声。"（《木厓集》卷九）方文逐妾，作诗者尚有同里左国棅。左国棅《鹤吟》注云："为明农姬人鹤胎作四首。"其二有句云："争奈生来疏野性，一群鸡雀不相留。"从该诗寓意来看，鹤胎被遣似是众妻妾不能容她之故。其三有句云："长斋我亦厌腥膻，为伴逋翁刚一年。自恨不如莺脰巧，黄衣绿里得君怜。"（《龙眠风雅续集》卷一二）左国斌《代鹤吟二首》注云："尔止有妾名鹤胎，意欲遣之，为作送鹤诗，同人皆有《代鹤吟》。"（《龙眠风雅续集》卷一二）

按：左国斌，字子兼，桐城人，光斗从子。崇祯间诸生，风神蕴藉，博学好古。杜门读史，自号茅田通隐，赋诗饮酒自娱，生平赋诗，不下千首。（见《龙眠风雅》卷五七，二〇）

途中，夜泊采石矶，作《采石》诗。

《采石》诗云："晴霞落日映长川，采石重来夜泊船。断壁千寻悬古屋，苍松百尺冷春烟。"（《文端集》卷一四，一三左）

在兰陵遇雪，作《春深兰陵舟中遇雪二首》。

其一云："兰陵一棹雨如丝，三月还如腊月时。积雪几曾杨柳惯，深寒从未杏花知。苍烟遥望春申浦，芳草难寻泰伯祠。"

到苏州，与同年陈幼木泛舟虎丘，作诗四首。

其中有句云："流水桃花处，从君荡画桡。维舟频近寺，闲话忽过桥。"（《文端集》卷一四，一四）

三月十四日，夜过同年缪彤园中叙谈，有《三月十四夜过念斋园中》诗。

诗云："良宵清话茗香随，曲径疏篱绕涧池。鹤舞自骄明月影，人过却在落花时。"（后略）（《文端集》卷一四，一四）

寒食，友人缪彤新筑草堂成，张英作《双泉歌为念斋新筑草堂赋》。末两句云："记我作歌今何时，已酉寒食兹落成。"（《文端集》卷六，六）

到胥门，感叹古今，作《胥门怀古》。（《文端集》卷一四，一五）

与诸同年夜饮吏部员外郎顾松交园林，作《同黄继武赵明远吴翼生同年集顾松交吏部园林二首》。

有句云："芳园柳色正春融，良夜清樽此际同。"（《文端集》卷六，六）

按：顾予咸（1613—1668年），字小阮，号松交，居史家巷，为雅园主人，苏州长洲县人。顺治四年（1647年）进士，曾任宁晋、山阴知县，吏部员外郎等职。

受友人吴县缪慧远之邀游支硎山,有《缪子长先生邀同薛书先生念斋昆弟游支硎山历诸胜因留信宿四首》。

> 按:缪慧远,字子长,吴县人。顺治丁亥进士,官寿阳知县。有《宁斋诗集》。
>
> 支硎山,吴中佛教名山。在江苏吴县西南,晋以遁隐此,平石为硎。山有平石,故支遁以支硎为号,而山又因支遁得名,有梁武帝报恩寺,又称报恩山,东址有观音寺,亦称观音山,山中有放鹤亭、白马涧,皆遁遗迹也。

晚春同幼木、翼生、孝仪、玉青泛小艇观卖牡丹人家,穷精舍最幽处二首。

同门师弟归允肃因仕途不顺,郁郁不得志,情绪悲愤,作《放怀诗十首》。

> 其三有句云:"落魄生涯愧转逢,飘零漫过六年中。情多不作诗肠恶,缘浅真于世味空。"(《归宫詹集》卷三,七)

公作诗以劝。

> 《与归孝仪四首》云:"癸卯秋,孝仪与予同出即墨黄公门下,同门生八人,孝仪最少。乙巳丙午岁同客中都,对榻联吟,举觞飞翰,欢相得也。嗣是孝仪抱刘蕡之恨,风尘分袂,各在天涯。顷予客吴门,孝仪适自海虞来遇,于吴翼生坐上相见,甚慰。孝仪留吴门读书,僧寮晨夕过从,读其感怀十章,未免伤于忧愤,予之望于孝仪者方大,不欲悲歌损其性灵,故作后二章以解之。"
>
> 其一诗云:"吴门草绿旧高台,东望虞山几溯洄。隔岁马蹄燕市别,三春蜡屐虎丘来。故人久抱芳时恨,明月何期良夜杯?离思等闲无说处,劳君锦字手亲裁。"
>
> 其二诗云:"淮南曾忆旧风烟,绛帐群推最少年。萧寺苦吟人似玉,官斋良宴酒如泉。欢从别馆扶红袖,醉蹋春郊坠锦鞯。一自扶风分散后,素心无复照华筵。"(《文端集》卷一四,一七)
>
> 张英《惺崖归公暨配华恭人合葬墓志铭》中叙及此段情谊云:"犹记乙酉年(按:此处应为己酉年),与惺崖相见于吴门,时方读书僧舍,晨夕过从,读其感怀十章,未免伤于忧愤。余之望于惺崖者方大,不欲以悲歌损其性灵,故作四章以解之。中有'浴日奇姿真宝树,凌云仙掌待金茎'。又云:'心绪莫教摇落早,损人怀抱是凄其。'后果以第一人及第,与余同在史馆,以行谊彼此相琢劘,盖数十年如一日。"(《张英全书》下册,三二九)

归允肃复和之。

> 《和张敦复四首》序云:"余与梦敦太史同即墨夫子门下,乙巳丙午之交相聚于钟离旅舍,虽风尘未遇,景况略同,而游处宴谈之欢,意甚相得。丁未之后,梦敦高第,读中秘书,余飘泊东归,益落魄不自振。今年春,邂逅吴门,握手聚旧,贻诗四章,恐余过于幽忧,用以推广其意,敢依韵奉和,以申劳人之情,若言乎诗,则未敢掉斧也。"其一云:"忆昔相逢过楚台,同游萧寺几沿洄。久钦才俊三吴少,浪得人称二妙来。赋就采珠传锦字,醉扶颓玉倒金杯。如君已奋凌云翮,小子于今未取裁。"(《归宫詹集》卷三,九)

后,往游归允肃兄长莪庵先生松筠堂,敬慕其母之节,亲炙莪庵之为人,有相见恨晚之叹。

张英《归节母陈太君松筠教子图记》云："己酉岁余游吴下,与惺崖一登松筠草堂,慨然想见归母之清节,不胜敬慕,至是始得亲炙莪庵之为人,德容道貌,蔼若春风,对之尘氛尽涤,有相见恨晚之叹,益信惺崖之言为不诬也。"(《张英全书》下册,三三九)

是月,张英与友人在同年缪彤双泉堂聚会,席间作诗《上宋其武先生二首》送宋其武先生。(《文端集》卷一四,一八)

其二诗云："堂成日喜对双泉",可知在念斋的双泉堂。又最后一句"杨梅新熟任留连",可知此是六月。杨梅一般在六月成熟。

按:宋其武,字之绳,崇祯十六年(1643年)辛未科探花。与周体观及豫藩王言远、参藩施润章、少参宋其武有豫章"四君子"之称。(清叶梦珠《阅世编》)

虞山友人来访,作《赠虞山友人》诗。

诗云："海虞词客远相过,一棹吴门叩薜萝。天末故人良会少,雨中闲话旧游多。"(后略)(《文端集》卷一四,一八)

在吴门期间,应孝子袁重其之请,作《霜哺歌》。

《霜哺歌为袁重其赋》诗云："袁子之母八十五,星星白发银丝缕。哺雏饮血几何年。依稀甲子将重数。袁子于今亦发白,六十犹作老莱舞。从来上寿不易得,节孝之人天所祜。节孝何者最为难,袁子早孤复贫窭。母贫能节织作耕,儿贫能孝笔作贾。箧中赠言四十卷,作歌之人半往古。只今寿母寿且康,白华新句年年补。堂上堂下俱期颐,霜哺岁月长如许。吁嗟乎!节孝之人天所祜。"诗下注云："重其,吴门人,佣书养母,见文士则再拜乞霜哺诗,今盈数十轴。"

按:杜桂萍《袁重其与〈霜哺编〉略考》①一文中,对袁重其的籍贯、生年,及其母的生卒年都作了考证。未最终定论。但据钱谦益《吴门袁母吴氏旌节颂序》一文②和魏禧《袁君泰征同配吴节母合葬志铭》③中所言,袁重其之母"年二十六而嫁,……年八十七而殁。"其父"年二十五而娶……万历甲寅春,以醉溺齐女门外,时年二十八。子骏三岁。"吴氏二十九岁丧夫,袁骏三岁,时在万历四十二年甲寅,则其母生于明万历丙戌(1586年),袁骏生于明万历四十年壬子(1612年)。其母八十五岁应是康熙九年庚戌(1670年)。时袁骏年五十九,六十为虚指。故将此诗系于是年。

由苏州出发,乘舟就水路游檇李,作《檇李道中即事二首》。(《文端集》卷一五,一)

《立秋前一日檇李道中》诗云："明日新秋犹是客,不堪乡思五湖间"。(《文端集》卷一五,二)

同缪彤一起泛舟登湖心亭,有诗二首。

《秋夜同念斋泛舟登湖心亭二首》诗见《文端集》(卷一五,一)。

---

① 《文献》,2008年7月第3期,第131—137页。
② 钱谦益:《牧斋有学集》卷二十五,《四部丛刊》影印邹鎡序刻本。
③ 魏禧:《魏叔子文集》外篇卷十八,中华书局,2003年,第890页。

六月,潘江携子自都还里,有悼亡之戚,公作诗三首以怀之。诗见《文端集》(卷一五,一)。

闻知潘江回里,作《闻木厓以六月自都还兼有悼亡之戚,诗以怀之》诗以怀。(《文端集》卷一五,一一)

  其一诗云:"半年驴背上,念子去来劳。路涉五千里,霜添几二毛。风尘新涕泪,寒暑旧绨袍。春夏黄河水,经过值怒涛。"

  其二诗云:"悼亡偏客路,别语寄天涯。操作称贤妇,徽音续大家。竟虚童子案,不返少君车。痛杀诸雏小,啼饥唤阿爷。"(《文端集》卷一五,一二)

七月三日,友人潘江配方氏卒。

  据《木山潘氏宗谱》:"配方氏,侍御学尹曾孙女,岁贡大赓孙女,附生叔猷女,泰昌庚申年七月十三日卯时生,康熙己酉年七月初三日子时卒。"

七月十日,在西湖,作《七月十日夜湖上》诗。

  诗云:"新秋客路在余杭,此夕偏教断客肠。钟磬数声河两岸,火珠千点水中央。果蔬竟日惟呼佛,涕泪多时一望乡。"写出在西湖的七月半的热闹繁华景象下,作者的思乡之情。

游越州,有《越州怀古诗八首》《镜湖》《山阴范祖生以秋兰沙角菱饷予诗以谢之》《越州书肆得伯母方夫人纫兰阁集感赋二首》等诗。(《文端集》卷一五,四)

  按:《纫兰阁集》作者方孟式,系张英伯父张秉文之妻,同里方大镇女。该集在其生前就由其闺友吴镜慧和郑氏资助出版。国家图书馆有藏本,十四卷。

  据《桐城桂林方氏家谱》:方大镇,方学渐长子,字君静,号鲁岳,又号"野同"。万历十七年进士,授大名府推官,平反冤狱,救活一百三十余人。升任御史,以病乞归。再起巡盐浙江,累迁大理寺少卿,年七十丧母,不久亦卒,门人私谥"文孝"。著作有《易意》《诗意》《礼说》《荷薪义》《田居乙记》等数十种。妣麻溪姚希颜女,生子一:孔炤。女二:长孟式,字如耀,适张秉文,赠一品夫人,有《纫兰阁集》。次维仪,适麻溪姚孙棨。

八月十一日,表姐吴坤元(潘江母)七十大寿。应同学诸君子之请,为作《潘母吴夫人七十寿序》。

  《序》云:"今海内无不知龙眠之有潘夫人者。夫人系本延陵。延陵,予之自出。夫人之母,又予姑也。予束发即从令子蜀藻游,母事夫人。己酉八月望前四日,夫人称七袠之觞,同学诸君子谋所以寿夫人者,命予一言。予逡巡再四,不获辞,亦仍即海内之所习闻于夫人者,为夫人寿。……蜀藻以文章显天下,数十年于兹,所著述及所尝评骘之书,衣被寰宇。上自朝士大夫,以下及于穷荒僻壤、党庠里塾之间,苟且捉笔为文章者,无不知有蜀藻,即无不知蜀藻有母夫人。蜀藻所交游,大约皆天下贤豪,生平足迹所至,如齐、鲁、吴、越、楚、豫之间,诸名士皆愿从蜀藻游。四方之士至吾桐者,皆争趋蜀藻之庐,欲一识其人,又无不因蜀藻而于夫人之前执犹子礼。虽然,谓蜀藻之能显母夫人乎哉! 谓夫人之因蜀藻为之子,而闻于海内乎哉! ……藉使蜀藻蚤岁博科

第,奔走吏事,必不能殚心著作,文章之名,交游之贤,恐未必若此之盛。"(《笃素堂文集》卷六)

> 按:此文见《张英全书》本,《四库全书》本《文端集》未载。
> 按:吴坤元(1599—1679年),字璞玉,一字至士,桐城人,吴道谦之女,同邑潘金芝室,潘江之母。据说吴坤元幼时极为聪慧,从其从祖吴应宾受书,辄成诵。十岁时即知属文。其诗与同邑方维仪、章有湘齐名,有"桐城三才女"之称。早寡,孀居二十多年,女红之暇,吟咏不缀。康熙十八年卒,年八十。著有《松声阁初集》二卷、《二集》八卷、《三集》八卷、《续集》一卷、《文集》一卷。《龙眠风雅》《桐旧集》《名家诗永》均录其诗。

中秋夜,与学弟归允肃一起看月,赋诗。

> 《中秋与孝仪玉青看月分韵得中秋二首》,诗末两句云:"七年几处曾携手,又记江阴一度秋。"

归允肃有《寄和张敦复中秋玩月二首》当作于同时。(《归宫詹集》卷三,一五)

又同归允肃登越州卧龙山,有《登越州能仁寺楼》诗。

归允肃有和韵之作。

> 《登越州卧龙山和敦复韵》(七言律)及《登大龙仁寺楼和敦复韵》(山水清佳数越州,登临遍倚最高楼。窗中远岫环苍霭,门外青溪俯碧流)等诗。(《归宫詹集》卷三,一八)

途中,作《镜湖边旧家园亭三首》《题画芙蓉菊小竹枝同贮瓶中》《重过湖上》《禹庙》《吴门竹枝词二十首》等诗。

> 《重过湖上》诗云:"芒鞋曾蹋冷泉寺,画舫还登明月楼。才见藕花红似锦,枯荷断梗又深秋。"(《文端集》卷一五,六)

归允肃有同游之作《禹庙》。(诗见《归宫詹集》卷三,一九)

另外,公还作有《登子招游秋水园二首》《游曹山三首》《龙吟山房诗》等诗。

闻知友人周信臣不第却寄一首。诗云:"少年轻遇合,容易说封侯。白璧犹难献,苍天何以酬。"

同里姚文焱中顺天乡试举人。(《桐城麻溪姚氏宗谱》卷五)

九月九日雨,次宋蓉庵韵二首。

> 《重阳节雨中次宋蓉庵韵二首》其一云:"易听重阳雨,难为秋夜心。客情同磊落,诗味任探寻。百感入残梦,孤吟拥素琴。空阶犹滴沥,何不倦宵深。"
> 其二云:"一雨过重九,东篱何处花。寒枝香自抱,湿叶影偏嘉。为我开乡国,从君感岁华。故园兄弟在,摘取帽同斜。"

将渡钱塘,留别宋蓉庵,继用前韵作诗一首。

> 《将渡钱塘留别宋蓉庵即用前韵》云:"新诗字字擅风骚,野鹤孤吟在九皋。寺冷尽教看古佛,人间日许对方袍。"(后略)(《文端集》卷一五,一二)

同归允肃游曹山、戒珠山、吴山等地并和诗。

> 归允肃有《登戒珠山和敦复韵》《同张敦复登吴山》等诗。(《归宫詹集》卷三,一九)
> 公有《同孝仪登吴山》云:"吴越高峰最上头,天风吹落海波秋。江横潮影千层白,树带湖光一片幽。……重阳风雨登临兴,此日携来续旧游。"

九月十六日,与归允肃在寒山旧庐分手。

> 归允肃有《九月十六日留别张子敦复》诗,题下自注云:"时寓孙氏寒山旧庐。"诗云:"几度清宵共月圆,客中情况每相牵。过从异地经三月,屈指同游已七年。京国早传平子赋,江东争挽季鹰船。轻舟独向吴门去,回首寒山隔暮烟。"(《归宫詹集》卷三,二一)

公客寒山旧庐时,作有《客余杭寒山旧庐》和《客中》诗,表达了他对故园的思念之情,以及由于追求功名而浮身在外,亲人不得团聚,亲情得不到维护的无奈。

> 《客中诗》云:"黄叶无端绕树鸣,寒灯独抱故园情。经秋客梦俱乡梦,将晓风声似雨声。几处湖山成浪迹,十年辛苦误时名。由来骨肉人间重,却比鸿毛一样轻。"

秋,桐城诗人方文卒。

> 潘江《木厓集》(卷一)《彼桂》注云:"嵞山方子远游,归至芜湖而殁。潘子哀之,为之赋彼桂。"又《木厓续集》(卷一八)《和方尔止降乩诗》诗序云:"嵞山先生以己酉之秋,殁于芜湖。"
> 《方文年谱》云:"秋,过芜阴,病卒,终年五十八。家仆扶柩返南京,葬于江宁西单桥小山脚下。"(《方文年谱》,四八三)

十月十五日,在钱塘,写诗怀念好友玉青,感念其不远千里,从山阴赶来钱塘陪同。但此时,玉青已在山阴。

> 《十月十五日有怀玉青客山阴时予寓居钱塘》诗云:"怜君何事叹浮家,高谊为予远泛槎。千里江船同雨雪,一年春事负莺花。客中离别情偏苦,霜后凄清路转赊。共子钱塘居两岸,暮潮声里即天涯。"(《文端集》卷一五,一三)

遇雨,与友人孙紫奇饮于钱塘江畔,以诗相赠,有《与孙紫奇觞咏之暇因赠长句》。
登吴山钟翠亭,游湖海,有《同友人登吴山钟翠亭》《湖海》诗。
至京口,有《滞京口》诗。有句云:"何事栖栖苦,京江雨雪行。"
又夜行至燕子矶,有《夜从京口至燕子矶》诗。
晓行巢湖,有《巢湖晓行二首》。
抵里。
十二月二十五日,葬先慈高领山元日展墓作诗。

> 有句云:"自惭南北天涯子,泪湿重泉此际情。"(《文端集》卷一六,一)

康熙九年(庚戌,1670年)　三十四岁

是年,春夏在里,秋入都。

正、二月之交，友人汪懋麟应阁试，授中书舍人。（徐乾学《刑部主事季用汪君墓志铭》，《憺园文集》卷二九）

二月十七日，婿姚士封生。

是日，师齐邦直卒，享年五十有三。

> 潘江云："古愚长予一岁，予年廿八始得交古愚与许子绥人，绥人质诚而惇重，古愚伉爽而英多。吾党中之直谅多闻也，……初娶程氏，生一女，嫁诸生刘鸿声，继娶胡氏，生一女，嫁吴纶，古愚生万历戊午六月初一日，卒康熙庚戌二月十七日，年五十有三。卒之顷，方疾为族子弟改窜文艺，中痰死。予祝之墨深，犹未燥也。古愚既殁，诸同人私谥曰端述先生，其门人大学士张君英，字敦复，作《怀贤诗》五十韵，以志感云。古愚无子，其妻胡能苦节，不愧为古愚妇。予偕许子绥人、张子如三葬君于山考山老之新阡。予素知君者，故不待状而为之铭。"（《木厓文集》卷二，四一）

后，齐古愚由潘江、许来惠、张杰共同将其葬于山考山老山之新阡。潘江为作《端述先生齐古愚墓志铭》。

> 文云："古愚，讳邦直，桐城人。本姓徐，正德间有少京兆蓉川公讳之鸾者，迫于中山王要与联谱，因改齐姓。曾祖俭，祖则亮，父来远。少任侠有才智，好急人之难，里党有争论，辄就平，卒皆叹服去。好以气较轾贵游遇长者家儿必挫抑之，生平跅弛自恣，不饰边幅，衣垢不澣，屡决不纫。"（《木厓文集》卷二，四一）

闰二月十二日，兵部尚书王弘祚致政归里。（《清代职官年表》）

上年冬或是年春，入都前与方畿、潘江及三兄张杰，游画溪并作诗。

> 《同四松先生木厓叔兄如三游画溪得音字》，诗中有："至今寒潭影"、"积雪亦何深"之句，应是冬天或早春时节的作品。（《文端集》卷六，九）

春，花下游赏，作诗《芳园二首》。有句云："似此清光幸同赏，那能花下不成诗。"

又作《片野堂诗为司马孙徐庵先生赋次四松原韵四首》。

> 诗云："数武城西路，春山便觉多。绿阴黄鸟树，芳草白羊坡。华发闲闲客，篮舆日日过。东山谢丝竹，高隐在烟萝。"（《文端集》卷一六，二）

> 其四有句云："无数桃花好，临流觉更红。"可见，该诗作于是年春。

友人张鹏翮中式进士，年二十二，赐进士出身。（《张文端公年谱》，《张文端公全集》卷首）

三月十四日，友人蔡启僔等授编修。

> 《康熙实录》云："授一甲进士蔡启僔为内秘书院修撰，孙在丰为内国史院编修，徐乾学为内弘文院编修。"（卷三二）

> 按：蔡启僔，（1619—1683年），字石公、硕公，号昆旸、昆阳。浙江德清人。康熙九年（1670年）庚戌状元。授翰林院修撰，历日讲官、首任起居注官、顺天乡试考官，然犹获咎，愤然乞归。康熙十五年补原官。次年升右春坊右赞善、翰林院检讨，旋以足疾，

辞官归里，怡情田园山水，卒于家，葬乌鸢山。工诗文，有《洪范五行传》《燕游草》《存园集》。生子四：蔡芳醇、蔡丙吉、蔡华、蔡会辰。孙四：威声、振声、赐勋、赐国。

徐乾学（1631—1694年）清代大臣、学者、藏书家。字原一、幼慧，号健庵、玉峰先生，江苏昆山人。顾炎武外甥，与弟元文、秉义皆贵，有文名，人称"昆山三徐"。康熙九年进士第三，授编修，先后任日讲起居注官、《明史》总裁官、侍讲学士、内阁学士。康熙二十六年，升左都御史、刑部尚书。曾主持编修《明史》《大清一统志》《读礼通考》等书籍，著《憺园文集》三十六卷。康熙十一年，徐乾学作为副考官，与蔡启观一起典考顺天府乡试。他从已被放弃的试卷中挑出了韩菼，可以说慧眼识才，最终韩菼夺魁，成为状元。后来，由于副榜遗漏汉军卷未取，遭给事中杨雍建弹劾，徐乾学、蔡启观二考官被降一级调用。

五月十三日，从弟张克似卒。享年四十岁。（《张氏宗谱》卷四，二四）

六月，北上京师。

张廷玉《先考行述》云："庚戌服阕，入都补原官。教习为折公库纳、张公凤仪、傅公达礼、熊公赐履，府君时习清书，尽心研究。每遇馆试，辄褎然居首。"（《澄怀园文存》卷一五）

公还朝之际，学友潘江作《送张梦敦庶常还朝》。

诗云："银汉漾天宇，金风净陌尘。双旌国门外，祖送闉城闉。借问送者谁氏客，词垣才子文章伯。与君同学二十年，宁无一言赠君别。忆昔公车偕吏游，文采翩翩照九州。……到时秋雨直秘阁，四库图书恣搜索。明年我亦入长安，看君燕许新著作。"（《木厓集》卷一〇，一五）

公赴阙途中作诗多首。

其中《泊青溪》有句云："江上月初生，临风画舸行。朱栏秋水阔，……"可推知公此次北上在秋天。

十天后，水行至荻港，作《泊荻港》《江上》诗。

《泊荻港》诗云："十日扁舟上，家山滞望中。为怜乡国路，不恨石尤风。鸥泛秋江白，霞烧晚树红。从兹姜被意，竟夕与谁同？"

《江上》诗云："客子扬帆京洛游，分携正值芰荷秋。千岩石色天门屋，万树松声采石楼。（后略）"可见，此次出行，从长江水路。

途经长干、邛江等地。分别作《长干》《邛江》等诗。

《长干》诗云："一夕汀洲鸿雁飞，白门杨柳渐霏微。江声自抱三山碧，云物何知六代非。桃叶渡头歌吹歇，雨花台畔酒帘稀。轻帆不解高吟意，流过空江燕子矶。"（《文端集》卷一六，三）

夜渡黄河，有《黄河》诗。

诗云："激箭黄流夜半过，雷轰电击欲如何？千山骤雨齐飞瀑，万马嘶风竞渡河。旧路几年迷断岸，客心终夕系危波。吟成莫向船窗读，恐有鱼龙听浩歌。"（《文端集》卷一六，三）

途中,以读吴坤元《松声阁》集为乐。

《松声阁三集序》云:"庚戌六月,方趣装入都,携之行笥,长江浩渺、黄淮奔流之中,辄扣船而歌姊夫人之诗以为乐。"(《张英全书》下册,三〇一)

舟次淮浦,王士禛来访,公与之讨论桐城女名媛之诗,王士禛时正选名媛之诗,公特向其推荐《松声阁三集》。

《松声阁三集序》云:"舟次淮浦,适阮亭王公以督榷清江来予舟。阮亭方有事于海内闺阁诗人之选,遂相与纵谈吾里《清芬阁》及家伯母《纫兰阁》已事。……予曰:'子欲表章闺阁之才人,孰有过于松声夫人者哉?'阮亭敬受之而去。"

按:方维仪(1585—1668年)字仲贤,桐城人。明末著名女诗人、画家,所作有《清芬阁集》,又辑历代妇女作品为《宫闺诗史》。方孟式之妹。

方孟式(1582—1639年)字如曜,方大镇长女,方以智大姑妈,安徽桐城人。山东布政张秉文妻。志笃诗书,擅绘观音像。崇祯十三年张秉文守济南死于城上,孟式投水殉节。方孟式与妹方维仪、堂妹方维则均为国为家守节,后人称为"方氏三节"。著有《纫兰阁集》八卷,《纫兰阁诗集》十四卷,其妹方维仪所选辑,弟方孔炤校阅,前有方维仪所作序:"读《纫兰阁》之诗者,不胜悲伤之至。余伯姐夫人,苦其心志,生平摧折,故发奋于诗歌者也。嗟乎!姐氏之性,素秉忠孝,恭顺幽贞,敏而好学。九岁能文,有咏雪才。先君廷尉抚爱笃甚,常目之而叹曰,有此子为快,惜是女。"另《龙眠风雅》录方孟式诗四十二首,《桐旧集》录诗二十一首,《明诗综》录诗三首,《御选明诗》录十六首。

方维则,字季准,安徽桐城人,方维仪堂妹,方以智姑母,其父为明末大理少卿方大铉。嫁生员吴绍忠为妻,不久吴故去,年十六而寡,一子复殇。一生守志不嫁,八十四岁而终,旌表为节孝。与同夫殉国的方孟式及为夫守节的方维仪并称为"方氏三节"。著有《茂松阁集》二卷,《龙眠风雅》录其诗五首,《桐旧集》录其诗四首,《明诗综》《御选明诗》及《正始集》各录一首,《桐山名媛诗钞》录五首。

到京后,得知同年友刘泽溥去世的消息,诗以悼之。

《伤刘苕水》诗云:"一纸书来万斛愁,西园词客失应刘。琼花去后原无种,玉树凋时不待秋。作赋竟同昌谷恨,遗书谁向茂陵求。最怜无限人琴恸,緫帐惟闻哭白头。"(《文端集》卷一六,四)从该诗的第一句知,张英是收到书信才得知刘泽溥去世的消息,此时他应该到了京师。另外,从"玉树凋时不待秋"这句来看,刘当死于是年秋或之前。

按:刘泽溥(1645—1670年),字苕水。生而英敏,在襁褓,有相士目之曰:"此美锦也,惜尺短,恐不克大展经纶。"甫就外傅,寓目成诵。康熙丙午举于乡,丁未成进士,改庶吉士。每御试馆课辄冠军其曹,授宏文院编修。以疾请归里,卒年仅二十六。士大夫咸惜之。(《民国重修林县志》人物上、列传五《文学》)

公是次回京师,五兄张嘉也同入京,"遂入北雍"。(《张氏宗谱》卷三〇《列传》一〇)

诗寄座师王曰高，王时为兵科左给事中。

  《寄座师给谏茌平王公二首》其二云："画省归来已隔年，家居胜事尽流传。久知逸兴寰中少，闻道幽居郭外偏。坐拥图书开小径，手栽花竹满平泉。茌山旧有登临迹，尽入先生杖履前。"（《文端集》卷一六，四）

  按：王曰高，康熙元年转工科右给事中，有《请颁监板经书》诸疏。康熙二年主考江南，得张英、王顼龄。康熙三年转兵科左给事中。省亲。三年丁内艰，服阕。康熙七年起旧职，康熙十一年补户科左给事中，有《请纠天津大帅及江南巨蠹之为民害者》诸疏。康熙十二年特旨御试台省，擢礼科掌印给事中。康熙十六年，连疏请恤死节诸臣。康熙十八年，王曰高在故乡病卒。

十二月四日，张廷玉元配姚氏生。姚文然女。（《张氏宗谱》卷四，二二）

腊月，与友人集同年曹禾处独笑亭饮酒，有诗《集曹颂嘉同年独笑亭》。

  诗云："车马长安道，何曾识醉乡。琴书留客看，风雪笑人忙。痛饮宜残腊，新欢发旧狂。弟兄良宴会，次第入春阳。"（《文端集》卷一六，五）

  按：《汪蛟门懋麟年谱初稿》将此事定在十一月末，误。（《东方学报》第五九期，三九〇）

  曹禾（1637—1699 年），字颂嘉，号末庵，又号峨嵋，江苏江阴人。中癸巳科三甲进士，官内阁中书。康熙十八年应试博学宏词，获二等，授翰林院编修，官至国子祭酒，以事罢归。曹禾喜纵酒，酷爱围棋，工诗文，与颜光敏、田雯、宋荦等称"诗中十子"，著有《末庵初集》《峨嵋集》等。

是月，姚文燮之子士莱（按：姚士莱，字尧元。姚文燮长子）将往雄山探亲，公作《寒夜示内侄尧元四首》，题下自注云："时将之雄山省觐。"

  诗云："雪晴寒更厉，永夜北风高。自笑闲官冷，深惭病妇劳。愁伴今夕醉，诗减旧时豪。"（其三）"兄弟频年别，殊惭骨肉恩。家贫官更拙，田瘠税犹存。"（其四）

  按：姚文燮《重修雄县志序》云："康熙己酉移秩宰于雄。"则姚文燮官雄山自康熙八年己酉始。（姚文燮，《无异堂文集》卷六，二）康熙十一年壬子（1072 年）年改任云南开化。

年前，姚文燮驿寄果蔬等礼品，并有书来，孩子们甚是开心，公以诗答之。

  《羹湖自雄县以果蔬雉兔见遗答之》诗云："荒斋将腊尽，南陌正春初。驿使来风雪，深情托果蔬。烹鲜分雉兔，厨馔损豚鱼。怪杀诸雏喜，争看阿舅书。"（《文端集》卷一六，五）

姚文燮宰雄期间，主持《雄县志》的编纂工作，作《宦官记》。

  张英评云："明季貂珰之祸，清流几无漏网，此经老之急欲表新安也，安亦人杰也哉！"（姚文燮《无异堂文集》卷七，一九）

年前，为同年友缪彤作《双鬘曲十首》。（《文端集》卷一六，八）

是年，与同宗潜山张氏青熊遇于皖，青熊出《孝烈诗》命序。公敬受再拜而序之。（《孝烈诗序》见《笃素堂文集》卷五）

按:此文《四库全书》本《文端集》未载。
是年,廷瓒往延陵完婚,公诗以送之。
张英《儿瓒就婚于延陵示之》诗云:"汝生十六年,绕膝何时离?岂知燕喜日,父母天一涯。千里望江云,佳霭栖门楣。"(《文端集》卷六,九)

康熙十年(辛亥,1671年)　三十五岁

元旦早朝,恭赋三十首。有句云:"午夜和风转,朝来满帝畿。"(《文端集》卷一六)
徐元文《辛亥元旦》诗,作于同时。(《含经堂集》卷三,九)
正月,《读蛟门舍人禁庭灯夕诗有作即次同年曹升六韵二首》。
其一诗云:"月迎金掌露华明,九陌无尘夜转清。仙跸至时灯作仗,宫绯环处锦为城。看残玉蕊三千树,听彻霓裳第一声。何异泛槎银海曲,好持机石问君平。"(《文端集》卷一六,八)
曹贞吉(1634—1698年),清代著名诗词家。字升六,又字升阶、迪清,号实庵,安丘县城东关(今属山东省)人。曹申吉之兄。康熙二年中乡试解元,次年以第三甲八十三名成进士,又六年授中书舍人,官至礼部郎中,以疾辞湖广学政,归里卒。嗜书,工诗文,与嘉善诗人曹尔堪并称为"南北二曹"。词尤有名,被誉为清初词坛上"最为大雅"的词家。著有《珂雪集》及《二集》各一卷,《朝天集》《鸿爪集》《黄山纪游诗》各一卷,《珂雪词》二卷。
按:据《百尺梧桐诗集》(卷九)《元夜寓直观禁中放花火歌》知,则汪此诗作于正月十五日。(《汪蛟门懋麟年谱初稿》)
春,作《长安灯市诗六首》。诗中有句云:"春归玉宇星辰上",此诗当作于正月。(《文端集》卷一六,九)
正月十六日,与众好友聚同年友董讷寓斋中,饮酒赋诗。
《元宵后一日同唐偕藻孔霁庵耿又朴谢方册集董默庵寓斋》。诗云:"同君三载问莼鲈(自注云:默庵亦同请假归),重话长安旧酒垆。秘阁儒臣皆鲁国(孔、耿、谢、董皆山左)。"(后略)
按:唐朝彝(1640—1698年),字偕藻,祖居地福建华安县沙建打铁坑。清康熙六年(1667年)进士,依例授内弘文院庶吉士,历任广西、山西、陕西、京畿、广东诸道御史职,不久被擢升为通政司参议、大理寺少卿、太仆寺卿、太常寺卿、宗人府府丞。朝彝为官清正,不受馈赠,不藉权谋私,刚直不阿,为清廷所赏识。著有《易学说编》《西台疏草》《汇青堂诗集》等书,惜多散佚。
据《词林辑略》卷二:"兴釪,字霁庵,山东曲阜人,康熙庚辰科进士,散馆改御史,官至陕西潼南道。"
耿愿鲁,字又朴,聊城人。康熙九年进士,历官翰林院编修分校。有《韦斋集》。

寄诗画家王时敏。

《寄王烟客先生二首》其二诗中有句云:"邺架千编皆锦字,辋川片纸亦骊珠。"(句下自注云:先生书画皆工)

按:王时敏(1592—1680年),明末清初画家。初名赞虞,字逊之,号烟客,自号偶谐道人,晚号西庐老人等,江苏太仓人。首辅王锡爵孙,翰林王衡独子。崇祯初以荫官太常寺卿,故被称为"王奉常"。擅山水,专师黄公望,笔墨含蓄,苍润松秀,浑厚清逸,然构图较少变化。其画在清代影响极大,王翚、吴历及其孙王原祁均得其亲授。王时敏开创了山水画的"娄东派",与王鉴、王翚、王原祁并称四王,外加恽寿平、吴历合称"清六家"。

春,同学友潘江有诗寄怀。

《雨中再次前韵怀张梦敦皖上》:"姓字争从蕊榜知,君身仙骨复何疑。泣残草土庐居后,梦入花砖寓直时。滚滚江流怀古意,潇潇风雨赠人诗。酒阑若及垂纶客,莫说吾侪有项斯。"(《木厓集》卷二一,一一)

春,同里潘江入都,其内兄方畿有诗以送,潘江次韵以谢,兼为留别。《将之京师次方还山见送韵即用留别》各诗。

其二云:"燕台此去足风尘,新决黄河早问津。雪洗湖山春色净,路穿齐鲁旧游频。诗下注云:'还山,予内兄也。'"(按:潘江是方畿的妹夫。)

其三云:"竹溪春水渐潺湲。"其四云:"又向花前别笋舆,半生萍泛少家居。蹉跎幕府常怀絜,踽踽王门屡曳裾。自是吹竽儒术拙,非关结网圣朝疏。"

其七诗云:"又冲风要挥鞭去,重过河山掩泪看。从此鹡鸰谁叹息,伤心不独路行难。"

其八云:"曾耽佳句纪临雍,卖赋谁为荐李邕。风雨怀人孤馆夜,泥涂驱马禁城中。"

其九诗中注云:"先生四松别业于今春赎归。"又云:"自号鼾窝老人。"又云:"先生以季夏举七十,计其时,予亦归矣。"

按:《桐城桂林方氏家谱》:方畿(1602—1673年),生于万历三十三年六月二十五日,卒于康熙十二年七月七日。

潘江此次入京,得亲家姚文然关照甚多。

《木厓续集》(卷三)《挽大司寇姚端恪公一百韵》云:"癸酉辛亥两入都门,荷公注存备至。"

潘江此次入京,云将刻《松声阁三集》,公以去年六月与王士禛言,序之。(张英《〈松声阁三集〉序》见《张英全书》下册,三〇二)

五月二十二日,姚文然由户科给事中升为都察院左副都御史。

"壬申。以内升仍管户科给事中姚文然为都察院左副都御史。"(《康熙实录》卷三六)

姚文然《兵部督辅左侍郎管右郎郎事臣姚文然谨奏为自陈》云:"(康熙)十年五月内蒙皇上特恩,不次擢用,升补都察院左副都御史。本年十一月内升补刑部右侍郎,十一年二月内调补刑部左侍郎,十二年二月内调补今职。"(《姚端恪公文集》卷

七，一六）

公诗以寄之。

《姚龙怀先生自黄门擢副总宪赋赠二首》诗云："南宪新恩属巨公，廿年头白谏垣中。"诗末注云："时方久旱，除书下日，霖雨。"（《文端集》卷一六，一六）

潘江亦有《寄驾姚龙怀少司马新拜总》云："令子吾家东床倩，（自注云：长公注若）吾儿亦被红绳牵。好待春明冰泮时，亲入兰台看万卷。（自注云：时儿子仁越将赴京入赘）"（《木厓集》卷一〇，一九）

潘江弟大培女适姚文然长子姚注若。

潘江《哭侄女》题下注云："亡弟子厚女适姚子注若，姚若侯黄门之冢妇也。"（《木厓集》卷一三，一七）

按：姚士塈（1636—1703年），端恪公第一子，字注若，号鲁斋，治《易》，廪贡生，睢宁县教谕，擢国子监学正，顺天府通判刑部贵州司员外郎本司郎中，奉使河南察审，后以病告归，居乡，啸咏林下十余年，赈恤之事无不为，孝义载《江南通志》，仕绩载《先德传》，著有《兹园诗集》行世。崇祯丙子十月二十六日生，康熙癸未七月一日卒。崇祀乡贤祠，娶潘大培女，赠宜人，崇祯己卯正月五日生，康熙甲辰十月十二日卒。合葬会宫大程庄。生一子孔钦，一女适附监生马潜。继娶庠生张克位女，封宜人，顺治辛卯二月二十一日生，雍正癸丑正月二十一日卒。（《桐城麻溪姚氏宗谱》卷一二；《道光续修桐城县志》卷一二，六七）

六月，出郭从玉泉山游至承恩寺，作诗六首。

《出郭从玉泉山历碧云香山晚宿承恩寺得诗六首》其一中有句："夏云安得奇如此。"其三有句"萧凉六月已秋风"，知此诗写于六月。

和李霨诗四首。

《和李高阳阁师经筵赐宴诗韵四首》见《文端集》卷十六，十二。

按：李霨（1625—1684年），字景霱，号坦园，北直隶高阳县（今属河北省）人。幼成孤儿，立志读书。清顺治二年（1645年）举乡试，顺治三年（1646年）联捷成进士，改翰林院庶吉士，授检讨，特改编修。历升春坊、中允、侍读、侍讲学士。顺治十五年（1658年），升秘书院大学士，改工部尚书兼东阁大学士，官至户部尚书兼保和殿大学士，加太子太师衔。康熙二十三年（1684年）卒，谥文勤。（清·赵尔巽等，《清史稿》卷二五〇）

赠东海董樵四首。

《赠东海董樵四首》诗云"东海留奇士，吟诗慕古狂。沈忧伤老眼，埋恨客他乡。一任柴桑酒，频沾薜荔裳。知君无限思，落叶照横塘。"（《文端集》卷一六，一四）

按：董樵，原名震起，字樵谷，号东湖，后易名朱山樵，山东莱阳大淘漳村人。董樵是明末清初爱国主义诗人，明亡后，董樵长期隐居。董樵一生诗作很多，"合雅掩骚，惜不多传"。由于他在明亡后，特别是抗清起义失败后长期隐居，他的事迹甚至名字鲜为人知，尤其是诗作流传不广。荣成市档案馆收藏的有关董樵的资料及诗作主要有：

《董樵册页》《董氏谱书》《董氏遗稿》《西山未定稿》以及董绍德著《西山环峰堂草》、萧慎余著《秦淮楼上晨夕》、陶澄闻著《莱阳董烈妇诗》等。

赠友人张惟赤诗二首。

《赠螺浮黄门次龚合肥韵二首》其一云："十年霜雪老黄门,抗疏群知国体尊。岳鹿摧来非有意,山龙补处自无痕。漫言盘错昭臣节,偏向风尘识主恩。"其二诗末注云："螺浮于辅臣当国时,曾抗疏请亲政,遂外迁长沙,今复入为给谏。"（《文端集》卷一六,一五）

按：张惟赤,号螺浮。海盐张氏涉园藏书,即其所创,张元济九世祖。

七月十五日夜,作《七月十五夜二首》。

之后,出游高梁桥、西山诸刹,宿碧云寺,有诗八首。

同友人一起坐梁家园休憩,有诗《雨中同友人坐梁家园》。

按：梁家园是其房师黄公曾经寓居之处。

重阳节后买菊数种,赋诗二首。

《九日后买菊数种漫成二首》其二诗云："花事久寥阔,秋光慰所思。"从诗句来看,他已多时无心问花了,秋来之日,买上几朵,聊慰秋思。

是年,春夏秋,桐城无雨,岁大饥。（《康熙桐城县志》卷一《祥异》一二）

九月十六日,友汪湛斯之母八十寿。公将遣伻归里,与会友辈,制屏以祝,适秋浦公有书来都门,言汪母反对这种做法,亟止之。遂为作《汪老伯母胡太孺人八秩荣寿序》。

落款云："时皇清康熙十年辛卯岁菊月穀旦,会侄张英拜撰。"（《张英全书》下册,三二七）

秋九月,方畿游山阴,有诗寄公,公和之。

《和四松先生见怀诗四首》其三中有句："九秋一日谁能遣,叶落临风重所思。"

其四云："吴舠一自别江城,枕上黄河午夜声。人影星霜趋绛阙,马蹄朝暮蹋春明。长安儿女消闲昼,故国莺花系远情。"（《文端集》卷一六,一六）

初冬,天气晴好,与友人沈胤范等一起闲游黑龙潭,过城南小园。游赏竟日,一路相谈甚欢。

《初冬同沈康臣曹升六夏邻湘乔石林坐黑龙潭晚过城南小园二首》其一有句云："淹留还竟日,清话各平生。"

按：沈胤范（1624—1675年）,字康臣,号肯斋,浙江绍兴人。康熙五年,举顺天乡试。六年,成进士,二甲七名,应阁试第一,授中书舍人。十二年,迁刑部主事。十四年,卒于官。著《采山堂集》行于世。（《百尺梧桐阁文集》卷五《刑部广西清吏司主事沈君墓志铭》）

《赠王敬哉先生二首》寄王崇简。

按：王崇简（1602—1678年）,字敬哉,一作敬斋,顺天府宛平（今北京市）人。明崇祯十六年（1643年）中进士。顺治三年授内翰林国史院庶吉士,历任秘书院检讨、国子监祭酒、弘文院侍读学士、詹事府少詹事、吏部侍郎、礼部尚书、太子太保等职。谥文贞。有《青箱堂文集》《青箱堂诗集》传世。

归允肃《归宫詹集》（卷三）有《奉怀宛平王敬哉年伯》《奉怀宛平王胥庭大司马》等诗当为同时之作。

十一月,姚文然迁刑部右侍郎,公有诗相送。

《姚龙怀先生自副总宪晋少司寇赋赠二首》其一云："清时重望属姚元,上殿频倾白兽尊。经国疏陈皆密勿,明刑寄重赖平反。"（《文端集》卷一六,二一）

康熙十年十一月十日："丁巳。转刑部右侍郎高珩为左侍郎,升左副都御史姚文然为刑部右侍郎,左副都御史佟弘器为工部右侍郎。"（《康熙实录》卷三七）

时有《同馆友人花烛诗四首》及《赠故乡隐者》诗。

《同馆友人花烛诗四首》,其一诗云："杏园春暖立群仙,三十人中最少年。香阁乍看红烛引,宫衣新见彩丝牵。雪中鹤氅尤堪赏,道上羊车著意妍。坐对玉人无辨处,全凭云鬓与花钿。"

《赠故乡隐者》："早年橐笔旧知名,野鹤翛然远世情。扶杖谩寻驱犊路,种花常听读书声。吟当秋露餐黄菊,卧看朝霞起赤城。遥忆家山隐君子,忘机久与白鸥盟。"

是冬,汪懋麟纳姬,诸友为其赋诗唱和。公作《蛟门纳姬为赋香奁诗八首》。

其一云："纸阁秋深翠幔重,暖香红玉琢芙蓉。湘云迢递三千里,来自西陵南北峰。"（《文端集》卷一六,二三）从诗句所描写的节候来说,这首诗当作于秋冬之际。

按：康熙十年,京师词人群体,曾就蛟门纳姬一事为题进行倡和活动,而且将此事时间断定在此年冬至之前。[①]

《汪蛟门懋麟年谱初稿》云："是岁,始患心痛,继患风湿病。病中纳妾。龚鼎孳、严我斯、吴之振诸名士,赋诗词调之。"（《东方学报》,三九六）

其他作者如龚鼎孳《贺新郎》（为江蛟门舍人病中纳姬和方虎）（《定山堂诗馀》卷四）,严我斯《汪舍人纳姬赋赠诗》（《尺吾堂诗删初刻》卷四）,吴之振《蛟门纳越姬戏作绝句调之诗》（《黄叶山庄诗集》卷二）等都作于此时。

是年或稍后,为梁承笃题《柳村渔乐图》四首。（《文端集》卷一六,二四）

按：梁允植,字承笃,梁清标侄（按：梁清标兄子）。以贡生官钱塘知县,有政声。擢袁州同知。代者将至,民攀号请留,大吏允之。三载以功迁福建延平知府,卒于官。（《大清畿辅先哲传》卷二九）

梁清标《蕉林诗集》（卷二、一二）有《题青藤古坞图歌》题下注云：兄子承笃书斋,方龙眠画。诗中云："嘻嘻! 此是龙眠笔,展卷峥嵘更萧瑟,经营写出秣陵春,持赠幽栖方丈室。阿咸宝之置缥囊,古坞黯淡生夜光。"（《清代诗文集汇编》第七七册,三七）

又按：康熙戊午（十七年）梁允植任钱塘令时,组织梁清标众门生申涵光、张英、汪懋

[①] 李桂芹、刘子呢：《秋水轩唱和活动及其意义》,《长春大学学报》,2008年07期。

麟等一起整理并刊刻梁清标《蕉林诗集》。

> 汪懋麟《蕉林诗集序》云："今从子承笃官钱塘，乃汇前后诸刻与吴江徐子电发较而梓之。适懋麟来湖上，属为序。不敢辞。(后略)康熙戊午四月望前一日扬州门下士汪懋麟谨撰于西湖苏公堤下。"(《蕉林诗集》，九)

是年，长子廷瓒与吴氏完婚，并北上京师，入北雍(国子监)。(《子廷瓒行略》，《文端集》卷四三，二五)

> 张廷玉《长嫂吴氏传》云："长嫂吴氏，先公女甥也。年十九归伯兄少詹公，为家妇十三年。"(《张氏宗谱》卷三四)

> 按：据《张氏宗谱》：吴氏"顺治癸巳年(1653年)闰六月二十三日生"。(卷三四，一五)

是年十九岁。

为好友王近微赋《墨庄诗》。

> 《墨庄诗为王近微先生赋》诗云："世味复何似，缚束类牛马。……我闻抽簪客，早岁白莲社。墨庄一片地，萧然似林野。……所得良孰多，可以决趋舍。"是诗作于张近微七十岁时。王近微，魏象枢同年。

> 梁清标《蕉林诗集》有《墨庄行赠上谷王近微》诗云："墨庄主人文武姿，长身伟干风骨奇。"(《清代诗文集汇编》第七七册，三八)

为梁允植画题诗四首，有《为梁承笃题〈柳邨渔乐图〉》四首。(《文端集》卷一六，二四)

是年，七弟张夔娶刘氏。(《张夔传》，《张氏宗谱》卷三〇《列传》一五)

> 张廷玉《刘太君传》云："刘太君，七叔父大名公元配，幼有令仪，及归大名公，温恭敬顺，称贤淑焉。事吕太宜人，克勤色养，每岁时伏腊，必虔治登豆以荐，且泫然曰：'予为清河妇，不逮事尊章，惟此频繁蠲洁以代甘旨耳。'大名公通籍，太君偕之官，综理内政，不改寒素，俾公专心吏绩，所至有清白声。及大名公以劳瘁卒官，太君虽哀戚而丧祭无缺礼。既归，总持家政逾二十年，训子孙必循矩矱，一椽一垅，皆节衣缩食而恢扩之。吕太宜人墓所未置祭田，太君竭力营之，且斥余山植松柏。盖大名公未竟之绪，太君善成之如此。迄今子姓蕃衍，家庆昌炽，屡膺纶綍之典。其以孝慈绵夫世泽者欤！"(《张氏宗谱》卷三四)

康熙十一年(壬子，1672年)　　三十六岁

正月二十二日，礼部尚书龚鼎孳以病乞休。上慰留之。(《康熙实录》卷三八)

> 按：龚鼎孳(1615—1673年)，字孝升，号芝麓，安徽合肥人。明末清初诗人，与吴伟业、钱谦益并称"江左三大家"。崇祯七年(1634年)进士，龚鼎孳在兵科任职，前后弹劾周延儒、陈演、王应熊、陈新甲、吕大器等权臣。明亡后，先降李自成，后降清。官至刑部尚书、兵部尚书、礼部尚书。著有《定山堂文集》《定山堂诗集》和《诗余》。后人

另辑有《龚端毅公奏疏》《龚端毅公手札》《龚端毅公集》等。

春,沈康臣索看公诗集并赋诗,因和诗二首。

《康臣索观予诗集枉示诗和之二首》云:"眼常愁夜暗,砚未解春寒。旧帙凭鸦抹,芜吟任蠹餐。"从诗句知,该诗作于春天,故系于此。(《文端集》卷一七,一)

二月,姚文然调补刑部左侍郎。(《自陈》,《姚端恪公文集》卷七,一六)

二月,于友人王子玠处饮酒看花,有《二月看花王子玠斋中》诗。

寒食游西山,作《寒食游西山二首》。(《文端集》卷一七,一)

春,同里吴子云视榷临清,诗以送之。

诗云:"绛节新颁领度支,含香旧典白云司。地连瓠子清漳绕,人与桃花春水期。"此事发生在春天。

按:吴子云,字霞蒸,号五崖,安徽桐城人,清顺治十二年(1655年)进士,历庐州府教授、国子监助教,迁户部郎中,河南提学道增秩,以参议用。补成都同知。先后辖雅州、温州、屏山政务,皆以清廉著声。

春,有诗寄宣城诗画家梅清,高度评价他的文章和书画技艺。

《寄梅渊公》诗云:"标格真同梅子真,廿年相忆隔江滨。文章风气开吾党,书画源流见古人。谢李芳踪知不远,陵阳佳地恰为邻。鹿车并挽铜官路,潭水桃花岁岁春。"(《文端集》卷一七,二)

按:梅清(1623—1697年),字渊公,号瞿山,安徽宣城人。顺治十一年(1654年)举人,考授内阁中书,与石涛交往友善,相互切磋画艺。石涛与梅清,皆有"黄山派"巨子之誉。著有《天延阁集》《瞿山诗略》,画有《黄山纪游》册。

四月六日,上谕"以户部尚书梁清标充经筵讲官"。(《清实录》卷三八)

五六月之交,送梁予培之任钱塘令,作《送梁予培之任钱塘令二首》。

太平桂一《汪懋麟年谱初稿》云:"夏五月六月之交,梁允植将之官钱塘知县,以诗送之。"(《东方学报》,四〇〇)汪懋麟有《送承笃令钱塘二首》(《汪懋麟诗集》卷一〇),梁清标《蕉林诗集》亦有《用承笃侄令钱唐用汪蛟门韵三首》。(九四)

按:梁予培,名天植,梁允植兄。

六月,友人宋琬之官四川,有《送宋荔裳观察四川二首》。

诗云:"东海宋使君,骚坛数前辈。百卷诗古文,苍深侔泰岱。昔为越州使,觐闵几颠踬。三载客长安,君恩许重赐。旌节向西川,啸咏江山丽。"

《清实录》(卷三八):"康熙十一年四月,甲申,以原任浙江按察使宋琬为四川按察使司按察使。"

按:宋琬(1614—1674年),清初著名诗人,字玉叔,号荔裳,汉族,莱阳(今属山东)人。顺治四年进士,授户部主事,累迁永平兵仆道、宁绍台道。族子因宿憾,诬其与闻逆谋,下狱三年。久之得白,流寓吴、越间。康熙十一年,有诏起用,授四川按察使。琬诗入杜、韩之室,与施闰章齐名,有南施北宋之目,又与严沆、施闰章、丁澎等合称"燕台七子"。著有《安雅堂集》《二乡亭词》。

汪懋麟《送玉叔观察之任四川二首》(《百尺梧桐阁诗集》卷一〇);徐乾学《送宋荔裳观察两川》(《憺园文集》卷三,五);高士奇《送宋荔裳观察之蜀》(《城北集》卷四,九)都作于同时。

七月九日,孙张若霖元配姚氏生。拔贡生江西新喻县县丞姚士重女。(《张氏宗谱》卷五,二六)

  按:姚士重,字勃少,号松谭,康熙壬子贡生。选授宁国府学训导,既就职,讲学课士,敦行励节。岁饥设厂赈粥,存活无数,邑令某尝馈金以助施予。士重鄙其人贪,却之。秩满移渝川县丞,抚军察其廉能,檄署高安县,时当编审前明时编地二百九十二里,地狭而赋役重,乱后凋残益甚,士重为破图均里,更定为一百五十四里,遂以新册开征,士民咸颂,为之勒石。寻擢署渝川令,以漕务不忍苛民得议降一级,士民群谋申讼于部,却之而归,养亲以终。(《道光续修桐城县志》卷一二,七一)

闰七月二十五日,散馆,钦定第二,授翰林院编修。

  张廷玉《先考行述》:"壬子秋,散馆,钦定第二,授翰林院编修。"

  《清实录》云:"闰七月。甲戌朔。丁酉。谕吏部:庶吉士李录予等学习已久,今加考试,应分别授职。除蔡启僔、孙在丰、徐乾学已授修撰、编修外。李录予、张英、牛纽、李光地、朱典、陈梦雷、耿愿鲁、赵文煃、王揆、朱卓、王维珍、孟亮揆、王宽、祖文谟俱著授翰林院编修、检讨。车万育、唐朝彝、黄斐、孔兴釪俱著以科道用。德赫勒、博济、沈独立、程文彝、李玠、李梦庚、张鹏翮、高璜、许孙荃、刘恒祥、吴本立俱著以部员用。"

八月六日,上谕:"以翰林院修撰蔡启僔为顺天乡试正考官,编修徐乾学为副考官。"(《清实录》卷三九)

秋,方畿有《寄怀诗》寄之,公作《答四松先生寄怀诗即次来韵二首》。

  其一云:"纸阁秋阴日影迟,琳琅四壁寄予诗。不嫌小草劳相忆,幸有芳兰慰所思。青幕车中春雨路,黄金瓦上晓霜时。难将烟火人间语,醴和柴桑绝妙词。"

  其二云:"芒屦青山雪满颠,高吟落落度余年。平生酷嗜惟之子,百卷新诗定许传。松菊远寻鸥鹭外,琼瑶常寄雁鸿先。桃花潭水情无限,作赋思乡愧仲宣。"(《文端集》卷一七,三)

八月,五兄张嘉与廷瓒同赴北闱,未售。(《张氏宗谱》卷三〇《列传》一〇)

张嘉南归,作《送五兄下第南归》送之。(《存诚堂诗集》卷一三)

里中友人邓森广之子邓铨下第南归,诗以送之。《送邓田功下第归里》诗中自注云:"家有北山草堂。"(诗见《存诚堂诗集》卷一三)。

  按:邓田功,邓森广之子,邓铨。

八九月之交,一日,汪懋麟昼寝梦入广庭,四面列大几。几上古砚多不可以数计,墨光莹莹,爱取其十二,觉于枕上,喜而名其斋曰:十二砚斋。四方诸名士孙枝蔚、朱彝尊、吴嘉纪、汪楫、计东、姜宸英、潘耒、尤侗、徐釚辈为作诗文寄之。张英以《十二砚歌》以和。

>汪懋麟《梦得十二砚诗》(秋室病卧睡无著,忽然梦得十二砚)。(见《诗集》卷一〇)《汪蛟门懋麟年谱初稿》将此事系于八九月之交。(《东方学报》,四〇二)
>
>孙枝蔚《梦砚歌为汪季用舍人赋》(《溉堂续集》卷五);吴嘉纪《梦砚歌赠汪蛟门舍人》(《吴嘉纪诗笺校》卷七);潘耒《为汪蛟门题梦砚图诗》(《遂初堂集少游草卷下》);尤侗《题汪蛟门十二砚斋图二首》(《尤西堂全集看云草堂集》卷八)均作于此时。

时近九日,感念三兄张杰去年秋勺园新阁成,四松辈都有诗落之,自己经年未得属和,因次原韵四首。

另,是年里中大饥,三兄恻然鸠集同人,共捐谷数百石,赈粥西郊,全活者无算,里人称之。(《张氏宗谱》卷三〇《列传》七)

九月九日重阳节,次子张廷玉生于京师。

>张廷玉《澄怀园语》云:"昔先文端公祈梦于吕仙祠,梦迁居新室,家人荷砚一担,玉感其祥,因以砚斋为号,并刻图章二,上则'砚斋',下则'以钝为体,以静为用'八字,盖取唐庚《古砚铭》中语以自勉也。"(卷一,一七)
>
>张若澄《张文和行述》云:"府君生有异禀,聪颖绝伦。未生之前,先王父梦神人授珠一□(按:原书此处字缺),一夕而府君诞于京师邸第,王父母嗟异之。"
>
>按:《桐旧集》(卷二二)录张廷瓒诗九首,张廷玉诗十一首,张廷璐诗三十九首,张廷璟诗七首,张廷瑾诗四首。

是日,公即事寄怀同里方畿,有《即事寄怀四松先生》二首。

>其二有句云:"陶潜去后无知己,司马归来任放歌。"诗末自注云:"四松曾任上谷司马。"(按:指方畿做汉中府同知)(《文端集》卷一七,五)

诗人宋荦归大梁,诗以送之。

>《送宋牧仲归大梁次徐方虎韵》四首,其一诗云:"昨夜桑乾秋水生,将归宋玉独含情。渭城先唱徐陵句,枫叶黄花远送行。"(《存诚堂诗集》卷一三)
>
>按:宋荦(1634—1713年)字牧仲,号漫堂、西陂、绵津山人,晚号西陂老人、西陂放鸭翁。河南商丘人。商丘"雪苑六子"之一。著名诗人、书画家、文物收藏家和鉴赏家。顺治四年(1647年),应诏以大臣子列侍卫。逾年考试,铨通判。康熙三年(1664年),授黄州通判,累擢江苏巡抚,官至吏部尚书。康熙帝称其"清廉为天下巡抚第一"。

梁清标继室去世,诗以挽之。有《大司农梁公继夫人挽诗六章即次司农原韵》。

十月,钱澄之入都,客龚鼎孳家。

>《田间诗集》(卷一八)有《访龚芝麓宗伯》其一云:"百年礼乐在宗伯,四海交游在合肥。俸禄可怜随客尽,诗篇多是对人挥。"其二云:"下月风严客路赊,疲驴破帽走京华。"(《四库禁毁书丛刊》集部第一四五册,三五九)
>
>按:钱澄之(1612—1693年),初名秉镫,字饮光,一字幼光,晚号田间老人、西顽道人,桐城人。明末爱国志士、文学家。钱澄之自小随父读书,十一岁能写文章,崇祯时中

秀才。南明桂王时,担任翰林院庶吉士。诗文尤负重名,王夫之推崇他"诗体整健"。著有《田间集》《田间诗集》《田间文集》《藏山阁集》等。

又徐乾学《田间全集》序云:"三十年前桐城姚经三尝手一编示余,为其同里钱饮光先生所撰《田间诗集》,余日夕讽诵,心仪其为人。……岁壬子冬,忽来都下,馆余座师龚端毅公家,因与订交欢甚。明年余将出京,与叶讱庵、张素存诸公邀之共游西山萧寺。清宵剧谈,益悉其生平本末,暨余家居二年,再入都,以丁太夫人艰归,先生时访余庐居,或不至,亦因便通殷焉。"(《澹园文集》卷二〇,二〇)

随后钱澄之过张英寓斋并作诗。

《田间诗集》(卷一八)有《过张梦敦太史寓斋有作》,其一云:"吾乡张太史,端不愧词林。功课朝回补,诗篇客去吟。好书抄出读,爱帖借来临。暇日思研《易》,相期共讨寻。"

其二云:"入门寒色满,稍喜一窗明。心法图中悟,文章马上成。正襟窥性学,隔幔听书声。自课佳儿读,常闻到五更。"

其三云:"应酬徒步苦,来往叩门频。瘦马骑能稳,伧童见即亲。论心惟矢慎,砺俗独安贫。物色矜双眼,尘中早识人。"(《四库禁毁书丛刊》集部第一四五册,三六〇)

按:钱澄之精通《易》学,有《田间易学》十二卷。"其学初从京房邵康节入,故言数颇详,盖石斋之余绪也,后乃兼求义理参取注疏及程子传、朱子本意,而大旨以朱子为宗"。(《学案小识》卷一二,六)

张英易学,"《周易衷论》二卷,专释六十四卦之旨而不及系辞、说卦、序卦,每卦各为一篇,每篇诠解大意,而不列经文,大抵以朱子本义为宗,然于坎卦之贰用缶句又以本义为未安,而从程传,……其立说主于坦易明白,不务艰深"。(江潘《宋学师承记》,明文书局,一九八五年,六三三)

是年,有诗寄同学友潘江。(《寄木厓》)

是年,"副榜未取汉军卷"案发,徐乾学被弹劾削职。秋,徐乾学回归故里江苏昆山,其子徐艺初随父回籍。张英作诗以送。《送徐艺初归昆山》诗见《文端集》(卷七,一)

同时,徐乾学的得意弟子,清初著名词人纳兰性德作词《雨中花》(送徐艺初归昆山)以送。

是年,庶母姜氏卒,七弟张夔母。

《张夔传》云:"年十三罹先君忧,伤毁骨立,阅四载,始娶于刘。室家粗立,百计经营,甫一载而庶母见背,哀痛迫切,拮据治丧,巨细周至。服阕,补博士弟子员。"(《张氏宗谱》卷三〇《列传》一五)

第三卷　康熙十二年至康熙二十年

康熙十二年（癸丑，1673年）　三十七岁

春，公应掌院学士傅达礼及熊赐履之荐，每日进讲。

清陈康祺《郎潜纪闻初笔》（卷二）《择词臣入备顾问》："康熙十二年，上命择词臣醇谨有学者，入侍左右，备顾问。张文端公英时以编修充讲官，首被是选。十六年始立南书房，特迁公侍讲学士，使领其事。"

张廷玉《先考行述》云："是年春，上御讲筵，谕掌院学士傅公、熊公，选文学之臣醇谨通达者入侍左右，讲论经史。二公以名进者四人，为今大学士李光地及蔡公启僔、耿公愿鲁，而府君名在第一，遂有每日进讲之命。上每幸南苑，府君必珥笔以从。"（《澄怀园文存》卷一五）

按：据《清末北京志资料》："南苑，南苑为元代之飞泊，在城南二十华里。其宏时规模宏大，而今天却使探访遗址者不禁有荒芜凄凉之感。据传明时该园围墙长达一百二十华里。至清初，围墙全长二万九千二百八十丈，设九门。南有南红门、回城门、黄村门；北有大红门、小红门；东有东红门、双桥门；西有西红门、镇国寺门。大红门内有更衣殿，小红门西南有行宫，南红门内有南行宫，镇国寺内有新衙门，黄村内有团河行宫。苑中有南海子。据称岸边曾在晾鹰台。修造南苑初意在春蒐冬狩时作为讲武之地，与其他行宫园囿不同，地域广大，宫廊很少，因此一旦趋于荒废，便有尽是寒烟黄草之感，此乃难逃合命运之处。荒草离离，狡兔出没，顿然令人感到已荒废之极，无能为力。今日实已不复得见其旧时之盛况。"（张宗平，《清末北京志资料》，北京燕山出版社，一九九四年，二五—二六）

正月八日，登万岁山，有诗《谷日登万岁山》。（《文端集》卷一七，六）

为友人许苏洲庭前双松次韵二首。诗云："萧然官舍见双松，诘曲空阶偃篛龙。……京洛僦居嘉树少，羡君幽赏已秋冬。"

为同年友乔莱题画幅十二首，有《为石林题画幅十二首》

按：乔莱（1642—1694年），字子静，号石林，宝应人。清康熙六年（1667年）进士，官至翰林院侍读，参与编修《明史》《三朝典训》等。去世后归葬射阳。

是年，充会试同考官。（法式善等，《清秘述闻三种》卷一三，四〇一）

友人李光地亦分校，充同考官。（李清植《李光地年谱》）

癸丑分校前，友人唐偕藻请假归里，作《送唐偕藻侍御请假归闽中》诗。诗中叙及两人相识相交过程。勉励友人离京以后，多关心民瘼，向君王多献言。

> 诗云："与君识面时，同作金门客。我方遘百忧，君亦振六翮。江湖各三载，重遇长安陌。同人如晨星，数点秋河隔。惟吾与之子，相对庭槐碧。"（《文端集》卷七，一）
> 按：唐朝彝，字偕藻，漳浦县桐山所人。康熙六年（1667年）进士，官至宗人府府丞。历任广西、山东、山西、京城、河南、广东等道御史，清廉节俭，为官三十年，不能营一室。有《易学说编》《西台疏草》《汇青堂诗集》。（《漳州府志·艺文志》）

癸丑分校前一日，作《题画》诗。

> 诗云："白沙碧草江村路，夕阳古寺人争渡。天风不起水微波，萧萧落尽江南树。此景依稀秋浦湄，自呼小艇渡江时。十年犹记行人苦，风打篷窗雨似丝。"（《文端集》卷一，二）

校士闱中，作题壁诗。

> 诗云："高楼钟鼓梦魂猜，觉后知登选骏台。敢负昔年辛苦地，杏花曾见泪痕来。"（《文端集》卷一七，九）

是科分校，取岳君葱等十二人，皆一时名宿。

> 张廷玉《先考行述》云："癸丑分校南宫取岳君葱等十二人，皆一时名宿。"（《澄怀园文存》卷一五）

时同门学弟归允肃在京师应试，不举。公惜之。

> 张英《惺崖归公暨配夫人华恭人墓志铭》云："犹记癸丑年，余在闱中，与诸绥侯联坐，绥侯得一卷甚快，余亦甚赏其文。以溢额不得售，出闱后数日，惺崖持落卷至余寓中，余见之，惊曰：'闱中曾见此文，不知何以被黜！'相与嗟叹者久之。"（《张英全书》下册，三三〇）

表兄何亮功归金陵，诗以送之。

> 《送何次德归金陵次藐音侍御韵》诗见《存诚堂诗集》（卷一三）。
> 按：何亮功，字次德，号辨斋，应璜公次子，以《易》补郡廪生，行详《传》中。顺治丁酉（1657年）乡试中一百十七名举人，任福建古田县知县。生明万历丁巳（1617年）六月二十八，卒康熙庚午（康熙二十九年），寿七十四。葬丁村祖茔侧，配通判吴公季鹍女，生明天启辛酉七月二十八。卒康熙癸未，寿八十三。葬祔夫。子二：延年、祖端。女四：长适兵部马公之瑛子，次适吴，三适翰林方公孝标子。（《青山何氏宗谱》卷一三，九〇）

三月，京察一等，称职，上诏试词臣于翰林院，试《河源考》《南苑赋》各一篇，大阅恭纪诗二十韵。公"名列第三"。（张廷玉《先考行述》）

暮春，二兄张载来京，浃旬而归，诗以送之。

> 《仲兄自南来留京师浃旬而归诗以送之四首》，其四云："春暮人归逐雁鸿，频年湖海已成翁。"（《文端集》卷一七，一〇）

张英《先考行述》中称二哥张载:"次载,庠生,娶倪氏明经讳善公女。……子廷珠。"

四月十六日,上幸南苑,命张英等词臣作诗赋进呈。

"谕学士傅达礼曰:'南苑,乃人君练武之地,迩来朕体不快,暂来此地静摄。扈从讲官史鹤龄、张英俱系词臣,著各作诗赋进呈。'"(《清实录》)

"四月十六日乙卯,辰时,上诣太皇太后宫问安,出午门,设卤簿,由崇文门幸南苑,驻跸东宫,召学士傅达礼谕曰:'南苑,乃人君练武之地,迩来朕体不快,暂来此地静摄。扈从讲官史鹤龄、张英俱系词臣,著各作诗赋,于十八日进讲时进呈。'"(《康熙起居注》,九四)

四月十八日,同傅达礼、史鹤龄等进讲《论语》。

"四月十八日丁巳,辰时,上御前殿,讲官傅达礼、史鹤龄、编修张英进讲'宰予昼寝'一章、'子曰:吾未见刚者'一章。讲毕,傅达礼将史鹤龄、张英遵旨作《南苑赋》各一章、诗各二首,进呈御览。上览毕,留中。"(《康熙起居注》,九五)

张英《南苑赋》序云:"康熙十有二年癸丑孟夏之吉,天子临幸南苑,六军云会,万乘雷动。小臣初忝文翰之班,特奉命珥笔以从……"(《文端集》卷三七,五)

张英《讲筵应制集序》云:"臣以康熙十一年壬子秋授编修,次年春充礼闱同考官。三月,上幸南苑,命臣英偕同官臣史鹤龄扈从于行宫进讲。诏献《南苑赋》。嗣后,每巡行必侍从。或独往,或与侍读臣孙在丰偕。"(《笃素堂文集》卷五,一)

后连日进讲。

"十九日戊午,辰时。上御前殿,讲官傅达礼、史鹤龄、编修张英进讲:'子贡曰:"我不欲人之加诸我也"'一章,子贡曰:'夫子之文章可得而闻也'一章、'子路有闻'一章。"

"二十日乙未,辰时。上御前殿,讲官傅达礼、史鹤龄、编修张英进讲:'子贡曰:"孔文子何以谓之文"'也一章。讲毕,上谕傅达礼曰:'"明晨诣太皇太后、皇太后宫问安,著暂停讲一日。'"(《康熙起居注》,九五)

"二十二日辛酉,辰时,上御前殿,讲官傅达礼、史鹤龄、编修张英进讲:'子谓子立'一章、'子曰:晏平仲善于人交'一章。"(《康熙起居注》,九五)

"二十三日壬戌,上御前殿,讲官傅达礼、史鹤龄、编修张英进讲:子曰:臧文仲居蔡一章、子张问曰:令尹子文三仕为令尹一章。"(《康熙起居注》,九五)

"二十五日甲子,辰时,上御前殿,讲官傅达礼、史鹤龄、编修张英进讲:'季文子三思而后行'一章。"(《康熙起居注》,九五)

"二十六日乙丑,辰时,上御前殿,讲官傅达礼、史鹤龄、编修张英进讲:'子曰甯武子邦有道则智'一章。"(《康熙起居注》,九五)

按:《王渔洋事迹征略》云:"五月,韩菼、张英、李基和中进士。"

张英于康熙六年丁未年中式进士。此处张英非桐城张英。

《池北偶谈》云:"师生同姓名古人同时同姓名者,如毛遂、陈遵、韩菼、李益,(门第文章)往往有之。然不闻师生同姓名也。康熙癸丑会试,今翰林学士张敦复(英)为同考官,本房中式举人张英,海盐人;丙辰会试,编修马殿闻(鸣銮)为同考官,本房中式举人马鸣銮,河南人。

《陶庐杂录》载:"海宁张英字仲张,康熙癸丑进士。出桐城张文端公之门,一时有大小张英之目。戊午,文端子廷瓒又出仲张门。仲张虽由是获谴,而针芥之投,亦有莫之为而为者矣。"

据《民国杭州府志》:张英,广东提学佥事,有《一经堂集》。(《杭州府志》卷九一,一四。《杭州府志》卷一一一《选举五》二)

五月二十六日,张廷瓒长子,张英长孙,张若霖生。

《张氏宗谱》云:"张若霖,字岩举,号昴冲,治《诗经》。附贡生。以子曾敏贵,勅赠文林郎山西灵石县知县。以孙元长贵,貤赠奉政大夫内阁中书协办侍读。生康熙癸丑年五月二十六日午时,卒雍正壬子年闰五月三十日午时。……配姚氏,拔贡生江西新喻县县丞讳士重女,累赠宜人,生康熙壬子年七月初九日子时,卒康熙庚午年十月十二日戌时。……继配姚氏,康熙戊辰进士左春坊左赞善讳䔍女。累赠宜人。生康熙癸丑年十二月十五日申时,卒康熙己丑年九月初七日午时。……侧室劳氏,以子曾敏贵,勅赠孺人,生康熙丙子年十二月十九日亥时,卒康熙己亥年六月十三日午时。吴氏,生康熙戊寅年十二月初六日戌时,卒乾隆乙丑年正月十一日未时。三子:曾启,继配姚太君出;曾敏,劳太君出;曾敷,吴太君出。四女:长适乾隆壬戌进士翰林院编修姚范国学讳孔镁子,继配姚太君出。次适监生姚兴衍,国学讳孔鋙子,劳太君出。三适乾隆戊午举人武进县教谕左世容明经讳文刚子。四适邑庠生顾忻国学讳麟曾子,俱吴太君出。"(卷五,二六)

关于张若霖的生卒年记录,其婿姚范有《墓志铭》云:"公讳某,字某,相国太傅文端公之家孙,少詹事讳廷瓒之子,少詹初娶于吴,生公及苍梧副使某。公继娶于顾,俱赠封恭人。公生于康熙癸丑五月十六日,卒于雍正癸丑闰五月二十九日,年六十一。乾隆三十二年二月初十日,始克卜葬于县东乡某山之原,公再娶皆姚氏,前夫人江西新喻县丞讳某之女,早卒,葬松山。今以后夫人祔,夫人康熙戊辰进士左春坊左赞善讳上谔之女,生于康熙癸丑十二月十五日,卒于己丑九月日,年三十七。子二人:长曾(启),(原文缺,据《张氏宗谱》补),岁贡士,后公十七年卒。次曾(敏)(按:原文缺,据《张氏宗谱》补),南陵县教谕,以卓异需擢县令。孙某某。女四人:长适乾隆壬戌进士翰林院编修姚某,次适姚某,次适武进县教谕左世容,次适顾公。少为诸生,贡入太学不仕,以孙元长貤赠奉直大夫。夫人赠宜人。公行己处物之大方及夫人淑行别具于谱乘墓表,兹故不详,而以铭志以概。"(后略)(《赠奉直大夫张公宜人姚氏合葬墓志铭》,《援鹑堂文集》卷四,一八)

按:姚范《墓志铭》中关于张若霖生卒年记载与《张氏宗谱》不同。另外,关于其子记载部分,长子、次子姓名缺失,且记为二子。据《张氏宗谱》,张若霖有子三。

五月,充《孝经衍义》纂修官。

按:《孝经衍义》一书本系熊赐履主持完成。熊赐履称:"仆于辛亥年(1671年)被命总其事,即发凡起例,属元少诸子脱稿,而仆实为手定之。乙卯(康熙十四年)待罪纶扉,已校订成书矣。但以时方用兵,未及缮写进呈耳。"后清廷颁布该书,列名总裁者为叶方蔼、张英等人。熊赐履说:"其所号称总裁者,则皆从未展卷一寓目者也。"叹云:"世事至此,岂不令人永叹!"(熊赐履《澡修堂集》第一○卷《与友人》)

是月,友人李光地假归。

夏五月,以省亲丐假。(李清植《李光地年谱》)

七月十日,御前进讲。

"七月十日丁丑,早,上御前殿,讲官傅达礼、孙在丰、编修张英进讲:'子不语'一章、子曰:'三人行'一章、子曰:'天生德于予'一章。"(《康熙起居注》,一○六)

七月十一日,御前进讲。

"七月十一日戊寅,早,上御前殿,讲官傅达礼、孙在丰、编修张英进讲:"子曰:二三子以我为隐乎?"一章、"子以四教"一章。讲毕,谕达礼曰:"朕或出郊外,或幸南苑,常不辍讲,以故翰林官员每次随从。但翰林各官,俱系远离家乡,京城毫无资产,常川随朕,不免艰苦,殊为可念。嗣后扈从讲官所用帐房及一切应用物件,酌定数目,由内府给与。此等物件,在何处驼载随行,著一并议奏。"(《康熙起居注》,一○六)

《康熙实录》云:"七月十一日,戊寅。谕讲官傅达礼曰:"朕或出郊外,或幸南苑,尝不辍讲。以此翰林官员,每次随从。但翰林各官,俱远离家乡,京城毫无资产,扈从不免艰苦,殊为可念。嗣后扈从讲官所用帐房及一切应用物件,酌定数目,由内府给与。""

按:张廷玉《先考行述》云:"十月,上于讲筵谕学士曰:'翰林官清贫,巡行扈从所以备顾问资讲论也,无令艰于资装,嗣后帐幕饮食马匹器具皆给于内府,著为令。以示优眷。'"此处所记时间不确。

后,连日进讲。

"七月十二日己卯,早,上御前殿,讲官傅达礼、孙在丰、编修张英进讲:'子曰:圣人吾不得而见之矣'一章,'子钓而不纲'一章。"(《康熙起居注》,一○六)

"七月十三日庚辰,早,上御前殿,讲官傅达礼、孙在丰、编修张英进讲:'子曰:盖有不知而作之者'一章,'互乡难与言'一章。"(《康熙起居注》,一○六)

七月十五日至七月二十四日,与傅达礼、孙在丰等每日进讲。

"七月十五日壬午,早,上御前殿,讲官傅达礼、孙在丰、编修张英进讲:'子曰:仁远乎哉'一章、'陈司败问:昭公知礼乎'一章。"(《康熙起居注》,一○六)

张英《文端集》载:"七月,上驻跸南苑,试马,王公以下八旗三品官以上出良马万余骑,上御晾鹰台阅之……英及在丰奉命扈从,欣观其盛,各赋长歌,翼日讲筵进呈。有《试马歌应制》"天闲万马嘶新秋,碧草无际黄云流。清晓翠华驻南苑,下诏明日观骅骝。晾鹰台畔平芜绿,房星中夜光可烛……"(《文端集》卷一)

"七月十六日癸未,早,上御前殿,讲官傅达礼、孙在丰、编修张英进讲:'子与人歌'一章、'子曰:文莫吾犹人也'一章、'子曰:若圣与仁则吾岂敢'一章。"(《康熙起居注》,一○六)

"十七日,甲申,早,上御前殿,讲官傅达礼、孙在丰、编修张英进讲:'子疾病'一章、子

曰：'奢则不孙'一章。"(《康熙起居注》，一〇七)

"十八日乙酉。早，上御前殿，讲官傅达礼、孙在丰、编修张英进讲：'子曰：君子坦荡荡'一章、'子温而厉'一章、'子曰：泰伯其可谓至德也矣'一章。"(《康熙起居注》，一〇七)

"十九日丙戌。早，上御前殿，讲官傅达礼、孙在丰、编修张英进讲：'子曰：恭而无礼则劳'一章、'曾子有疾召门弟子曰'一章、'曾子有疾孟敬子问之'一章、'曾曰：以能问于不能'一章。"(《康熙起居注》，一〇七)

"二十日丁亥，早，上御前殿，讲官傅达礼、孙在丰、编修张英进讲：'曾子曰：可以托六尺之孤'一章。"(《康熙起居注》，一〇七)

"二十一日戊子，早，上御前殿，讲官傅达礼、孙在丰、编修张英进讲：'曾子曰：士不可以不弘毅'一章。"(《康熙起居注》，一〇七)

"二十二日己丑。早，上御前殿，讲官傅达礼、孙在丰、编修张英进讲：'子曰：兴于诗'一章。"(《康熙起居注》，一〇七)

"二十三日庚寅，早，上御前殿，讲官傅达礼、孙在丰、编修张英进讲：'子曰：民可使由之'一章、'子曰：好勇疾贫乱'一章。"(《康熙起居注》，一〇七)

七月三十日，充日讲起居注官。

"七月三十日丁酉。升大理寺卿李赞元为都察院左副都御史，以翰林院编修张英充日讲起居注官。"(《康熙实录》)

按：日讲与起居注官本为两职，清顺治中始设为日讲官十人。康熙中直起居注馆，设记注官，即以日讲官兼摄。雍正以后，遂以日讲起居注官系衔为定制，由翰林院、詹事府官充任。凡皇帝御门听政、朝会宴享，大典礼、大祭祀及每年勾决重囚，皆以日讲起居注官在左右侍班。谒陵、校猎均随扈侍从。按年编次《起居注》，送内阁藏庋。凡带日讲起居注官者均视为近臣，遇出差时，地方长官迎候时行所谓"跪请圣安"之礼，答以"皇上安"，回京时"寄请圣安"，则答以"回京代奏"。(清·黄本骥，《历代职官表》之《历代职官简释》三九)

秋，友人徐乾学归省，诗以送之。

《送徐健庵编修南归》诗云："昔从吴门游，坐上识徐子。盛名三十年，文坛如岳峙。分手入金门，宿将幽燕起。对策承明庐……清琴伴图史。黄花正秋风，一朝去如驶。纵道彩衣欢，莫恋尊鲈美。心知非远别，歌声皆变徵。"(《文端集》卷七，三)

按：从诗中"黄花正秋风"句，知此诗作于秋天菊花开放的季节。

又据徐乾学《田间全集》序云："三十年前桐城姚经三尝手一编示余，为其同里钱饮光先生所撰《田间诗集》，余日夕讽诵，心仪其为人……岁壬子冬忽来都下馆余座师龚端毅公家，因与订交欢甚。明年余将出京，与叶讱庵、张素存诸公邀之共游西山萧寺，清宵剧谈，益悉其生平本末。暨余家居二年，再入都，以丁太夫人艰归。先生时访余庐居，或不至，亦因便通殷焉。"(《澹园文集》卷二〇，二〇)

这段文字交待了在壬子(康熙十一年)第二年，徐乾学回乡，因此这首送归诗当作于是年秋。

又《澹园文集》(卷六)《南归途中作五首》其三有句云"十月天犹暖",可据此推知徐归省在是年十月。

秋,送友人蔡启僔归德清。

《送蔡石公归德清》诗云:"秋风将夕至,人去禁庭阴。岂为浮云感,知君道气深。烟霞南国梦,蔬水北堂心。闻说幽栖地,丹峰映碧浔。"(《文端集》卷一七,一〇)

由诗歌首句"秋风将夕至"知,该事发生在秋天。

秋日,同何岘瞻在南苑月下赋诗四首。

《南苑月下同岘瞻漫成四首》诗,其一云:"御苑秋清日,平郊雨霁初。暮鸦归树满,夜火隔林疏。"(《存诚堂诗集》卷一三)

友人乔莱回宝应省觐,诗以送之。

其一云:"同是南来燕,相依白板扉。今年秋色里,日送故人归。"其二云:"晚凉微雨后,多是过君时。棐几书帘暗,红灯夜漏迟。狂歌题素绢,小饮出花瓷。良会从兹减,临风重所思。"

乔莱有《南归留别同舍诸子三十韵》。(诗见《南归集》一;《清代诗文集汇编》第一五八册,四八六)高士奇有《送乔石林舍人归柘溪草堂》(诗见《城北集》卷五,八)都作于同时。

友人张玉书归京江,为兄张玉裁营窀穸。公作诗四首以送之。

《送素存宗兄归京江省觐四首》:其一云:"丹地追随久,霜天雁影稀。京华秋色晚,江海侍臣归。北固逢鲈脍,东山映彩衣。"(《文端集》卷一七,一一)

其三云:"京洛栖迟客,萧斋恰望衡。摊书分夜火,入署共鸡声。秋水还家路,霜风惜别情。趋朝期旦晚,相忆满西清。"叙他们之间的朋友之情。

按:张玉书(1642—1711年),字素存,号润甫,江苏丹徒(今江苏镇江)人。张九徵次子,长兄张玉裁。自幼刻苦读书,顺治十八年(1661年)进士,精《春秋》三传,深邃于史学。历任翰林院编修、国子监司业、侍讲学士。二十三年(1684年)授刑部尚书,调兵部尚书。二十九年拜文华殿大学士兼户部尚书。康熙三十五年(1696年),随皇帝征噶尔丹叛乱。历官凡五十年,为太平宰相二十年。久任机务,直亮清勤,朝廷倚以为重。康熙十八年(1679年)主持修《明史》,先后出任《平定朔漠方略》《佩文韵府》《康熙字典》总裁官。著有《文贞集》。

奉命为座师梁清标画扇题诗二首。

《大司农梁公出画蝶扇命题二首》见《文端集》(卷一七,一二)。

为汪懋麟题诗二首。

《为蛟门题王筠侣画扇二首》见《文端集》(卷一七,一二)。

八月,汪懋麟母李氏卒,汪于八月二十八日归里奔丧。

九月二日,礼部尚书龚鼎孳以病乞休,允之。(《康熙实录》卷四三)

九月十二日,龚鼎孳卒,享年五十有九。(董迁《龚芝麓年谱》)

九月十五日,起居注官胡密子、张英。(《康熙起居注》,一二二)

九月十九日,起居注官莽色、张英。(《康熙起居注》,一二二)

十月五日,御前进讲。

"十月初五日辛丑。早,上御乾清门,听部院各衙门官员面奏政事。辰时,上御弘德殿,讲官喇沙里、孙在丰、张英进讲:'子路问成人'一章、'子曰:公叔文子于公明贾曰'一章。是日,殿试天下武举黄复光等一百名。是日,起居注官喇沙里、张英。"(《康熙起居注》,一二六)

十月六日,御前进讲。

"初六日壬寅。早,上御乾清门,听部院各衙门官员面奏政事。辰时,上御弘德殿,讲官喇沙里、孙在丰、张英进讲:'子曰:臧武仲以防求为后于鲁'一章、'子曰:晋文公谲而不正'一章、'子路曰:桓公杀公子纠'一章。"(《康熙起居注》,一二六)

十月七日,御前进讲。

"初七日癸卯。早,上御乾清门,听部院各衙门官员面奏政事。辰时,上御弘德殿,讲官喇沙里、孙在丰、张英进讲:'子贡曰:管仲非仁者与'一章、'公叔文子之臣大夫僎'一章、'子言:卫灵公之无道也'一章。"(《康熙起居注》,一二六)

十月十二日,御赐讲官紫貂白金文绮,时同赐者学士熊赐履、侍读学士杨正中、杜臻、陈廷敬、侍讲孙在丰、编修叶方蔼、史鹤龄及公八人。公作诗三首。(《文端集》)

"十二日戊申。是日,上特赐满汉讲官貂皮、白金表里。熊赐履等奏曰:'臣等愚劣无状,蒙皇上拔置讲筵,涓埃未效,愆过甚多。皇上不加谴责,格外优容,已属万幸。复蒙重赏,臣等实切惶愧,难以祗受,敢辞。'上曰:'尔等每日进讲,寒暑无间,著有勤劳。所赐略示朕优眷儒臣之意,尔等其祗受无辞。'赐履等遂遵旨谢恩于乾清门。本日起居注官胡密子、张英。"(《康熙起居注》,一二八)

后连日进讲。

"十四日庚戌,早,上御南殿,讲官喇沙里、孙在丰、张英进讲:'子贡方人'一章、'子曰:不患人之不己知'一章、'子曰:不逆诈'一章。"(《康熙起居注》,一二八)

"十五日辛亥,早,上御南殿,讲官喇沙里、孙在丰、张英进讲:'微生亩谓孔子曰'一章、'子曰:骥不称其力'一章。"(《康熙起居注》,一二八)

"十七日癸丑,早,上御南殿,讲官喇沙里、孙在丰、张英进讲:'或曰:以德报怨'一章、'子曰:莫我知也夫'一章。"(《康熙起居注》,一二九)

"十八日甲寅,早,上御南殿,讲官喇沙里、孙在丰、张英进讲:'公伯寮诉子路于季孙'一章。"(《康熙起居注》,一二九)

"十九日乙卯,早,上御南殿,讲官喇沙里、孙在丰、张英进讲:'子曰:贤者辟世'一章、'子曰:作者七人矣'一章、'子路宿于石门'一章。"(《康熙起居注》,一二九)

"二十一日丁巳,早,上御南殿,讲官喇沙里、孙在丰、张英进讲:'子击磬于卫'一章、'子张曰:《书》云'一章、'子曰:上好礼'一章。"(《康熙起居注》,一二九)

"二十二日戊午,早,上御南殿,讲官喇沙里、孙在丰、张英进讲:'子路问君子'一章、'原壤夷俟'一章、'阙党童子将命'一章、'卫灵公问陈于孔子'一章。讲毕,巳时,上出大红门,自崇文门进午门,诣太皇太后、皇太后宫问安毕,未时,回宫。扈从起居注官喇沙里、孙在丰、张英。"(《康熙起居注》,一二九)

十月二十八日,起居注官刺沙里、张英。(《康熙起居注》,一三〇)

十月,作《纪恩恭赋》二首。

题注云:"臣英同臣在丰扈从南苑,入夜值大风雨,上在行宫,谓侍臣曰:'两翰林恐油幕未具,得无有沾湿之苦?'时已漏尽三鼓,命中使至学士傅达礼帐中,传谕移于五店皇庄安宿。学士回奏:'臣已为二人料理,何敢烦圣虑!'时英等已就枕,次日学士传上谕,因恭赋诗进呈。"

《纪恩恭赋二首》其一云:"秋郊云雾暗空濛,静夜摊书烛影红。圣主慈仁深念及,小臣风雨直庐中。"

另有,《赋良马应制二首》。

序云:"十月,臣英与在丰扈跸南苑,上在行宫,方张灯伸纸作大书,中夜传翰林侍读学士喇沙里至前问曰:'两翰林此时作何事?'对曰:'方在直庐读书。'上曰:'可令两人各赋《良马诗》。学士请良马状,上曰:'此不必论,古人以骐骥比君子,所谓骥不称其力称其德也。'因恭赋二律,次日讲书毕进呈。"(《影印文渊阁四库全书》集部第一三一九册,二八四)

十一月七日,上命张英等撰《太极图论》进呈。

"丙寅朔。壬申。谕侍读学士喇沙里曰:'朕在宫中,博观典籍。见宋儒周敦颐《太极图》,义理精奥,实前贤所未发。朕尝极意探索,究其指归。可命学士熊赐履、编修叶方蔼、张英、修撰韩菼等,各撰《太极图论》一篇,朕亲览焉。'"(《康熙实录》;《康熙起居注》,一三三)

是日,起居注官莽色、张英。(《康熙起居注》,一三三)

十一月二十二日,起居注官喇沙里、张英。(《康熙起居注》,一三六)

十一月二十四日,免江南六安、虹县、灵璧三州县本年分水灾额赋有差。(《康熙实录》)

十一月二十九日,起居注官喇沙里、张英。(《康熙起居注》,一三八)

十二月七日,上特赐讲官喇沙里、杜臻等十二员貂皮朝衣各一袭。随于太和殿前谢恩。(《康熙起居注》,一四〇)

是冬,赐貂皮朝衣一袭、貂裘一袭、白金五十两。自是图书翰墨丰貂紫绮之赐,岁数至焉。(张廷玉《澄怀园文存》卷一五,《四库全书存目丛书》集部第二六二册,四七四)

十二月八日,起居注官胡密子、张英。(《康熙起居注》,一四〇)

十二月十日,起居注官格尔古德、张英。(《康熙起居注》,一四〇)

十二月十五日,张若霖继配姚氏生,姚士藟女。(《张氏宗谱》卷五)

十二月二十日,起居注官胡密子、张英。(《康熙起居注》,一四二)
十二月二十八日,起居注官喇沙里、张英。(《康熙起居注》,一四二)
是年,以编修充日讲起居注官,累迁侍读学士。(《国朝先正事略》)

  张英《讲筵应制集序》云:"十一年壬子秋授编修,次年春充礼闱同考官。三月,上幸南苑,臣英偕同官臣史鹤龄扈从于行宫进讲,诏献《南苑赋》。嗣后,每巡行必侍从,或独往,或与侍读臣孙在丰偕,是时扈跸多在南苑新宫,绿槐高柳,掩映丹雘。……是年秋,授日讲起居注官。其后学士熊赐履入典阁事,内殿进讲,专命臣及(孙)在丰从事,鸡未鸣时,从长安门步至左翼门祗候。少顷,东方渐白,楼鸽群起,星稀殿角,露浥阶槛,偕奏事诸臣方曳组而入,至乾清门候诸臣奏事毕,内侍传入弘德殿中,左右列图书,南向设御座,北向设讲官席……设炉焚香,讲官既入,则侍从咸退。讲官再拜,北向立,敷陈经义,时有所咨询。既退,命赐茶于乾清宫门,如是者三年。由左春坊谕德优擢侍讲学士,先后同在讲筵者,则泽州学士臣陈廷敬、昆山学士臣徐元文、臣叶方蔼,接天颜与内殿,蒙顾问于黼席,图书、翰墨、貂绮之赐,岁数至焉。"(《文端集》卷四一,五;《影印文渊阁四库全书》集部第一三一九册,六六六)

康熙十三年(甲寅,1674年)　三十八岁

正月八日,起居注官喇沙里、张英。(《康熙起居注》,一四六)
正月十五日,起居注官喇沙里、张英。(《康熙起居注》,一四七)
正月十九日,起居注官格尔古德、张英。(《康熙起居注》,一四八)
正月二十七日,起居注官格尔古德、张英。(《康熙起居注》,一四九)
二月九日,起居注官库勒纳、张英。(《康熙起居注》,一五一)
二月十九日,起居注官喇沙里、张英。(《康熙起居注》,一五二)
二月二十九,起居注官格尔古德、张英。(《康熙起居注》,一五三)
三月十七日,起居注官格尔古德、张英。(《康熙起居注》,一五五)
三月二十六日,起居注官格尔古德、张英。(《康熙起居注》,一五七)
四月五日,起居注官格尔古德、张英。(《康熙起居注》,一五八)
四月十五日,起居注官勒贝、张英。(《康熙起居注》,一六〇)
四月二十五日,起居注官勒贝、张英。(《康熙起居注》,一六一)
五月一日,起居注官喇沙里、张英。(《康熙起居注》,一六一)
五月六日,起居注官傅达礼、库勒纳、张英。(《康熙起居注》,一六二)
五月十日,起居注官傅达礼、喇沙里、张英。(《康熙起居注》,一六二)
六月六日,起居注官傅达礼、库勒纳、张英。(《康熙起居注》,一六五)
六月十一日,起居注官傅达礼、张英。(《康熙起居注》,一六五)
六月二十五日,起居注官库勒纳、张英。(《康熙起居注》,一六六)

七月四日，起居注官傅达礼、张英。(《康熙起居注》，一六七)

七月十二日，起居注官傅达礼、张英。(《康熙起居注》，一六八)

七月二十一日，起居注官傅达礼、库勒纳、张英。(《康熙起居注》，一六九)

八月一日，起居注官库勒纳、张英。(《康熙起居注》，一七〇)

八月九日，起居注官傅达礼、库勒纳、张英。(《康熙起居注》，一七二)

八月十九日，起居注官傅达礼、喇沙里、张英。(《康熙起居注》，一七二)

八月二十八日，起居注官库勒纳、张英。(《康熙起居注》，一七四)

九月七日，起居注官勒贝、张英。(《康熙起居注》，一七五)

九月八日，吏部尚书孙廷铨以疾卒于家。明年将葬，以其子之请，公代作《光禄大夫内秘书院大学士前太保兼太子太保吏部尚书孙文定公墓志铭》。

文云："同里光禄大夫、内秘书院大学士孙公以疾请告家居垂十年。康熙十三年九月以疾卒于家，有司以闻，天子悼念勋旧老臣，诏议恤礼有加。特赐谥曰：'文定。'明年，其子将葬公于某山，以予与公交于垂髫时，而又同官于朝最久，能言公勋业行谊梗概，哀号乞铭于予，其何敢以不文辞。公讳廷铨，字枚先，号沚亭，世居益都西乡……公生而颖异，甫授书，既思发奋大其家。年十八补博士弟子，二十七登己卯乡荐，明年成进士，起家魏县令，调抚宁，所至有治声。改监纪推官，假归里居。顺治元年，本朝定鼎，二年荐授河间推官。数阅月，擢吏部稽勋司主事。康熙元年，以内秘书院大学士入参机务……公生于明万历四十一年三月十二日，卒于皇清康熙十三年九月初八日，享年六十有二。"(《笃素堂文集》卷一二)

九月十一日，辰时，上御后殿。讲官喇沙里、张英进讲："子曰：索隐"一章、"君子之道费而隐"二节。(《康熙起居注》，一七五)

九月十四日，上御后殿。讲官喇沙里、孙在丰、张英进讲："《诗》云：'鸢飞戾天'二节、子曰：'道不远人'三节。"(《康熙起居注》，一七五)

九月十五日，辰时，上御后殿。讲官喇沙里、孙在丰、张英进讲："'君子之道四'一节、'君子行'一章、'君子之道，辟如行远'一章。"(《康熙起居注》，一七六)

九月十六日，辰时，上御后殿，讲官喇沙里、孙在丰、张英进讲："子曰：'鬼神之为德'一章，子曰：'舜大孝也与'一节。"(《康熙起居注》，一七六)

九月十七日，辰时，上御后殿，讲官喇沙里、孙在丰、张英进讲："故大德必得其位"三节、子曰："无忧者其为文王乎"一章、子曰："武王周公其达孝矣乎？"二节。(《康熙起居注》，一七六)

九月十八日，辰时，上御后殿，讲官喇沙里、孙在丰、张英进讲："春秋修其祖庙"四节。(《康熙起居注》，一七六)

九月十九日，辰时，上御后殿，讲官喇沙里、孙在丰、张英进讲："哀公问政"五

节。(《康熙起居注》,一七六)

九月二十一日,辰时,上御后殿,讲官喇沙里、孙在丰、张英进讲:"故君子不可以不修身"三节。(《康熙起居注》,一七六)

九月二十二日,未时,上出南苑大红门,至正阳门,进午门,诣太皇太后、皇太后宫问安,回宫,扈从起居注官喇沙里、孙在丰、张英。(《康熙起居注》,一七六)

是日,予告光禄大夫太子太保兵部尚书王宏祚薨于朝。公代作《予告光禄大夫太子太保后部尚书王公墓志铭》。

  文云:"公讳宏祚,字懋自,号玉铭,以思其先大夫,一号思斋,先世陕西三原人。"(《笃素堂文集》卷一二)

  按:王宏祚((1610—1674年),字懋自,号思斋,谥端简,云南保山人。康熙八年在以兵部左侍郎署武英殿事潘湖叟、黄锡衮的率领下,王宏祚配合黄锡衮密助康熙主政于朝,逮捕鳌拜有功。王宏祚晋兵部尚书,潘湖叟、黄锡衮升东阁大学士兼兵部左侍郎。

十月三日,侄张廷琪生。

  按:张廷琪,七弟张夔长子。字芝田,号闲斋。治《易经》,附贡生。康熙戊戌,选择江宁府溧水县教谕。雍正甲辰冬,丁母忧,服阕,授山西潞安府平顺县知县。壬子,调汾州府平遥县知县。癸丑,告病回籍。乙卯,以若燨元和县知县任内遇覃恩,勅封文林郎。乾隆九年卒。(《张氏宗谱》卷四)

十月五日,起居注官傅达礼、库勒纳、张英。(《康熙起居注》,一七八)

十月二十二日,起居注官库勒纳、张英。(《康熙起居注》,一七八)

十一月一日,起居注官库勒纳、张英。(《康熙起居注》,一八〇)

十一月十日,起居注官喇沙里、库勒纳、张英。(《康熙起居注》,一八二)

十一月十九日,起居注官傅达礼、库勒纳、张英。(《康熙起居注》,一八四)

十一月二十七日,起居注官库勒纳、张英。(《康熙起居注》,一八四)

十二月十五日,起居注官傅达礼、张英。(《康熙起居注》,一八六)

十二月二十六日,起居注官傅达礼、张英。(《康熙起居注》,一八七)

十二月二十七日,起居注官喇沙里、张英。(《康熙起居注》,一八七)

是年,代作《山东通志序》。

  《序》云:"皇上御极之十有二年,爰命郡国各以方舆为记载,编辑成书,以彰一代文治之盛。越次年,《山东通志》告竣。当事者命序于予,予虽不敏,以梓里故,其何敢辞。"(《笃素堂文集》卷五,《张英全书》本。《四库》本未载)

康熙十四年(乙卯,1675年)　三十九岁

正月九日,起居注官库勒纳、张英。(《康熙起居注》,一九〇)

正月十七日,起居注官库勒纳、张英。(《康熙起居注》,一九一)

正月二十二日，起居注官喇沙里、张英。(《康熙起居注》，一九一)
正月，汪懋麟父如江九十初度，孙枝蔚、吴嘉纪、徐乾学等当代名士，远近称觞上寿，书币盈庭。公作《蛟门尊甫观澜先生年九十犹善饭读书》。(《文端集》卷一八，五)

  《百尺梧桐阁文集》(卷七)《告先考文》云："乙卯之春，吾父寿跻九十。孤等无状，幸不见绝于当代贤人君子。远近称觞上寿，书币盈庭。吾父展介寿之文词，累累成轴。"孙枝蔚有《九十翁歌赠汪观澜先生四首》(《溉堂续集》卷五)，《为汪封君观澜先生九十岁征诗奉贺启》(《溉堂文集》卷二)；吴嘉纪《赠汪观澜先生时九十初度诗》(《吴嘉纪诗笺校》卷七)；徐釚《用鄢陵梁御使韵寄祝汪太公兼柬蛟门诗》(《南州草堂集》卷五)；徐乾学有《汪太公观澜九十寿序》。(《憺园文集》卷二四)

二月三日，起居注官傅达礼、张英。(《康熙起居注》，一九二)
二月九日，起居注官库勒纳、张英。(《康熙起居注》，一九三)
二月十五日，起居注官库勒纳、张英。(《康熙起居注》，一九四)
二月二十一日，起居注官库勒纳、张英。(《康熙起居注》，一九五)
二月二十三日，过同年缪彤处观画扇，因成十五韵。
二月二十七日，起居注官傅达礼、张英。(《康熙起居注》，一九五)
三月三日，起居注官傅达礼、张英。(《康熙起居注》，一九六)
三月二十七日，御前进讲。

  "三月二十七日，早，上御乾清门，听部院各衙门官员面奏政事。辰时，上御弘德殿，讲官喇沙里、孙在丰、张英进讲：'老吾老以及人之老'至'然而不王者未之有也'。"(《康熙起居注》，一九九)

春，友人周灿归西安省觐，诗以送之。

  《送周星公归西安省觐》诗云："翠霭秦关送客行，君恩暂许去承明。(中略)花满粉榆笻杖稳，春深樗杜葛衣轻。"从诗句来看，该诗作于春季。
  按：周灿，字星公，临潼人。顺治六年(1649年)进士。官至南康知府。尝奉使安南，安南旧有鬼门关，灿易名曰畏天关。灿诗格宏敞，颇胜于文，有《愿学堂集》二十卷。

春晚同康臣、简人、子厚、偕藻诸子出东郊游憩，因得观安亲王园亭四首。

  其一诗首两句云："三月河桥柳色新，含烟带雨绿初匀。"

因龚鼎孳去年九月去世，钱澄之于是年春离开京城返里。张英诗以送之。

  《送钱钦光归里门二首》，其一诗末注云："先生时客都门，为龚合肥重客。"

三月暮，少时好友许伊嵩来访又别，诗以送之。

  《赠许伊嵩三首》其一云："淮南冀北历风烟，执手长安一慨然。驱马恰逢三月暮，公车曾谢廿年前。深藏剑气干云直，久掩珠光出海圆。"其二云："几点春花入户开，小窗明月故人来。频年难得家山话，此日同衔客舍杯。莫向征途伤短鬓，还看京国有高台。公孙对策年相似，鸿雁秋光驿路催。"(《文端集》卷一七，一四)

张英《许伊蒿先生传》云:"许伊蒿,讳来惠,字绥人。年十二能为古文辞,二十六岁游诸生间,食饩廪。戊子,以恩贡举理刑厅,先生坚辞不受……余少从先生游,辱为忘年之交,城隅过从,晨昏靡间,而齐子古愚师、潘子木厓、先兄西渠及余为龙眠五子,《诗义合稿》以行于世。当是时,远峰亭上,勺园堂中,盖无日不推襟送抱,奇共欣而疑与析也。(后略)"

友人张寄亭归松江,时寄亭诗名满京城,但功名未就,公作诗四首以送之。

《送寄亭归松江四首》其二诗云:"名士无劳叹数奇,韩翃徐稚重当时。君才伯仲何嗟晚,百尺珊瑚照凤池。"诗末注云:"韩、徐谓元少、方虎。"

按:张豫章,名翼,字寄亭,以字行,江南青浦(今上海青浦)人。康熙二十七年,登一甲第三名,授翰林院编修。康熙三十年,任会试同考官。康熙四十一年,任河南乡试主考官,后升为洗马。同年,以翰林院编修出任贵州学政。此后在国子监司业任上去世。

同年友宋师祁之官修武知县,诗以送之。

《送宋中郎同年之任修武》诗中有句云:"可知桑柘行春日,不改梅花作赋心。近日循良多上赏,期君入侍禁庭阴。"(《文端集》卷一七,一五)

按:宋师祁,字中郎,直隶枣强县人,中康熙六年(1667年)丁未科二甲第三名进士。官修武知县,署开化知府。

四月十五日,同五崖、南溟诸子出郭游寄畅园,遂过丰台看勺药四首。(《存诚堂诗集》卷一四)

按:吴子云,据《道光续修桐城县志》:"字霞蒸,号五崖,安徽桐城人。清顺治十二年(1655年)进士。历庐州府教授、国子监助教,迁户部郎中。河南提学道增秩,以参议用。补成都同知。先后辖雅州、温州、屏山政务,皆以清廉著声。年才五十,以亲老归林下侍养,事继母尤尽礼,身虽贵显,日随鸠杖奉板舆焉。卒年五十有九,其同考乡会两闱,得士甚众,制府石文桂、大司寇翁叔元、阁学杨瑄、状元彭定求,皆门下士,人皆服其藻鉴之精云。"(卷一二,五八)

南溟,据《吏部左侍郎张公墓志铭》:"字搏万,别号南溟。江苏丹徒人。顺治十七年,举于乡。十八年,成进士。除内阁中书舍人。迁刑部山东清吏司主事。康熙十五年,考选第一。授吏科给事中,后累迁左副都御史。康熙二十三年,巡抚山东。二十五年,召为刑部右侍郎。二十六年二月,调户部左侍郎。十月,进吏部左侍郎。二十七年,转吏部左侍郎。寻许归里营葬,卒于家。生于天启七年,卒于康熙二十八年。年六十三。著有《宁远集》。"(徐乾学《憺园文集》卷二九)

是时,或稍后,有《题桔槔图》。

为友人梁天植题《捃石斋图》。

《题梁予培〈捃石斋图〉》二首,诗下注云:予培时为钱塘令。(《文端集》卷一八,二)

是日起,连日进讲。

四月二日,早,上御乾清门,听部院各衙门官员面奏政事。辰时,上御弘德殿,讲官喇沙里、孙在丰、张英进讲："庄暴见孟子曰"一章、"齐宣王问曰文王之囿"一章、"齐宣王问曰：交邻国有道乎"一章。(《康熙起居注》，一九九)

四月三日，早，上御乾清门，听部院各衙门官员面奏政事。辰时，上御弘德殿，讲官喇沙里、孙在丰、张英进讲："齐宣王见孟子于雪宫"至"为诸侯度"。(《康熙起居注》二〇〇)

四月四日，起居注官喇沙里、张英。(《康熙起居注》，二〇〇)

四月五日，早，上御乾清门，听部院各衙门官员面奏政事。辰时，上御弘德殿，讲官喇沙里、孙在丰、张英进讲："今也不然"至"畜君者好君也"、"齐宣王问曰：'人皆谓我毁明堂'"一章。(《康熙起居注》，二〇〇)

四月九日，早，上御乾清门，听部院各衙门官员面奏政事。辰时，上御弘德殿，讲官喇沙里、孙在丰、张英进讲："孟子谓齐宣王曰'王之臣有托其妻子于其友而之楚游者'"一章、"孟子见齐宣王曰：'所谓故国者'"一章、"齐宣王问曰：'汤放桀'"一章。(《康熙起居注》，二〇〇)

四月十二日，辰时，上御弘德殿，讲官喇沙里、孙在丰、张英进讲："孟子见齐宣王曰：'为巨室则必使工师求大木'"一章、"齐人伐燕胜之"一章、"齐人伐燕取之"一章、"邹与鲁共"一章。(《康熙起居注》，二〇一)

四月十四日，辰时，上御弘德殿，讲官喇沙里、孙在丰、张英进讲："滕文公问曰：'滕小国也'"一章、"滕文公问曰：'齐人将筑薛'"一章、"滕文公问曰：'滕小国也，竭力以事大国'"一章、"鲁平公将出"一章。本日起居注官库勒纳、张英。(《康熙起居注》，二〇一)

四月十六日，辰时，上御弘德殿，讲官喇沙里、孙在丰、张英进讲："公孙丑问曰：'夫子当路于齐'"一章、"公孙丑问曰：'夫子如齐之卿相'至'孟施舍守约也'"。(《康熙起居注》，二〇一)

四月十七日，起居注官库勒纳、张英。

四月十八日，辰时，上御弘德殿，讲官喇沙里、孙在丰、张英进讲："昔者曾子谓子襄曰："至"而反动其心"。(《康熙起居注》，二〇二)

四月十九日，辰时，上御弘德殿，讲官喇沙里、孙在丰、张英进讲："曰敢问夫子恶乎长？"至"非徒无益而又害之"。(《康熙起居注》，二〇二)

四月二十一日，辰时，上御弘德殿，讲官喇沙里、孙在丰、张英进讲："何谓知言？"至"乃所愿则学孔子也"。(《康熙起居注》，二〇二)

四月二十三日，辰时，上御弘德殿，讲官喇沙里、孙在丰、张英进讲："伯夷、伊尹于孔子若是班乎？"至"自生民以来，未有盛于孔子也"。(《康熙起居注》，二〇二)

是日上云："是日起，讲官讲毕，朕仍复讲，如此互相讲论，方可有裨实学。"是日起居注官喇沙里、张英。(《康熙起居注》，二〇二)

四月二十五日，辰时，上御弘德殿，讲官喇沙里、孙在丰、张英进讲："孟子曰：'以力假仁者霸'"一章，"孟子曰：'仁则荣'"一章。(《康熙起居注》，二〇三)

四月二十六日，辰时，上御弘德殿，讲官喇沙里、孙在丰、张英进讲："孟子曰尊贤使能"一章。(《康熙起居注》，二〇三)

五月六日，辰时，上御弘德殿，讲官喇沙里、孙在丰、张英进讲："孟子曰：'人皆有不忍人之心'"一章，"孟子曰：'矢人岂不仁于函人哉'"一章。(《康熙起居注》，二〇四)

五月八日，三兄张杰五十岁生日，张英作诗以贺。

> 按：张杰，生于明天启六年(丙寅，1626年)。是年五十岁。公《乙丑五月寄吴门学博三兄生日十六韵》云："翘首当夏五，菡萏吴门花。敬持碧莲叶，酌此天半霞。为兄介大年，听我歌勿哗。(后略)"(《文端集》卷九，一四)

又以《三兄五十初度成四十韵寄之》述兄弟间数十年手足情深。(《文端集》卷七，六)

潘江亦作《寿张如三姑丈五十初度次令弟敦复宫谕韵》。(《木厓集》卷七，二〇)

五月十一日，辰时，上御弘德殿，讲官喇沙里、孙在丰、张英进讲："孟子曰：'子路人告之以有过则喜'"一章，"孟子曰：'伯夷非其君不事'"一章，"孟子曰：'天时不如地利'至'是地利不如人和也'"。是日起居注官库勒纳、张英。(《康熙起居注》，二〇五)

五月十六日，辰时，上御弘德殿，讲官喇沙里、孙在丰、张英进讲："故曰：'域民不以封疆之界'至'战必胜矣'"；"孟子将朝王"至"而造于朝"。本日起居注官喇沙里、张英。(《康熙起居注》，二〇六)

五月十七日，辰时，上御弘德殿，讲官喇沙里、孙在丰、张英进讲："不得已而之景丑氏宿焉"至"以慢其二哉"。(《康熙起居注》，二〇六)

五月十八日，辰时，上御弘德殿，讲官喇沙里、孙在丰、张英进讲："故将大有为之君"至"而况不为管仲者乎？"；"陈臻问曰：'前日于齐'"一章。(《康熙起居注》，二〇六)

五月二十日，辰时，上御弘德殿，讲官喇沙里、孙在丰、张英进讲："'孟子之平陆'一章、'孟子谓蚳蛙曰'一章、'孟子为卿于齐'一章、'孟子自齐'一章、'沈同以其私问曰'一章、'燕人畔'一章。"(《康熙起居注》，二〇六)

五月二十一日，辰时，上御弘德殿，讲官喇沙里、孙在丰、张英进讲："'孟子致为臣而归'一章、'孟子去齐宿昼'一章、'孟子去齐尹士语人曰'一章、'孟子去齐

充虞路问曰'一章、'孟子去齐居休'一章、'滕文公为世子'至'言必称尧舜'。"(《康熙起居注》,二〇六)

五月二十三日,辰时,上御弘德殿,讲官喇沙里、孙在丰、张英进讲:"'世子自楚反'至'厥疾不瘳滕定公薨'一章、'滕文公问为国'至'罔民而可为也'。"(《康熙起居注》,二〇七)

五月二十四日,辰时,上御弘德殿,讲官喇沙里、孙在丰、张英进讲:"'是故贤君必恭俭'至'恶在其为民父母也'。"

是日,起居注官傅达礼、张英。(《康熙起居注》,二〇七)

五月二十七日,三子张廷璐生。

"公生于康熙十四年乙卯五月二十七日,薨于乾隆十年乙丑八月二十二日,年七十有一。"(《张廷璐墓志铭》)

《张氏宗谱》:"廷璐,讳英三子,字宝臣,号药斋,治《易经》,廪贡生。中康熙壬午科江南乡试副榜第一名,癸巳科江南乡试第五十二名。戊戌科会试第五十五名。殿试一甲第二名。钦授翰林院编修,充武英殿总裁官。辛丑,御试汉书一等第一名,奉旨教习辛丑科进士。壬寅,奉命入直南书房,特受额外中允。雍正元年,充福建乡试正考官,补右春坊右中允兼翰林院检讨。三月,充日讲起居注官。五月,超授翰林院侍讲学士。九月充会试同考官。本月,奉命提督河南学政。赐御书"鼓吹休明"扁额。甲辰,九月,缘事挂误。十月赴京,特授翰林院侍讲。乙巳二月,升国子监祭酒。丙午七月,升詹事府少詹事兼翰林院侍讲学士兼署国子监祭酒事。八月,充顺天武乡试正考官。丁未二月,以黄河清恩加一级。三月,充会试同考官。四月,充殿试读卷官。七月,升詹事府詹事兼翰林院侍读学士。己酉十月,奉命提督江苏学政。壬子六月,特旨充浙江乡试正考官。十月,学政任满,奉旨留任。癸丑六月升礼部右侍郎。九月,转左侍郎,奉旨谕祭文端公于本籍贤良祠。给假回里,同兄廷玉举行祀典,事竣回任。乙卯十月任满,奉旨再留学政之任,蒙恩特赐世宗宪皇帝遗留法物玛瑙素珠一挂、荷包三个。十一月,遇覃恩诰授通奉大夫。妻姚氏封夫人,荫一孙二品监生。十二月,恩诏加一级。乾隆元年丙辰九月,谕祭文端公于本籍。给假两月回里,举行祀典,事竣回任。戊午十月任满。己未正月回部办事。充礼书副总裁官。二月,充会试知贡举官。九月,充武会试副考官。庚申,因病乞休。奉旨照旧供职。辛酉六月,充江西乡试正考官。壬戌二月,充会试知贡举官。癸亥圣驾东巡,恭谒祖陵,奉旨扈从。恩诏加一级。旋具折乞休,奉旨照旧供职。甲子三月,京察自陈,蒙恩予告回籍。五月抵里。生康熙乙卯年五月二十七日,卒乾隆乙丑年八月二十二日,享年七十有一。配姚氏,顺治辛酉进士江西德安县知县行取候补主事讳文燕女,累封夫人。生康熙癸丑年十二月二十一日,卒乾隆乙丑年五月十八日,享年七十有三。侧室梁氏,生康熙壬午年十月初五日,卒乾隆丙午年正月十九日。二子:若震、若需。一女,适廪贡生姚孔錭,康熙庚午举人,赠苏松粮道勅旌孝子讳士簧子,俱姚太君出。"(《张氏宗谱》卷四,二六)

《桐城耆旧传》:"宗伯公,讳廷璐,字宝臣,号药斋,文端公三子。康熙五十七年一甲二名进士,授编修,入直南书房,迁侍讲学士。雍正元年出督河南学政,为诸生争事,至与大吏龃龉。封邱士子控县令以防河擅役诸生,上官置不理,相约罢试。公开喻,诸生即入试,而大吏先以"罢试"闻,坐落职。顷之上意解。途次,起侍讲,擢祭酒,迁少詹事。出提江苏学政,再留任。前后凡九年,晋礼部侍郎。予告归,卒年七十一。公持守坚正,无矫亢之行,表里洞如也。屡以文学受知,闽、浙、江右三典试事。再与南宫分校,咸得士。而任江苏独久,去时诸生泣别。所甄录武进刘公纶、长洲沈公德潜尤知名者也。著《咏花轩诗文集》。子:若震、若需。"(马其昶,《桐城耆旧传》第八四)

按:《桐旧集》(卷五)录张廷璐诗八首。

五月二十九日,辰时,上御弘德殿,讲官喇沙里、孙在丰、张英进讲:"夫世禄滕固行之矣"至"可坐而定也"。(《康熙起居注》,二〇八)

闰五月一日,辰时,上御弘德殿,讲官喇沙里、孙在丰、张英进讲:"'夫滕壤地偏小'至'则在君与子矣'。"(《康熙起居注》,二〇八)

闰五月初四日,辰时,上御弘德殿,讲官喇沙里、孙在丰、张英进讲:"'有为神农之言者许行'至'恶得宝'。"(《康熙起居注》,二〇八)

闰五月五日,辰时,上御弘德殿,讲官喇沙里、孙在丰、张英进讲:"孟子曰:'许子必种粟而后食乎'至'天下之通义也'。"(《康熙起居注》,二〇八)

闰五月八日,辰时,上御弘德殿,讲官喇沙里、孙在丰、张英进讲:"当尧之时至而暇耕乎。"本日起居注官库勒纳、张英。(《康熙起居注》,二〇八)

闰五月九日,辰时,上御弘德殿,讲官喇沙里、孙在丰、张英进讲:"尧以不得舜为己忧"至"师死而遂倍之"。(《康熙起居注》,二〇九)

闰五月十日,辰时,上御弘德殿,讲官喇沙里、孙在丰、张英进讲:"昔者孔子没"至"亦为不善变矣"。(《康熙起居注》,二〇九)

闰五月十一日,辰时,上御弘德殿,讲官喇沙里、孙在丰、张英进讲:"从许子之道貌岸然"至"恶能治国家墨者夷之"一章、"陈代曰不见诸侯"一章。(《康熙起居注》,二〇九)

闰五月十三日,辰时,上御弘德殿,讲官喇沙里、孙在丰、张英进讲:"景春曰:'公孙衍张仪'一章、'周霄问曰:古之君子仕乎?'一章、'彭更问曰:后车数十乘'一章。是日起居注官傅达礼、张英。(《康熙起居注》,二〇九)

闰五月十四日,辰时,上御弘德殿,讲官喇沙里、孙在丰、张英进讲:"万章问曰:'宋小国也'一章、'孟子谓戴不胜曰'一章。"(《康熙起居注》,二一〇)

闰五月十五日,辰时,上御弘德殿,讲官喇沙里、孙在丰、张英进讲:"公孙丑问曰:'不见诸侯何义?'一章、'戴盈之曰:什一'一章。"(《康熙起居注》,二一一)

闰五月十七日,辰时,上御弘德殿,讲官喇沙里、孙在丰、张英进讲:"公都子曰:
'外人皆称夫子好辩'至'咸以正无缺'。"(《康熙起居注》,二一一)

闰五月二十日,起居注官喇沙里、张英。(《康熙起居注》,二一一)

闰五月二十一日,张英等进讲孟子道性善节。

"乙卯。五月。己未朔。上御弘德殿。讲官喇沙里、孙在丰、张英进讲:'孟子道性
善'节。上曰:'人性之善,无分贤愚。只在勉强行之。'董仲舒有言:'事在强勉而已
矣。'强勉学问,则闻见博而知益明;强勉行道,则德日起而大有功。此诚为学之要
也。"(《康熙实录》卷五五)

闰五月二十三日,辰时,上御弘德殿,讲官喇沙里、孙在丰、张英进讲:"世衰道
微"至"圣人之徒也"、"匡章曰:'陈仲子岂不诚廉士哉?'一章"。(《康熙起居
注》,二一一)

闰五月,英等汇进经筵讲章。(《岁终汇进讲章疏》康熙十五年,《文端集》卷
三九)

子廷瓒雍试第一。(《文端集·子廷瓒行略》)

六月一日,起居注官库勒纳、张英。(《康熙起居注》,二一二)

六月七日,起居注官傅达礼、张英。(《康熙起居注》,二一三)

六月十四日,起居注官库勒纳、张英。(《康熙起居注》,二一四)

六月二十日,起居注官库勒纳、张英。(《康熙起居注》,二一四)

六月,同年诸子于寄畅园为子修饯饮。

史鹤龄有《同年诸子于寄畅园为子修饯饮五首》。其一诗中有句云:"经年游燕少,荷
绽自初过。"其二诗云:"蝉噪偏临水,荷香不在花。"其四诗中有句云:"风生荷盖上,
欲去重淹留。浮果游鱼出,移尊小阁幽。孤村堪避暑,六月早迎秋。南陌劳劳者,征
车似水流。"

从以上各诗句所描写的季节来看,史鹤龄此诗作于六月。

夏,冢妇病,公忧遽。

《祭冢妇封孺人吴氏诔词》云:"孺人,……为吾家冢妇十三年,皆从宦京师。……予
居常察其词色,口虽不言而心知其贤也。素艰于产,记乙卯夏,予以孺人之故,不寝食
者三昼夜。忧戚惶遽,不复知人事,已而获安。姚端恪公相见,谓予曰:'闻子以子妇
病,三日不寝食,忧遽已甚,无乃太急迫乎!'予曰:'自子妇归吾宗,茶苦万状,未尝一
日少丰裕,势万不可以死,予安得不迫切也。'端恪公为之愀然。"(《笃素堂文集》卷
一○,《张英全书》本)

九月,徐乾学北上,汪懋麟饯之于平山堂。(太平桂一,《汪蛟门懋麟年谱初
稿》,《东方学报》,四一五)

立秋后十日,同康臣、五崖、南溟携尊寄畅园率成二十韵。(《文端集》卷一八,
三)

房师黄公内擢户部山西司主事。张英有《上房师即墨黄公》诗。

  诗中注云:"朝霞浴日姿,分符三辅近。"后注云:"从盐山令入官计部(户部)。"

为熊赐履母寿,作《馆师孝感熊公母李大夫人节寿诗》。

  诗中有:"七襄成黼黻,双玉琢玲珑。""冰心寒浦月,霜节劲松风。"等句,此诗当作于其母七十寿时,秋冬季节。

七月九日,起居注官库勒纳、张英。(《康熙起居注》,二一七)

七月十五日,起居注官喇沙里、张英。(《康熙起居注》,二一七)

七月二十三日,起居注官傅达礼、张英。(《康熙起居注》,二一八)

七月二十六日,起居注官傅达礼、张英。(《康熙起居注》,二一九)

八月五日,起居注官库勒纳、张英。(《康熙起居注》,二二〇)

八月二十三日,起居注官喇沙里、张英。(《康熙起居注》,二二二)

八月二十八日,起居注官库勒纳、张英。(《康熙起居注》,二二二)

九月六日,起居注官库勒纳、张英。(《康熙起居注》,二二五)

九月十五日,起居注官喇沙里、张英。(《康熙起居注》,二二六)

九月二十二日,辰时,上御弘德殿,讲官喇沙里、张英进讲:"是以惟仁者宜在高位"至"丧无日矣"。(《康熙起居注》,二二六)

九月二十三日,起居注官傅达礼、张英。(《康熙起居注》,二二八)

九月二十六日,辰时,上御弘德殿,讲官喇沙里、孙在丰、张英进讲:"诗曰:'天之方蹶'"至"吾君不能谓之贼"。(《康熙起居注》,二二八)

十月二日,起居注官库勒纳、张英。(《康熙起居注》,二二九)

十月六日,起居注官库勒纳、张英。(《康熙起居注》,二二九)

十月七日,辰时,上御弘德殿,讲官喇沙里、孙在丰、张英进讲:"规矩方员之至也"一章。(《康熙起居注》,二三〇)

十月八日,辰时,上御弘德殿,讲官喇沙里、孙在丰、张英进讲:"孟子曰:'三代之得天下也以仁'一章、孟子曰:'爱人不亲反其仁'一章。"(《康熙起居注》,二三〇)

十月九日,辰时,上御弘德殿,讲官喇沙里、孙在丰、张英进讲:"孟子曰:'人有恒言'一章、孟子曰:'为政不难'一章、孟子曰:'天下有道'一章、孟子曰:'不仁者可与言哉'一章。"(《康熙起居注》,二三〇)

十月十一日,辰时,上御弘德殿,讲官喇沙里、孙在丰、张英进讲:"桀纣之失天下也"一章、孟子曰:"自暴者不可与有言也"一章。(《康熙起居注》,二三〇)

十月二十二日,起居注官喇沙里、张英。(《康熙起居注》,二三二)

十月二十六日,辰时,上御弘德殿,讲官傅达礼、孙在丰、张英进讲:"孟子曰:'道在迩而求诸远'一章、孟子曰:'居下位'一章、孟子曰:'伯夷避纣'一章、孟子曰:

'求也为季氏宰'一章、孟子曰:'存乎人者'一章。"(《康熙起居注》,二三二)

十月二十八日,辰时,上御弘德殿,讲官傅达礼、孙在丰、张英进讲:"淳于髡曰:'男女授受不亲'一章、公孙丑曰:'君子之不教子'一章、孟子曰:'事孰为大'一章。"(《康熙起居注》,二三三)

十月二十九日,起居注官喇沙里、张英。(《康熙起居注》,二三三)

十一月一日,辰时,上御弘德殿,讲官傅达礼、孙在丰、张英进讲:"孟子曰:'人不足与适也'一章"。讲毕。傅达礼请旨:"旧例,冬至以后辍讲。"上谕:"天气犹未甚寒。"仍令进讲。(《康熙起居注》,二三三)

  《康熙实录》云:"十一月一日,乙酉朔。上御弘德殿。讲官傅达礼、孙在丰、张英进讲毕。傅达礼请旨:'旧例,冬至以后辍讲。'上谕:'天气犹未甚寒。'仍令进讲。"(卷五八)

十一月六日,起居注官傅达礼、张英。(《康熙起居注》,二三四)

十一月八日,起居注官库勒纳、张英。(《康熙起居注》,二三四)

十一月十三日,侍读学士喇沙里奉旨:"今岁冬至前,虽未得多讲,但旧例冬至以后辍讲,今照例暂停。明年,若俟择日举行经筵后进讲,恐致迟,著于正月二十日后,即行进讲。"(《康熙起居注》,二三五)

十一月十七日,起居注官喇沙里、张英。(《康熙起居注》,二三五)

十一月二十四日,起居注官库勒纳、张英。(《康熙起居注》,二三六)

十二月六日,起居注官喇沙里、张英。(《康熙起居注》,二三六)

十二月,恩诏加一级。(张廷玉《先考行述》)

是年冬,陕西提督陈福战死,公作诗挽之。

《挽陕西提督陈忠愍公》诗云:"观德殿西曾侍立,蜀中虎将双趋入。"(诗下注云:公讳福,时同陕督王公进宝,皆以遴选总兵自蜀召入,命射观德殿。予直起居注,得与观焉。)(《文端集》卷七,九)

按:陈擢陕西提督事在康熙十四年,被刺于康熙十四年冬十二月二十二日,

按:陈福,字箕演,陕西榆林人。清朝将领,国初师定陕西,福以武举应募,从宁夏总兵刘芳名剿寇。又从都统李国翰下四川,迁遵义游击。康熙初,从总督李国英讨李自成遗党郝摇旗、李来亨等,擢成都副将,迁重庆总兵。十二年,入觐,授宁夏总兵。十四年,擢陕西提督,进三等阿思哈尼哈番,又官奇参将。十二月二十二日,陈福战斗中被刺死,上赠福三等公,以三等精奇尼哈番世袭,谥忠愍。建祠宁夏。

是年,同门师弟归孝仪客公斋中见投古诗奉答。时归孝仪困于举场,公以诗勉之。

又有《送王藻如宫赞归省》诗,诗云:"青门数耆旧,独有西田翁。世泽冠宇内,门阀如恒嵩。"(《文端集》卷七,九)

友人赵文毉典试广东,作《送赵铁源编修校士粤东二首》。

其二诗云:"倚楼新句似冰清,传诵因知惜别情。六载才名高虎观,七千江路涉羊城。诗从荔子香中得,人向梅花岭上行。"

按:赵文㷆,字玉藻,号铁源,山东胶州人。康熙庚戌(1670年)进士,改庶吉士,授编修,历官翰林院侍讲。充仁皇帝实录馆纂修。康熙十四年典试广东,选拔之士多为名流。有《粤游草》。

同年友史鹤龄假归,诗以送之。

《送子修同年归溧阳省觐四首》。其一诗云:"驱车一自别湖天,秘阁词曹近十年。骑马每随仙仗里,挥豪常在御床前。莺花处处旗亭酒,屏障家家蜀锦笺。似子风流京国少,何堪惜别禁云边。"其四诗中有句云:"十年同学渐晨星"乃概数,并非实指。(《文端集》卷一八,七)

是年,姚文燕以卓异入都,公喜赋诗二首。

《喜姚小山自德安令以卓异入都二首》其二诗末自注云:"吾从妹适小山。著有《保艾阁集》。"(《文端集》卷一八,一〇)

按:从妹指兵部尚书张秉贞女张似谊,其女适公三子张廷璐。

姚文燕(1633—1678年),字翼侯,号小山,姚文然五弟。安徽桐城人。崇祯六年十月初七日生。年十九,举于乡,清顺治八年(1651年)举人,逾十年成进士,授江西德安知县。康熙十三年(1674年)举江西循良第一,诏赐蟒服。智破三藩兵乱。十四年至京师,授任主事,未受职而卒。时康熙十七年四月十六日,年四十五。著有《春草园诗文集》。

姚文燕事迹分别见《麻溪姚氏宗谱》(卷八)、《先德传》(卷二)、《桐城续修县志》(卷一二)、《宦绩》(六〇)、《桐城耆旧传》(卷六)、《龙眠风雅续集》(卷七)。《桐旧集》(卷五)录其诗二首。

《麻溪姚氏宗谱》云:"娶山东左布政使张秉文女。崇祯丁丑生,顺治己亥卒,葬官庄桥余家嘴辛山。继娶兵部尚书张秉贞女,崇祯甲申生,康熙己巳卒,合葬麻山孙庄乙山。生一女,适康熙戊戌榜眼礼部侍郎张廷璐,诰封夫人。"

张似谊:字鸾宾,桐城人,兵部尚书僖和公张秉贞女,主事姚文燕配,工书善画,著有《保艾阁诗钞》。

(《清代传记丛刊》第七一册,八〇五;《清代画史增编》卷一六,四;《清代传记丛刊》第七八册,三二一)

是年,作《讲筵恭纪应制四首》。

其四云:"藜光三载禁庭阴,此日传呼入上林。作赋忽承君命重,读书久荷圣恩深。欣逢盛代明良会,敢负平生启沃心。最日臣愚如草木,欢腾亦自解讴吟。"

康熙十五年(丙辰,1676年)　四十岁

是年,升左春坊左谕德兼翰林院修撰,奉命同昆山叶文敏公为《孝经衍义》总裁

官。(张廷玉《先考行述》;《张氏宗谱》卷三一《列传》三)

正月四日,起居注官库勒纳、张英。(《康熙起居注》,二四三)

正月十三日,起居注官库勒纳、张英。(《康熙起居注》,二四五)

正月二十五日,起居注官喇沙里、张英。(《康熙起居注》,二四六)

二月三日,起居注官喇沙里、库勒纳、张英。(《康熙起居注》,二四七)

二月七日,起居注官库勒纳、张英。(《康熙起居注》,二四七)

二月二十一日,辰时,上御弘德殿,讲官喇沙里、孙在丰、张英进讲:"孟子曰:'有不虞之誉'一章、孟子曰:'人之易其言也'一章、孟子曰:'人之患在好为人师'一章、'乐正子从于子敖之齐'一章。"(《康熙起居注》,二四九)

二月二十二日,起居注官喇沙里、库勒纳、张英。(《康熙起居注》,二四九)

二月二十四日,辰时,上御弘德殿,讲官喇沙里、孙在丰、张英进讲:"孟子谓乐正子曰"一章、"孟子曰:'不孝有三'一章、孟子曰:'仁之实'一章。"(《康熙起居注》,二四九)

二月二十七日,辰时,上御弘德殿,讲官喇沙里、孙在丰、张英进讲:"孟子曰:'天下大悦而将归己'一章。"(《康熙起居注》,二五〇)

二月二十八日,起居注官库勒纳、张英。(《康熙起居注》,二五〇)

三月四日,起居注官库勒纳、张英。(《康熙起居注》,二五一)

三月九日,辰时,上御弘德殿,讲官喇沙里、孙在丰、张英进讲:"子产听郑国之政"一章。(《康熙起居注》,二五一)

三月十日,起居注官喇沙里、库勒纳、张英。(《康熙起居注》,二五一)

三月十六日,起居注官库勒纳、张英。(《康熙起居注》,二五一)

三月二十九日,起居注官库勒纳、张英。(《康熙起居注》,二五一)

四月七日,起居注官喇沙里、张英。(《康熙起居注》,二五四)

四月十四日,上御弘德殿,讲官喇沙里、孙在丰、张英进讲:"孟子曰:'无罪而杀士'一章。"(《康熙起居注》,二五五)

四月十五日,辰时,上御弘德殿,讲官喇沙里、孙在丰、张英进讲:"孟子曰:'君仁莫不仁'一章。"(《康熙起居注》,二五五)

本日起居注官库勒纳、张英。(《康熙起居注》,二五五)

四月二十三日,辰时,上御弘德殿,讲官喇沙里、孙在丰、张英进讲:"孟子曰:'非礼之礼'一章、孟子曰:'中也养不中'一章。"(《康熙起居注》,二五六)

本日起居注官库勒纳、张英。(《康熙起居注》,二五六)

春,同门弟归允肃作《赠张敦复宫谕》诗。诗中有句云:"风尘忽差池,别来已三年。"公以诗答之。

  诗云:"吾友亦已困,毛羽丰且妍。高文撷天藻,奔汇如长川。新诗复澹荡,落笔秋露圆。珊瑚错明珠，满泛波斯船。京华久不达，失意空茫然。郁彼乔松姿，耻为萝薜牵。吾道敦所积，春华岂常鲜。玄豹蔚文彩，雾隐空山眠。硕果经霜垂，气味翻得全。转因息六翮，摇落相周旋。小斋横素琴，半榻堆陈编。得淹君子驾，欣赏多奇诠。努力勿复叹，辟此榛芜田。万里渤海流，千仞蓬山颠。与子驾鸾鹤，相将凌紫烟。临风颂君子，秉志期益坚。"

春，潘江来书，谓且裒辑《木厓集》镂之于版，公为喜而不寐者累日。（张英《木厓集序》转引自《戴名世先生年谱》四七）

是集由吴江顾有孝、张英及同里吴道新、李雅、钱澄之、许来惠等作序，由门人戴名世等编次出版。

按：戴廷杰云："《木厓集》传至于今者极少，北图藏二刻本，余早见之矣，未见戴名世迹。后偶读黄裳先生《来燕榭书跋》，乃知其家藏残本，所为跋曰：'前有吴江顾有孝序，丙辰冬日旧山隐者吴道新序，田间同学弟钱澄之序，竹溪同学李雅芥须序，康熙十五年同学弟许来惠序，康熙丙辰家眷同学弟张英序，同学姻弟陈焯序。次目录，目后有受业门人等编次属名，戴名世田有其一人也。'参之北图二刻本，一无李序，无目录，而有潘江像，三十三年摹；一无吴序，无张序，而有目录，所录受业门人者，则郭璐、王慧业、高华、何凤翥、杨鼎、谢汉、王成绩、戴元芬、谢淳、赵錧、外甥张若涵、张若湛、方将、吴宗璧、方来、吴宗镛、男仁标、仁樾，无先生名焉。余知黄先生之善于考证，癸未之春，上书以问，先生不以为渎，枉查所藏，与附寄数条相对校，曰：'大体全同，惟受业门人第八行'戴元芬室芝'则作'戴名世田有'，想系后本翻刻，因避忌而改定者无疑。此亦板本史上一事，足证文字狱遗毒之一端，非细事也。善哉是言也，独所云翻刻，窃意当为翻印。"（《戴名世先生年谱》四七）

又按：《木厓集》目前流传有《四库禁毁丛书》本和《清代诗文集汇编》本，皆未录张序。但公有《木厓续集序》云："丙辰岁有《木厓全集》之刊，予既序而行之。今其从游诸子又汇集丙丁后十年之诗为十五卷，……甚矣，潘子之富于诗也。古诗人卷袠之侈者唐惟白傅，宋则放翁，潘子素涵咏于两家之间，故其诗以《浣花》为胚胎，以履道为眉目，以剑南为神髓，兼综众妙，不名一家。顷者，予将束装北征，谓放翁晚年隐居三山，岁赋诗数百篇，其全集八十五卷则七十、八十岁诗居多，愿潘子老而秉烛，益锐意吟咏……潘子闻予言而首颔者再三……昔惟放翁，今则耐翁，世不乏知言者，予岂阿所好而云然哉。康熙二十四年岁次乙丑孟秋月同学弟张英拜题于赐金园之北轩。"（张英《木厓续集序》，《四库禁毁书丛刊》集部第一三二册，二六八）

四五月间，归允肃过访斋中。公偕王隐臣弹琴，归允肃有诗《午日敦复斋中》。

诗云："才过清明又画船，故乡风景梦中悬。昼长何幸逢高侣，风静偏宜拂古弦。"诗中注云："敦复偕王隐臣弹琴。"（《归宫詹集》卷三，四四）

五月二日，本日起居注官喇沙里、牛钮、张英。（《康熙起居注》，二五七）

五月五日，御前进讲。

初五日丙戌。辰时，上御弘德殿，讲官喇沙里、孙在丰、张英进讲："孟子曰：'人有不

为也'"一章,"孟子曰:'言人之不善'"一章。(《康熙起居注》,二五七)

五月十七日,起居注官喇沙里、张英。(《康熙起居注》,二五九)

五月二十五日,起居注官库勒纳、张英。(《康熙起居注》,二五九)

六月二日,起居注官库勒纳、张英。(《康熙起居注》,二六〇)

六月九日,起居注官牛钮、张英。(《康熙起居注》,二六一)

六月十一日,座师招饮,同王顼龄、归允肃等集郭外荷亭分韵得"客"字,王顼龄分韵得"竹"字,即席作诗。

《六月十一日座师给谏茌平王公招同年诸子宴集郭外荷亭值雨,坐上分得客字》。(王顼龄《世恩堂诗集》卷四,一)

《紫芝山馆稿》有《六月十一日座主茌平王公招同平原张亮哉桐城张敦复常熟归孝仪六安马于蕃广德陈几先维扬朱范公家仔园同郡张荆门集中顶荷亭遇雨分韵得竹字即席赋呈》。

王顼龄(1642—1725年),字颛士,一字容士,号瑁湖,晚号松乔老人,清江南华亭县(今上海市金山区)张堰镇人,御史王广心长子。康熙十五年(1676年)进士,授太常寺博士,举博学鸿儒,授翰林院编修,历官日讲起居注官、四川学政、侍讲学士、礼部侍郎、吏部左侍郎、经筵讲官、武英殿大学士兼工部尚书。年轻时即负诗名,一生著作不断。清朝著名诗人、文学家。

六月十六日,起居注官库勒纳、张英。(《康熙起居注》,二六二)

六月二十三日,起居注官牛钮、张英。(《康熙起居注》,二六二)

六月,同年曹禾还江阴省亲,诗以送之。

《送曹峨眉同年还江阴省亲》诗中有句云:"京华作客谁最难,京华归客谁最欢。眼中之人见曹子,片帆六月离长安。曹子有母不得养,惘惘对客常心酸。今年尺书上承明,乞身南去归江城。过我小斋忽狂笑,两腋轩举凉风生。眉宇已是云中鹤,樊篱将别毛羽轻。"(《文端集》卷七,一〇)

归允肃有《送曹峨眉南归省觐三十韵》作于同时。(《归宫詹集》卷三,四五)。

孙在丰归省,作诗以送。

《送孙屺瞻学士归省》诗云:"德清学士住菱湖,七载声华满帝都。金石千言丹阶上,珊瑚百尺紫庭隅。"(《文端集》卷七,一二)

按:孙在丰是康熙九年进士,"七载声华"就是康熙十六年,故系于此。

魏象枢亦有同题作。归允肃《归宫詹集》(卷三)有《送孙芑瞻学士省觐南还二首》(卷三,四六)曹贞吉同时作《珂雪词》。

孙在丰(1644—1689年),字屺瞻,浙江德清人。世代安居归安(今湖州)菱湖。清康熙九年(1670年)一甲二名进士,授翰林院编修,充日讲官,累官工部侍郎兼翰林院学士。康熙二十五年(1686年),出使淮扬一带治河,孔尚任入其幕,与河道总督靳辅意见不同,靳辅上奏在丰与漕督慕天颜有姻亲关连,又称于成龙与臣幕客陈潢结为兄弟,私通书札。康熙二十六年三月,河工停顿。康熙二十八年,升迁为内阁学士。不久卒。著有《扈从笔记》《东巡日记》《尊道堂诗文集》《孙司空诗钞》等。
孙文龙《孙司空诗钞卷首》云："癸丑会试充同考领房，所拔多知名士。明年转侍读，又明年升侍讲学士、侍读学士。丙辰，赠母吴淑人病于家，濒危。公闻之，即具疏陈情，援六年省亲例，词意恳恻，得请归。"（《清代诗文集汇编》第一六三册，三〇九）
按：孙文龙为孙在丰之侄。

不久，张廷瓒有晋中之游，归允肃作《送张卣臣游晋中二首》送之。（《归宫詹集》卷三，四六）

七月七日，友人汪懋麟归京师。（《汪蛟门懋麟年谱初稿》，《东方学报》第五九期，四一九）

《百尺梧桐阁诗集》（卷一四）有《七夕入京诗》。

七月五日，起居注官牛钮、张英。（《康熙起居注》，二六四）

七月十六日，起居注官喇沙里、牛钮、张英。（《康熙起居注》，二六五）

七月二十八日，起居注官牛钮、张英。（《康熙起居注》，二六六）

八月十四日，起居注官库勒纳、张英。（《康熙起居注》，二六九）

八月二十二日，起居注官库勒纳、张英。（《康熙起居注》，二六九）

八月，为学友潘江《木厓集》作序。（《戴名世先生年谱》四七）

公在《潘木厓诗集序》中称潘江诗承唐朝杜甫、白居易而来，而兼有两家之胜。

文云："英获于蜀藻交，在二十年前，是时蜀藻以诗文负盛名，为诸生祭酒。英甫束发，补博士弟子员，蜀藻挈之坛坫，教之为诗文，朝夕奉馀诲，故读蜀藻之诗最久，而殊未能测其涯涘也。自少壮以来，为诗不下数千首，大约体凡数变，变而益上。每与同人把卷太息，决蜀藻之诗之必传。
今年春，书来京师，谓且裒集全篇，镂之于板，为喜而不寐者累日。蜀藻诗少宗少陵，中年沉酣于香山。少陵雄浑苍深，体兼众妙；香山排宕潇洒，自为一家。要皆不束缚于声律、比偶之中，独抒写其性情，务为极言竭论，穷变尽妍。凡所为忧乐欢戚之言，千古而下，犹如即乎其人，见其事而闻其声。此则杜与白旨趣之所以同，亦即蜀藻所以宗二家之意也。尝窃谓香山之诗务为尽，人固知之，而少陵亦未尝不务于尽也。少陵务于尽，而不伤其涵蓄者，气有余也。香山务于尽，而不伤其高淡者，韵有余也。子瞻、山谷皆力摹少陵，而其后不得不入于香山者，才人握管，思以畅发其性情，类不乐为初唐诸子句镂字琢、比拟属对之工，而浩衍流畅，以务尽其才。故宋元以后之诗人，大约不出此二家之法，少陵、香山之所以貌殊而致一者，亦在此哉。
蜀藻天才高卓，沐浴于诗学者三十余年。天复啬其遇，而老之于诗。游齐兖，陟泰岱，登戏马，吊梁园。两入京华，又南浮江楚。泛赤壁，过浔阳，望匡庐山。所至登临览观，与海内诗人相酬答，以发抒其卓荦抑郁之气。其遇稍类少陵，而性复恬裕闲远，善于缘情写物，又于香山为近。故其为诗能兼二家之胜。长篇短章皆直写其胸臆，几于极言竭论，穷变尽妍，而不伤其涵蓄高淡者，由其气足以包举融贯，韵足以掩映舒徐。此所以得古人之深，而非与貌似形肖者比也。

蜀藻母夫人，予姑之子也。高节博学，有《松声阁前后集》行于世，蜀藻少孤，奉母夫人教为多。今七十余矣。白华兰陔，蜀藻其以诗养乎？吾邑僻处江上，蜀藻与母夫人独以诗文名海内，四方文学之士莫不宗之。然则，予于蜀藻，又何庸以不遇为感哉！"（《笃素堂文集》卷四，载《张英全书》本；《四库全书》本未载）

八月，梁清标招懋麟偕方亨咸宴集于秋碧堂。

《百尺梧桐阁诗集》（卷一四）《司农公招饮秋碧堂即席赠方邵村侍御诗》："有客笑语四坐惊，龙眠仟人意气横。朱颜白发说往事，倾倒杯案欢情生。"

按：方亨咸，字吉偶，号邵村。安徽桐城人，顺治四年进士，居三甲六十七名。官至御史。工诗文，善书精小楷，兼长山水。与程青溪、顾见山称鼎足。（《国朝耆献类徵初编》卷一三三吴修《方亨咸传》）

又据《桐城桂林方氏家谱》：方亨咸（1620—1679年），拱乾次子。字吉偶，一字邵村，号龙瞑、心童道士。顺治四年（1647年）进士，历官获鹿知县、刑部主事、监察御史。因江南乡试案贬至宁古塔，后释归金陵，康熙十八年卒，享年六十岁。著有《塞外乐府》《邵村诗文集》《黄谷纪闻》等。画作有《云横翠岭图》《竹石图》《深山垂纶图》。生子四：嵩龄、守益、嵩崎、云华。

据《麻溪姚氏宗谱》："方亨咸女适姚文然三子姚士坚。崇祯庚辰八月二十日生，康熙辛酉七月二十五日卒。"（《桐城麻溪姚氏宗谱》卷一二，三三）

九月二十一日，起居注官喇沙里、张英。（《康熙起居注》，二七三）

九月二十七日，起居注官牛钮、张英。（《康熙起居注》，二七四）

秋日，同门友归允肃将之茌平，十九夜，公置酒话别，同席者友人彦昭首唱得束韵，即席和之，以志别感。（诗见《归宫詹集》卷三，四七）

按：归允肃诗后附姚文焱和张英诗。张英诗云："蓟门秋老送征鸿，暂许追欢此夕同。落魄樽前伤久客，赋诗都下动群公。幽栖偶寄茌山畔，故国犹悬泰岱东。斯地马周曾晚遇，凭君吟眺夕阳中。"按：彦昭即姚文焱，公妻长兄。《桐旧集》（卷五）录其诗七首。

秋，方亨咸返金陵，公作诗以送。

《送方邵村还金陵二首》其二诗有句云："燕市黄花争迓客，津门紫蟹正迎秋。"从句中"正迎秋"来看，方亨咸于是年秋返金陵。（《文端集》卷一八，一二）

七弟张夑归里，公诗以送之。

《送七弟归里四首》，其一云："七载惊离别，今看颊有髭。性能敦孝友，雅复善文词。醇谨吾真爱，清寒尔最知。劳劳问亲故，姜被夜阑时。"（《文端集》卷一八，一三）

其二有句云："雁影霜天度，新沾陌上尘。只因余薄宦，深愧尔长贫。"从诗中所描写的秋冬景色来看，七弟归里于是年秋冬间。

亲家姚文燮携长婿姚士簧及长女一同归里，公诗以送之。

《送彦昭还里二首大郎士簧予婿也前年来赘京师时携婿女同行》，诗云："频年坎壈奈才何，惊入新霜鬓渐皤。骨肉飜从京国聚，牢骚常听醉吟多。黄花恰送人归里，落叶

偏催马渡河。为憾讲堂春昼好,皋比差许胜烟萝。"(《文端集》卷一九,二)

十月十七日,御前进讲。

十月十七日丙寅,巳时,上御弘德殿,讲官喇沙里、徐元文、张英进讲:"孟子曰:'仲尼不为已甚者'"一章,"孟子曰:'大人者言不必信'"一章。(《康熙起居注》,二七六)

十月十八日,本日起居注官喇沙里、李天馥。(《康熙起居注》,二七六)

十月二十一日,御前进讲。

十月二十一日庚午,辰时,上御弘德殿,讲官喇沙里、徐元文、张英进讲:"孟子曰:'大人者不失其赤子之心者也'"一章,"孟子曰:'养生者'"一章。(《康熙起居注》,二七七)

十月二十四日,辰时,上御弘德殿,讲官喇沙里、徐元文、张英进讲:"孟子曰:'君子深造之以道'"一章。(《康熙起居注》,二七八)

十月二十六日,辰时,上御弘德殿,讲官喇沙里、徐元文、张英进讲:"孟子曰:'博学而详说之'一章,"孟子曰:'以善服人者'"一章。是日起居注官库勒纳、李天馥。(《康熙起居注》,二七八)

十月二十八日,辰时,上御弘德殿,讲官喇沙里、徐元文、张英进讲:"孟子曰:'言无实不祥'"一章,"徐子曰:'仲尼亟称于水曰'一章,孟子曰:'人之所以异于禽兽者'"一章。是日起居注官牛钮、张英。(《康熙起居注》,二七八)

十一月四日,辰时,上御弘德殿,讲官喇沙里、徐元文、张英进讲:"孟子曰:'禹恶旨酒而好善言'"一章,"孟子曰:'王者之迹熄而诗亡'"一章,"孟子曰:'君子之泽'"一章。本日起居注官喇沙里、李天馥。(《康熙起居注》,二七九)

十一月七日,辰时,上御弘德殿,讲官喇沙里、徐元文、张英进讲:"孟子曰:'可以取,可以无取,取伤廉'"一章,"逢蒙学射于羿"一章,"孟子曰:'西子蒙不洁'"一章。(《康熙起居注》,二八一)

是日,徐乾学、徐元文之母顾太夫人卒。讣闻京师,公为作《徐母顾太夫人诔并序》。(《笃素堂文集》卷一〇,《张英全书》本)

十一月九日,辰时,上御弘德殿,讲官喇沙里、徐元文、张英进讲:"孟子曰:'天下之言性也'"一章。(《康熙起居注》,二八〇)

十一月十日,起居注官喇沙里、张英。(《康熙起居注》,二八〇)

十一月十二日,辰时,上御弘德殿,讲官喇沙里、徐元文、张英进讲:"公行子有子之丧"一章,"孟子曰:'君子所以异于人者,以其存心也'"一章。(《康熙起居注》,二八〇)

十一月十三日,辰时,上御弘德殿,讲官喇沙里、张英进讲:"禹稷当平世"一章,"公都子曰:'匡章通国皆称不孝焉'"一章。本日起居注官喇沙里、张英、王鸿绪。(《康熙起居注》,二八一)

十一月十七日,起居注官库勒纳、张英。(《康熙起居注》,二八一)

十一月二十一日,里人程芳朝卒。

  据《程氏宗谱》:程芳朝"生明万历辛亥十月七日,卒康熙丙辰十一月廿一日。葬倪家庵,娶方氏诰封淑人,继娶陈氏,副室毛氏。以芳德次子仁嗣,女一,适定远县教谕方东来"。(卷一六,一四)

  又:程仕,字松皋,号梅斋,荫生,补内阁中书,特简福建建宁府知府,清诰授中宪大夫,事载邑志《文苑传》。康熙丙午九月日生,康熙庚寅十月十四日卒,娶方氏,清诰封恭人。清康熙丙午十月三日生,康熙壬寅四月廿六日卒。子一:锡祉。女一,适邑庠生姚孔鋙。副室丁氏,清康熙乙巳七月十九日生,乾隆丁巳九月十一日卒。二子:伯球、国昌。女二,长适国学生陈清舫,次适国学生倪金石。(《程氏宗谱》卷一六,二〇)

十一月二十二日,起居注官库勒纳、张英。(《康熙起居注》,二八二)

十二月四日,起居注官库勒纳、张英。(《康熙起居注》,二八三)

十二月十日,起居注官牛钮、张英。(《康熙起居注》,二八四)

十二月十五日,四子张廷瓒生于京师宣武门之东街。

  《张氏宗谱》:"廷瓒,讳英四子,字骝臣,治《易经》,附贡生。以子若潭贵勅赠徵仕郎翰林院庶吉士。生康熙丙辰年十二月十五日,卒康熙戊寅年十二月十七日。"(卷四)

  张英《四子张廷瓒行略》云:"余第四子廷瓒,字骝臣,以康熙丙辰十二月生于京师宣武门之东街。自幼失母乳,体羸弱。"(《文端集》卷一一)

十二月十六日,潘江为张英四十岁生日作诗三十韵。

  潘江《寄寿张敦复宫谕四十初度三十韵》诗中细叙张英从丁未释谒到癸丑会试任同考官,至今三为廷试读卷官,丙辰又掌文武殿试卷,及纂修《孝经》《性理大全》《大学衍义》等事。(诗及原注见《四库禁毁书丛刊》集部第一三二册,二七七)

十二月十八日,起居注官牛钮、张英。(《康熙起居注》,二八四)

十二月二十三日,起居注官库勒纳、张英。(《康熙起居注》,二八五)

冬十二月,汪懋麟请终养,离京师南归。(太平桂一,《汪蛟门懋麟年谱初稿》,京都大学人文科学研究所,《东方学报》第五九期,三二〇)

是年,方亨咸为汪懋麟画《百尺梧桐阁图》。王崇简、魏象枢、王士禛、徐乾学、陈廷敬、曹溶、李天馥、叶方蔼等诸名士,先后题诗寄之。

  《百尺梧桐诗集》(卷一四)有《奉简大宗伯宛平王公时为余题百尺梧桐阁画卷兼呈司公二首》。又有《邵村侍御为余画百尺梧桐阁卷子留京师阮亭先生所且一年,一日题诗见寄,并得李湘北叶子吉陈子端三学士题句赋谢二首》。(《百尺梧桐阁诗集》卷一五)

  魏象枢《题汪蛟门百尺梧桐阁图诗》(《寒松堂诗集》卷三);王士禛《渔洋续集》卷九《题汪季甪百尺梧桐阁卷二首》;《渔洋续集》(卷九)有《再题梧桐阁卷诗》;徐乾学《憺园文集》(卷七)《碧山集》(卷上)有《题汪蛟门舍人百尺梧桐阁图》;陈廷敬《午亭

文编》(卷七)《题汪蛟门百尺梧桐阁图诗》；曹溶《静惕堂诗集》(卷四三)《方邵村画百尺梧桐阁卷为汪蛟门题三首》。

梁清标《蕉林诗集》(卷三)有《题汪蛟门百尺梧桐阁图》："舍人才藻丽且都，诛茅小构种碧梧。浊酒一樽供茂对，藏书万卷恣清娱。龙眠作图何幽窅，高楼百尺秋云绕。"(后略)(《蕉林诗集》)

陈廷敬有《题汪蛟门〈百尺梧桐阁图〉》(《午亭文编》卷四，二)；公有《题江蛟门舍人百尺梧桐阁图因送其归省四首》。其三诗下自注云："尊甫观澜先生年九十余。"(《文端集》卷一九，一)

施闰章《汪觉非先生墓志铭》云："以康熙十五年十二月五日，正襟而逝。享年九十一。"(《施愚山先生学馀文集》卷二〇)

按：王崇简，字敬哉，直隶宛平人。天启七年举于乡。崇祯十六年成进士，三甲二百九十一名，明年三月，方为生母营葬。

是年，张英为同里好友潘江《木厓全集》作序。

文云："丙辰岁有《木厓全集》之刊，予既序而行之。"(《四库禁毁书丛刊》集部第一三二册，二六八)

是年，同年友史鹤龄卒。

是年，充《孝经衍义》总裁官。

是年，中表何亮功入都门，公再拜问姑母姑父身体情形，微闻姑母抱恙，后旋病旋愈，时为忧念。(《祭诰封何姑母文》，《笃素堂文集》卷一〇，《张英全书》本)

是年，长婿姚士篔携长女归桐。

按：姚士篔(1657—1701年)，姚文焱长子，张英长婿。字东胶，号鹤山。鹤山长子姚孔鍚，字象山，号铁崖。

公《祭长婿孝廉姚东膠文》云："东膠幼颖异，为文独抒性灵，不拘拘行墨，沐浴于先辈大家之文，而尤规模金正希先生。庚午科鹤汀学士主南闱试，极赏其文，以为异才，遂登乡荐高第。甲戌亦激赏于主司，服其有苏文气势。"(《笃素堂文集》卷一〇，《张英全书》上册，四二八)

是年，三兄张杰需次明经，得授吴门学博。(《张氏宗谱》卷三〇《列传》七)

公云："吾兄曰：'广文一官，无簿书期会之劳，而有表率化导之责，且茂苑为人文之区，安定胡公泽所遗，非易任也。'至则董训诸生，正己律物，兴行讲艺，月有课，季有试，一时文教振兴，彬彬乎咸有安定弟子之风焉。学宫日就倾圮，吾兄慨然为请当道鸠工庀材重加修葺。至今庙貌一新。"(《张氏宗谱》卷三〇《列传》七)

是年，张英以诗集属王士禛评，王见其《梅花》诗有云："嘉名他日传调鼎，记取蟠根在草茅。""曰：宰相语也。"后果验。(蒋寅，《王渔洋事迹征略》，二二一)

《居易录》(卷三一)："桐城相国张公英为谕德时，以诗集属予评次。予见其《梅花》诗有云：'嘉名他日传调鼎，记取蟠根在草茅。'曰：'宰相语也'。今果验。"考张英本

年迁左春坊太子左谕德,明年二月迁翰林院侍读学士,公为评次其诗当在本年。(《王渔洋事迹征略》,二二二)

年终,进《岁终汇进讲章疏》。

文云:"臣等已于康熙十四年闰五月遵旨先期汇进。兹当岁暮,理合题明。简编具在,古训犁然。伏冀圣聪,恒加省览。"(《文端集》卷三九,一九;《笃素堂文集》卷三;《张英全书》上册,二八一;《康熙安庆府志》卷之二五《疏》九八)

康熙十六年(丁巳,1677 年)　四十一岁

正月十二日,起居注官库勒纳、张英。(《康熙起居注》,二八八)

正月二十日,起居注官库勒纳、张英。(《康熙起居注》,二八九)

正月三十日,起居注官喇沙里、张英。(《康熙起居注》,二九〇)

二月九日,起居注官库勒纳、张英。(《康熙起居注》,二九一)

二月,擢翰林院侍讲学士。

二月十二日,御前进讲。

"丁巳二月十二日甲戌,上御经筵。巳刻,出景运门,至文华殿。满汉大学士、九卿、翰林、詹事等衙门官,及起居注科道等官,立班阶之东西。上至殿门下辇,升御座,群臣东西分班。鸿胪引赞,行二跪六叩头礼毕,仍分东西班趋入请安。大学士兼掌翰林院事徐元文、礼部尚书张玉书、兵部尚书李天馥、刑部尚书杜臻、工部尚书兼詹事张英、内阁学士兼礼部侍郎彭孙遹,立班前行东向。大学士伊桑阿阿兰泰、王熙、梁清标、吏部尚书张士甄、户部侍郎蒋宏道、礼部侍郎顾、刑部侍郎郑重、工部侍郎王承祖、左副都御史李迥、通政使黄斐、大理卿陈汝器、少詹事兼侍讲学士王士禛,东西侍班。日讲起居注官、少詹事兼侍讲学士田喜,立西班,稍下,东向。给事中何楷次东班,西向。御史顾镡次西班,东向。讲官出班,行一跪三叩头礼毕,大学士徐元文、礼部侍郎兼翰林院学士库勒纳讲《论语·志于道》章。礼部尚书张玉书、刑部尚书图纳讲《尚书·无逸篇》毕,各官仍分东西趋出。至阶下,鸿胪引赞,行二跪六叩头礼。仍分班立,候驾出回宫,赐宴太和门。宴毕,谢恩而退。"(《池北偶谈》)

二月十四日,与王士禛等启奏,东宫春季会讲题目及讲官职名、讲官。

"二月十四日,予与工部尚书兼詹事桐城张公(英)、少詹兼侍讲学士马邑田公霢启奏:东宫春季会讲题目及讲官职名、讲官。钦点张公及左春坊李谕德(铠)四书拟进二题,'博学而笃志'节、'诚者非自诚己而已也'节。钦定'君子不重则不威'章,仰叹豫教之切,一命题,亦不忘训诫如此。闻上在宫中,亲为东宫讲授四书五经。每日御门之前,必令将前一日所授书背诵覆讲一过,务精熟贯通乃已,士大夫家不及也。"(《池北偶谈》)

二月二十日,起居注官色冷、张英。(《康熙起居注》,二九三)

二月二十七日,起居注官喇沙里、张英。(《康熙起居注》,二九四)

后，时有进讲。

　　三月四日，辰时，上御弘德殿，公与喇沙里、陈廷敬进讲《通鉴纲目》："周威烈王二十三年初命晋大夫为诸侯"一章，"初智宣子将以瑶为后"一章。(《康熙起居注》，二九五)

　　三月五日，辰时，上御弘德殿，公与喇沙里、陈廷敬进讲《通鉴纲目》："卫文侯使乐羊伐中山"一章。(《康熙起居注》，二九五)

　　三月六日，辰时，上御弘德殿，公与喇沙里、陈廷敬进讲《通鉴纲目》："赵烈侯好音"一章。(《康熙起居注》，二九五)

三月七日，起居注官喇沙里、张英。(《康熙起居注》，二九五)

三月八日，辰时，上御弘德殿，公与喇沙里、陈廷敬进讲《通鉴纲目》："安王十五年，魏吴起奔楚"一章。(《康熙起居注》，二九五)

三月九日，辰时，上御弘德殿，公与喇沙里、陈廷敬进讲《通鉴纲目》："烈王六年，齐侯封即墨大夫"一章。讲毕，上召学士喇沙里等，谕曰："览尔等所进讲章甚为精详，实于学问政事大有裨益。"本日起居注官李天馥、库勒纳。(《康熙起居注》，二九五)

三月十一日，辰时，上御弘德殿，公与喇沙里、陈廷敬进讲："曾子居武城有越寇"一章。(《康熙起居注》，二九六)

三月十二日，辰时，上御弘德殿，公与喇沙里、陈廷敬进讲："储子曰：'王使人瞷夫子'一章"。(《康熙起居注》，二九六)

三月十三日，辰时，上御弘德殿，讲官喇沙里、陈廷敬、张英进讲《通鉴纲目》："显王八年，卫公孙鞅入秦"一章。(《康熙起居注》，二九六)

本日起居注官喇沙里、张英。(《康熙起居注》，二九七)

三月十四日，辰时，上御弘德殿，公与喇沙里、陈廷敬进讲："十四年，齐魏会田于郊"一章、"十八年韩以申不害为相"一章。讲毕，又召学士喇沙里、侍讲学士张英至懋勤殿，命英讲《中庸》："致中和"一节及《西铭》大义。讲毕，上谕喇沙里等曰："治道在崇儒雅，前有旨，着翰林官将所作诗赋词章及真行草书不时进呈。后因吴逆反叛，军事倥偬，遂未进呈。今四方渐定，正宜修举文教之时，翰林官有愿将所作诗赋词章及真行草书进呈者，着不时陆续送翰林院进呈。"谕毕，于懋勤殿赐喇沙里等食。(《康熙起居注》，二九七)

三月二十二日，起居注官喇沙里、张英。(《康熙起居注》，二九八)

三月二十三日，辰时，上御弘德殿，公与喇沙里、陈廷敬进讲："齐人有一妻一妾"一章、《通鉴纲目》："二十三年卫贬号曰侯"一章。(《康熙起居注》，二九八)

二十四日，辰时，上御弘德殿，公与喇沙里、陈廷敬进讲："万章问曰：'舜往于田'"一章。(《康熙起居注》，二九八)

三月二十五日，辰时，上御弘德殿，公与喇沙里、陈廷敬进讲："帝使其子九男二女"三节、"万章问曰：'诗云娶妻如之何？'一章、万章问曰：'父母使舜完廪'一章、万章问曰：'象日以杀舜为事'一章、咸丘蒙问曰：'语云盛德之士'一章"。（《康熙起居注》，二九八）

三月二十七日，起居注官库勒纳、张英。（《康熙起居注》，二九九）

三月，敬观御笔临苏轼大字一轴，因恭赋新篇。

  诗云："圣主宵旦劳万机，未央晓漏观垂衣。燕闲即入图书室，瑶函锦轴生光辉。"
（《影印文渊阁四库全书》集部第一三一九册，二八六）

五月十六日，辰时，上御弘德殿，公与喇沙里、陈廷敬、叶方蔼进讲："故龙子曰：'不知足而为屦'五节"。上亲讲毕，讲官照常进讲。（《康熙起居注》，三〇七）

五月十七日，辰时，上御弘德殿，公与喇沙里、陈廷敬、叶方蔼进讲："阵子曰：'牛山之木常美矣'一章"。上亲讲毕，讲官照常进讲。（《康熙起居注》，三〇七）

五月十八日，辰时，上御弘德殿，公与喇沙里、陈廷敬、叶方蔼进讲："子曰：'无或乎王之不智也。'一章、孟子曰：'仁人心也'一章。"（《康熙起居注》，三〇八）

五月二十三日，辰时，上御弘德殿，公与喇沙里、陈廷敬、叶方蔼进讲："孟子曰：'今有无名之指'一章、孟子曰：'拱把之桐梓'一章。"本日起居注官色冷、张英。（《康熙起居注》，三〇八）

五月二十四日，辰时，上御弘德殿，讲官喇沙里、陈廷敬、叶方蔼、张英进讲："孟子曰：'人之于身也'一章。"（《康熙起居注》，三〇九）

五月二十五日，辰时，上御弘德殿，讲官喇沙里、陈廷敬、叶方蔼、张英进讲："公都子问曰：'均是人也'一章。"（《康熙起居注》，三〇九）

五月二十六日，辰时，上御弘德殿，公与喇沙里、陈廷敬、叶方蔼进讲："孟子曰：'有天爵者'一章、孟子曰：'欲贵者'一章。"本日起居注官喇沙里、张英。（《康熙起居注》，三一〇）

五月二十七日，辰时，上御弘德殿，公与喇沙里、陈廷敬、叶方蔼进讲："孟子曰：'仁之胜不仁也'一章、孟子曰：'五谷者'一章、孟子曰：'羿之教射'一章、'任人有问屋庐子曰'一章、曹交问曰：'人皆可以为尧舜'三节。"上亲讲毕，讲官照常进讲。（《康熙起居注》，三一〇）

五月二十八日，辰时，上御弘德殿，公与喇沙里、陈廷敬、叶方蔼进讲："徐行后长者谓之弟"四节、"公孙丑问曰：'高子曰小弁'一章"。本日起居注官李天馥、色冷。（《康熙起居注》，三一〇）

是日，上谕公等："卿等进讲启导，一一悉备，皆内圣外王、修齐治平之道。朕虽不敏，罔不孜孜询之。每讲时必专意以听，但学问无穷，不在徒言。要惟当躬行实践方有益于所学。卿等仍愈加直言，毋有隐讳，以助朕好学进修之意。康熙十六年五月二十八日。"（《御制文集》卷六，八）

五月二十九日，辰时，上御弘德殿，公与喇沙里、陈廷敬、叶方蔼进讲："'先生以仁义说秦楚之王'一节、'孟子居邹'一章。"（《康熙起居注》，三一〇）

五月三十日，蒙赐御笔楷书"清慎勤"三大字、草书"格物"二大字石刻及赵孟頫所书"不自弃"文石刻，纪诗四章。（《文端集》，《影印文渊阁四库全书》集部第一三一九册，二八六）

是日，辰时，上御弘德殿，公与喇沙里、陈廷敬、叶方蔼进讲："孟子曰：'五霸者，三王之罪人也'一章。"上亲讲毕，讲官照常进讲。是日，上赐喇沙里、陈廷敬、叶方蔼、张英御笔楷书"清慎勤"大字、草书"格物"大字各一幅及新刻赵孟頫"不自弃"文，装成字帖各一册。（《康熙起居注》，三一一）

六月五日，上召学士喇沙里及公至懋勤殿，命公讲："孟子曰：'求则得之'一章、秦誓曰：'若有一个臣'一节及《诗经·国风》首章。"上谕曰："朕于四书究心已久，汝可试举一章，待朕讲解。"沙里等奏曰："皇上圣学日新，《四书》精义皆已贯彻，臣等愚陋。"讲毕，命英写行草大字三福。上御笔书"存诚忠孝"四大字赐之。奉旨于乾清门谢恩而退。

《文端集》载："六月五日，特召臣懋勤殿上讲《中庸》及《太极》《西铭》之学，并命臣敷陈经书大义，复亲洒宸翰书'忠孝''存诚'大字二幅以赐，臣不胜荣幸，赋诗八首。"（《文端集》，《影印文渊阁四库全书》集部第一三一九册，二八八）

按：《居易录》载："赐御笔。"康熙丁巳夏，以御笔"格物"二大字、"清慎勤"三大字石刻赐日讲官翰林院学士陈廷敬、侍读学士叶方蔼、侍讲学士张英。寻又赐英"忠恕存诚"等墨迹，又赐詹事府詹事沈荃"龙飞凤舞""忠恕"等墨迹大字。所载内容与张英《文端集》中所载稍有差异。

六月十日，起居注官张英、牛钮。（《康熙起居注》，三一三）

六月十四日，起居注官张英、牛钮。（《康熙起居注》，三一三）

六月二十七日，起居注官喇沙里、张英。（《康熙起居注》，三一五）

"六月，大暑日，经筵辍讲一日。上召侍读学士张英入，问当今各衙门官中长于诗文者为谁。张对曰：'朗中王某诗为一时共推，臣等亦皆就正之。'上举公名至再三，又问：'王某诗可以传后世否？'张对曰：'一时之论以为可传。'上又颔之。"（《王渔洋事迹征略》，二二五；《渔洋山人自撰年谱》卷下惠注引公《召对录》）

七月九日，起居注官喇沙里、张英。（《康熙起居注》，三一六）

七月十七日，起居注官色冷、张英。（《康熙起居注》，三一七）

七月二十三日，起居注官张英、牛钮。（《康熙起居注》，三一八）

八月一日，起居注官喇沙里、张英。（《康熙起居注》，三一九）

八月十四日，起居注官库勒纳、张英。（《康熙起居注》，三一九）

八月十八日，辰时，上御弘德殿，公与喇沙里、陈廷敬、叶方蔼进讲。(《康熙起居注》，三二一)

八月十九日，辰时，上御弘德殿，讲官喇沙里、陈廷敬、叶方蔼、张英进讲："鲁欲使乐正子为政"一章。本日起居注官张英、牛钮。(《康熙起居注》，三二二)

八月二十一日，辰时，上御弘德殿，公与喇沙里、陈廷敬、叶方蔼进讲："陈子曰：'古之君子何如则仕'一章。"(《康熙起居注》，三二二)

八月二十五日，辰时，上御弘德殿，公与喇沙里、陈廷敬、叶方蔼进讲："孟子曰：'舜发于畎亩之中'一章、孟子曰：'教亦多术矣'一章。"本日起居注官色冷、张英。(《康熙起居注》，三二三)

八月三十日，辰时，上御弘德殿，公与喇沙里、陈廷敬、叶方蔼进讲："孟子曰：'尽其心者'一章、孟子曰：'莫非命也'一章。"本日起居注官库勒纳、张英。(《康熙起居注》，三二三)

九月四日，辰时，上御弘德殿，公与喇沙里、陈廷敬、叶方蔼进讲："孟子曰：'求则得之'一章、孟子曰：'万物皆备于我矣'一章、孟子曰：'行之而不著焉'一章、孟子曰：'人不可以无耻'一章。"(《康熙起居注》，三二四)

九月五日，辰时，上御弘德殿，公与喇沙里、陈廷敬、叶方蔼进讲："孟子曰：'耻之于人大矣'一章、孟子曰：'古之贤王'一章、'孟子谓宋句践曰'一章、孟子曰：'待文王而后兴者'一章、孟子曰：'附之以韩魏之家'一章、孟子曰：'以佚道使民'一章。"(《康熙起居注》，三二四)

九月六日，辰时，上御弘德殿，公与喇沙里、陈廷敬、叶方蔼进讲："孟子曰：'霸者之民'一章、孟子曰：'仁言不如仁声之入人深也'一章。"午时，上御懋勤殿，召翰林学士喇沙里、陈廷敬及公谕曰："尔等每日进讲，启导朕心，甚有裨益。嗣后天气渐寒，特赐尔等貂皮各五十张，表里缎各二疋。以示朕重道崇儒至意。"喇沙里等奏曰："臣等学疏才浅，毫无补益圣学，且每年已蒙厚赐，愧无图报。今复叨恩赏，臣等惶愧无地，何敢领赏。"上曰："朕特行眷赐，尔等不必固辞。"喇沙里等懋勤殿谢恩而出。本日起居注官色冷、张英。

是日，御赐貂皮五十张。

"乙亥朔。庚辰。上御懋勤殿。谕讲官喇沙里、陈廷敬、张英曰：'尔等每日进讲，启导朕心，甚有裨益。嗣后天气渐寒，特赐尔等貂皮各五十张、表里缎各二疋。'"(《康熙实录》卷六九)

"九月同掌院学生喇沙里陈廷敬奉谕曰：'尔等每日进讲启导朕心，甚有裨益，嗣后天气渐寒，特赐尔等貂皮各五十张，表里缎各二匹。'"(张廷玉《先考行述》)

九月七日，辰时，上御弘德殿，公与喇沙里、陈廷敬、叶方蔼进讲"孟子曰：'人之所不学而能者'一章"。(《康熙起居注》，三二五)

九月八日，辰时，上御弘德殿，公与喇沙里、陈廷敬、叶方蔼进讲："孟子曰：'舜之居深山之中'一章、孟子曰：'我为其所不为'一章。"（《康熙起居注》，三二五）

九月九日，同值南书房诸公作限韵诗。《同说岩切庵两前辈澹人近公直南书房限登字》《又限高字》。（诗见《文端集》卷一九，四）

  按：高士奇（1645—1704年）字澹人，号瓶庐，又号江村，清余姚匡堰（今属慈溪）人，生于京城，弱冠归里，寻移钱塘（今杭州），复迁平湖。早年以诸生荐入官，供奉内廷，官詹事府录事，迁内阁中书，为康熙帝所宠幸。康熙十九年（1680年）授额外翰林院侍讲，旋补侍读，充日讲起居注官，迁右庶子。1685年晋侍读学士，任《大清一统志》副总裁，累擢詹事府少詹事。1689年随康熙帝南巡至杭州，旋因参与廷臣倾轧，与明珠一派争权夺利，又以贪脏枉法，于平湖县置田千顷，被劾解职归里。1694年起复，1697年以养母求归，特授詹事府詹事，1702年擢礼部侍郎，未赴。卒，谥文恪。精于考证，擅长鉴赏，工书法，富藏书画。著有《清吟堂集》《左传纪事本末》等。

  励杜讷（1628—1703年），字近公，又字澹园，室名松乔堂。北直隶河间府静海县人。祖籍浙江绍兴。励杜讷出生于浙江，早年失去父母，由杜姓养父收养，故改名杜讷。他精于书法，清朝顺治六年（1649年）为诸生。康熙二年召求善于书写之文士，讷以诸生试第一，参纂《世祖实录》。康熙十九年特授翰林院编修，充日讲起居注官。康熙二十一年（1682年）复原姓，名励杜讷。历官右赞善、左赞善、翰林院侍讲、光禄寺少卿、通政使司参议、右通政、太仆寺卿、宗人府府丞、都察院左副都御史。官至刑部右侍郎，四代皆通书画。谥文恪。雍正元年（1723年）追赠礼部尚书、太子太傅。

辰时，上御弘德殿，公与喇沙里、陈廷敬、叶方蔼进讲"孟子曰：'人之有德慧术知者'"一章。（《康熙起居注》，三二六）

友人徐倬归省，诗以送之。有《送徐方虎编修归省》，曹贞吉亦同题词作。（《文端集》卷一九，四）

  按：徐倬（1624—1713年），字方虎，号苹村，浙江德清新塘人。少聪颖，喜读书，十岁就童子试，冠一军。十七游会稽，受知于户部尚书、翰林院学士倪元璐，因从之学。康熙十二年进士及第。改翰林院庶吉士。以选入史馆，授编修。后因病还乡。归养十年，入京任国子监司业。著有《全唐诗录》《读易偶钞》《古今文统》《修吉堂文稿》八卷、《应制集》二卷、《寓园小草》一卷、《燕台小草》一卷、《梧下杂钞》二卷、《苹蓼闲集》二卷、《甲乙友钞》一卷、《黄发集》二卷、《词集》二卷、《耄余残沈》二卷，后合刊之，统名《苹村类稿》行于世。

作东皋篇寄里中友人李雅。

  《东皋篇寄李芥须》云："吾里自昔多诗豪，澹荡磊落数东皋。（中略）卧我小亭辄信宿，七载不见思郁陶。"张英于康熙九年（1670年）离开桐城，按照七年不相见计算，此当是十六年或稍晚，姑系于此。

秋，有诗赠东海隐者董樵。（《赠东海董生》，见《文端集》卷七，一五）

  诗中有："东来秋色海云黄，诗人归卧陆浑庄。"之句。

稍后作,《题四知图为魏环溪先生》《题嘉庄农隐图》。

十月十二日,辰时,上御弘德殿,公与喇沙里、陈廷敬、叶方蔼进讲"孟子曰:'有事君人才'一章"、"孟子曰:'君子有三乐'一章"。(《康熙起居注》,二九七)

十月十三日,辰时,上御弘德殿,公与喇沙里、陈廷敬、叶方蔼进讲:"孟子曰:'广土众民'一章。孟子曰:'伯夷辟纣'一章。孟子曰:'易其田畴'一章。"(《康熙起居注》,三三〇)

十月十六日,辰时,上御弘德殿,公与喇沙里、陈廷敬、叶方蔼进讲:"孟子曰:'孔子登东山而小鲁'一章、孟子曰:'鸡鸣而起'一章。"(《康熙起居注》,三三〇)

十月十七日,辰时,上御弘德殿,公与喇沙里、陈廷敬、叶方蔼进讲:"孟子曰:'有事君人才'一章、孟子曰:'君子有三乐'一章。"(《康熙起居注》,三三〇)

十月十八日,辰时,上御弘德殿,公与喇沙里、陈廷敬、叶方蔼进讲:"孟子曰:'尧舜性之也'一章、公孙丑曰:'伊尹曰'一章。"本日起居注官喇沙里、张英。(《康熙起居注》,三三一)

十月十九日,辰时,上御弘德殿,公与喇沙里、陈廷敬、叶方蔼进讲"公孙丑曰:'诗曰:不素餐兮'一章"。(《康熙起居注》,三三一)

十月二十日,上谕大学士勒德洪、明珠选博学善书者二人入侍内廷。

> 癸亥,是日,谕大学士勒德洪、明珠:"朕不时观书写字,近侍内并无博学善书者,以致讲论不能应对。今欲于翰林内选择博学善书者二员,常侍左右,讲究文义。但伊等各供其职,若令仍住城外,则不时宣召,难以即至。今着于城内拨给房屋,停其升转,在内侍从几年之后,酌量优用。再如高士奇等善书者,亦着选择一二人,同伊等在内侍从。尔衙门满汉大臣会议具奏。"(《康熙起居注》,三三一)
>
> 张廷玉《先考行述》云:"十月,复谕大学士等曰:'朕不时观书写字,欲选择翰林侍左右讲究文义,伊等在外城宣召难以即至,著于城内拨给闲房,在内侍从。寻命英直南书房,赐第西安门内。十一月,特旨张英以侍读学士支正四品俸入直南书房,赐第于西安门内瀛台之西。上御乾清门听政后则召至懋勤殿辰巳前讲经书,午后论史。"
> (张廷玉《澄怀园文存》卷一五《先考行述》)

十月二十一日,辰时,上御弘德殿,公与喇沙里、陈廷敬、叶方蔼进讲:"王子垫问曰士何事"一章。是日大学士明珠传谕大学士李霨、杜立德、冯溥,学士英景襄、李天馥:"尔衙门汉大学士、学士将翰林各官内素有名望无疾病者,选择数员具奏。"(《康熙起居注》,三三二)

十月二十二日,内阁会同翰林院择张英等五员具奏。

> 乙丑。是日,大学士李霨、杜立德、冯溥,学士英、景襄、李天馥具奏:"翰林各官俱属翰林院,臣等应会同翰林院掌院学士选择具奏。"奉旨,依议。内阁随会同翰林院选择张英等翰林五员具奏。(《康熙起居注》,三三二)

十月二十四日,辰时,上御弘德殿,公与喇沙里、陈廷敬、叶方蔼进讲:"'孟子自

范之齐'一章、孟子曰：'食而弗爱'一章、孟子曰：'形色天性也'一章。"(《康熙起居注》,三三二)

十月二十六日,辰时,上御弘德殿,公与喇沙里、陈廷敬、叶方蔼进讲："'齐宣王欲短丧'一章、孟子曰：'君子之所以教者五'一章。"本日起居注官张英。(《康熙起居注》,三三三)

十月二十八日,辰时,上御弘德殿,公与喇沙里、陈廷敬、叶方蔼进讲："公孙丑曰：'道则高矣美矣'一章、孟子曰：'天下有道以道殉身'一章。"(《康熙起居注》,三三三)

十月二十九日,辰时,上御弘德殿,公与喇沙里、陈廷敬、叶方蔼进讲"公都子曰：'滕更之在门也'一章"。(《康熙起居注》,三三三)

十一月一日,辰时,上御弘德殿,公与喇沙里、陈廷敬、叶方蔼进讲："孟子曰：'于不可已而已者'一章、孟子曰：'君子之于物也'一章。"(《康熙起居注》,三三四)

十一月二日,辰时,上御弘德殿,公与喇沙里、陈廷敬、叶方蔼进讲："孟子曰：'知者无不知也'一章、孟子曰：'不仁哉'一章、孟子曰：'春秋无义战'一章。"(《康熙起居注》,三三四)

十一月四日,辰时,上御弘德殿,公与喇沙里、陈廷敬、叶方蔼进讲："孟子曰：'尽信书'一章、孟子曰：'有人曰'一章、孟子曰：'梓匠轮舆'一章、孟子曰：'舜之饭糗茹草也'一章。"(《康熙起居注》,三三四)

十一月五日,辰时,上御弘德殿,公与喇沙里、陈廷敬、叶方蔼进讲："孟子曰：'吾今而后知杀人亲之重也'一章、孟子曰：'古之为关也'一章、孟子曰：'身不行道'一章。"本日起居注官张英。(《康熙起居注》,三三四)

十一月八日,辰时,上御弘德殿,公与喇沙里、陈廷敬、叶方蔼进讲。(《康熙起居注》,三三四)

十一月九日,辰时,上御弘德殿,公与喇沙里、陈廷敬、叶方蔼进讲："孟子曰：'不仁而得国者'一章、孟子曰：'民为贵,社稷次之'一章、孟子曰：'圣人百世之师也'一章。"(《康熙起居注》,三三五)

十一月十一日,辰时,上御弘德殿,公与喇沙里、陈廷敬、叶方蔼进讲："孟子曰：'仁也者,人也'一章、孟子曰：'孔子之去鲁'一章、孟子曰：'君子之厄于陈蔡之间'一章。"(《康熙起居注》,三三四)

十一月十三日,辰时,上御弘德殿,公与喇沙里、陈廷敬、叶方蔼进讲："貉稽曰：'稽大不理于口'一章、孟子曰：'贤者以其昭昭'一章。"本日起居注官库勒纳、张英。(《康熙起居注》,三三四)

十一月十四日,辰时,上御弘德殿,公与喇沙里、陈廷敬、叶方蔼进讲:"'孟子谓高子曰山径之蹊间'一章、高子曰:'禹之声'一章。"(《康熙起居注》,三三六)

十一月十五日,辰时,上御弘德殿,公与喇沙里、陈廷敬、叶方蔼进讲:"'齐饥,陈臻曰:'一章、孟子曰:'口之于味也'一章。"(《康熙起居注》,三三六)

十一月十七日,辰时,上御弘德殿,公与喇沙里、陈廷敬、叶方蔼进讲:"'浩生不害问曰'一章、孟子曰:'逃墨必归于杨'一章、孟子曰:'有布缕之征'一章。"(《康熙起居注》,三三六)

十一月十八日,辰时,上御弘德殿,公与喇沙里、陈廷敬、叶方蔼进讲:"孟子曰:'诸侯之宝三'一章、'盆成括仕于齐'一章、'孟子之滕'一章、孟子曰:'人皆有所不忍'一章、孟子曰:'言近而指远者'一章。"是日谕大学士勒德洪、明珠:"着将侍讲学士张英在内供奉,张英着食正四品俸。其书写之事一人已足,应止令高士奇在内供奉,高士奇着加内阁中书衔,食正六品俸。伊等居住房屋,着交与内务府拨给。"又谕勒德洪、明珠:"尔等传谕张英、高士奇,选伊等在内供奉,当谨慎勤劳,后必优用,勿得干预外事。伊等俱系读书之人,此等缘由虽然明知,着仍恪遵朕谕行。"(《康熙起居注》,三三七)

> 《清实录》云:"十一月二十一日。甲戌朔,癸巳,命侍讲学士张英加食正四品俸,供奉内廷。其书写之事,一人已足,止令高士奇在内供奉,加内阁中书衔,食正六品俸。伊等居住房屋,交内务府拨给。又令大学士传谕张英、高士奇,选伊等在内供奉,当谨慎勤劳,后必优用。勿得干预外事,其恪遵朕谕。"
> 按:《起居注》与《实录》时间不同,《实录》疑误。
> 张英《内廷应制集序》:"御乾清门听政后则召至懋勤殿,辰巳前讲经书,午后读史。咨询对扬辩论之语,详于《南书房记注》,自丁巳冬迄壬戌春,未尝一日少闻。(《文端集》卷四一,四)
> 张廷玉《澄怀园文存》(卷一五)《先考行述》云:"十一月,特旨张英以侍读学士支正四品俸入直南书房,赐第于西安门内瀛台之西。上御乾清门听政后则召至懋勤殿,辰巳前讲经书,午后论史。"(《四库全书存目丛书》集部第二六二册,二二七)

十一月十九日,辰时,上御弘德殿,公与喇沙里、陈廷敬、叶方蔼进讲:"孟子曰:'尧舜性之也'一章、孟子曰:'说大人'一章。"(《康熙起居注》,三三七)

十一月二十日,辰时,上御弘德殿,公与喇沙里、陈廷敬、叶方蔼进讲:"孟子曰:'养心莫善于寡欲'一章、'曾皙嗜羊枣'一章、万章问曰:'孔子在陈'二节。"(《康熙起居注》,三三七)

十一月二十一日,辰时,上御弘德殿,公与喇沙里、陈廷敬、叶方蔼进讲:"'敢问何如。斯可谓狂矣'四节、孔子曰:'过我门而不入我室'四节。"(《康熙起居注》,三三七)

十一月二十二日，辰时，上御弘德殿，公与喇沙里、陈廷敬、叶方蔼进讲"孔子曰：'恶似而非者'二节"。(《康熙起居注》，三三八)

十一月二十三日，辰时，上御弘德殿，公与喇沙里、陈廷敬、叶方蔼进讲"孟子曰：'由尧舜至于汤'一章"。(《康熙起居注》，三三八)

十二月八日，上亲制《日讲四书解义序》。(《康熙起居注》，三三九)

十二月十四日，起居注官张英、牛钮。(《康熙起居注》，三四一)

十二月十七日，与高士奇在南书房侍从。(张英《南书房记注》)

十二月二十日，上赐书多种。

  张英《御赐书籍表》称："康熙十六年十二月二十日，蒙御赐内府所藏《书经大全》《四书集注》《文献通考》，共十有二函，每卷首锡以宣文之宝，臣谨奉表称谢。"(《文端集》卷三九)

  张廷玉称："十二月二十三日，赐《书经大全》《四书集注》《文献通考》，皆内府藏版，册首各识御玺，用给宝藏。阅四日，又赐猞猁狲裘一袭、狐裘一袭、羔裘一袭，嗣后每除夕、元旦、上元皆侍宴养心殿。"(《四库全书存目丛书》集部第二六二册，四七五)

十二月二十一日，上召公、高士奇至懋勤殿。诵《大学》，阅《通鉴前编》，论古今治水之法及用人之道。

  《南书房记注》云："上亲诵《大学》全部。臣英等恭听，知皇上圣学精深，于经书一字不忘，真度越古今之盛事矣。上阅《通鉴前编·唐尧帝纪》七条，阅至'鲧治水'节，上曰：'前代治河，皆以为宜疏决而放之海，则永无河患。但今运道自淮以北，必由黄河一百八十里而后达于运河，与古形势不同，则古说亦何可尽行也。'臣英对曰：'前代治河，但除其患，今运道攸关，并资其利，故治之为尤难耳。'上阅至'程子论四凶'一条，因曰：'论才，则必以德为本，故德胜才，谓之君子。才胜德，谓之小人。司马光曾有此语。'臣英对曰：'诚如圣谕。'巳时，上召臣英至懋勤殿，上亲讲《中庸》'天命之谓性'起，至'子曰天下国家可均也'节止。因阅《讲章》至'隐恶扬善'句，上曰：'宽宏容纳，正所以开敢言之路，而使人得尽其言，舜之大智全在于此。'臣英对曰：'诚如圣谕。'"

  又云："午时，上赐观内府珍藏王羲之真迹三轴、怀素真迹二轴、苏轼真迹二轴、蔡襄真迹一轴、黄庭坚真迹一轴、米芾真迹一轴、朱熹真迹一轴、赵孟頫真迹二轴、周矩画、董其昌字共一轴、宋初拓淳化阁贴全部。臣等恭睹天府希世之宝，满目琳琅，见所罕见，真千载之奇遇也。"(《南书房记注》)

是日，观画后赋诗，诗见《文端集》(卷二)

  高士奇同题之作见于《随辇集》(卷一，一一)。

赐居第于西华门内。

  《翰林记》："洪武中，赐编修罗复仁居第。宣德中，赐杨溥第于东安门。康熙丁巳，上命左谕德兼修撰张英内直讲书，特赐第西华门内；翰林院侍讲高士奇亦然；后杜编修讷亦赐第厚载门。"(王士禛《池北偶谈》)

酉时,上召士奇至懋勤殿。上阅唐诗十首。(《南书房记注》)

十二月二十三日,辰时,上召公至懋勤殿。讲《性理》与《中庸》的思想联系。是日,御赐《书经大全》《四书集注》《文献通考》等书多部。

《南书房记注》云:"上亲复诵'子路问强'章起,至'君子之道,辟如行远'章止。午时,上召臣士奇至懋勤殿。未时,上召臣英至懋勤殿。上亲讲'子曰:鬼神之为德'章起,至'武王、周公,其达孝矣乎'章止。讲毕,臣英奏曰:'《中庸》在《四书》中,道理最为精微。皇上所讲,贯彻无比。'上曰:'《性理》一书,其原亦出于此。朕尝阅《性理大全》,其文乃宋人之言,较之《中庸》犹为易晓。'公对曰:'诚如圣谕。'"

又云:"是日,上命侍卫传谕臣英、臣士奇曰:'尔等朝夕侍从,今赐尔等《书经大全》《四书集注》《文献通考》等书。'臣英、臣士奇跪领,奏曰:'臣等禀陋愚鲁,学问浅薄,侍从左右,未能报效涓埃,蒙恩赐内府秘书,每卷首皆有御玺,臣等恭奉为子孙世世之宝。侍从之暇,当潜心翻阅,冀少有寸进,以仰副皇上高厚至意。谨奏,谢恩。'奉旨于懋勤殿行礼。申时,上召臣英至懋勤殿,上阅《通鉴纲目前编·唐尧帝纪》一条。"

除夕,养心殿侍宴,作应制诗一首。(《文端集》,《影印文渊阁四库全书》集部第一三一九册,二九一)

高士奇同时作《丁巳除夕侍宴养心殿应制》,见《随辇集》(卷一,一三)。

是年,同学友潘江主持编纂《龙眠风雅》成书,张英及其他乡贤都参与其中。

潘江《木厓续集》云:"康熙十六年,《龙眠风雅》镂成,梓人索枣梨之值。好义捐货首二贤,书成不及把瑶编。案:书成后,全五十函,授梓,今书成而二公皆逝。左宫詹立庵、姚司寇龙怀首倡议助。"(《木厓续集》卷二,《四库禁毁书丛刊》集部第一三二册,二九一)

另潘江在《龙眠风雅发凡十六则》中云:"吾乡二三耆宿,凋零殆尽,惟旧水部函云吴无斋先生道新,经神学海,岿然独存,折角解颐,沾丐后进。年来戢影旧山,间一来游阛,予小子追陪杖屦,窃聆绪言,剔隐宣幽,猥蒙是正。姚子经三所辑《诗传》,嘉隆以前,半依原本,不更刊削,而钱子饮光又手一门合集,面授有年。其他拾遗举坠,竭蹶赞成,家集而外,多方摭拾,则李子右逌铨;陈子问斋式,李子芥须雅,陈子越楼焯,许子伊蒿来惠,李子叔济明楫,方子念培逢月,何子方屏永炎,张子西渠杰,姚子彦昭文焱,何子存斋永绍,齐子秋浦山,赵子湛斋襄国,张子敦复英,戴子导及研,左子橘亭国治,孙子嗜公中凤,方子子安迁,孙子卧公中夔,方子素伯中履,齐子怀芬贤;门人何子凤翥汉客,杨子鼎姬士,谢子汉云倬,王子成浩生,赵子錧良冶,从叔贻孙九芝辈,蒐访之功为多,或发累叶之笥藏,或输帐中之枕秘,有闻必告,无隐弗谙。甚至吴江枫落,亦传信明;长笛一声,不遗承祜。予因得披陈万卷……固非予一手一足之烈所敢专美也。"

按:吴道新,应宠长子。字汤日,号无斋,晚自称旧山隐者,或称函云头陀。生于万历三十年十月十六日,天启七年(1627年)举人,荐国子监助教,转工部主事。明亡逃回故里,隐居白云岩,卒于康熙二十二年癸亥四月二十六日,享年八十一岁,葬白云崖钱庄父坟右。著有《纪宦》《纪游》《纪难》《潜德居诗集》五十卷,修《浮山志》十卷。(事

迹见《江南通志·人物志》卷四七，三一）

是冬，有《雪中直南书房恭纪六首》。

其一云："腊尽春前雪正宜，天街飘洒晚烟时。如霜渐满黄金瓦，似絮浓沾白玉墀。"

高士奇有《雪中直南书房恭纪》一首。（《随辇集》卷一，一三）

又有读尧峰诗。

"禁漏沉沉出每迟，昨宵归梦到柴篱。起来自拥羊裘坐，爱读尧峰一卷诗。"（《文端集》卷一九，五）

是年，昆山王立极任桐城学博。

按：王立极，字我建，江苏昆山人。顺治末年，以太仓籍，举于乡试。康熙十六年至廿六年司桐城铎，寻迁山西曲沃知县，居三载。立极受业于王士禛，与同乡盛符升，为校刊所辑《十种唐诗选》。其癖在爱士，论文颇有灵，著有《易经注稿》。见《曲沃县志》（卷一五）《秩官》，潘江《木厓续集》（卷三），《寿王我建学博》（卷一七），《送王我建学博之官曲沃》，王士禛《渔洋山人自撰年谱》（卷下）。《桐城续修县志》之《职官表》，以王立极为训导，而戴名世、潘江、王士禛《南来录》，皆作教谕。兹从之。（戴廷杰《戴名世先生年谱》五七）

又按：据《康熙桐城县志》，王立极为教谕。（《康熙桐城县志》卷首，八）

康熙十七年（戊午，1678年）　四十二岁

元日，养心殿侍宴，作应制诗一首。

上有《元旦》诗。（见《御制文集》卷三一，一）；高士奇《戊午元旦侍宴养心殿应制》（见《随辇集》卷二，一）。

《南书房记注》云："正月初一日，上召臣英、臣士奇于养心殿侍宴，各恭纪七言律诗应制。"

上元赐宴，公作诗。（《张英全书》下册，三一）

《南书房记注》云："十五日，赐宴于南书房，各恭纪五言律诗应制。"

上作《上元》诗见《御制文集》（卷三一，一）。

高士奇《上元赐宴恭纪》诗见《随辇集》（卷二，二）。

正月十六日，与高士奇观鳌山灯于养心殿，各赋七言律诗二章进呈。（《南书房记注》）

《养心殿看鳌山灯恭赋二首》诗见《存诚堂诗集·应制二》。

正月二十二日，上谕王渔洋与翰林院掌院学士陈廷敬同携诗稿进呈。召见懋勤殿，命各赋诗二章并赐宴。二人赋诗并称旨。（《康熙起居注》十七年戊午正月二十二日）

关于此次召对赋诗之细节，昭梿《啸亭杂录》卷八详载之，云："王文简公士禛，诗名重于当时，浮沉郎署，无所施展。张文端公英时值南书房，代为延誉，仁皇帝亦素闻其

名,因召渔洋入大内,出题面试之。渔洋诗思本迟滞,加以部曹小臣,乍睹天颜,战慄操觚,竟不成一字。文端公代作诗草,撮为墨丸,私置案侧,渔洋得以完卷。上笑阅之曰:'人言王某诗为丰神妙悟,何以整洁似卿笔?'文端谢曰:'王某诗人之笔,定当胜臣多许。'上因命文简改官词林,因之得置高位。渔洋感激文端终身,曰:'是日微张某,余几作曳白人矣。'王由是感激张英终生。"

正月二十三日,诏征博学鸿儒。

《康熙实录》云:"谕吏部:自古一代之兴,必有博学鸿儒,振起文运,阐发经史,润色词章,以备顾问著作之选。朕万几余暇,游心文翰,思得博学之士,用资典学。我朝定鼎以来,崇儒重道,培养人材。四海之广,岂无奇才硕彦、学问渊通、文藻瑰丽,可以追踪前哲者?凡有学行兼优、文词卓越之人,不论已仕未仕,令在京三品以上及科道官员、在外督抚布按,各举所知,朕将亲试录用。其余内外各官,果有真知灼见,在内开送吏部,在外开报督抚,代为题荐。务令虚公延访,期得真才,以副朕求贤右文之意。尔部即通行传谕。"(卷七一)

公与姚文然欲荐同里潘江,江以母老固辞。

潘江《挽大司寇姚端恪公一百韵》云:"弹冠争贡禹,夹袋恕稽康。(诗中自注云:宏博之举,雅切推毂,因予辞以母老年衰而止)"(《木厓续集》卷三,一二)

里人趣之,潘江淡然。

久之,潘江门人谢淳序其《木厓续集》,回首潘江举宏词之时。

文曰:"犹记新令甫颁,淳与二三子,侍立函丈。一日门外剥啄声甚急,启视则里中为岭南大吏邮邸抄者,趋而贺曰:'今朝廷有此盛举,旦暮且下,公才地无所不克当,公姻娅故旧,有负重望于朝者,例皆得举所知,必公也,公盍早自计焉?'而先生夷然不屑也,既闻征书四出,安蒲如云。之推不言禄,禄亦不及,淳等方退而悔恨无有为先生通一纸书者。先生闻之,则又掀髯大笑曰:'女不自媒,士不自炫,吾岂拜爵公朝而乞恩私室者哉?'淳于是益叹先生之过人远也。"(《木厓续集》卷首)

二月二日,公入懋勤殿,讲《尚书》。

《南书房记注》云:"上亲复诵'帝曰:畴,咨,若时登庸'四节,上曰:'《书经》曾于往年讲读,今非不可多诵,因欲细阅《讲章》,期于通晓,未可率略看过耳。'臣英对曰:'诚如圣谕,《尚书》乃二帝三王传心之要典,皇上诵读必期精熟,讲论必字字辨析,真足见圣学之大矣。'"

二月二十六日,皇后崩于坤宁宫。(《康熙起居注》,三五三)

公有《恭赋孝昭皇后挽诗四首》。

是年春,同里好友潘江有诗怀之。

《龙怀张学士敦复二首》其一:"廿载才名动帝都,却从白下赴征途。柳垂驿路春才遍,马渡河渠冻已苏。"(《木厓续集》卷二,三)

三月一日,御试博学宏词科于太和殿,命张英、高士奇、励杜讷在大内南书房赋诗。(诗见《随辇集》卷四,一)。

闰三月二十一日，御赐五台山风味于陈廷敬、王士禛、张英、高士奇等，各人赋诗一首，进呈御览。

"是日，上召翰林院掌院学士陈廷敬、侍读王士禛至南书房，同侍讲学士支正四品俸张英、内阁撰文中书舍人支正六品俸高士奇编撰。上特颁御札云：'朕找卿等编辑，适五台山供至天花蘑菇，鲜馨罕有，可称佳味，特赐卿等，使知名山风土也。'廷敬等谢恩毕，各赋诗一章，进呈御览。"（《康熙起居注》，三五九；《御制文集》卷七，一一）

张英诗云："灵岳珍蔬贡尚方，欣从紫禁沐恩光。"（《文端集》卷二）

高士奇《戊午年闰三月二十一日臣士奇同翰林院掌院学士臣陈廷敬侍讲学士臣张英侍读臣王士禛直南书房蒙赐手敕云：朕召卿等编辑，适五台山进至天花，鲜新罕有，特赐卿等，使知名山风土也恭纪》诗。（见《随辇集》卷二，五）

闰三月二十二日，御赐凉帽等，公赋诗，有句云："六年讲席惭无补。"

张廷玉《先考行述》："戊午闰三月，特颁手敕赐五台山新贡天花，又赐御用衣帽等。"

高士奇有《恩赐御用凉帽一顶……恭纪》诗。（见《随辇集》卷二，五）

春，送徐艺初归昆山。

《送徐艺初归昆山》诗云："鸿宝自希世，息翮还沧洲。怅惘春明门，芳草送华辀。"

四月八日，上召公等至懋勤殿。诵习《尚书》，并作《喜雨》诗。公等赋诗以和。

上复诵"禹敷土"二十七节，亲讲"海岱及淮惟徐州"九节。戌时，上召臣英至懋勤殿。上复诵"海岱及淮惟徐州"九节，亲讲"淮海惟扬州"九节。是日，上御制《喜雨》诗，臣廷敬、臣英、臣士禛、臣士奇各依韵恭和一章，呈御览。午时，上传谕臣英、臣士奇曰："朕因尔等在内侍从，许于禁城内乘马出入。"臣英、臣士奇奏曰："臣等蒙皇上恩遇隆渥，事事上厪圣衷，特颁温谕，许于禁中乘马。感高厚之殊荣，愧涓埃之难报。"各恭赋纪恩诗，进呈御览。（《南书房记注》）

高士奇《特旨臣英臣士奇于禁中乘马恭纪并序》见《随辇集》（卷二，六）。

《御制文集》（卷三一）有《喜雨》诗云："暮雨霏微过凤城，飘飘洒洒重还轻。暗添芳草池塘色，远慰深宫稼穑情。"

陈廷敬《恭和御制喜雨诗》见《午亭文编》（卷一二，一〇）。

高士奇《恭和御制喜雨诗》见《随辇集》（卷二，六）。

王士禛云："戊午夏，予与翰林掌院学士今刑部尚书泽州陈公（廷敬）、侍读学士故刑部侍郎谥文敏昆山叶公（方蔼）、侍讲学士今礼部尚书桐城张公（英）同内直，每有御制，必命和进。"（《池北偶谈》）

四月十六日，从妹夫姚文燕卒于中州，公哀痛之下，作《祭姚小山文》。

文云："呜呼！始吾闻小山之殁于中州，惊骇惶愕，忽信忽疑，如梦如醉，而不自知其声泪之俱恸也。越翼日，痛定泪竭，追思四十余年来，小山之所以得乎天与天之所以与小山者，似伸之而实屈之，厚之而实薄之。……然而小山岂贫贱之士乎哉！早年为公子，为介弟，十八举乎乡。二十八成进士，文章之誉奕然，官剧邑，有贤声，以治行异等闻于天子，方需次补尚书郎，与兄大司寇公暨群从同官于朝。"（《笃素堂文集》卷

一〇;《张英全书》上册,四〇九)

按:姚文燕(1633—1678年),字翼侯,号小山,姚文然之弟。崇祯六年十月初七日生。康熙十七年四月十六日卒,享年四十有五。著有《春草园诗文集》。(《麻溪姚氏宗谱》卷八;《先德传》卷二;《道光续修桐城县志》卷一二《宦绩》;《桐城耆旧传》卷六;《龙眠风雅续集》卷七)

四月十七日,上召公至懋勤殿。上复诵"导岍及岐"三节。亲讲"导弱水"三节。因与公论治河之道。(《南书房记注》)

是日,上赐观盆植人参,王士禛与陈廷敬、张英、高士奇等同赋诗。

张英《存诚堂应制诗》(卷二)有《四月十七日赐观盆植人参赋此时同说岩阮亭澹人近公》、王士禛《渔洋续集》(卷一七)有《御制人参应制》。

四月十八日,上以御笔仿苏轼《月夜泛舟》诗一轴、草书唐诗二幅赐张英,以御笔仿赵孟頫书《秋兴赋》一轴、草书唐诗二幅赐高士奇。

"臣英与臣士奇奏曰:'臣等日侍天颜,得睹亲洒宸翰,大书真草,众妙兼该,造极精微,形容莫罄。今特蒙恩赐,真古今稀世之宝,臣子遭遇之奇。'谨于南书房御座前谢恩,各赋诗进呈御览。"(《南书房记注》)

高士奇有《四月十八日蒙赐御笔临苏轼诗一卷草书唐诗二幅恭赋二首》。(《随辇集》卷二,六)

四月二十六日,上赐公和士奇新贡珍茗各二瓶,各赋纪恩诗,进呈御览。

《存诚堂应制诗》文云:"四月二十六日,蒙赐新贡龙井天池珍茗二瓶,纪诗四首。"(张英《存诚堂应制诗》卷二,九)

五月十一日,辰时,上召公至懋勤殿。

上复诵"佑贤辅德"三节。是日,上幸景山,命臣英、臣士奇扈从,各赋诗进呈御览。圣制《登景山》诗赐观。臣英等奏曰:"臣等叨侍清燕,备聆天语之温,获捧宸章,弥见圣恩之渥。千秋奇遇,臣子殊荣,感愧交增,惶悚无地。"(《南书房记注》)

《文端集》(卷四三)《御制夏日登景山诗跋后》文云:"康熙十七年五月十一日,皇上以机务之暇,偶幸景山,命臣英、臣士奇侍从。上揽辔登景山之巅,周览四郊,俯视宫阙。东望蓟门,西眺桑乾,烟树苍深,河流浩瀚,近在指顾之间,天颜怡畅,二臣咸得寓目焉。"(《文端集》卷四三,三)

五月十二日,好友潘江生日,有诗《寄木厓》。

诗云:"当代有诗人,萧然隐薖轴。早年驰盛名,晚岁耻干禄。……母子俱闻人,海内所瞻瞩。人生贵不朽,岂在曳鸣玉。谁能六十翁,霜髭犹啜菽。相赠白华篇,期君介景福。"(《文端集》卷七,一八)

按:潘江生于1619年5月12日,是年六十岁。

五月十四日,早,上诣巩华寺。(《康熙起居注》,三六六)

五月十五日,上驻跸碧云寺。

是日,上由卧佛寺至碧云寺。公与高士奇等扈从。(《康熙起居注》,三六六)御制《驻跸碧云寺》诗见《御制文集》(卷三一,一〇)。

按:卧佛寺,又名十方普觉寺,传说为唐代所建,因后殿有铜卧佛,小殿内有香檀卧佛而得有此称。碧云寺,在西山。元耶律楚材的后裔阿利吉始建。(《清末北京志资料》,三〇)

是日,上幸黑龙潭,命公与士奇扈从。

上于马上御制《同大学士明珠侍卫等幸黑龙潭途中》诗一首,赐臣英、臣士奇敬观。臣英等奏曰:"皇上御制诗,声调乃盛唐元音,而悯念农人,形于歌咏,益见皇上不忘稼穑艰难之意也。"(《南书房记注》)

申时上幸卧佛寺,召公与士奇至御前,赐观御制游览诗三首。

"情景天然,气格高古,于前代帝王中比之唐太宗更为精拔。"上又《题卧佛寺大树》一首,因命臣英、臣士奇各赋诗进呈御览。(《南书房记注》)

是日,上由卧佛寺至碧云寺。

上于马上顾大学士明珠及侍卫等并公、士奇曰:"朕观古来帝王,如唐虞之都俞吁咈,唐太宗之听言纳谏,君臣上下如家人父子,情谊浃洽,故能陈善闭邪,各尽所怀,登于至治。"并与大学士明珠等论及君臣治道。(《南书房记注》)

酉时,上驻跸碧云寺山亭,命公与士奇和《龙湫石上韵》各一首,进呈御览。(《南书房记注》)

公有《五月十五日黑龙潭扈跸恭纪》《龙潭途中作》《黑龙潭》等诗数首。(《文端集》卷二)

五月十六日,上驻跸石景山。(《康熙起居注》,三六六)

《南书房记注》云:"上于碧云寺山亭御笔题'激湍'二字,命臣英书'听泉'二字,臣士奇书'枕流'二字。御制游览诗三章。"又云:"从碧云寺至弘光寺,御制《盘道诗》一章,命臣英、臣士奇各赋诗。上幸香山寺来青轩,御制诗一章。臣英、臣士奇恭睹'来青轩'御笔,各赋一章。上幸圣感寺,至法海寺,恭睹世祖章皇帝御笔'敬佛'二字,御制诗一章,命臣英、臣士奇各恭纪。上幸灵感寺,登宝珠洞,御制诗一章,书'制毒龙'三字,赐僧海岫,命臣英、臣士奇各赋诗赠海岫。是日,驻跸石景山。"

张廷玉《先考行述》云:"五月侍从景山,作诗六首。上赋《登景山诗》以赐,共观御制《夏日登景山诗》,赋诗二首。复扈从至西山,遍游诸名胜,上恐府君未习驰驱,命内侍同行并给内厩良马,幸龙湫亭,御书'激湍'二大字,命府君书'听泉'二字,加奖,赏马。"

按:康熙《夏日登景山同翰林张英高士奇作》云:"日暮登山览八荒,翰林随辇进辞章。君臣同乐松阴下,时雨将来入未央"。(《御制文集》卷三一,八)

五月十七日,上驻跸石景山。(《康熙起居注》,三六六)公等扈从,并作诗数首以呈。

按:此次出行,康熙帝还有《碧云寺临泉望》《再赋碧云晓景》《洪光寺盘道》《来青轩临眺二首》《法海寺瞻皇考御书敬佛二字》《坐法海寺偶吟》《赐圣感寺僧海岫》《驻跸石景山》等诗。公有和作《碧云寺扈跸恭纪》《扈跸至法海寺瞻仰世祖皇帝御笔敬佛大字石碣奉敕恭纪》《石景山扈跸恭纪》《奉敕题赠圣感寺僧海岫》及《恭睹御制游览诸诗敬赋》等诗。(见《存诚堂诗集应制诗》卷二)

《南书房记注》云："上自石景山幸戒坛,臣士奇扈从,上于途次行围。……已时,至戒坛,上题'清戒'二字,命臣士奇书'空界'二字,御制诗一章。午时,自戒坛幸潭柘寺,上于马上赋诗,命臣士奇联句二首。至潭柘寺,上赋游览诗三章赐观,极弘深秀宕之气。申时,上回石景山,(中略)是日,驻跸石景山。酉时,臣英进呈恭纪诗三章,扈跸纪事诗六章。"

五月十八日,上由石景山幸南苑,进西红门,驻跸东宫。公与高士奇扈从。(《康熙起居注》三六六)回宫日,赐鹿一兔二。

《南书房记注》云："上登石景山顶,俯视浑河,御制诗一章。已时,从石景山至南苑阅马,因行围,命臣英、臣士奇从观。卫士分两翼齐进,开阖变化,进退整严,即田猎之中,而见兵法之善。上亲射野猎及麈,矢无虚发,应弦而倒。臣等初侍行围,叨观圣武,是日,驻跸南苑。"

《扈跸西山至南苑纪事诗四十首》当作于此时。(见《文端集》卷二)

另,张廷玉《先考行述》云："回宫日,上赐鹿一兔二。"

按:驻跸南苑时,康熙帝所作诸诗见《御制文集》(卷三二)。

六月二十一日,上因天时亢旱,于十八日斋戒,亲祷南郊。次日,灵雨如注,上赋《喜雨》诗一章。公与士奇各撰《喜雨赋》一篇,励杜讷恭赋《喜雨》诗一章,进呈御览。

公《喜雨赋》云："康熙十有七年季夏之月,经旬不雨,暑气烦蒸,火云丽空,炎景烁物,骄阳可畏。……精诚祷祠于帝,致斋之次日乙酉,阴云四合,电掣雷轰,雨沛于中夜,祷祀之次日,戊子(按:六月十九日),凉飔倏至,烟霏雾结。……圣心为之感而天心为之应也。"(《文端集》卷三七,五)

姚文然病危,上派张英前往探看。

《祭大司寇姚端恪公文》云："天子闻公疾笃,屡动色而其咨,英方侍从于讲幄,获传恩命于龙墀。床头执手,凄然泪下,谓臣今已矣。"(《张英全书》上册,四〇八)

六月二十四日,姚文然病卒,享年五十有九,公为作《祭大司寇姚端恪公文》。

《姚端恪公事略》云："康熙十五年,擢刑部尚书。十七年六月薨于位,赐祭如典。谥端恪。"(《国朝先正事略》卷三;《清代传记丛刊》第一九二册,一三九)

《龙眠风雅续集》(卷一)云："年五十九,以弟翼候殁,哭之恸,遂病不起。"(《四库禁毁书丛刊》集部第九九册,二六八)

潘江赋一百韵以挽之,历述其生平大节。

《挽大司寇姚端恪公一百韵》云："元老骑箕尾,清朝折栋梁。讣传京驿聚,目断蓟云荒。……一恸嗟何及,千言总莫偿。因思初把臂,相见各披肠。(注云:予与公定交在癸酉之岁。又注云:伯兄屺怀与予同补博士弟子)三株齐勃勃,(少与屺怀郡守、丹枫明经有江左三姚之目)八俊比裴王。(昆弟八人)学殖编蒲柳,家传积缥缃。楼推天尺峻(公兄弟读书处),堂守荻书香(荻书,予草堂名)。亚室吾犹闭,锦帆君已扬。移家趋建业,记室溯荆湘。(壬午,随世父石岭公之荆南)赋手追鹦鹉,文心吐凤凰。千人皆辟易,一出便腾骧。(壬午癸未联捷授庶吉士)药榜云程驶,花砖日影忙。神京旋失守,故里郁相望。赋陷应京师,公投钵,为家人救赎,遂归里养亲。"又云:"公有《思妇辞》云:'高堂白屋发如霜,贱妾红颜泪如雨',盖自况也。"又云:"丁亥,以遗逸荐入都,授国史院庶吉士,寻特擢礼垣。"又云:"戊子,主山东试,最称得人。"又云:"疏请察吏安民,甄别风宪。"又云:"请改折江浙漕米大臣销禁请永行停止。"又云:"癸巳假归,适丁太夫人忧。"又云:"丙申展假终养。"又云:"手购桃花洞奉亲隐居。"又:"栗园竹里皆别业地名。"又云:"壬寅奉光禄公讳。丙午服满趋朝。五世祖景阳公官刑垣,著直声。"又:"请立流抵载由单之法。"又:"请复盗案半获开支官俸之例。"又:"请酌议人已之赋数满方坐。"又:"内升留任。"又:"辛亥擢左副都御史。壬子升兵部督辅左侍郎。"又:"癸丑会试总裁,文体一变。闱后即有江南察审之命。""炎暑裹帷路,风涛泛海航。(出洋值海风大作,神色如常,同事敖公甚异之)"(《木厓续集》卷三,一二)

是日,御笔书《夏日登景山》诗赐公与士奇各一幅,公与士奇恭赋纪恩诗八韵,进呈御览。

《文端集》(卷三)云:"夏日上幸景山时,张英与士奇扈从,御制诗一章,七月十八日,蒙恩书赐,恭赋五言八韵。"

《文端集》(卷四三)又云:"七月十八日,上御迎凉之殿书此诗以赐二臣,楷法精严,龙翔凤峙,此希世之鸿宝,二臣何敢私焉?敬勒之贞石,以明圣心之所在,独重民时,亦以幸二臣之荣遇,千古不多见,而愧汗惶悚之不能自已也。"

高士奇有《夏日驾幸景山时臣英臣士奇扈从御制诗一章》云:"秋七月,蒙御笔书赐,恭赋纪恩。"(《随辇集》卷二,六)

八月五日,巳时,上召公至懋勤殿。

是日,上命中使传谕张英等。"西洋进贡狮子,以汝等在内廷编辑,欲赐汝等观,观后可作诗进来。"(详见八月六日文)

八月六日,辰时,上召公至懋勤殿。

上复诵"受有亿兆夷人"四节。巳时,上召士奇至懋勤殿,上阅唐诗三首。是日,奉旨臣廷敬等五人同观西洋所贡狮子于神武门内,因各赋七方律诗一章,进呈御览。(《南书房记注》)

公《西洋贡狮子歌》诗见《文端集》(卷二);高士奇《西洋贡狮子歌》见《随辇集》(卷二),公《八月六日于神武门内观西洋进贡狮子恭纪》诗见《文端集》(卷二)。

叶方蔼《读书斋偶存斋》(卷一)有《八月六日于神武门赐观西洋进贡师子》诗,高士奇有《神武门赐观西洋进贡狮子恭纪》(《随辇集》卷二,一一),陈廷敬有《上御神武门召观西洋进贡狮子》(《午亭文编》卷一一,七)。

《康熙起居注》云:"八月初六甲戌。巳时,上诣太皇太后、皇太后宫,恭进狮子。阅毕,御神武门,如掌院学士陈廷敬、侍读学士叶方蔼、侍读学士张英、内阁中书舍人高士奇、支六品俸杜讷,归观狮子。廷敬奏言:'皇上加意至治,不贵异物,而圣德神威,能使远人慕化归诚,自古不可多觏。'因退归南书房,各赋七言律诗一首以进。先一日,上命中使传谕:'西洋进贡狮子,以汝等在内庭编辑,欲赐汝等观。观后可作诗进来。'廷敬等于是日进七言古诗一章,至是复遵谕进诗,以昭皇上慎德格远之化云。"(三七七)

八月十八日,巳时,上召公至懋勤殿。

是日,陈廷敬同侍读王士禛恭进诗稿,上命陈廷敬、叶方蔼、王士祯于御前各赋《经筵诗》一章,随命士奇捧《御制诗集》至南书房赐观。传上谕曰:"朕万几之暇,偶有吟咏,未能深造古人。因尔等在内编纂,屡次请观,故出以示尔等。中有宜更定处,明言之,毋隐。"廷敬等恭读讫。奏曰:"蒙恩赐观《御制诗集》,臣等伏见奎章巍焕。睿藻精深。气象崇闳,格律高古。吟咏之际,时念万几。篇什之中,常怀四海。实帝王之杰作,天地之元音。复绝古今,诸美皆备。臣等伏蒙皇上虚怀下问,倘有一得,敢不祗竭愚忱,仰副至意。但细心紬绎,圣制尽善尽美,实无可更易字句。臣等何幸,躬逢文明之运会,得睹云汉之昭回,真千载殊遇也。"(《南书房记注》中内容与《康熙实录》所载文字,稍有不同)

公《八月十八日蒙赐观圣制诗集恭纪五言十六韵》见《文端集》;叶方蔼《八月十八日蒙恩赐御制诗集恭纪十六韵》见《读书斋偶存斋》(卷一)。高士奇《赐观御制诗集恭纪》见《随辇集》(卷三)。

《康熙实录》云:"丙戌(十八日)。以《御制诗集》赐讲官陈廷敬、叶方蔼、王士正、张英、高士奇同观。谕曰:'朕万几之暇,偶有吟咏,因尔等在内编纂,屡次请观,故出以示尔等。中有宜更定者,明言之,毋隐。'陈廷敬等恭读讫。奏曰:'臣等恭读《御制诗集》,伏见奎章巍焕,睿藻精深,吟咏之际,时念万几,篇什之中,常怀四海。实帝王之杰作,天地之元音,尽善尽美,实无可更易之字句。臣等何幸,躬逢文明之运会,得睹云汉之昭回,真千载殊遇也。'"

八月十九日,侄廷璨卒,享年三十有五。(《张氏宗谱》卷五,一〇)

八月二十一日,王士禛与陈廷敬、叶方蔼、张英三学士、中书舍人高士奇和《御制赐辅国将军俄启诗》。

《南书房记注》云:"巳时,上召公至懋勤殿。上复诵'既生魄'五节。是日,上以内大臣、辅国将军俄启侍从禁廷,勤劳善射,御制诗赐之。命臣廷敬、臣方蔼、臣士祯,臣士奇及公依韵和诗一章,各书一幅,进呈御览。"

《康熙起居注》康熙十七年戊午八月二十一日:"是日,上以内大臣、辅国将军额奇侍从禁廷,勤劳善射,御制诗一章赐之。命学士陈廷敬、侍读学士叶方蔼、侍讲学士张英、侍读王士禛、中书舍人高士奇各倚韵和诗一章。"(二三七)

御制诗《赐辅国将军俄启诗并序》见《御制文集》(卷三二,一〇)。

诗云:"观德由来上古风,手持满月绿沈弓。鹰扬虎视流星远,中鹄穿杨为世雄。"

陈廷敬《恭和御赐辅国将军俄启诗并序》云:"二十一日,同侍读学士臣方蔼、臣英、侍读臣士正、中书舍人士奇奉旨赋。"(《午亭文编》卷一一,八)

《康熙起居注》云:"八月二十二日,是日,上命学士陈廷敬、侍读学士叶方蔼、侍讲学士张英、侍读学士王士禛、中书舍人高士奇,各书恭和御制赐内大臣、辅国将军额奇诗一幅。廷敬等奉命书讫,进呈御览。"(《康熙起居注》,三八〇)

高士奇《恭和御制赐内大臣辅国将军俄启诗》见《随辇集》(卷三,一二)。

八月,长子张廷瓒中顺天乡试第二十名。

"秋八月,子廷瓒举于乡。"(《子廷瓒行略》)

《张氏宗谱》:"中康熙戊午科顺天乡试第二十名。主考朱阜,浙江会稽人。杨瑄,江南华亭人。同考张瑛,浙江海宁人。"(《张氏宗谱》卷四,一四)

同里马教思中顺天乡试第七名。(《道光续修桐城县志》卷一二,六四)

潘江闻讯,作诗以贺。

潘江《邸抄至得张卣臣捷音赋寄兼柬敦复学士》有句云:"十五年前捷骑同,今朝又报冀群空。"诗下自注云:"癸卯秋,敦复与予同舟归至芜湖,闻捷音,遂赴鹿鸣之宴。"(《木厓续集》卷三,二)

孙致弥不第,返里,张廷瓒诗以送之。

张廷瓒《送同年孙恺似归吴门》诗序云:"戊午秋八月,与余同举于乡。明年春试礼部不第,又数月,始束装南归,同人治具征歌饯之于张氏园林,因赋此以送之。"(《传恭堂诗集》卷一,一,清康熙刻本)

按:孙致弥,字恺似,一字松坪。八都人(今属高桥地区)。清康熙十七年(1678年)游都门,遂以国学监生假二品服,为朝鲜副使,购藏书,辑其国人诗为《采风集》。是年,中顺天乡试。二十七年(1688年)成进士,选庶吉士。以鹢漕议,几狱。阅十年复职,四十一年(1702年),典试山西,授编修。寻充《佩文韵府》总裁,历官至翰林院侍读学士。其纂修勤且久,考核详慎,书垂成而卒,年六十八。致弥慷慨乐易,好奖掖后进。致弥工于诗,书法逼似董其昌,诗词跌宕流逸,与陆元辅、赵俞、张云章、张大受、张鹏翀称六君子。

八月,戴名世代公为桐城学博王立极作六十寿序。

《戴名世年谱》云:"先生(按:戴名世)《学博王君寿序》为佚文,见载《南山外编》《潜虚补遗》中。潘江十七年仲秋,有《寿王我建学博二首》。(《木厓续集》卷三)"(《戴名世年谱》六二)

《学博王君寿序》文云:"王君,上海人,来教吾桐甫两年,而士皆蒸蒸向风。盖余闻之乡人之语曰:'其为人也,魁奇磊落而正直,其祀先圣贤,必诚信,其教士也,先行而后文,是殆古之君子欤!'余未见王君,而乐闻其风,以为桐人士之幸。今年某月日,为王君六十之生辰,邑诸生奉觞为寿,而遣使属序于余。余惟国家方重崇儒育才之令,有以王先生事闻于朝者,必得美仕,将见其教益广,而某从退食之暇,从容得以尽闾里中

之习俗士风,岂不快哉?即书之,以为王君寿云。"(《戴名世年谱》六二)

九月六日,侄廷琰生。

按:张廷琰,讳杰次子,字瑗度,号悔亭,治《诗经》,附贡生。康熙戊戌选授陕西泾州州判,壬寅计典卓异,雍正元年癸卯钦锡蟒服,升福建福州府福清县知县,本年遇覃恩敕授文林郎福建福州府福清县知县。妻姚氏,封孺人,父母赠如其官。丙午缘事挂误,奉特旨引见,经总督疏荐,胜任海疆题补台湾府台湾县知县,特谕请训。蒙赐御制墨刻、紫貂、香珠之属。庚戌调回内地,奉特旨引见,升山西岢岚州知州。癸丑升汾州府知府,乙卯遇覃恩诰授中宪大夫,山西汾州府知府。妻姚氏,赠恭人,父母赠如其官。乾隆己未,告病回籍。生康熙戊午年九月初六日,卒乾隆丁丑年七月初三日,享年八十。配姚氏,康熙戊辰会魁左春坊左赞善讳士藟女。封孺人,累赠恭人。五子:若昶、若矩(继廷莹为嗣)、若星、若暹、若春。一女,适姚兴渥。(《张氏宗谱》卷五,一三)

张廷琰,字瑗度。性至孝,年十五补县学生,由陕西泾州判迁福建福清知县,继擢山西岢岚州知州,旋升汾州知府。居官二十余年,雪奇冤,释锢讼,除积弊。所至翕然诵服。解组时,士民无不攀辕泣送。大吏方为卓荐,不乐仕进,遂乞归。蔬食布衣,劝掖后进。卒年八十。(《道光续修桐城县志》卷一三)

《清代官员履历档案全编》载:"张廷琰,江南安庆府桐城县人。由附生捐贡。又捐陕西平凉府泾州州判,(句间夹批云:张廷玉之弟。高其倬题的举职知县。张廷玉、朱轼皆言去)六十一年大计年羹尧、卢询荐举卓异。(句间夹批云:浔平常之材,须发参白,老成诚实)元年六月补授福建福州府清县知县,未完钱粮案内革职,总督高其倬奏请补授台湾县知县。四年三月内引见,奉旨补授台湾县知县。"评价:"中中。"(第一册,二三上)

张若矩,字闲中,幼聪颖,嗜读书。母苦节,若矩竭尽诚孝。以防河自效,躬督畚锸,事无不集。补山东泇河通判,适属吏伋帑行贿,若矩揭其事,忤上官意,遂落职待质,久之得白,起广西桂林通判。引见,上以若矩不纳吏贿、能暴其奸为可嘉,特擢永安知州。抵任后,值苗民蠢动,若矩以苗性冥顽、昧国法,殊无异志,况巢穴阻险,若兴兵动众,不特耗国帑,且伤生灵,愿亲往抚。抚军允其请,遂单骑入瘴乡蹈不测,开诚宣谕。苗民皆感格涕泣,州赖以安。黔中军兴,奉督转饷,挽运数千里,以时济其资粮。全州为楚粤重地,最称难治。上官知其才,特疏调补。若矩先以积劳成疾,命甫下,遂卒。(《道光续修桐城县志》卷一三,三四)

九月九日,公同高士奇、陈廷敬、叶方蔼及杜励讷在大内限韵赋诗。

高士奇《苑西集》(卷一)有《直大内南书房同掌院学士陈公侍读学士叶讱庵张敦复两先生杜近公同年限登字高字》诗二首。

陈廷敬同题作见《午亭文编》卷一一,八)。

九月十日,上奉太皇太后临御温泉,有《康熙十七年九月初十日奉太皇太后临御温泉恭纪五言排律八韵》。

诗云："慈宁方晓日,掖辇幸温泉。羽骑清尘道,华旗卫御前。九重双阙迥,三辅万家连。葱郁东皋树,苍茫北岭烟。问安频色喜,侍膳每心悬。孝养尊亲重,时巡法祖虔。村村施化溥,处处得恩先。更虑民情隐,深惭抚八埏。"(《御制文集》卷三二,一二)

公作《上侍太皇太后幸温泉恭纪五言八韵》。(《文端集》卷三)

高士奇有《太皇太后幸温泉恭纪》(《随辇集》卷三,一二);

王顼龄有《九月初十日,太皇太后驾幸汤泉恭纪二十韵》(《世恩堂诗集》卷五)

《康熙起居注》(三八三)云:"初十日戊申,太皇太后幸遵化温泉。辰时,上诣太皇太后宫候太皇太后登辇,上随辇行,出神武门,设卤簿。在京王以下文武各官,俱服蟒袍跪送。出东直门,至进膳处,上扶掖太皇太后降辇,入行宫后,上御进膳所。"

九月,座师王曰高大葬,作诗挽之。

《奉挽座师给谏茌平王公》诗,见《存诚堂诗集》卷一五)。

王顼龄《世恩堂诗集》(卷六)有《座主茌阳王公大葬奉挽二十韵》,系在是年九月,从之。

十月十四日,张廷璟元配姚氏生。姚文燕女。(《张氏宗谱》卷四,二七)

十月二十四日,蒙恩自温泉颁赐野鸡,恭纪诗二首。

高士奇同题诗见《随辇集》(卷三,一四)。

十一月八日,上以冬至亲祀天圆丘毕,回宫。

是日,公作《长至日上躬祀南郊恭纪五言十二韵》。

高士奇同日作《上躬祀南郊恭纪》诗。(《随辇集》卷三,一四)

十一月二十六日,张廷瓒侧室周氏生。(《张氏宗谱》卷四,一五)

按:周氏(1678—1719年),享年四十二岁。守节十八年,雍正甲辰年奉旨建坊旌表,崇祀节孝祠。(《张氏宗谱》卷四,一五)

长至日后,陈廷敬以母卒闻,公为作《公祭诰封太夫人陈太君文》。

文云:"今长至后正金华进讲之辰,先生忽以母忧上闻,天子动容感悼,特遣近臣至第赐问,异数昔未曾有。"(《公祭诰封太夫人陈太君文》,《笃素堂文集》卷一〇,《张英全书》本)

十二月二十五日,蒙赐御用貂裘一领,恭纪二首。(《文端集》卷三,《影印文渊阁四库全书》本)

十二月二十八日,蒙赐食品酒醴,恭纪二首。(诗见《文端集》卷三)

冬夜,公招饮高士奇、张玉书、励杜讷于宅中。

高士奇有《冬夜同张素存庶子杜近公同年饮张敦复学士宅》。(《苑西集》卷一,六)

是年,友人周孚先卒于五河学博任,作诗以哭。

《哭信臣》诗云:"嗟予束发初,众中识吾子。鸾鹤本异姿,珪璋有静理。(中略)十年走名场,相将执鞭箠。……岂谓终不达,数奇竟如此。薄宦来荒城,博士斋空圮。昔蓿无朝餐,宿疾焉能起。寄我尺素书,悲歌皆变徵。徘徊能几时,消息传蒿里,稚子真可哀,慈亲复何倚?"诗末自注云:"周子信臣名孚先,予同学友,能诗文,卒于五河学博。"(《文端集》卷七,一九)

从十年名利场来看,张英六年中式进士,到十六年正好十年,该诗大约作于是年或稍后。

是年,有《赠施愚山二首》,甚夸施闰章道德文章及其五言诗。

诗云:"共住江南北,才名仰顾厨。青山枕旧业,丹诏起醇儒。久爱诗篇好,兼闻道气殊。明时方侧席,莫拟著潜夫。"

其二云:"邹鲁弦歌地,抡文最有声。檐惟看泰岱,函席接蓬瀛。大雅伤沦弃,宗风赖拄撑。岂应将五字,独数谢宣城。"(《文端集》卷一九,六)

是年,为二姐龙眠山房题诗三首。

《寄题仲姊龙眠山房三首》其二诗云:"野性枕林壑,孤云寄所如。十年京国梦,千纸故园书。鸟倦思投树,龙眠拟卜居。家山幽胜地,何处是吾庐。"(《文端集》卷一九,六)

为同年友石乔《扁舟钓鱼图》题诗四首。

《题石林扁舟钓鱼图四首》诗见《文端集》(卷一九,六)。

是年,次女及婿吴骥还桐城,作《送吴婿骥偕次女还桐城》诗以送。(《文端集》卷一九,六)

按:吴德音,吴道谦子,吴道谦是张英妹夫。吴德音是张英外甥。吴德音有三子,长子吴骈,字天况,号碧山。次子吴骝,字天驷,号柳峰,康熙乙丑拔贡生,官宿迁教谕,有《柳峰峦集》。据吴氏家传,骝为式昭子,文端公甥。幼倜傥负奇气,文端公甚器之。晚年为宿迁学博,退居后,居桐城县城城西小园,竹树葱蒨,暇日吟咏其中,名其轩曰"借绿",取宋诗"借得邻家万绿看"之意也。三子吴骥。

(事迹见《麻溪吴氏族谱》卷一二,《张氏宗谱》卷四,《桐旧集》卷一三,《宿迁县志》卷一二《职官志上》)

是年,何姑母卒。公甚哀,作《祭诰封恭人何姑母文》。

文云:"呜呼,违吾姑母慈颜者十六年,而今乃以讣闻。竟不及抚棺一哭,为痛心也。吾父同胞兄弟姊妹六人,其存者惟吾姑母与叔父,今姑母又见背耶!姑母为相国文端公之冢妇,中表兄弟皆极一时之盛。辨斋先生为名孝廉,省斋先生为馆阁前辈。……前年与姑父偕举八十之觞。"(《笃素堂文集》卷一〇,《张英全书》本)

按:张英姑父何应璜生于1597年,康熙十五年(丙辰,1676年)八十岁,何姑母亦于是年举八十觞。据《祭文》称丙辰年为"前年",则《祭文》作于康熙十七年(1678年),故系于此。又《青山何氏宗谱》载:"卒未详。"根据此处推断,何姑母生卒年为1596—1678年,享年八十有三。

按:何相国,指何如宠,何如宠有独子何应璜,娶张士维第三女。有子何亮功(辨斋)、何采(醒斋)。

何如宠子何应璜，字元瑜，号蓉庵，1597年生，县学生。1653年督抚以人才推荐，授户部主事，转刑部郎中，升江西赣州知府，诰授中宪大夫。莅任三年，告假归里。葬太平府芦庄村，距父坟丁村六里路。

孙何亮功（1617—1690年），何应璜次子。字次德，号辨斋。1657年举人，授福建古田知县。为政宽简得宜，暇即进书院谈经讲学，一变僻俗陋风。1687年任乡试同考官，卒于任。著有《长安道集》。

孙何采（1626—1701年），何应璜三子，字敬舆，号醒斋，又号南硐。1649年进士，官至翰林侍读，奉政大夫。葬安徽当涂县横山村八仙台。文章翰墨，为一时词臣之冠。著有《让村集》《南硐集》《南硐词选》。

又：据《青山何氏宗谱》："何采，字敬舆，号醒斋，又号南涧。应璜公三子，以《易》补江宁县庠生。顺治戊子（顺治五年，1648年）乡试中式一百一十名举人。己丑（顺治六年，1649年）会试中式第六名殿试第二甲第十五名进士，改庶吉士，授翰林院编修，纂修《实录》，升左春坊左赞善，历左右春坊中允翰林院侍读，阶奉政大夫，乙未（顺治十二年，1655）会试领书一房坐议左迁，移疾归。行详《传》中。生明天启丙寅（天启六年，1626年）八月二十三，卒康熙辛巳，寿七十六，葬当涂横山。配兵部尚书张公秉贞女，生明崇祯己巳四月十八，卒顺治甲申四月十七，诰赠宜人。继配山东布政使刘公尚志孙女，生明天启丙寅十二月二十七，卒顺治甲午。诰封宜人，副室张氏、邱氏，生卒俱未详。子二：彦国、持国，俱刘出。女三：长适御史方公亨咸子，次适兵备副使彭公豻子，三适兴化府同知吴公调元子，俱邱出。"（《青山何氏宗谱》卷一三，九〇）

是年，池州府学大加修葺并筑宫墙，张英为之记。

《记》云："池北隅庙，祀夫子宫墙多士者，盖已二百余年，土木之工不三十年而辄毁，以故旋圮旋葺，前贤之官于此地者，各与有劳勋，载在册书，不容泯灭，而要未有若金州喻公今日建学之盛也。何则？今之时亦大异于昔之时矣。期会簿书，日不暇给，非若向之从容就理也；职掌虽具，然不关乎六计，无操约以程也；且军兴旁午，长吏多以峙具菱刍，勤劳鞅掌，非若向之时乘农隙百废俱修也，无怪乎郡若邑多委谢后来，而自视蘧庐然矣。喻公独谓今天子右文至意，正以学宫为人心根本之地，余亦体上意尽心焉已耳。是以良画凤具，断不道谋，竭力捐俸钱而外，间有事于募助，令六邑之有力者助之资，而财可称任矣。铲凿畚锸，茨络圬墁，聚百工，非有专官不能朝视而暮考也。于是遴府幕及吏胥之能者，视作登记，纤悉备载，而力可称任矣。物力有余，故经费无逗挠、趋作无怠嬾。自丁巳冬月经始，至戊午六月为夫子庙如制，上可建三丈旗，下可容千余人，盖堂堂焉，可以凭鬼神。庑下周还奂美，两两如翼，若启圣祠，若明伦堂、文昌祠，皆次第修举不遗余力。戟门外瓯地为泮水，其外为一坊，颜之曰：泮宫。公亲书之。

英曰：喻公知为政之要矣。夫士民之秀也，规其地宜则易化，示之仪象则易从。昔文翁治蜀以教化，而蜀中诸士比邹鲁之乡，一时有长卿、渊云之属蔚起焉。宗泽官龙游，兴庠序，延师儒而擢科者相继。彼其民皆未知学也，矧公乘昌期，视形胜，而临训诲之,有不追美如曩日也哉。夫专以科目期人才,固非教者之至意。顾士不由之无由自见,如靖难之陈公、黄公皆是也。余闻公于两公祠宇皆加意营造,公之所以勖池人士者深矣。仅科名云尔乎哉。或曰:学之役,不自公为郡始也。公以建德令迁监郡,即谋之于前太守周公、江防祝公,洎六邑之令长,而身任其事,公之功懋哉。余曰唯唯。于是学博吴门陆君德人、京口包君斌属余同籍章孝廉书以属予,予乃为之记。"(《重修安徽通志》卷八九《学校志学宫》七)

年末,同门师弟归允肃来访。

公《惺崖归公暨配夫人华恭人墓志铭》云:"戊午年岁暮,惺崖馆于京师,谓余曰:'余欲于汝家度岁。'余曰:'甚善。'以己未年人日移居余家。家有老仆,于初四日梦室内有神齐集,役从甚多,持一旗曰:'状元及第。'阅三日,而惺崖至,余心异之。然后知神明之来告,非偶然也。"(《张英全书》下册,三三〇)

康熙十八年(己未,1679年)　四十三岁

正月四日,家仆有异梦。

家仆梦室内有神齐集,役从甚多,持一旗曰:"状元及第。"(《张英全书》下册,三三〇)

正月七日,归允肃来宿。

二月二十九日,辰时,上召公至懋勤殿。

上复诵"王曰:'汝陈时臬事'"三节。亲讲"王曰:'封元恶大憝'"二节。是日,上传谕臣英、臣士奇、臣讷曰:"尔等在内侍从,今风日晴和,特命尔等游于西苑,赐宴泛舟。"臣英等欣沐殊恩,各恭纪诗四章,进呈御览。(《南书房记注》)

公作《蒙恩赐宴西苑恭纪四章》(上林风日好)。(见《文端集》卷三,一三)

高士奇《赐宴西苑恭纪》见《随辇集》(卷四,四)。

是月,张廷瓒参加会试第一百九名,殿试二甲第二名。(《张氏宗谱》卷四)

同里马教思参加会试第一人,亦成进士,改庶吉士。(《道光续修桐城县志》卷一二,六四)

同门师弟归孝仪中式进士。廷对第一,喜赋诗。

《孝仪廷对第一喜而赋此》诗云:"灼灼明月珠,垂光照紫庭。丽龙匿其宝,潜耀居沧溟。悠悠十七载,龙睡无时醒。今年驾洪涛,夭矫驱风霆。……我友虞山客,乡举同一经。……与我频年交,相顾如影形。……圣主方好贤,赐第冠丹屏。雏燕乘闰风,同时舒彩翎。自注云:儿瓒同举进士。"(《文端集》卷七,二一)

张廷玉《先考行述》:"二月,先兄廷瓒成进士,钦选翰林院庶吉士,时府君在直庐,未知之也。上驻辇命中使传语之。"

三月一日,试内外诸臣荐举博学鸿儒一百四十三人于体仁阁。赐宴。试题《璇玑玉衡赋》《省耕诗》五言排律二十韵。(《康熙实录》卷八〇)

试博学鸿儒一百四十三人于体仁阁,取一等二十人,二等三十二人,命设馆纂修《明史》。

《南书房记注》云："初一日，上以《璿璣玉衡赋》《省耕诗》五言二十韵，亲试荐举诸臣，因命臣英、臣士奇、臣讷同作，是日进呈御览。"

三月十四日，上省耕回宫，蒙赐水禽诸物，有恭纪诗二章。

诗中有句云："观俗旋镳自水湄，小臣沾赐愧恩私。"（《文端集》卷三，一四）

高士奇《上省耕回宫蒙赐水禽诸物恭纪》见《随辇集》（卷四，五）。

三月十八日，皇上万寿，公等于内殿前行庆贺礼，恭纪诗二章，进呈御览。

公《皇上万寿节于内殿称贺敬赋二首》见《文端集》（卷三，一五）。

高士奇《皇上万寿节于内殿朝贺敬赋》见《随辇集》（卷四，五）。

三月十九日，公与士奇、杜励讷因前扈从时随谒孝陵，复蒙恩赐游温泉，各赋恭谒孝陵诗及温泉诗进呈御览。

三月二十日，上"策试天下贡士马教思等于太和殿前"。（《康熙实录》卷八〇）

按：时公长子张廷瓒以殿试二甲第二名，选授翰林院庶吉士。

三月二十三日，早，上御太和殿传胪，赐贡士归允肃等第一甲进士及第，吴震方等四十人二甲进士出身，丁暐等一百八人三甲同进士出身。（《康熙起居注》，四〇五）

三月二十九日，博学宏词殿试结果公布。

《康熙实录》云："甲子。谕吏部：'荐举到文学人员，已经亲试。其取中一等彭孙遹、倪灿、张烈、汪霦、乔莱、王顼龄、李因笃、秦松龄、周清原、陈维崧、徐嘉炎、陆葇、冯勖、钱中谐、汪楫、袁佑、朱彝尊、汤斌、汪琬、邱象随。二等李来泰、潘耒、沈珩、施闰章、米汉雯、黄与坚、李铠、徐釚、沈筠、周庆曾、尤侗、范必英、崔如岳、张鸿烈、方象瑛、李澄中、吴元龙、庞垲、毛奇龄、金甫、吴任臣、陈鸿绩、曹宜溥、毛升芳、曹禾、黎骞、高咏、龙燮、邵吴远、严绳孙俱著纂修《明史》。其见任、候补及已任未仕各员，作何分别，授以职衔。其余见任者，仍归原任。候补者，仍令候补。未仕者，俱著回籍。内有年老者，作何量给职衔，以示恩荣。尔部一并详议具奏。告病者，不必补试。'"（卷八〇）

四月十二日，辰时，上召公至懋勤殿。上复诵"又惟殷之迪诸臣惟工"三节。

是日，上因亢旱祈雨，躬祀天坛，斋戒三日，不理政事。（《康熙起居注》，四〇六）

四月十五日，卯时，上躬诣天坛祈雨，自西天门步行到坛，致祭读祝甫毕，甘霖随降。祭毕，上冒雨步行，出西天门，方乘马回宫。（《康熙起居注》，四〇五）

四月十六日，上亲诣南郊，雨泽应时而至，恭纪二首。

上以天时久旱，于宫中致斋三日。望日，亲诣南郊，雨泽应时而至，恭纪二首。（《文端集》卷三）

高士奇同题之作见《随辇集》（卷四，六）。

是年清明前，甥吴天况归里，张英托其致书好友潘江，言未能举荐其于博学宏词，深表遗憾，并劝其保持良好的进退心态。

吴天贶,张英姊、姊夫吴德音之长子。张英外甥,潘江表弟,名骅。

吴天贶归里后,将张英书信交给潘江。

潘江云:"表弟自都门归,张敦复学士远贻书问,谓博学宏词之举未及推荐,遂成有生一大憾事。然三公不易之一日,名山不朽之千秋,终不欲以区区一官间先生二者之乐云云。知己之言,愧感交集,赋谢二首兼述本怀。"诗后注:"末句亦答书中著书娱老之意。"(《木厓续集》卷四,八)

其后一首诗中有"知尔思乡最凄切,清明坟上野棠生。"(《木厓续集》卷四,九)

其十二,诗中有句云:"不荐转徵良友厚。"诗中注云:近得敦复书。(《木厓续集》卷四,一一)

五月一日,赐内府彩丝药物,恭纪一首。(《文端集》卷三)

五月二日,子廷瓒以殿试二甲第二名,选授翰林院庶吉士。

《康熙起居注》(四一一):"初二日乙未,早,上御乾清门,听部院各衙门官员面奏政事。少顷,上御保和殿,引见新科进士马教思等,亲选庶吉士。"

《康熙实录》云:"五月。甲午朔。乙未。谕翰林院:选拔庶常,原以作养人材。今科进士,特加简阅,取吴震方、张廷瓒、秦宗游、田需、陈捷、赵执信、曹鉴伦、马教思、刘果实、沈朝初、杨大鹤、陆祖修、方佃、陆舆、李孚青、佘艳雪、王沛恩、丁暐、庄延裕、汪晋徵、王承祜、宋敏求、潘应宾、顾镡、梁弓、陈紫芝、张克嶷、张光豸、卢熙、任璇、赵作舟、杨雍等三十二员,俱著改为庶吉士。并修撰归允肃、编修孙卓、茹荐馨分别满汉书教习"。(《康熙实录》卷八〇)

张英作《蒙恩传谕廷瓒选授翰林院庶吉士恭纪二首》。

其一:"太液湖光映直庐,燕雏随傍凤城居。敢期姓字联珠榜,得奉恩辉到玉除。"其二:"清切官阶数艺林,何堪相继玷华簪。一经教子惭无术,两代分荣愧转深。愚似豚鱼犹载德,微如葵藿尚倾心。况曾夙奉诗书泽,感遇酬恩自古今。"(《文端集》卷三,一七)

五月五日,西苑泛舟侍宴,有纪恩诗四首。(《文端集》卷三,一六)

高士奇有《五日西苑泛舟侍宴恭纪》。(《随辇集》卷四,七)

张廷玉《行述》:"六月,命供奉周君道写府君像。上亲为指示改易再三,务令宛肖,装潢成轴以赐。府君纪恩诗云:'三毫颊上频添取,都在天颜指顾时',真异数也。是年冬,赐御用裘一袭。"

门生张英南归,作《送仲张南还二首》以送。

按:《陶庐杂录》载:"海宁张英,字仲张,康熙癸丑进士。出桐城张文端公之门,一时有大小张英之目。戊午,文端子廷瓒又出仲张门。仲张虽由是获谴,而针芥之投,亦有莫之为而为之者矣。"

高士奇《苑西集》(卷一)有《送张仲张》云:"水国芙蓉几日秋,羡君归兴满沧州。"

李因笃举博学宏词,授检讨。五月二十一日,以母老乞养,诏许之。还里之时,朝中众士大夫作诗以送。公有《送李天生检讨还秦中四首》。(《文端集》卷

一九,八)

  李天馥《容斋千首诗·七言古·送李子德陈情归养》,王顼龄《送李天生归养》作于同时。(《世恩堂诗集》卷六,五)

  高士奇有《李天生检讨将归关中同严耦渔朱竹垞潘稼堂李武曾小斋话别》(《苑西集》卷一,九)

  《清史列传》(二六七)《儒林一》:"李因笃(1632—1692年),字天生,富平人。明庠生。博学强记,贯串注疏。举博学鸿儒,试授检讨。未逾月,以母老乞养,诏许之。母殁,仍不出。"

  《康熙实录》(卷八〇):"庚戌(五月十七日),授荐举博学宏词邵吴远为侍读。汤斌、李来泰、施闰章、吴元龙为侍讲。彭孙遹、张烈、汪霦、乔莱、王顼龄、陆葇、钱中谐、袁佑、汪琬、沈珩、米汉雯、黄与坚、李铠、沈筠、周庆曾、方象瑛、金甫、曹禾为编修。倪灿、李因笃、秦松龄、周清原、陈维崧、徐嘉炎、冯勖、汪楫、朱彝尊、邱象随、潘耒、徐釚、尤侗、范必英、崔如岳、张鸿烈、李澄中、庞垲、毛奇龄、吴任臣、陈鸿绩、曹宜溥、毛升芳、黎骞、高咏、龙燮、严绳孙为检讨。"

夏,有《早经玉蛛桥》。

  诗中有句云:"新荷香在叶,芳草露为华。碧瓦迷朝雾,红亭接曙霞。几年骑马客,鞭影起林鸦。"

友人丁炜任赣州分巡道,有《送丁雁水之任赣州》诗以送之。

  按:丁炜(1627—1696年),字瞻汝,又作澹汝,号雁水。清泉州晋江陈埭人,回族,康熙八年(1669年),内调为户部主事。不久转员外郎,升兵部郎中,出任赣南分巡道。

七月二十八日,巳时地震,上御便殿修省,减膳斋居,特诏在廷三品以上及科道官,各直言无隐,凡京城被灾人民,厚加优恤。

七月二十九日,上亲制诏谕六条,颁示内外大小诸臣,各加洗心涤虑,同修实政,以勉思上天垂戒至意。

八月一日,公与高士奇、杜讷恭请圣躬万安。

  上传谕曰:"地震灾变,人民荼苦,朕心昼夜不宁,寝食俱废,思所以挽回天心,以消灾警。"臣英等对曰:"古人有言:'遇灾知警,则灾可转而之祥。'董仲舒亦曰:'灾异者,天心之仁爱仁君,而欲止其乱也。'臣等伏睹我皇上敬天勤民之心一刻不懈,今遇此变异,忧形于色,斋居减膳,求直言以通民隐,发帑金以恤民灾,虚己求治,可谓治矣。又伏读圣谕谆恳,洞见天下弊源,痛切诚励,无微不晰,人臣苟有知识,能不愧汗无地?如果大小臣工皆能以皇上之心为心,从此大破积习,各殚实心,何灾变之不可弭,而休祥之不可致乎?'"

八月十日,因觉地震,疑为上天警示,公等议祈祷事。

  酉时,上传谕曰:"自二十八日以后,常觉震动,今犹未止,朕心甚为不安。"臣英、臣士奇对曰:"臣等渺闻寡见,未能深烛其理,但据史书所载:'地者,阴象也。阴气过盛,阳气伏于下而不能伸,则有震动之灾。故久雨则震,久旱则震,皆阴阳不和之所致也。

在京师根本之地,尤不宜屡见。'伏睹皇上数时忧勤惕厉之心,挽回天变可谓至矣。今或宜虔祷郊坛,为万民请命,至诚所动,上格穹苍,当亦弭灾之一端也。"上传谕曰:"所奏已知。祈祷事已遣官行礼。"(《南书房记注》)

八月十七日,上询问地震后京城内外房屋、人员受损情况。公奏请及时掩埋在地震中被压死人员尸体。

> 上传谕问曰:"数日京城内外小民庐舍已各整理否?"臣英等对曰:"小民蒙皇上优恤之恩,庐舍已渐次完整。臣英近闻通州一路各被灾之地,人民压死者甚众,其有亲故者,已各自掩瘗;其行道之人,无亲故识认者,尚填压于街市城垣瓦砾之间,日久腐坏,秽气远闻。道殣之人既为可悯,况今深秋,尚尔炎暑,天道亢阳,诚恐秽气薰蒸,人民露处者,不免沾染疾病之虑,存者、殁者皆未得其所。伏乞皇上传谕地方官速加掩埋,亦安恤灾黎之一端也。"上传谕曰:"所奏是,已谕部速行。"(《南书房记注》)

八月二十八日,上与公等讨论官员腐败问题。公等积极奏请澄清吏治,造福于民。

> 上谕公及士奇曰:"朕自冲年临御以来,民间疾苦及贪吏弊窦留心体察已久,其中情弊,知之素矣。但念君德莫大于有容,治道莫尚于能宽。故每事务存矜恕,其有自罹于法者,尚不忍置之重典,诚恐近于苛刻,有乖体恤臣工之至意也。朝廷设立科道官,原寄以耳目重任。迩来民生困苦,朝廷之德泽不能下究,科道各官于国计民生之大,实心讲究确切敷陈者,寥寥无几。但将六部现行之事指摘纷更,希图塞责,冀免春秋年例处分。其在朕前所奏,皆若至廉至公,及考其行事,殉私自利者不可胜数。所谓耳目之官,风纪之任,岂不大负厥职哉。近日贪私之弊,满汉皆然。满人聚处京城,形迹尚为易见。汉人散处外郡,往往有田宅弥连州县,挟其富厚之势,侵凌小民,有司莫敢话其非者,科道官宁不知之?而不闻有所纠参举发,此皆言官溺职,民生失所之由也。"公等奏曰:"臣等数年以来,得朝夕侍从皇上左右,伏睹圣心忧劳,起居寝食,无时不以天下苍生为念,闻一夫之失所,则恻侧于宸衷,允恭克俭,约己厚下,虽盛古帝王,何以加兹?宜乎天下之大,含生之众,无不尽被皇上之德泽而歌舞太平矣。乃今日民生疾苦,诚有如圣谕所云者。臣窃以为,皇上爱民之心,与小民望恩之心,皆可谓极至。而有扞格于其中而使之不能通者,则皆今日贪官污吏之所为也。伏闻圣谕,洞晰贪风,切责言路,王言炳如日星,肃若雷霆,使诸臣果能改心易虑,此真天下万民之大庆矣。"(《南书房记注》)

九月八日,辰时,上召公至懋勤殿。

> 上复诵"周公曰:'呜呼!继自今嗣王'"四节,亲讲"周公曰:'呜呼!自殷王中宗'"四节。(《南书房记注》)

后,上与公论及言臣之事,地方存粮问题,及推行节俭问题。

> 上曰:"朕于政务悉心讲究,务求其当,前曾面谕诸臣及言官,使各加警励。汝闻之乎?"臣英对曰:"臣窃闻诏谕,仰见圣心忧劳。"上曰:"天下国家事,莫不有大小重轻之势,故凡事当权衡折衷,必务从其大者、重者。今言官论事论人,多指摘瑕疵,但见

及一偏,而于大局全体所关,不能审度其轻重。即如用兵之地,督抚大吏职任至重,至其制备鞍马、招募技勇、激赏将士以及供馈官兵之费,势与内地不同。倘复事事苛责,恐隳其任事之心,亦将何以展布其手足。若兵兴时用之,兵休时速黜之,亦非所以慰劝劳臣。且言官每事惟知推诿,独不思身在会议会推之列,何不可直陈于事前,而必待推过于事后乎?若其始,或知而不言,或有所畏而不言,皆非实心任事之道也。"臣英对曰:"言官或持其一节之见,而于军国大计未能深知,且疆场戎马之间,与平居无事之地不同,自难以一概论也。"上曰:"近日外吏可谓极难,营私者固不免于纠参,即有守正者,又多不为人所容。若因一时之弹核〔劾〕而速置于重典,常恐有冤抑可矜,故每兢兢然慎之。"臣英对曰:"外吏之苦甚,至有自戕其生者。人非至愚,岂肯甘心于此。皇上洞悉外吏之情形,可谓切矣。虽古所称廉吏,亦孰无身家妻子之念,故从来州县有存留钱粮,稍有余地,此非以宽吏也,正以宽民也。自用兵以来,存留尽入兵饷,州县之支用无几,如驿递、胥役诸费,又决不可缺,官安能自给哉?究竟取之百姓耳。臣愿四海荡平、兵饷稍裕之时,存留钱粮尚宜少加酌议,以为恤官、恤民之地也。"上曰:"近日民生贫困,家给人足之乐远不及于古,而风俗之奢靡日甚。向严加禁止,渐有规模,自兵兴以来,稍弛其禁,诚恐奉行不善,或至扰民。每思足民良法,终无逾于此。"臣英对曰:"自古婚嫁、埋葬、宫室、衣服、宴会之制,皆有一定,宁俭无奢。今日风俗奢靡,此倡彼效,正贾谊所谓'贫富相耀'也。古人比百姓于婴儿、赤子,彼安知饥饱之节哉,全在为父母者为之节之制之。彼初但觉其苦,而后乃知其益。所以古人云:'百姓可与乐成,不可与虑始也。'返奢为俭,则可以防吏之贪,止民之盗。辨贵贱,正名分,美风俗,皆在于此。惟在皇上渐以行之而已。"

九月二十二日,表姐吴坤元卒。
是秋,有《偶作》《寄仲姊三首》《秋日咏怀八首》等诗。(《存诚堂诗集》卷十五)
长子张廷瓒同年孙恺似春试礼部不第,又数月始束装而归,张廷瓒集同人于张氏园林为之饯行,并有诗送之。
    张廷瓒《传恭堂诗集》(卷一)有《送孙恺似同年归吴门》。高士奇《苑西集》有《送恺似孝廉》当作于同时。(卷一,八)公亦有《赠孙恺士孝廉》。
后作《偶作》。
    "二十年前种竹诗,倚窗遥祝密阴时。只今辜负窗前竹,露压烟笼碧玉枝。"诗下注云:"予己亥初筑远峰亭,作《种竹诗》。"己亥 1669 年,这首诗作于康熙十八年或十九年。
二女婿完婚归里,为二姊之子。送其归里,并以诗寄二姊。
    《寄仲姊三首》末自注云:"甥为予第二婿,时就婚长安送归。"(《文端集》卷一九,九)
为八位已亡同年作《八哀诗》。(《文端集》卷七,二一)
诗寄友人王广心,《寄王农山先生》。
    按:王广心(1610—1691 年),字伊人,号农山,明朝江南华亭县(今上海市金山区)张堰镇人。少年时就以诗文闻名乡里。崇祯五年(1632年)参加进步文社"几社"。清朝顺治六年(1649年)进士及第,任为行人司行人,历官兵部武选司主事,擢御史,巡视京、通两仓漕运。他的曾祖王嗣响、祖父王藻鉴,当时都是名人。康熙二十六年(1687年),王广心病逝故里,享年七十七岁。擅长诗文,著有文集《王侍御奏疏》《兰雪堂集》七卷。

暮秋,汪懋麟骑马来邸,公不在家,张廷瓒迎之。

"迎之者英子廷瓒。向夜英始归,使懋麟宿之。"

《宿梦敦学士邸第夜谭达曙属作诗记之》。(《百尺梧桐阁遗稿》卷一)

诗云:"绕垣阴森日将晏,太液苍茫好林涧。宫柳几叶黄半浓……下马直入学士庐。小凤趋迎昔曾惯。(诗中自注云:"谓卣臣庶常。")烟笼向夜君始归。霜雪三年鬓毛幻,故人高飞胜鹏鹗。"

秋冬间,甥倪伯醇南归,作《送倪甥伯醇南归》。(《文端集》卷一九,一○)

是年冬,赐御用裘一袭。

是年冬,友人王嗣怀应博学鸿辞科后南还,有《送王仲照还钱塘》诗。(《文端集》卷一九,一八)

诗云:"明珠百琲思如泉,脱腕新诗洛下传。天子好文官特简,相公爱士榻常悬。青山丛桂仍招隐,白发苍松与记年。和靖千秋湖上客,梅花鹤梦两翛然。诗下注云:仲照名嗣槐,杭州人,为益都冯相国重客,诏以年老有文学,特予中书舍人衔。"(《文端集》卷一九,一一)

高士奇有《赠王仲昭舍人》当作于同时,而该诗为己未年十月后之作,故公此诗亦作于是年冬。(《苑西集》卷一,一○)

按:王嗣槐,字仲昭,号桂山,浙江仁和人。诸生。性慷慨,善谈论,书无不窥。康熙十八年,举"博学鸿儒"。以老不与试,授内阁中书。性简脱,与俗忤,日偕友人散发袒裸,嬉笑怒骂,不复知人间事。冯溥延致邸第,与吴农祥、吴任臣、毛奇龄、陈维崧、徐林鸿称为"佳山堂六子"。著有《桂山堂偶存》《啸石斋词》及《太极图说论》十四卷,并行于世。

是年,苏州大饥,中丞静宁慕公设粥赈济,命诸广文董其事,张杰以当年在里赈济经验充足,遂领其事,使饥民得受实惠,吴人全活无算。慕公欲特疏举为县令,张杰力辞。(《张氏宗谱》卷三○《列传》七)

是年,七弟张夔参加廷试。(《张氏宗谱》卷三,一六)

康熙十九年(庚申,1680年) 四十四岁

正月六日,公进《易经参解》六卷。公有《易经参解表》(见《笃素堂文集》卷三)及《恭进易经参解序》。(《文端集》卷四○,五)

正月二十七日,有《正月平蜀奏捷恭纪二首》见《文端集》(卷三)。

按：其他作者有：魏象枢有《平蜀捷至志喜》诗，作于庚申正月。诗云："将军分路下西川，庙算从容出万全。马度阴平开鸟道，兵临剑阁息狼烟。纵横余孽奸将尽，指顾南荒檄自传。沃上频年生聚少，浣花今欲问桑田。"（《寒松堂全集》卷七）

徐乾学《平蜀颂并序》云："康熙十九年正月庚子，将军臣良栋以其师由龙安入，经历深阴，遂抵成都，一镞不遗，降其酋类。将军臣丹臣进宝，亦于是月癸卯以其师由朝天关入，贼众鼠骇蚁溃，遂克保宁，擒贼吴之茂等，贼王屏藩穷蹙自缢，露布以闻。"（《憺园文集》卷一）

徐乾学有《正月二十七日官收复成都仔宁午门宣捷恭纪》，当作于同时。（《憺园文集》卷五）

乔莱《直庐集》有《平蜀赋并序》。

四月七日，辰时，上召公至懋勤殿。

上复诵"初九，磐桓"四节，亲讲"六三，即鹿无虞"八节，温诵《书经·益稷》全篇。上曰："朕览尔所进《易经参解》，纂辑古说，于易理可谓明晰。"臣英谨奏曰："臣因质性愚鲁，故纂辑《易经大全》及《直解》诸书，藉以自备遗忘。又因在内廷修辑之书不敢不上呈皇上御览，恭承天语优奖，不胜惶悚之至。"

《康熙实录》云："（四月七日）丁卯。谕吏部：'朕万几之暇，留心经史。虽逊志时敏、夙夜孜孜，而研究阐发，良资讲幄之功。日讲起居注各官，俱以学行优长，简备顾问。讲解明晰，奉职勤劳。所纂讲义，典确精详，深裨治理。侍读学士张英，供奉内廷，日侍左右，恪恭匪懈，勤慎可嘉。高士奇、杜讷学问渊通，居职勤慎，供奉有年，应授为翰林官。尔部一并从优议叙具奏。以后著益殚心职业，佐助典学，以副朕崇儒重道、稽古右文至意。'"

张廷玉《先考行述》云："四月，谕吏部曰：'朕万机之暇，留心经史，虽逊志时敏，自强不息，夙夜孜孜，而研究阐发、良资讲幄之功。日讲起居注各官俱以学行优长简备顾问，所纂讲义典雅精详，深裨治理。侍读学士张英供奉内廷，日侍左右，恪恭匪懈，勤慎可嘉，尔部从优议叙。'寻允部议，讲官叶方蔼、沈荃等加衔有差，英授翰林院学士兼礼部侍郎衔。"

是日，公特擢翰林院学士兼礼部侍郎。

《康熙实录》："五月壬辰，吏部遵谕，议叙日讲官起居注官。得上曰：'翰林院掌院学士叶方蔼加礼部尚书衔。詹事府詹事沈荃加礼部侍郎衔。侍读学士蒋弘道、侍讲学士崔蔚林、严我斯加詹事府詹事衔。侍讲董讷、王鸿绪加侍读学士衔。侍读学士张英授为翰林院学士兼礼部侍郎。内阁中书高士奇授为翰林院侍讲。杜讷授为翰林院编修。左春坊左庶子张玉书加詹事府詹事衔。翰林院学士库勒纳、詹事府詹事格尔古德、侍读学士牛纽、常书、侍讲学士朱马泰、侍读阿哈达俱于见任内各加一级。"（卷九〇）

"五月，特擢翰林院学士兼礼部侍郎。"（张廷玉《先考行述》）

又《文端集》载有诗《康熙十九年六月蒙擢授翰林学士兼礼部侍郎纪恩四首》。（《文

端集》卷三,二二)

五月七日,蒙恩擢授翰林院学士兼礼部侍郎、高士奇擢翰林院侍讲、杜讷擢翰林院编修。公等悚惶谢恩。

公等谨奏曰:"臣等日侍内庭,叨蒙圣恩隆渥,迥异恒常,自愧驽骀,不能报答万一。愚鲁疏野,愆过丛集,蒙圣度优容,奖以温纶,锡以显秩,悚惶感激交切于中。复以成命自天下,不敢逊辞,惟有殚竭愚诚,仰报高厚。"上传谕:"因尔等侍从左右,朝夕进讲,克矢勤慎,故有是命,若非能称其职,恩命亦不轻畀也。"公等恭请谢恩,奉旨于懋勤殿行礼。(《南书房记注》)

是日,有诗《特擢翰林院学士兼礼部侍郎》。

自注云:"康熙十九年五月初七日。"(《文端集》卷三九)

六月十二日,长婿母方夫人卒。

公为作祭文。

《祭姚彦昭元配方孺人文》云:"长子东膠,吾婿也,赘于京师。丙辰,挈吾女归桐城。孺人抚爱教诲,慈仁备至。"(《笃素堂文集》卷一〇,《张英全书》本)

《麻溪姚氏宗谱》(卷五):"姚文焱,珠树公第一子,字彦昭,号盘青,别号芝房老人,治《易》,县举廪生,岁贡。康熙己酉顺天乡试举人。长洲县教谕。擢江西峡江知县,仕绩载《县志》及《先德传》。天启癸亥十月二十九日生,康熙庚午十月九日卒。赠儒林郎,翰林院编修,累赠中宪大夫。娶明经方体乾女,天启甲子十月二十一日生,康熙庚申六月十二日卒,累赠恭人。合葬陶冲口屋脊山。"

六月,友人田雯升提江南通省学政按察使司佥事,同仁纷纷以诗相送。公作《送田纶霞督学江南》。

七月三日,《奉恩泛舟西苑观取鱼并蒙颁赐恭纪八首》。

其一云:"兴废池莲照水红,恩分青雀御微风。几人曾到甘泉馆,来往波光潋滟中。"(《文端集》卷三)

高士奇有《泛舟西苑命采水中莲实携归并序》。(《随辇集》卷五,九)

八月,王士禛、陈维崧等集孙惠斋送田雯出任江南学政。

陈维崧作《送田纶霞督学江南》,王士禛作《雨集孙树百给谏宅送田子纶霞学使之江南听小史弹琴作》[①]。孙树蔚《溉堂集》中亦有《赠田纶霞督学江南》;[②]潘耒有《送田纶霞水部督学江南序》(《遂初堂集》卷九)

按:田雯(1635—1704年),清初大臣,诗人。字紫纶,一字子纶,亦字纶霞,号漪亭,自号山姜子,晚号蒙斋。山东德州人,田绪宗之子。康熙三年(1664年)殿试二甲第四名,授中书舍人。十九年(1680年)提督江南学政,二十六年(1687年)为江苏巡抚,三十八年(1699年)奉旨督修淮安高安堰河工。以病辞职归里。诗与王士禛、施闰章

---

① 黄金元,《王士禛与田雯交游考论》,《山东大学学报》,2009年第2期,第141页。
② 孙枝蔚,《溉堂集》,上海古籍出版社1979年版,第1312页。

同具盛名。著有《山姜诗选》《古欢堂集》《古欢堂集》《黔书》《长河志籍考》等。

孙枝蔚（1620—1687年），清初著名诗人，字豹人，号溉堂，陕西三原人。因其家乡关中有焦荻泽，时人因以焦荻称之。著有《溉堂前集》九卷、《溉堂续集》六卷、《溉堂后集》六卷，及《诗余》二卷，并行于世。

九月初九日，送弟怡斋归里门省亲。

诗云："数载居邻太液池，惠连觞咏每相随。拜官喜近莺花日，将母先归雨雪时。布被好同明月夜，彩衣亲捧大年卮。重来细听家山话，玉楝春深柳正垂。"（《文端集》卷二〇，二）

按：怡斋，张洵，字子岐，族叔张秉哲长子。张英云："自幼醇谨沉笃，步趋不离矩鑊，叔父蔚庵公即世，哀毁成人。稍长，事太宜人极孝，以光大先业为心，弟兄友爱胁至，相勉以读书，其和气醇粹，吾目中之所仅见。补博士弟子，旋以明经授崇明县教谕。吾弟泛家海上，而老母居家，弟兄相依，致孝尽养。吾弟训导有方，克尽师表之责，崇明人至今感之。后升大理寺司务，母太宜人就养于京。吾弟先意承志，出奉板舆承欢致爱，务得其欢，既而归家终养，遘疾而卒，赍志以没，悲夫！"（《张氏宗谱》卷三〇《列传》一四）

又有《题羹湖画奇石修竹图四首》。（诗见《文端集》卷二〇，一）

除夕，与高士奇在乾清宫侍宴，有恭纪诗。

《除夕乾清宫侍宴恭纪》诗见《文端集》（卷三，二六）。

高士奇《庚申除夕侍宴乾清宫恭纪》诗见《随辇集》（卷五，四）。

是年，有《题羹湖画田家图寄孙钺卷子》、《读陶诗慨然有作》等诗。

是年，友人张鹏翮出任江南苏州知府，张英以诗送之。

《送运青出守姑苏》诗见《文端集》（卷八，三）。

按：据《清史稿》人物传记载，张鹏翮于康熙十九年授江南苏州知府。该诗当作于此时。

张鹏翮（1649—1725年），字运青，号宽宇，出生于清代四川省遂宁县黑柏沟（今重庆潼南县），祖籍湖北省麻城县孝感乡（今湖北麻城）。康熙九年（1670年）进士，选翰林院庶吉士，历官苏州知府、浙江巡抚、江南学政、两江总督、河道总督、刑部尚书、户部尚书、文华殿大学士兼吏部尚书，加太子太傅，几乎担任过清王朝从建立到走向鼎盛时期内政、外交的各种重要职务。卒谥"文端"，有《张文端公全集》。《清史稿》《清史列传》《锦里新编》《四川通志》《辞海》等有传。

期间，作《题石林桃花钓艇图》《修堂丛桂篇》《马兰峪古松行》诗。

是年，友人徐元文由内阁学士升都察院左都御史，兼经筵讲官。公作诗以贺。

《徐立斋前辈自学士擢总宪》诗见《文端集》（卷八，六）。

按：徐元文（1634—1691年），字公肃，号立斋，他的先祖居住在苏州常熟（今属江苏），九世祖（一说八世祖）徐良始迁居到昆山（今属江苏）。他的曾祖父是万历年间的进士，任官至太仆寺少卿。祖父和父亲都是贡生，母亲是昆山顾家的女儿。徐元文与他的哥哥徐乾学、弟弟徐秉义都是进士,在当时很有名望,号称"昆山三徐"。
之后作《读白乐天诗六首》《题画》《江眉瞻太守为予作〈买花行〉读而赋此》《种柳》《江南忆十首》。

康熙二十年(辛酉,1681 年)　　四十五岁

元日,与高士奇等侍宴乾清宫,有《康熙二十年元日乾清宫侍宴恭纪》诗。(元辰佳晚氤氲,清宴连朝夜漏分)

高士奇有《辛酉元旦侍宴乾清宫恭纪》作于同时。(《随辇集》卷五,四)

上元,与高士奇侍宴乾清宫,有《上元侍宴恭纪二首》。(《文端集》卷三,二七)

高士奇《上元侍宴乾清宫恭纪》见《随辇集》(卷五,五)。

二月,以葬父乞假,允之。

"谕曰:'尔素性醇朴,侍从有年,朝夕讲筵,恪恭尽职。兹因尔父未葬,具疏请假。朕念人子至情,忠孝皆出一理,准假南还。特赐白金五百两,表里缎二十匹,既旌尔之勤劳,兼资墓田之用。'又谕礼部:'如英品级予其父秉彝卹典。'"

二月二十五日,扈从上谒孝陵。

公有《扈从谒孝陵恭纪》诗云:"鼎湖龙久去,冠剑托幽宫。地接东溟日,山藏大漠风。"

"二月己酉,上谒孝陵。"(《康熙实录》卷九四)

康熙帝有《恭谒孝陵》诗见《御制文集》(卷三三,一)。

二月二十六日,上驻跸马兰峪城南。(《康熙实录》卷九四)

是日达马兰峪,登长城。公作《扈从到马兰口登长城二首》。(《文端集》卷二〇)

途中还作有《宿黄花山》《望盘龙山》诗。

三月,上临幸遵化汤泉,出喜峰口,皆扈从。(张廷玉《先考行述》)

魏象枢有《康熙辛酉季春上驻跸马兰峪召扈从诸臣赐观汤泉应制赋诗四首》。(《寒松堂全集》卷七)

归允肃有《康熙辛酉季春上驻跸马兰峪召扈从诸臣赐观汤泉应制四首有序》。(《归宫詹集》卷一,一五)

诗后附录详细介绍孝陵的位置及建置情况,及其召见扈从汉文官命赋诗的情景。文云:"辛酉二月,因送皇后梓宫奉安山陵,候三月初八日安葬。于初六日午刻,大学士明珠传:'奉旨召扈从汉文官十九人往汤泉饮。'遵驰赴至时,跪宣上谕:'汤泉水土于朕躬相宜,且朕展谒孝陵相近,得抒瞻恋之忱。又恭奉太皇太后临幸,太后圣躬亦甚便于颐养,可称胜地,原欲亲临召观赐馔,但此行未便筵宴,又念尔等不常扈从,未易再到此地,故特命游观。……尔等详细观览,还京时或赋或诗,撰拟进呈,将勒于泉石,以垂永久。"(《归宫詹集》卷一,八)

高士奇《苑西集》(卷三)亦有《扈从过蔡家庄见桃花》等诗,可见,高士奇此次也在扈从之列。(《苑西集》卷三,二)

徐元文有《赐游汤泉应制并序》,序中亦详载此事云:"三月己未,命大学士臣明珠召臣等二十有二人赐游兹泉,并宣谕所以修缮之意。"(《含经堂集》卷七,五)

三月二十日,辰时,太皇太后幸遵化温泉,上随辇行。(《康熙起居注》,六七九)

春,弟怡斋以补国子官来京师,携从弟张茂稷诗一卷,索公序。公展读之余,辑自己近年来所得诗二百篇,题曰《学圃集》,报之。

《芸圃诗序》云:"弟怡斋以补国子官来京师,携弟子艺诗一卷致于予,将以索予序而藏之。今古体诗凡二百篇,题曰《芸圃集》。子艺年来诗甚夥,乃刻自斐削,其涉于艳绮悲愤之辞者,皆不具焉。予既展诵数过,因辑近年诗亦二百篇以报之,题曰《学圃集》。大抵皆赠行怀归、感物凭吊之言,其涉于廊庙酬酢者皆不具焉。书既成,因述所见而为之序曰:'今之为诗者最众,必先辨其为诗人之诗,而后诗可论也。诗人之言,思曲而语新,词近而趣远。状难名之景,若接于耳目之前;述难言之情,如见其欣戚之貌。脱唇离吻,浏漓顿挫。经营于一字之间,而曲折乎万物之表。故古今人有以一篇一韵而千载传之,以为不可及者,其言则诗人之言也。有连篇累牍而经宿不鲜者,其言非诗人之言也。其气味缠绵于篇什之中,不可得而名状。如兰蕙之芳泽,名泉之清冽,奇石之肌理,物各得于其天,不可得而强也。予不敢轻以许人,独于吾弟之诗云然。古之骚人类以所遇不偶,发为激楚慷慨之音。又以其幽居多暇,故得穷极物态,摹写情状。吾弟幼失怙恃,多见艰虞。故其思愈苦而辞愈工,有类乎骚人之言,亦无足怪者耶。予长子艺一岁。'"(《笃素堂文集》卷四)

按:此篇《龙眠丛书》本及《张英全书》本载,四库全书本《文端集》未载。

按:张洵,字子岐,号怡斋。

春,《送储庶子玉依归阳羡省亲》《寄李清照先生》《荒村》等诗。

《送储庶子玉依归阳羡省亲》云:"柳阴凉处骑骎骎,鹤苑谁听禁漏沈。捧檄正逢将母日,含饴还慰报刘心。"(《文端集》卷二〇,二)

《寄李清照先生》诗下注云:"叔父大司马公同年进士。"(《文端集》卷二〇,二)

《荒村》:"偶向平沙外,荒村信马蹄。溪回杨柳暗,雨过杏花低。生事圃尤乐,春阴菜欲齐。何须武陵曲,鸡犬令人迷。"

按:以上三首都是春天作。

春夏之交,三兄张杰南归,诗以送之。

《送皙如三兄南归二首》其二诗云:"黄鹂绿树经春晚,紫笋红蘘入夏初。似此风光正堪惜,肯教明月小窗虚。"(《文端集》卷二〇,四)

四月四日,高士奇再次扈从至马兰谷,想起二月二十六日前后,他们同憩此地的情形,有诗怀公并励杜讷。

高士奇《四月四日至马兰谷怀张敦复学士励近公编修》诗云:"春深谷口上陵时,坐卧闲房十日期。(诗中自注云:"二月山陵之役,同学士编修寓此。")细雨才抽松叶暗,惊雷催放杏花迟。还家未久山光别,扈跸重来草色滋。今日经过怀旧侣,遥知退食自彤墀。"(《苑西集》卷三,一)

四月七日,上驻跸喜峰口外北台。

此次扈从喜峰口归后,高士奇卧疾自夏至秋。

《苑西集》(卷三)有《病起》题下注云:"扈从喜峰口归后卧疾自夏及秋。"(《苑西集》卷三,三)

四月二十九日,辰时,上诣太皇太后行宫,随太皇太后还京。(《康熙起居注》,六八八)

四月,六男张廷瑑生。

《文端集》(卷八)有《第六男阿同晬盘舟中》,诗云:"首夏清和天,忆汝悬弧日。呱呱凤城西,赐庐通深密。今值岁序周,画栊漾清泌。"(后略)由诗中"首夏清和天"句知,阿同出生在四月。(诗并见康熙二十一年四月)

按:张廷瑑(1681—1764年),字桓臣,号思斋。清雍正元年(1723年)进士,由编修充日讲起居注官,升工部右侍郎,仍兼起居注事。五年,视学江苏,改补内阁学士,兼礼部侍郎,主江西乡试。后因病归里。

《道光续修桐城县志》云:"张廷瑑,字桓臣,号思斋。文端公五子。雍正癸卯进士,翰林院编修,历官工部左侍郎,转补内阁学士兼礼部侍郎。性刚直,持礼法,不阿时奸,居官克称厥职。北直大水,督臣请使饥民,稍给食资,以工代赈。廷瑑抗疏陈奏,言宜令官给半直,富民有田资堤者亦给半直,则饥民乃济。得旨允行。屡畀衡文之任,校阅公明,得士最盛。先是,邑中康熙戊子大水,甲午大旱,廷瑑两司赈务,不惮劳勚,设粥厂以待饿者。厚薄寒暖,皆亲尝给。受病者则延医治之,死者则买山瘗之。至其制行节约,虽贵介,有如寒素,而急人之急,即称贷不吝。又与太保、宗伯两兄捐金置产,以赡族人,谊笃本宗,尤为详备。著有《示孙篇》六卷。子二:若泌,雍正乙卯举人;若渠,乙卯副榜。"(卷一三)

夏,诗寄同年缪彤,有《寄念斋》诗。又诗寄阁师柏乡魏裔介,有《寄魏柏乡阁师》诗。(见《文端集》卷二〇,四)

按:魏裔介(1616—1686年),字石生,号贞庵,又号昆林,直隶柏乡(今河北省柏乡县)人。顺治三年进士,选庶吉士,历任工科给事中、吏科给事中、兵科都给事中、太常寺少卿、左副都御史、左都御史、太子太保、吏部尚书、保和殿大学士、太子太傅等职。五年八月,请告归里,诏许解官回籍。《世祖实录》成,进太子太傅。二十五年,卒,赐祭葬如制。谥文毅。著述甚丰,有《兼济堂集》传世。

七月十四日,翰林院侍讲施闰章为河南乡试正考官,吏部员外郎刘元慧为副考官。(《康熙实录》卷九六)

公诗以送之。

《送施愚山侍读校士中州》见《文端集》(卷二〇,五)。

七月二十一日，上宴群臣于瀛台，命张英同内大臣主席。(张廷玉《先考行述》)
  有诗《七月二十一日瀛台赐宴诸臣命臣英同内大臣主席恭纪》诗二首。是日，赐诸臣文绮有差。(《文端集》卷三)
  陈廷敬有诗《七月二十一日赐宴瀛台迎熏亭恭纪二十韵》。(《午亭文编》卷一〇，一三)
  魏象枢有诗《康熙二十年七月二十一日上御瀛台召满汉内阁九卿及翰林科道部曹五品以上官员特赐筵宴兼颁彩币有差恭纪二首》作于同时。(《寒松堂全集》卷七)
  又《康熙起居注》："二十一日壬申。辰时，上召大学士以下，各部院衙门员外郎等以上官员，齐集瀛台，命内大臣佟国维、内务府总管费揭古、学士张英、亲随侍卫敦柱、萨碧汉传谕曰：'大臣、侍卫在朕左右，时加赏赉。惟内阁及部院各衙门诸臣，比年以来，办事勤劳，未沾恩赐，故特召集尔等，以尽一日之欢。'(后略)传谕毕，颁赐诸臣缎疋有差。"(七二九)
此次与席者有王士禛、徐釚、陈维崧等人。
  《渔洋续集》(卷一四)《七月二十一日瀛台赐宴恭纪六首》，徐釚《南州草堂集》(卷八)，陈维崧《湖海楼诗集》(卷八)亦各有纪恩诗四首，都作于此时。
公有《瀛台赐宴赏花赋有序》。(《文端集》卷三七，一)
  是日，归允肃亦有诗及序。见《归宫詹集》(卷一，一〇)。
  乔莱《直庐集》中的《赐宴瀛台赋并序》亦作于是时。(《清代诗文集汇编》第一五八册，五〇六)
八月一日，上召见庶吉士于瀛台，午后试于太和殿前，张廷瓒蒙恩授翰林院编修。
  张廷瓒有《上召见庶吉士于瀛台午后试于太和殿前蒙恩得授馆职恭纪》诗一首。(诗见《传恭堂诗集》卷一，五)
  《张氏宗谱》云："辛酉，授翰林院编修。"(卷四，一四)
九月九日，送七弟还里门，有诗三首。
  其一诗云："天高霜叶落，相送雁南征。久客思泉石，长贫愧弟兄。连枝同宦隐，小草代躬耕。世味予谙惯，缄书无限情。"
  其二诗云："暇日还堪惜，需时莫漫愁。春花开落后，应报石田秋。"诗下注云："时弟方需次学博。"(《文端集》卷二〇，五)
  张廷瓒《传恭堂诗集》卷一有《九日送七叔父南归》诗，当作于同时，由此知张英此诗当作于是年九月九日。
读高士奇扈从关外诸诗有感。
  《读澹人侍讲扈从关外诸诗》见《文端集》(卷二〇，七)。
近日，入直赐宴作即事诗二首。
  《即事二首》其一云："寒雀无声雪满天，赐来桐酒侍臣偏。镜中更觉君恩重，能使丹颜似少年。"其二云："当筵撤下紫金罍，醇酎新从塞北来。辰刻殿西方进讲，承恩未敢尽深杯。"

秋，学友潘江构河墅，公闻之，甚为羡慕，诗书以寄。盼来日亦能如潘公一样，闲隐山间。潘江诗以答之，望其早日归隐。

《敦复宗伯贻书云闻于九松碧山之间新构河墅甚为神往，仆久困风尘中，颇欲从事，惜无善地，亦俟机候之自至耳。诗以趣之》

诗云："廿载身腾霄汉间，夔龙又复接鹓班。（注云：谓令子卣臣编修。）王阳虽共王尊叱，疏广应先疏受还。我钓沧浪嗟已晚，君营绿野早投闲。颇闻诏赐金钱数，莫买湖田且买山。"（《木厓续集》卷七，一七）

十月，禁中对探春花。

诗云："柔条花满雪皑皑，内使搴帘进御来。费尽南园温室火，探春十月已先开。"（《文端集》卷二〇，八）

十一月七日，孙张若霈生。小名金鳌儿。

《张氏宗谱》云："若霈，讳廷瓒次子。字云举，号北冲，治《诗经》。郡廪生。中康熙戊子科江南乡试第八十名，己丑就职授内阁中书。乙未选授浙江严州府同知监修海塘事。丁酉充浙江文武乡试同考官。戊戌计典特荐。己亥八月引见，钦赐蟒服。庚子升广西梧州府知府。雍正元年升广西苍梧道按察使司副使兼管全省驿盐事务。诰授中宪大夫。丙午奉旨张若霈居官实好，著管收梧州厂税。本年计典卓异引见。丁未正月陛辞请训，蒙恩赐墨刻紫貂，水注松花石砚，于四月初三日抵署。既卒，旋奉旨：'张若霈居官勤慎小心，著加按察使衔，以求优恤。'壬子，崇祀广西桂平梧三府名宦祠。乾隆辛巳，以子曾政工部郎中任内就加级阶。诰赠通议大夫，生康熙辛酉年十一月初七日，雍正丁未年四月初三日卒于官。配姚氏康熙庚午举人赠苏松粮道勅旌孝子讳士簧女，诰封恭人，赠淑人。生康熙壬戌年四月二十三日，卒乾隆丙寅年闰三月十七日。侧室苗氏以子曾政贵，诰赠恭人。生康熙壬午年三月十五日，卒乾隆戊辰年十一月初七日。林氏，生康熙丁亥年十一月二十日，卒乾隆壬子年十月初三日，享年八十有六。苦志守节，辛巳奉旨建坊旌表，崇祀节孝祠。二子：曾祐，姚太君出。曾政，功太君出。二女：长适赠宗人府主事左洛文学赠承德郎讳东升子，姚太君出；次适监生姚兴涟，江西赣州府知府讳孔锌子。守节三十二年，乾隆壬辰，奉旨建坊旌表，崇祀节孝祠，苗太君出。"（《张氏宗谱》卷五。事迹另见《桐城耆旧传》第八四，《广西通志名宦传》，《道光桐城续修县志》卷一三，《江南通志》《重修安徽通志》等）

十一月十四日，云南平报，君臣同喜，公等作诗赋以贺。

"癸亥。定远平寇大将军固山贝子章泰、征南大将军都统赖塔等疏报：'十月初八日，臣等统率满汉官兵，进薄云南省城下，并力环攻，贼势惶迫无措。二十八日夜，伪将军线緘、胡国柱、吴世吉、黄明，原任都统何进忠、原任巡抚林天擎等，谋擒逆首吴世璠、郭壮图以献。吴世璠闻变自杀，郭壮图及其子郭宗汾皆自刎死。二十九日，线緘等率众出城降，遂擒首谋献计之伪大学士方光琛及其子方学潜、侄方学范至军前，磔之，戮吴世璠尸，传首京师。伪官弁一千五百八十余员、兵五千一百三十余名，俱投诚。云南平。'得上旨：'览贝子等奏，统领满汉官兵，遵奉成命，恢复云南省城，疆宇荡平，具见筹画周详、调度有方。剿抚并用，克奏肤功。朕心深为嘉悦。著从优议叙具奏。'"（《康熙实录》卷九八）

《康熙起居注》："十四日癸亥。云南大捷，全省荡平，四鼓奏报。五鼓，上诣太皇太后宫奏闻，行礼。"（后略）（七七八）

公作《平滇南诗》律诗八章，叙捷闻之欢。（《应制诗》卷三，三一）

又作《升平颂并序》。

《序》云："今者十月克复云南，贼渠授首。十一月十三日夜露布至，皇上时御乾清宫览奏。臣等叩首称贺御榻前，天颜悦甚。顾谓臣等曰：'朕今日为天下万姓喜，追思逆乱以来，官民咸被荼苦，更复恻然于怀。'臣等谨合词对曰：'皇上仁爱之心通于天地，斯所以为万世开太平也。'"（《笃素堂文集》卷二）

同时，陈廷敬作《平滇雅》三篇并序（《午亭文集》卷一，一〇）；徐乾学作《平滇颂并序》（《憺园文集》卷一）；《平滇乐章六首》（《憺园文集》卷一）；魏象枢作《平滇捷至志喜辛酉十一月十四日》（《寒松堂全集》卷七）；孙在丰作《平滇凯歌十二首》（《孙司空诗钞》卷二）

十二月十六日，生日有怀，作诗。

《康熙辛酉十二月十六日予四十五岁生日有怀遂成四百五十字》。（《文端集》卷八，一一；《文端集》卷二七，八）

十二月十八日，"上以滇逆荡平，遣官祭告天地、太庙、社稷"。（《康熙实录》卷九九）

友人乔莱任广西乡试正考官。

"补行广西乡试。以编修乔莱为正考官。员外郎杨佐国为副考官。"（《康熙实录》卷九九）

孙在丰有《送乔石林典试广西四首》。（《孙司空诗钞》卷二）；王顼龄有《送乔石林同年典试粤西》，该诗于康熙二十年除夕前作。

是冬，作《雪中侍直恭纪应制四首》。有句云："自昔占年瑞，连朝不厌多。"

与李天馥、张玉书订游盘山，以扈从温泉，不果往，作诗以记。诗云《与湘北素存两先生订游盘山予以扈从温泉不果往》。

冬，恩诏赠父祖皆翰林学士兼礼部侍郎，听诏作《二十四日听恩诏二首》。

其一诗云："当轩凤藻太平春，学士冰衔紫诰新。惭愧江南圭窦客，丝纶四代作词臣。"诗下注云："恩诏赠父祖皆翰林学士兼礼部侍郎，时廷瓒亦官翰林编修。"（《文端集》卷二〇，八）

除夕内殿侍宴，作诗二首。

诗云："长安万户送残年，爆竹声喧柏酒传。争似满庭烧桦烛，紫云堆里听钧天。"（《文端集》卷二〇，九）

是年，徐乾学为作《四轩图记》。

徐乾学《送张敦复学士请假还桐城序》云："往予为敦复张公作四轩图记……其明年

春,公乃请急归里营其亲之窀穸。"(《澹园文集》卷二二,一〇)

是年,妻兄姚文焱聘浙江同考。(《道光续修桐城县志》卷一二,六三)

是年,赐第中得一子一孙(指六男张廷瑑与次孙张若霈),喜作诗记之。

《赐第中举子及孙孙名金鳌儿二首》其一云:"小字金鳌岂无意,金鳌坊在隔墙东。他年记取悬弧地,太液西头赐第中。"其二云:"抱子添孙感岁华,一年两见茁兰牙。燕巢定见雏成长,不是寻常王谢家。"

是年,充《易经讲义》总裁官。(张廷玉《先考行述》)

是年,子廷瓒授翰林院编修分纂会典,同官咸谓克勤厥职。(张英《子廷瓒行略》)

第四卷　康熙二十一年至康熙二十四年

康熙二十一年（壬戌，1682年）　四十六岁

是年，请假归里，廷玉随行。

正月一日，上赐宴群臣。

"（前略）满汉大学士以下，侍郎等官以上，八旗满洲、蒙古、汉军都统以下，副都统以下等官，俱召至詹柱下赐饮。宴罢，众谢恩毕，上回宫。"（《康熙起居注》，八〇五）

归允肃有《元旦赐宴恭纪诗》。（《归宫詹集》卷一，一六）

孙在丰有《壬戌元日侍直纪恩三首》。（诗见《孙司空诗钞》卷二）

徐元文有《壬戌元日早朝赐百官宴恭纪》。（诗见《含经堂集》卷七，八）

正月七日，作《人日》诗。

诗云："重帘温室静无哗，细啜宣城绿雪茶。闲理旧琴深夜坐，炉傍新放海棠花。"（《文端集》卷二〇，九）

正月十四日，上赐宴群臣。

"申时，上御乾清宫。宴内阁大学士、学士、各部院寺堂官、翰林院学士、讲读学士、侍读、侍讲及日讲官、编修、检讨、詹事府坊局等官、科道掌印官九十三员。上命学士张英、侍讲高士奇传谕曰：'向来内殿筵宴，诸臣未与。今因海内乂安，时当令序，特于乾清宫赐宴，君臣一体，共乐昇平，同昭上下泰交之盛。诸臣当欢忭畅饮，以副朕怀。'大学士李霨奏曰：'皇上特恩旷典，千载一遇，臣等不胜感激'。奏毕，分左右班，以次序进。乐作，各就位，叩头坐。上进膳，诸臣乃饭。上命各饱饫尽量，少选彻馔，更设肴核，酒觞既陈，大学士勒德洪至御前跪进酒。上寿毕。上命大学士、尚书、都御史、侍郎、学士，以次至御座前亲赐饮。以下诸臣俱命至御前赐饮。又命学士张玉书、张英传谕曰：'今日内殿嘉宴，特敕诸臣，笑语无禁。'诸臣奉诏，畅饮极欢，乐奏二阕。上复命张玉书、张英传谕曰：'宴毕时，诸臣可近御座前观灯，朕更赐以卮酒。'于是大学士、尚书、都御史以次至御座傍观鳌山灯。又命侍郎以下诸臣俱至御前赐饮，特命光禄寺卿马世济、右通政陈汝器至御座前，亲赐饮。以马世济为殉难巡抚马雄镇之子、陈汝器为殉难副使陈启泰之子也。既撤筵，诸臣以次出。上命群臣有沾醉者，令内官扶掖而行。上召张玉书、陈廷敬、张英谕曰：'每见汉唐以来，君臣同乐，有赓和之诗。今朕虽不敢效古先圣王，亦欲纪一时之盛，可仿柏梁体赋诗进览。'陈廷敬奏言：'臣等草野贱士，得睹天家景物，蒙圣恩深厚，真明良喜起之休，且百工熙、庶事康，皆君臣交儆之辞，自是唐虞盛事。臣等身际休明，受恩愈深，但愧报称愈难。'于是陈廷敬等出宣旨。群臣奏曰：'臣等敢不歌咏太平？但恐不能翊扬圣德。'大学士李霨言：'柏梁体诗首一句，当恭请皇上御制。'陈廷敬复入奏。上曰：'明日早发。'"（《康熙实录》卷一〇〇）

王士禛《池北偶谈》云："正月十四日申时，上御乾清宫，赐廷臣宴。内阁大学士、学士、各部院寺堂官，翰林院学士、侍读学士、侍读侍讲及日讲官、编修、检讨等九十三员参加。宴至二鼓方罢，传内阁学士张玉书、翰林院掌院学士陈廷敬、学士张英谕曰：'每见汉唐以来，君臣协乐，有赓和之诗。今朕虽不敢效壶先圣王，亦欲纪一时之盛，可仿柏梁体赋诗进览。'大学士请御制首句，谕明早再发。"

归允肃《归宫詹集》（卷一）纪当时坐次及参加人员，有张英、王士禛、李天馥等九十三人参加。（《归宫詹集》卷一，二〇）

正月十五日，上元节。上赐外藩王、贝勒、贝子、公、台吉等、及内大臣、大学士等宴。诸臣作柏梁体诗。

"翰林院掌院学士陈廷敬、内阁学士张玉书至乾清门候旨。侍御捧御制诗序出，群臣集太和殿下，以次各赋诗九十三韵。序云："朕于宣政听览之余，讲贯经义，历观史册，于《书》见元首股肱，赓扬喜起之盛，于《诗》见鹿鸣天保诸篇，未尝不慕古之君臣，一德一心，相悦若斯之隆也。今际海内宴安，兵革偃息，首春令序，九陌灯辉，丰穰有征，吾民咸乐。思与诸臣，欣时式燕，爰于乾清宫广集簪裾，肆筵授几。斯时也，蟾光鳌炬，焜燿堂廉。彩树琼葩，杂罗樽俎。许笑言之勿禁，宽仪法之不纠。复令次登文陛，渥以金罍，咸俾有三爵油油之色焉。《易》曰：'上下交而志同。'传曰：'享以训恭俭，宴以示慈惠。'则今日之兕觥旨酒，岂徒以饮食宴乐云尔哉？顾瞻诸臣，或位居谐弼，或职任卿尹，或典文翰，或司献纳。宜共成篇什，以绍雅颂之音。朕发端首倡，傚柏梁体，班联递赓，用昭昇平盛事，冀垂不朽云。"御制：丽日和风被万方，卿云烂漫弥紫闼。内阁大学士臣觉罗勒德洪：一堂喜起歌明良。内阁大学士臣明珠：止戈化洽民物昌。内阁大学士臣李霨：蓼萧燕誉圣恩长。内阁大学士臣冯溥：天心昭格时雨旸。吏部尚书臣黄机：丰亨有兆祝千箱。户部尚书臣梁清标：礼乐文章仰圣皇。礼部尚书臣吴正治：庙谟指授靖八荒。兵部尚书臣宋德宜：春回丹诏罢桁杨。刑部尚书臣魏象枢：河清海宴禹绩彰。工部尚书臣朱之弼：百度胥饬纲纪张。都察院左都御史臣徐元文：千官济济盈岩廊。吏部左侍郎臣张士甄：天工无旷勤赞襄。吏部右侍郎臣杨永宁：有年歌协臣所望。户部左侍郎臣李天馥：共期红朽答殊常。户部右侍郎臣李仙根：转漕亿万充天仓。户部仓场侍郎臣马汝骥：邦礼叨赞惭趋跄。礼部左侍郎臣杨正中：职司寅清佐垂裳。礼部右侍郎臣富鸿基：天河洗甲通蛮乡。兵部左侍郎臣焦毓瑞：皇威四畅咸来王。兵部右侍郎臣陈一炳：祇承钦恤和气翔。邢部左侍郎臣杜臻：刑措不用民寿康。刑部右侍郎臣叶方蔼：八材庀化师殳斨。工部左侍郎臣赵璟：左平右城开明堂。工部右侍郎臣金鼐：仰窥神策驱天狼。内阁学士臣李光地：膏以大泽人胥庆。内阁学士臣张玉书帝庸作歌追虞唐。翰林院掌院学士臣陈廷敬：身依云汉赓天章。翰林院学士臣张英：恪秉训厉敦羔羊。左副都御史臣宋文运：奉宣仁风之吴疆。原左副都御史今授江宁巡抚臣余国柱：九阍訣荡瞻龙光。通政使司通政使臣王盛唐：斗杓高掩贯索芒。大理寺卿臣张云翼：图列养正亲羹墙。詹事府詹事臣沈荃：黄钟大镛谐祯祥。太常寺卿臣崔澄：郊衢击壤欢丰穰。顺天府府尹臣熊一潇：大官珍膳罗酒浆。光禄寺卿臣马世济：调闲六御腾康庄。太仆寺卿臣张可前：忝预风纪凛清霜。金都御史臣张吉午：出入玉佩声锵锵。左通政臣崔官：纳言惟允尚职详。右通政臣吴琠：褒忠厉节感赐觞。右通政臣陈汝器：圜扉闃寂春草芳。大理寺少卿臣荣国祚：拜手好生颂禹汤。少卿臣徐旭龄：前星令望钦颙卬。少詹事臣王泽弘：终始念典用斯臧。少詹事臣崔蔚林：言谟行范煇缥缃。侍读学士臣蒋弘道：猗欤至德日就将。待读学士臣胡简敬：叨尘侍从恩莫量。侍读学士臣朱之佐：靖共夙夜无怠遑。侍讲学士臣严我斯：梧桐生矣于高冈。侍讲学士臣孙在丰：紬书东观翰墨香。侍讲学士臣卢琦：三德六行为士坊。国子监祭酒臣王士正：宫官备位滋悚惶。右春坊右庶子臣祖文谟：六经义叶如笙簧。侍读臣朱典：奎文焕若森琳琅。侍读臣王封溁：朝朝橐笔侍御床。侍讲臣董讷：纪载圣治金匮藏。侍讲臣王鸿绪：频年宣室虚对扬。侍讲臣高士奇：宸篇掞藻烛昊苍。侍讲臣郭棻：承华毓德成圭璋。左谕德臣陈论：青宫琪树栖鸾凰。右谕德臣朱世熙：金舆导从骖云驤。司经局洗马臣田喜雨霁：罘罳流影耀璧珰。左参议臣赵士麟：仁波溟渤同瀁汪。左参议臣赵之鼎：鸾旂乘春零露瀼。右参议臣张鹏：爱赓天保矢勿忘。右参议臣郑重：八表同轨来梯航。大理寺寺丞臣徐浩武：云门磬管声喤喤。右中允臣吴珂鸣：泰交天阙开春阳。左中允臣李录予：惟睿作圣金玉相。右中允臣郑开极：珥笔何幸日月傍。左赞善臣徐乾学：瑞逾宝鼎兼芝房。左赞善臣郑之谌：尧尊夜醉星低昂。右赞善臣沈上墉：在廷悦豫和宫商。右赞善臣王尹方：滥典乐正董上庠。司业臣刘芳喆：治登三五休声扬。修撰臣归允肃：睿谟典诰同洋洋。编修臣王顼龄：记神圣功臣职当。编修臣曹禾：琅函瑶版书焜煌。检讨臣潘耒：石渠高议芟秕糠。检讨臣严绳孙：日侍青禁研铅黄。编修臣杜讷：愿言直节谨自防。史科掌印给事中臣王承祖：帝心勤民重农桑。户科掌印给事中臣王曰温：具举细目恢弘纲。礼科掌印给事中臣李迥：诞敷文德四国匡。兵科掌印给事中臣刘沛：嘉禾既殖锄莠稂。刑科掌印给事中臣傅感丁：奉琛执玉输筐筐。工科掌印给事中臣姚缔虞：屈轶朱草纷两厢。掌河南道御史臣唐朝彝：封章问夜检皂囊。掌江南道御史臣任玥：拟将劲操坚苍筤。掌浙江道御史臣李见龙：朝无阙事联班行。掌山西道御史臣郭维藩：千门燎火宵未央。掌山东道御史臣孙必振：昇平高宴迈柏梁。掌陕西道御史臣卫执蒲……（《康熙实录》卷一〇〇）

公于此时具疏请假回籍为先王父营葬事。《请假归葬疏》见《笃素堂文集》（卷三）《疏》。

正月二十八日，奉旨回籍葬父。
>奉旨："张英自简侍讲幄以来，朝夕勤劳，敬慎素著。览奏伊父未葬，情词恳切，准给假前往安葬，事竣速回供职。"（张廷玉《先考行述》）

是日前后，作纪恩诗八首。
>《文端集》（卷三）有《康熙二十一年正月赐假南归经营丘垅恭赋纪恩诗八首》。

正月，友人李光地母寿，为作《封太夫人李年伯母寿序》。
>《序》云："今上御极之二十一年，岁在壬戌春王正月，海内新奏底定，炎荒绝徼，罔不臣服。朝廷方布涣汗之德音，沛休养之大泽……学士李厚庵先生之母太夫人，新被纶封，紫泥焜耀，设帨佳辰，适当岁首。同官于朝者咸以为荣，举觞相贺。英与厚庵曾同读中秘书，共朝夕起居者三年，闻太夫人之贤至稔至详，故敢不辞固陋而质言之。"
>（《笃素堂文集》卷六）

二月十一日，孝康章皇后忌辰。上遣官祭孝陵。（《康熙实录》卷一一〇）

二月十四日，上赐白金五百两及表里二十疋。
>"二月十四日，复于内廷特旨颁手敕曰：'谕张英：尔素性醇朴，侍从有年，朝夕讲筵，恪恭尽职，兹因尔父未葬具疏请假，朕念人子至情，忠孝皆出一理，准假南还，特赐白金五百两，表里二十疋，既旌尔之勤劳兼资墓田之用，尔其钦悉朕惓惓至意。'"（《康熙实录》卷一一〇；张廷玉，《先考行述》；《御制文集》卷一二，一二）

张英赋诗以谢。
>《文端集》（卷三）有《二月十四蒙赐手勒白金文绮恭赋》诗，诗中有句云："江城二月返轺车，特降褒纶凤纸书。"

二月十七日，早，上诣孝陵，率内大臣、侍卫等行三跪九叩头礼。（《康熙起居注》，八二六）
>孙在丰有《驾谒孝陵》诗作于此时。（《孙司空诗钞》卷二）

公于郭外拜送，上祝其途次平安。
>张廷玉《先考行述》云："是月，车驾幸盛京，府君于郭外拜送。上面谕曰：'期尔途次平安。'"
>按：据《康熙起居注》记载，此事在二月十七日。

公启行南归前，将自己进呈文稿收存南书房。
>张廷玉《恭跋先相国进呈诗文稿篇后》："二十一年壬戌春请假归里，检历年所进诗文六十二简，计诗一百八十首，文五篇，封贮南书房柜中，距今六十三年矣。乾隆甲子夏，廷玉与长男若霭，同在内直，检阅笔札，开缄拜读，手泽如新，因敬谨捧归，装潢成册，珍藏于家。"（《四库全书存目丛书》集部第二六二册，四一七）

将行，过徐乾学道别。
>《送张敦复学士请假还桐城序》云："于是公治装南行过予道别，予曰：'公今得遂其归矣。计公到日，已及春深，由是而徂夏入秋涉冬，以其卜兆之余而少憩于其间，以休其上下瞻相之力，则夫四轩者可以遍历之，以遂其夙昔之怀思矣。虽然，庸遽得徜徉恣

肆以极其乐也邪？'"（后略）（《澹园文集》卷二二，一〇）

二月，友人高士奇有诗以赠。

  高士奇《张敦复学士请假归桐城赋诗言怀得一百八十字》诗。诗云："侍从承明庐，步趋随公后。忠尽时敷陈，日在帝左右。晓披香案云，夕听银箭漏。春波涨太液，秋风集灵囿。寒暑校松黄，深严对清昼。岁华凡五迁，交情等醇酎……节候当仲春，离绪各纷糅。"（《苑西集》卷三，一〇）

是时，高士奇为公题《远峰亭图》二首。

  高士奇《题敦复学士远峰亭图》其一诗云："五年丹凤城西住，时忆江南雨后天。碧汉秋云无半点，九华黛色落尊前。"（《苑西集》卷三，一〇）

是时，在京诸官僚都有诗相赠。

  徐元文《送张学士予假南还二首》。（《含经堂集》卷八，一）
  陈廷敬《送张敦复学士还桐城二首》。（《午亭文编》卷一三，七）
  王顼龄《送学士张敦复前辈给假葬亲》。（《世恩堂诗集》卷七，一八）
  其一："紫禁承恩已十年，貂衣长在至尊前。文章严助陪游辇，经术桓荣重讲筵。赐第近联丹凤阙，天书日捧彩云笺。明良千载称嘉遇，为咏卷阿猎羽篇。"
  其二："彤廷方倚赞垂裳，一疏陈情返故乡。圣主褒忠先孝治，大臣报国在伦常。鸾坡纶綍披温蔼，宣室讦谟厓对扬。玉珮朝天应不远，预开黄阁待回翔。"
  其三："宠行手诏九霄临，懋赏仍颁御府金。学比孟侯霈赐渥，年非疏傅拜恩深。经营马鬣劳宸眷，敦趣锋车慰帝心。自古遭逢如此少，流传盛事耀儒林。"
  其四："曾随骥尾点贤书，廿载升沉两鬓疏。不惜齿牙同谢朓，却惭词赋似相如。三春折柳摇旌旆，八座鸣珂遇里闾。幸勑舍人装早办，承明庐畔听银鱼。"

是时，张毅文方以事去职，众人诗以送之，公有《送友人归郁洲山》诗。

  按：友人考：《嘉庆海州志》（卷二五）《人物七·侨寓》云："张鸿烈……以上疏言事谪官，徙宅于东海郁洲之上，同僚咸赋诗为别。初鸿烈之父思卜筑于此山，故鸿烈成其志云。"该志中还附载着一些人给张鸿烈的临别赠言。其中有朱彝尊《送张检讨还郁洲山序》，序中说张鸿烈"以上疏谪官，将徙宅于洲之上。行有日矣，惜君之去者咸赋诗为别。"毛奇龄也有一篇《送张检讨归郁洲山序》，序中说："予以入馆之七年……同官张毅文以言事去职，自言：家海东有郁洲山……先考功思结庐其中而未逮也，予将长往焉。"毛与张同于康熙十八年（1679年）授翰林院检讨，"七年"后当是在康熙二十五年（1686年）。

  孙在丰《尊道堂集》有《送张毅文归郁洲》诗两首。《孙司空诗钞》（卷一）有《送张廷毅文归郁洲山二首》。

  吴世杰也有一篇《送张毅文太史归郁洲山序》，此序见其《甓湖草堂文集》（卷一）。吴世杰，字万子，高邮人。康熙十一年（1672年）举人，二十四年（1685年）成进士，官内阁中书。

  彭孙遹有《送张毅文归郁洲山》诗。（《松桂堂全集》）归允肃《归宫詹集》（卷四）亦有

《送毅文归郁州山》,都作于此时。

据孙在丰《孙司空诗钞》(卷二)《送张毅文归郁洲山二首》诗序在康熙二十一年春夏间,故系于此。据以上内容可考知,张英此处所送友人即指张毅文。

按:张鸿烈,字毅文,号岸斋、泾原。初名礽炜,字云子。顺治十二年(1655年)诸生,康熙十八年(1679年)试博学宏词二等,授翰林院检讨,参与纂修《明史》。二十三年(1684年),上疏请开黄河两岸泄水支河,及停采楠木事。未几,采木工罢,河道总督靳辅又根据张鸿烈的意见,自清口至阜河,开了二百余里的中河。吏部以停采楠木疏不应密封降其级,除国子监助教。

春,作诗为同年友乔莱典试广西送行。

《送石林校士粤西二首》,其一诗中有句云:"正喜苍梧烽火息,春风南国采芳荪。"可见,此诗作于是年春无疑。

按:乔莱被任命为典试考官事在二十年康熙十二月十八日,张英此诗在《除夕》《人日》诗后,所以该诗当作于二十一年春,公离京之前。高士奇《苑西集》有《送乔石林编修典试粤西》二首,其二诗中自注云:"粤西乡试之期在明年二月",则高士奇此诗作于上年腊月。其二诗中有句云:"风片雨丝残腊后,蛮花瘴草仲春期。"前一句指受任之月在腊月,后一句指乡试之期在二十一年春二月。(诗见《苑西集》卷三,六)

三月六日,张英启程南归,临行前告诫张廷瓒妻吴氏,好好照顾张廷瓒。

《澄怀主人自订年谱》:"二十一年壬戌,是岁先文端公请假归里,廷玉随归,于三月出都。"

《祭冢妇封孺人吴氏诔词》云:"孺人……为吾家冢妇十三年,皆从宦京师……予居常察其词色,口虽不言而心知其贤也……予出都时,惓惓勖其以贤明相夫子,盖素知孺人识大义,克俭克勤,能奉姚淑人之教,以佐吾儿之不逮也。"(《笃素堂文集》卷一〇,《张英全书》本)

《康熙安庆府志·吴氏传》云:"宫詹张廷瓒妻,相国文端公之冢妇也,事舅姑洗腆养志,备极诚敬。文端公课子极严,吴织纴佐夫夜读,终岁无少懈。及廷瓒登进士为翰林,吴犹布衣椎髻,躬自操作,几不异于寒女窭妇,乡党以是共称其贤。卒年三十有一,封孺人,累赠宜人。"(《康熙安庆府志》卷二三《慈孝》一三五)

众僚友作诗以送。

张廷玉《先考行述》云:"遂以三月登舟南归。"

高士奇有《敦复学士于三月六日南归,是日扈从在奉天府,赋诗遥送之》六首。(《苑西集》卷三,一一)由此诗知,公启程南归在三月六日。

陈廷敬有《送张敦复学士还桐城二首》,其一云:"诏恩相见慰浮沉,往事分明思不禁。朝退常陪经席早,内中初设直庐深。蓬山地近天人别,温树春归岁月侵。我去三年君宛在,重来还对欲分襟。"自注:"辛酉还阙,命学士慰问于宫门。"(《午亭文编》卷一三)

魏象枢有《送张敦复学士请假葬亲》诗云:"崇儒重道太平年,宣室常邀雨露偏。帝鉴

久知人似玉，都人共信品如瑮。恭承锡类昭纯孝，近侍彤墀属象贤。前席暂虚应有待，莫烦圣念到龙眠。"(《寒松堂全集》卷七)

启行南归日，作诗留别徐乾学、励杜讷等人。

《文端集》有《南归留别澹人侍讲近公编修》诗。(《文端集》卷八，一二)

徐乾学作诗四首以送。

徐乾学有《送张敦复学士四首》。(《澹园文集》卷七，八)

徐又作《送张敦复学士请假还桐城序》。

同门归允肃有《送张敦复学士给假南旋四首》。(《归宫詹集》卷四)

临行前，公为高士奇《疏香集》作序。

《序》云："余既请假还，且从事于抱瓮荷锄之役，行将以老圃蒙樊氏之讥而有所不恤，若澹人之称名小而寓旨远，则又非余之所敢托也，遂于将别而序之。"(文见《笃素堂文集》卷五，此文《影印文渊阁四库全书》本《文端集》未载。见《张英全书》本)

里中好友潘江闻张英启行归里，喜赋诗以纪，表达了二人即将可共享山林之趣的喜悦心情。

《闻敦复学士蒙恩予假归营选兆舟已遄发喜赋七首》。(《木厓续集》卷八，一〇)

其一有句云："犹有诗豪老宾客，能酬白傅和裴公。"

携妻儿一行启程日，连日风阻，作《阻风诗二首》。(《文端集》卷二〇，一)

四弟张苣送至潞河，赋《四弟武仕送予至潞河赋此》诗记之。

另外，途中作《舟中》诗。(《文端集》卷二一，二)

又作《春归日舟中三首》。(《文端集》卷九，一)《归田纪恩诗二十首》。(《文端集》卷二一，一)

诗云："柳花逐东风，同向春归处。今年许乞身，独惜春光暮。绯桃折一枝，青瓷晓含露。沙岸草花间，燕子飞无数。"

三月十八日，万寿节，作诗。

《壬戌年三月十八日舟中恭遇圣寿望阙行礼毕赋此，时驾在盛京》(《文端集》)

另有《三月十八日》五律一首。诗中有句云："东巡逢圣节，虎拜忆旌门。"

途中又作《轻舸》(轻舸三月赋归与)，记归程途中所见乡村生活及自己愉快的心情。(《文端集》卷二一，二)

另外还有《夜泊》《草花》《河干柳》《倚棹》《过四女祠》《舟中抒怀》《自遣》《偶作》《雨后》《舟夜泊》《安得》《山东道中》……《舟中秋兰盛开漫成二首》等诗。(《文端集》卷二一)

四月五日，途中，六儿张廷瓅周岁，作《第六男阿同晬盘舟中》诗。

从诗名中知，张廷瓅小名阿同。

四月七日，汪楫往册封琉球国王。汪楫为正使，中书林麟为副使。(《康熙起居注》，八三三)

四月二十三日,张若霈元配姚氏生。长女与长婿姚士鼙女。(《张氏宗谱》卷五)

张英途中还作有《放歌》《榴花贮瓶中》《五日》等诗。

> 张廷玉《先考行述》云:"五月五日,作《五日》诗",表达了对介子推和屈原的崇敬之情。

五月十四日,张英归里途中,蒙赐宫纱二端,上命励公杜讷赍付,廷瓒送回江南。

途经维扬,潘江闻之,喜赋诗以纪。

> 潘江有《闻敦复宗伯归舟已泊维扬喜而有作》,诗云:"昔有韦表微,行年将五十。永怀松竹居,一归不复出。又有韩见素,尸禄嫉贪墨。年甫四十八,致政还乡国。高躅追二疏,中年尤难得。达哉白乐天,起家尉盩厔。历官数十年,分司已七秩。悬车且逾期,挂冠犹弗力。当其谪江州,四十有六七。仕路已多年,宦味岂未悉……不知溢浦舟,何故青衫湿……我友宗伯公,未艾思隐逸。上书请辞归,猿鹤萦胸臆。问其年几何,正白江州日。孰谓古今人,遥遥不相及。方春闻出都,钱送倾京邑。有车几百辆,有马几百匹。赠言几何篇,赐书几何笈。闻君陛辞时,天颜喜动色。祝汝以平安,慰汝好眠食。文锦二十端,白金二十镒。中道更驰颁,雾縠衣两袭。稽首扬王休,拊心惟感泣。"(《木厓续集》卷八,一八)

七月抵桐,公抵家之时,幼弟张芳来迎,看到弟弟长大成人,甚感欣慰。

> 《八弟亲迎赋此志喜》:"堂前幼弟悬弧日,七十严亲发已华,(中略)莲炬花钿人尽羡,偏教兄嫂隔天涯。"(《文端集》卷二〇,五)

又得知五月份御赐宫纱之事,"益感圣天子衣被之仁,不以远迩间也"。(张廷玉《先考行述》)遂作《恩赐宫纱谢表》。

> 文云:"逾四阅月,始抵乡园。适蓬蒿初返之时,正绮縠遥颁之日。荣生里巷,争识圣朝礼下之隆;喜溢亲知,共知微臣稽古之赐。"(《笃素堂文集》卷三,《张英全书》上册,二七六)

此时,张廷玉诵经书之暇,始学为诗。(《四库全书存目丛书》第二六二册,六八二)

归里后,以上赐之金构山园于西龙眠,名曰:赐金,以铭圣眷。作《赐金园赋》。
又营读易楼成,作诗三首。

> 曰:"幽居深似野人家,小构山楼一径斜……"(《文端集》卷二一,八)

辑四年以来诗为《内廷应制集》二卷。

> "二十一年壬戌春,请假归葬先大夫,屡降温纶,渥被恩赐,俾得暂休沐于乡里,因辑四年以来诗为《内廷应制集》二卷。其中词句粗疏浅劣,当时多不暇点窜,今皆悉仍旧稿,存其实也。"(《笃素堂文集》卷五)

张英时与同里潘江河墅先生多有往还。

详见张英《木厓续集》序。(《四库禁毁书丛刊》集部第一三二册,二六八)

潘江造访张英远峰亭,并与之畅谈永日。

潘江集中有《久不登敦复远峰亭于其归也过谈永日漫赋二绝》(《木厓续集》卷九,《卜筑吟》二,六)

其一云:"远峰亭子亘城边,梧竹参差幕晓烟。也共主人成久别,不穿幽径十三年。"

其二云:"记得贻经此处锄,一亭传是子云居。不闻李泌还山日,邺架犹繙旧著书。"(《木厓续集》卷九,《卜筑吟》二,七)

九月九日,上赐恤致祭。

"癸丑,上以翰林院学士张英,内廷供奉,敬慎勤劳,今告假回籍,营葬伊父张秉彝,特命照张英现在学士品级,赐恤致祭。"(《康熙实录》卷一四〇)

是日,上令人将正月十四君臣联诗柏梁体,勒石成功,将其拓本颁赐与宴诸臣。公时因请假在籍,由长男翰林院编修张廷瓒代领,赍回江南。公在里恭设香案,望阙叩首称谢,作《恭谢天恩事》。(《文端集》卷三九,一八)

"九月,赐升平嘉宴诗石刻。"(张廷玉《先考行述》)

秋冬间,友人姚羹湖招游集泳园。

潘江《木厓续集》有《姚羹湖开化招同东岑敦复集泳园》诗。诗云:"为爱千竿竹覆庐,特从岭路赴招呼。桥边引水晴犹涨,亭际看山远欲无。老伴渐稀随处结,尘缨待濯几人俱。苍烟落木横斜见,一幅云林晚照图。"(《木厓续集》卷九,一九)

按:赵襄用,字以赞,号湛斋,又号东岑,安徽桐城人。

又《题江眉瞻太守〈秋树读书图〉》。

诗云:"今古才人宦迹同,江州司马柳州牧。君方蒿目赋春陵,未许松风卧空谷。平生雅嗜在林泉,画里秋山映书绿。我辟龙眠烟际峰,为种青松间梅竹。待子功成返旧山,共住青溪饮黄犊。"

里中友人邓森广之子邓至将官唐山,诗以送之。

《送邓田公之任唐山》诗云:"北山家学本师承,经济才人众所称。(后略)凤昔浣花诗最爱,期君三复在春陵。"(《文端集》卷二〇,六)

三子张廷璐绕床问父亲要珍果吃,公作诗《嘲璐儿》。

诗云:"老凤毡氀强自娱,匡床扑被咏将雏。娇痴索问朝回日,携得金盘细果无?"

时,次子张廷玉十岁,能够诵《尚书》和《毛诗》,公喜赋诗二首。

其一诗云:"驹齿初龆发覆眉,颇怜聪慧异群儿。已通典诰兼风雅,远胜尔翁十岁时。"

其二诗云:"退值疏慵畏简编,每呼稚子向灯前。老夫茶熟香温后,爱听豳风无逸篇。"(《文端集》卷二〇,六)

十月二十六日,侄廷珖生。

按:张廷,张杰三子,字润升,号庸斋。治《诗经》,附贡生,以子若普贵雍正乙卯敕封文林郎广东惠州府博罗县知县,乾隆丁巳诰封奉直大夫贵州安顺府镇宁州知州。辛未,诰赠奉政大夫贵州安顺府分驻郎岱同知。生康熙壬戌年十月二十六日,卒乾隆戊辰年八月十二日。配吴氏。五子:若昂、若普、若昺、若易、若畅。一女,早卒。(《张氏宗谱》卷五,一四)

冬,探望龙眠山庄梅花。

《前探梅绝句二首》其一有句云:"老我情怀谁得似,满天风雪看梅花。"其二云:"山人十月探花信,喜见南檐第一枝。"是诗大约作于冬十月。

《重修安徽通志》(卷四四)《舆地志》:"龙眠山庄在桐城县西北龙眠山,宋李公麟为泗州参军归老于此,号龙眠居士,自绘《龙眠山庄图》。苏辙有《龙眠山二十咏》,苏轼为之跋云。山侧为国朝大学士张英赐金园。"

过二兄张载湖上,作《过仲兄湖上》诗。(《文端集》卷二一,九)

又作《春早》《后探梅花》《山庄看梅四首》等诗。(《文端集》卷二一,九)

除夕,公在里,友人高士奇一人于禁中作诗,忆及当年共同度过的同僚生活。

高士奇有《和御史大夫徐公除夕韵二首》。其二有句云:"宅并张南输独往,人携杜曲喜仍来。"句下自注云:"敦复前辈同居禁垣,今春请假归里,近公编修以侍宴归迟,宿寓斋凡三除夕矣。"

是年,四子廷瓒就塾。

"余第四子廷瓒,字肃臣,以康熙丙辰十二月生于京师宣武门之东街。自幼失乳,体羸弱,七岁就塾。以后腹有痞疾,肌肤不生颜色,无润泽,疾时作时止,余令其勿读书,每从塾唤之归,疾已,辄往。儿每言:'如此倏忽作辍,岂不为人所笑?'故遂听之。"

(张英《第四子廷瓒行略》,《文端集》卷四三)

是年或稍后,里人陈式作《杜意》书成,张英以诗赠之。

《陈问斋注杜成赠之》诗云:"浣花溪上翁,落拓著诗史。会心复几人,(中略)我友太邱生,读书冠吾里。注杜平生力,独往摩坚垒。遂使少陵翁,声息卷中起。"(后略)末注:"问斋名式,同里人,能诗,著《杜意》。"(《文端集》卷九,四)

按:陈式,字质生,又字二如,号问斋,今官桥乡官山村人。康熙初贡生,寓居南京,与张度为好友,又与里人胡如姓、何应珏、何秉哲、吴昶、方玄成、方亨咸、姚文勋、姚文然、姚文燄等组成"潜园十五子会"。善画花卉,酷好杜诗,著有《问斋杜意》15卷,钱澄之为之作序。(康熙《安庆府志》卷一九《人物志》;《桐城耆旧传》卷七)陈式约生于万历四十三年前后,卒于康熙二十八年。(《方文年谱》,二三九)

康熙二十二年(癸亥,1683年) 四十七岁

正月十四日,请潘江等人入龙眠山看梅限齐字韵作诗。

潘江有《正月十四日敦复宗伯招同西渠芸圃玉叔我思入龙眠山庄看梅限齐字三十韵》。(《木厓续集》卷一〇,二)

正月十五日,同潘江等人游九峰庵,并赴左国材之招。

潘江《木厓续集》有《上元日同越楼西渠敦复诸君由龙眠山庄游九峰庵因赴左霜鹤之招次前韵》，诗云："冒雨游僧舍，临桥别虎溪。名山须信宿，好友却招携。"诗中自注："张、潘与左累世婚媾。"（卷一〇，三）

《文端集》（卷二二）有《游龙眠山五首》，当作于此时。

按：左国材，字子厚，号霜鹤，一号栎隐，光斗忠毅公季子，生于万历四十八年二月初八日。年十三，入县学，与兄国棅、国林为"龙眠三左"。弱冠主盟文坛，为阁部史可法所推重，与名士金声、方以智同学。流贼犯桐，城赖以全者，多国材之力也。马、阮立朝时，以直谏名。国变后，更名曰栎，杜门隐居龙眠山中，年八十卒，配大司马吴用先女。著有《越巢诗文集》二十卷和《爱江集》《杜诗解颐》《易学》《诗学》等书。（《左氏宗谱》卷二〇；《道光续修桐城县志》卷一六《文苑》；《龙眠风雅》卷五〇；《桐城耆旧传》卷六；《戴名世先生年谱》九六）

陈焯（1619—1692 年），字默公，号越楼，安徽桐城人。清顺治九年（1652 年）进士，授兵部主事，以耳聋不仕。工于诗，善草隶，多辑宋元轶诗。年七十四卒，学者称之为文洁先生。著有《涤岑诗文前后集》十卷，辑有《古今赋会》十卷，纂《安庆府志》《江南通志》《宋元诗会》一百卷。

正月，翰林编修孙予立、礼部员外郎周灿奉使安南，张廷瓒等有诗送行。

《康熙实录》（卷一〇七）云："戊辰（正月二十六日），命翰林院侍读明图为正使，编修孙卓为副使，往封安南国王嗣黎维正为安南国王。"

《送孙予立编修奉使安南》见张廷瓒《传恭堂诗集》（卷一，一一）。

另《渔洋续集》（卷一六）有《送孙予立编修周星公礼部奉使安南二十四韵》。同卷《挽孙予立编修因怀愚山侍读》诗云："昔送君行社燕过。"则为春社间也。施闰章《施愚山集》（卷四二）《周星公使安南》、刘谦吉《䎡庵诗钞》（卷七）《送孙予立太史安南册封二首》为同时作。（参见蒋寅，《王渔洋事迹征略》）

高士奇《苑西集》（卷四）《送孙予立编修奉使安南》作于同时。

三月十八日，作诗贺万寿节。

《癸亥年三月十八日山中恭遇圣寿望阙行礼毕赋此》，诗中有句云："韶华曙景满人寰，忆听仙钟缀末班。"

是年，友人孙在丰在京师有诗怀张英。

《怀张敦复前辈》诗云："记事怀人又隔年，杏花新酪卖饧天。柏梁高宴春灯里，拾翠题诗云汉边。千里音书迟雁足，对床风雨忆龙眠。宫中数问张公子，帝座星常一客悬。"（《孙司空诗钞》卷二，三五）

春日，有《山中即事十二首》。

其一诗有句云："何锄喜见草微青"，据此知当是早春所作。（《文端集》卷二一，九）

春日，四弟张芑之任武昌别驾为赋二首。（《文端集》卷二一，一二）

据《道光续修桐城县志》："张芑于康熙癸亥选授湖广武昌府通判。"（卷一二，六七）

《张氏宗谱》："康熙癸亥选授湖广武昌府通判。"（卷四，三三）

春日,访潘江。有《过木厓河墅二首》。
  其一有句云:"树及春阴种,松兼暮雨看。"(《文端集》卷二二,一)
四月十八日,弟张芳侧室刘氏生。(《张氏宗谱》卷三,一七)
四月,特恩谕祭张秉彝于家。
  据张廷玉《先考行述》此事在是年四月,但据《康熙安庆府志》,此事在康熙二十二年十一月十三日。文云:"康熙二十一年十一月十三日皇帝遣江南安徽布政使司谕祭诰赠曰讲官起居注翰林院学士兼礼部侍郎张秉彝之灵曰:朝廷弘锡类之恩,典均存殁;人臣著靖共之节,荣被庭闱。尔张秉彝乃曰讲官起居注翰林院学士兼礼部侍郎张英之父,克培先德,善启后人。尔子内庭供事,讲幄论思,敬慎勤劳,用称厥职,良由父教,宜赉纶章,谕祭特颁,以光泉壤。尔灵不昧,其钦承之。"
四月,为同里《黄氏宗谱》及《鹿城黄氏谱四修谱》作序。
  《黄氏宗谱》落款云:"康熙二十二年岁在癸亥孟夏之旦,赐进士第、通议大夫、礼部侍郎、钦假葬视前日讲官起居注、翰林院侍讲学士、左春坊左谕德兼翰林院修撰、奉敕纂修《孝经》、总裁《大学衍义》《性理注释》《纲鉴》《春秋》《左传》《史》《汉》诸书。充丙辰、乙卯廷试掌卷官,领癸丑会试同考、编修加二级、弘文院庶吉士加一级、同里年通家眷弟张英撰。"(《张英全书》下册,三〇九)
  按:《鹿城黄氏谱四修谱序》内容与《黄氏宗谱》内容大体相同,文字略有不同。落款云:"康熙二十二年岁在癸亥孟夏,同里年通家眷弟张英撰。"(《张英全书》下册,三一〇)
五月四日,张廷瑾元配方氏生。同里方中履女。
  方氏生三子若霈、若霍、若霁,一女,适江西赣赣州府知府姚孔铎。康熙己丑年正月十五日卒。(《张氏宗谱》卷四,三〇)
  按:方中履(1638—1689年),字素伯,号合山,安徽桐城人。清代学者,明清之际思想家方以智少子。幼年随父于方外,毕生谢入仕途,晚年筑稻花斋于湖上,殚力著书。所著《古今释疑》十八卷,论经史、礼乐、法度,以及历象、算法、声韵、医药。另著有《汗青阁文集》二卷、《汗青阁诗集》二卷、《切字释疑》等。
  又据《桐城桂林方氏家谱》:中履(1638—1688年),以智三子。字素伯,号小愚,一号合山遗民;后裔称"文逸公"。生于崇祯十一年五月六日,卒于康熙二十七年六月二十七日,享年五十一岁。著有《古今释疑》十八卷、《汗青阁文集》二卷、《汗青阁诗集》二卷、《切字释疑》等。妣张秉贞之七女张莹,生于崇祯十一年戊寅十二月初一日,生子一:正珏(殇)。卒于康熙二十二年癸亥九月二十五日未时,享年四十六岁,葬城东三十里白沙岭连理亭右原。诗汇集为《友阁遗稿》。侧室江氏,生子一:正璟(殇)。侧室徐氏,生子一,正瑗。卒于雍正十年壬子(1732年)。
六月,汪楫出使琉球,十二月四日归至福州五虎门。
六月中下旬,张英携梨访潘江。
  潘江云:"敦复学士过访携梨见饷,云得自龙眠山庄者。"(《木厓续集》卷一一,一八)
六月,高士奇扈从塞上,作诗以怀。表达了对同僚好友的深切思念。

《塞上怀张学士》云："同为随辇客，有怀讵能已。我今塞北君江南，风烟相隔几千里。边城辽落边马肥，赤日黄埃到客衣。江山风月久应待，年年对客空言归。龙眠山下君家住，远峰亭子生真趣。啸傲羲皇卧北窗，性枕芳草情嘉树。羽林后骑何纷纷，珥笔挥鞭转忆君。缄书欲寄秋来雁，日暮望断江东云。"(《苑西集》卷四，六)

闰六月二日，张廷玉继配吴氏生。张若霭母，文学讳启祚女，以子若霭贵，诰封一品太夫人。(《张氏宗谱》卷四，二三)

闰六月十六日，作《立秋次日食新》。

按：查万年历，1683年闰六月十五日立秋。

后又作《谩道》《宿仲兄湖上》《小茸思过轩成》《松湖山庄收获十绝句》《初秋二首》《杜门》《社饮》等诗。

夏，山居。作《夏日山居五首》。(《文端集》卷二二，三)又作《寄说岩宗伯》《夏日斋中即事二首》《盆兰先后作花》《避暑二首》《雨后游龙眠道中》《急雨》《烹茶》《闲中二首》等诗。(《文端集》卷二二，五)

初秋，应友人李雅之请，为友人黄桦岑六十寿作序。

文云："黄桦岑公以明年甲子为杖乡之年。一日，芥须李先生坐余读易楼，谓余曰：'明年仲元公六十，公时君官京师，肯寓一言为公称觞之助乎？则公之草堂且生色无穷矣。'余笑曰：'介寿者必届期乎？此拘儒之见也。后期者可补颂矣，先期者可豫祷矣。余将于公六十之先一年，操一言以祝公。'又云：'余总角时即知公交公，忆通籍来，在皖上重与公欸洽，行书札问，尚不唾涕弃之，感公之不忘素交，今兹为来岁之祝……康熙二十二年癸亥初秋，赐进士第、通议大夫、礼部侍郎、钦假葬亲前日讲官起居注、翰林院侍讲学士、左春坊左谕德兼翰林字修撰、丙辰、乙卯充廷试掌卷官、领癸丑会试同考、编修加二级、宏文院庶吉士加一级、同里年通家眷弟张英谨撰。'"(《张英全书》下册，三二六)

七月，上恩命布政使堂上官谕祭赠光禄大夫张秉彝于桐。(《张氏宗谱》卷四，一四)

八月七日，第六子张廷瑾生。

按：张廷瑾，字梁臣，号韫斋，治《礼记》，廪贡生。候选教谕，以子若霂贵，勅赠文林郎，河南武安县知县，以子若霍贵，敕赠承德郎国子监助教加三级，生康熙癸亥年八月初七日，卒康熙丙申年十二月十九日。配方氏讳中履女，累赠太安人，生康熙癸亥年五月初四日，卒康熙己丑年正月十五。侧室李氏，生康熙甲戌年正月初三日，卒康熙庚子年十一月初八日。章氏，生康熙癸酉年十二月二十日，卒雍正癸丑年七月二十六日，守节十八年，乾隆壬戌奉旨建坊旌表，崇祀节孝祀。三子若霂、若霍、若霁，方太君出。三女，长适江西赣州府知府姚孔铎，方太君出。次早卒，李太君出。三适庠生吴生燧。(《张氏宗谱》卷四，三〇；另见《道光续修桐城县志》卷一八《笃行》，一四)

张廷玉有《七弟张廷瑾传》，文云："七弟廷瑾，字梁臣，号韫斋。先公晚举弟，笃爱之，不甚督课。自知龟勉向学，攻苦如寒素。先公致政归，弟方弱冠，状貌魁伟，岸然自异。操纸笔,立成文章,为名诸生。先公益笃爱之。其后,愈益发愤,键户读书,务穷奥窔。为文秀骨天成,复极研练追逐之工,一字未安,不轻易示人。喜为诗,闲淡有风致,书法端秀。尝构亭于所居之西偏,疏池种花,吟赏其中。雅善鼓琴,每当露香雨霁之晨,水清月白之夕,抚弦动操,襟调闲远,于里闬徵逐之纷,殊不屑屑也。既以勤学致瘵,又连不得志于有司,遂郁郁以病且卒。先公之子六人,弟及四弟皆早亡,未展厥蕴。使天假之年,乘时奋迹,以共承先公之绪,当必有所成就,不至没没于时遂已也。弟内行甚饬,事两大人,不以爱故,少弛其孝敬。母刘太君患乳痈甚剧,弟亲为祝药剉杀,日夜不稍休,卒不起。弟劳极痛深,几与同殒。事诸兄尤谨,有所戒勉,无不怡怡乐受也。其天性有过人者,不仅文字之工而已。惜乎,竟不得四十。是则可哀也夫。"(《张氏宗谱·列传》卷三二)

八月,张廷瓒偕同里诸子饮剌梅园松下,作诗纪之。

张廷瓒《秋日偕同里诸子饮剌梅园松下》诗云:"京华八月秋日长,京华池馆经年荒。"(《传恭堂诗集》卷一二;《四库未收书辑刊》第七辑第二九册,五六)

九月九日重阳节,张英邀潘江同往湖上先生处看芙蓉,潘江以病不克赴,作诗以答。

《木厓续集·河墅诗三》有《敦复宗伯致其仲兄湖上先生之意期同往看芙蓉,予以病不克远赴,赋此寄答》诗云:"放翁晚住三山下,尝言湖中有隐者,长笛一声夜半闻,听曲审音知者寡。吾乡亦有湖中人,不爱都市爱田野。卜居湖畔三十春,柴门临水特潇洒。湖面花开尽客游,湖底鱼肥从人打。兴来一苇纵所如,真道使船如使马。洪冲书屋两三楹,小构亭台足游冶,谁向秋风烂漫开,绕径芙蓉白兼赭。媿我龙钟拥病躯,咫尺山房天不假。何况蓬瀛天际看,无由阆人扮榆社。今年佳节插茱萸,弟劝兄酬飞觞斝。遥知湖上淡荡人,惟有园林兴难捨。好花开罢重壅培,春来还欲乞满把。"(《木厓续集》卷一二,一六)

按:该诗前一首为《重九前一日泛舟看芙蓉》诗,后一首为《九日同秋浦游大罗庵》,此诗为重阳节时或前一日作。

九月十九日,廷瓒元配吴氏卒,享年三十有一。(《张氏宗谱》卷四,一五)

张廷玉《长嫂吴氏传》云:"长嫂吴氏,先公女甥也。年十九归伯兄少詹公,为冢妇十三年。时先公官翰林,禄不足以赡其家,恭人从宦京邸,食粗衣敝,终岁怡然。先太夫人既贵,不忘妇职。恭人日侍左右,佐剪管刀尺,灯火荧荧,漏数十下,不谓之退不敢退,或侍立竟夕,讫无怠色。其后先公请假南归,伯兄留京师,恭人独任摒挡,居恒庖厨肃然,客至,具盘飧啜嗟立办,伯兄每不置问,恭人亦不以有无告也。性退逊,于物无忤,先公尝称之,以为孝让谦至。恭人既殁,两大人恻伤尤至,暇则述当时宦况,谓恭人独处艰难之日,能食贫操作,以励诸子妇云。"(《张氏宗谱》卷三四)

张廷瓒一人在京,作《悼亡十首》。

其一云:"我生三十年,朝暮惟眠餐。露华滋柔条,春风吹羽翰。岂知宇宙间,何事为悲欢。忽遭连理摧,吊影成孤鸾。不解悲何来,寸衷时辛酸。击缶歌短章,书寄泉下看。"

其三云："我翁宦京华，我独留故园。尔母即我姑，招我开华轩。谓我乘龙姿，托我深闺媛。深闺忧何人？零露晞朝暾。涕泪瞻南天，默默惭私恩。"

其四："驱车指千里，偕尔来长安。长安阻且遥，星月悬征鞍。回首望慈帏，乡路空漫漫。尔心中自伤，忍泪强言欢。前年两亲丧，泪洒江云寒。今年朔风哀，深闺凋蕙兰。人世惨离别，泉壤空团圆。往者胡不归，至此增长叹。一官苦相累，能无摧肺肝。"

其五："怜尔同气人，十载隔天涯。伯兄与季弟，前岁来京华。相见应相慰，何事长咨嗟。知尔怀乡园，千里燕云遮。犹期鹿门车，故庐同看花。所愿亦良薄，摧折胡相加。已矣不言归，言归悲转赊。"

冢妇讣闻，公与姚淑人悲不自胜。

《祭冢妇封孺人吴氏诔词》云："姚淑人自去夏以来，心常县悸，形于噩梦。乃闻孺人之讣，予悲不自胜，淑人呕血数日。盖孺人之事舅姑甚于子若女，故舅姑之爱之亦逾于子若女。初不因吾甥女而然也。"（《笃素堂文集》卷一〇，《张英全书》本）

姚范《赠奉直大夫张公宜人姚氏合葬墓志铭》云："公讳某，字某，相国太傅文端公之冢孙，少詹事讳廷瓒之子，少詹初娶于吴，生公及苍梧副使某。公继娶于顾，俱赠封恭人。"（《援鹑堂文集》卷四，一七）

秋，与子廷玉等游龙眠山，并有诗。

又与山足和尚同游浮山，凡三日。觅诗未得。

《浮山十坐处诗》云："癸亥秋，予信宿浮山。与山足和尚极探寻之胜，因拈十坐处欲系以诗，久而未就，今始各成数韵。"（《文端集》卷九，一四）

应山足和尚之请，为作《浮山华严寺斋僧田记》，记当时宿华严寺所见。

云："予以癸亥秋至浮山，始至则白雾蒙山，林壑隐见，及寺门，则山足和尚方率其徒刈豆中田，草屦腰镰，跣而揖客。予信宿方丈中，时听戒僧聚处者数十人，朝夕不闻人声，五更钟鸣，梵诵后聚食一堂，人粥一盂，不闻匕箸声。食竟，各治职事，薪者薪，芸者芸，穫者穫，圃者圃，汲者汲……"

公有《山足和尚一茎草诗序》云："予癸亥九月力疾至浮山，与山足和尚同游，凡三日。其岩洞佳胜，昔人皆有纪述，予独选十坐处为之记……晚归，与和尚相对，出《一茎草》读之。"（《笃素堂文集》卷五，此文四库本未载。见《张英全书》本）

是年秋冬间，为高士奇《蔬香图》题诗。

高士奇《禹生为余写蔬香图自题卷尾》诗下附陈廷敬、徐乾学、朱彝尊、钱澄之、张英等人题诗。张英诗云："手种青蔬一水厓，满筐风露过篱柴。携锄戴笠予常惯，转忆空山学圃斋。"（《苑西集》卷四，一〇）

九十月间，妻兄姚文燮子，侄尧元任漳州别驾，作诗四首送之。（《文端集》卷二二，八）

其二诗云："京华九月返轺车，新佩银黄耀故庐。天末人归多难后，日南恩拜一官初。"

其三诗有"木叶萧萧拂去旌,早梅花傍岭头生"之句。

高士奇有《送姚虚槎官漳州别驾》。

其一云:"闽橄三山外,知君是昔游。重探乌石穴,还过紫霞洲。"句下自注云:"虚槎侍其尊人旧官建宁。""别酒方逃暑,征鸿早报秋。因风托柔翰,为问草堂幽。"句下自注云:"兼询爰湖。"

其二云:"忆从平子宅,(句下自注云:"虚槎为敦复学士内侄。")倾盖定交时。涉世逢多梗,为官讶独迟……"

十二月,葬父于仓基墩。事竣拟束装还朝,而体中疾作,盖以经营丘垅之故,蒙犯霜露跋涉者逾年,哀感劳瘁,旧恙复萌,因具疏展假。(张廷玉《先考行述》)

十二月二十二日,侧室徐氏生。

《张氏宗谱》:"徐氏,生康熙癸亥年十二月二十二日,卒乾隆庚午年五月二十三日,祔葬龙眠山文端公墓右。苦志守节。雍正癸丑奉旨建坊旌表。"(卷四,一八)

十二月二十三日,蒙恩受赐。

"蒙恩赐臣英羊二牵,酒二罇,鹿一,雉八,鲜鱼、鹿尾各六,给付臣男翰林院编修廷瓒。臣望阙九叩首,谨奉表称谢。"并云:"伏以恩从天上,蓬茅沾玉露而增荣;春到江南,枯蠹沐琼膏而起色。忆昔囊书深殿,每分辉于伏腊之时;讵意卧疾空山,复拜赐于嘉平之节。泽愈徵其优渥,感自倍于恒常。"(详见《恩赐羊酒食物谢表》,《文端集》卷三九)

岁除之际,蒙恩赐羊酒食物,有恭纪诗一首。

《文端集》(卷二二,八)有《癸亥岁除,蒙赐羊酒食物恭纪》诗。

除日,冢妇櫬还里。厝于北山之麓。亲友欲聚国族哭孺人,公以卑幼辞。作《祭冢妇封孺人吴氏诔词》。(见《笃素堂文集》卷一〇,《张英全书》本)

是年,《日讲易经解义》成。

该书是就牛钮、孙在丰、张英等给康熙皇帝的讲疏整理而成。张英在康熙二十三年秋作《寄吴门学博三兄以复此对床眠为韵》诗中提到此事。在其二诗末注云:"刊《易经讲义》,英以假归未列名,特命增入总裁内。"(《文端集》卷九,九)

是年,张廷玉受业于同里刘伯顾先生。

《澄怀主人自订年谱》载:"是岁受业于表兄刘伯顾先生,秋月随先文端公游龙眠别业属赋诗,先公喜有诗。曰:'喜看玉儿刚十二,也能捉笔咏寒蓉。'又曰:'璐儿先赋诗,夸我池中莲。玉儿才患多,逡巡出两篇。忆儿学语时,一字亦可怜。况今成七字,琅琅若珠蠙。'"(《四库全书存目丛书》集部第二六二册,六八一)

按:据《文端集》卷九,此事当在康熙二十三甲子秋。详见康熙二十三年内《玉儿璐儿霖孙入山定省作此示之》诗。云:"山栖且炎热,当午群卉蔫。蚊蚋苦啮我,长喙单衣穿。避此施帘幙,蒸溽如火然。近闻城中人,喘汗皆欲颠。娇痴三岁儿,箠箠恣所便。叫号詈阿母,不使登床眠。今朝喜早凉,群儿来翩翩,值我胸次恶,气逆中沸煎,短衣戏我侧,使我疾顿蠲。璐儿先赋诗,夸我池中莲。玉儿才患多,逡巡出两篇。抚掌出狂笑,此乐予所偏。忆儿学语时,一字亦可怜。况今成七字,琅琅若珠蠙。老无正岑寂,三五山月圆。留儿看清影,饭以溪头鲜。"(《文端集》卷九,一〇)

康熙二十三年(甲子,1684年)　四十八岁

一月,在龙眠山,有《山居》(一月疏过岭北园,蛛丝挡路雀迎门)二首。
春,公同潘江、方中履等人宴集赋诗。
  潘江《木厓续集》有《严庶华招同王恕行明府张敦复方丹皋邓田功方素北……诸子集石门山庄有赋》,诗云:"惠风被遥甸,旭日翔高林。驾言践良会,谁谓山径深。未见桃李蹊,先闻空谷音。"(《木厓续集》卷一三,三)
三月十八日,万寿节,赋诗一首。(《文端集》)
  《甲子惊蛰后一日入山二首》见《文端集》(卷二二)。
游媚笔泉,遇骑驴客,作《村南》《山行杂诗八首》《早起书触目所见三首》《南荣》《山居杂诗八首》《幽居二首》等诗。
春,山足和尚来龙眠山,以诗问序于公,遂有《山足和尚一茎草诗序》。(《笃素堂文集》卷五,《张英全书》本)
五月,同里方中履同四弟信宿赐金园,有诗纪之。
  《甲子仲夏信宿赐金园同四弟作》诗云:"入谷盘旋不欲忙,溪重路转到林塘。断除尘事知长日,领略山容趁夕阳。一卷映窗修竹绿,层峰如幄万松苍。渔翁田父行相杂,来往何人识侍郎。"(潘江辑,《龙眠风雅续集》卷一九,二六)
  按:方中履,字素北,别号小愚,方以智幼子。有《汗青阁全集》《古今释疑》《四诗鼓吹》诸书。(《龙眠风雅续集》卷一九,一)
  又:方中履女适张英子张廷瓒。(《张氏宗谱》卷四)
夏,潘江身有不适,张英过访,潘江以诗纪之。
  诗云:"敦复宗伯见过。"(多君雅尚爱林居,筑就南轩胜石渠……微疴入夏知良已,新句何时始起予。)
夏,作《夏日山居杂诗十四首》。
夏,公自营南轩,有《构南轩成》诗。(《文端集》卷二三,五)
六月,两轩成,作诗二十韵,宣山居之乐。
  《两轩成诗以落之二十韵》诗云:"甲子上巳日,吾庐肇版筑。阅时弥九旬,亭轩已蕆足。"《短歌行》云:"问我何所慕,尽日此中居。"(《文端集》卷九,六)
山中避夏,读书。有《读子瞻诗二首》《山居即事七首》等。
  《山居即事七首》其四有句云"南风六月井泉干",可知此诗作于夏六月。
夏日酷热,读《放翁集》,次陆游诗二首。
  《放翁于盛暑作夏白纻词二首,今夏酷热,因次其韵》诗见《文端集》(卷九,八)。同时

《文端集》(卷二二)有《桑下读放翁集》。

夏后,出山,坐读易楼,作诗二首。(《文端集》卷二三,七)

期间,又作《坐四面芙蓉亭》《喜雨》《山泽》等诗。(《文端集》卷二二,八)

又寄诗给在邳州的好友许伊嵩。诗中有句云:"皆响亭边秋雁过,凭将说与许询知。"此时已是秋天。

此时,还作有《此味》《与羹湖》《过越巢闻读书声》《归卧》等诗。

初秋,长子张廷瓒在京师,作《雨中饮酒》。原注:甲子秋初作。(《传恭堂诗集》卷一,一八)

  诗云:"狂吟沉醉君无笑,误著青袍已十年。"按:此处十年之谓为虚词。

八月十五日,雨,作诗一首。

《中秋雨》诗见《文端集》(卷二三,九)。

后又作《早起》《桑下读放翁集》《芙蓉二首》《对小池芙蓉因忆湖上》等诗。

八月二十六日,得房师即墨黄公书。有诗云:"早侍扶风讲席余,七年不见剧愁予。空山雾雨萧萧夜,东海新来一纸书。"(《文端集》卷二三,一)

另有《锄山脚地种花》《山雨》《小园》《窗间》《隔溪》等诗。(诗见《文端集》卷二三,一〇)

九月九日,作《甲子重九二首》。(《文端集》卷二三)

又作《赐金园十二咏》。(《文端集》卷二三)

后又山居,有《入山》《北轩与内人晚坐》《珍裘》《寒夜》《夜雨》等诗。

友人徐乾学有诗来寄,公即次来韵答之。

  《答徐健庵见寄即次来韵》诗云:"自顾镜中发,霜华日已半。戢影栖空山,循迹托荒甸。"(后略)(《文端集》卷九,六)

为隐居在稻花斋的方中履作诗。

  《式庐诗为方子合山作》见《文端集》(卷九,七)。

秋,有感于子由怀子瞻故事,以"复以对床眠"为韵,作诗五首寄吴门学博三兄张杰。(《文端集》卷九,九)

暑热难奈之时,群儿来山中探望,使张英的恶劣心情顿时舒爽了起来。张廷玉和张廷璐分别赋诗。

  《玉儿璐儿霖孙入山定省作此示之》云:"山栖且炎热,当午群卉。蚊蚋苦啮我,长喙单衣穿。避此施帘幎,蒸溽如火然。近闻城中人,喘汗皆欲颠。娇痴三岁儿,筦箪恣所便。叫号詈阿母,不使登床眠。今朝喜早凉,群儿来翩翩。值我胸次恶,气逆中沸煎。短衣戏我侧,使我疾顿蠲。璐儿先赋诗,夸我池中莲。玉儿才患多,逡巡出两篇。抚掌出狂笑,此乐予所偏。忆儿学语时,一字亦可怜。况今成七字,琅琅若珠蠙。老无正岑寂,三五山月圆。留儿看清影,饭以溪头鲜。"(《文端集》卷九,一〇)

又《文端集》此诗后又有《昔人云人生惟寒食重九不可虚度》,诗云:"古人珍节物,佳时数重九。况我居山中，萧然若园叟。甘菊吐芳华，纵横被畦亩。（后略）"据此知，张廷玉等人访父于龙眠别业当在七月十五日或八月十五日。按：张廷玉将此事纪在康熙二十二年，误。

此后，又作《课仆种菜》《种菜诗用钝庵韵》。

读书山中，读放翁诗作诗六首，寄湖上仲兄。（《文端集》卷九，一一）

重九日，作《昔人云人生惟寒食重九不可虚度》，珍重佳节，萧然于菊柳之间。

九月，康熙帝南巡。

九月，族弟张茂稷遇覃恩敕授承德郎湖广武昌府通判，妻孙氏封安人，父赠如其官，母封太安人。（《张氏宗谱》卷四，三三）

秋，方中履作《秋日山中怀敦复》。

诗云："樵客农家路自通，芒鞋箬笠任西东。四时山色看常变，一种溪声听不同。让我身闲黄叶里，知君心在碧云中。耦耕定是何年事，莫待婆婆鹤发翁。"（《龙眠风雅续集》卷一九，二七）

按：此诗疑是张英回京后作。

秋，严耦渔宫允画《江村草堂图》，高士奇、陈廷敬、张英、朱彝尊、严孙绳等人为之题诗。

高士奇题诗作于是九月康熙帝南巡前，且诗下附有该诗，则该诗也作于是九月南巡以前。（《苑西集》卷五，七）

十一月一日，上至江宁。是时，公从里中往江宁迎驾，并见老友高士奇。

张廷玉《先考行述》云："甲子冬，恭遇圣驾南巡，府君趋迎于秦淮。蒙天语慰问，并赐御书，屡召至内阁与政府商榷公事。是冬，复赐羊、酒、鹿、雉、鲜鱼、鹿尾诸食物，如昔年在南书房例，付先兄祗领。"

十一月四日，上自江宁回銮。公与高士奇在燕子矶道别。（《康熙实录》卷一一七）

高士奇《苑西集》中有《燕子矶别张敦复学士》，燕子矶在江宁，据此诗知公十一月初在江宁。诗云："几年直丹霄，寒暄其昏晓。自君还旧林，流光疾飞鸟。三度送春阳，两番逢岁杪。龙眠夸山庄，万山青不了。飞瀑鸣淙淙，烟风散林沼。沉湎丘壑情，遂使金门杳。冬来扈仙跸，鸣镳历江表。相见石头城，昨宵寒月小。暄传返翠华，离怀各纷绕。矶边来日别，洪波叹缥缈。"（《西苑集》卷五，九）

十一月五日，重到鸡鸣寺。忆往事，不胜感慨。

《过鸡鸣寺》，诗下注云："甲申年十一月三日，先母太淑人五十初度饭僧于鸡鸣寺。予时八龄，从父兄游，至今不能仿佛其地，惟记大银杏一株，在佛堂右。甲子年十一月五日，重至其下，老树无恙，增尺许围，先后相距恰四十年，日月适符，为之感怆不能去。"

是日，友人王士禛受命祭告南海。（《南来志》；《渔洋山人自撰年谱》卷下）

十一月十九日,王士禛启行。

十二月八日,公在里中,与友人潘江等聚饮。

  《腊月八日眠樵木厓霜鹤过山庄小饮二左留宿》,诗见《文端集》(卷二四,三)。

十二月二十日,王士禛自定远南入合肥界,晚次护城驿。(《南来志》)

十二月二十一日,王士禛过废梁县,晚渡淝水,次庐州府合肥县,造龚鼎孳第拜遗像,有诗。(《南来志》)

十二月二十二日,王士禛晚次舒城县,有诗寄李天馥。(《南来志》)

  《南海集·舒城口号寄容斋少宰》作于是日。

是日,四川湖广总督蔡毓荣疏报吴三桂反。(《康熙实录》卷四四)

十二月二十三日,王士禛渡南溪,晚次桐城县,张英来晤。县教谕门人王立极来谒。(《南来志》)

  《南海集》之《梅心驿南作二首》《将至桐城》诗为是日所作。

十二月二十四日,王士禛受到张英等人的款待。

桐城吴子云、姚文燮、马教思、程仕来见。陈焯雨中过访王士禛客署,出《宋元诗会》属会定。复游其涤岑,有诗。过姚氏竹叶亭午食。饭后访马宅,晚过张英新斋饮宴,观御书《古北口绝句》,有诗。姚文燮亦至,欲留公于其竹叶亭度岁而不果,作诗画相赠。(《皇华纪闻》卷一)

  《香祖笔记》(卷三):"予甲子冬奉使祭告南海之神,岁秒次桐城。大雪中,陈默公焯初未相见,即过予客署,二从者背负巨囊。揖罢,即呼具案,顾从者取囊书数十大册,罗列案上,指示予曰:'此吾二十年来所辑《宋元诗会》若干卷,闻公奉使当过此,喜甚,将待公决择之,然后出问世耳。'已过其涤岑,雪中远眺龙眠诸山,纵观是书,竟日宾主谈谐,无一言及世事,此亦冠盖交游中所少。"

  《蚕尾集》(卷二)《送姚绥仲编修归省寄二首》,自注:"甲子奉使粤东过桐城,羹湖欲留余竹叶亭度岁,不果,作画赋诗相送泳园。羹湖别业在南郭山上。"

  另《南海集》之《雨中过陈默公涤岑》《张敦复宗伯招饮新斋感旧兼寄说岩都宪》为是日作。按:羹湖,即姚文燮,桐城人。

十二月二十五日,王立极约王士禛同张英游姚氏泳园,饮至漏下方入城。有诗。(《南来志》)

  《南海集·泳园夜雪即事同敦复我建寄耕壶》为是日所作。

十二月二十六日,王士禛发桐城,王立极送行。望盛唐山,有怀古诗。渡挂车河时,王立极别去。

  《南来志》之《南海集·望盛唐山》作于是日。

除夕,作《甲子除夕》(残岁逼人事)诗,表达自己闲鹤般的心境。(《文端集》卷九,一二)

是年,怀宁县学改建,知府刘檗重建应沙阁案山围墙。张英为之记。

《应沙阁案山围墙记》云:"泽宫者,教化之本;山川者,毓秀之源。凡郡邑人文焕发,伟儒巨公,项背相望,莫不由司牧者陶淑胶庠,泽之诗书,风之礼乐,故能萃川岳之精,以人合天而祯祥叶应,非偶然也。郡伯刘公自戊午剖竹专城,宏济时艰,斟酌元气,政简刑清,多历年所。以士习为民风之倡也。进皖之士而课之以文,敦之以行。取皖郡庠之圮者葺之,邑庠之敝者更之,公之为学校谋,详且至矣。乃犹念皖之为郡,龙山枕其后,大江襟其前,宜钟灵者指不胜屈,顾鼎革以来,科名较逊畴昔,毋亦培养者之尚有所缺乎?偶览郡志,乃知怀庠建于有明,有所谓应沙阁者,应沙阁者,应沙塞雷江之讖而作也。阁成,而刘公讳若宰者,胪传首唱,嗣是巍科接武,自乙酉荡为劫灰,废址空存,何以永符神契哉?于是进博士弟子谋所以新之,捐俸饬工,两阅月而告竣。又清理案山旧址,周遭左右置墙百二十余丈,巍然翼然,孔曼且硕。夫人材之盛衰,视教化之兴废,陶淑渐摩之未至。虽休徵瑞兆,亦往往有不可恃者。今公之勖士,其业则诗书羽籥,其旨则仁义道德,而复崇其庙、岂其阁、巩固其垣墉,则泽宫之化日广,山川之气倍灵,从此应斯谶而起者,孰非我公振兴作养有以致之哉?皖人士日颂公德,且与兹阁共不朽矣。"(《光绪重修安徽通志》卷八八《学校志·学宫》四)

冬,与姚天池邀游山园,雨,不果往。有诗云:"料峭寒生小雪天。"(《文端集》卷二四,二)

是年,姚文焱聘浙江同考。(《道光续修桐城县志》卷一二,六三)

康熙二十四年(乙丑,1685年)　四十九岁

元日,有《乙丑元日立春》诗。(《文端集》卷二四)

正月,又作《深坐》《中处》《难遣》《人日课童子理园圃》等诗。

早春,分别十年之久的同学友方舒来,从姑熟来访张英于龙眠山中。不禁回忆起他们读书时"疑义相与析"的同窗生活。

《方舒来自姑熟相访山中》诗云:"早春山峭寒,林花犹寂寂。故人枉轩车,十载面惊觑。束发友方子,疑义资讲析。文章有矩矱,名场早陵轹。"(后略)诗下注云:"舒来名逢月,予同学友,为姑熟学博。"(《文端集》卷九,一三)

按:姑熟,今当涂县。

正月,还作有《予拟为楼压园梅之颠口鹤背楼偶读放翁咏梅诗亦有洛浦矜绝态猴山骑鹤想前身之句》《读书罢忽起见月》《梅花二首》等诗。(《文端集》卷二四,六)

正月,友人潘江作《赐金园春山八咏次韵和澡青宗伯八首》。(《木厓续集》卷一五,三)

张英原诗为《春山八咏同羹湖作》,分别为《岭上云》《原上村》《溪上路》《石上泉》《池上梅》《岩山竹》《松上鹤》《陌上花》等诗。(《文端集》卷二四,六)

张英属潘江稽放翁诗何年始入剑南稿中,潘江作诗二首以答。
  其一云:"放翁少作惜多遗,四十八龄始入诗。君诗若欲编年起,记取昨年甲子时。"
  诗下自注云:"去岁甲子敦复年四十八。"(《木厓续集》卷一五,七)
正二月间,潘江等人访张英赐金园赏梅,并次壁间韵。潘江有诗三首。(见《木厓续集》卷一五,八)
不久,张玉叔招同羹湖、丹皋、潘江等人游碧峰山房,观披云洞瀑布,以"风月无边庭草交翠"八字为韵,分别赋诗。潘江得"风"字。(潘江诗见《木厓续集》卷一五,九)
  按:张仲华,讳秉哲三子,字玉叔,号碧峰。治《诗经》,附监生,以孙若本贵貤赠文林郎山东曲阜县知县,诰赠奉政大夫湖北汉阳府同知。生顺治甲午年十二月十六日,卒康熙丁卯年九月二十二日。配方氏,官荫生讳奕箴女,貤赠孺人,诰赠宜人。生顺治丙申年正月初一日,卒康熙庚子年三月二十日。三子:余厚、廷玠、廷珅。(《张氏宗谱》卷四,三二)
三月十八日,万寿节赋诗一首。(见《文端集》)
三月二十日,乙丑科殿试,取陆肯堂、陈元龙、黄梦麟等121名。(《清代职官年表》二七八四)
  陈元龙,(1652—1736年)字广陵,号乾斋,浙江海宁人,清朝大臣。康熙二十四年一甲二名进士,授编修,直南书房。五十七年,擢工部尚书。六十年,调礼部。乾隆元年,陈元龙去世,享年八十五,以太子太傅、大学士致仕,祭如制。谥文简。著有《爱日堂文集》《爱日堂诗集》等。
三月,长子张廷瓒分校礼闱,与公癸丑年分时名次和办公地点相同,作《闻廷瓒分校礼闱》诗。
  诗云:"南宫承命校专经,敢谓新阴在鲤庭。屈指岁华刚一纪,抡文重到第三厅。"诗下自注云:"予癸丑分校礼闱,官次第三,居会经堂第三厅。乙丑廷瓒分校,官次亦如之,复居此厅。"(《文端集》卷二四,八)
  《张氏宗谱》:"乙丑充会试同考官。"(卷四,一四)
春,上召张廷瓒询问乃父张英的情况。
  张廷玉《先考行述》云:"春,特召先兄廷瓒至御前,面询府君近状并起程日期。先兄廷瓒对以病体渐愈,秋间可以起程,府君遂于七月入都,补原官充日讲起居注官如故。"(张廷玉《先考行述》)
春,作《雨中过桃花园七弟治具》《溪头》等诗。
  《溪头》诗云:"蹩卷溪头旧钓丝,园林归卧莫嫌迟。放翁甲子当予岁,尚欠云山万首诗。"(张英爱读陆游诗,其诗中亦有陆游诗的豪放、恢宏美)
四月,作《初夏》《竹醉日》等诗。
  《避暑》诗云:"人间清福谁能领,此际应无客与陪。"(《文端集》卷二四,一二)

五月二日，选授庶吉士三十五名。
> 按：是年教习常书、徐乾学。明年（二十五年）教习库勒纳、张英（四月十五日授）。（十二八日戊午迁兵部右侍郎）(《清代职官年表》，二七八四)

五月八日，三兄张杰生日，作诗以寄。有《吴门学博三兄生日十六韵》。（翘首当夏五，菡萏吴六花）。(《文端集》卷九，一四)
> 按：张杰，生于明天启六年（丙寅，1626 年）。

七月，赐金园荷花盛开，同里潘江等人访赐金园观荷，作《雨中同雨衡看荷花歌柬张学士》。
> 诗云："赐金园里花蔟蔟，赐金园外风谡谡。冻雨朝飞至亭午，仆射中车知矢镞。闻道荷花开满塘，不避暑雨来飞舫。"(《木厓续集》卷一五，一九)

又，张英在赐金园为潘江《木厓续集》作序。
> 序文云："丙辰岁有《木厓全集》之刊，予既序而行之。今其从游诸子又汇集丙丁后十年之诗为十五卷……甚矣，潘子之富于诗也。古诗人卷帙之侈者，唐惟白傅宋则放翁，潘子素涵咏于两家之间，故其诗以浣花为胚胎，以履道为眉目，以剑南为神髓，兼综众妙，不名一家。顷者，予将束装北征，谓放翁晚年隐居三山，岁赋诗数百篇，其全集八十五卷则七十八十岁诗居多，愿潘子老而秉烛，益锐意吟咏……潘子闻予言而首颔者再……惜惟放翁，今则耐翁，世不乏知言者，予岂阿所好而云然哉。康熙二十四岁次乙丑孟秋（七月）月同学弟张英拜题于赐金园之北轩。"(《四库禁毁书丛刊》集部第一三二册，二五八)
> 按：文中有"予将束装北征"之句，是为其赴阙之前，又文中提到其为《木厓全集》作序之事，但现存《木厓全集》前未见张英所作序文。此文已佚，疑为张氏避祸主动将其序文销毁。

公请假归里期间，为同里诗人陈焯《杜意》作序。
> 《序》云："予在京师时，见此书于小山座上，击节叹绝。今请假归还里门，适见是编镌刻告成，乐而为之序。"(《张英全书》，《龙眠丛书》本)

公请假归里期间，还为《龙眠古文初集》作序。
> 序中第一部分介绍了桐城得天独厚的地理环境。其次写在这种环境中蕴育而成的桐城人的"端重严恪，不近纷华"的性格特征。第三，写桐城古文根柢。云："吾闻先正训子弟读书法，以六经为根源，以诸史为津梁，以先秦、两汉之文为堂奥，以八家为门户，崇尚实学，周通博达，能不为制举业所缚束。涵濡既久，能振笔为古文词者，代有传人。朝堂之文，昌明凯直；性理之文，深醇奥衍；传记之文，条理详赡；酬答赋赠之文，温文尔雅。盖由先达之人，往往安静恬裕，不汲汲于奔竞进取之途，不汶汶于声华靡丽之物，且幼而知所学习，故其为文皆有根据，不等于朝花而夕落也。……芥须、存斋惧先业之不彰，搜罗评定为若干卷，梓而传之。"(《笃素堂文集》卷四)
> 按：是文，四库全书本未载。
> 李雅，字士雅，号芥须，桐城人，清代生员，授江西崇文县教谕。晚年筑东皋草堂于东

郭外，与友人何存斋、潘河墅编《龙眠古文》二十四卷。

据潘江《哭李芥须》诗，李雅卒于一六八九年春。（《木厓续集》卷一八，九）

何永绍，字令远，号存斋，桐城人。清康熙间县学生，爱好古诗文，好游历，与李雅同编《龙眠古文》。著有《宝树堂诗文全集》、《游浮山记》一卷、《龙眠游记》一卷。

为姚注若题画册，作诗十一首。

《题姚注若画册十一首》其二云："山居无事日迟迟，帘静香消与睡宜。有梦不离幽径外，鸟声飞上野棠枝。"诗下自注云："余壬戌以后谢客山居，蓬径草庵，饶有幽致，栖迟三载，此景依然，重话旧游，惘焉增慨。"

其五云："村市人家柳岸边，白鱼入馔最芳鲜。惭予旧是湖干客，风景相违十二年。"（《文端集》卷三一，一九）

其六下自注云："吾乡瀑泉甚多，披雪及似古山房皆佳。兹图类继溪石门从梅花影中望匹练尤胜也。时与方子东来同识之。"

按：似古山房，为戴名世曾祖所构。《戴名世年谱》云：先生曾王父戴震，卜居于东龙眠，筑屋数楹，取唐庚《醉眠》"山静似太古"之意，名之曰"似古山房"。（《戴名世年谱》三八）

公与同里潘江、三兄张杰，都常往游。公有《似古山房》二首，潘江有《戴予翼招同李石逋吴遣斋戴仅及江四友张如三集似古山房遣斋先生韵》诗。（《戴名世年谱》三九）

其七下自注云："吴兴小司寇笔妙天下，写秋林得荆关遗法。园居养高兴致益豪，点染入化，以十二幅遗余，良不易得也。"

其八下自注云："余在大内曾见《龙眠山庄图》粉本有玉龙峡，则今之碾玉峡是也，其秘全庵结屋山麓，前临大溪，樵径当门，则今之写园似之，有垂云泜奇石壁立大溪中，今媚笔泉罗汉台犹可想见也。"

其九下自注云："从写园而西，山脚插大溪中，于此营一径，迤逶里许，可得水石萦回之致。由此达椒园、芙蓉岛，极为幽僻，因识于此图之末云。"（《文端集》卷三〇，二〇）

按：姚注若，姚文然长子，潘江女婿。

是月，奉召赴阙。

《澄怀主人自订年谱》："是岁七月，先文端公奉召赴阙。先太夫人留里门，廷玉随侍家居。"（《四库全书存目丛书》第二六二册，六八一）

张廷玉《先考行述》云："府君遂于七月入都，补原官，充日讲起居注官如故。"

又《张氏宗谱》云："乙丑九月入都，仍补原官。"（卷四，十五）

按：三处文字，对张英入都的记载时间不同。综合考虑张廷玉文字及张英诗文信息。张英当是七月起程，九月抵都。

友人钱澄之诗以赠之。

钱澄之《田间诗集》（卷二五）有《送别张敦复还朝》云："奉诏趋程驿路赊，乍辞三径理征车。宦情久淡偏承宠，主眷方浓敢恋家。休沐几曾离翰墨，对扬多是吐烟霞。知君别后难忘外，碧藕当轩万朵花。"

其二:"秋至天清一雁飞,故人相送出林扉。青山来去云常在,白首追陪客渐稀。读易有书陈讲幄,吟诗无梦到渔矶。赐金园上亲栽树,争长新阴待尔归。"(《四库禁毁书丛刊》集部第一四五册,四〇七下)

友人潘江等有诗相赠。

《木厓续集》(卷一五)有《归朝欢》题下注云:"送敦复学士假满还朝。"

赴阙之前,在里中还作有《看花宜早起》《静里》《夏佳岭二首》《初过宝稿堂》等诗。

《松湖后收获诗八首》其七有句云:"自荷君恩三载住,桐乡两度见丰年。"诗后注云:"比来甲子乙丑。"

郊送张英启程后,潘江归卧山房有怀,作诗四首,以示别情。

其二云:"鱼凭水槛惬襟期,松满山颠荷满池。从此赐金园里路,待君归老共追随。"

其三云:"倾城祖送塞重闉,风卷旌旄雨浥尘。荷盖亭亭高似伞,无因寄与送行人。"

其四云:"丹陛苍崖志不同,归来黯坐对空濛。无人惊醒庄周梦,独闭柴门秋雨中。"

(《木厓续集》卷一五,二〇;《四库禁毁书丛刊》集部第一三二册,三九二)

途中,张英与伊嵩期会于徐州,潘江作诗以怀。

诗云:"广文骑马辞官舍,学士朝天有履声。无计追随嵇吕驾,梦随残月到彭城。"

(《木厓续集》卷一五,二〇;《四库禁毁书丛刊》集部第一三二册,三九三)

按:以上均为七月间事。

九月九日,潘江家中设宴,怀及张英去年之约,有诗《九日雨坊斋家宴》。预计此时张英已至京师。

诗云:"隔宵有约唤儿曹,准拟重阳一和陶。纵怯风狂能落帽,肯教诗兴少题糕。雨中未可探离菊,酒畔犹容擘蟹螯。遥忆曲江韦学士,柏梁赋就五云高。"诗下自注云:"去岁敦复有九日诗,今计期可陛见矣,忆之。"(《木厓续集》卷一六,五)

抵京后,张英为友人高士奇画图题诗。《题澹人所藏文衡山〈泼墨山水图〉》。(《文端集》卷二四,一六)

九月十二日,叔父张秉宪卒,享年九十。(《张氏宗谱》卷三,一五)

秋,刘辉祖归里,张廷瓒诗以送之。

《赠刘北固即送其归里》二首,其一有诗句:"才子偏怜范叔寒,频年书剑客长安。临窗细读日初上,篝火孤吟钟欲残。"其二云:"人归恰趁雁南飞,驿路霜华点客衣。直到故园秋正老,还逢渔舍蟹初肥。"(《传恭堂诗集》卷二,三)

十二月二十日,内直看赵松雪《水村图》,作诗三首。

其二云:"青箬吹香雨后风,秋山秋水总空濛。谁将宝稿堂前景,移入觚棱晚照中。"

诗下注云:"宝稿堂,予松湖别业名也。"

十二月二十二日,《内直看李公麟龙眠山庄图粉本》。

诗云:"画里龙眠首重回,笑余新自故山来。只今欲觅垂云沜,难洗空青万古苔。"诗下注云:"图中有垂云汧,今尚可仿佛其处。"
十二月二十七日,赐内制磁杯玉器,杯上印有贺季贞《乘马图》。诗见《存诚堂诗集·应制五》。(《张英全书》下册,一〇七)
除日,上赐黄金小饼一双,诗以纪之。(诗见《张英全书》之《应制五》)
于内殿侍宴,御赐青果,诗以纪之。(诗见《张英全书》之《应制五》)
大年三十,思念家乡的梅花,作《除日忆园梅用子瞻韵》。
　　诗云:"我昔居此竟三载,相忆哪能无一言。祇今春风已十日,一枝未见临匏樽。"(《文端集》卷一〇,二)
是年,归允肃兄子胥臣自常熟来访公署中,以其里中诗文相示。
　　张英《归节母陈太君松筠教子图记》云:"乙丑岁,长君胥臣公车北上,随叔氏悝崖同过荒署,即出里中诗文一帙示余。读之,皆节母陈太君受圣朝旌典建功,贤士大夫交相颂述之作,完节纯孝,世称盛焉。"(《张英全书》下册,三三九)
是年,张廷瓒充《大清会典》纂修官。(《张氏宗谱》卷四,一四)
是年,为书画家周金然《渔艇图》题诗,作《题周广庵〈渔艇图〉》。(诗见《文端集》卷九,一八)
　　按:周金然,字广居,号广庵,上海人。清书画家。康熙二十一年进士,官洗马中允。告归时以平生所书进呈,圣祖制五言十二韵褒之。有《娱晖草》《西山纪游》《和靖节集》《和昌谷集》。(《江苏诗事》)

第五卷　康熙二十五年至康熙三十七年

康熙二十五年（丙寅，1686年）　五十岁

元日，陈廷敬作《丙寅元日》诗，张英等人和之。
  陈廷敬《午亭文编》（卷一四）第一首诗为《丙寅元日》诗，第二首为《敦复澹人二学士见和除夕元日诗叠前韵二首》，其三为《上元夜扈从出永定问作》，则张英在元日和上元日之间有和陈廷敬诗。（《午亭文编》，《影印文渊阁四库全书》集部第一三一六册，一九九）

正月二日，内直用司农梁公除夕韵作诗。
  诗云："山泽臞姿恰五旬，重来宫掖物华新。为沾柏叶尊前酒，乍觉桃花颊上春。内直灯残犹对客，故园梅发正怀人。东风青遍王孙草，不减霜毫色似银。"（《文端集》卷二五，二）

正月五日，直庐同高士奇和陈廷敬除夕元旦韵。
  高士奇亦有《丙寅正月五日直庐同敦复学士和泽州陈公除夕元旦韵》诗。（见《苑西集》卷六，三）
  诗后附陈廷敬原诗及公和诗。公和诗云："冰咽平桥往复还，春寒苦忆旧柴关。疏枝野岸梅当路，老树空庭雪满山。"（《苑西集》卷六，三）

又作《忆仲兄湖上三首》《似古山房》《泳园》《越巢》《河墅》等家乡的山水风光。（《存诚堂诗集》卷二一）

正月十六日，从南苑看烟火，夜深归寓。有《十六日扈从南苑看烟火》二首，友人高士奇有《十六日扈从南苑夜深归寓四叠前韵》。（《苑西集》卷六，七）

正月，洪升从京师返里省亲。
  高士奇有《送洪昉思省亲》，后面有诗为《二月四日》，则洪升回乡省亲之事当在正月间。

二三月间，高士奇为张英《赐金园图》题诗。
  《题敦复学士赐金园图》诗见《苑西集》（卷六，八）。

和陈廷敬读友人王士禛《南海诗》,即用其原韵作诗寄赠王士禛。

　　《直庐中同说岩先生读阮亭南海诗即用其见赠原韵寄阮亭》诗云:"风雪山城别,天涯复几时。梅花江北路,荔子岭南诗。不觉清吟久,重闻禁漏迟。直庐相忆处,应遣故人知。"(《文端集》卷二五,六)

三月二十日,擢翰林院掌院学士。

　　"大学士、学士等以拆本请旨:吏部题,翰林院掌院学士孙在丰长升任员缺,开列詹事郭棻等。上问大学士等,明珠等奏曰:'学士张英、徐乾学、韩菼皆皇上素知者,惟皇上简用。'上曰:'张英为人厚重,不干预外事,补授此缺最妥。'"(《康熙起居注》一四五二)

三月二十一日,上幸玉泉山驻跸,张英为翰林院掌院学士仍兼礼部侍郎。(《康熙实录》)

　　张廷玉"是岁三月随侍先太夫人入都"。(《澄怀主人自订年谱》)

　　按:关于张英被授翰林院掌院学士的时间,《张氏宗谱》载:张英于"丙寅二月,授翰林院掌院学士兼礼部侍郎教习乙丑科庶吉士"。(卷四,一五)这里记载显然是不确的。

三月二十九日,起居注官常书、张英。(《康熙起居注》,一四五六)

春,友人陈廷敬为作《张尚书赐金园图》诗。(《午亭文编》卷一四,二)

春,同陈廷敬、王俨斋、高士奇等人观内府所藏赵子昂《水村图》。

　　高士奇有《直庐同御史大夫陈公王俨斋少司农张敦复学士观内所藏赵子昂水村图》。诗见《苑西集》(卷六,八)。

　　该诗前有二月四日送洪升省亲之诗,后面又有《孙赤崖再至郡下仅得一面,春来赋别,聊以代柬》诗。由此而知,高诗作于二三月间。

四月一日,起居注官常书、张英。(《康熙起居注》,一四五七)

四月十二日,起居注官张英、多奇。(《康熙起居注》,一四六一)

四月十三日,任《一统志》副总裁。

　　丁酉。(前略)明珠等又奏曰:"纂修《一统志》副总裁,臣等公同推举原任左都御史徐元文、学士徐乾学、韩菼、张英、詹事郭棻、侍读学士高士奇、庶子曹和、祭酒翁叔元,共八员。"上曰:"韩菼、翁叔元不必举派,余俱著充副总裁。"明珠等又奏曰:"此内专委何人?"上曰:"着陈廷敬、徐乾学专理。"(《康熙起居注》,一四六二)

四月十五日,命教习乙丑科庶吉士。

　　"己亥。命翰林院掌院学士张英教习庶吉士。"(《康熙实录》)

　　张廷玉《先考行述》云:"四月,教习乙丑科庶吉士,充《政治典训》总裁官。"(《清代职官年表》,二七八四)

四月十六日,孝端文皇后忌辰,遣官祭昭陵。(《康熙实录》)

闰四月六日,公与库勒纳奏补授经筵讲官事宜。

　　"己未。辰时,御乾清门听政,各衙门官员面奏毕,管翰林院事侍郎库勒纳、学士张英等启奏补授经筵讲官。上谕曰：'《春秋》《礼记》，朕在内每日讲阅，尔等每日将讲章捧至乾清门豫备，诣讲筵行礼进讲，为时良久，妨朕披览书籍，其每日预备，著暂行停止。其《诗经》《通鉴》讲章，俱交与张英，令其赍至内廷。'库勒纳、张英出。"（《康熙起居注》，一四七二）

《康熙实录》云："闰四月六日，上谕翰林院掌院学士库勒纳、张英等曰：'尔等每日将讲章捧至乾清门豫备，诣讲筵行礼进讲，为时良久，妨朕披览功，著暂停止。《春秋》《礼记》，朕在内每日讲阅。其《诗经》《通鉴》讲章，俱交与张英，令其赍至内廷。'"

闰四月八日，起居注官张英、德格勒。（《康熙起居注》，一四七三）

闰四月十五日，起居注官库勒纳、张英。（《康熙起居注》，一四七六）

闰四月二十二日，上谕张英、徐乾学因学问渊通，留内廷办事，不必开列巡抚外任。

"乙亥，谕大学士等曰：'学士徐乾学、张英，学问渊通，文章事务，著留办理。以后开列巡抚，徐乾学、张英不必列名。'"（《康熙起居注》，一四八二）

《康熙实录》云："闰四月二十二日乙亥，谕大学士等曰：'学士徐乾学、张英、学问渊通，文章事务，著留办理。以后开列巡抚，不必列名。'"

张廷玉《先考行述》云："闰四月，与内阁学士徐乾学并谕称学问渊通，宜留办文事，令吏部勿开列巡抚。"

闰四月二十八日，直内廷，与陈廷敬等受赐康熙所服衣物。

《午亭文编》卷十四文云："直内庭，上遣内侍问臣廷敬在否？有顷，赉赐御服纱衣。臣同臣英、臣士奇、臣讷实被恩，赍縠文金钮，御香宛然，且谕曰：'是朕所当服者，臣服之。'感而纪以诗"。（卷一四，五）

五月一日，起居注官库勒纳、张英。（《康熙起居注》，一四八七）

五月六日，起居注官库勒纳、张英。（《康熙起居注》，一四八九）

五月十三日，起居注官张英、多奇。（《康熙起居注》，一四九二）

五月十五日，起居注官库勒纳、张英。（《康熙起居注》，一四九二）

五月二十日，公等开列补起居注官缺员名单。

"癸卯。大学士、学士、礼部侍郎管翰林院学士库勒纳、翰林院掌院学士张英，以日讲官起居注郭棻员缺，将侍讲王尹方等十一人开列折子呈览。上曰：'新科鼎甲陆肯堂等三人亦可选用。庶吉士张希良，闻其人品亦优，尔等于明早引见。'库勒纳、张英出。"（《康熙起居注》，一四九四）

五月二十一日，开列可补日讲官起居注官人员名单。经公推荐，陈元龙补日讲起居注官缺。

"甲辰。大学士、学士、礼部侍郎管翰林院学士库勒纳、翰林院掌院学士张英，以日讲官起居注郭棻员缺，将鼎甲陆肯堂等三人及庶吉士张希良开列折子呈览。上曰：'此内孰可者？'明珠等奏曰：'张英、徐乾学云每次馆课，陈元龙第一，学问颇优。'上曰：'张希良何如？'明珠等奏曰：'张英等云：张希良品行虽优，仍须教习。'上曰：'陈元龙为人何如？'明珠等奏云：'张英等云：可以充讲官。'上曰：'此缺着陈元龙补充。'库勒纳、张英出。"（《康熙起居注》，一四九五）

五月二十六日，起居注官库勒纳、张英。（《康熙起居注》，一四九七）

五月二十九日，以侍讲顾祖荣转补侍读员缺，开列折子呈览。

"壬子。大学士、学士、礼部侍郎管翰林院学士库勒纳、翰林院掌院学士张英，以侍讲顾祖荣转补侍读员缺，选择郑之谌、高裔、闫世绳、米汉雯等四人，开列折子呈览。上阅毕曰：'郑之谌既在选择之内，着升补此缺。'库勒纳、张英出。"（《康熙起居注》，一四九九）

五月，有《暑中直知稼轩纪事十首》。

其二云："秋云亭北溪如带，嘉颖轩南柳作屏。陌上新逢时雨过，秧针菜甲一时新。"其六云："五月温风过雨时，田田初见绿参差。惊看蘸水红蕖艳，百朵先开太液池。"（《存诚堂诗集·应制五》，《张英全书》下册，一〇九）

六月十日，起居注官张英、徐元梦。（《康熙起居注》，一五〇五）

六月十五日，起居注官库勒纳、张英。（《康熙起居注》，一五〇七）

六月二十八日，起居注官张英、西安。（《康熙起居注》，一五一四）

是年夏，潘江有怀张英诗二首。

《夏日园中食鱼甚美因怀张敦复却寄二首》，其一云："长夏衣冠入直庐……不知侍宴蓬池鲙，得似赐金园内鱼。"其二云："去年访尔白云隈，风雨三人共举杯。"（句下自注：三人一起食鱼。）"闻道藕花千百朵，此时又对北轩开。"（《木厓续集》卷一六，一四）

六月底，高士奇为张英《秋树草堂图》题诗。

《题张氏秋树草堂图》题下自注云："桐城西北十许里，多奇石峭壁。一溪从峰顶直落，高可数十丈，瀑布分流，名曰披雪。张氏筑秋树草堂于其下，读书奉母，武仕自为此图，因题小诗并寄怡斋。"该诗前一首为《六月廿六日纪雨》诗，后面为《苑西集》。卷七之诗，自七月起。此诗当作于六月底。

七月五日，起居注官库勒纳、张英。（《康熙起居注》，一五一七）

七月九日，上召游西苑，赐宴于西苑秋云亭，并赐珐琅炉瓶、匙箸、香盒各一具。（张廷玉《先考行述》）同受赐者有陈廷敬、徐乾学、杜讷、高士奇。

陈廷敬《赐游西苑记》云："康熙二十五年秋七月九日，上在西苑召左都御史臣廷敬，侍郎臣乾学、学士臣英、侍读学士臣士奇、编修臣杜讷赐馔于苑中。"（《午亭文编》卷二八）

公有《丙寅七月初九日赐食于西苑秋云亭并赐珐琅炉瓶匙箸香盒各一具，同被恩赏者五人。左都御史臣廷敬，礼部侍郎臣乾学，侍读学士臣士奇，编修臣杜讷，臣英时为翰林学院学士》。（《存诚堂诗集·应制五》，《张英全书》下册，一一一）

七夕前一日，次说岩先生韵。

诗云："隔岁偏如此夕何？南飞乌雀待相过。层霄夜觉新寒早，碧落人嬴别恨多。茱

莉晚风吹小苑,梧桐疏雨坠秋河。"(《文端集》卷二六,一)

七月二十日,起居注官张英、朱都纳。(《康熙起居注》,一五二二)

七月,潘江近诗续刊,载公与吴道新、何永绍、方中履、戴名世、谢淳诸旧序。其中《河墅诗》三卷,起甲子正月,迄乙丑七月。公为潘江十五卷本《木厓续集》作序。

  序云:"丙辰岁,有《木厓全集》之刊,予既序而行之,今其从游诸子,又汇集丙丁后十年之诗,为十五卷,梓以问世。"末题"康熙廿四年岁次乙丑孟秋月,同学弟张英拜题于赐金园之北轩"。

  《木厓续集》十五卷本,未流传至于兹,今以廿八卷本为倚。(转引自《戴名世先生年谱》一四一)

八月二十七日,翰林院等衙门题请将翰林官外转事。

  明珠等奏曰:"臣等遵旨传问侍郎库勒纳、学士张英。据张英(云):'欲公同商议举出。'据库勒纳云:'不必商酌,各自纠举。'因举乔莱为妄行,孙岳颁为不谨,毛升芳、徐釚、冯勖、杨作楨为不及。据张英称:乔莱能文,勤于办事,未闻有妄行。孙岳颁向来勤于入署,近稍疏懒。徐釚较毛升芳等三人稍愈。"上曰:"库勒纳所举为当。张英乃一好人,但不能统辖翰林,即所撰《礼记》讲章不佳,并不诚饬编纂诸人。乔莱妄行,故张英畏惧之耳。"(《康熙起居注》,一五二九)

九月一日,起居注官张英、德格勒。(《康熙起居注》,一五三一)

九月五日,起居注官张英、德格勒。(《康熙起居注》,一五三二)

九月九日,高士奇作诗以呈。

  高士奇有《九日呈御史大夫陈公张敦复院长励近公编修》诗。(《苑西集》卷七,一)

九月十八日,起居注官张英、德格勒。(《康熙起居注》,一五三八)

九月二十五日,起居注官库勒纳、张英。(《康熙起居注》,一五四一)

九月三十日,库勒纳奏张英、德格勒记注舛错。

  《康熙起居注》云:"上顾大学士等问曰:'引事尔等云何?曾问张英否?'明珠等奏曰:'觀记注之事亦有舛错者,曾问张英。据英云:怕恐之甚,不能全记。'上曰:'朕知张英纪载不实,欲行穷诘,故发露耳。观此一事,则他事亦有错记可知矣。'又召德格勒问曰:'尔何故全诿张英,致于错纪?'德格勒奏曰:'臣极庸愚,止就臣所听者同张英记注耳。'上曰:'若张英慌记,尔亦随彼同记乎?'张英奏曰:'臣前侍直时,因天语严切,恐惧悚惶,不能悉记,错误之处是实,非有心遗漏。臣侍左右十余年,蒙皇上非常厚恩,若有心错记,死有余辜。'奏毕,库勒纳、张英、德格勒出。上又顾大学士等曰:'古人云:造次必于是,颠沛必于是。张英日在朕前,侍讲有年,止此数语,诿云惶惧,不能记忆,可乎?'王熙等奏曰:'圣谕诚然。'勒德满等奏曰:'此事如何完结?'上曰:'阅记注档册非朕之事,尔等议奏。'"(《康熙起居注》,一五四三)

秋尽,同高士奇雨中夜出,高士奇有诗。

  高士奇有《秋尽同张敦复院长雨中夜出》。(诗见《西苑集》卷七,三)

十月二日，明珠等奏张英记注不实，上令将其交于吏部议处。

  明珠等奏曰："臣等公议得张英、德格勒记注一事，记注事务，殊关紧要，起居注官总应将上谕及臣下奏对语言，俱明白纪载，即一语，不可遗漏舛错。张英职司记注，不从实纪载，粉饰开写，殊属不合，应将张英、德格勒一并交与该部严加议处。张英等记注之事，交与该衙门改正。"上曰："张英等着交与吏部，其记注着改正。"(《康熙起居注》，一五四四)

十月四日，大学士、学士同翰林院掌院，侍郎库勒纳、学士张英，以讲官乔莱、孙岳颁员缺，选择侍读王尹方等十一人，开列折子引见。(《康熙起居注》，一五四五)

十月十六日，廷议张英、德格勒革职事。着宽免革职，降五级留用。

  "吏部题，翰林院掌院学士张英、侍读学士德格勒议革职降级。上曰：'张英原无甚不好处，但全无一定主意，随东逐西而已。因在内廷年久，着从宽免革职。德格勒亦从宽免调用。俱各降五级留任。'"(《康熙起居注》，一五四八)

十月二十三日，起居注官张英、伊图。(《康熙起居注》，一五五〇)

十月二十八日，起居注官库勒纳、张英。(《康熙起居注》，一五五四)

十一月十日，上发现呈样《方略》中七处错误，要求有关人员查看纠正。

  "上以御览呈样《方略》付大学士等，谕曰：'《方略》四册，朕已览讫，其中舛错者颇多。(中略)此内夹签者七处，尔等俱逐一详看，问明来奏。'"(《康熙起居注》，一五五九)

十一月十一日，大学士、学士张英等将《方略》内舛错七处改正呈览。(《康熙起居注》，一五五九)

十一月十六日，免江南徐州，本年分蝗灾额赋有差。(《康熙实录》卷一二八)

十一月十七日，起居注官张英、朱都纳。(《康熙起居注》，中华书局，一五六四)

十一月十八日，上谒孝陵，是日启行。(《康熙实录》卷一二八)

十一月二十二日，免江南六合、沛县、萧县本年分蝗灾额赋有差。(《康熙实录》卷一二八)

十二月六日，升兵部右侍郎。

  "丙辰，调刑部左侍郎张可前为兵部左侍郎。升翰林院掌院学士张英为兵部右侍郎。转刑部右侍郎张鹏为左侍郎。升左副都御史赵之鼎为刑部右侍郎。"(《康熙实录》卷一二九)

  按：《张氏宗谱》云："乙丑十一月，升兵部右侍郎。"(卷四，一四)此处时间记载不确。应以《康熙实录》为准。

十二月七日，调内阁学士李光地为翰林院掌院学士仍兼礼部侍郎。(《康熙实录》卷一二九)

是日，作《从院长除兵部侍郎》诗。

诗云:"惭无藻思佐文风,岂有良谋翊武功。犹喜官阶随座主,共论邦政绛纱中。"诗下自注云:"时真定梁公为大司马。"(《文端集》卷二六,一)

按:此次升为兵部右侍郎,与座师梁清标同一部门工作。梁清标时任兵部尚书一职。

十二月十二日,吏部题翰林院学士张英升任员缺,李光地补授张英翰林院掌院学士员缺。

上曰:"掌院职任关系紧要,必得有主见之人,方可胜任,李光地学问虽不甚深知,其中却有定见,此缺著李光地补授。"上又曰:"张英人亦谨厚,但无主见,且怠惰。朕再三谆谕,并不肯细心体认文字。当日甚好,自此番来其觉懒惰。(后略)向来熊赐履屡言张英止属谨慎之人,其中却无主见。"明珠奏曰:"熊赐履亦看得真。"王熙奏曰:"张英人尚朴实,今皇上宽侑,实皇上浩荡之恩。"(后略)(《康熙起居注》,一五七〇)

十二月,戴名世起程入都。

戴名世《北行日纪序》云:"往余居乡,以教授糊口,不出一百二百里之内。"又云:"后以死丧债负相迫,适督学使者,贡余于太学,遂不得已而为远役,则始于岁丙寅之冬。"(《戴名世先生年谱》一四一)

除夕,有《除夕侍宴》诗,描写皇宫除夕气象。(诗见《存诚堂诗集应制五》一一一)

是年,兄张杰乞休归里。

《张氏宗谱》云:"丙寅告休回籍。"(卷四,一〇)

公云:"(兄张杰)与同人逍遥于锦帆、虎阜、支硎、邓尉之间,旷然自适。在吴门盖十年,而且年六十矣,慨然乞休,拂衣归里。复理勺园旧业,于龙眠社坛山中结屋数椽以为游息之所,与故乡诸故人结花会,觞咏终日,邑人咸推吾兄为乡饮大宾。"(《张氏宗谱》卷三〇《列传》七)

是年,七弟张夔选授常州府靖江县学训导。

张英《张夔传》云:"丙寅,受命司铎靖江。"(《张氏宗谱》卷三〇《列传》一五)

是年,族弟张洵升大理寺司务。(《张氏宗谱》卷四,三一)

是年,作《读子瞻词》,云:"老夫终日为花忙,一日三回索酒尝。三十年中尽潇洒,也应三万六千场。"(《文端集》卷二六,一)

是年,同门归允肃得画像。康熙四十三年时众人为其画像作赞。

公有《虞山宫詹学士归惺崖公像赞二首》其一云:"昔者同门友,守道气温醇。高才自卓荦,简澹绝纤尘。中和敦至性,诚信发天真。厚重神岳岳,冲粹度恂恂。廿载起公车,鸿词越等伦。大廷冠多士,高唱凌紫宸。"(《归宫詹集像赞一》);《清代诗文集汇编》第一五八册,三二六)

康熙二十六年(丁卯,1687年)　五十一岁

自去年秋,至今年春后,公有疾在身。

《寄羹湖先生书》云:"自去年秋沉痼之疾顿发,绵延入春不瘥,以致损尚方参术者,几

及半载。自春后时作时止,气体耗衰,日增月盛,乘间伺隙,以为陈乞之地绝不可得。"(《笃素堂文集》卷九)

人日休沐,出安节弟兄画册,各系以诗。其中多有与故山仿佛者,诗意亦及之。有《丁卯人日题画八截句》。(《文端集》卷二六,二)

其一写家乡的方断事坟;其二写石马潭;其三写媚笔泉;其四提到其松湖别业等。

高士奇有《题张敦复侍郎浮山诗卷后》(《苑西集》卷七,四),陈廷敬《浮山和敦复时在直庐》(《午亭文编》卷五,七)当作于此时。

正月,同内阁学士韩菼奏进纂成《孝经衍义》,得旨颁发。

正月,张廷玉归里应童子试,拔置县学第六名。

正月,同里戴名世初入都门,肄业国学。馆公邸近一年,课廷璐、廷瓒等学业。

《戴名世年谱》云:"先生寓皇城内之蚕池、同里张英学士邸舍。先生丁卯《兔儿山记》云:'入西安门,折而南,曰蚕池。蚕池者,盖异时宫人治蚕之地云。余客蚕池且一年。'"又《忧庵集》云:"岁丁卯,余入京师,主一翰林家。"翰林者即学士张英也。康熙十六年,张英特旨入直南书房,赐第于西安门内瀛台西之蚕池口。(《戴名世年谱》一四五)

公《戴氏宗谱序》云:"岁丁卯,贡诸生入太学,孔曼长公田有至京师,以才名冠江南。京师贵公巨卿,无不敬礼田有。余以乡戚故,延至家课子廷璐等,因又悉田有之品与学,一本诸孔曼。"

戴廷杰云:"子延璐等。当指延璐、廷瓒二子,不然则廷璐、廷瓒、延璩三子。"依之。(《戴名世年谱》一四五)

时戴名世同年吴骕亦寓公宅,同里刘辉祖亦主公家。

戴名世《忧庵集》云:"翰林一姻亲,与余同贡太学者也,亦主其家。一日翰林自外归,卧余榻上曰:'今日骑不良,又行路太多,四体疲甚。'其姻亲适坐其旁,乃为按摩其身,且捔其腿,良久不辍。翰林忽呼余,问曰:'世间为恶之人,以何等为最?'余曰:'媚人者恶,无与伦矣。'翰林曰:'不然,媚人者因好媚者致之,是则好媚者为恶之最。'其人捔之手渐缓,乃曰:'当今之世,何人不好媚,亦何人不媚人?'余曰:'吾非媚人者。'翰林曰:'吾非好人媚者。'其人敛手退。"(《戴名世先生年谱》卷四,一四七)

二月十六日,刑科给事中刘楷条陈禁止淫词小说。

诏曰:"淫词小说,人所乐观,实能败坏风俗,蛊惑人心。朕见人乐观小说者多不成材,是不惟无益,而且有害。(中略)俱宜严行禁止。"(《康熙起居注》康熙二十六年丁卯二月)

三月,刑部汉堂官俱缺员,上命张英署理秋官事四十五日。

张廷玉《先考行述》云:"张英谨厚慈祥,朕所深知,必无滥枉杀人之事。府君(张英)受事后一以钦慎平恕为主,昼供奉内廷,张灯后退直,即秉烛阅招册,至夜半不少休,诸所平反悉当圣意。署事五十日,全活者百余人。"

张英《寄羹湖先生书》云:"三月初,视事秋官,阅四十五日始得谢事,困惫益不可言。"(《笃素堂文集》卷九;《张英全书》上册,四〇五)

按:廷玉所言,与公所述在具体日期上有所不同。一曰:五十日,一曰:四十五日。依张英书信。

三月,李光地以母丧请假归省。张英诗、序送之。
　　《李厚庵归省送之》。(《文端集》卷一〇,二)

又有《送李编修厚庵假归泉州序》。
　　《序》中介绍了自己和李光地相识到相知的过程。(《笃素堂文集》卷四,《张英全书》本,《文渊阁四库全书》本《文端集》未载)
　　徐元文有《送李学士厚庵省觐还闽》为同时作。(《含经堂集》卷一三,五)

是时,友人陈廷敬为其兄湖上翁作诗,诗呈公。
　　《寄湖上翁呈敦复翁,敦复兄也》诗云:"久向烟波拟钓筒,移家有约竟成空。平生解爱江南客,晚岁心知湖上翁。香草旧蓑闲卧月,芦花小艇不惊风。眼明细写乌丝字,寄与东华问秋红。"(《午亭文编》卷一四,五)

春,徐元文读公《浮山诗》有作。
　　《读兵部张侍郎敦复浮山诗》前半部描写浮山境界,后半部写有:"张公神仙骨,兴逸邈无俦。名巘三十六,一一曾淹留。还轺向金阙,梦想惟冥搜。奋藻寓心赏,彩笔烟霞收。三复思矫矫,驰入空山秋。栖托于此足,安用寻沧洲?"(《含经堂集》卷一三,二)

春,送徐电发还吴江。
　　按:徐元文有《送电发归里》诗。在上巳日前。徐当于此日前归里。
　　徐釚(1636—1708年),清代词人。字电发,号虹亭、鞠庄、拙存,晚号枫江渔父。吴江(今属江苏苏州)人。康熙十八年(1679年)召试博学宏词,授翰林院检讨,入史馆纂修《明史》。因忤权贵,二十五年归里后,东入浙闽,历江右,三至南粤,一至中州。游历所至与名流雅士相题咏。康熙皇帝南巡,两次赐御书,诏原官起用,不肯就。卒年七十三。著有《词苑丛谈》十二卷、《枫江渔父图咏》一卷、《本事诗》十二卷、《菊庄词谱》、《菊庄乐府》、《南州草堂集》三十卷等。

四月十七日,孝端文皇后忌辰,遣官祭昭陵。

四月二十六日,日讲起居注官归允肃给假员缺,开列侍讲学士沈上塘等补缺。
　　"大学士、学士以折本请旨。翰林院题补日讲起居注官归允肃给假员缺,开列侍讲学士沈上塘等。上曰:'讲官职任紧要,必得老成宿学之人,始可胜任。朕观此时讲官,迥不如前,以前讲官如史大成、宋德宜、徐元文、张玉书、张英、王鸿绪等,俱能好学,勤于办事,凡有撰述,必殚精竭虑,竟见所长。今则皆不肯读书,所撰讲章,惟图潦草塞责,并意旨亦未能明晰。'"(后略)(《康熙起居注》,一六二一)

自去年秋开始,因公事繁忙劳累,导致旧病复发,四月杪,公在寓调理。
　　《寄龚湖先生书》云:"四月杪,在寓调理,真神形俱瘁。"(《笃素堂文集》卷九;《张英全书》上册,四〇五)

五月五日,侄廷瑚生。
　　按:张廷瑚,张嘉子,字夏臣,号南坪。治《书》经,附监生,候选县丞。雍正己酉,以浙江建德县知县纪廷召（汉军人）保见,奉旨分派户部学习行走。本年十一月,选授江西建昌府沪溪县县丞。壬子二月,丁母忧回籍。乙卯五月,服阕赴部候补。十月,遇覃恩,貤赠父母如其官。本年补山东泰安府泰安县县丞。乾隆乙丑,告病回籍。生康熙丁卯年五月初五日,卒乾隆辛卯年正月初八日,享年八十有五。配姚氏,国学讳文照女。侧室高氏,梁氏。二子:若达、若适。(《张氏宗谱》卷五,一五)

端午节后,公数陈请,不允,数日后又回寓调治。
　《寄龚湖先生书》云:"天中节后,雪涕陈请,至再到三,不蒙俞可。此情此绪,不能上谅于圣明,其如之何哉!数日复归寓调治,门庭尽日如深山,止能饮粥睡觉,一无所为,故山云物结于梦想。"(《笃素堂文集》卷九;《张英全书》上册,四〇五)

五月十一日,康熙召考群臣。
　"上召尚书陈廷敬、汤斌、侍郎徐乾学、少詹事耿介、侍读学士高士奇、德格勒、侍讲学士孟亮揆、侍讲徐元梦、谕德徐潮、中允徐嘉炎、编修熊赐瓒、励杜讷等至乾清宫内考试。上阅诸臣试卷毕。谕曰:'朕政事之暇,惟好读书。始与熊赐履讲论经史,有疑必问,乐此不疲。继而张英、陈廷敬等以次进讲,大有裨益。'"(《康熙实录》卷一三一)

六月四日,侧室李氏生。(《张氏宗谱》卷四,二三)

六月二十九日,调礼部右侍郎兼翰林院掌院学士。
　"乙亥。转礼部右侍郎徐乾学为左侍郎。调兵部右侍郎张英为礼部右侍郎。"(《康熙实录》卷一三二)
　《文端集》(卷二六)有《六月除礼部右侍郎仍兼学士》诗,作于是时。(《文端集》卷二六,四)

六月,杜濬卒。年七十七。

七月九日,上召公等赐食,并赏赐器物多种。
　《七月九日,召左都御史臣廷敬侍郎臣乾学学士臣英侍读学士臣士奇编修臣讷赐食西苑秋云亭,遣中使就赐御书及内制珐琅涂金炉瓶匙箸香盒各一恭纪五首》。(诗见《午亭文编》卷一四,七)

夏秋间,书寄姚文燮,述今年苦状,托其严谕子张廷玉及孙张若霖。
　《寄龚湖先生书》云:"自去年秋,沉疴之疾顿发,绵延入春不瘥,以致损尚方参术者,几及半载。自春后时作时止,气体耗衰,日增月盛,乘间伺隙,以为陈乞之地绝不可得。三月初,视事秋官,阅四十五日始得谢事,困惫益不可言。四月杪,在寓调理,真神形俱瘁。天中节后,雪涕陈请,至再至三,不蒙俞可。此情此绪,不能上谅于圣明,其如之何哉!数日复归寓调治,门庭尽日如深山,止能饮粥睡觉,一无所为。故山云物结于梦想……贱辰日,蒙惠珍物种种,感谢。但尊窣入寒家后,至今高阁,意况益可想矣。阖宅粗安,玉儿、霖孙望严谕勿见客,勿饮以酒。余不悉。"(《笃素堂文集》卷九)
　按:此文四库全书本《文端集》未载。
　又按:文中有"贱辰日,蒙惠珍物种种"之语,据文中语气来看,公生日时(十二月十六日)姚文燮有礼物相赠。可能是二十五年生日时所寄,也可能是二十六年生日时所寄。姑系于此。

七月，公与戴名世、吴骝同思故山。（《戴名世先生年谱》，一四九）

> 公《秋夕同田有天驷甥》云："原是维摩居士家，雀罗门径爱无哗。窗临夕照深深树，瓶贮新秋淡淡花。客梦几人同禁漏，乡心终夕话天涯。他年比屋云林住，莫忘村南酒共赊。"（诗载《存诚堂诗集》刊本，《四库全书》本未载）

又作《寄丹枫》。（《文端集》卷二六，六）

八月八日至十六日，戴名世赴乡试。不第。（《戴名世先生年谱》一四九）

同里钱箎中举。（《道光续修桐城县志》卷一二，七一）

> 按：钱箎，字叔邕，号彭源，安徽桐城人，康熙二十七年（1688年）进士，授四川苍溪知县。边区瘠荒，莅任即革苛税，招流民开垦种桑。并筑堤蓄水，灌溉农田，起庙置学。大吏奏其政绩，将召入都，遽以疾卒。钱箎，钱澄之再从兄弟钱秉钺曾孙，宕山钱十六世，武肃王二十九世。《道光续修桐城县志》（卷一二）《宦绩》有传。《桐旧集》（卷一〇）录诗一首。

九月二十九日，转礼部左侍郎，兼翰林院学士兼管詹事府詹事事。承命侍从东宫，朝夕进讲经书。东宫所用讲章都是他们当年进呈的讲章。（张廷玉《澄怀园文存》卷一五《先考行述》）

> 按：东宫为太子胤礽所居之处。公有纪恩诗《丁卯九月除礼部左侍郎兼詹事于东宫进讲恭赋纪恩》，诗云："清晓储闱讲幄张，问安归后入班行。龙缥犹识当年字，（诗中注云：'《讲章》乃昔年讲筵进呈者，皆沈詹事荃、孙学士在丰、史编修鹤龄及英所写。'）鸡舌重含旧日香。不独诗书陈几席，还期尧舜接羹墙。白头宫尹趋承惯，十五年来侍御床。"该诗后有《畅春园中朝暮侍东宫讲席恭纪》，从诗题来看，东宫讲席在畅春园。（《存诚堂诗集应制诗》卷五）

> "甲辰。转礼部右侍郎张英为左侍郎，兼管詹事府詹事事。升原任詹事府詹事王颛昌为礼部右侍郎。"（《清实录》卷一三一）

九月，与戴名世同祈梦于吕公堂。（见戴廷杰《戴名世先生年谱》一五〇）

> 戴名世《忧庵集》云："岁丁卯秋九月，吾县张相国，时为少宗伯，与余同祈梦于吕公堂，相国有梦且应，而吾梦不应者，则以相国信之诚而余不信故也。"（第一四六条）

> 按：吕公堂，一名永安宫，在观象台西南，建于万历末年。堂宇一层，旁列三楹，内供吕岩像，相传为乞梦最灵，故大比之年，诸生趋焉如鹜。（见励宗万《京城古迹考》，孙国敉《燕都游览志》）

是秋，作《玉簪花二首》《中庭小作药栏》《答中州冀渭公》《枕畔》《秋海棠》《畏人》《武仕弟从楚移米及盆桂至》等诗。（《文端集》卷二六，五）

> 按：中州冀渭公指蒋伊。

> 蒋伊（1631—1687年），字渭公，号莘田，江苏常熟人，清代书画家、诗人，性孝友，负才略，工诗文，善绘事，康熙十二年进士及第，有《莘田诗文集》传世。

在杨忠愍公梅花画及诗卷上题诗。

《题冀渭公所藏杨椒山画梅花并诗卷子四首有序》见《文端集》（卷二六，六）。

序云："椒山先生当明世宗时抗言罹祸，冀梅轩公时为刑曹，阴左右之。椒山画古梅并系长歌贻梅轩，孙渭公世守之，当时文人继和题识甚夥。夫椒山之为臣子，致身君父；梅轩之为僚采，急难友朋；渭公之为子孙，显扬祖父；诸公之为篇会，裨益风教。览斯卷也，四善备焉，皆可述而颂也。"（《文端集》卷二六，六）

当时在《杨忠愍公梅花画及诗卷》上题诗的作者现在保存有十九家之多。主要有：1.梁允植，正定人，拔贡，曾任钱塘县令。编有《藤坞诗集》。2.秦松龄，字汉石，又字次椒，号留仙，又号对岩，晚号苍岘山人。与王士禛同年友善，常缄诗一编，题曰寄阮集。著有《苍岘山人文集》六卷等。3.沈世奕，字韩伯，号竹斋，江苏吴县人。顺治十二年进士，授编修，官至洗马，顺治十五年会试同考官。4.高其任，奉天辽阳人。高其佩兄。5.林鼎复，字道极，一字天友，福建长乐人，顺治间辟为常州府通判。博通子史，工吟咏，善书法。为人慷慨尚气节，诗亦如之。有《华鄂堂集》《全闽诗录》。6.慕天颜，字拱极，甘肃静宁人。清代官吏。顺治十二年进士。授浙江钱塘知县，康熙间历任江苏布政使、江宁巡抚，请疏浚吴淞江、刘河等，又请免荒田赋额，皆报可。坐事去官，起为湖广巡抚，终漕运总督，有《抚吴封事》《楚黔封事》《督漕封事》。7.李仙根，字子静，四川遂宁人。八岁善属文，工书，补弟子员。顺治十八年进士，晋秘书辽侍读。官至光禄寺少卿。日书径二尺字，观者惊叹。有《游野浮生集》、《益州书画录》。8.严曾榘，字矱庵，号柱峯。浙江余姚（今余姚市）人。清朝政治人物。翰林严沆之子，康熙三年中式甲辰科进士。选翰林院庶吉士，散馆改御史。官至江南道御史、兵部侍郎。9.佟国器，满族佟佳氏，字汇白，辽宁抚顺人。隶汉军旗籍。顺治二年授浙江嘉湖兵备道。顺治十年担任福建巡抚，主要从事福建之军政事务，品等约为二品。顺治三年以功迁福建巡抚。顺治十二年调南赣巡抚。10.单务嘉，字绣陵，号恕龛，室名澹宁居，山东高密人。顺治十六年进士。历任苏松道道员、按察使司副使。11.李赞元，本名立，清顺治帝赐名赞元，字公弼，号素园、望石。福建省泉州人。顺治十二年中进士，先后任山东道御史、两淮巡盐御史、大理寺正卿、兵部右侍郎等职。有《滴翠园集》。12.徐越，山琢氏，号存庵，江南山阳人。顺治六年进士。官御史。13.冀应熊，河南辉县人。顺治末为成都知府。喜作大字，爱奇石。14.吴道煌，字瑶如，室名文起斋，宛平人。顺治六年进士。官知苏州府。性宽厚，政尚清静。擅书法。15.顾豹文，字季蔚，号且庵，浙江钱塘人。顺治十二年进士，除真阳知县，康熙十八年举博学鸿儒，以病辞。著有《世美堂集》。16.蒋永修，字慎斋，号纪友，宜兴人。顺治四年进士。历官应山县知县，刑科给事中，平越府知府。终湖广提学副使。著有《慎斋遇集五卷》《苍楚学记一卷》《日怀堂奏疏四卷》等。

是秋，同里徐公六十寿，公欲为之序，未得。

详见康熙七年冬《塘山公寿序》引文。

十一月六日，以礼部左侍郎衔充经筵讲官。（《康熙实录》卷一三一）

十一月，同门弟归允肃南归。

十一月，次子张廷玉与刘先生、孙若霖同入都。

> 张廷玉《澄怀园诗选》（卷八）有《过苦水铺感旧》诗序云："丁卯腊月，同业师刘练湖先生、表兄江绍闻、姚华曾，大侄若霖北上，阻雪如此，极逆旅之苦，距今三十三年矣。爰赋短章以纪往事。"据此知，张廷玉等人此次入都在腊月，途中遇雪于苦水铺，极逆旅之苦。（《四库全书存目丛书》集部第二六二册，六〇四）

> 按：刘先生指刘辉祖。

十二月二十五日，太皇太后崩于慈宁宫。（《康熙起居注》康熙二十六年丁卯十二月）

是冬，《孝经衍义》一百卷历经十二年终于告成，御制序文，冠于卷首，镂板行世。公作诗四首以纪。

> 《存诚堂诗集·应制五》有《纂修孝经衍义告成，御制序文冠于卷首，镂板行世，恭赋四首》。其一云："少小垂髫绕膝前，慈亲课读手兹篇。编摹又捧纶言切，一卷芸香十二年。"诗下注云："英于丙辰年以左谕德承命，与同官叶学士方蔼充总裁官，韩修撰菼充纂修官，丁卯年始成。"（《存诚堂诗集·应制五》，一一三）

> 张廷玉《先考行述》云："是冬，进呈《孝经衍义》一百卷。"

> 周中孚《郑堂诗书记》（卷二七）载："是编仿真德秀《大学衍义》体例，提挈纲领附丽条目不取章句。"（《续修四库全书》第九二四册，四四〇）

是年，为著名书画家恽格画册子题诗二首。

> 《题恽南田花卉册子二首》，其一：《紫藤花》；其二：《荷花》。

> 按：恽南田（1633—1690年），名格，字寿平，后更字正叔，号南田，别号云溪外史、东园草衣、瓯香散人等，江苏武进上店人。中国绘画史上杰出的画家，与王时敏、王鉴、王翚、王原祁、吴历合称清初六大家，擅长山水，尤以写生花卉蜚声画坛，创造了清如水碧，洁如霜露的"没骨花"一派，是"常州画派"的创始人。诗为毗陵六逸之首，擅五言古诗，其诗格超逸、书法俊秀、画笔生动，人誉之"南田三绝"。遗著有《瓯香馆集》。

是年，应刘氏之请，为其《崇祀乡贤录》作序，该序文由戴名世代笔。（文见《南山外编》《潜虚补遗》）

> 《序》云："余在翰林，掌其院事，见两人之才，出诸翰林右，已而问，知为先生之孙也。盖叹盛德者之必有后，理固有不爽者。先生既已祀于其乡，而先生之家，将取其乡人父兄子弟所申于有司之文，与其件系胪列先生之事，并县文学以上至于守令、督学、巡抚表扬褒美之语，都为一集，曰《崇祀乡贤录》，而请序于余。余见先生之流风余思，施于乡而播于其后者，且未有既，岂仅刘氏一家之故事已哉？因书是以为序。"（《戴名世先生年谱》二四五）

是年，族弟张洵休致回籍。（《张氏宗谱》卷四，三一）

康熙二十七年（戊辰，1688年）　五十二岁

正月，作诗《正月恭赋大行太皇太后挽辞六章》。因在孝庄章皇后大丧中表现

不力,遭到给事中陈世安弹劾。

> 正月,给事中陈世安疏劾公与礼部尚书张士甄、侍郎王颺昌遇孝庄章皇后大丧,不亲督司员检阅旧章一切典礼,令司员具稿赍送满堂官启奏,不会同详慎参订。或屡请不至,即至,亦默无一言。间有朝臣造问恭祭时日、跪送仪文、斋戒旧例,茫然辄谢不知。偷安自便,阘冗无能,请严加处分。命自行回奏。寻奏:"臣英朝夕在永康门外,兼有奉旨与翰林院同办之事,俱未敢偷之。凡典礼有应稽旧章者,亲率司员检阅;有应满堂官公同商酌者,未曾推诿,并无屡请不至之事。至恭祭日期,跪送仪文及斋戒之例,一经奉旨,即知会所司,俱遵行无误,亦未曾有朝臣相问,对以未知也。惟是臣等素无才能,乞赐处分,为不职者戒。"疏下吏部察议,以未与满堂官同在一处商稿,启奏应各降五级调用。得旨:从宽留任。(《国史本传》)

正月二十三日,上服除,始复听政。

> 《康熙起居注》云:"辰时,上御乾清门。先是太皇太后圣体违豫,上日夜在慈宁宫,令各衙门本章俱交送内阁。及太皇太后宾天,上居丧次,晨夕哀恸,不御门者几两月。上又恐妨政事,于除服第三日,衣青色布衣听政,侍卫扶掖升座。"

二月八日,会试天下士。

二月十五日,吏部题奏张英等降五级调用。上让其从宽降五级留任。

> "戊午。吏部题:'礼部尚书张士甄、张英、王颺昌不理职事,躲避推诿,俱应降五级调用。'上曰:'张士甄、张英、王颺昌等俱着从宽降五级留任。'"(《康熙起居注》,一七二九)

二月十六日,会试竣。桐城姚士藟中式贡士,钱斾中式进士。

> 按:是科中式举人一百五十人。

二月,因孝庄文皇后丧,康熙下旨取消行万寿庆贺礼。

二月,钱澄之入都,止徐元文斋。

> 徐元文有《饮光钱先生别十载矣,来至京师,止予寓斋半岁盘盘,良慰劳阔。秋暑方退,方返旧庐,期予归耕之晨,见访昆山之麓,不胜离绪,谨赋四言八章以述意焉》。(《含经堂集》卷一四,七)
> 据《北征日记》:"二月十九日,舍人程松皋邀王渔洋吃饭,钱澄之在座,席间闻知张英调任兵部尚书。"(《渔洋文略》卷一三)则澄之入都二月十九日之前。

潘江闻张英由兵部左侍郎兼刑部尚书,喜赋诗。

> 《寄怀张敦复学士新拜少司马兼摄大司寇》三首。(《木厓续集》卷一七,四)

奉命充文武殿试读卷官。(《张氏宗谱》卷四,一四)

三月二十九日,榜发,王原、姚士藟等成进士。姚士藟中式二甲十一名。(《明清进士题名碑录》,《康熙实录》卷一三四壬寅日)

四月十八日,友人汪懋麟卒。(《汪蛟门墓志铭》,《澹园文集》卷二九)

四月二十四日,侄张思耀卒。

按：张思耀，张克俨子，字德远，号岵瞻。治《诗经》，附监生。候选州同知，以子若岩贵，雍正乙卯敕赠文林郎，直隶广平府曲周县知县，乾隆丁巳诰赠奉政大夫，直隶保定府同知，以曾孙裕莘仕，辛巳貤赠中议大夫、国子监祭酒加二级。生明崇祯庚午年十二月十三日，卒康熙戊辰年四月二十四日。配夏氏，湖广黄陂县县丞讳统春女，赠孺人、宜人、淑人。生明天启丁卯年三月二十日，卒顺治甲午年七月二十八日。继配江宁翁氏。(《张氏宗谱》卷五，八)

五月十二日，同学友潘江七十岁生日。潘江作《七十自寿诗》八首。(《木厓续集》卷一七，四)

张英有诗《寄木厓》。诗中有"今年七十翁，道气日腾举"之句。

五月，族弟张芭署武昌府知府。(《张氏宗谱》卷四，三三)

夏，新营阳和坊宅，作《新营阳和坊宅》诗。(《文端集》卷二六，七)

秋凉之时，同里钱澄之离都前过访话别，与张廷玉结伴返乡，有诗赠张英。

钱澄之《田间诗集》(卷二七)有《将出都过张宗伯梦敦话别》二首。其一云："禁城西出是君家，客到门常听暮鸦。上直只疑天欲曙，退朝多在日初斜。应酬礼废交难谢，供奉思烦鬓有华。稍喜庭阶兰数本，偷闲秉烛夜看花。"其二："园林新辟倚岩阿，自入春明客少过。宿藓经时开户扫，新篁计日出墙多。每谈宦兴知衰甚，其奈君恩独眷何。我老江村高卧稳，犹能相待访渔蓑。"(《四库禁毁书丛刊》集部第一四五册，四二二)

张廷玉《自订年谱》云："是岁七月南归时，姊夫姚鹤山先生及长姊居于存诚堂旧第。予归，因相依以居。"疑钱澄之这次返乡与张廷玉结伴而行。故九月九日，张廷玉生日时，钱澄之能作诗以贺。张廷玉此次返乡的任务是与姚文然第五女姚氏成亲。

九月九日，二子张廷玉生日，钱澄之在回乡途中，近徐州处，作诗以贺。

钱澄之《田间诗集》(卷二七)有《九日宿利国驿为张仲子衡臣初度》二首，其一云："令节征途去不休，隔河且喜近徐州。桑弧在道亲闻念，黄酒为觞客舍谋。古驿饭香南国稻，霜天衣冷故乡秋。老夫合向今宵醉，花甲先君已一周。"诗下注云："衡臣与余先后壬子。"

其二云："谢庭子弟总翩翩，见汝还思汤饼年。为喜向南霜亦暖，恰逢初度月新弦。灯来敢择行厨饭，车动谁容恋枕眠。丛菊有花枫有叶，同时寂寞路尘边。"(《四库禁毁书丛刊》集部第一四五册，四二四上)

十月，当年亲手栽种的牡丹花于读易楼下开放，紫牡丹作花四朵，极为紫艳，乡园兄弟争吟赏，远慰离情锦字裁。接到家人诗书后，作《读易楼下紫牡丹以十月作花四朵极为繁艳》诗。

诗云："洛水名葩手自栽，紫英曾自魏家来。那堪故园三年别，又报春花十月开。国艳漫夸凝露质，天香还有拒霜才。乡园兄弟争吟赏，远慰离情锦字裁。"(《文端集》卷二六，八)

十月，次子张廷玉迎娶姚氏。

十月亲迎于姚氏，为大司寇谥"端恪"公第六女。(《自订年谱》；《张文和行述》)

《悼亡诗二十首序》云:"内人姚氏为大司寇端恪公第五女也。自戊辰冬月归于予,迄今十二年。"(《澄怀园诗选》卷二)

按:据《桐城麻溪姚氏宗谱》,文和公元配为姚文然第五女。

友人潘江以诗志喜。

《冬日牡丹诗为张衡臣亲迎志喜》:"才郎诗思敌蓬瀛,廿首南归句句清。(句下自注云:衡臣归妻有《南归纪廿首》,饶有父风。)恰喜姚黄来绣帐,霜毫先染烂红迎。"

"学士朝天彩笔挥,年年芍药待春归。可知乡国迎新妇,绣阁冬开金带围。"(《木厓续集》卷一八,三)

十一月十五日,从兄张克倬卒,伯父张秉文长子,享年六十五岁。

按:张克倬,字汉如,治《诗经》,邑庠生。以官荫入监读书,以孙若宣贵雍正乙卯貤赠登仕佐郎、刑部司务管户部南新仓监督。以孙若宗贵,雍正乙卯貤赠承德郎署江南淮安府山盱通判。生明天启甲子年十一月十二日,卒康熙戊辰年十一月十五日。配何氏,文学讳璿女。貤赠孺人安人。继配程氏,明经讳元材女。一子:祁度。二女:长适监生左云凤,浙江武康县知县讳国柱子。次适监生马凤鬵,文学讳日思子。俱程太君出。(《张氏宗谱》卷四,七)

是年,又作《寄霜鹤》《寄题龚湖龙眠山庄》《北轩后种竹得笋》等诗。

《奉挽座师宛平刘公》。

诗云:"杏花曾分一顾荣,孝威风度满西清。北平荣戟传家世,京洛文章数弟兄。易水几年蓑笠往,西山昨日杖藜行。重过宣武门前第,繐帐凄凉百感生。"(《文端集》卷二六,八)

按:刘公,指刘芳躅。康熙六年会试副考官之一,故称为座师。

《晚晴簃诗汇》(卷二七):"刘芳躅,字增美,号钟山,宛平人。顺治乙未进士,改庶吉士,授编修,官至工部侍郎。"

康熙二十八年(己巳,1689年)　五十三岁

正月八日,驾南巡,公扈从。作《南巡扈从诗》十八首。

序云:"车驾至畿辅道上,民献嘉禾数岐,以示从臣。"诗句云:"春风转韶律,时巡历郊原。"

此次扈从途中,作《南巡扈从纪略》。

陈元龙亦扈从。

陈元龙有《己巳正月初八扈从圣驾南巡由午门乘马出大清门恭纪》诗及《随驾由南苑行围出南红门》。(《爱日堂诗集》卷三,三)

《南巡扈从纪略》云:"每日御营驻札之地,车辆大约至日落后始到,予辈皆先藉草以候,营中最难得水,近地井泉皆中官用。龙袱盖罩以备御用。惟十余里外者,始许众汲及饮马。日落后,……时已二鼓,支幕支床,略得就枕,将五更又起,撤幕启行,予辈

　　　　侍从近臣又于行在营前祗候，至上安歇后始散。天未明则又诣行在矣。"

正月九日，宿齐漕。

正月十日，宿冯家庄。

正月十一日，过河间，宿刘家庄。

正月十二日，过献县，宿阜城县。是日，驾至河间屯，有献麦穗二歧三歧者，以示从臣。

正月十三日，宿德州。陈元龙有《十三日立春驾驻德州》。(《爱日堂诗集》卷五，三一)

正月十四日，宿平原县之南。是日，诏免山东来年租税。

　　陈元龙有《十四日驾至平原县七里铺特颁谕旨蠲免东省明年正赋》(《爱日楼诗集》卷五，三一)

是日，同门弟归允肃迎于清和道中。其恭纪诗见《归宫詹集》(卷一，四七)。

正月十六日，扈行至济南，是日五鼓启行百五十里始至。

　　《南巡扈从纪略》云："上观珍珠泉……上御亭，命诸臣题匾，咸谢不敏。再三命之，予书'澄怀'二字，静海书'洗心'二字，于振甲书'澡志'二字。张连青书□□二字。上书'作霖'二字，予写字时，上顾诸皇子曰：'看他用笔。'"

　　陈元龙《驾幸济南府巡抚署内观珍珠泉》云："命从官善书者各书泉亭匾额，元龙与焉。诸臣公请御书留题，上亲洒宸翰，书'作霖'二大字，诸臣环立瞻仰，敬赓二律，以志荣遇。"(《爱日堂诗集》卷五，三二)

正月十七日，宿泰安州。

正月十八日，宿浮邱。

正月二十日，宿郯城。

正月二十一日，宿蒙阴。

正月二十二日，宿红花铺。

正月二十三日，宿宿迁。

　　《南巡扈从纪略》云："予随驾以申刻至宿迁县。上出城南门过五壩堤，指顾中河甚狭，后又至支河口，上席地坐，出地图指示，晚始归行在。"

正月二十四日，宿清江浦。

　　《南巡扈从纪略》云："自宿迁五鼓启行，岸上行四五十里，闻上已登舟，予辈四五人亦登舟，然舟行稍迟。又五六十里，闻上已登岸，予辈又登岸，行至清河，已将日落。盖是日行二百余里，余僮仆八人皆不及，止随一仆牵一马。予令其前，尾之而行。先是，予与京江、厚庵、运青同行，予坠马湿衣，而诸君已疾驰，予力追之，不能及。至清河，闻上已渡河，且令侍从臣皆于今日渡。予携一仆三马至河边，已昏黑，正无可如何，有礼部笔帖式在此相候。予与笔帖式坐南岸，先是曾记礼部侍郎席君预遣人于清江浦觅船，此时亦不得消息。笔帖式有仆，亦能干，令彼往寻之，久而不至。笔帖式又自往,少顷,其仆来云:'已得船。船上人且提灯即来。'而笔帖式又茫然矣。将二鼓,笔帖式始至,予同船上人提小灯笼寻至行在时,御舟桅灯已落,昏黑无所见。予令提灯人却后,独自往暗中,见侍卫皆藉草或坐或卧。问部院扈从诸臣,云已散。又问答者为谁,云是总督。予遂同船上人步行至舟中,与席君舟相邻。彼炊黍相待,饭讫,有一仆以被褥从宿迁水路行,是时渡河,寻至舟中,得小憩。明日,闻黄河边马陷泥中,予仆马幸无恙。"(卷七,五)

正月二十五日,宿清河。是日诏蠲江南历年逋赋。

  陈元龙云:"二十九日驾驻清河县,特颁谕旨,免江南积欠钱粮恭纪。"(《爱日堂诗集》卷五,三三)

正月二十六日,宿清水潭,是日薄暮有风。

正月二十七日,宿宝应之南。

正月二十八日,宿瓜洲,是日经维扬见闾阎之间供帐甚盛,上命撤之。

是日,御舟泊江都县陈家湾,上谕不得扰民。

  上谕江南江西总督傅拉塔、福建浙江总督王骘、江苏巡抚洪之杰、浙江巡抚金鋐等:"朕因省察黎庶疾苦,兼阅河工,巡幸江南,便道至浙。观风问俗,简约仪卫,卤簿不设。扈从者仅三百余人。顷经维扬,民间结彩欢迎,盈衢溢巷,虽出自恭敬爱戴之诚,恐至稍损物力,甚为惜之。朕视宇内编氓,皆吾赤子。惟使比户丰饶,既不张结彩幔,朕心亦所嘉悦。前途经历诸郡邑,宜体朕意,悉为停止。又见百姓老幼男妇,奔走杂遝,瞻望恐后,未免喧哗拥塞。念此行原以为民,不严警跸。但人众无所区别,高崖水次,或有倾跌之虞。一夫不获其所,足轸朕怀。此后止于夹道跪迎,勿得紊乱追趋,致有诸患,著即详加晓谕,使知朕爱民切实。咸为遵行。"(《康熙实录》卷一三九)

正月二十九日,辰刻渡江,扈从登金山,饮第一泉。旧传第一泉在江中,今井在山半,非是。上乘舟至焦山,予辈不能往。(张英《南巡扈从纪略》卷七)

  陈元龙有《二十九日渡江》诗。(《爱日堂诗集》卷五,三三)

正月三十日,宿丹阳。

二月一日,至常州。

二月二日,至无锡,驻跸黄婆墩,时已暮,墩上县灯数百盏,下映河水甚可观。

  陈元龙有《二月初二日夜泊梁溪》。(《爱日堂诗集》卷五,三四)

二月三日早,同京江游赏秦家园,作《锡山秦家园二首》。

  "上至秦家园,观惠山泉,予同京江随至秦园,时梅花盛放,登天香楼看殊浪漫。有大山茶一株,高二丈,亦作花朱殷千朵,与梅相映。园中有樟树大十围,上问留仙曰:'汝家老樟树无恙否?'又问:'此树几何年?'对曰:'此园在臣家二百年,在前原有此树,不知其年也。'园中多树木,清池居中,纵横可八九丈,堂阁亭树环之,叠假山为溪谷,水从溪谷入池,时折玉蝶梅大枝贮瓶中。予从主人索梅插瓶,时驾已回,主人因以此一枝为赠。"(《南巡扈从纪略》)

《锡山秦家园二首》其二云:"老树霜皮态转妍,含清堂畔绿阴偏。至尊相问何年种,

自入秦家二百年。"(《文端集》卷二七,三)

初三至苏州,随驾过念斋门首,念斋率二子迎驾。

《南巡扈从纪略》:"予下马一揖而去,至行在,予众中见孝仪、原少、钝庵辈,寓于宋家,念斋以家人阿二相随。"

公《侍读缪彤念斋同夫人七十双寿序》云:"己巳春,圣天子省方至吴会,予忝扈从,尔时先生朝服,率两公子迎于里门,天语赐问,知为旧时侍从臣,为之霁容。"(《文端集》卷四〇,一八)

是日暮,七弟张夔来见。

二月四日,宿苏州登虎丘。

上有《虎丘望山后》诗。(见《御制文集二集》卷四三,《诗》一三)

公有《扈从登虎丘》诗,见《应制四》。

是日,过念斋、七弟张夔,回晤孝仪。(《南巡扈从纪略》)

二月五日,宿念斋分云亭。

《南巡扈从纪略》云:"驾至光福之日,予与京江坐小舟携阿二随行至木渎。上已登岸乘马。予辈无马且过木渎,水甚浅,幸舟小可曳之行。至山下,渐渐见梅花村落。予与京江步行,闻此地去圣恩寺尚有六七里,勉力行三里余。足疲不能进,正喘息间,见三人乘小兜来,阿二前指挥令下,彼犹逡巡,阿二叱之,遂下。予与京江,因各坐小兜。同官席公因问阿二:'此为谁?'云是吴县吏胥,见尊官不下,是以叱之。至圣恩寺,上尚在马家山看梅花,未至,予辈欲往。少顷,传呼曰:'驾至矣。'因同京江坐圣恩寺前银杏树下,部院诸公及地方大僚咸在。时已日暮,寺中方丈皆御前人住,公侯、戚畹及部院诸人皆寻下院安宿。予与京江及同官席公皆小兜,命阿二引之念斋墓园,昏黑中行四五里,穿树林中行。问阿二,皆邻圃之桑桂。至分云亭,予家居时念斋寄书索书分云亭匾,取放翁:'白云一半肯分吾'之句,今果来一宿,亦前定也。阿二命庄人具鸡黍。时三人所携袱被无多,从庄人借以助之。黑夜微雨,京江及席公皆就寝,予命庄人持炬遍看园树,诣缪年伯墓前一拜,又看缪氏祠堂,皆修洁整齐。分云亭乃念斋庐墓所居,此地梅桂为盛,杂花亦有,春秋时率妻子住一两月,亦佳话也。"

公有《己巳春日入邓尉山九绝句》,其四描写了他过友人缪彤(念斋)家时的情况。诗云:"墓田丙舍傍湖偏,夜扣花园一饷眠。曾为分云亭上额,白云相待已年年。"诗下自注云:"予家居时,念斋索予书分云亭额,取放翁'白云一半肯分吾'之句。"(《文端集》卷二七)

二月六日,天未明诣行在,候驾。

《南巡扈从纪略》:"上以辰刻出圣恩寺门,门外古松与梅花相间,前临太湖,山翠湖烟,可谓佳胜。驾行后,予与京江以未到马家山为歉。舆人颇不以为劳,且怂恿之,僮仆皆不愿行,予与京江又虑僮仆相阻,命之舟中相待。只京江有一杨长随,兴颇豪,愿从之。仓猝间忘携雨具,予与京江坐两兜子,行至董坟而雨甚,然松翠欲滴,溪山幽绝,极为可观。及至马家山,雨大作。山畔看梅,银海百顷,洵为大观,惜无驻足之地。

有一小别业，颇幽邃，叩门避雨，花径小池，竹篱萝幄，有舫屋三间，中题'云壑藏舟'，为汪钝庵笔。舫南一小楼，登楼则梅花皆在槛外，山光盘互，湖光映带，可称幽境。主人姓汪，笔砚琴尊亦楚楚，为客具茶果，坐片晌，雨少止，因坐行兜过光福登舟。舟过木渎，京江终以未登灵岩为歉，舆人乃木渎人，又怂恿之。予以疲乏辞，京江遂登灵岩。予徐步至松间山半亭，看西施洞西施履迹，望箭茎河，指消夏湾，去灵岩山寺亦不远。倚徙间，京江下山，同归舟中，厚犒舆人。遣之，急放舟行。驾已之吴江，是日随到吴江，已深夜，吴甥来晤，宿吴江。"

二月七日，宿斗门。（《南巡扈从纪略》）

二月八日，宿塘栖。（《南巡扈从纪略》）

二月九日，到杭。

《南巡扈从纪略》云："驾至杭州之日，各官乘马随至行在。上已登吴山，急往从之。是时，二月中旬，天气甚热。予辈皆衣重裘，不及脱。及步登吴山，喘息不可当，因坐路傍神祠中，运青在茶肆买茶呼饮之。此时，从官皆杂遝俦伍，岂知越数日遂为此地抚军也。"

二月十日，驾之西溪，公未从。

二月十一日，住杭州。

二月十二日，大雪。

二月十三日，渡钱塘，随驾渡钱塘之西兴渡，上小舟，由萧山至绍兴，时已日暝，闻上已之禹陵，急掉船往，至行在，已一鼓。（《南巡扈从纪略》）

二月十四日，一早，天未明，上展祭禹庙，从之礼毕，观窆石亭，山川幽秀，林木葱蒨，二十年前曾一往，今复扈从至，思前事如梦境。驾入绍兴，登卧龙山，暮登舟，次日至西兴渡。予舟人有心疾，以劳而发，喧叫不知人事，予恐近行在，急命之去，予宿京江舟中。（《南巡扈从纪略》）

是日，祭禹陵，回至西兴渡宿。

二月十五日，过云栖、灵隐。暮登舟，过西湖，宿西兴渡之次日渡钱塘。

《南巡扈从纪略》云："驾未入城便之云栖，予往绍兴时曾雇一兜子，此时得一营马、一老兵相随。例营马止许自骑，只得以兜子命阿二坐之，令稍远尾之而行。遂由钱塘江岸上行。度向后无从得食，因同京江、运青、厚庵觅路傍一小别业，饭而后行。将入山口，有村落数家。过此则岗阜环抱，景物幽邃。去云栖二三里，修竹乔松夹路，绿阴蒙密。至洗心亭，溪水澄湛。上至云栖寺，诸臣咸从，因幸后竹园，天颜甚悦，因过虎跑泉，上取泉水饮之。至灵隐寺，予辈皆坐冷泉亭。移时，上之净慈寺，登湖山亭，入城。予同京江辈为东川相留，饭于西廊僧房。饭毕，至湖上，于岳坟前同京江、运青、厚庵、东川辈雇一小舟，登舟，风作，撑舟者两童子，簸荡不可忍，客皆恐。然仆马已先遣于钱塘门侯舟，又不可行。至孤山，各仓皇登岸，命人追仆马不可得。因步行孤山岸上，运青厚庵如关帝庙看玉印，出曰：'非真'。东川号曰：'此去钱塘门，水路直，岸上纡回将十余里，待诸君步至已深夜，门且关矣。'相对莫知所措，东川识土人，又觅一舟，遂棹至钱塘门，仆马在焉。急入城，至中途，则见各卫门笔帖式奔驰相召云：'上久已回行在，传唤汉人无一人到者。'急诣行在，侍卫传旨云：'朕虽到杭州，并未于湖上设宴，即一饭亦未曾进，惟饮虎跑泉水一勺耳，汝等所知，勿令后人口实也。'众皆惶恐失次，至三鼓始散。"（《南巡扈从纪略》卷七，一三）

此行有《南巡扈从诗十八首》，包括《扈从观趵突珍珠二泉》《扈从登虎丘》《扈从登金山》《扈从登邓尉山》《扈从登灵岩山》《扈从登吴山》《扈从渡钱塘》等诗。（《文端集》卷四）

《文端集》有《春日入邓尉山》《冷泉亭》《过双泉草堂》《云楼》《灵隐寺》《锡山秦家园》《夜登江岸至瓜步》《泛舟入会稽二首》等诗。（《文端集》卷二七，三）

二月十六日，宿金河。

二月十七日，宿吴江。

二月十八日，宿苏州。

《南巡扈从纪略》云："随驾至苏州，诸臣中有言我辈宜稍稍宴会，何事大腐板。予与京江辈遂治具虎邱，部院诸臣皆往。早间曾浼侍卫转奏，然止于清讴，列席平远堂中。予道经念斋之门，遂至双泉草堂，园地视旧稍拓，杏树曩时种者，今已乔木。山茶正开，玉蝶满放，留连片晷。见两子皆秀发，一饭而去，约明日同京江再来，遂之虎邱。是时，人家皆卖幽兰，遂买数茎，置舟中，此十九日事也。"

二月二十日，部院诸公以昨游未畅，遂雇舟觅梨园。

《南巡扈从纪略》："予与京江欲践念斋之约，私念拙政园，此番不可不到，遂命阿二，先驱至拙政园，园已数易主，日就荒圮，惟堂后山茶犹在，然已憔悴，溪亦不甚阔，北有土山，山多乔木，有楼，已就倾。园中桂甚大，亦百年物，因见邻圃古木修竹极盛，询知是王园，并叩门请观。中多奇石，较拙政园稍小，亦年久荒芜。凭眺移时，方至念斋家。甫入大门，念斋迎谓曰：'有笔帖式在此相寻，云上传甚急。'予与京江急坐肩舆行，舆人以疲乏告，原拟于念斋宅少休，强之行，遂之行在，满诸公皆未到，盖彼已移舟出阊门外矣。少顷，陆续蹒跚而至，云我辈已登舟演剧，有乘舆者、有乘马者，舆马皆散去，演《会真记》，法聪、红娘方出，闻急召，从船窗上跳出，顾舆在而舆夫无有，强舟子抬舆，舟子不谙，不能疾行，遂步行。又念步行安能致远，于是又登舆，转觉迟缓，顿足怒骂，亦无可如何，相视莫不大笑。少顷，传召见。上谕曰：'浙江巡抚已革职，今用张鹏翮，彼在兖州做太守有贤名，汝辈以为何如？'众皆对曰：'甚善'，然后散。京江始终未履念斋之园，仅于大门一揖而已。"

二月二十一日，从苏州至常州。七弟张夔从靖江来见，时夔在靖江县学训导任。

《七弟从靖江来晤于毗陵》诗云："海云忽送雁鸿声，来伴春帆一日程。身到江南仍是客，床联夜雨若为情。须眉潦落宜高卧，岩谷荒凉待耦耕。相对扁舟思转剧，钓竿烟水足平生。"（《文端集》卷二四，四）

二月二十二日,至无锡,过惠泉,再过秦园,又之邹园。

二月二十三日,至丹阳。

二月二十四日,宿可容。

二月二十五日,雨。至江宁,从驾自丹阳登陆。

《南巡扈从纪略》云:"先日,京江为予雇舆夫四人,又于营中借得二马。行未十余里,雨大作。石路泥滑,不可行。予与京江各坐肩舆去句曲十里,天已黑,风雨交至,灯火不可持,舆人一步一跌,二鼓时抵句曲,饥疲已极,次早从句曲至江宁百余里,人马践踏,泥滑不可言。驾行又甚速,京江弃舆乘马,急从之。予所乘马驽甚,其势必颠蹶,因复乘舆。午刻,雨如澍,舆中衣履尽湿,然得此大雨洗涤泥土,过淳化关稍霁,舆夫始可行,日未暮,抵行在。"

二月二十六日,至金陵之次日,上诣明太祖陵致祭,公等从之。

《南巡扈从纪略》云:"上行礼诚敬,奠酒,三跪九叩,严肃异常,命诸臣皆于牌楼前下马,真千古帝王之盛事也。享殿宝城,宛然无恙,松楸原鹿,咸得其所,守陵太监赐以银百金,亲慰劳之。此事可法千古。回从机房,遂登城,过覆舟山至后湖,时湖上驻彩舟以备游览。上尽驱之,止坐小舟一,泛湖,即谕总督曰:此彩舟可即撤去,勿谓朕所御,后遂不用也。上于酉刻幸观象台,甫出门,问曰:'钦天监穆成格在乎?'侍卫对曰:'唤来。'时穆成格在寓,上御步辇行甚缓。予辈乘马从,将至观象台下,又问。众对曰:'穆成格来矣。'少刻,予马上见敦住向后行,未久,见敦住步来,知其为唤穆成格也。予辈至山半下马,上在亭上。予同京江、厚庵辈随之。日将暝,上顾问之际,但见敦住跪奏,其意似穆成格不能来者。上指南极星问予曰:'南极至江南才见,果然。'又指众星问李厚庵。良久,而穆成格未至,上已知其坠马,曰:'无妨否?'侍卫对曰:'无妨。'上曰:'可以酒沃之。'上意已觉其创重而予辈初不觉,但讶其久不来耳,又徘徊久之,驾始回。传令昏夜谨慎,予辈遂不敢乘马下山,步行至平地,揽辔缓行。次早闻穆成格已故,盖平地缓行坠地,不知其何以伤重也。赐银百金以归其亲。"

公一行俱有诗。

公有《车驾幸钟山酹酒于明太祖陵》诗。(《应制四》)上有《江宁驻跸并序》《登报恩寺浮图》《上巳日再登金山》等诗。(见《御制文集二集》卷四四《诗》)

驾至金陵之次日,即传谕再留二日。

《南巡扈从纪略》云:"是日,出南门,至报恩寺。上登浮图,予辈皆在佛堂祗候,上既下,从驾诸公欲登。上立而观之。予将登,上问曰:'向来常登此否?'对曰:'曾登数次。'上笑曰:'既至此,亦须一登。'遂至九层,看御笔所书额。驾旋,从至文德桥。时巷陌皆有鼓吹,上命停之。遂登舟,命予辈亦登舟,时两岸河房观者万人。上舟至则跪于槛内,人家皆结彩张灯焚香。舟过往返将一里许,复登岸。上顾谓总督曰:'此无乃烦扰百姓?'对曰:'秦淮风俗,旧来如此。彼闻驾至,皆欢喜鼓舞,虽禁之亦不能也。'予与京江、满司寇图讳纳、司空苏讳黑、总宪马讳齐、(谕都察院左都御史马齐)少宰傅讳喇塔(江南江西总督傅拉塔)、少宗伯席讳尔达同舟。是日风不顺,舟逆浪,借风而行，倏而南岸，倏而北岸。东往江心，经大浪数十馀，横行二十余里，实只行二三里，俗谓之跌樯。申时，望见上舟已将至金山，而予辈所乘之舟相去十余里。风浪大作，舟中人皆大恐。京江与予乘一小舟，欲其依北岸而行，满诸公又横舟而南，及返，仍在小舟之侧。予所乘小舟，又颠簸不可行。问舟人，此处离瓜洲不过十里，京江遂决意登岸步行，满诸公或去、或从，徘徊不定。天时已将暮，风益起，决从陆行五六里，已昏黑，从田家觅火炬，各家人持之。行至息浪，奄已二鼓，甚饥。僧人出粥一盂、豆腐一盘，食之甚甘。稍偃息于禅房，时上舟已抵金山，悬灯数百盏，照江如白日。至五鼓，急渡江诣行在，乃三月初二日也。"

三月二日，至扬州。

三月四日，至清江浦换船北行。

《南巡扈从纪略》云："盖舟小而纤夫多，闸皆启，昼夜兼行，故无迟留也。"

三月五日，南巡一行离开扬州北上。

归允肃有《三月初五日扬州黄金霸恭达圣驾感恩颂德恭纪》诗。(《归宫詹集》卷一，四八)

三月八日，同尚书张玉书等议奏治河事。

"乙亥。御舟泊宿迁县。尚书张玉书、图纳、苏赫、左都御史马齐、侍郎赛弼汉、席尔达、张英、徐廷玺、河道总督王新命等会议中河事。奏言：'从前挑浚中河，原避黄河一百八十里之险，且束散漫之水，使不致淹没民田。止因黄河逼近，不便挑宽，应将中河无庸另议。其骆马湖减水三坝，应如张玉书等所奏，将二坝之水，令流入中河，其一坝之水，留在遥堤之外，令流入海。至张玉书等奏：'骆马湖入黄河口，建减水坝二座，支河口建闸一座，中河北堤，建修减水坝三座俱应停止，如王新命所行议。'上曰：'尔等疏言骆马湖三减水坝，以二坝水归中河，其一坝令水从遥堤外入海，不致淹损民田否？'张玉书等奏曰：'遥堤外向有通流故道，可无淹损。'上曰：'所建诸坝，尔等议用竹络盛石，可保永远乎？'王新命奏曰：'若建石坝，所费不赀。不如竹络，费省易成。且臣乡川江泛溢，亦常用此奏效。'上曰：'中河之水，取资于骆马湖。汝欲修禹王台，以御流入骆马湖之水，倘遇大旱之岁，中河不致浅涸否？'王新命奏曰：'湖水甚大，似可无虑。'上又问诸臣曰：'中河逼近黄河，黄水泛涨，恐为中河害。'奈何图纳奏曰：'清江浦诸处堤岸，与黄河止隔一线，从来亦未有冲决。'上又顾王新命曰：'中河工尚未成，善后事宜，尔须留心随处修治遥堤减水坝，所关尤要。天时旱潦不齐，尔当相其缓急，先时整理。至于黄河险工，靳辅修挑水坝，令水势回缓甚善。'王新命奏曰：'圣谕至当。臣当竭力奉行。'"(《康熙实录》卷一四〇)

三月十九日，驾从天津已登陆。

"予辈舟始至京中，仆马来迎，次于直沽。已时，同京江登陆，行至杨村，天已将暝，闻驾已过武清，道黑不可辨，从村中呼老叟相送，不肯行，探青蚨百文与之始同行。二鼓，至武清，叩破寺门炊豆粥充饥，土锉略憩。满洲诸公宿于城北，已启行，遂同京江携仆马绕城而行，星光微月，一望皆荒草，无一村一人可以问道，但遥闻一牛车声，渐听渐远。约略行三十里,两仆两马携行李衣褥,尾之而行,忽而落后,渺不可见。此地旷僻、多盗,意必有失。同京江下马坐草间,命一仆从来路寻觅,呼之数百声,不可得。遂同上马,又行五六里,见一驱牛车之人,时已五鼓,说汝等行错,此是武清往南非向北路。问此处离武清远近,曰:'不过十里',盖中夜行四十余里皆错也。于是向北行十余里。天渐明,始见村落,杏花盛开。巳时行至一村,饥甚。风大作,遂同入草舍炊饭,各食少许,风愈急,马不可行,勉力冲突,沙石飞扬,不见马首。行十余里,风渐定,然马亦疲乏,屡卧尘土。申时,至京师,诣乾清门请安,是三月二十日也。盖上以十九日于天津登陆,二十日即进京师,满洲诸臣于巳时至,予同京江以申时至。"(《昭代丛书》戊集《南巡扈从纪略》卷七,二一)

三月二十日,上回京师。

是春,长子张廷瓒作《南巡恭纪八首》。

其一云:"青阳吹律入春迟,圣主东巡正此时。"其三云:"黄河春浪拍天浮,伊阙龙门控上头。"诗中反映的都是春季事物,当是为此次南巡而作。(《传恭堂诗集》卷二,六)

回京后还作有《坐溪上却忆》《名园》《赋得老农诗十四韵》《题截句成复为此乱之》《一枕》等诗。

《读白诗二首》其一云:"醉吟千首总萧疏,底事闲情苦让渠。世上风光全管领,苏杭太守洛城居。"其二云:"霓裳旧曲三升酒,履道新居十亩池。不解乐天缘底事,犹从宰相乞分司。"

是春,得园丁书报,北轩后种竹得笋,公阅信后很开心。作《北轩后种竹得笋》诗。(《文端集》卷一〇,六)

二子张廷玉在龙眠山中种植桃柳树百颗,并以书相告。公作诗。

《玉儿书来道小溪两岸种桃柳百余株》诗中有:"十年束此愿,此愿多乖睽。昨日山中信,阿玉自封题。"

之后,又作《读道书二十韵》,表达了自己早日归田的愿望。

五月二十三日,升翰林院侍读学士孙在丰为内阁学士兼礼部侍郎。(《康熙实录》卷一四一)

五月二十七日,《孝经衍义》成,公等将其进呈御览。

礼部右侍郎张英等以编纂《孝经衍义》告成,进呈御览。得旨:《孝经》一书,皇考世祖章皇帝以孝为万事之纲,五常百行,皆本诸此。命儒臣博采群书,加以论断,名曰《孝经衍义》。朕继述先志,特命纂修。今书已告成,著刊刻颁发,以副皇考孝治天下至意。(《康熙实录》卷一四一)

夏,侍从西山,作《追凉》。

诗云:"追凉陪侍宿郊坰,退直披襟柳下亭。雨后西山如画处,晴霞衬出远峰青。"

忆昔日同入翰林十五人,如今"回头半是凋残客",当年十五人同游的伙伴中,已经有八人去世,不免伤感,作《忆昔》诗。(见《文端集》卷二七,六)

六月十一日,从弟张洵卒。(《张氏宗谱》卷四,三一)

六月二十三日,友人孙在丰病卒于里。(孙文龙,《孙司空诗钞卷首》五)

七月一日,同门弟归允肃卒。

七月九日,谕立皇贵妃佟氏为皇后。(见康熙皇帝《谕礼部》,《御制文集》第二集,卷七,一九)

七月十日,申时。孝懿仁皇后崩,上辍朝五日。(《康熙起居注(标点全本)》第四册,一五八)

是月,作《新秋》,又作《新月》《试取三首》《题蔡方麓趋朝图二首》。

八月上旬,得同里汪子鲁岑之函,请为《高林汪氏宗谱》作序。

  《序》云:"余与鲁岑总角时,订杵白交,同补博士弟子员,出内翰蓝夫子门下。今谱牒既备,鲁岑同族长野墩聚族授梓,寓书都门,属为之序……时皇清康熙己巳岁仲秋上澣之吉。"(《张英全书》下册,三二〇)

八月十日,上巡幸边外。命皇长子允禔、皇三子允祉、皇四子胤禛随驾。是日启行。(《康熙实录》卷一四一)

秋日,送桂两株于僚友高士奇,并寄以手札。

  高士奇《张大宗伯手札惠桂树赋答》:"时思招隐独长吟,忽见城南寄好音。两树仙葩移顾兔,数行芝草比来禽。"(后略)(《苑西集》卷一二,七)

秋冬之际,郊居多暇,因编辑旧诗。

  《效居多暇因编辑旧诗》云:"独住经旬差小快,笥中诗草与重编。"(《文端集》卷二七,七)

九月三日,上驻跸汤泉。(《康熙实录》卷一四二)

公扈从。

  《文端集》(卷二七)有《从汤泉望长城》诗。(《文端集》卷二七,八)

十月十一日,迁孝懿皇后梓宫于山陵,上亲往送。(《康熙起居注(标点全本)》第四册,一七八)

  按:"山陵"为景陵,北依昌瑞山,是康熙皇帝及其皇后、贵妃。主要有:孝诚仁皇后赫舍里氏(辅政大臣索尼孙女,废太子生母,康熙十三年因难产而死,年仅22岁)、孝昭仁皇后钮祜禄氏(辅政大臣遏必隆之女,康熙十七年逝世)、孝懿仁皇后佟佳氏(佟国维之女,康熙二十八年病逝,死前一天立为皇后)、孝恭仁皇后乌雅氏(雍正帝生母,康熙时为德妃,后尊为皇太后,雍正元年逝世)、敬敏皇贵妃章佳氏(皇十三子怡亲王胤祥生母,康熙时为敏妃,康熙三十八年去世,入葬景陵妃园寝,雍正元年追封为皇贵妃,迁葬景陵)。

十月二十日,葬孝懿皇后梓宫毕,上移跸温泉。(《康熙起居注(标点全本)》第四册,一七九)

时,与湘北、素存两先生订游盘山,以扈从温泉不果往。(《文端集》卷二七,八)

扈从途中,作《茅山僧二首》《夜坐福泉寺》等诗。(《文端集》卷二七,八)
十一月,公以山陵事奉命祭告昌瑞山,作《昌瑞山晚眺》《恭纪诗》《龙门》《马兰峪古松》等诗。

  《昌瑞山晚眺》诗末两句云:"几回步屧鸾旗后,涕洒西风辇道傍。"(诗见《存诚堂诗集·应制五》)

  按:从这两句诗来看,康熙十三年、康熙十七年前两任皇后葬事,公都曾扈从前往。

十二月六日,升工部尚书。(《康熙实录》卷一四二)

  张廷玉《先考行述》云:"十二月,擢工部尚书仍兼管詹事府。"(《澄怀园文存》卷一五)

  张英《十二月十日除大司空有作》云:"苦思岩畔阅耕农,蠛蚋禽栖一亩宫。深愧衰慵无报称,滥将名姓列三公。"(《文端集》卷二七,一〇)

是冬,充《明史》总裁官。
《闻友人谈吴下园亭之胜辄仿白意二首》。

  其二云:"岸梅交影落清渠,亭榭无多致有余。三十年来花下坐,餐香饮翠更谁如。"(《文端集》卷二七,一〇)

买地作诗,《新从溪外购得南庄》。
是年,长子廷瓒迁左右中允,选授翰林院侍讲学士、侍读学士。两岁之中,被康熙提拔六次。(张英《子廷瓒行略》)

  《张氏宗谱》云:"己巳,升右春坊右中允兼翰林院检讨,转左春坊左中允兼翰林院编修。"

是年,七弟张夔"计典卓异,钦赐蟒服,升湖广黄州府蕲水县县丞"。(《张氏宗谱》卷三,一六)

康熙二十九年(庚午,1690年)　五十四岁

友人之建宁幕,诗以送之。(《文端集》卷二八,一)
二月十四日,王渔洋与工部尚书兼詹事张英、少詹事兼侍讲学士田喜霦奏东宫春季会讲题目、讲官职名。(《居易录》卷三)
二月二十一日,进讲。

  "皇太子亲祭传心殿,渔洋随班侍讲于主敬殿,工部尚书张英、詹事尹泰讲'君子不重则不威'章,庶子艾肃、谕德李铠讲《周易文言》:'乾卦,九三爻。'讲毕,赐茶文华门外。"(《居易录》卷三)

二月,徐乾学回籍,张英作《送健庵大司寇归昆山》诗以送。诗中回忆他们建交过程及其秘阁共事生活,表达了他对徐乾学的尊敬之情。

  据《史传》载:"徐乾学康熙二十八年冬,上疏请给假回籍,获准。二十九年春,陛辞。"

张英诗《送健庵大司寇归昆山》云："滹沱冰初泮，春风吹柳陌。故人去京华，翩翩振羽翮。倾盖溯廿年，吴会双泉宅。玉堂喜追随，联影槐听席。丹黄秘阁书，十载数晨夕。"（后略）（《文端集》卷一〇，一〇）

徐元文有《送伯兄于假归里二首》诗在上巳之前，且诗中有句云："春日既过半，馀寒凛未已。"据"春日已过半"来看，徐乾学归昆山当在是年二月间。（诗见《含经堂集》卷一五，四）

陈廷敬有《送徐健庵尚书归吴门》。（诗见《午亭文编》卷四，一四）

三月，中表何亮功卒。（《青山何氏宗谱》卷一三，九〇）

同里潘江有《哭何辨斋明府二首》其一云："潦倒名场久，徊翔宦海纡。一行作吏去，三岁报书无。榇巳妻儿返，官犹租税逋。故乡亲与旧，空忆荔枝图。"其二诗下自注云："年来频归里看女，念旧之谊甚笃。"（《木厓续集》卷一八，一七）

四月四日，任"三朝国史"副总裁官。

《康熙实录》云："乙丑，以大学士王熙为三朝国史监修总裁官，大学士伊桑阿、阿兰泰、梁清标、徐元文为总裁官。尚书张玉书、张英、左都御史陈廷敬、侍郎李振裕、库勒纳、内阁学士朱都纳、星安、博际、布彦图、郭世隆、彭孙遹，副都御史王士正、詹事尹泰为副总裁官。敕曰：'朕惟帝王肇基垂统，绥御万方，骏业弘谟。必勒诸简册，传示无穷，所以炳耀丰功，宣扬至治，甚盛典也。我太祖高皇帝，诞膺宝箓，鼎命维新，缔造丕图，规模宏远。太宗文皇帝，道隆作述，运启休明，式廓祯符，燕贻景祚。世祖章皇帝，统一寰区，化成治定，中和懋建，声教遐敷。惟列圣之相承，冠百王而首出，鸿猷峻德，巍焕难名。纬武经文，昭垂无數。举凡勘乱安邦之略，立纲陈纪之宜，用人行政之方，牖民成俗之本，布于方策，历久弥新。创制显庸，灿然明备。即当时勋旧诸臣，翊赞王室，宣力四方，亦莫不托附风云，懋彰劳绩。惟从龙而应运，信昭代之多才。朕夙夜绍庭，思阐先烈，爰命儒臣，恭修三朝国史。兹特命尔等为总裁官，尔其督率在馆诸臣，荟萃琅函，博搜掌故，折衷至当，裁订成书。毋尚浮夸而乖情实，毋徇偏见而失公平，毋过质略而意不周该，毋务铺张而词多繁缛。务期事归确核，文极雅驯，勤以董成，敏而竣事。庶几垂型万世，传信千秋，以觐耿光，以扬大烈，称朕意焉。尔其勉之无忽。钦哉。'"

四月七日，公在朝房与王士禛闲谈，述西樵易簣时体有异香事，张英为讲桐城诗人方畿故事，（王）著之笔记。（《居易录》卷四）

五月二日，辰时，上御乾清门听政。部院各衙门官员奉命举所知才品优长知县等官。

兵部尚书李天馥奏曰："三河县知县彭鹏、灵寿县知县陆陇其，居官矫矫有声。"工部尚书张英奏曰："臣衙门员外王吉武、主事朱卷才学颇优。"左都御史陈廷敬奏曰："清苑清知县邵嗣尧、灵寿县知县陆陇其廉能茂著，名实允符。"（《康熙起居注（标点全本）》第四册，二四二）

又"吏部题通政司参议员缺，以降调左都御史郭琇拟补。上曰：'郭琇本出寒微，朕因其能言,特加拔擢。不思报称,身为宪臣,擅通书札,嘱托徇私,殊属溺职。既经降谪,理宜闭门思咎,所行不然,可鄙极矣!'……徐元文奏曰:'人臣义无私交,敢行请托,大玷官箴,而又贪鄙如此,其品行奚足道哉。'上曰:'郭琇令以原品休致,这员缺可另拟具奏。'"(《康熙起居注(标点全本)》第四册,二四三)

六月十二日,友人徐元文休致回籍。

"伊桑阿等奏曰:'两江总督傅腊塔题参大学士徐元文、原任尚书徐乾学等及徐元文辩奏一疏。'上曰:'徐元文令休致回籍。'"(《康熙起居注(标点全本)》第四册,二五〇)

六月二十一日,吏部奏徐元文员缺,上拟以公兼管翰林院事。

吏部题原任大学士兼管翰林院掌院士徐元文员缺,开列少詹徐潮等职名。上曰:"翰林院掌院责任紧要,尚书张英、张玉书此二人内用一人似善。"大学士伊桑阿等奏曰:"诚如圣见。"上曰:"张英可兼管翰林院事。"(《康熙起居注(标点全本)》第四册,二五一)

六月二十二日,公以工部尚书兼翰林院掌院学士。(《康熙实录》卷一四六)

六月,公兼管翰林院掌院学士事,充《大清一统志》《礼记日讲解义》总裁官。(张廷玉《澄怀园文存》卷一五《先考行述》)

七月一日,调礼部尚书仍兼翰林院詹事府事。(《康熙实录》卷一四七)

"容台宫尹词曹为国家礼乐文章之府,府君一人绾三绶,入宏弼亮之谟,出典寅清之任,润色鸿业,黼藻升平,一时典礼仪制皆由斟酌裁定而庙堂制诰之词……悉出府君之手。"(张廷玉《先考行述》)

秋初,徐元文被论罢归。

徐诗云:"京华十余载,怀乡日悠悠。一朝解组去,潞水浮扁舟。白露且晨降,大火方夕流。烟波正弥渺,桂棹甚夷犹。对景惭为谪,安知身所谋。终已事六籍,此外非吾求。"(《含经堂集》卷一三,四)

该诗下是《舟中七夕四首》,则此诗当在秋初时,故系于此。

张英书寄潘江,回味樵隐之乐。潘江以《寄怀张敦复学士特晋大宗伯并答来书中见问之意》二首答之。

其一:"廿年攒笔冠西清,今日才闻践斗衡。兼摄累陈绶若若,(下注:掌詹事府兼翰林院学士)殊恩独许铁铮铮。即看宰相沙堤路,预识尚书革履声。待到黄扉提印出,麻衣可有故人迎。"

其二:"秋来总未出房栊,孤负荷筩与桂丛。四大虽然同梦幻,三空毕竟为诗穷。病因废药经旬剧,寒欲开炉九月终。皆响亭边久不到,从教猿鹤怨西风。"注云:"来书有'皆响亭中振衣高呼'之语。"(《木厓续集》卷一八,二二)

七月二十七日,姚文然长兄姚文熊卒于蒋进京邸。(《桐城麻溪姚氏宗谱》卷八)

姚文熊三子姚士封娶公三女张令仪。

《桐城麻溪姚氏宗谱》:姚文熊,康熙乙卯浙江乡试文武同考官,升甘肃阶州直录州知州……事载《萧山志》《浙江通志》《江南通志》。崇祯庚辰(1640年)九月十二日生,康熙庚午(1690年)七月二十七日卒。娶广东南雄府推官左国林女,诰赠宜人,崇祯癸未十月二十三日生,康熙乙卯四月二十四日卒。生四子:士在、士陞、士封、士陸。三女:长适监生方灵倬,次适监生倪志琨,次适贡生候选训导张廷莹。侧室沈氏顺治丁酉十月十三日生,康熙丙子十月二日卒。生一子士对。(卷八,三)

蒋进,字度臣,一作杜臣,给谏鸣玉季子,江苏金坛人。生于顺治六年二月二十七日,六岁失怙,事兄如父。进受业于兄,年二十余,被弟子员,未几兄卒于峨嵋,时康熙十二年正月也。进以友朋为性命,以周急济贫为己任,而不治生业,是故生平贫困。二十八年,入赀游太学,居响鼓庙,交益广、名益甚,而郁郁失志。逾数月,卒于京,年四十有五。所著有《劳人草》《此山中诗余》各一卷,《五七言古近体诗》四卷,又辑《经史百家类事》,一名《墨农》,凡数十卷。(蒋衡《拙存堂文集》卷六《先府君行略》;杨宾《杨大瓢先生杂文残稿》《蒋度臣姚玉垍合传》;王源《居业堂文集》卷一七《蒋退庵太学墓志铭》)

公往哭之,捐金五十。

> 杨宾《蒋度臣姚玉垍合传》云:士在父文熊知阶州,左迁未补,卒响鼓庙,穷不能敛。进立一簿于旁,召其党至,令各署名致赙,而自置五十金,署其封曰:"蒋进赙。"未及暮,得四百余金。文熊姊婿大学士张英来哭,见其簿曰:"异哉响鼓庙,然亦可以愧我辈矣。"因亦赙五十金,而文熊还葬于其乡,其气谊感人,多如此。(《杨大瓢先生杂文残稿》)

八月,次子张廷玉应乡试于江宁,被放。(《澄怀主人自订年谱》卷一)

> 按:有清一代,"凡乡试以子、午、卯、酉年八月",具体日期:"(八月)初九日为第一场,十二日为第二场,十五日为第三场。每场皆先一日点入,次一日放出。"(沈云龙主编、礼部编纂:光绪《钦定科场条例》卷一《乡会试期》:台北:文治出版社,四九)

秋,里人刘辉祖,乡试第一。长婿姚士黉登乡荐高第。(《桐城麻溪姚氏宗谱》卷五)

> 张廷瓒《喜刘北固举省试第一》云:"生平自信无双客,此日真传第一人。"(《传恭堂诗集》卷二,一三)

> 按:刘辉祖,字北固,余瑸子,好学工文,清康熙二十九年(1690年)乡试第一。卒于康熙四十七年秋七月。著有《藕浦诗文集》四十卷。

> 方苞《刘北固哀辞》云:"康熙四十七年秋七月,吾友北固归自广东,余与其弟古塘,溯江候于桐,过期不至,而得凶问。"(《望溪集》卷一六)

秋冬之际,游石匣镇,到密云。有《石匣镇》《密云》诗。

十月九日,内兄姚文燄卒。(《桐城麻溪姚氏宗谱》卷五)

> 《麻溪姚氏宗谱》(卷五):"生二子:士黉、膚功。"

十月十二日,张若霖元配姚氏卒。姚士重女。(《张氏宗谱》卷五)

十月二十四日,以编修杨瑄撰拟阵亡都统公佟国纲祭文引用悖谬,公等掌院事却看阅不详审改正,部议降四级调用,得旨革去礼部尚书仍管翰林院詹事府事。
"辛巳,谕大学士等曰:'凡拟撰文章,系翰林官职掌,理当加意详慎。文中辞义,务期克肖其人,何可意为轻重。今览杨瑄所撰内大臣都统公舅舅佟国纲祭文,引用王彦章事迹,极其悖谬。且见所撰祭文,每于旗下官员,多隐藏不美之言。于汉人,则多铺张粉饰,是何意见?尔等瞻徇情面,不行改削,朕岂容姑释耶?'王熙等奏曰:'此文引用王彦章事迹,果属悖谬。皇上所见极当。臣等但一时意见未及,何敢徇情?'上曰:'此等撰文之人,若不削籍流窜,何以惩戒将来?尔等可即题参。'并传张英及撰文者,以从前姚文然、魏象枢、叶方蔼祭文与此祭文较看。寻部议:'编修杨瑄革职,发奉天入旗当差。礼部尚书兼管翰林院詹事府事张英,应降四级调用。'得上谕曰:'杨瑄著依议。张英著革去礼部尚书,仍管翰林院詹事府事。'"(《清实录》卷一四九;《康熙起居注(标点全本)》第四册,二六七)

按:《张氏宗谱》载此事在是年九月。

十一月十二日,熊赐履补授礼部尚书员缺。(《康熙起居注(标点全本)》第四册,二六九)

十二月二日,充日讲起居注官。

以翰林院掌院学士张英充日讲起居注官。(《康熙实录》)

冬,张英寄赠老友潘江高丽纸廿幅。

《张敦复宗伯寄高丽纸廿幅》诗云:"昔宋欧阳六一公,远贻圣俞纸数枚。"(《木厓续集》卷一八,二四)

岁晚寄廷玉、廷璐并与霖孙诗八首。(《文端集》卷二八,二)

又怀龙眠山庄,作《岁晚有怀山庄八首》。

是岁笃素堂新第成,移居其中。(《澄怀主人自订年谱》)

始令四子开始作文。

偶令四子廷瓒作文,不加督责,颇能成篇。(张英《第四子明经廷瓒行略》)

除夕,作《除日》诗。(《文端集》卷二八,四)

是年,武仕弟请养回籍。(《张氏宗谱》卷四,三三)

康熙三十年(辛未,1691年)　五十五岁

正月一日,起居注官库勒纳、张英、席米图。(《康熙起居注(标点全本)》第四册,二八〇)

正月五日,起居注官库勒纳、张英、席米图、王顼龄。(《康熙起居注(标点全本)》第四册,二八〇)

正月二十五日,起居注官库勒纳、张英。(《康熙起居注(标点全本)》第四册,二八三)

二月二日，同兵部尚书李天馥、刑部尚书杜臻、工部尚书陈廷敬、吏部侍郎李振裕赴起居注馆会看经筵讲章。

  先是翰林院进拟题目，钦点《孟子》"后稷教民稼穑"一章，《尚书》"六卿分职"一段，讲章则张英与陈廷敬撰。（《居易录》卷一〇）

二月五日，起居注官库勒纳、张英。（《康熙起居注（标点全本）》第四册，二八五）

二月十八日，起居注官张英、尹泰。（《康熙起居注（标点全本）》第四册，二八八）

是春，作《泽州先生见和前诗复次韵二首》《遗山集中有陶渊明晋之白乐天语》。

  《送弟梓一之粤东二首》其二诗云："来游正是春深后，细把轻红劈荔枝。"（《文端集》卷二八，五）

是后，题《禁中观赵雪松秋林渡水图即用其韵》《燕文贵寒浦鱼嚣图》《李昭首山水殿阁图》《黄荃雀梅图》等诗多首。

寒食时节，早过玉蝀桥二首。

  诗中有句云："寒食人家插柳条，水云亭畔碧波遥。"（《文端集》卷二八，八）

是年春，雨水足，城南老宅四周绿树红花都长势很好，家乡寄书告知，和近公宅相邻，遂有与近公"会当结屋避炎暑"的设想。作《与近公有结屋避暑之志异时敬遂此志当讽斯篇》以志。（《文端集》卷一一，三）

值事之暇，携侄张廷莹在西郊竹林游，陈廷敬过访并赠诗，张英次之。

  《泽州先生过郊居赠以诗即次原韵》："西巘紫泉宫，直庐邻键箢。地僻解朝绅，当午幸不绾。敢冀竹林游，籍咸同二阮。"（《文端集》卷一一，四）

  按：张廷莹，三兄张杰西渠长子。公甚爱之。

  《道光续修桐城县志》（卷一六）有传云："张廷莹，字琇瞻。年十五补府学生，工诗文，尤长于书画。游历燕赵齐鲁间，所交尽当世知名士。叔父大学士文端公器重之，悉以其著述进呈诸王。以教谕需次京师，卒。诸王闻而哀之，遣使赐祭，恩礼有加。事载文端家传。有《耘斋诗集》行世。"

四五月间，勺园牡丹花盛开季节，作诗有怀。

  《勺园牡丹甚盛三兄新作亭小轩对之，花时觞咏其中，有怀胜赏，因寄以诗》诗中云："此花夙昔性所耽，六度春风不相见"。张英于康熙二十一年回籍，二十四年七月赴阙。所谓六度春风，六个春天过了，当是康熙三十年夏左右。故系于此。（诗见《文端集》卷一一，二）

作《夏浅二首》。

  诗中有句云："千金难向人间买，夏浅春深最好时。"（《文端集》卷二八，七）

回想起去年过秦家园的情形，作《忆秦园山茶》。

诗云："忆昔毗陵细雨中，秦家楼客正春风。窗窗堆满梅花雪，衬出山茶一树红。"（《文端集》卷二八，八）

辛未夏至，有事北郊，陈廷敬等有诗与张英，公次韵。

《辛未有事北郊说岩先生斋宿于冬曹南亭予斋宿于翰林蒙惠以诗即次来韵》（陌上杨花水上萍）。（《文端集》卷二八）

得观内府藏宋理宗不允陈韡辞官手札真迹，有诗《观内府藏宋理宗不允陈韡辞官手札真迹》云："秋壑朝堂秉政初，士林风节更何如。当时犹有辞荣者，屡降南朝凤纸书。"

按：他做梦也不会想到其子张廷玉后来也遇到这样的事。（《文端集》卷二八，九）

书寄次子张廷玉兼示六侄张廷莹，准备营屋三楹。

《寄二儿廷玉兼示六侄》诗云："曲沼春流石岸平，迎凉拟构屋三楹。欲教飒飒清风满，安得阴阴灌木成。好种碧梧笼小阁，最宜修竹带高城。板桥南北留闲地，看取波光与月明。"（《文端集》卷二八，一二）

读梦阳集，有《读李献吉集》，评李梦阳诗。

诗云："清明万类转庞鸿，宫羽皆含正始风。格律尚存元气在，时人莫漫诮崆峒。"（《文端集》卷二八，一二）

按：李梦阳（1473—1530年），字献吉，号空同，祖籍河南扶沟，善书法，得颜真卿笔法。精于古文词。明代中期文学家，复古派前七子的领袖人物。提倡"文必秦汉，诗必盛唐"，李梦阳所倡导的文坛"复古"运动盛行了一个世纪，后被以袁宗道、袁宏道、袁中道三兄弟为代表的"公安派"所替代。

六月二十七日，奉命教习庶吉士。

"六月辛未，命礼部左侍郎管翰林院掌院学士事库勒纳、翰林院掌院学士兼管詹事府詹事事张英教习庶吉士。"（《康熙实录》卷一五二）

七月七日，梦中得句，因作诗《七夕梦中得首二句因续成之》。

诗云："秋水鸿雁多，秋江阔如许。我欲乘轻舟，采采芙蓉渚。"（《文端集》卷一一，五）

另作有《良足乐同静海励先生》《题渔父罩鱼图》《对菊四首》《园花十二侯歌》《广园花十二侯歌》。（《文端集》卷一一，一〇）

七月二十七日，友人徐元文卒。（《徐元文行状》，《含经堂集·附录一》，二一）

闰七月，六侄张廷莹返桐城，公和张廷瓒都有诗送行。

公《送六侄廷莹还桐城》诗云："七年（按：张英康熙二十四年赴京，至康熙三十年虚数正好七年）骥子不相见，来值予方在琐闱。入门急唤问平安，抚视摩挲烛两跋。惠中秀外敏且愿，世路人情皆朗豁。土锉与我对床眠，絮问江乡夜常咄。长夏扈从来郊坰，携尔同行探古栝。从来鱼稻饱甘鲜，强同阿叔餐粗粝。千端万绪在名场，识破天倪缘宦达。"（后略）（《文端集》卷一一，五）

张廷瓒《传恭堂诗集》（卷二）有《送六弟琇瞻南归兼怀二弟》云："西风昨夜吹流萤，雨丝槐影县孤灯。客心对酒叹萧瑟，况复送尔还江城。忆昔驱车辞里闬，尔初澡发扶床行。廿年隔别忽识面,伟然七尺须微生。(中略)同余京洛值长夏,(中略)今年闰馀暑迟退(按:查万年历,是年闰七月),红尘万斛炎威蒸。天留残热阻归骑,常恐转眼秋风迎。白帝乘权不相借,忽驱大火从西征。坐令同气欲分手,南征北住皆飘萍。霜月悬鞍马蹴疾,轻衫短策游金陵。江流挂帆直西上,到家丛桂香满庭。(中略)愧我羁绁落尘土,卅年难见林峦表。寄语阿二好自爱,努力膏火勤春耕。世上闲人那易得,家山幽福愁难胜。"(《传恭堂诗集》卷二,一八)

> 按:该诗表达了对六弟的难舍之情。同时寄语在家乡的二弟张廷玉要好好学习,好好享受龙眠山里的难得生活。从诗中措辞来看,该诗当作于闰七月。

是月,扈从畅春园蒙赐参桂丸一瓶。(恭纪诗见《存诚堂诗集·应制五》)

九月初,有《辛未九月得小憩》诗。

> 诗云:"清秋暇日近重阳,圃菊繁英照草堂。花入陶家风味好,地传甘谷水泉香。金盘翠羽朝衔露,雪朵霜枝夜有光。此际心情差不恶,闲吟终夕绕匡床。"(《文端集》卷二八,一六)

是时,还作《王右丞诸葛运粮图》《郭忠恕山水》《易元吉深树群獐》《马逵松溪小艇》《赵松雪秋林归骑图》《董文敏麦饼宴诗》等诗。(《文端集》卷二八,一七)

九月五日,长女仲子姚孔锌生。

> 《桐城麻溪姚氏宗谱》云:"姚孔锌,鹤山公第二子,字道冲,号归园,治《书》,庠生。雍正戊申以保举人才引见,发往广东补保昌县知县。升理猺军民同知,韶州府知府。丁母艰服阕,补江西赣州府知府,授中宪大夫。仕绩载《先德传》。康熙辛未九月五日生,乾隆丁丑十二月十六日卒。葬麻山河西。娶庠生赠奉直大夫马庶女,赠恭人。康熙癸丑十二月二十日生,康熙丙子九月二十七日卒,葬麻笃山。"(卷五,九)
>
> 按:《桐旧集》(卷五)录其诗九首。

九月十八日,上以梁清标任大学士以来,从未见其独发一语,不予谥。(《康熙起居注(标点全本)》第四册,三二四)

九月二十二日,上御文华殿,王士禛与诸讲官侍经筵。陈廷敬讲《四书》"放勋曰"一段,张英讲《周易》"立天之道"一节。讲毕,赐宴太和殿前。

秋,四子廷瓛送四女于归南还。

> 诗云:"黄犊由车时戒途,小年儿女涉江湖。方知白傅诗中意,苦爱朱陈嫁娶图。"

秋,《同近公郊居》《步西郊》《题恽南田杂卉页子七首》。

十月二日,起居注官傅继祖、张英。(《康熙起居注(标点全本)》第四册,三二九)

十月二十六日,起居注官傅继祖、张英。(《康熙起居注(标点全本)》第四册,三四〇)

十月,侍东宫,太子书大字二幅以赐。公诗以纪之。

> 《辛未十月蒙东宫睿笔书大字二幅特赐恭纪二首》诗见《存诚堂诗集·应制五》。

十一月十五日，起居注官傅继祖、张英。(《康熙起居注(标点全本)》第四册，三四四)

十一月二十四日，起居注官张英、傅伸。(《康熙起居注(标点全本)》第四册，三四七)

十一月，友人陈元龙受特旨以原官起用。"重玷清班，自壬申至甲申，由史官荐历詹事再而讲幄日直禁廷，中间北征朔漠，南巡西巡，无不扈行。"(《爱日堂诗集》卷七，一)

十二月二日，起居注官傅继祖、张英。(《康熙起居注(标点全本)》第四册，三五〇)

十二月十日，起居注官傅继祖、张英。(《康熙起居注(标点全本)》第四册，三五三)

十二月十五日，起居注官张英、席米图。(《康熙起居注(标点全本)》第四册，三五五)

冬，侄姚士藟归里，作《送绥仲归里省觐二首》。

其一诗云："冰满滹沱雪未晴，轺车凤驾近江城。官居薇省多才誉，人赋兰陔有至情。新捧丝纶知色喜，漫收书卷觉装轻。"(《文端集》卷二九，二)

张廷瓒亦有诗送行。

《送绥仲归里省觐》三首。其一云："三载簪裾傍紫宸，暂从香案乞闲身。心依鹤发辞天阙，手捧龙章拜老亲。驿路霜飞珠勒马，鲤庭花映玉堂人。故山好景如相待，酒熟梅开正早春。"(《传恭堂诗集》卷二，一七)

是年，还作有《退直夜坐》(《文端集》卷二九，二)和《十二月六日即事》《题画》《寄韦广庵》《自题桃花钓艇不像》。(《文端集》卷一二，八)

是年，桐城遇饥，张英命家人赠送大米一百六十斛接济好友潘江。

《张澡青掌院闻予岁馑若饥勅家人送稻百六十斛》诗云："米廪谁于凶岁指，麦舟先向在时存。老夫幸不填沟壑，犀子因霑接续恩。"(《木厓续集》卷一九)

书寄张廷玉并《夜坐》诗，勉励二子用心读书。

《岁晚寄二郎廷玉》云："城南营旧馆，幽事尔须知。地僻过从少，堂深课读宜。柳添垂岸影，梅长出檐枝。看取梁间燕，衔泥绕户时。"

《松下构一亭用东城语白首归来种万松》云："涉世头已白，归来学种松。时值辛未岁，买山清涧东。傍水有修隉，蜿蜒若长虹。种松高二尺，短须早青葱。迄今十七年，枝叶已数重。"(后略)诗中云："辛未年'买山清涧东'。"(《文端集》卷三六，一三)

《夜坐》云："地接深岩早掩扉，烟钟飘渺漏声微。借来诗卷添良友，话到田园抵暂归。拨火自偎红兽暖，剪灯还惜玉虫飞。关河风雪三千里，稚子音书岁晚稀。"

得知同里左国治卒，作《挽左橘亭》，挽之。(《文端集》卷二九，四)

按：左国治(1628—1691年)，左光先三子，字子周，号橘亭。生于崇祯元年，副贡，考授州同。卒于康熙三十年辛未,享年六十有四。
是冬,高士奇题衡山画寄公,公和之。
> 诗云:"桥港蒲溪一棹通,笋樱时节落花风。烟波无限新诗好,尽在渔歌杳霭中。直庐樱荫日迟迟,正是怀人旧雨时。吟到江村寄来句,渔竿心事两人知。蟹火渔栅有梦通,心如黄叶怯霜风。惭余五亩河岸宅,深琐梅花夕照中。衰慵岂合退休迟,齿豁头童异囊时。画里溪山吟望久,临风说与故人知。"
> 按:此诗附高士奇《独旦集》(卷二,六)。

年底还作有《掩关》《索居二首》。从友人陈廷敬处借读陆游《剑南集》。
> 《索居》其一诗云:"节近传柑只索居,不将尘俗翳清虚。当轩倚柱斜阳暖,细读樊川伴老书。"

是年,张廷玉遵恩例捐纳岁贡生。
是年,充文武殿试读卷官,充三朝国史总裁官、《礼记讲义》总裁官。(《张氏宗谱》卷四,一五)

康熙三十一年(壬申,1692年)　五十六岁

正月六日,有故乡之思。作《正月六日》诗。
> 诗云:"春回已再旬,诘朝是人日。苦忆故山下,古梅荫幽室苔。"

正月九日,起居注官张英、傅伸。(《康熙起居注(标点全本)》第四册,三六三)
是月,几乎日日吟诗。
> 《十四日》云:"满几铅黄手一编,山经图史自评诠。狂飚不放灯花节,深闭帘栊看水仙。"
> 《十五日二首》云:"一罐沈水一瓯茶,心怯笙歌陌上哗。七载暌离何足叹,年年春事负梅花。"(《文端集》卷二九,五)

还有《十六夜》《赠天坛道士二首》等诗。(《文端集》卷二九,六)
正月十九日,燕九节,群之白云观候真人降。作《燕九》诗。
与陈敬廷唱和,《西郊和泽先生韵》《同泽州先生再用前韵》。(《文端集》卷二九,六)
正月二十六日,起居注官傅继祖、张英。(《康熙起居注(标点全本)》第四册,三六六)
二月二日,同长康过西郊法华、万寿、摩诃诸寺作诗四首。(《文端集》卷二九,六)
> 按:李懔,字长康,安徽桐城人。书法二王,善画山水,高远平淡,追踪荆、关。禽鱼竹枝小品,笔颇简老。江南极推重之。

二月十九日,张英与诸讲官侍文华殿经筵。刑部尚书陈廷敬、礼部侍郎席尔达

讲《中庸》"天地之道"一节。与刑部左侍郎傅腊答讲《尚书皋陶谟》"日宣三德"四句。讲毕，赐宴太和门，谢恩而退。(《居易录》卷一六，《蚕尾集》卷一〇《跋归愚集》)

> 按：《康熙起居注》："二月十九日，上御文华殿举行经筵大典。讲官席尔达、陈廷敬讲《四书》'天地之道：博也、厚也、高也、明也、悠也、久也'一节，傅腊塔、张英讲《书经》：'日宣三德，夙夜浚明，有家日严，祗敬六德，亮采有邦'一节。毕，宴于太和门前。"(《康熙起居注(标点全本)》第四册，三七三)

三月二日，起居注官傅继祖、张英。(《康熙起居注(标点全本)》第四册，三七五)
三月六日，起居注官傅继祖、张英。(《康熙起居注(标点全本)》第四册，三七六)
春，忆龙眠山水，作《龙眠小兰若八首》。
春夏间，张英有书于潘江，潘江以诗十首答之。
潘江《以诗代书寄澡青掌院》十首。

> 其一："闻道然藜日直庐，故乡鱼雁少开书。稔知嘐喈乱人意，且借诗篇问起居。"
> 其二："诗不能工真坐穷，老无可壮似还童。报君衰病君知否，两目眵昏双耳聋。"
> 其三："姚合归来话旧游，河梁诗句剧风流。知君不减当年兴，我亦林猿野鹤俦。"
> 其四："远峰亭上树诗坛，曾共敲推一字安。今日新排十五卷，可容愚谷醉乡看。"自注云："新镌诗集应制诸体。"
> 其五："书法群推羲献工，一家二妙侍宸宫。颇闻倒薤金花灿，名迹还思小许公。"诗下自注云："兼柬卣臣学士，素比于友人便面见乳金楷书，羡为神品。"(《木厓续集》，卷二〇，八)

初夏，有《初夏园林十忆》诗。
四月十一日，起居注官张英、三宝。(《康熙起居注(标点全本)》第四册，三八五)
四月二十日，起居注官张英、傅伸。(《康熙起居注(标点全本)》第四册，三八九)
四月二十八日，起居注官张英、席米图。(《康熙起居注(标点全本)》第四册，三九二)
四月，同年友奉直大夫工科掌印给事中纪愈将葬，公为作《奉直大夫工科掌印给事中孟起纪公墓志铭》。

> 文云："余与大谏纪公同成康熙六年进士，榜既发，于稠人之中，见有敦硕庞鸿，气度凝然山立，进止安恬冲夷，自下望而知为君子长者，询之，则文安纪先生，私心欣慰得从之游。及对大廷，余与公同见知于高阳相国，由是交益密……公讳愈，字孟起，号鲁斋。先世自山左徙居文安，甲午举于乡，例得邑令，公不就，卒成进士，起家内阁中书舍人，迁兵部职方司主事，考选户科给事中，晋工科掌印给事中。"(《笃素堂文集》卷一二)

五月二日，起居注官张英、三宝。(《康熙起居注(标点全本)》第四册，三九五)
六月二日，妻兄姚文燮卒。

《麻溪姚氏宗谱》(卷五):"文燮,天启丁卯三月六日生,康熙壬申六月二日卒。葬龙眠黄柏岭。娶吴之璘女,封孺人,赠恭人。天启丙寅三月二十四日生,康熙甲寅八月三日卒。附葬黄华小陈庄湘潭公墓右,生二子:士莱、士蓸。"

按:《桐旧集》(卷五)录其诗二十九首。

夏,在广济寺看海棠,有诗赠天孚上人。

《广济寺看海棠即赠天孚上人》《天禧宫古松歌同说岩先生赋》《万寿寺华严钟歌次说岩先生韵》《送登州太守任在庵之官》。

陈廷敬《午亭文集》有《万寿寺华岩钟歌》。诗云:"万石之钟谁所作,矗立平地嵬然高。不屈而坛岂谓是,土花缘碧松萧梢。我行其下惊突兀,两屦倦著才周遭。"(后略)(卷三,四)又有《天禧宫古松歌次敦复韵》(《午亭文编》卷六,二)。

万寿寺,据张宗平《清末北京志资料》:"万寿寺在西直门外约八华里处,始建于万历五年,殿宇宏伟壮丽,被列为行宫之一。寺前有万寿街,长街列市,可达畅春园,当地居民称之为苏州街。据说因明时模仿苏州风物之故。寺内原有华严钟,传称后来被弃之荒地。又传称现北京城北觉生寺(又名大钟寺)内大钟即此华严钟。"(二五)

牡丹开时同泽州先生过法华寺,僧说开数朵皆为人折去,惟见佛前胆瓶中平头紫一枝耳。越月,廷玉书来,云读易楼前开一百七十余朵,因赋诗。(《文端集》卷二九,一一)

八月二十二日,起居注官张英、三宝。(《康熙起居注(标点全本)》第四册,四○八)

秋,《送长康之姑熟幕二首》。

其一诗云:"喜共才人慰寂寥,客中闲话尽渔樵。思君恰值秋江晚,采石松风夜听潮。"(《文端集》卷二九,一一)

张廷瓒亦有《送李长康》。

其二诗云:"红树苍岩故国秋,天门遥峙大江流。凭君潇洒龙眠笔,为写矶头太白楼。"(《传恭堂诗集》卷三,四)

友人李长康画远峰亭隔墙之灵泉寺及《松湖山村图》,公题诗四首。

《长康为画远峰亭隔墙之灵泉寺,太霞宫等当年公游目骋怀之地,因赋二首》《松湖山村图》二首。(诗见《文端集》卷二九,一三)

后又作《园花十绝句》等诗。题画阳《郭河阳溪山图》《赵松雪春山水阁图》。(《文端集》卷二九,一五)

九月十三日,从兄张克仔卒。享年六十有七。

按:张克仔,秉文次子,字晳如。号西樵。治《易》经,邑庠生。生明天启丙寅年(1626年)七月二十四日,卒康熙壬申年九月十三日。祔葬陈太君墓左。配方氏,国学讳孔时女,生明天启乙丑年四月十三日,卒康熙辛亥年九月二十七日。侧室余氏,生顺治戊子年十月十二日,卒康熙癸巳年三月初四日。一子:廷城,方太君出。二女:长适庠生赠武进教谕姚士蕃,候选州同讳文烝子,方太君出;次适庠生刘宗政,候选州同讳芳

子,余太君出。(《张氏宗谱》卷四,八)

九月二十一日,张英与诸讲官侍讲经筵。

"兵部尚书索诺和、杜臻讲'天地之道可一言而尽也'一节;礼部侍郎席尔达、学士张英讲《尚书洪范》'貌曰恭'五句。讲毕,赐宴太和门。"(《居易录》卷一九)

九月二十五日,东宫会讲,张英与内阁九卿等侍班。

"礼部尚书顾八代、侍郎张英讲'君子义以为质'章;左庶子艾肃、侍读学士李铠讲《周易谦》'谦尊而光'二句。讲毕赐茶文华殿门。"(《居易录》卷一九)

秋,高士奇以张公去冬和诗韵作诗奉怀。诗下附公去年冬和诗。(《独旦集》卷二,六)

按:该诗后有《中秋伤怀》诗,故此诗作于中秋前。

十月二十二日,授礼部尚书。

"吏部题礼部尚书熊赐履员缺,以都察院左都御史于成龙等职名开列。上曰:'开列内皆近年升用之人。张英效力年久,乃系旧人,将张英补授礼部尚书。'"(《康熙起居注(标点全本)》第四册,四二四)

十月二十三日,实授礼部尚书。(《康熙实录》卷一五七)

十月二十八日,命兼翰林院掌院学士、詹事府詹事。(《康熙实录》卷一五七)

十一月六日,起居注官张英、席米图。(《康熙起居注(标点全本)》第四册,四二八)

十一月二十二日,起居注官傅继祖、张英。(《康熙起居注(标点全本)》第四册,四三一)

十二月二十五日,起居注官张英、傅伸。(《康熙起居注(标点全本)》第四册,四四一)

是年,桐城诗人陈焯卒。

潘江是年有《哭陈越楼枢部》八首。(《木厓续集》卷二一,一〇)

从作诗的时间来看,陈卒于是年夏天之后。

按:陈焯(1619—1692年),字默公,号越楼,清顺治九年(1652年)进士,授兵部主事,以耳聋不仕。工于诗,善草隶,多辑宋元轶诗。学者称为文洁先生。著有《涤岑诗文前后集》十卷,辑有《古今赋会》十卷,纂《安庆府志》《江南通志》《宋元诗会》一百卷。

康熙三十二年(癸酉,1693年)　五十七岁

正月十一日,同李光地、励杜讷过万寿寺。有诗。(见《文端集》卷三一,一)

近日,为友人题画。有《题王石谷画黄砚芝黄山采芝图》《题梅桐崖洗桐图》。

按:陈元龙有《题黄砚芝编修黄山采芝图》。(《爱日堂诗》卷七,四)

友人任溶出为山东登州府知府,诗以送之。

《送登州太守任在庵之官》，诗见《文端集》（卷三〇）。
> 按：据中国社科院明清资料室内部资料《清代翰林名录》："任溶，字政七，号具茨，新乡人。康熙十八年（1679年）进士，改翰林院庶吉士，散馆改户部主事，擢邢部郎中，出为山东登州府知府。有《研斋集》一卷、《东园遗稿》一卷及《似舫词》。"[①]

正月，张英新第落成，张廷玉招同刘尔雅、张杰等过集看梅。有诗二首。
> 《敦复大宗伯新第落成次君衡臣招同西麓西渠用一我思过集看梅二首》诗云："劝买东邻宅，吾曾再致书。髯奴知肯构，骥子克充闾。尽改朱门旧，堪称缘野居。应须十载后，归沐始悬车。"诗中自注云："宗伯今年五十七。"

二月七日，起居注官张英、三宝。（《康熙起居注（标点全本）》第四册，四五〇）

二月九日，巳时，上御文华殿举行经筵大典。讲官库勒纳、张英讲《四书》："孔子曰：'老者安之，朋友信之，少者怀之'"一节，傅喇塔、彭孙遹讲《易经》："天地感而万物化生，圣人感人心而天下和平"一节。毕，宴于太和门前。（《康熙起居注（标点全本）》第四册，四五一）
> 按：王士禛《居易录》（卷一九）云："二月初八日，与诸讲官侍文华殿经筵。吏部尚书库勒纳、礼部尚书张英讲《论语》'老者安之'三句。吏部右侍郎傅腊塔、彭孙遹讲《周易咸》'天地感而万物化生，圣人感人心而天下和平'二句。讲毕，赐宴太和门。"

二月十五日，东宫出阁会讲。
> "内阁九卿、詹事府官侍班如仪。礼部尚书张英、刑部右侍郎尹泰讲'志于道'一章。讲毕，赐茶文华殿门。"（《居易录》卷一九）

二月二十八日，起居注官张英、三宝。（《康熙起居注（标点全本）》第四册，四五五）

歙县门人汪洪度托国子祭酒吴苑转陈黄山始信峰草堂志、《杏花春雨楼》图卷乞题诗。
> 《居易录》（卷二三）载汪洪度书。《蚕尾集》（卷二）《门人汪于鼎寄始信峰草堂志》即是时所作。汪洪度，字于鼎，安徽歙县人，诸生，有《馀事集》。

三月，张巨源从桐城入京，访张英。张英见之，询老友潘江近状。
> 潘江有《张甥巨源以季春北游，托其携直都门购笔寄回，至今六阅月，又将立冬矣，感而作此二首》，诗见《木厓续集》（卷二二，一九）。
> 按：张巨源，侄张留次子。
> 张若湛，讳留次子，字巨源，号栳峰，治《诗经》，庠生。生顺治丁亥年四月二十九日，卒康熙己卯年三月初八日，配方氏，文学讳豫立女。生顺治丁亥年十月初七日，卒康熙癸未年十月初七日。四子：鸿槩、鸿业、鸿模、鸿橒（右边云字底）。一女，适临生吴之逢。（《张氏宗谱》卷七，一）

[①] 转引自：张立敏，清初宋诗风运动中的徐嘉炎，《厦门教育学院学报》第13卷第1期，2011年2月。

又按：方豫立（1607—?），若洙长子。字子建，一字启一，号竹西。县学生，旌表孝子。生于万历丁未六月十四日，卒失考。以县学生的名义参与康熙二十三年《桐城县志》的编纂。

《桐城桂林方氏家谱》："配潜山黄氏，兵部尚书文星女。生万历戊申正月十九日，卒康熙辛酉三月二十六日。一子：轮；二女，长适潜山生员徐家昱贡生益泰子，次适生员张若湛。"（卷一三，二六）

春，王士禛回信友人智朴，寄李霨、张英诗数篇。（《王渔洋事迹征略》，三九一）

是春，有题画诗数首。

《题梅桐崖洗桐图》。（《文端集》卷三〇，一）

《题画二首》其一诗云："春山新雨后，千岩浮晓翠。"（《文端集》卷三〇，二）

《题画截句四首》其一云："平湖漠漠起寒烟，一点晴峦接远天。此景依稀何所似，潇湘春水岳阳边。"（《文端集》卷三〇，二）

五月十五日，仲兄张载卒于里，享年七十有八。（《张氏宗谱》卷四，一〇）

《张氏宗谱》载："配倪氏，户部司务讳元善女。貤赠孺人。生万历丙辰年十月初八日，卒崇祯丙子年八月十八日。继配叶氏，文学讳士楠女。貤赠孺人。生明天启癸亥年闰十月十九日，卒康熙癸酉年五月二十日，享年七十有一，合葬钱古墩。三子：廷灿、廷瑞、廷珠。三女：长适吴德博文学讳道丰子；次适浙江桐乡县县丞刘玉树，江西广昌县知县讳鸿都子；三适候选州同知周郯，五河学博讳孚先子，俱叶太君出。"（《张氏宗谱》卷四，一〇）

五月二十日，嫂叶孺人卒，张载继配。享年七十有一。（《张氏宗谱》卷四，一〇）

夏，张廷瓒被旨入侍内廷。（《传恭堂诗集》卷三）

癸酉之夏，又与先生（按：廷瓒）同日被旨入侍内廷。嗣后南巡北讨，吾两人辄同扈从，椒除豹尾，形影相依；磧雪边风，艰难同命。而元龙之懒拙宽营亦颇与先生乐道安贫、嗜退守分之志相合。出处同，踪迹同，而志趣亦同。（陈元龙《传恭堂诗集序》，《四库未收书辑刊》第七辑第二九册，四九）

张廷瓒《五月初十日入直南书房午后蒙恩召御前赋诗恭纪》。

"癸酉，奉命入直南书房。"（《张氏宗谱》卷四）

夏日，直丰泽园，作诗四首。

其一诗云："槐阴渐满柳初成，白发频年侍从情。书卷早趋西苑路，桑田蚕舍接华清。"（《文端集》卷三〇，三）

六月三日，起居注官张英、莫里溥。（《康熙起居注（标点全本）》第四册，四七一）

六月十八日，起居注官傅继祖、张英。（《康熙起居注（标点全本）》第四册，四七二）

六月二十五日,上与满汉大学士、满尚书、都御史游畅春苑。

  "泛舟,赐肴馔。既而赐大学士王熙以御书长春宫颂,及满尚书人御书扇一。先数日,张家赐扇,御书唐诗:'忽见寒梅树,花开汉水滨。不知春色早,疑是弄珠人。'其背面画梅一枝,左都御书沙海得登山路行将画一首。"(《居易录》卷一九)

  张廷瓒《传恭堂诗集》(卷三,一〇)有《恩赐御笔唐诗一轴恭纪二首》,约作于此时。

四月至七月间,桐城未雨,旱情严重。

  潘江《朝亦见日出》诗中注云:"四月至七月,桐城无雨,旱情严重。"(《木厓续集》卷二二,一)

七月十五日,召于畅春园泛舟,赐宴于渊鉴遏云亭,复命至佩文斋,恭赋八首。(《文端集》卷三〇,四)

八月,张廷玉应乡试于江宁,被放。

十月初,复任礼部尚书兼管翰林院詹事府事。

  按:《张氏宗谱》云:"十月,复任礼部尚书兼管翰林院詹事府事。"(卷四,一五)又《康熙起居注》"十月初五日"有"礼部尚书张英"侍筵的记录。故张英复任礼部尚书当在十月初五日之前。详见下文。

十月五日,与诸讲官侍文华殿经筵。

  "礼部尚书张英、吏部右侍郎傅腊塔讲《中庸》'诚者自诚者也'章,吏部右侍郎彭孙遹、翰林院掌院学士傅继祖讲《尚书》'益曰吁戒,儆戒无虞,至四夷来王。'讲毕,赐宴太和门。"(《康熙起居注(标点全本)》第四册,四八八;《居易录》卷二二)

十月,张巨源从京师返里,张英托其带给潘江书信及礼品。

十一月二日,驾谒孝陵。

二十一日,驾回。部院诸臣集朝房,午后传户部堂上官至乾清宫西暖阁,谕免顺、永、保、河四府钱粮。(《居易录》卷二二)

十一月二十五日,冬至,上亲祭南郊。此日,御太和门,行庆贺礼毕,诸王群臣诣昭德门,行东宫庆贺礼。(《居易录》卷二二)本日起居注官傅继祖、张英。(《康熙起居注(标点全本)》第四册,四九八)

十一月二十六日,起居注官傅继祖、张英。(《康熙起居注(标点全本)》第四册,四九九)

十二月十五日,起居注官张英、席米图。(《康熙起居注(标点全本)》第四册,五〇五)

十二月二十八日,起居注官傅继祖、张英。(《康熙起居注(标点全本)》第四册,五〇七)

张巨源于冬至后抵里。将张英的礼品交予潘江,潘江以诗答之,言其猿鹤之乐。

  潘江云:"十一月,敦复来书云龙眠旧业日就榛芜,屋破树老由经纪无人,因询河墅近

状何似,走笔答之。"(《木厓续集》卷二二,三二)
"荒村地僻总萧条,蓬户风高易动摇。补屋牵萝茅代瓦,减餐犒匠腹从枵。蔷薇架下杉为槛,菡萏池边石换桥。自喜十年前手植,青松翠柏欲干霄。"(《四库禁毁书丛刊》集部第一三二册,五〇四)

潘江又有《张敦复大宗伯远贻椒筲赋谢》诗。

> 诗下自注云:"巨源甥携归,兼道其惓惓相念之意。"(《木厓续集》卷二二,三一)

是后,潘江又作《河墅真乐篇寄敦复宗伯》,述及当日张英见张巨源时的情形。

> 诗云:"吾有六七甥,一为张仲子。(自注:巨源若湛)家居不得志,蹑履游帝里。帝里有宗老,当宁方眷倚。猥以诸小行,觐省侍仗履……归来为我言……慰问未及周,首询汝舅氏。酒半与花前,亹亹问不已。故乡别十年,河墅今何似。汝舅隐其间,闲适应无比。犹恐非真乐,未得其中旨。小子懵莫对,闻言但唯唯。"(《木厓续集》卷二三,三)

是年,四子廷瓒回乡应童子试。

> 许时庵先生试题"诚之者择善而固执之者也",连下二节,儿于开讲下直分四比,条畅有气局。……时庵大奇之,拔之前茅。出其卷示同郡七学诸生,咸以为佳。(《第四子明经廷瓒行略》)

是年,桐城诗人钱澄之卒。

> 《桐旧集》(卷一〇)录其诗六十七首。

康熙三十三年(甲戌,1694年)　五十八岁

是年,在礼部尚书任。
元旦,上御太和门受朝贺,诸王百官诣昭德门,行贺东宫礼。(《居易录》卷二三)
正月三日,廷瓒继配李氏生。(《张氏宗谱》卷四,三〇)
正月十二日,次子张廷玉书来,报家人平安。

> "自传柑节至惊蛰,遂无一刻之暇,伯顾来道'大兄抱恙于榻前'数语,心甚悬结,嗣得玉儿正月十二日字,知道体安好如常,始大慰。窃尝与知交戚友纵谈故乡人,当闲放适意者,殆莫吾西渠先生若也……弟五十六七岁始见佛家书,其所言颇足资人解脱。然孔、颜、孟所言乐,岂有异旨乎?……如弟之所遭遇,外观岂不甚好,而同辈之诟厉,当局之忧危,晨昏之奔走,寒暑风霜之冒触,饥饱寝兴之不时,人情之怫逆,难于措置之,展转战惧。古人所云:'如衣败絮行荆棘中',不足以方其棘手。且鄙性酷好闲适,又有草木山水之癖。今事事相违,退食片晷,只在斗大一室,春花秋草终年不入目,如此,则将抑结以死乎!"(《寄叔兄西渠先生书》,《笃素堂文集》卷八)

正月三十日,起居注官傅继祖、张英。(《康熙起居注(标点全本)》第五册,一三)

二月三日，与诸讲官侍文华殿。

  吏部尚书库勒纳、熊赐履讲《孟子》"言进而指远者，善言也"二节，张英、吏部右侍郎傅腊塔讲《周易系辞》"易之为书也，广大悉备"五句。讲毕，赐宴太和门。(《居易录》卷二三；《王渔洋事迹征略》，四〇〇；《康熙起居注(标点全本)》第五册，一四)

二月五日，起居注官傅继祖、张英。(《康熙起居注(标点全本)》第五册，一五)

春，上疏提请恢复万寿朝贺大礼。

  "自康熙二十七年二月内奉命取消""至今已历五载"。(《文端集》卷三九，二一)

三月十六日，上出庶吉士散馆试卷，对翰林院教育非常不满意，怒斥张英和傅继祖教习不严。

  上曰："傅继祖尚言翰林官能作文字，今大学士张玉书及陈廷敬、张英、王鸿绪、叶方蔼、严我斯、韩菼、徐乾学等，皆朕当时所教习庶吉士也。今翰林官作文、写字，有能及此等者乎？"又曰："翰林衙门专任作文、翻书之职，如此，则翰林衙门何用？先年喇少里、傅达礼、牛钮、常书、熊赐履等教习庶吉士甚好。后自库勒纳以来，流为偷惰，至今尤极不堪。熊赐履教人，惟恐其不学，专欲其成。张英人是好人，但最懒且懦。朕于人好则云好，不好则云不好，从无背人之一言。傅继祖诚能勤加教习，或两日一次，或三日一次考试之，无论进士，即七八岁童子，教之学字，三年亦可有成矣。""此等不勤学习，但思科道主事者，不可遂其意。此皆由傅继祖、张英教习不严所致。傅继祖、张英着交该部严加议处。此试卷着示九卿，并将朕旨传谕。"(《康熙起居注(标点全本)》第五册，二五)

是日，以编修黄叔琳、庶吉士狄億等十一人试国书生疏，谕责教习不严，下部察议应革职，得旨：张英从宽降三级留任。旋与掌院学士常书同奉命教习庶吉士。

  "甲寅。谕大学士等：'进士选取庶吉士，教习读书，所以造育人材，备他日之用。司教习者，理宜严加督课，使之勤勉向学。今考试庶吉士，观其所学甚劣，较曩时庶吉士迥然不及，此皆傅继祖等教习怠弛，不专心致志之所致也。傅继祖等交吏部严察具奏。'寻议覆傅继祖、张英教习不严均应革职。得上旨：'傅继祖降三级调用。张英降三级留任。'"(《康熙实录》卷一六二)

三月二十二日，康熙帝审查今科殿试头十名试卷，认为此次试卷前十名名次安排十分妥当。

  "酉时，殿试读卷官、大学士伊桑阿等将策试天下贡士卷选择十卷，进乾清宫面奏，请旨定夺。上曰：'今科殿试卷，尔等以为何如？'大学士王熙、尚书熊赐履、张英等奏曰：'臣等公同详阅，对策中论学校、吏治处，尚能言其大概。至所问备荒、治河，何以使闾阎康阜、河工永固之道，不能实言其故。大约文章与前科相仿，所写之字无甚不堪者。'上于烛下阅第一卷，顾读卷诸臣曰：'尔等知其人否？'王熙等奏曰：'实不知其人。'上曰：'有平日见过字迹者否？'王熙奏曰：'臣已年老，家中亦无读书之人，士子不相往来，实无有见字迹者。'熊赐履、张英奏曰：'臣等于字迹实不能辨。'上问曰：

'今科所中者,有尔等亲戚否?'王熙等奏曰:'并无臣等亲戚。'上阅第二卷,顾诸臣曰:'诸卷朕从容详阅,赐尔等坐。'又命赐茶。"

"细阅各卷之后,上曰:'未经进呈各卷,朕未寓目,无从知其优劣。止就此十卷所拟,名次甚当。向年朕每亲加更定,今俱依尔等所拟。其未进呈诸卷,明日发榜后送进,朕当于暇时详阅。'遂命尚书张英照所拟批一甲三名至二甲七名。"(《康熙起居注(标点全本)》第五册,二七)

三月二十五日,三子张廷璐女、姚孔锌妻生。(《桐城麻溪姚氏宗谱》卷五,一〇)

又作《题龚湖画龙眠山庄图兼寄省斋先生,上有省斋题句》。

按:《龙眠山庄图》亦称《山庄图》,是宋代杰出画家李公麟的白描山水画。画面表现的是由建德馆至垂云沜的龙眠山庄图景。

康熙御制《咏金莲花诗》,公和之。

《奉和圣制咏金莲花诗》云:"托迹灵峰下,移根玉殿西。色将篱菊掩,名共渚莲齐。灼灼金英满,翻翻翠叶低。坐看瑶草近,何异蹑丹梯。"(《文端集》卷三〇,七)

上《咏金莲花》诗云:"迢递从沙漠,孤根待品题。清香拂槛入,正色与心齐。磊落安山北,参差鹫岭西。炎风曾避暑,高洁少人跻。"

长婿姚士篬会试落第。

公《祭长婿孝廉姚东膠文》云:"犹记甲戌春,出闱中落第卷,知为主司所赏,奖誉满纸。东膠方在席,连饮数大杯,举声而号,吐血一瓯,其坎壈挫抑之苦,宁不重可悲夫?"(《笃素堂文集》卷一〇,《张英全书》上册,四二八)

三月,公和诗见怀,寄友人高士奇。

诗云:"南北相思有梦通,渔庄遥寄一溪风。米家画里焚香坐,常在菰蒲烟雨中。"

"衰疾惟惭退隐迟,柳蒲摇落雪霜时。昔年同结渔竿愿,独有青山白发知。"

"闻说园林一水通,扁舟来往趁樵风。著书千卷琳琅字,高咏晴岚庵画中。"

"佳句逡巡欲报时,江南三月落花时。难将烟火人间语,碧树青溪寄所知。"(《文端集》卷三〇,六)

数月后,高士奇有《张敦复大宗伯春间复和前韵见怀以病久未答,秋仲代柬寄怀四首答之》,诗见《独旦集》(卷八,九)。按:高士奇该诗后有《八月朔日过柏堂》,故该诗当作于是年七月。

且于该诗后附公诗二首,从其二中"江南三月落花时"句可知,该诗作于是年三月春暮时节。故系于此。

春,收家报,中有子侄一函,请其为同里《高氏重修谱》作序。

文云:"今年春,适家报中有子侄一函,言高氏子上诸公重修谱牒,属余为序。余尝考之《周礼》:小史著世系,序昭穆,而掌三族之别,则宗伯之事也。且高与余族世相缔好,高子石璞与余子侄辈又有文字交谊,何容辞。……时康熙甲戌年蒲月上浣之吉,赐进士第、光禄大夫、经筵日讲官起居注、礼部尚书加二级、兼管翰林院掌院、詹事府

詹事、教习庶吉士、年家眷弟张英顿首拜撰。"(《张英全书》下册,三〇六)
  按:此文中"家报",当指《寄叔兄西渠先生书》中所云"正月十二日玉儿来书"。另《寄叔兄西渠先生书》又云:"木厓寄来《真乐篇》,殊可诵咏。愚之望于勺园者,且在河墅之上,当有过更无不及也。"此处,以潘江《真乐篇》中的愉乐精神,劝勉其兄。再示以个人为官遭际,勉兄宜自得其乐,享受生活之趣。详见正月十二日条引文。从书中行文语气来看,此《寄叔兄西渠先生书》当作于是时。

四月十三日,选授庶吉士三十九名。
  三十六年七月癸卯,散馆,教习:常书、张英。(《清代职官年表》,二七八七)

四月二十五日,以吏部侍郎兼翰林院掌院学士常书、礼部尚书兼翰林院掌院学士张英教习庶吉士。(《康熙实录》卷一六三)

五月七日,接上谕,每日带四名翰林引见。
  谕礼部尚书兼管翰林院掌院学士事张英:"翰林系文学亲近之臣,向因日讲,时时进见,可以察其言语举止。近日进见稀少,讲官侍班不过顷刻,岂能深悉?著将翰林院、詹事府国子监官员每日轮四员,入直南书房。朕不时咨询,可以知其人之能否,以备擢用。"(《康熙实录》卷一六三)

五月九日,起居注官常书、张英。(《康熙起居注(标点全本)》第五册,三九)

五月二十九日,起居注官常书、张英。(《康熙起居注标点全本》第五册,四六)

五月,为桐城高氏作《高氏重修谱序》成。(《张英全书》下册,三〇七)

闰五月四日,张廷瓒被召试丰泽园,有纪恩诗四首。(《传恭堂诗集》卷三,一〇)

是日,友人陈元龙同被引见。
  陈元龙有《闰五月初四日召试词臣于西苑之丰泽园,圣恩优渥,恭纪四十韵并序》。(《爱日堂诗集》卷八,七)
  按:《康熙起居注》有当日详细情形,文云:"是日,部院各衙门无奏章。先是上命翰、詹、国子监诸臣轮班侍直。自五月初九日起,少詹事朱阜等共八十五人,分班召至乾清宫西暖阁赐坐,亲命题限韵赋诗,复命各写行书一小幅。诸臣侍直皆辰入酉出,每日于南书房赐饭二次,召对时咫尺御座,从容咨询姓名及家世、籍贯、科甲名次,间论经史,考问古今。天颜和霁,蔼然如家人父子。时出御书卷轴并御制诗篇,令诸臣瞻阅。诸臣莫不踊跃赞颂,思沾宸翰之赐,奉为模楷,叩求再四。上或赐御书墨迹,或赐御书石刻。圣度宽弘,礼遇优渥,实词臣不世之遭逢也!至是月初三日一周,上随谕,于明日齐集西苑,并内阁学士王掞、李楠、顾藻及由翰林出身补授京堂吴涵、高裔、熊赐瓒、胡会恩、王九龄等五员,亦俱传集候,亲临考试。"
  "辰时,驾幸西苑,大学士伊桑阿、阿兰泰、王熙、张玉书,管翰林院事吏部侍郎常书、礼部尚书张英率同诸臣于苑门外排班跪迎。上御丰泽园,以舟渡诸臣至勤政殿前,赐饭毕,召诸臣集丰泽园。上亲命题'理学真伪论'、'丰泽园赋'。诸臣列坐就试。"
  午时,上御澄怀堂,召大学士伊桑阿、阿兰泰、王熙、张玉书,管翰林院事侍郎常书、尚书张英至御前,上亲洒宸翰,写大字数幅……上颔之,因笑曰:"张英昨已书'笃素堂'赐之,彼遂不敢再请耳。"诸臣退,随赐大学士及与试诸臣酒果。晚刻又赐面食、果品。诸臣陆续交卷,上逐一详阅,或宣至御前,天语垂问。

申时,试毕,上遣奏事敦住同掌院学士张英传谕曰:"朕今日出'理学真伪论'题目,原系成语,不意诸臣中遂有心怀不悦者。从来理学须务实践,不尚虚名,如已故两江总督于成龙,其人素不讲学,并无理学之名,然居官廉介,始终一节。朕意如此等人,方是真理学。若街语空谈,如何令人心服?今日试卷朕皆略阅一过,尚当细加评定,断不瞻徇情面也。"(《康熙起居注(标点全本)》第五册,四八)

本日起居注官常书、张英。(《康熙起居注(标点全本)》第五册,四八)

闰五月五日,赐御书"笃素堂"匾额及临米芾书一卷。

《文端集》(卷三〇,七)有《御书笃素堂扁额特赐恭纪十韵》。

是日,外孙姚孔鋼生,长女第三子。

《麻溪姚氏宗谱》:"孔鋼,鹤山公第三子,字梁贡,号于巢,治《春秋》,廪贡生。文艺载《先德传》。康熙甲戌闰五月五生,乾隆戊午六月四日卒。葬走马岭黄泥岗,娶戊戌榜眼礼部左侍郎张廷璐女,康熙甲戌三月二十五日生,乾隆丁亥八月一日卒。葬官庄山保小茶园。"(卷五,一〇)

闰五月七日,内阁九卿赴畅春园,敬观御书"嵩岳"、"济渎庙"、"大禹庙"、"孟子游梁祠"额。(《居易录》卷二四,《王渔洋事迹征略》,四〇三)

闰五月二十六日,同常书进见奏事。

"奏曰:昨蒙发御笔书河南扁额,伏睹御书精妙,实为超越千古。谨以龙签所书者赍送河南,外有白签,写'嵩高峻极'等四扁额,翰林官员恳求留于翰林衙门,奉为师法。又五台山'灵峰胜境'扁额,交与侍读学士张廷瓒等书写。张廷瓒等言:'臣等字迹皆劣,不能希望御笔之万一。此事乃万祀观瞻,必求皇上御书。若以臣等不能书,为罪亦所甘受。'上曰:'朕作字亦无甚好,诸翰林官所请知道了。'张英奏曰:'内发李光地所著《易经说》二本,已与诸翰林官公看。诸翰林官看过皆言,《易经》一书古人讲说甚多,李光地所著之说,不过依傍先儒,初无异义。熊赐履所批,亦皆先儒成说,但其辞语近于太刻。若必欲争执己见者,臣等所学疏浅,未能深通。皇上圣明,无书不读,自不能出睿鉴之中也。'上颔之。"(《康熙起居注(标点全本)》第五册,五五)

六月,与王士禛,大学士王掞、陆菜同充纂修《渊鉴类涵》总裁官,翰林分纂者四十人。(《居易录》卷二五;《渔洋山人自撰年谱》卷下惠补)

六月五日早,友人高士奇得恩召之信,将入阙修史。(《独旦集》卷八,一三)

六月十五日,与常书引进补授日讲、起居注官员。

"兼管翰林院事吏部侍郎常书、礼部尚书张英同进为日讲、起居注官席米图员缺,将翰林院诗讲学士禅拜、侍读席尔登、詹事府少詹事努赫引见。……上曰:'努赫诚然可用,即将伊补授。'常书、张英出。"(《康熙起居注(标点全本)》第五册,五九)

六月二十六日,有诗云:"隔帘瓜蔓绿参差,叶底残红三两枝。此际心情最闲

适,朗吟白傅洛中诗。"(按:公爱读白居易诗)(《文端集》卷三〇,九)
是夏,作《小庭》诗云:"白陆诗篇随意读,素心于汝独无嫌。"(卷三〇,七)
又作《故乡漕艘至有以鷚谷见遗者》《夏日》《积雨有作寄廷玉辈》《闲适用乐天韵》等诗。
夏,御试诸词臣,每日命张英引见四人于乾清宫。(《康熙实录》卷一六三)
七月五日,起居注官张英、莫里溥。(《康熙起居注(标点全本)》第五册,六六)
秋七月,高士奇有寄怀诗四首。详见是年三月。
八月,张廷玉侧室蔡氏生。(《张氏宗谱》卷四,二三)
　　按:蔡氏卒于康熙五十五年甲戌,享年二十三岁。
九月十五日,起居注官张英、傅伸。(《康熙起居注(标点全本)》第五册,七九)
九月二十五日,起居注官张英、努赫。(《康熙起居注(标点全本)》第五册,八五)
九月,次子张廷玉入都探亲。(《澄怀主人自订年谱》)
三女张令仪在里作诗以送。
　　《二弟北上省两大人诗以赠别》诗云:"落日西风酒力微,长途珍重客添衣。云连野烧千峰合,雪满关河一雁飞。到日笙歌当令节,多君彩服绕庭闱。为予致语双亲侧,膝下牵裾愿久违。"(《蠹窗诗集》卷三,一)
喜见二男张廷玉,与之寒夜共话。有《二郎廷玉入都定省寒夜共话遂成四首》。(《文端集》卷三〇,一〇)
九月二十二日,诸公侍文华殿经筵,讲毕,赐宴太和门。(《居易录》卷二六,《王渔洋事迹征略》四〇五)
　　《康熙起居注》文云:"辰时,上御文华殿,举行经筵大典。讲官库勒纳、彭孙遹讲《四书》:'诗云:乐只君子,民之父母。民之所好好之,民之所恶恶之,此之谓民之父母'一节。傅腊塔、张英讲《书经》:'敷奏以言,明试以功,车服以庸'一节。讲毕,宴于太和门前。"(《康熙起居注(标点全本)》第五册,八三)
九月二十五日,起居注官张英、努赫。(《康熙起居注(标点全本)》第五册,八五)
九月二十七日,与吏部尚书熊赐履、邢部尚书傅腊塔、礼部侍郎阿山等侍文华殿经筵。讲毕,赐宴太和殿前。(《居易录》卷二九)
是年秋或稍后,外甥吴骊被放归里。张廷瓒诗以送之。
　　《送吴天驷归里》(《传恭堂诗集》卷三,一三)其一诗有句云:"家傍华林苑畔居,新秋喜驻故人车。"其二诗云:"燕山衰草白如绵,老屋风号酿雪天。驴尔轮蹄刚几月,怜余奔走已多年。饱尝世味蕉中鹿,深历人情缴上弦。寄语放归吴季子,拍天惊浪孝廉船。"
　　按:张廷瓒妻为吴德音女,张骊姊。张骊弟张骥娶张英次女。

十月三日,起居注官张英、莫里溥。(《康熙起居注(标点全本)》第五册,八七)

十月二十五日,起居注官常书、张英。(《康熙起居注(标点全本)》第五册,九五)

十月二十八日,起居注官常书、张英。(《康熙起居注(标点全本)》第五册,九六)

十一月二日,前宰相李之芳卒。(《居易录》卷二六;《王渔洋事迹征略》,四〇六)

　　按:李之芳(1622—1694年),字邺园,山东武定(今山东惠民县县城)人。明崇祯十五年中举人,清顺治四年中进士。康熙十二年六月,李之芳以兵部侍郎身份离京去杭州"总督浙江军务",参与平定了降清后又率兵独立的耿精忠之乱。康熙二十一年八月,李之芳应诏回京,因其出师年逾五十,转战十年,还朝须发皆白,公卿士大夫莫不相顾叹息,康熙皇帝亦为之动容。回朝不久,他即上书康熙皇帝主张发还难民子女,赈济被战灾民,并发放耕牛、种子,使灾民能迅速发展生产。奏书中有"必先有可生之民,而后才有可征之赋"等名言。是年,晋升为兵部尚书。不久即托病回家。康熙二十二年,康熙皇帝南巡,李之芳前往迎驾,随即被召回北京,官拜文华殿大学士兼吏部尚书,"入阁办事",被尊为"阁老"。康熙二十七年,离职家居,康熙三十三年病逝于家,康熙皇帝赐谥"文襄"。

十一月三日,贵妃薨。(《康熙起居注(标点全本)》第五册,九七;《居易录》卷二六)

十一月四日,起居注官常书、张英。(《康熙起居注(标点全本)》第五册,九八)

十一月五日,贵妃权厝城东花园,满汉三品大臣以上俱赴殡宫。(《康熙起居注(标点全本)》第五册,九八;《居易录》卷二六)

十一月八日,起居注官常书、张英。(《康熙起居注(标点全本)》第五册,九八)

初冬,张廷瓒有《入直南书房即事步史胄司韵》。(《传恭堂诗集》卷三,一五)

　　按:史夔,字胄司,号耕岩,溧阳人。康熙二十一年进士,选庶吉士,授编修,历任经筵讲官、詹事府詹事。虽居翰苑,陟卿班,讲学如诸生。汲引后进,孜孜不倦。三十八年,典试两浙,所识拔多一时名流。生平究心濂闽之学,躬行自得,终身不见疾言遽色,为世儒宗。性孝友,父殁,督诸弟勤学,皆成进士。夔始出王士禛之门,词章亦具有根柢,朝廷大制作多出其手。兼工书法,尤长于诗。沈德潜《国朝诗别裁集》称其诗"意足韵流,无一闲句闲字,得唐贤之三昧者也。台阁而不涉应酬,山林而不入寒瘦,足觇诗品"。著有《观涛集》《扶胥集》《扈跸集》《樟亭集》《东祀集》等。

何绳源南归,张廷瓒诗以送之。

　　《送何绳源南归》诗云:"方袍华发影萧疏,一卷青囊肘后书。天语亲承来秘殿,词臣同直在周庐。长桑有术名难避,种杏成阴锦不如。得沐君恩许归去,闲云舒卷自徐

徐。"(《传恭堂诗集》卷三,一五)

十一月十二日,友人陈廷敬补授户部尚书。是日,起居注官常书、张英。(《康熙起居注(标点全本)》第五册,九八)

十二月四日,房师即墨黄公贞麟卒,享年六十有五。
> 公《奉直大夫户部山西清吏司主事加一级房师即墨黄公墓志铭》云:"英自癸卯秋为公门下士,奉色笑、聆训诲者三十余年。睹公丰采英毅,谈国家事洞若观火,待朋友以肝膈相示,绝无城府。性乐奖励人材,训子若孙最严肃,以故皆克有成。太宜人殁时年八十有一,公亦六十有一,泣血不自胜,寝苦块不避寒湿,因成疾。营赠大夫、太宜人合葬,拮据劳苦,逾年遂不起。呜呼!公一代伟人,而功名事业不克副其才其学,岂非天哉!"(《笃素堂文集》卷一二)

十二月十三日,起居注官张英、傅伸。(《康熙起居注(标点全本)》第五册,一〇三)

冬日,文端公有诗寄三女张令仪。(《寄三女》)

又次韵答高士奇并为作题画诗数首。
> 《次韵答澹人二首》诗云:"寒蕊供幽赏,清吟想夜分。乡园同入梦,花事怅离群。老眼耽泉石,新图惬见闻。雪香亭畔景,把玩最殷勤。"

另有《为澹人题梓树花图二首》《题澹人北墅图》等诗。

张廷瓒有《题高澹人北野图》,分咏《江邨草堂》《雪香亭》等三十二处景点。(《传恭堂诗集》卷三,一五)
> 《题梓树花图》二首,诗见《传恭堂诗集》(卷三,二〇)。

冬,同里徐公子衍士谒选都门,来见张公。
> 公《塘山公寿序》云:"甲戌冬,令嗣衍士谒选都门,其来见余也,升自宾阶,仪观甚伟,与之语,蔼然以和。"(《张英全书》下册,三二四)

是年,张廷瓒以原衔充日讲起居注官。(《张氏宗谱》卷四)

是年,张廷瓒在南书房受命缮写《御制诗集》二首。有《侍直南书房缮写御制诗集恭纪》诗。(诗见《传恭堂诗集》卷三,一四)

是年,康熙为禹王台等景点题写"功存河洛"等匾额。
> 张廷瓒有《敬观御书嵩高峻极云渎安澜功存河洛昌明仁义四匾额恭纪二首》,纪述此事。(诗见《传恭堂诗集》卷三,一二)

康熙三十四年(乙亥,1695年) 五十九岁

正月一日,起居注官张英、莫里溥。(《康熙起居注(标点全本)》第五册,一一〇)

正月四日,起居注官张英、三宝。(《康熙起居注(标点全本)》第五册,一一〇)

正月九日,起居注官张英、三宝。(《康熙起居注(标点全本)》第五册,一一一)

正月二十六日,起居注张英、尹泰。(《康熙起居注(标点全本)》第五册,一一四)

正月二十九日,起居注官努赫、张廷瓒。(《康熙起居注(标点全本)》第五册,一一四)

二月八日,起居注官张英、三宝。(《康熙起居注(标点全本)》第五册,一一七)

二月十五日,起居注官张英、莫里薄。(《康熙起居注(标点全本)》第五册,一一九)

二月十八日,起居注官三宝、张廷瓒。(《康熙起居注(标点全本)》第五册,一一九)

二月二十七日,起居注官张英、尹泰。(《康熙起居注(标点全本)》第五册,一二一)

二月二十九日,起居注官努赫、张廷瓒。(《康熙起居注(标点全本)》第五册,一二一)

二月,次子张廷玉从京师旋里。(《澄怀主人自订年谱》)

张廷玉回乡途中,作《山行》《凤阳道中》《庐州道中》等诗。(《澄怀园诗选》卷三,二)

张英让张廷玉携书信及白葛一端给潘江,潘江以诗谢之。

  潘江云:"张衡臣自京归里,其尊甫宗伯公惠贻书,问慰衰老,兼寄白葛一端,赋谢。"(《木厓续集》卷二四,一一)

  其一诗云:"云泥分久隔,书至使人惊。恤老意何重,当风觉更轻。茧曾期雪冽,葛又比冰清。"

  其二诗云:"同学今无几,惟予及许衡。分金犹世俗,(诗下自注:去秋以四金为伊蒿寿)赠缟见交情。自此服飞雪,何能效报琼。祁寒与暑雨,望尔泰阶平。"(卷二四,一一)

二月十七日,与张曾庆、顾藻等人在南书房作诗。

  张曾庆有《二月十七日南书房侍直,随大宗伯张英、学士顾藻,时同文志鲸刘琰二检讨分赋限春字》(圣主崇文日,儒臣侍直辰)诗。(《静庵草》卷一,三〇)

三月六日,携六郎登积翠桥北瑶华岛,时野桃初放,岸柳微青,俯视春波,得十二韵。(《文端集》卷三〇,一四)

三月中旬,出西直门历近郊看杏花四首。(《文端集》卷三〇,一四)

后作《瓶中杏花》《题古塘山庄图》《题夔湖画册巾车归里图四首》。(《文端集》卷三〇,一五)

三月二十日,过广济寺看海棠即赠天孚五首。(《文端集》卷三〇,一六)

长子张廷瓒同行。

  张廷瓒有《过广济寺看海棠并读天孚和尚近诗》六首。其六云:"前年走马看花来,零

落余香点绿苔。今日嫣然好时节,轻红腻粉五分开。"(《传恭堂诗集》卷四,一)
初夏,有《夏日即事二首》。
  其一诗云:"人生底事多惆怅,地北天南总是家。"(《文端集》卷三〇,一七)
又四弟张芑以马西樵画贻六郎求书,遂各赋一首于画后。
  《题马西樵画册十首》其七云:"少小离家学闭关,曾携书卷石门山。青松影里看飞瀑,一幅吴绡紫翠间。"诗下注云:"吾里近城瀑布首则披雪,次则石门,又次则似古山房。予自幼龄从叔兄读书于石门僧舍,今此庵已经茂草,可慨。"(《文端集》卷三〇,一九)
一日,过宛平相国王熙园亭,有诗云:"丞相园亭梦忆中,廿年今始蹋芳丛。"(《文端集》卷三〇,一九)
又作《即事二首》云:"连朝走马问芳丛,数过城西古佛宫。遗我魏花双蒂好,一年春色甄瓶中。"(《文端集》卷三〇,二〇)
四月二日,蒙恩赐宴畅春园,作诗四首。(《文端集》卷三〇,二〇)
  高士奇亦有《侍从畅春园宴游恭纪并序》十首。《序》云:"臣自康熙二十八年叩辞天青,归傍湖乡,自分枕石漱流于焉终老,依光觐日,难以再逢。去秋忽荷恩纶召还禁阙,今者首夏三日,又蒙命臣遍观畅春园。"……其所记时间与事件和张英诗中所纪大致相同。当为同时同事而作,但日期稍有差别。(《青吟堂集》卷一,《四库未收书辑刊》第七辑第二六册,五四六)
稍后因西郭村中有文杏高柯被伐,深为惋惜,作诗以纪。
步陈廷敬诗韵二首,《曲宴承诏步司农说岩韵二首》。
  其一诗云:"花间漏尽昼沉沉,曲宴频沾感寸心。秘阁同承春殿诏,卷阿期续盛唐音。灵池鱼戏青萍合,辇路莺啼碧树深。瑞景轩南铺绮席,鞓红千朵映华簪。"
  其二云:"清波同泛锦樯连,指点楼台散晓烟。柳暗花明春似海,山紫水带景无边。竹孙早出逢多雨,杏子低垂兆有年。自是圣恩荣侍从,侧身蓬岛亦仙缘。"(《文端集》卷三〇,二一)
四月十五日,过玉蝀桥望北湖渔舟轻泛有致,遂成口号。
  诗云:"荷叶田田昨夜生,南宅北岸贴波平。明湖风定澄如镜,最爱渔舟两两轻。"(《文端集》卷三〇,二三)
四月二十一日,起居注官张英、禅拜。(《康熙起居注(标点全本)》第五册,一二八)
四月二十四日,起居注官禅拜、张廷瓒。(《康熙起居注(标点全本)》第五册,一二九)
四月二十五日,起居注官张英、尹泰。(《康熙起居注(标点全本)》第五册,一二九)
四月,友人高士奇赠芍药,公赋诗二首。

《澹人见赠芍药赋此二首》其一云:"谢家红叶正当阶,定有琼琚好句排。昨夜春风过邻圃,数丛婪尾发萧斋。"

其二云:"四月清和芍药天,甆瓶花事一灯前。寻芳犹记曾游处,不到丰台二十年。"

五月三日,起居注官张英、禅拜。(《康熙起居注(标点全本)》第五册,一三一)

五月四日,长子张廷瓒侍直内廷,恭睹御书"高山流水"四大字。

侍直内廷恭睹皇上御笔"高山流水"四大字,盖央青宫诞降之辰,特书以赐也。(《传恭堂诗集》卷五,九)

五月十五日,高士奇和公诗四首。

《和张大宗伯谢芍药四首》其一云:"多时未涉谢公阶,野兴乡思莫可排。忽柱诗篇记花事,如挥麈尾话萧斋。"

诗后附公《澹人见赠芍药赋此二首》,详见五月四日上面一条。(《四库未收书辑刊》第七辑第二六册,五四八)

按:张大宗伯,即指礼部尚书张英。其所附之诗文字与《文端集》中稍有差异。

六月三日,从兄张克佳卒。享年七十有三。

按:张克佳,字子美,治《诗经》。郡廪生。叔张秉宪三子。生明天启癸亥年十月二十五日,卒康熙乙亥年六月初三日。配何氏,明经讳应斑女。生明天启甲子年三月初二日,卒康熙庚申年正月十九日。二子:廷琏、廷璲。三女:长适盛方捷,次适邓缵思,三适孙湜。(《张氏宗谱》卷四,二三)

六月五日,初居注官张廷瓒、尹泰。(《康熙起居注(标点全本)》第五册,一三二)

六月九日,起居注官三宝、张廷瓒。(《康熙起居注(标点全本)》第五册,一三八)

六月十日,酉时,上召公至乾清宫,谈节约治国。

上曰:"数日间雨水过多,虑伤田禾。四月内又有平阳地震之灾,或者阴盛所致。朕思天时与人事恒相感召,未可谓灾沴天时适然之数,全不关于人事也。传九卿、詹事、科、道集议政事,有宜兴宜革者,令各抒所见奏闻。"张英对曰:"皇上御极以来,三十余年,宵旰靡宁,励精图治。凡政务大小,靡不讲求尽善。自督抚以及监司、郡守,皆旧宸衷,详慎简拔,吏治可谓澄清矣。皇上以爱养百姓为心,经画周详,仁至义尽。蠲免赈贷,动至数百万,恩泽自古所未有。但海内幅员至广,一二处灾沴,古盛世亦恒有之。顷者平阳地震,皇上闻之,忧劳悯恻,即刻驰遣官员察视,屡命大臣前往经理赈济。又令发帑,修置城署。抚恤之道备至,无以复加矣。岂犹有毫发之未尽乎?时方盛暑,伏乞少纾圣虑。"上曰:"尧舜之时,犹有都俞吁咈,盖已治而益求其治,已安而益求其安。古之圣人兢兢业业,始终如一,朕朝夕以此警惕于衷。三十余年以来,未尝一日少自宽假。亦有请间日理事者,朕不以为然。惟存恒久之心,时时乾惕耳。朕思地方间有荒欠,正可动人警戒之念,古人所谓遇灾而知惧也。朕于宫中费用从来力崇俭约,期以有余,沛恩百姓。若非撙节于平时,安能常行蠲赈之事?"张英对曰:"皇上此心即尧舜咨儆之心。臣侍从以来,见皇上法天行健,真三十余年如一日。宫中诸事节俭,臣目所习睹,知之最亲。惟国计恒裕,故历年蠲赈之数,自有史册以来,从未有若此之多者。海内百姓,屡蒙渥泽,皆皇上约己裕民之所致也,臣伏闻圣谕,曷胜感戴。"本日起居注官常书、张英、顾祖荣、尹泰。(《康熙起居注(标点全本)》第五册,一四〇)

按:是事《康熙实录》亦载,文字简略不少,原文云:

"是日,又谕礼部尚书张英,数日来雨水过多虑伤田禾。四月内又有平阳地震之灾。或者阴盛所致。朕思天时与人事,恒相感召,未可谓灾沴为天时适然之数,全不关于人事也。尧舜之时,犹有都俞吁咈。盖古之圣人,已治而益求其治,已安而益求其安,故兢兢业业,始终如一。朕朝夕以此警惕于衷,三十余年以来,未尝一日稍自宽假,亦有请间日理事者,朕不以为然。惟存恒久之心,时时乾惕耳。朕思地方,间有荒歉,正可动人警戒之念。古人所谓遇灾而惧也。朕于宫中费用,从来力崇俭约。期以有余,沛恩百姓。若非撙节于平时,安能常行蠲赈之事耶?"(《康熙实录》卷一六四)

六月二十日,与长子张廷瓒同奉召至畅春园。

张英云:"奉召至畅春园。赐食于渊鉴斋,宴毕,敬观御书于佩文斋,赐御笔书扇并红白千叶莲各一饼瓶,恭赋六章。同召者大司农陈廷敬、原任总宪王鸿绪、学士顾藻、少詹事高士奇、太常少卿励杜讷、督捕理事官故会恩、侍读学士史夔、庶子孙岳颁及长男侍读学士廷瓒。"(《文端集》卷三一)

张廷瓒《传恭堂诗集》(卷四)有《乙亥六月二十日奉召至畅春园赐食于松韵轩,赐宴于渊鉴斋,宴毕,敬观御书于佩文斋,赐御笔书扇并红白千叶莲一瓶恭纪二十首》,当为同时之作。此事《康熙起居注》《康熙实录》中都未载。

张廷玉云:"六月二十五日,赐宴于畅春园,泛舟观荷,复赐御笔书扇并池莲、珍果,同被召者十人,府君与先兄廷瓒皆与,尤千载罕遇也。"(《四库全书存目丛书》集部第二六二册,四七八;《文端集》卷四三《子廷瓒行略》)

按:张廷玉所记日期与张英、张廷瓒诗文中所记日期不同,《康熙实录》未载。

张廷瓒《传恭堂诗集》(卷三,六)有《畅春园引见恭纪》诗,当作于此时。

高士奇《青吟堂集》(卷二)《侍直恭纪诗序》云:"六月二十六日丙辰,恭诣畅春园谢恩,复命户部尚书臣廷敬、礼部尚书臣英、原任左都御史臣鸿绪、内阁学士臣藻、太常寺少卿臣杜讷、兵部督捕理事官臣会恩、翰林院侍读学士臣廷瓒、侍讲学士臣夔、右春坊右庶子臣兵颁赐以宴饮。"(《四库未收书辑刊》第七辑第二六册,五五〇)

七月二日,戴名世来京,赴公邸。

戴名世《日记》云:"初二日,至京师,芦沟桥及彰义门,俱有守者。执途人横索金钱,稍不称意,虽襆被俱欲取其税,盖榷关使者之所为也。途人恐濡滞,甘出金钱以给之,惟徒行者得免。不际辇毂之下而为御人之事。或以为此小事,不足介意,不知天下之故,皆起于不足介意者也。是日大雨,而余襆被书籍为逻者所开视尽湿,泥途被体,抵宗伯张公邸第。"

七月二十五日,起居注官常书、张英。(《康熙起居注(标点全本)》第五册,一五〇)

七月二十七日,起居注官傅伸、张廷瓒。(《康熙起居注(标点全本)》第五册,一五一)

八月十一日,张廷璐子若潭生。(《张氏宗谱》卷五)

> 按:若潭,讳廷璐子。字紫澜,号澂中,治《易经》,廪贡生。中雍正甲辰科江南乡试第六十四名。主考吴隆元,浙江归安人。李兰,直隶乐亭人。同考林缙,福建闽县人。乾隆丙辰科会试,叔父廷玉为总裁,若潭回避,钦命题考试,取中列会试榜第五十一名。总裁鄂尔泰,满洲人。朱轼,江西高安人。邵基,浙江鄞县人。叔父廷玉,阅回避卷官。徐本,浙江钱塘人。福敏,满洲人。徐元梦,满洲人。姚三辰,浙江仁和人。殿试三甲第六十名。钦选翰林院庶吉士。勅授徵仕郎。五月,授翰林院检讨。八月,告假回籍。生康熙乙亥年八月十一日,卒乾隆辛酉年三月二十四日。(《张氏宗谱》卷五)

> 又:张若潭,字徵中,号鱼床,文端公孙,父廷璐,贡生。若潭生四岁而孤,稍长事孀母,曲尽孝养。朝夕苦读,克承先志。乾隆丙辰科成进士,改庶吉士。丁巳散馆,授检讨,旋以疾归。生平刚直,不随俗俯仰。敦高古处,急人之急,拯艰济危,靡不竭尽。尤好奖育人才,为后进所矜式。著有《远峰亭诗文集》。子:曾毂,乾隆丙辰科副榜;曾庆,贡生。(《道光续修桐城县志》卷一六,五〇;《江南通志》,《重修安徽通志》)

八月二十二日,诰授正议大夫巡抚安徽等处都察院右副都御史佟国佐卒。享年五十有九。公为之作《佟公墓志铭》。(《笃素堂文集》卷一二)

> 按:佟国佐,字吉臣,曾祖士禄,祖云程,父芳宇。佟公辽阳望族,世多显爵。丁丑年正月十六日生。康熙十五年闽寇乱,公以才能膺简命,分巡延津,邵道按察司佥事,参赞剿抚事宜。事平,以军功加五级。二十三年,升陕西分守潼关道布政司参政。二十八年,升江南安徽布政使。三十三年,以都察院右副都御史,巡抚安徽八郡。三十四年八月卒。

八月,退食之余,稍有暇晷,垂帘虚室,扫迹杜门,茗椀在傍,清琴可御。友人赠以岩桂数本,香气塞牖。海棠秋草,送艳北墙。视息其间,亦良快矣。凫宗以画册赠,笔墨高妙,烟云舒卷,遂有置身林壑之感,各系以诗,记其秋胜事,并志良友之谊于不忘。

《题石谷画截句六首》诗见《文端集》(卷三一,五)。

九月二十五日,起居注官张英、傅伸。(《康熙起居注(标点全本)》第五册,一六三)

九月二十八日,起居注官禅拜、张廷瓒。(《康熙起居注(标点全本)》第五册,一六四)

秋,张英赠高士奇桂树并诗。高士奇和之。

> 高士奇《敦复大宗伯赠桂树和来韵》诗云:"珍重皋涂种,分来南省仙。粟随灯共结,影共月俱圆。老圃千株放,清香一苑传。秋风动归思,招隐不成篇。"诗后附张大宗伯

诗云：" 岩桂含清露，真疑月窟仙。秋风藏叶密，金粟缀枝间。北墅花成陌，名园景最传。同牵邻国思，劳寄小山篇。"（《青吟堂集》卷二；《四库未收书辑刊》第七辑第二六册，五五四）

十月十七日，起居注官禅拜、张廷瓒。（《康熙起居注（标点全本）》第五册，一七二）

十月十八日，侍直议颜光猷事。本日起居注官常书、张英。（《康熙起居注（标点全本）》第五册，一七二）

是日，大学士伊桑阿等以折本请旨，吏部题河东运作许桓龄员缺，将知府赵清祯等职名开列。上曰："此内知府颜光猷从翰林转补，其人尚可。"大学士王熙等奏曰："原任翰林时，为人尽可。历外任居官亦好。"上顾侍值尚书张英问曰："在翰林时为人何如？"张英奏曰："系山东人，为人诚实。"上曰："着将伊居官何如问九卿。"

颜光猷，字秩宗，号澹园，山东曲阜人。康熙十年进士，改翰林院庶吉士。散馆，授刑部主事。历升郎中，外擢河东盐运使。光猷与兄颜光敩、弟颜光敏并有文名，称"曲阜三颜"。著有《周易说义》二卷、《澹园文集》二卷、《水明楼制义》二卷和诗集六卷。

十月二十五日，起居注官张英、努赫。（《康熙起居注（标点全本）》第五册，一七四）

十月二十七日，起居注官禅拜、张廷瓒。（《康熙起居注（标点全本）》第五册，一七四）

十一月二日，公御前奏禅拜不堪留任事。

"又掌翰林院事侍郎常书、尚书张英奏曰：'翰林起居注官职任关系机要，侍读学士禅拜为人甚属庸愚，实不堪留任，应交该部议处。'"（《康熙起居注（标点全本）》第五册，一七五）

十一月七日，起居注官常书、张廷瓒。（《康熙起居注（标点全本）》第五册，一七八）

十一月十六日，起居注官张英、三宝。（《康熙起居注（标点全本）》第五册，一八〇）

十一月十八日，起居注官张英、华显。（《康熙起居注（标点全本）》第五册，一八一）

十二月九日，起居注官张英、三宝。（《康熙起居注（标点全本）》第五册，一八六）

十二月十二日，起居注官席尔登、张廷瓒。（《康熙起居注（标点全本）》第五册，一八七）

十二月十三日，起居注官常书、张英。（《康熙起居注（标点全本）》第五册，一八八）

十二月十五日，起居注官张英、努赫。（《康熙起居注（标点全本）》第五册，

一八八）

十二月二十九日，起居注官常书、张英。（《康熙起居注（标点全本）》第五册，一九一）

冬，诗寄家乡诸子张廷玉等人。

《寄示诸子二首》其一云："清夜联床有弟兄，梅花寒月读书声。而翁旧宿荒园角，击柝乌啼霜满城。"（《文端集》卷三一，五）

稍后作《阅盘山志寄青沟上人》。

按：《盘山志》，10卷，补遗4卷，清智朴纂，清康熙三十年（1691年）刻本。版框18.9cm×13.8cm。半页10行，每行20字，四周单边，黑口，双鱼尾。卷前有王泽弘、王士禛、宋荦、高士奇等7人序。4册1函。

是年，七弟张夔"计典卓异，钦赐蟒服，升直隶正定府平山县知县"。（《张氏宗谱》卷三，一六）

是年，驾幸阙里。公作《驾幸阙里赋并序》。

《序》云："皇帝御极二十有三载。"故作于是年。（《文端集》卷三七）

是年，高士奇有《题黄柏山房图忆夔湖》二首。（《青吟堂集》卷二）

诗云："画手王摩诘，诗人杜少陵。仓皇经乱后，（下注云：夔湖昔官滇中，经吴逆乱，艰苦万状，以达都门。）风雅至今称。绝技君兼擅，残缣世共矜。西窗凉夜话，樽酒记吾曾。"

又一首云："龙眠佳绝处，黄柏一峰深。药圃春常暖，萝岗昼亦阴。剧开青草径，图出白云心。最爱新柯长，婆娑过旧林。"（《四库未收书辑刊》第七辑第二六册，五五三）

按：四川湖广总督蔡毓荣疏报吴三桂反事在康熙十二年十二月二十二日丁巳。（《康熙实录》卷四四）则夔湖入都门大约在康熙十二年冬或稍后。

康熙三十五年（丙子，1696年） 六十岁

正月一日，起居注官常书、张英。（《康熙起居注（标点全本）》第五册，一九三）

正月二日，起居注官华显、张廷瓒。（《康熙起居注（标点全本）》第五册，一九三）

正月三日，圣驾亲征噶尔丹，上命张廷瓒随行北征。

友人陈元龙《丙子正月扈从圣驾亲征沙漠恭纪三首并序》序云："时厄鲁特噶尔丹恃险逆命，侵扰外藩，皇上赫然震怒，独断亲征，分三路进兵。上亲总六师，从中路前进。旧例：凡车驾巡幸，讲官司起居注者具名以奏，候钦点随行。是役也，先于岁前奏请，上以汉官不谙军话不必随往。正月初三日，复谕掌院桐城张公曰：'朕思记注究不可无人，可传旨令陈元龙及尔子张廷瓒二人随侍。'时内廷詹事江村高公亦随行，大学士京江张公与少司马南莒胡公又自请随行，汉文臣扈从者共五人。"（《爱日堂诗集》卷九，六）

正月十日,起居注官常书、张英。(《康熙起居注(标点全本)》第五册,一九四)

正月二十五日,起居注官常书、张英。(《康熙起居注(标点全本)》第五册,一九七)

正月二十六日,起居注官席尔登、张廷瓒。(《康熙起居注(标点全本)》第五册,一九八)

正二月间,馆试庶吉士胡任舆、斐枝仙三十人等。

> 张曾庆《赋太和殿鼎建将成巍然云构恭纪八韵》:"盛代开堂构,皇居美奂轮。经营咨水部,缔造转鸿钧。槛拥双龙阙,檐高五凤闉。云霞环紫极,日月照丹宸。突兀金台峻,行看玉殿新。辟门光四表,恭已抚三辰。壮历天都肃,郁葱象纬陈。落成争献颂,巩固万年春。"(《静庵草》卷二,一)
> 按:馆课作品,应制风气,与张英的应制诗一样,善于夸写皇家园林宫殿气象,善于使用"云""彩"之类的字眼,形式板滞。四平八稳,有雍容华贵之气。

二月十一日,起居注官努赫、张廷瓒。(《康熙起居注(标点全本)》第五册,二〇一)

二月二十七日,起居注官张英、特默德。(《康熙起居注(标点全本)》第五册,二〇二)

二月三十日,康熙帝亲领六军启行亲征。(《康熙实录》卷一七一)

是日,圣驾亲征噶尔丹,告祭发京师。高士奇有恭纪二十韵。

> 诗见高士奇《青吟堂集》(卷三)。(《四库未收书辑刊》第七辑第二六册,五五六)

此行,扈从起居注官常书、努赫、张廷瓒、陈元龙、特墨德。(《康熙起居注(标点全本)》第五册,二八九)

扈从途中张廷瓒有《扈从发京师》诗。有句云:"鸾辂巡边出京畿,春郊杨柳正依依。"

另有《居庸关》《出塞》《塞外》《军中》《十九日赐兔恭纪》《马上作》《二十三日蒙恩赐新笋数枝名雁来笋恭纪》等诗,描写一路行军所见所闻所感。(《传恭堂诗集》卷四,八)

途中,相邀习射,有《习射》诗。

> 诗云:"散步平芜碧草丛,相邀较射夕阳中。鸣鞭幸扈飞龙骁,插羽还希汗马功。强挽雕弧惭腕弱,远瞻画鹄笑心雄。曾观天子临金埒,满引穿杨制电同。"(《传恭堂诗集》卷四,九)
> 时在翰林院的张曾庆亦有《二月丙辰清河桥恭送圣驾北征谨纪十二韵》作于此时。(《静庵草》卷二,一)

春,文端公饮摩诃庵,看杏花,便过御果园,归途憩元福宫。(《文端集》卷三一,六)

三月十六日,过妙光阁,遂之慈仁寺。(《文端集》卷三一,六)

其一诗云:"尚书旧迹比轻尘,细草幽花巧作春。犹有山僧谈往事,招魂无复画兰人。"诗下注云:"妙光阁为龚合肥宗伯燕游之地。"

其二云:"慈仁古寺昔游频,廿载重来蹋软尘。不作小诗传后辈,殿台谁识旧龙鳞。"

初夏,公又作《初夏二首》,由眼前之景引发其家乡之思。

其二云:"三冬温室护重帷,始得红兰四五枝。却忆龙眠山畔路,归樵花压担头时。"(《文端集》卷三一,七)

时近夏日,花谢花开,有江南的谷雨新茶,公在退直之暇,以茗茶品画赏景为趣。

有《长日四首》。

其一诗云:"兰枝花谢堆新绿,初到江南谷雨茶。"其三诗云:"知有年光无处觅,卧游石谷画中山。"(《文端集》卷三一,八)

又作《题乔无功孝廉饲马图二首》。

《入夏即事四首》其一云:"斗室湘帘也绝尘,春深夏浅最撩人。每逢岁岁清和月,芍药香中住两旬。"(《文端集》卷三一,八)

法华寺老僧赠牡丹四朵,公作诗四首。

其一诗云:"名花百朵近书楼,未省儿童解爱否?惭愧山僧知好事,年年相赠紫平头。"(《文端集》卷三一,九)

感叹生涯,遂起山林之思,乡关之思,作《年华》二首。

《年华》二首其一云:"最宜珍重是年华,只合芳林傍水涯。药谱茶经诚鄙事,桃蹊李径即吾家。支分耕获凭啼鸟,莞钥门庭付落花。手把剑南诗百卷,蓬壶踪迹岂幽暇?"表达了作者的山林之趣。还有他对陆游诗的爱好。(《文端集》卷三一,九)

其二诗云:"家在海山邻弱水,久稀消息到于今。"

《丰台芍药吟四首》其二云:"四月薰风暖复晴,通衢委巷卖花声。繁英尽在长安陌,误赚游人早出城。"(《文端集》卷三一,一○)

诗成之后,弟侄同看,并为公道北轩事,遂再作一首。

诗云:"短句吟成一破颜,忽听弟侄话家山。北轩饶有花千朵,却在清潭碧树间。"(《文端集》卷三一,九)

五月五日,端午,张廷瓒扈从塞外。

诗云:"远塞惊心节序移,天中尚怯朔风吹。泛蒲难觅中山酒,系臂何来五色丝。毳被貂褥还自拥,轻罗纨扇竟谁知。家邻玉蝀桥头住,记取荷钱贴水时。"表达了节序推移面前的时光感叹,和对家庭的挂念之情。

深夏,张廷瓒挂念亲人,作《叠前韵忆京华四首》。

诗云:"花依萱砌午阴移,游子身同断枝吹。忧病寄添囊底药,卫寒缝尽手中丝。抚肩有泪征衫渍,稽首无言绣佛知。莫托鳞鸿报愁绪,甀庐风雪夏深时。"(《传恭堂诗集》卷四,一○)

扈从北征途中,张廷瓒塞外《寄内》诗。

其一云:"沙围氍帐草漫漫,当午貂襦尚怯寒。香阁晚风簪茉莉,轻罗团扇倚栏干。"(《传恭堂诗集》卷四,一〇)
另外,张廷瓒途中还作有《留住廓图地方即事》《金莲花》等诗。(《传恭堂诗集》卷四,一〇)
　　《金莲花》有"塞垣看异卉"之句,可见,此诗仍是扈从北征途中所作。
夏至,文端公斋宿南省,与王昊庐谈龙眠秋色之胜,遂成长句。
　　诗云:"苦忆龙眠爱秋晚,为君摹写秋山容。霜浓日淡色初染,林皋飒飒多悲风。"公认为龙眠景色以春暮和秋晚为最佳。故此夸说。(《文端集》卷三一,一〇)
六月九日,上回京。(《康熙起居注(标点全本)》第五册,二八七)
六月十日,亲王以下有顶带官员以上齐集午门前,庆贺荡平厄鲁特噶尔丹,行三跪九叩头礼。(《康熙起居注(标点全本)》第五册,二八九)
御笔临米芾长幅以赐,公作《蒙赐御笔临米芾长幅恭纪》。
　　诗云:"御笔腕下集大成,俯仰千秋称独擅。临摹最爱米与苏,古人重见开生面。"(《文端集》卷三一,一二)
夏秋间,石谷画册得高士奇题诗二首。
　　其一云:"履声常在九重天,雪磵云峰兴自牵。鸟自山人真好手,等闲为缩小龙眠。"
　　其二云:"擅场不数荆关笔,对景都成鲍谢诗。(诗下注云:宗伯自题诗句)惹我松盘花埠梦,客窗凝思看多时。"(《四库未收书辑刊》第七辑第二六册,五六三)
秋日,公入直畅春园韵松轩,有诗四首呈同仁。
　　《丙子秋日入直畅春园韵松轩兼呈泽州江村静海虞山四首》。(《文端集》卷三一)
　　高士奇《清吟堂集》(卷三)《畅春园入直和张大宗伯韵四首》。其一云:"雨洗秋光泼眼清,图书别苑列纵横。垂鞭正喜归荒塞,橐笔何堪伴老成。碧槛水平荷影乱,翠峰云卷石棱生。牙籤巨砌真天上,却惹江乡一片情。"(《四库未收书辑刊》第七辑第二六册,五六二)
七月,上亲征噶尔丹至拖诺山凯旋后,英同常书奏请赐观《御制亲征朔漠纪略》,俾得敬慎编摹,垂诸简册。从之。公作《圣德仁明武颂》(文见《笃素堂文集》卷二)及《圣武三临绝塞荡寇功成颂并序》。(文见《笃素堂文集》卷二)
　　《圣德仁明武颂序》云:"亲统中路大兵,以三月出塞……与六师同甘苦……靖寇于七旬之内,成功于大漠之西。"
此后,公先后充《国史》《一统志》《渊鉴类函》《政治典训》《平定朔漠方略》总裁。
七月二日,上召议政大臣、满汉大学士、尚书、侍郎、学士等示以北征机宜。
　　"诸臣敬阅毕。奏曰:'噶尔丹穷荒巨寇,煽惑群心。皇上为中外生民计,亲统六师,远涉绝漠。睿谟神算,百日之内,遂奏凯旋。开辟以来,勘定之略,成功之速,未有如我皇上者也。'翰林院掌院学士常书、张英奏曰:'皇上庙谟豫定,至后无不稳合。功德崇峻,美不胜书。伏读御制,前后次序,备极周详,无非典谟训诰,伏乞皇上将所纪载,俯赐臣等,俾得敬慎编摩,垂诸简册,洵为亿万年之盛事也。'上允之。"(《康熙实录》卷一七四)

顾汧《风池园文集》(卷一)中有《亲征平定朔漠赋并序》作于此时。(《四库未收书辑刊》第七辑第二六册,三三一)

是时,公奏《题为圣谟广运事》,奏请有关庆贺典礼事宜。

> 奏云:"圣躬三次临边,始终经画,大功告成,应命史馆编辑《平定北寇方略》,昭示无极。此皆典礼所关,悉宜举行,以永光史册,垂宪万世者也。恭候命下,虔办祭品,选择吉日,分遣大臣由太常寺衙门启奏,祭文由翰林院撰拟,加上皇太后徽号,皇上尊号,颁诏天下款项。庆贺表文,由内阁拟定。呈览颁发,臣部详察,定例遵行。编辑《平定北寇方略》,其开馆事宜,由内阁翰林院具奏。岳、镇、海、渎等处,遣官致祭,臣部另议具奏。为此谨题请旨。"(详见《文端集》卷三九,二一)

是时,文端公得赐《渊鉴齐法贴》二部,《古文渊鉴》二部。(《四库全书存目丛书》集部第二六二册,四七八)

八月七日,因公与常书荐,大学士李天馥等举邵穆布等补讲官名额。邵布穆以原衔充日讲起居注官。

> 伊桑阿等奏曰:"臣等遵旨问堪补讲官之人,所管翰林院事侍郎常书、尚书张英称,侍讲邵穆布、庶子常在、洗马色尔图人皆可用,特行举出。"上曰:"邵穆布着以原衔充日讲起居注官。"(《康熙起居注(标点全本)》第五册,三〇三)

是年,四子廷瑑应乡试,场屋劳顿,返舍遂得疾。公知其体弱,艰于应试,令以明经入太学。(张英《第四子明经廷瑑行略》)

八月,次子张廷玉应乡试于江宁,出闱后患病几殆,赖宗兄文玺医治,得无恙。(《自订年谱》;《张文和行述》)

八月八日,入场。

> 是科考官,学士曹鑑伦、春坊张希良。《四书》首题"诗云乐只一节",次"人能弘道一节",次"恻隐之心至弗思耳矣"。(见顾嗣立《自订年谱》;法式善《清秘述闻》卷三)

八月十六日,出场。

出闱后,二子俱病。

八月二十五日,起居注官常书、张英。(《康熙起居注(标点全本)》第五册,三〇八)

九月一日,起居注官常书、张英。(《康熙起居注(标点全本)》第五册,三一一)

九月榜发,张廷玉中式第二十五名。

> 是科"主考湖广张公讳明先,河南吕公讳振。同考河南杨公讳奕绅。试卷解礼部,廷玉文传诵辇下,安溪李文贞公评为通场第一。"(张廷玉《澄怀主人自订年谱》;张若澄《张文和行述》)

是科考试,桐城戴名世参加,落第。

  《戴名世先生年谱》云:"先生(按:指戴名世)将离都,赵吉士、赵士麟、张曾湜,各赠诗以慰其不遇,费锡璜有《送戴田有落第归金陵》,则是年就试不利,可谓明证矣。"(三四二)

九月十二日,起居注官常书、张廷瓒。(《康熙起居注(标点全本)》第五册,三一三)

九月十九日,辰时,上巡行北塞。出京。(《康熙起居注(标点全本)》第五册,三一七)

是秋,作《眼昏》诗,有老眼昏花之叹。

  诗云:"行年甲子已全週,眼暗经今有十秋。云外犹能穷练影,灯前未许辨蝇头。久知识字多为累,但可看山百不求。目力漫从寥阔费,意中思制小林邱。"(《文端集》卷三一,一四)

又作《不寐》《见进芙蓉者》《宿法华寺》等诗。(《文端集》卷三一,一五)

十月,癸卯,同学王顼龄来谒于赐第,公与之从容话旧,交谈甚契,王率而成诗三首。

  《孟冬谒大宗伯张敦复前辈于赐第,从容话旧,欣慨交并,率成三首奉柬》。(《世恩堂诗集》卷一二,二九)

  其一云:"先生名德重朝端,泰岳崚嶒北斗寒。商室股肱尊旧学,虞廷礼乐领春官。六龙并集占星象。(注云:先生令嗣凡六人)双凤联飞振羽翰。(时长君官学士,仲君新发)赞化只今需硕辅,沙堤新筑待鸣銮。"

  又:"曾随听鹿会群仙,弹指流光三十年。(余与先生癸卯同登贤书,至今三十四年)交缔金兰怜意气,花飞茵溷隔人天。闲居自笑逢时拙,吹律谁移造化权。独有孔公能念旧,龙门重谒色温然。"

  又:"素交零落似云烟,话旧西窗益惘然。焦尾难邀当路赏,白须还荷故人怜。(先生讶余须白)吹嘘穷鸟生双翼,拂拭枯鱼跃九渊。却愧扫门疏懒甚,两年今始拜堂前。(余入都已二载,今方登堂)"

十二月十六日,六十寿,王顼龄、潘江有诗贺之,

  王顼龄《寿大宗伯张敦复前辈六十》诗,见《世恩堂诗集》(卷一三,二)。

  潘江《寄怀张大宗伯六十四首》诗云:"元老惇庸秉国均,履声久识尚书真。兴朝礼乐凭公定,华阁簪缨取次新。"诗中自注云:"卣臣扈从北征,衡臣新举于乡。"(《木厓续集》卷末,四)

此次生日,张英决定:不宴亲友,以其费制绵衣袴百件,以施道路饥寒之人。

  《聪训斋语》(卷二):"圃翁曰:予性不爱观剧,在京师,一席之费,动逾数十金,徒有应酬之劳,而无酣适之趣,不若以其费济困赈急,为人我利溥也。予六旬之期,老妻礼佛时,忽念诞日,例当设梨园宴亲友。吾家既不为此,胡不将此费制绵衣袴百领,以施道路饥寒之人乎?次日为余言,笑而许之。"(卷一)

十二月十九日，张若霖侧室劳氏生。张若霖次子张曾敏母。(《张氏宗谱》卷五)

十二月二十日，未时，上回宫。(《康熙起居注(标点全本)》第五册，三六〇)

十二月二十二日，起居注官张英、特默德。(《康熙起居注(标点全本)》第五册，三六一)

十二月二十九日，起居注官张英、傅伸。(《康熙起居注(标点全本)》第五册，三六二)

友人许来惠之子奉父命在京为公祝寿。

友人潘江于是年十二月作《望许闻衣归不至》诗，题下注云："时奉父命往都门祝张大宗伯。"(绥人之子)(《木厓续集》卷末，一四)

是间，友人伊蒿卒。生前得公援济甚多。

潘江《哭伊蒿》十五首，其一诗下注称："张大宗伯赠遗甚腆。"(《木厓续集》卷末，八)其十诗中注云：其年八十二。

十二月，张廷玉病渐愈，起程入都。(《自订年谱》卷一)

此次入都，准备参加明春礼闱试。

冬，七弟张夔自平山来晤，自上次在常州分手，兄弟之间已八年未见。别时作诗勉之。

其三云："毗陵分手隔江烟，南北雁飞已八年。薄宦携家深念尔，严寒见面倍欣然。关心伯仲颜俱老，回首田园意更偏。壮岁劳人须努力，容吾高枕白云边。"(《文端集》卷三一，一六)

是冬，桐城岁饥，张英赠食谷给潘江。

潘江有诗《岁比不登，贫病交困，承敦复大宗伯寄赠食谷八十斛却谢》，诗中注云："癸酉赠谷百六十斛。"(《木厓续集》卷末，一二)

除夕，张廷玉抵山东之荏平。(张廷玉《澄怀主人自订年谱》；张若澄《张文和行述》)

是年前后，为同年友缪彤作《七十寿序》。

《侍读缪念斋同夫人七十双寿序》："婿宋子义存官比部郎，谋进先生与夫人介寿之觞，以予相知最深，属为文以侑之。"(《文端集》卷四〇，二〇)

按：缪彤(1627—1697年)，字歌起，号念斋，江苏吴县人。清康熙六年状元，授翰林院修撰，升侍讲。以丁忧辞归，教书为业，创办三畏书院，刊刻曹月川《家规》、蔡虚斋《密箴》等书。

是年，遇覃恩诰授光禄大夫，经筵日讲官，起居注，礼部尚书加二级，兼翰林院詹事府事，教习庶吉士。妻姚氏封一品夫人，三代赠如其官。(《张氏宗谱》卷四，一六)

康熙三十六年(丁丑,1697年)　六十一岁

正月一日、九日、十八日,起居注官常书、张英。(《康熙起居注(标点全本)》第五册,第三六五、三六六、三六七)

正月二十八日,起居注官特默德、张廷瓒。(《康熙起居注(标点全本)》第五册,三七〇)

正月二十九日,起居注官张英、揆叙。(《康熙起居注(标点全本)》第五册,三七〇)

正月,二男张廷玉抵京。

> 《澄怀主人自订年谱》:"正月抵京师。二月会试届期,先文端公奉命为总裁官,廷玉回避不与试。"

二月五日,起居注官张英、揆叙。(《康熙起居注(标点全本)》第五册,三七四)

二月六日,辰时,上巡行边塞,区画军务,由神武门陈设卤薄,出德胜门,驻跸昌平州。(《康熙起居注(标点全本)》第五册,三七四)

是日,康熙帝由北京起程,开始第三次北征。五月十六日回京。此次高士奇扈从。

> 陈元龙有《送江村詹事三扈圣驾北征》。(《爱日堂诗集》卷九,一五)

是日,上遣大学士李天馥祭先师孔子。

是日,上以吏部尚书熊赐履、礼部尚书张英为会试正考官,都察院左都御史吴琠、刑部左侍郎田雯为副考官。是科会试,取汪君士鋐等一百五十九名,多知名士。

> 《清秘述闻》:"康熙三十六年丁丑科会试:考官:吏部尚书熊赐履字素九,湖北孝感人,戊戌进士。礼部尚书张英字敦复,江南桐城人,丁未进士。左都御史吴琠,字铜川,山西沁州人,己亥进士。刑部侍郎田雯字纶霞,山东德州人,甲辰进士。是科会元汪士鋐。状元李蟠,字仙李,江南徐州人。榜眼严虞惇,字宝臣,江南华亭人。探花姜宸英,字西溟,浙江慈溪人。"(法式善,《清秘述闻》卷三;《清秘述闻三种》八三)

张廷玉因回避,未能参加会试。

三月,充《明史》总裁官。

三月下旬,休假日,弟子陈元龙邀请公及廷瓒兄弟宴游高阳相国园亭。

> 陈元龙有《三月下澣,偕前辈胡南茗司马史耕岩学士孙树峰祭酒假高阳相国园亭邀桐城馆师张公随斋学士昆仲游宴竟日》,诗中有句云:"相国遗风传水石,尚书休暇接壶觞。"(《爱日堂诗集》卷九,一五)

闰三月二日,同子侄辈过摩诃庵诣天禧宫看松、兴胜庵看杏花、万寿寺看钟,沿溪河归。《沿溪河归四首》其一诗下自注云:"摩诃庵遇史胄司辈携酒来游。"

(《文端集》卷三一,一六)

暮春,又作《即事》诗。

是春,公退食之暇,于素笺上作《聪训斋语》八十四幅,示长男廷瓒。

张廷瓒云:"春,大人退食之暇,随所欲言,取素笺书之,得八十四幅示长男廷瓒,装成二册,敬置座右,朝夕览诵,道心自生,传示子孙,永为世宝。由长男张廷瓒题识。"(《笃素堂文集》卷一五;《张英全书》上册,五一六)

公《聪训斋语》卷二有"余行年六十有一"句,又云"暑中退休,稍有暇晷,遂举胸中所欲言者,笔之于此,语虽无文,然三十余年(笔者按:张英康熙六年通籍)涉历仕途,多逢险阻,人情物理,知之颇熟,言之较亲。后人勿以予言为迂而远于事情也"。结合张廷瓒跋文及张英《聪训斋语》中的文字,笔者以为"后人勿以予言为迂而远于事情也"之前文字都作于康熙三十六年春夏间。

初夏,张廷瓒和高士奇韵。

《丁丑初夏和江村先生韵题王瑁湖年伯小像因发故山之思故末章及之》三首。(《传恭堂诗集》卷四,一二)

四月,张英致信潘江,叹服河墅海棠之胜并送礼品。

潘江《张大宗伯复赠秫十石为酿具却谢》,诗中注云:"宗伯书至,极羡河墅海棠之盛,甲于诸园。"(《木厓续集》卷末,二二)

"别业方春花事赊,海棠树树压翠葩。何年却是还山日,看遍梅花看此花。"诗下注云:"赐金园梅花亦为诸园之冠。"(《木厓续集》卷末,二三)

五月十六日,上回宫。(《康熙起居注(标点全本)》第五册,四七九)

五月十八日,起居注官张英、特默德。(《康熙起居注(标点全本)》第五册,四八四)

五月十九日,起居注官华显、张廷瓒。(《康熙起居注(标点全本)》第五册,四八五)

六月,同陈廷敬等入直作绝句十首。(《文端集》卷一二)

《丁丑夏六月同陈大司农高詹事励银台孙大司傅侍讲学士入直韵松轩编纂碧……》,其一诗云:"一道清溪迥绝尘,日光穿树见纤鳞。"(《文端集》卷三二,六)

《自五月廿二日直苑中敦复尚书有诗次其韵》十首其一云:"长日东华拂软尘,眼明流水照游鳞。苍颜白发吾曹老,冠者输他五六人。"(《文渊阁四库全书》集部第一三一六册,二三六)

后陈廷敬又有《苑中次敦复韵》:"宝床食罢凤团清,绝胜仙人白石铛。除却进书帘下语,神霄肃穆不闻声。"(《午亭文编》卷一七,五)

是年,荡平噶尔丹,奉旨编次《北征方略》,日直畅春园韵松轩,辰入酉出为常。

六月十七日,受命为《平定朔漠方略》总裁官。

"丁丑,命大学士伊桑阿、阿兰泰、王熙、张玉书、李天馥、尚书熊赐履、张英为纂修《平定朔漠方略》总裁官,内阁学士觉罗三宝、罗察、喀拜、韩菼、顾藻,礼部侍郎翰林院掌院学士阿山、刑部右侍郎管詹事府事尹泰为副总裁官。"(《康熙实录》卷一八四)

六月二十二日,《韵松轩即事后十首次孙树峰大司成韵》。(《文端集》卷三二,四)

其五诗云:"荷裳箬笠试新栽,乞得闲身驾鹿回。上界由来足官府,思从勺水望蓬莱。"诗下自注云:"时方上章乞休。"

上章乞休事在七月四日,故系于此时。

其八诗云:"北峰云影已全移,惟有仙家漏点迟。莫怪频年惊节物,才凋一叶是秋时。"诗下自注云:"立秋后一日。"

查万年历公元一六九七年丁丑立秋日为农历六月二十一日,则该诗作于六月二十二日。

按:孙岳颁(1639—1708年),字云韶,号树峰,江苏吴县人。康熙二十一年进士,官至礼部侍郎。善书,受知于圣祖,每有御制碑版必命书之。

七月,具疏引病求退,蒙温语慰留。

"七月初四日,大学士伊桑阿、阿兰泰、王熙、张玉书、李天馥、学士韩菼、顾藻、徐嘉炎、三宝、席尔登以折本请旨:'兼管翰林院学士事礼部尚书张英,以年老请解任。'上曰:'张英气色尚佳,犹可行走一二年,着照常供职,原疏发还。'"(《康熙起居注(标点全本)》第六册,七)

同日,友人高士奇亦请终养,准之。

又少詹高士奇奏请终养。上曰:"高士奇所学颇优,特召来纂修书史,且于内庭效力年久,既请终养其母,着授詹事衔回籍终养。"(《康熙起居注(标点全本)》第六册,七)

七月四日,礼部尚书兼管翰林院掌院学士、詹事府詹事事张英以老乞休,慰留之。詹事府少詹高士奇奏请终养,命加詹事府詹事衔回籍终养。(《康熙实录》卷一八四)

按:《文端集》(卷三九)《恳恩休致疏》下注"康熙三十七年",而疏中言:"臣今六十一岁。"疑注误。

公作诗送高士奇侍养归里。

《送高江村侍养归里》诗云:"自吾与江村,同被赐庐居。禁庭二十载,出入形影俱。"(《文端集》卷三二,六)

王顼龄有《送高江村詹事请养归里》四首,见王顼龄《世恩堂诗集》(卷一四,六)。

公此时,归乡之思甚浓,因不得请,只好交待即将回里的子孙廷玉、廷璐等人,回乡好好疏治林园。轮日督工,将其朝夕梦寐所在的"龙眠芙蓉溪"重新开凿,作溪水亭台,并种植树木,于九月梢动工。

《聪训斋语》云:"龙眠芙蓉溪,吾朝夕梦寐所在也。垂云沜,天然石壁,上倚青山,下临流水,当为吾相度可亭之地,期于对石枕流。双溪草堂前,引南北二涧为两池,中一闸相通,一种莲,一种鱼。制扁舟,容五六人,朱栏翠楫,兰桨桂棹,从芙蓉溪亭登舟,至舣舟亭登岸,襟带吾庐。汝归当谋疏凿,阔处十二丈,窄处二三丈,但可以行舟。汝兄弟侄轮日督工，于九月杪从事，渠成以报吾。堂、轩基址，预以绳定之，以俟异日。临河有大石，土人名为獾洞，此地相度亭子，下临澄潭，四围岭岫，既旷然轩豁，亦窈然幽深，其旁当种梅柳以映带之，亦此时事也。向来梅杏桃梨之属，种植者，亦不少矣，使皆茂达，尽可自娱。此时浇溉、修治、扶植、去草为急。仆人纸上之树日增，园中之树日减，汝当为吾稽察之。树不活，与不种同。山中须三五日静坐经理，晨入暮归，不如其已也。可与兄弟侄言之。"（《聪训斋语》卷二）

七月十六日，同里徐公七十寿，其子徐衍士来书乞言，公为之作《塘山公寿序》。

云："……七月既望，公称七十觞，衍士以书乞言于予。嗟夫，予年六十，其仕宦三十余年，行将乞休林泉，筑庐于先人墓侧，与公衔杯酒、话桑麻，优游以乐余年，若此不可骤得。"（《张英全集》下册，三二四）

七月十八日，起居注官阿山、张廷瓒。（《康熙起居注（标点全本）》第六册，一三）

七月二十六日，引见新进士于保和殿。

"大学士、学士及兼管翰林院事侍郎阿山、尚书张英将二甲进士汪士鋐等四十人，三甲进士朱启昆等一百七人，每班十人进保和殿内引见。上将汪士鋐等三十一人选作庶吉士。上回宫。"（《康熙起居注（标点全本）》第六册，一四）

本日起居注官张英、特默德。（《康熙起居注（标点全本）》第六册，一四）

七月二十九日，上巡幸边外，由神武门出东直门。（《康熙起居注（标点全本）》第六册，一五）

八月，过明相国园还，循河至高梁桥，作诗三首。

作题画诗多首。

《题石谷天香草阁图三首》其一云："我家亭子傍清池，初种天香月露枝。老树成围应有日，秋风相待廿年时。"（《文端集》卷三一，一八）

八月，二男张廷玉，六男张廷璩、孙若霈返里。

《桐城耆旧传》："张若霈，廷瓒次子。字云举，康熙四十七年举人，由内阁中书历任广西梧州知府。梧故多巨盗，立弓箭社，练乡勇，盗以稍息。擢苍梧道，整盐弊，创官消官运之法，以能政闻。卒，祀名宦。"（卷第八四）

《道光续修桐城县志》云："张若霈，字云举，号北冲。廷瓒子。康熙戊子举人，由内阁中书，历任广西梧州知府。梧属向多巨盗，前官招抚擒捕皆不获。若霈待以至诚，严查保甲，释所株连。群盗感服，自行就抚。岁大水，民艰于食，设粥厂济之。遇旱，虔祷得雨。当春谷价昂贵，设平粜以济梧民。架屋多用竹，每患于火。若霈预设救具，募有力者给资而为之备。岁比不登，货物稀少，厂税不敷办公，而郡有茕独院，衣食多取诸此。若霈自行捐补，民赖以安。政声洋溢，大吏交章保荐，升苍梧道。在任，驿传盐务诸政，精心规画，一如为府时。卒于任，奉旨：'张若霈居官勤慎小心，著加按察使衔，以示优恤。'仍准桂平梧三府绅士公举入名宦祠。事载《广西通志·名宦传》。若霈至性纯孝，幼失恃。事继母顾，先意承志。事诸父，恭敬尽礼。兄弟极敦友爱。其

他周恤宗族乡党之事，靡不周至。里人至今称道之。"（卷一三）

张若霈，字云举，桐城举人，任严州同知，摄义乌篆，捐金造东门义桥，邑人名张公永济桥，建祠桥侧祀之。迁梧州守，辑盗安民，平粜给种，多著善迹。擢苍梧盐驿副使，病卒。特赠按察使衔，祀广西名宦。（《江南通志》；《重修安徽通志》）

李元度，《国朝先正事略》云："廷瓒子若霈，康熙戊子举人，任严州同知，摄义乌篆，捐金造东门巨桥，邑人名张公桥。建祠桥侧祀之，迁梧州知府，有异政，擢盐驿副使，卒官。特赠按察使衔。雍正九年，祀广西名宦。"（卷七，一〇）

后，诗寄廷玉，属山中疏治溪塘事。有诗四首。（诗见《文端集》卷三二，八）

其一云："龙眠攒簇众峰幽，四面岚光抱绿畴。地胜总堪营别墅，滩高无计泛扁舟。须知双涧从云落，好引清溪绕屋流。制就木兰书画舫，芙蓉深处狎轻鸥。"

其二云："平生爱对碧潭空，幸有洪波别涧通。来自长松修竹外，经过石堰小桥东。芰荷铺处香风满，桃杏开时锦浪红。从此幽栖无憾事，清流曲折画屏中。"

其四云："归计无端搅梦魂，十年心事北山园。松杉虽短堪围屋，榉柳犹存可荫门。移竹栽花忘岁月，看山弄水度朝昏。秋晴虽觅登临意，只盼南鸿数寄言。"（《笃素堂诗集》卷三）

秋日，游法华寺，有《秋日过西郊诸园晚诣法华寺八首》。

其一诗云："秋日晴郊得胜游，城西韦杜属通侯。水分太液波常暖，树接华林地总幽。"（《文端集》卷三二，八）

九月九日，有《丁丑九日》诗："达士由来爱景光，最珍寒食与重阳。"（《文端集》卷三二，九）

又作《秋窗料理瓶花四首》《即墨黄伯鉴馈柏叶露》《廷瓒承命致祭衡岳》《窗间》《吾园四首》《对菊十二韵》等诗。

按：从《廷瓒承命致祭衡岳》诗云："手持丹诏历间关，乘传真成画锦还。木落洞庭秋色好，计程明日到衡山。"（《文端集》卷三二，一〇）

从该诗的位置来看，此诗当作于是年九月。则张廷瓒九月时在受命祭告南海途中，且近湖南衡山。返推其出发日期约在八月间。

张英云："丁丑年祭告南岳，遣廷瓒往，恪恭将事，归而涂次里门，祭扫祖墓，刻日遄还，盖廷瓒自十有七岁入京师，从余居三十余年，此番始得展祖茔一拜，家中伯叔多不相识也。"（张英《张廷瓒行述》）

《文端集》（卷三二）有《廷瓒承命致祭衡岳》。

张廷瓒受命致祭衡岳途中作《安肃道中》《邯郸题壁》《应山道中》等诗。

《应山道中》其一诗云："云峰百里应山程，仄径迂回曲涧清。绝似吾庐溪上路，秋林黄叶画眉声。"其二诗云："满山乌桕带清流，霜信初红色未稠。莫惜此行时较早，片帆恰看洞庭秋。"这首诗也显示出到达此行目的地衡山的时间是秋天。

张廷瓒此次致祭衡山，除经过上述地点以外，还游历过湖北武昌黄鹤楼等地。

按:《张氏宗谱》将张廷瓒祭告南海之事记在"丙子年(康熙三十五年)",误。

九月,送友人潘江高粱十石为酿酒之具。

潘江作《敦复宗伯惠秫十石为酿具却谢》:"厚禄故人贻我秫,独醒病叟饮君醇。"(《木厓续集》卷末二,一一)

九月十七日,午时,上由东直门进神武门,回宫。(《康熙起居注(标点全本)》第六册,二二)

九月十八日,是日起居注官阿山、张英。(《康熙起居注(标点全本)》第六册,二四)

九月二十六日,巳时,上御文华殿举行经筵大典,讲官傅腊塔、熊赐履讲《尚书》:"凡厥庶民,极之敷言,是训是行,以近天子之光"一节。毕,宴于太和门前。(《康熙起居注(标点全本)》第六册,二七)

九十月间作《忆松湖用东坡先生游孤山韵》《冬日》《蒙恩赐哈密瓜脄味甘芬乃工部侍郎常绥携回者》。

《蒙恩赐哈密瓜脄味甘芬乃工部侍郎常绥携回者》诗云:"西域新回使者车,司空风景话流沙。从来蒟酱无人识,拜赐初尝哈密瓜。"(《文端集》卷三二,一三)

年来性癖武夷茶,作《即事三首》。

其一云:"年来性癖武夷茶,风味温香比豆花。融雪烹来忙小婢,故应清兴似陶家。"(《文端集》卷三二,一三)

十月十日,辞兼管翰林院詹事府。

《丁丑十月疏辞兼翰林院詹事得谕旨》,其一诗云:"起居注史殿西偏,占领冰衔廿五年。今日拜辞文石陛,好将凤纸付时贤。"

其二诗云:"白首儒臣典缥缃,绛纱弟子尽琳琅。种槐幸得依刘井,它日清阴满玉堂。"诗下自主云:"予种槐于翰林凡十八株。"(《文端集》卷三二,一三)

"十月十日,礼部尚书张英疏辞兼管翰林院掌院、詹事府詹事事。允之。"(《康熙实录》卷一八五)

十月二十一日,友人王顼龄复充讲官。

《十月廿一日蒙恩复充讲官感赋》见《世恩堂诗集》(卷一四,一四)。

十月二十四日,上亲祭暂安奉殿。(《康熙起居注(标点全本)》第六册,三四)

十月,为同里雷氏作《雷氏宗谱老叙》。

文云:"善庆流芳者,吾乡雷氏谱之名也。谱之所载,始自涣公而至于嗣涣公,凡四十一世。"(详见《张英全书》下册,三一四)

作《既为皓亭记沙园图再题小像二首》。(《文端集》卷三二)

按:张皓(1640—1709年),号小白,别号皜亭,康熙十一年(1672年)举人,著有《赋闲又作《山居幽事戏拟右丞体三十首》《严寒自遣》《夜坐》《为内人书扇》《和内人》等诗。

> 《严寒自遣》诗云:"严寒小阁掩书窗,坐拥珍裘旧貂貚。藉释冰花烘暖砚,自浇梅蕊试温汤。茗香澹泊消长夜,妻子团圞话故乡。我本疏慵粗解事,六街风雪看人忙。"(《文端集》卷三三,五)

> 《和内人》其一云:"故园芳径入丛兰,惟有归田事最难。近得乞休消息好,应知喜色上眉端。"

十一月九日,上以冬至亲祭天于圜丘毕,回宫。(《康熙起居注(标点全本)》第六册,三六)

十一月十九日,因去年随征途中退缩停留,上令张廷瓒三年内不得升转。

> 吏部题侍讲学士王九龄升任员缺,论俸以陈论拟补。上曰:"这员缺着陈论升补。陈元龙、张廷瓒去岁中路随征,于喀伦地方退缩停留,未到所往之处,三年内着停其升转。"(《康熙起居注(标点全本)》第六册,四一)

十一月二十一日,公等以折本请旨。(《康熙起居注(标点全本)》第六册,四一)

十一月,张廷瓒受命祭告南岳毕,返回途中经过桐城,稍作逗留并置办田业。往访潘江。

> 潘江《木厓续集》载此事云:"十一月,张卣臣学士分祀南岳,便过里门见访。"有诗:"髫龀辞家随父去,廿年法从侍明君。入门便伏低头拜,此礼于今久不闻。"(《木厓续集》卷末三,四)

> 张廷玉《自订年谱》云:"是冬,先兄少詹公奉命祭告南岳,事竣入都,取道里门,相聚一月。"

> 按:因廷瓒十一月返里,张廷玉《自订年谱》又云其"相聚一月"。则张廷瓒返都事在年前。

张廷瓒返京时潘江作诗以赠。

> 《送张卣臣学士分祀南岳还朝兼寄尊甫大宗伯敦复先生》,云:"词臣衔命出彤墀,偃武修文大礼垂。(注云:早春扈驾北征)秩祀不嫌南服远,锦旋聊使故乡知。"(《木厓续集》末三,四)

公有《廷瓒以祭告衡岳毕还里正值庭梅放时》,作于是时。

十一月,相国张玉书请假省太夫人于里第。

> 王顼龄《送京江张相国请假归省太夫人于里第》,见《世恩堂诗集》(卷一四,一四)。

是冬,还作有《暖室中门赠杂卉二首》《冬日即事八首》等诗。

---

① 凌冬梅、陈心蓉,《嘉兴海盐张氏家族藏书源流考》,《嘉兴学院学报》第24卷第1期,2012年1月。

年前,张廷瓒离里返京。

是年,四子廷璖疾小愈,冬复作,复愈。(《第四子明经廷璖行略》)

是年,六媳吴氏来归,公与姚夫人甚爱之。
> 张廷玉《六弟妇吴氏传》云:"六弟妇吴氏,成都司马冰持公女,中州督学五崖公爱之,襁褓即抚以为女。年十七来归,婉婉性成,动遵礼法,先公暨太夫人爱六弟甚,见新妇贤,益爱重之。"(《张氏宗谱》卷三四,一九)

是年,作《丁丑会试录序》。
> 《序》云:"古人以言取士,岂尽渺然无可依据?夫言者,心之声也。古者敷奏以言。"又曰:"不知言,无以知人。大约心术端纯者,则其言必正大,而无偏驳之病。识解明通者,则其言必条畅而无结塞之弊。律己恭慎者,则其言必谨饬而无叫呶之习。且先之经书,以观其义理;继之表策,以观其才识。阅者沉心静气,以与作者之精神相遇。谁谓制科之文,不可以观其人之梗概哉!"(《文端集》卷四〇,一)

康熙三十七年(戊寅,1698年)　六十二岁

正月四日,有《书阁即事》二首。(《文端集》卷三三,八)

二月二十四日,清明节,御园桃花始开,寄山桃一枝给时在五台的康熙帝。
> 按:据万年历一六九八年清明节为农历二月二十四。《清明二首》其二云:"春风先入紫泉宫,地湿林暄气早融。昨日园官报行在,山桃远寄一枝红。"诗下自注云:"时驾在五台将归园,折山桃一枝寄行在,报御园春色。"

二月二十六日,清明后二日西郊书触目二首。
> 诗云:"御园烟柳绿初匀,韦杜城南别作春。泽泽土膏移树日,涓涓泉脉灌花人。"(《文端集》卷三三,一〇)

二月,四子廷璖入都省觐。(《澄怀主人自订年谱》卷一)
> 按:疑四男此次进京,与张廷瓒同行。
> 张英云:"春,儿觉体中无大恙,知父母且悬念,决意来京师,谓依父母前养疴可以慰晨夕。入夏而大愈。"

三月一日,辰时,上御文华殿举行经筵大典。
> "令讲官吏部尚书库勒纳、熊赐履讲《四书》:'中也者,天下之大本;和也者,天下之达道'一节。讲官刑部尚书傅腊塔、礼部尚书张英讲《易经》:'唯深也,故能通天下之志;唯几也,故能成天下之务'一节,讲毕,赐宴太和门前。"(《康熙起居注(标点全本)》第六册,七一)

> 三月一日,初行经筵,吏部尚书库勒纳、熊赐履、礼部尚书张英、刑部尚书傅腊塔主讲。(《居易录》卷二九)

三月二十九日,起居注官张廷瓒、阿金。(《康熙起居注(标点全本)》第六册,七七)

廷玉自去年八月返里后，殷勤治溪塘事，频报京师，溪塘园林盛况，文端公很开心，寄诗二首。

《寄廷玉二首》，其一诗云："驰书频与报山阿，为我殷勤护旧柯。乔木数株非易得，新花百种未嫌多。"其二云："曲折长廊可隔尘，花篱编茸藉霜筠。不须红紫堆三径，但满清阴便可人。"（《文端集》卷三三，一二；《笃素堂诗集》卷四）

张廷瓒去冬便道回里时，新购北园十亩，三月到京后告文端公，文端公赋诗以纪。

诗云："吾乡北郭枕幽峦，新购园林十亩宽。曲沼波光浮槛入，层岩石色倚栏看。长松园屋将百挺，好竹缘溪却万竿。它日扁舟载茶具，栽花弄水足盘桓。"（《文端集》卷三三，一三）

春，又作《纸阁》《自题圃翁氍笠采梅图》《前岁种蕙草盆中今忽作幽兰五箭》《曾孙牛郎》。

四月，郊居，有诗二首。

《四月郊居二首》其一诗云："郊居端不负芳晨，满眼平芜柳色新。近欲移房傍僧舍，海棠双树苦留人。"（《文端集》卷三三，一四）

八弟张芳选授陕西西安府咸阳县县丞，公作诗以送。

《送八弟之官咸阳二首》其一云："雁序初衔一纸书，老亲暮齿见悬弧。间关南北分棠影，家世清贫少木奴。薄禄一官多荏苒，征尘十载总崎岖。终南黛色华林树，沃野秦封岂尽芜。"

《张氏宗谱》（卷三）："康熙戊寅，选授陕西西安府咸阳县县丞。"

为陈元龙作《题陈广陵扈从北征图八首》，其八诗下自注云："时廷瓒亦同扈从。"（《文端集》卷三三，一四）

陈元龙《扈从北征图》自识云："康熙三十年乙亥，厄鲁特噶尔丹负固逆命，侵扰外藩，先皇帝赫然震怒。是冬下诏亲征。廷臣以穷荒绝漠，险阻苦寒，交章劝阻。睿谋已定，独断不允，秣牙祷马，诹吉遄征。分中路、西路、东路，三路进兵。次年丙子正月，亲统六师，由中路前发。故事，凡车驾巡行，阁臣及讲官司起居注者，列名请随待先皇帝，以汉文臣不谙军旅，不令随行。越二日，复谕翰林掌院张公英曰：'记注不可无汉人，可令尔子侍讲学士张廷瓒及侍读陈元龙随行。'时大学士张公玉书、内廷詹事高公士奇皆自请随行。'督捕胡公会恩亦请行。汉文臣同时扈从者五人。先帝御戎衣启行，元龙等载甲胄，佩囊鞬，乘马随豹尾后。出德胜门，由居庸关，出独石口。口外一望砂碛，皆平冈烂石，无林木鸟兽。行十余日，沙深车不能进，有旨留米车贮此，以马驼□粮而行。圣心虑行粮不继，下令军中，日止一餐。御膳亦止进一次，俯同甘共苦。凌晨拔营，不举爨，日暮下营。辎重廆养皆按旗随大营后，辄漏下方至设行帐，觅水以革囊汲，负拾马矢为薪，恒至夜分方食。行月余，道左右有白石小阜，高可二丈，宽广如之。就石平正处，随其高下，镌字曰：'瀚海为镡，天山为锷，一扫胡尘，永清沙漠。永乐某年月日。'御驾北征至此，盖明成祖勒石班师之处。金幼孜《扈从北征录》所云：'回看北斗已在南者'此也。先皇帝命录其文呈览，自此而北过瀚海，又行千余里，会西路兵大败噶尔丹。捷书既布，六驭凯旋。是行也，出塞三千余里，径返十旬有余。时余年四十有五，筋力尚强，意气颇壮，忘其况瘁。归而禹鸿胪之鼎为余写戎装小照。王山人翚，补画边关景象。余兄香泉题曰《北征扈从图》。馆师桐城相国、座主云间大司农暨泽州相国、长洲大宗伯，各宠以诗。今三十三年矣，同行及赐题作画诸老无存者，而余以衰朽之躯，尚留人世。幸侍先皇帝山陵，回忆跨马从征，珥笔陪游，受恩眷者，四十余年，恍如昨梦。因备记于卷末，永志先皇帝神武廓清之烈，而老臣亦与有荣施也。（中略）七十六老人陈元龙自识，时雍正五年丁未嘉平既望。"

按：该图现存，2007年秋季拍卖。张英、陈廷敬、韩菼都有题诗。款识：康熙丙子（1696年）小春，干翁老先生命写。海虞王翚。广陵禹鼎敬绘。钤印：石谷子、王翚之印、禹之鼎、慎斋跋……

入夏，四子廷璨疾大愈。

《第四子明经廷璨行略》云："每止其勿读书，然自幼好涉猎，虽不入馆塾，架上书时取翻阅，余偶征引典故，往往能言其所以然。所撰制义，独简严无枝叶，时有精深语。余疑其非己作，徐察之，亦无他。余初不以此督之。"

又云："今夏学楷书，余见之；作诗，余不知也。入秋，而咳且喘，每侍其母坐辄终日，夜分而后退。欲呻吟，必伺母出户，母至则强制言笑如常。时或欲咳，则起而他适，家人窃窥之，父母虽知其病而不知其若此之甚也。此三年来，药饵未尝离口。"（《第四子明经廷璨行略》）

四五月间，又作《题王石谷骑牛还山图》《西郊漫兴三首》《题房师总宪蒋公趋朝图》。

按：《石谷先生骑牛还山图》，为王石谷于清康熙三十二年（1693年）离开清宫画苑时，宫廷画家扬州禹之鼎为表惜别之情绘赠。

蒋公，即蒋宏道，山西临汾人，康熙三十三年七月丁卯以户部左侍郎任左都御史，康熙三十五年六月己亥病免。

五月，潘江八十寿，作《寄木厓八十生日》。（《文端集》卷三四）

其一诗云："千尺松乔倚赤城，江天南望若为情。喜看硕果留丹巘，赖有灵光矗太清。报答平生应大耄，折除官爵是才名。漫言人是邱园客，百卷文章已盛行。"

"皆响亭边列巘悬，一觞一咏即飞仙。松风高躅陶弘景，耆旧新诗孟浩然。题遍小桥三径竹，花园别墅一溪烟。楷模后辈谁能似，名噪骚坛七十年。"（《文端集》卷三四；《四库全书》集部一三一九册，五七八上）

按：潘江八十大寿，顾汧《凤池园诗集》卷五中有《寿潘木厓八十》诗。（《四库未收书辑刊》第七辑第二六册，二七六）

六月九日，因天气炎热，移榻郊外，倍感清凉，作《六月九日移榻郊外》《题梅渊公画山三首》《郊外杂诗四首》等诗，时四子廷璨病，养疴城中，不能从，作诗十首示之。

《六月九日移榻郊外》诗云:"暑雨气蒸溽,城市探汤如。圣词降温蔼,凉爽来郊居……草露未全晞,呼吸皆清虚。"(《文端集》卷三三,一四)

是后,和欧阳修诗。

《欧阳文忠公与韩子苍约五十八致仕,逾期七年而后践言。寄以诗:"人事从来无定处,世途多故践言难。谁知颍水闲居士,十顷西湖一钓竿",和之》诗云:"乐天未老分司去,嗣后高人接踵难。践诺断然先永叔,芙蓉溪畔一渔竿。"(《文端集》卷三三,一七)

又《题梅渊公画册三首》。

其三云:"笔端何处著纤尘,绝壑幽岩足鬼神。贻我黄山松百尺,只今常忆敬亭人。"

按:梅渊公即梅清,明末清初画家。

居郊外,有诗《郊外杂诗四首》。

其三云:"雨余凉月傍林明,触我空山静夜情。稍觉未忘尘世处,微嫌墙角度车声。"

其四云:"西山雨过乱云飞,槲叶吟风暑气微。近照斜临禾黍外,一川苍翠上人衣。"

(卷三三,一八)

郊居浃旬,四子廷瓒留在城中养病,公作诗十首与之。

《戊寅夏日郊居浃旬四郎廷瓒以养疴城中不能从书此十首与之》。(《文端集》卷三三,一九)其八云:"叔度来东郡,相过避暑时。梦同风雨夕,话尽海山奇。竹榻闲搜帙,花阴静覆棋。它年浮渡约,江路有前期。"(《文端集》卷三三,二〇)

时即墨黄元美来访,公与之同游法华寺。

是夏,作《同元美过法华寺》《避暑信宿法华寺四首》《读东城耕种诗有作》《戏拟放翁四首》《读放翁诗有作》《暑中自适》《远望》《却暑》《听道上铃声》等诗。

《听道上铃声》云:"赍送封章一骑尘,墙西辇道是通津。铃声陌上无时歇,老尽人间名利人。"(《文端集》卷三四,四)

是夏,还作《白鹿》《园居》《小憩》《读东城耕种诗有作》等诗。

《园居》诗云:"圃事吾粗习,相看情易亲。园丁三伏苦,菜甲四时新。"(后略)

《戏拟放翁四首》其一云:"陶令情怀亦爱庐,况兼碧巘绕清渠。细春香稻珠难比,解箨新萌玉不如。帘外花枝留语鸟,水中山影衬游鱼。长吟高卧真成懒,乱叠鸣琴与素书。"(《文端集》卷三四,二)

入秋,作《秋雨》《与弹琴道士曹天全》《偶作》《即事》《忆山溪》《暑中读钱考功山中诸诗》《题孙式如》《扁舟》《暑中》《暑中过法华寺》《戊寅中秋》《高梁溪上行》《寄木厓八十生日》《戊寅中秋》《高梁溪上行》等诗。(《文端集》卷三四,七)

《秋雨》诗云:"秋雨驱残暑,园居客思迷。"秋雨来临,稍微消解了一些暑气,给人清凉之感。

《即事》诗云:"阅尽人间角逐场,老怀惟觉便农庄。摘来豆荚羹汤美,糁借荷花饼饵香。"

《暑中读钱考功山中诸诗》云:"节过新秋暑益奇,浑无风动绿杨丝。欲抽书帙消长日,赖有钱郎清婉诗。"《戊寅中秋》诗云:"秋来景物更谁同,置我清阴翠霭中。桂露夕溥穿树月,兰香朝扑卷帘风。琴含宫徵闲逾好,诗继陶章澹益工。蔬食何妨坐良夜,人关聊拟乐天翁。"(《文端集》卷三四)

七月十七日,友人徐乾学卒于家,享年六十有四。

韩菼《资政大夫经筵讲官刑部尚书徐公行状》云:徐乾学"以是年七月十七日卒于家,年六十有四,十一月葬郡城西山之麓"。(《有怀堂文稿》卷一八)

七月二十九日,上致祭三陵。出宫。(《康熙起居注(标点全本)》第六册,一〇一)

九月,康熙御书"笃志经学"匾额赐礼部右侍郎韩菼,时众多名臣题诗以贺。公有诗《少宗伯韩慕庐蒙赐御书笃志经学匾额恭题于后》诗。

诗云:"大雅荆榛谁扫辟,长洲韩子独穷经。高才跌宕倾流辈,健笔清疏写性灵。激赏自应承紫绂,宠颁曾见出青冥。玉堂飞白同千古,室有荣光炳日星。"(《文端集》卷三四,八)

按:韩菼(1637—1704年),字符少,号慕庐,江苏长洲(今苏州)人。康熙十一年(1672年)八月,顺天乡试,尚书徐乾学取之遗卷中而成为举人。次年春礼部会试,韩菼中会元。四月殿试,其应对时务策中批评"三藩",建议撤藩。读卷大臣将其策文列入前十名之内,呈于御前。时皇上正筹划撤藩,见此试卷大为赞赏,遂于卷首题"第一甲第一名"。韩菼遂中清朝第十四位状元,时年三十七岁。状元及第,立授翰林院修撰,充日讲起居注官,修《孝经衍义》百卷,旋奉旨编著《太极图说》等。历任:右赞善、左赞善、侍讲、侍读、礼部侍郎、吏部侍郎、礼部尚书兼翰林院掌院学士。从步入仕途到四十三年(1704年)八月死于任上的三十一年中,他曾两次辞归乡里。第一次,康熙十八年为改葬父母,居乡五年,二十三年八月回京,任礼部侍郎衔内阁学士负责诏告章奏之事;第二次,二十六年称病乞归,居乡八年,潜心儒学经典之学。三十四年七月应诏回京补原官,充《大清一统志》总裁。两个月后,升礼部右侍郎兼翰林院掌院学士;三十八年,调任吏部右侍郎;三十九年,升礼部尚书。韩菼熟谙儒家经典,工于时文,深得皇上赏识。康熙曾说:"韩菼学问优异,文章古雅,旷古少见","所撰文章,能道出朕心中事"。四十三年八月,卒于礼部尚书任上,享年六十八岁。第二年,归葬故乡。朱彝尊题墓碑,方苞撰墓表。墓表道:公之生也,众以为贤,而自视乃缺然;公之殁也,人为之悲,而乐其如归。更千秋而万岁。四十八年后,乾隆十七年(1752年)二月,加恩追谥"文懿"。有《有怀堂诗文稿》《春秋左传句解汇镌》《江阴城守纪》等行于世。

按:当时为此匾额题诗的共有四十名臣:田雯、徐潮、王鸿绪、李光地、杜臻、李振裕、李天馥、吴琠、王熙、查嗣韩、汤右曾、宋大业、张豫章、沈朝初、张英、陈元龙、胡会恩、王九龄、王者臣、查昇、李孚青、沈廷文、张廷枢、徐元正、李铠、史夔、姜宸英、杨中讷、孙岳颁、汪霦、陈论、张廷瓒、徐秉义、顾祖荣、周金然、杨大鹤、王顼龄、曹鉴伦、徐嘉炎、顾藻。

张廷枢，事迹见朱汝珍《词林辑略》；《汉名臣传》；梁章巨《国朝臣工言行记》；《清史列传》；钱仪吉《碑传集》；《清史稿列传》等。

朱彝尊《曝书亭集》（卷七一）、汤右曾《怀清堂集》（卷九）、李光地《榕村集》（卷三七）分别载有该匾题诗。

秋冬间，二男张廷玉室姚夫人得弱疾，医疗半载，病势转剧。（张廷玉《澄怀主人自订年谱》）

十一月十五日，上回宫。（《康熙起居注（标点全本）》第六册，一二三）

十一月十七日，起居注官张廷瓒、阿金。（《康熙起居注（标点全本）》第六册，一四一）

腊月初五，小寒，梅放一枝，作诗一首。（《文端集》卷三四，一〇）

稍后作《题友人姬侍图》。（《文端集》卷三四，一〇）

十二月六日，张若霖侧室吴氏生。曾敷母。（《张氏宗谱》卷五）

十二月十三日，廷璩喘甚，张英与医者商略用补气重剂，不觉亦不减。

十二月十六日，四子廷璩卒于京师。子紫澜四岁。

> 文端公《第四子廷璩行略》云："十六日，表兄姚华曾来相见，衔涕言：'吾病重，深以忧父母为恨。'余无他语。十七日，复易轻剂。申刻，儿犹取方自看云：'如此轻剂，恐不能治病。'睡片刻，忽醒云：'梦见神圣，固当佳。'言甫毕，遂喘作而殁。神观清明，至殁惟恋父母，惜哉！娶姚氏，内弟玉青次女。子若潭，年甫四龄。余极知死生者昼夜之道，既殁而悲酸，无益于殁者。徒损于生者，然每念其言语气识，皆屹然如老成人，曲体亲心，不好华饰，不雌黄人短长，可称克家之子。故悲不能自持，痛惋之中，记此梗概。盖不忍没其微善，亦以见余之悲所自来也。"

> 张廷璓《书兄子紫澜悼亡诗后》云："紫澜年三岁，吾叔兄即弃世。……（紫澜）年十七，娶妇姚氏，妇为余姊夫鹤山先生之季女，……紫澜年才二十，新妇即为之置侧室，……未几，妇生一子，未弥月而夭，悲伤之至，遂得疾以卒，宜乎紫澜之诗，缠绵悲悼，一往情深，而凄凉激楚之音，使人读之三叹不能以自已也。"（《张思斋示孙编》卷四，一一）

除夕前二日，同修撰胡任舆、编修杨名时、张瑗，大司农陈廷敬、总宪王士禛，光禄卿励杜讷在南书房恭览圣谕。张曾庆有诗纪此事。诗见《静庵草》（卷二，二一）。

十二月，友人李光地改任直隶巡抚。

> 《康熙实录》（卷一九一）："辛丑，以工部左侍郎提督顺天学政李光地为直隶巡抚。"

是年，弟张夔调顺天府固安县知县。（《张氏宗谱》卷三，一六）

时，公有《题姚注若画册十一首》。

> 其一云："新购溪南十亩庄，年年书为种松忙。犹思坐对龙髯古，闻道青梢若我长。"
> 诗下注云："余以辛未种松于芙蓉岛，得四千本。今阅七年，已高七八尺，有盈大者，若见其虬枝偃盖，古干拏云。啸咏其间，亦一盛事也。"（《文端集》卷三一，一八）

第六卷　康熙三十八年至康熙四十年

康熙三十八年（己卯，1699年）　六十三岁

元日，梦奇石幽泉之胜，五更不寐，赋诗。（《文端集》卷三四）
后又作《题画》。
　　诗云："初春山色蔚蓝烟，才见涓涓雨后泉。欲试单衣相称否，谁家亭子杏花边。"（《文端集》卷三四，八）
正月二日，作《立春前一日》。
　　按：查万年历，是岁立春在正月初三。
董华亭书《清福吟》，因其意而广之，得三百字。
　　《清福吟》出自明朱载堉《醒世词》。词云："窝窝头当点心，干茄皮赛香蕈，葱科儿更比竹笋嫩，稀米饭胜强那蜜里芹。野鸟声就是咱笙簧韵，草垫儿作绣枕，听鸣泉似瑶琴。炉子偎棋，山妻挈衬。日未落顶门，日出时正寝，熬碎它黄金印。"
咏室中梅花，有《小室梅花自冬徂春未谢》诗。
　　诗云："看过天街灯火夜，春分犹有未残梅。"（《文端集》卷三四，一〇）
为友人查升题画。
《题花溪石漾图为查子声山》诗见《笃素堂诗集》（卷四）。
　　按：查升（1650—1707年），字仲韦，号声山，海宁袁花人。清康熙二十七年（1688年）进士，选翰林院庶吉士，授编修。时康熙帝选儒臣侍值以备顾问，他经荐入直南书房多年，累迁至少詹事。时人称查升书法、查慎行诗、朱白恒画为"海宁三绝"。著有《淡远堂集》。
同题有周起渭《题查声山学士花溪石漾图》。（《桐野诗集》卷三）
　　按：周起渭（1665—1714年），清初著名学者、诗人。字渔璜，号桐野，贵阳青岩骑龙人。周幼年即工诗。其诗以奇、新著称。十五岁时，以《灯花诗》崭露才华，传诵一时。在京城时，以《万佛寺大钟歌》一举成名。与史申义有"两诗人"之目。充浙江乡试正考官。浒升詹事府詹事。时姜宸英、汤右曾、顾图河等以诗古文辞颇负盛名，起渭相与角逐。起渭为诗，上自建安，下逮竟陵，无不研究，而尤肆力于苏轼、元好问、高启诸家。著有诗集四集，初名《回青山房诗集》，后名《稼雨轩诗集》《燕山尘土集》，又名《桐野诗集》，收录诗作数百首，几度刊刻传世。

灯节后，京师家信至里门，里门张廷玉等得四弟凶问，悲痛弗胜。(《澄怀主人自订年谱》)

三女张令仪得知四弟凶问，有《四弟省觐遂卒于京邸诗以哭之》。(《蠹窗诗集》卷四，六)

其一诗云："为恋承欢累反深，一棺远寄凤城阴。封题手泽双亲泪，望断刀环少妇心。达识难齐庄叟论，招魂空赋楚些吟。真成永别悲何极，犹向池塘梦里寻。"

时张廷玉妻姚氏病情加重，姚氏急为廷玉纳金陵侧室吴氏。

公《二媳姚氏哀辞》云："去年(按：康熙三十七年)遘疾，至冬春而少愈，犹综理家务，乃以恸四媳菊孙之孤而疾复作，遂沉笃不起。临殁，惟以不得奉事舅姑为憾……以多病未尝生育，前年私致禀于其姑，欲为廷玉买媵婢。姑以礼宜少俟，妯娌皆未知也。病笃时，此意益急，斯亦人所难。"(《笃素堂文集》卷一〇，《张英全书》上册，四二六)

《澄怀主人自订年谱》："是岁正月，姚夫人遣人赴金陵，代聘侧室吴氏。"

《康熙安庆府志》云："姚氏，阁学张廷玉妻，大司寇端恪公之女也。文端公宦京师，家中内政皆姚主持。诸叔婚娶，其仪文琐屑，姚经纪其事极合礼法。待诸娣以慈爱，诸娣巨细必禀命而后行。一门之内雍如也。年二十余，无子，为廷玉买妾金陵，未至，姚得疾且殆，数问金陵人至否，竟未及见而卒，族戚哀之，初赠孺人，累赠恭人。"(卷二〇《慈孝》一三五)

正月二十一日，上以黄、淮连年溃决，下游地段时遭淹没，虽耗费库银数百万两，多年仍无成效，遂决定第三次南巡。

正月三十日，起居注官华显、张廷瓒。(《康熙起居注(标点全本)》第六册，一五五)

二月三日，圣驾南巡，阅视河工，省问民风，访察吏治。(《康熙起居注(标点全本)》第六册，一五七)长子张廷瓒等扈从。

文端公称："是年，子廷瓒扈从圣驾南巡，亲挥'玉堂'二大字赐之，后又御书'传恭堂'匾额以赐，天章墨宝，拜赐独多。……分纂《三朝国史》《渊鉴类函》皆有条理。"(《子廷瓒行略》)

据《张氏宗谱》载："壬午，赐御书'传恭堂'扁额。"则"传恭堂"扁额为康熙四十一年所赐。

另据《康熙实录》(卷一九二)："是年圣驾南巡在二月初三日启行，五月十七日回宫。"

张廷瓒在行途中作了诸诗篇。

有《二月三日车驾发京师，南巡恭纪诗二十首》。(《传恭堂诗集》卷五，一)

又《南巡恭纪诗二十首》其一云："春回万象日氤氲，豹尾飘摇领六军。青雀波间排雁序，五云天际结龙纹。"(《传恭堂诗集》卷五，一)

陈元龙《扈从圣驾南巡恭进诗二十首并序》。(《爱日堂诗》卷一〇，一二)

张曾庆有《圣驾南巡诗五十首并序》,详记当时景况。(诗见《静庵草》卷二,二三)

二月二十一日,张廷瓒随驾南巡扈从过张楸,记二十年前曾阻风于此。(《传恭堂诗集》卷五,五)

扈从途中,张廷瓒得御赐橙糕,恭纪二首。(《传恭堂诗集》卷五,五)

二月二十四日,张廷瓒等过南阳湖。(《传恭堂诗集》卷五,五)

二月二十七日,张廷瓒等入江南境。(《传恭堂诗集》卷五,五)

《二十七日入江南境》诗云:"春衣新试晚风和,放艇江南二月过。"(《传恭堂诗集》卷五,六)

三月五日,张廷玉妻姚夫人病卒于里中。

《张廷玉年谱》云:"信至京师,两大人伤感备至,先公亲制哀辞,以表归德。"

三月九日,四男廷瑑榇归里门。(《二媳姚氏哀辞》,《笃素堂文集》卷一〇)

三月十日,文端公夜梦,有诗。(《文端集》卷三四,一一)

三月十四日,御舟至苏州,阖郡绅士居民跪迎圣驾。是日上驻跸苏州府。(《康熙实录》卷一九二)

三月十八日,天气晴好,文端公与诸子沿溪游近郊诸寺。有诗。(《文端集》卷三四)

三月二十四日,御舟至杭州。是日驻跸杭州。

三月二十九日,上率诸皇子至演武场。

"丙申,上幸演武场。亲率诸皇子射上亲射二次发矢皆中。又命十五善射硬弓侍卫等射。次命官兵分班校马步射。既毕。上复率诸皇子及善射侍卫骑射。上初骑射中的。的跃。又骑射纵辔近的,马忽左逸,上即调执弓矢左射中的。的跃。众环跪云:'皇上神武,洵天纵也'。"

张廷瓒《传恭堂诗集》(卷五)有《上于杭州江宁二处,俱临幸校场阅官兵骑射,上率诸皇子亲御弧矢以示群臣恭纪》诗。

四月二日,上驻跸苏州府,赐张廷瓒御书"玉堂"二大字,恭纪二首。(《传恭堂诗集》卷五,六)

春晚,登白塔山,有诗。

时,张廷瓒还作有《吴山》《西湖杂诗十首》《扈从至江宁赋长句》等诗。(《传恭堂诗集》卷五,五)

《扈从至江宁赋长句》云:"小臣生长江南树,从来未识金陵路。僦居燕山三十年,走马官街自朝暮。前年绝塞挥天戈……昨岁明禋走南狱,梅花吹笛登黄鹤。……洞庭秋涨水吞天,暮雨潇湘稳放船。纵目远穷云梦泽,振衣寓跻祝融巅。兹行惠风扇芳草,扬铃问俗三吴道。虎踞龙蟠旧都会,翠华到处卿云绕。小臣簪笔扈鸾旃,六代莺花满路飞。眼底山川豁幽抱,南辕北辙资搜讨。若非际遇圣明时,穷居只在菰蒲老。"(《传恭堂诗集》卷五,九)

张廷瓒扈从泊燕子矶下。

初夏,作《初夏》诗。

> 诗云:"千山浓淡绿参差,夏浅春深景一奇。溪上垂竿飞絮里,林间烧笋落花时。青身待雨怜鸠妇,朱果临风恼省儿。领略暄和闲岁月,市朝山泽几人知。"(《文端集》卷三四,一二)

四月十四日,公收到里门来书,得知二媳姚夫人卒的消息,甚哀,为作哀词。

> 《二媳姚氏哀辞》云:"二媳于归吾家越十二年,而翁与姑犹未得见,乃遽以疾溘逝耶。媳,大司寇端恪公之少女。公与予同官于朝,典刑硕德,予所师仰。姻娅周旋,同于骨肉。公爱廷玉,因以女字之。媳于归于桐,翁姑留宦京师久,家事悉赖之。"(详见《笃素堂文集》卷一〇,《张英全书》上册,四二七)

夏,作《凤黎》。

友人徐嘉炎归里,诗以送之。

> 《送徐华隐学士归里二首》见《文端集》(卷三四,一三)。
>
> 据《康熙实录》(卷一九二):"内阁学士徐嘉炎,以老病乞休,允之。"事在二月十日庚戌。
>
> 按:徐嘉炎(1631—1703年),字胜力,号华隐,浙江秀水(今嘉兴)人。著有《抱经斋诗集》二十卷,另有《说经》《谈史》《五代史补注》《明史辨证》《见闻杂录》等,皆不传。

五月十七日,上回宫。(《康熙起居注(标点全本)》第六册,一八九)

五月十八日,友人徐国相卒于京师,享年六十六岁。明年,应其子之请,为作《兵部尚书兼都察院右副都御史湖广总督徐公神道碑》。(《笃素堂文集》卷一二)

> 按:徐国相,号行清,襄平世胄,门第清华。清天聪八年(1634年)十一月二十五日生。顺治初年为正蓝旗生员,十二年五月,授户部他赤哈哈番。十七年正月,授佐领。十八年七月,授参领。康熙元年三月,授刑部云南司郎中。二年四月,升授山东右部政使。六年七月裁缺回部候补。八年十二月,补授江南安徽等处布政使。十六年三月,奉命巡抚安徽、宁池、太庐、凤七、府广、德滁和三州等处地方提督军务,任右都察院右副都御使。十七年,晋升兵部尚书加十三级。三十八年五月十八日申时,寿终于京师。(王秀春,《清官徐国相》,《兰台世界》,一九九七年五月十日)

五月二十日,康熙帝谈到自己对张英的喜爱。

> "九卿覆总河于成龙题,为修河开捐纳事,议准行。上曰:'于成龙其人颇优,尚能勉效,凡委之以事,亦克有济,但偏于为人。朕亦从面谕,今欲开捐纳事例,亦仍有所为乎?如内庭供奉之张英、励杜讷、高士奇等,朕未常稍有偏注于彼,皆按俸资升迁。张英为人诚实,不事交往,尔等亦皆素知。朕欲授为大学士,犹恐众议以朕为有偏心用之。'"(《康熙起居注(标点全本)》第六册,一九一)

六月二十日,内值,上赐字王士禛、户部尚书陈廷敬、工部尚书王鸿绪及文端公。(《居易录》卷三一;《渔洋山人自撰年谱》卷下惠补)

六月二十九日,兄嘉元配李氏卒。
  张嘉,字子殳,号西来,治《诗》经,监生,考授州同知。以子廷瑚贵,雍正乙卯貤赠修职郎江西建昌府泸溪县县丞。生明崇祯庚午年十月十六日,卒康熙乙酉年五月初九日,享年七十有六。配李氏,明经讳在公女,貤赠孺人,生明崇祯辛未年十二月二十五日,卒康熙己卯年六月二十九日。(《张氏宗谱》卷三,一○)

七月,王士禛寄书张潮,附张英《饭后十二合说》,嘱刊入《昭代丛书》。
  张潮《友声新集》(卷一)载王士禛《与张山来》其四。

七月二十三日,进呈编次上谕皇太子塞外用兵机宜,蒙赐御笔。
  御笺云:"善用兵者,役不重兴,粮不三载,故师不久暴,而天诛亟决。"同被旨者户部尚书陈廷敬、礼部尚书张英、工部尚书王鸿绪及王士禛四人。(《居易录》卷三一)

闰七月八日,侄张廷莹卒。(《张氏宗谱》卷五,一二)
  按:张廷莹,讳杰长子,字琇瞻,号耘斋。治《诗经》,增贡生。候选教谕。以子若矩贵,雍正乙卯诰赠奉直大夫广西永安州知州,生康熙戊申年十二月二十九日,卒康熙己卯年闰七月初八日。配姚氏,康熙丁未进士陕西阶州知州讳文熊女,诰赠宜人。以廷琰次子若矩继。(《张氏宗谱》卷五,一二)
  张英有《六侄琇瞻哀辞》云:"我生不辰,忽蕙折而兰摧。迸老泪之交流兮,予怀亦孔之哀。维莹侄之秀惠兮,洵玉质而珠胎……吾兄逾四十而生此子兮,曾禴祀于高禖。伊余之所笃爱兮,奚啻属毛离裹于予怀。违老亲于千里兮,来省予于燕台。话家园之款曲兮,中夜起而徘徊。遘疾于初秋兮,忽寒热之争乖。"(《张英全书》本《笃素堂文集》卷一○,四二五)

闰七月十五日,康熙御赐南书房诸臣每人御书二幅。(《居易录》卷三一)

闰七月十七日,上巡幸边外,是日回宫。(《康熙起居注(标点全本)》第六册,二一二)

八月四日,侄姚士陛溺死钱塘。

姚士陛殁后数月,张廷玉有《梦亡友姚别峰》诗。(《澄怀园诗选》卷五)
  姚士陛,字玉阶,号别峰,姚文熊次子,康熙三年闰六月廿六日生。少与兄从父宦浙东,久之同客鄂下,居响鼓庙,与蒋进为刎颈交。宗伯张英器重之,以为有南书房之才。士陛家计萧然,乃思以状头起家。三十二年,服阕,举于北闱,而次年落春官。年三十有六,早卒于钱塘。诗古文辞,楷书篆刻,皆得其术,而尤工韵,其在京,善诗者,无不倾倒。性慷慨,争任侠。著有《空明阁集》。表弟张廷玉序以行世。(《麻溪姚氏宗谱》卷九;《先德传》卷五;杨宾《杨大瓢先生杂文残稿蒋度臣姚玉垿合传》;张廷玉《澄怀园文存》卷九《空明阁诗序》;《道光续修桐城县志》卷一六《文苑》;《桐旧集》卷六)
  《国朝诗人征略》:"别峰少随父宦秦越,得朋友江山之助,其诗不名一家,而缘景会情,曲折善肖。同里张文端公偶携其诗至直庐,时泽州陈相国、华亭王司农、静海励司寇皆击节称赏,交口乎才子不置。"(《国朝名家小传》,五七三)

杨宾《蒋度臣姚士陛合传》云："梦殿试及第为状头，而迎于钱塘江。诘朝告其姊，姊曰：'是何难知？他日主司非钱则唐矣。'士陛以为然。未几至江遇潮，舟人将避之，士陛不可。顷之，舟与石相撞破碎，而士陛死钱唐江矣。"(《杨大瓢先生杂文残稿》；其事迹另见纪昀《阅微草堂笔记》；《皇清画史》卷一一)

其殁后之七年，杨宾吊之以诗。(《杨大瓢日记》丙戌四月四日；《晞发堂诗集·亡友》一五)

八月，长子张廷瓒主试山东。

"八月，宫詹公廷瓒主试山东。"(《澄怀主人自订年谱》卷一)

《冢子廷瓒行略》云："子廷瓒典山东乡试，予诫之曰：'词臣无多任事，所恃以报国家育人材者，惟在典试耳，汝其慎之勖之。'廷瓒竭心殚虑，务得真才。初与各帘官约，公发誓词。复与李君伯猷又独出对神立誓，语尤痛切，各帘官遂各立一誓。是后，衡鉴真才果能风清弊绝，尽拔单寒，山左士人无论售与不售，皆极口赞服，至勒石以纪之。抡文亦典重醇雅，多积学英俊之士，此则海内士大夫共为许可者也。先是，乙丑分校礼闱，所取皆知名士，此其生平自信不少宽假，亦余之家训也。"(《文端集》卷四三)

八月十七日，积阴始晴，明月在窗，夜永，不成寐，因题恽南田画雁来红二首。(《文端集》卷三四，一三)

九月十日，上回宫。(《康熙起居注(标点全本)》第六册，二二一)

秋，为王顼龄题诗四首。《题王瑁湖下直传经图四首》。(《存诚堂诗集》卷五)

按：王顼龄(1642—1725年)，字颛士，一字容士，号瑁湖，晚号松乔老人，清江南华亭县(今上海市金山区)张堰镇人，御史王广心长子。清康熙十五年中进士，授太常寺博士。康熙十八年举为博学鸿儒，授翰林院编修，参与《明史》的编纂。康熙二十年升为日讲起居注官，康熙三十八年，迁少詹事，获赐康熙亲笔御书王维诗一首。翌年，擢宗人府丞。康熙四十二年，升礼部侍郎。康熙五十一年，任吏部左侍郎，又充任经筵讲官。康熙五十二年升任工部尚书，著有《清峙堂稿》《索笑檐稿》《紫兰山馆稿》《华黍楼稿》《赐书楼稿》《含晖堂稿》及《画舫斋稿》，最后合编为《世恩堂集》三十二卷。

九月，次子张廷玉从里门起行到济南张廷瓒处，与之同入都。(《澄怀主人自订年谱》)

十月十日，上巡视永定河堤。(《康熙起居注(标点全本)》第六册，二二五)

十月十六日，武英殿大学士兼吏部尚书李天馥卒。

十一月二日，起居注官阿山、张廷瓒。(《康熙起居注(标点全本)》第六册，二四五)

十一月五日，拜文华殿大学士。

"十一月初五日，大学士伊桑阿、王熙、吴琠，学士李录予、钱齐保、胡会恩、特默德、白硕色、满都遵旨大学士员缺，将各部尚书、侍郎、各省督抚联名缮写绿头签具奏。上阅绿头签良久曰:"尚书马齐、佛伦、熊赐履、张英升补内阁大学士,马齐仍兼管户部、理藩院事。礼部尚书员缺,着将席尔达调补,仍署总督事。兵部尚书员缺,着将马尔汉调补⋯⋯吏部尚书员缺,着将陈廷敬调补。户部尚书员缺,着将李振裕调补,刑部尚书员缺,着将王世禛调补"。(《康熙起居注(标点全本)》第六册,二四七)

十一月初五日,上传户部尚书马齐、礼部尚书佛伦、吏部尚书熊赐履、礼部尚书张英皆拜相,户部尚书陈廷敬迁吏部、兵部尚书杜臻迁礼部,刑部尚书李振裕迁户部,原江南江西总督范承勋起复兵部左都御史,王士禛迁刑部尚书。(《康熙实录》卷一九六;《渔洋山人自撰年谱》卷下;《香祖笔记》卷六;《居易录》卷三一;《清史稿》卷七《圣祖本纪》二系此事于壬辰日;《王渔洋事迹征略》四七一)

己卯十一月,奉旨授文华殿大学士,兼礼部尚书,仍命兼经筵讲官,奉敕充《三朝国史》总裁官。(张廷玉《先考行状》;《张英全书》下册,四八四)

《国史馆本传》云:"十一月,授文华殿大学士兼礼部尚书。仍命兼经筵讲官,奉敕充三朝国史监修官。"

潘江为作《张敦复宗伯新拜大学士》五首。(《木厓续集》卷末四,一三)

十一月六日,上殿请旨。

"大学士伊桑阿、马齐、佛伦、王熙、吴琠,熊赐履、张英,学士李录予、钱齐保、胡会恩、特默德、白硕色、满都以折本请旨。户部覆直录巡抚李光地回奏拨给金国桢牧地事。上曰:'着马齐前往,详看定义具奏。'"(《康熙起居注(标点全本)》第六册,二四七)

十一月八日、九日、十二日、十三日,同其他大学士、学士上朝奏事,以折本请旨。(详见《康熙起居注(标点全本)》第六册,二四九—二五〇)

十一月十四日,上谒陵寝,出宫。(《康熙起居注(标点全本)》第六册,二五〇)

十一月,禹鸿胪为公画芙蓉岛图将成,景物有足赋者,亭榭庭庑虽皆意中结构,邱壑松竹桃杏梅柳之属则已具其大概,远想高望,遂得《吾庐十一首》。自注云:"冬至月中瀚。"

> 按:禹之鼎(1647—1716年),中国清代画家。字尚吉,一字尚基,一作尚稽,号慎斋。江苏兴化人,后寄籍江都。擅山水、人物、花鸟、走兽,尤精肖像。初师蓝瑛,后取法宋元诸家,转益各师,精于临摹,功底扎实。肖像画名重一时,有白描、设色两种面貌,皆能曲尽其妙。形象逼真,生动传神。有《骑牛南还图》《放鹇图》《王原祁艺菊图》等传世。据画史记载,禹之鼎是在康熙中入京任鸿胪寺序班的。鸿胪寺是专司朝贺庆典礼宾的机构,"序班"是掌管百官班次的官员,负责侍班、齐班、纠仪与传赞等仪节,官秩为从九品。康熙三十五年回京,后一直寓居京城,直到去世。

十一月二十六日,作《双溪诗二十六首》,遍咏意想中的龙眠各地景点,并要求次子张廷玉按图和诗进行打理。

二十六首诗具体名为《垂云沜》《芙蓉溪亭》《南庄》《观获亭》《秋妍馆》《桂丛》《来鹤亭》《千岩万壑之楼》《传恭堂》《溪光岚翠亭》《双溪草堂》《曲廊》《垂竿石》《舣舟亭》《佳梦轩》《梅冈》《莲渚》《绿杨桥》《稻香亭》《桃花流水扁舟》《秋水轩》《鹤栈》《松

隄》《竹圃》《放舟亭》《大溪》等。诗下自注云："芙蓉岛,双溪仅有其地,而亭池皆未具拟。其规模位置应如是,为各命以名,赋诗二十六首,人意所成,溪山不得不俯而从之矣。属廷玉按图味诗以点缀邱壑,应不相远,异时对景吟诵斯篇,亦可以知予此时之情事耳。己卯冬至月廿六日。"(《文端集》卷三四,一九)

十二月四日,未时,上由崇文门进东华门,诣宁寿宫问安毕,回宫。(《康熙起居注(标点全本)》第六册,二五三)

十二月五日,公等以折本请旨。刑部题监督晋布立文书付旗下,拟降级。(《康熙起居注(标点全本)》第六册,二五四)

十二月六日、七日、九日、十日,上朝奏事。

十二月十日,起居注官张廷瓒、满保。(《康熙起居注(标点全本)》第六册,二五八)

十二月十一日,公等奏："吏部题礼部侍郎李录予所兼翰林院官衔。"上曰："吏、礼二部汉侍郎兼翰林院衔者此系成例,何必重叠启奏。"(《康熙起居注(标点全本)》第六册,二五八)

十二日十三日,与众大学士、学士等在乾清门共议河工事宜。(《康熙起居注(标点全本)》第六册,二五八)

十二月十八日,与众大学士、学士在乾清门议奏河工事务。(《康熙起居注(标点全本)》第六册,二六四)

十二月十九日,同众大学士、学士等在乾清门以折本请旨,议江南学臣张榕端差满事宜。(《康熙起居注(标点全本)》第六册,二六五)

十二月二十日,与众大学士、学生等在乾清门共议会试政策。

"辰时,上御乾清门听政。部院各衙门官员面奏毕,大学士伊桑阿、马齐、佛伦、王熙、吴琠、熊赐履、张英,学士布泰、钱齐保、胡会恩、顾祖荣、特默德、白硕色、满都、范承烈以折本请旨。九卿覆副都御史梅鋗题,会试仍遵三十年以前例,卷但分南、北、中,南、北、中之内停其分左右,议准行。嗣后云南、贵州、四川、广西四省不分中卷,另编字号,每科云南、四川各中式二名,广西、贵州各中式一名。上曰:'此例可永行否?'王熙奏曰:'从前卷分南、北、中,今不分中卷,云南等四省另编字号,甚是公平,可以永遵。'"(《康熙起居注(标点全本)》第六册,二六六)

十二月,属鸿胪禹之鼎为其作《芙蓉双溪图》,自作《芙蓉溪记》。

《芙蓉溪记》见《笃素堂文集》(卷八)。

是冬,读香山集,香山集中有:"万事平分众所在,何尝苦乐不相随?惟余枕酒吟诗客,但有乐时无苦时。"因广其意得六长句。

诗云:"万事人间倚伏奇,何尝苦乐不想随? 松棚一枕渔樵话,社饮三巡土谷祠。石上吹笙邀鹤伴,床头酿酒待花期。枳篱茅屋园林小,但有乐时无苦时。"(《文端集》卷三四,一九)

又作《小憩》《送姚君山之江西三首》《除夕友人赠新开芍药四枝》。(《文端集》卷三四,二〇)

是年,七弟夔调保定府清苑县知县。(《张氏宗谱》卷三,一六)

八弟升蟄屋县知县,赐御书七绝句一幅。(《张氏宗谱》卷三,一七)

康熙三十九年(庚辰,1700 年)　六十四岁

正月二日,起居注官张廷瓒、满保。(《康熙起居注(标点全本)》第六册,二七一)

正月十日,公作《庚辰正月十日即事》,后又作《题虚槎小像》《题曼园小像二首》等诗。

正月十五日,午时,上御畅春园内含淳堂,大宴大学士等朝臣。(《康熙起居注(标点全本)》第六册,二七三)

正月二十六日,上率诸皇子、诸王、贝勒、贝子、公、内大臣、侍卫及大学士诸臣等,送巴林公主殡至裕亲王园。(《康熙起居注(标点全本)》第六册,二七四)

二月二十一日,同众大学士、学士、九卿等在畅春园澹宁居议政。(《康熙起居注(标点全本)》第六册,二八一)

二月八日,会试天下士。

"是岁二月,应试南宫。榜发中式第四十五名。总裁孝感熊公讳赐履,沁州吴公讳琠,兴化李公讳枏,华亭王公讳九龄,同考官仁和翁公讳嵩年。"(《澄怀主人自订年谱》;《康熙实录》卷一九七;《登科录》)

二月十六日,会试讫。

二男张廷玉中式第四十五名。

《澄怀主人自订年谱》:"是岁二月,应南宫,榜发,中式第四十五名。总裁孝感熊公讳赐履,沁州吴公讳琠,兴化李公讳相,华亭王公讳九龄,同考官仁和翁公讳嵩年三月,殿试三甲第一百五十二名。四月引见新科进士于保和殿,蒙圣祖仁皇帝选授翰林院庶吉士旋替旨派习清书,冬月眷属入京。"

"时先兄廷瓒官少詹事。父子兄弟同受特达之知,并与清华之选,府君益感激悚惶,不知所报。"(张廷玉《先考行述》)

友人查慎行、方苞等皆落第。(《桐城派三祖年谱》,二五至二六)

《戴名世先生年谱》云:"刘辉祖评方苞遗卷曰:'雄深劲肆,迥拔流俗,千人皆见之文,然闱后,或目为一字不通,一时闃然不能辨也。慕庐先生见之,以为真古会元风格,然后众言渐息,甚矣物论之难齐也。'方苞自记云:'韩城张先生(杰按:张廷枢也)语余,榜揭后,与诸公斋宿天坛,长洲韩公后至,自始见及□(原文缺字)事,诵余文不置口,太息吁嗟,若忘公子祖昭之遇也。(杰按:癸仲子,名孝基,三甲八十九名,闻者莫不骇然)'"(《戴名世先生年谱》四六二)

三月一日，张英、王士禛等侍筵文华殿。

> "三月初一日，午时，上御文华殿举行经筵大典，讲官库勒纳、熊赐履讲《四书》：'子以四教文行忠行'一节，阿山、张英讲《书经》：'禹敷土随山刊木，奠高山大川'一节。讲毕，赐宴于太和门前。"(《康熙起居注（标点全本）》第六册，二八四；王士禛《居易录》卷三二)

三月二日，同众大学士、学士在乾清门议政。(《康熙起居注（标点全本）》第六册，二八五)

三月六日，同众大学士、学士遵旨，顺天府尹员缺，以钱晋锡等二十人选择引见。(《康熙起居注（标点全本）》第六册，二八七)

三月九日，上御畅春园内澹宁居听政。公同众大学士、九卿、詹事掌印及不掌印科、道官员进前，将会议河工折子呈览。

是日，吏部以户部主事孔尚任等十八员补授员外郎，上以其材庸，革职。

> 上曰："孔尚任材庸而品滥，着革职，另行选择被授。"(《康熙起居注（标点全本）》，第六册，二八九)

三月十四日，上御畅春园内澹宁居听政。公同众大学士、学士等以折本请旨。(《康熙起居注（标点全本）》第六册，二九一)

三月十九日，殿试读卷官及阁臣至畅春园拟题进呈，进呈策题时已经夜漏初刻。策题"清吏治、广积贮、修河防"三条皆御笔点定。

> 读卷官王顼龄有《三月十九日臣顼龄蒙恩充殿试读卷官随阁臣等至畅春园拟题进呈恭纪》诗中注明三月二十日殿试的题目拟定情况。(诗见《世恩堂诗集》卷一七，一〇)

三月二十日，策试中式贡士王露等三百五人。(《张氏宗谱》卷四；《居易录》卷三二)

三月二十二日，戌时，读卷官大学士伊桑阿等以殿试天下贡士试卷选十册至乾清门进呈御览。上以目疾，读卷官在上前读卷。

> 上细查前十名卷后，谕："将大臣子弟另叙在三甲。"(《康熙起居注（标点全本）》第六册，二九三)

> 读卷官王顼龄有《二十二日夜读卷诸臣奉召入乾清宫西暖阁恭侯圣裁亲定甲第而出》。(《世恩堂诗集》卷一七，一一)

三月二十三日，上御太和殿传胪赐贡士汪绎、季愈、王露一甲进士及第，张成遇等六十人二甲进士出身，史贻直等二百四十人三甲同进士出身毕，回宫。张廷玉参加殿试，三甲第一百五十二名。

> 友人王顼龄有《二十三日太和殿传胪恭纪》。(《世恩堂诗集》卷一七，一一)

辰时，上御西暖阁，公同众大学士、学士大夫上朝议政。(《康熙起居注（标点全本）》第六册，二九四)

《清代职官年表》云:"三月二十三日传胪,录取汪绎、季愈、王露等三〇一名。"(二七八九)

三月二十五日,赐恩荣宴,遗尚额驸主宴。

见王顼龄《二十五日恩荣宴即事恭纪》。(《世恩堂诗集》卷一七,一一)

三月二十九日,同众大学士及学士上朝议政。(《康熙起居注(标点全本)》第六册,二九五)

四月三日,同众大学士及学士在畅春园内澹宁居议政,上问众大学士今年散馆庶吉士考试情况。(《康熙起居注(标点全本)》第六册,二九七)

四月八日,同众大学士及学士在畅春园内澹宁居议政。(《康熙起居注(标点全本)》第六册,二九七)

四月九日、十三日,同众大学士及学士在畅春园内澹宁居议政。(《康熙起居注(标点全本)》第六册,二九八)

四月十五日,同众大学士及学士在畅春园内澹宁居议政。以汉科道员缺,拣选翰林内编修检讨官开列职名折子呈览。上以内查嗣、韩查升俱善书,留翰林院。凌绍文、姚士藟、汪倓、陈梦球留衙门。冯云骕、汤右曾、刘灏、宋朝楠、彭始抟、张瑗着改补科道。(《康熙起居注(标点全本)》第六册,三〇〇)

四月十六日,上出视永定河堤工。(《康熙起居注(标点全本)》第六册,三〇〇)

四月二十九日,上回宫。(《康熙起居注(标点全本)》第六册,三〇四)

五月一日,同众大学士、学士在乾清门议政。(《康熙起居注(标点全本)》第六册,三〇四)

五月二日,上斋戒三日,不理政事。(《康熙起居注(标点全本)》第六册,三〇五)

五月三日,起居注官张廷瓒、揆叙。(《康熙起居注(标点全本)》第六册,三〇五)

五月六日,同众大学士、学士率修撰汪绎、编修季愈、王露及进士张成遇等三百有二人,依次分班进见。上选张成遇等四十二人为庶吉士。(《康熙起居注(标点全本)》第六册,三〇六)

五月十日,同众大学士、学士以折本请旨。(《康熙起居注(标点全本)》第六册,三〇七)

五月二十一日,公同众大学士、学士遵旨以汉日讲官员缺,简选侍讲学士陈论等六人引见。(《康熙起居注(标点全本)》第六册,三〇九)

五月二十七日,同众大学士、学士在畅春园澹宁居听政。(《康熙起居注(标点全本)》第六册,三一二)

六月二日,礼部尚书杜臻,以病乞休,命以原官致仕。(《康熙实录》卷一九九)作《送杜宗伯还里》诗以送。诗云:"烟霞耆旧返沧州,出处同时第一筹。"(《文端集》卷三四,二一)

陈至言《菀青集》(卷一二)有《送杜大宗伯予告归里》。

> 按：杜臻(1633—1703年)，榜姓徐，字肇余，号慕徐，浙江秀水(嘉兴)人。顺治十五年进士，顺治时期历任庶吉士、编修，康熙时期历任秘书院侍讲、河南乡试正考官、国子监司业、翰林院侍读学士、内阁学士、礼部右侍郎、吏部右侍郎(吏部侍郎)、刑部右侍郎、刑部左侍郎、吏部左侍郎、吏部右侍郎、武会试正考官、工部尚书、刑部尚书、兵部尚书、会试正考官、礼部尚书、经筵讲官等职，官至礼部尚书。著有《粤闽巡视纪略》和《经纬堂文集》五卷等。

六月四日、九日、十五日、二十日，公同众大学士、学士在畅春园澹宁居议政。(《康熙起居注(标点全本)》第六册，三一三、三一四、三一六、三一七)

六月二十二日，长女生第四子，张廷玉长婿姚孔鋠。

> 按：姚孔鋠，鹤山公第四子，字范冶，号三崧，冶《易》，附贡生。雍正丙午顺天举人，癸丑进士，翰林院庶吉士，授编修，纂修国史。戊午顺天乡试同考官，以终养告归，家居三十余年。乐善好施，倡捐永惠仓、体仁局，里人德之。著有《小安乐窝诗集》。事实文艺载县志及《先德传》，康熙庚辰六月二十二日生，乾隆庚子十月九日卒。娶太保保和殿大学士谥文和公张廷玉女。(《桐城麻溪姚氏宗谱》卷五，一一)

六月二十六日，上谕：自是以后大臣子弟另行编号考试，以保考试公平。

> 上御畅春园内澹宁居听政，上命大学士伊桑阿、马齐、王熙、吴琠、熊赐履、张英及学士等人进前，谕曰："尔诸臣悉听朕谕，不但考取秀才甚滥，今科会场亦甚不堪，所取三百名内，大臣子侄居多，孤寒未得入彀。如此何以能服人心？曩者考取韩菼等科，尚有可观，此后则风日下矣。汉人朕虽不尽悉，旗下人等朕岂有不知者？闻大家之家延一经师费至一二千金，预先议定，或数月、或一二年内保其必中举人、进士。夫举人、进士岂可保为必得之物？使可保其必得，尚云无弊，可乎？况经师俱系汉官举荐之人，此辈岂不奔走其门。"(《康熙起居注(标点全本)》第六册，三一八)

上命代祭文庙。

六月二十八日，康熙赐御书"带经堂"匾额，令中官送大学士张英处转颁王士禛，盖用汉御史大夫兒宽故事。(《居易录》卷三三；《香祖笔记》卷一；此匾现藏山东惠民地区文管所)

七月四日、七日，公同众大学士、学士在畅春园澹宁居议政。(《康熙起居注(标点全本)》第六册，三二一、三二四)

七月十四日，公同众大学士、学士、翰林院学士法良、韩菼遵旨议得，此后各省学道缺出，翰林官内自侍读讲以下开列职名，仰候钦点，及翰林官内穷者月给银三两。(《康熙起居注(标点全本)》第六册，三二四)

七月十九日、二十三日，同众大学士、学士在畅春园内澹宁居以折本请旨。(《康熙起居注(标点全本)》第六册，三二五)

七月二十四日，公同众大学士在乾清门议政。上问及今年秋收情形，议及考试改革事宜。

"上顾张英问曰：'江南秋田如何？'张英奏曰：'今岁禾稼甚丰。'上曰：'闻直隶各省时雨沾足，田禾丰稔。顷有人自宁夏来，亦云沿途禾稼茂盛。尔等可写上传，遍谕各省督抚，令其遍谕小民，如此丰年，即当预筹荒歉。年丰谷贱时，小民不知撙节，妄费米谷，不时积储，一遇饥馑，必至流离矣。'"（《康熙起居注（标点全本）》第六册，三二八）

又曰："观九卿所议考试七事，科、道亦不心服。况今年会试所中，大臣子弟居多，孤寒士子未能入彀。如此欲令人心服得乎？"上又曰："朕所常轸念者，天下穷民、穷兵及穷士子之学优者耳，更无他意。"（《康熙起居注（标点全本）》第六册，三二八）

七月二十六日，上以巡行塞外，出宫。（《康熙起居注（标点全本）》第六册，三二九）

八月七日，公受命祭先师孔子。（《康熙实录》卷二〇〇）

八月底，公有恙，十日不弹琴，但仍坚持吃饭，保持身体健康。

《病起》诗云："飒飒秋声杂暮砧，遥怜宋玉此时心。盆兰鹡鸰花开晚，庭树萧疏落叶深。节近重阳犹问菊，病来十日未鸣琴。且炊白饭图身健，莫与寒蛩斗苦吟。"（《文端集》卷三四，二二）

九月十二日，上回宫。（《康熙起居注（标点全本）》第六册，三三五）

九月十三日、十五日、十六日、十七日、十八日、十九日，公同众大学士、学士在乾清门奏事议政。（《康熙起居注（标点全本）》第六册，三三六、三三七、三三八、三三九）

九月二十日，同众大学士、学士在乾清门奏事议政。是日起居注官张廷瓒、揆叙。（《康熙起居注（标点全本）》第六册，三四一）

九月二十一日，同众大学士、学士在乾清门议政。（《康熙起居注（标点全本）》第六册，三四一）

九月二十二日，张英、王士禛同侍文华殿经筵，讲毕，赐宴太和殿前。

"辰时，上御文华殿行经筵大典，命讲官熊赐履、常寿讲《四书》：'仲尼祖述尧舜，宪章文武，上律天时，下袭水土'一节。讲官张英、法良讲《易经》：'圣人久于其道而天下化成'一节，毕。赐宴太和门前。"（《康熙起居注（标点全本）》第六册，三四二；《居易录》卷三三）

九月二十九日，辰时，同众大学士、学士等以折本请旨于乾清门。（《康熙起居注（标点全本）》第六册，三四四）

秋，又作《秋晚即事》《上巳》《寄颜澹园》《病起》诗。（《文端集》卷三四，二二）

按：颜光猷，字秩宗，号澹园，明末河间知府颜胤绍之孙，清廪生颜伯璟长子，山东曲阜人。康熙十年（1671年）进士，改翰林院庶吉士。散馆，授刑部主事。历升郎中，外擢河东盐运使。光猷与兄颜光敩、弟颜光敏并有文名，称"曲阜三颜"。著有《周易说义》二卷、《澹园文集》二卷、《水明楼制义》二卷、《诗集》六卷。

十月三日，皇太后六十大寿，大学士、尚书人进缎八疋，侍郎学士等人进缎六疋，只各收其一。(《康熙起居注(标点全本)》第六册，三四五;《居易录》卷三三)

十月四日、五日，公同众大学士、学士在乾清门奏事议政。(《康熙起居注(标点全本)》第六册，三四五、三四六)

十月五日、六日，驾临西苑紫光阁阅诸进士骑射技术，上亲射数围，屡发中的，观者无不惊服。

> 见王顼龄《恭纪》诗。(《世恩堂诗集》卷一八，八)

十月初六日，试中式武举于瀛台紫光阁。(《居易录》三四七)

《居易录》(卷三三)云:"十月初五日，晨，王士禛同张英等诸公往紫观阁候驾观马射。上登舟至行殿，御弓矢亲射，诸皇子宗室及侍卫以次射毕，始试进士。读卷诸官侍坐终日。试毕，上复御弓矢如前。射毕，随驾入。晚阅四十几卷。"日期与《起居注》不合。

是夜，同众考官奉召入暖西阁听亲定武进士名次。

> "初六夜，读卷诸臣奉召入乾清宫西暖阁，上亲定一甲三名、二甲二名，命大学士臣英书于卷前，又发校射时所定诸进士甲乙册，命以次登榜，诸臣承旨而出。"
> 读卷官王顼龄有诗详记当时情形。诗中注云:"拆卷前，上呼前五人姓名，令诸臣捡出。"(《世恩堂诗集》卷一八，九)

十月七日，太和殿传胪。

十月八日，赐武备宴于枢部。

十月九日，午门前颁赏。(王顼龄《世恩堂诗集》卷一八，九)

十月七日、八日、十日、十一日、十二日，公同众大学士、学士在乾清门奏事议政。(《康熙起居注(标点全本)》第六册，三四九、三五〇、三五一)

十月十四日，上巡视永定河堤岸。(《康熙起居注(标点全本)》第六册，三五三)

十月十九日，上回宫。(《康熙起居注(标点全本)》第六册，三五五)

十月二十日、二十二日、二十三日、二十四、二十七日、二十九日，公同众大学士、学士在乾清门议政。(《康熙起居注(标点全本)》第六册，三五六、三五七、三五九)

十一月二日、四日、六日、七日，公同众大学士、学士在乾清门议政。(《康熙起居注(标点全本)》第六册，三六二、三六三)

十一月八日，起居注官揆叙、张廷瓒。(《康熙起居注(标点全本)》第六册，三六三)

十一月九日，同众大学士在乾清门议政。御史朱廷宏条奏:"孔圣之名，宜行避讳。"上询问众大学士意见，公等俱奏曰:"难行。"遂罢。(《康熙起居注(标点

全本)》第六册,三六三)

十一月十四日,上以谒陵出宫。(《康熙起居注(标点全本)》第六册,三六四)

十二月九日,上回宫。(《康熙起居注(标点全本)》第六册,三六九)

十二月十一日,公同众大学士在乾清门议政。是日起居注官法良、张廷瓒。(《康熙起居注(标点全本)》第六册,三六九)

十二月十二日、十三日、十四日、十六日、十七日、十八日、十九日,公同众大学士在乾清门议政。

十二月二十日,起居注官张廷瓒、阿金。(《康熙起居注(标点全本)》第六册,三七五)

是年,子廷瓒迁詹事府詹事,素微有风疾。(张英《子廷瓒行略》)

是年,还作有《题翁康饴观穫图四首》。

> 按:翁康饴即翁嵩年(1647—1728年),字康饴,号萝轩,钱塘人。康熙二十七年进士,仕为广东提学。以枯笔作林峦峯岫,气质古雅疏拙,画家习气,毫发不能犯其笔端。曾得青玉版十三行,旋进之内府。卒年八十二。著《天香书屋稿》《白云山房集》《友石居集》。事迹见《浙江通志》《杭郡诗辑补》《国朝画徵录》《图绘宝鉴续纂》《桐阴论画》《画传编韵》诸书。

是年,兄张杰归隐在里,推为乡饮大宾。(《张氏宗谱》卷三〇《列传》七)

> 文端公云:"先君以年七十五岁为大宾,吾兄亦以是年,后先济美。"

是年,武仕弟补湖广襄阳府通判。(《张氏宗谱》卷四,三三)

康熙四十年(辛巳,1701年)　六十五岁

正月一日,上率诸王、贝勒、贝子、公、内大臣、侍卫、大学士等诣皇太后宫行礼。(《康熙起居(标点全本)》第六册,三七八)

正月三日,起居注官傅伸,张廷瓒。(《康熙起居(标点全本)》第六册,三七八)

正月四日,有诗。时公已休沐经旬。

《辛巳新岁四日》(高枕经旬免坐衙,徐看晴日下檐牙)。(《文端集》卷三五,一)

正月七日,友人王顼龄招饮张廷瓒于寓斋。

> 王顼龄《人日邀同年李公凯太常汪涵斋少廷尉汪东川祭酒周蓉湖通政曹参怀阁学沈东田学士张卣臣少詹潘雪石宫赞小饮寓斋率赋》,诗见《世恩堂诗集》(卷一八,一四)。

正月十四日、十五日,上赐宴诸王公大学士等朝臣于畅春园内含淳堂。(《康熙起居注(标点全本)》第六册,三七九)

正月二十九日、三十日,公同众大学士在乾清门奏事议政。(《康熙起居注(标点全本)》第六册,三八二)

友人王士禛在刑部尚书任。正月,张潮致书王士禛贺岁,道去岁林佶过扬州相

访之情，谢其眷念之意。告所索《檀几》《昭代丛书四集》合装一部，已托谢尔麋寄达，并上张英书一通，托王士禛转达。（张潮《尺牍友声偶存》卷七《寄王阮亭先生》）

是春，作有《纸阁梅花》《春深》《小室即事八首》《雪后过右阙》《方壶二首》《寄答范彪西同年》等诗。（《文端集》卷三五，三）

　　《寄答范彪西同年》诗云："射策同时对紫宸，高贤白首卧松筠。等身书卷师前哲，毕世邱园养老亲。天为吾侪留硕果，人知斯道有传薪。鸿编静读梅花下，畀我仁风四座春。"（《文端集》卷三五，四）

　　按：范镐鼎（1626—1707年）字彪西，洪洞人。康熙六年进士，以母老不仕。河、汾间人士多从之受经。十八年，以博学鸿儒荐，未起。立希贤书院，置田赡学者。辑《理学备考》三十卷、《广理学备考》四十八卷、《国朝理学备考》二十六卷，采辛全、孙奇逢、熊赐履、张夏、黄宗羲诸家绪纶，附以己说，议论醇正。又著《五经堂文集》五卷、《语录》一卷。又以其父芸茂有垂棘编，作《续垂棘编》十九卷、《三晋诗选》四十卷。

二月一日，上以巡幸霸州等处，出宫。（《康熙起居注（标点全本）》第六册，三八三）

二月八日，友人王顼龄等饮曹参怀阁学"忝斋"。

　　按："忝斋"二字为公所题。韩菼跋。

　　王顼龄《仲春八日曹参怀阁学招同诸同年饮于忝斋赋谢》诗中有句云："雪后春寒尚拥袭，故人招饮忝斋幽。（学士新斋名）相君书法无双妙，宗伯文章第一流。（忝斋桐城相国榜，韩宗伯作跋）。"（《世恩堂诗集》卷一八，一八）

二月十九日，写信给三子张廷璐。

　　《聪训斋语》卷二其中有句云："余久历世途，日在纷扰、荣辱、劳苦、忧患之中，静念解脱之法，成此八章。……辛巳春分前一日，积雪初融，霁色回暖，为三郎廷璐书此，远寄江乡，亦可知翁针砭气质之偏，流览造物之理。有些一知半见，当不至于汩没本来耳。"

　　按：《聪训斋语》内容自"辛巳春分日，吾携大郎、二郎、六郎出西门"起，至"可不慎哉，可不畏哉！"都是康熙四十年十月之前所作。

二月二十日，公携长子张廷瓒、次子张廷玉及六子出西直门，游法华寺，观奇松古寺，遂作小诗。

　　"辛巳春分日，予携大郎二郎六郎出西直门，过高梁桥浴溪水至法华寺，饭于僧舍，因至万寿寺。时甫移华严钟于后阁，尚未悬架，遂过天禧宫看白松，盖余最心赏古松，枝干如凝雪，清响如飞涛，班剥离奇，扶疏诘曲，枝枝入画，叶叶有声，如对高人逸士，不敢亵玩。……得小诗云：'缘溪来古寺，石堰旧河梁。冰泮波澄绿，风轻柳鞠黄。苔痕春已半，松影日初长。篮笋携诸子，僧寮野蕨香。'"（《聪训斋语》卷二，《文端集》卷四六，一二）

　　按：查万年历是年二月二十日春分。

二月二十二日，上回宫。(《康熙起居注(标点全本)》第六册，三八五)

二月二十三日，公同大学士伊桑阿、马齐、王熙、吴琠、熊赐履及学士等在乾清门奏事议政。(《康熙起居注(标点全本)》第六册，三八五)

三月一日，侍讲宴文华殿。

"辰时，上御文华殿，举行经筵大典，讲官常寿、熊赐履讲《四书》：'故至诚无息，不息则久，久则征'一节，法良、张英讲《易经》：'拟之而后言，议之而后动，拟议以成其变化'一节。讲毕，赐宴于太和门前。"(《康熙起居注(标点全本)》第六册，三八七)

三月十日、十五日、二十一日、二十六日、二十九日，公同众大学士、学士在畅春园内澹宁居奏事议政。

清明前二日，张廷瓒招饮同人。

《清明前二日张随斋宫詹招诸同人饮周蓉湖通政有绿轩白桃花下和汪涵斋廷尉韵》，诗下注云："时同人分曹投壶对奕。"(王顼龄《世恩堂诗集》卷一八，一九)

三月望后游天坛各道院。有诗《三月望后游天坛各道院二首》。(见《文端集》卷三五，五)

三月三十日，公同众大学士、学士在乾清门议政。(《康熙起居注(标点全本)》第六册，三九六)

春日，细雨初晴，公心情很好，出游丰台，有《辛巳春日之丰台二首》。(《文端集》卷三五，四)

春晚，作《春晚》诗。

诗云："堂堂春色到将离，寂寂情怀付竹枝。庭有草花归燕识，门无俗客落花知。常疏冠栉回翔地，闲弄琴书卧起时。昨日江乡传好语，又言农事满东菑。"(《文端集》卷三五，四)

四月七日，公与众大学士、学士于澹宁居奏事，议政。(《康熙起居注(标点全本)》第六册，三九七)

四月八日，作《四月清和二首》，有句云："四月清和药圃开，门稀剥啄长莓苔。"

按：清和节为四月八日，宜阳、栾川等县，把农历四月初八称为清和节。北宋史学家司马光当年退居洛阳时，曾有诗云"四月清和雨乍晴，南山当户转分明"；其《阳关三叠》中亦有"清和节当春"等词句，由此可见，"清和节"这一雅致的命名，古来已有。

与友人张翼一起载酒携琴游宛平相公王熙怡园，很晚才归。该园为华亭张然父子所造，在京师公卿间很有名。

《寄亭治具游宛平相公怡园》诗云："胜日园林爱探寻，多君载酒复携琴。凭临杰阁岚光满，偃息高斋树色深。花槛新添芳砌外，泉声旧落古藤阴。不辞夕照归偏晚，邱壑由来本素心。"(《文端集》卷三五，五)

按：张豫章，名翼，字寄亭，以字行。康熙二十七年，登一甲第三名，授翰林院编修。康熙三十年，出任会试同考官。康熙四十一年，任河南乡试主考官，后升为洗马。同年，以翰林院编修出任贵州学政，后在国子监司业任上去世。
> 王士禛《居易录》云："大学士宛平王公招同大学士真定梁公、学士涓来兄游怡园。水石之妙，有若天然。华亭，张然所造也。时尤其张涟和张然父子流寓京师，专事假山，名动公卿间。"

是夏，还作有《南荣》《夜起移兰入檐下避雨二首》等诗。(《文端集》卷三五，六)
> 《夜起移兰入檐下避雨二首》其一云："薄暮移兰出短楹，为承沆瀣露华清。香消宝鸭鸡初唱，愁听芭蕉叶上声。"

四月十一日、十九日，公与众大学士、学士等在畅春园澹宁居奏事议政。(《康熙起居注(标点全本)》第六册，四〇一、四〇二)

四月下旬，公将答函及谢币交王士禛转交张潮。
> 王士禛致书张潮，告以请假蒙准。"汪洪度所选新安二布衣诗，尚未卒业，容待抵里后了此宿诺。又以家茧相赠，并转致张英答函及谢币，付坊贾带回。"(张潮《友声新集》卷二载王士禛《与张山来》其一)

五月一日、七日、十三日、二十一日、二十八日，公同众大学士在畅春春澹宁居奏事议政。(《康熙起居注(标点全本)》第六册，四〇四、四〇五、四〇六)

五月六日，同王士禛、吏部尚书陈廷敬、工部尚书王鸿绪、都察院左副都御史励公杜纳赴苑进呈编次《御制诗文集》六十卷，凡二十八册。(《赐沐纪程》)
> 按：据《康熙起居注》，五月二十八日，大学士王熙最后一次上朝议政。后休致。

五月三十日，上行幸塞外，出宫。(《康熙起居注(标点全本)》第六册，四〇四)

六月二十一日，寄亭、声山招游祖家园观荷、避暑。(《文端集》卷三五)

七月二十二日，疾作，因上书求致仕回籍。
> 《请恩乞休事》："臣以幼时曾婴弱疾，中年又有失血之症，是以年老精神愈觉衰竭。虽医药强扶，旧疾旋已旋发，目昏头晕，怔忡时作。复于今年七月二十二日，正在衙门办事，忽然痰疾昏晕，言语错乱，应对不真，扶掖回寓，医药调治四五日，少觉昏溃渐清，从此气体益弱，言语多有失次，步履艰难，勉强支持，便觉恍惚。臣窃念纶扉重地，断非臣衰惫所宜，舛错遗忘恐不能免，是以夙夜惶恐。"(《文端集》卷三九)
>
> 张廷玉《先考行述》云："七月，办事内阁，忽抱恙，言语舛错，应对不真，作字多遗，医家以为心血虚耗所致，后服药调治，渐次痊可。"

八月，奉命代祭文庙。(张廷玉《先考行述》)

九月二十一日，上回宫。(《康熙起居注(标点全本)》第六册，四三一)
> 张廷玉《先考行述》云："九月，驾自口外回，闻府君病，召至乾清宫面问，府君具陈年来衰惫之状，纶扉重地，深以旷病为惧，退恩赐归田里，以全始终。蒙上慰劳者久之。"
> 是时，作《抱膝》："清吟耽陆子，犹足比东篱。"爱读陆游诗，自比东篱爱山乐水的人生境界。(《文端集》卷三五，七)

九月二十二日、二十三日、二十四日,公同众大学士、学士在乾清门奏事、议政。(《康熙起居注(标点全本)》第六册,四三一、四三二)

是时,又作《菊》《题泽州陈先生午亭山图》诗。(《文端集》卷三五,七)

《菊》有句云:"曾经暑雨当春夏,不负三秋漫烂时。"

九月二十六日,上御文华殿行经筵大典,此次由韩菼讲《易经》,或因身体不适故。

"上御文华殿行经筵大典。讲官傅继祖、陈廷敬讲《四书》:'子曰:人能弘道,非道弘人'一节。法良、韩菼讲《易经》:'和顺于道德而理于义,穷理尽性以至于命'二句。毕,赐宴太和门。"(《康熙起居注(标点全本)》第六册,四三二)

九月二十七日,起居注官张廷瓒、满保。(《康熙起居注(标点全本)》第六册,四三三)

九月二十八日,同众大学士、学士在乾清门奏事、议政。(《康熙起居注(标点全本)》第六册,四三三)

九月二十九日,同众大学士、学士在乾清门奏事、议政。大学士王熙以原官致仕,具本谢恩。

上曰:"王熙系世祖皇帝时旧臣,简任大学士已经二十年,效力年久,着加宫保。"(《康熙起居注(标点全本)》第六册,四三四)

是秋,友人李光地六十寿,公为作《大中丞安溪李厚庵先生寿序》。

《序》云:"今者,嘉禾溢亩,芝草生于庭闼,以彰我公享大年、毓景祐之瑞。兹秋为公介寿之辰,贤大夫谋所以祝公寿,而乞言于余。"(《文端集》卷四一,二一)

十月二日、六日、七日,公同诸大学士、学士在乾清门奏事、议政。(《康熙起居注(标点全本)》第六册,四三六、四三七)

十月七日,起居注官张廷瓒、傅森。(《康熙起居注(标点全本)》第六册,四三八)

十月八日,同诸大学士、学士等遵旨将詹事府詹事来道员缺,以少詹事常寿等引见。上问常寿等出身及历任之处。(《康熙起居注(标点全本)》第六册,四三八)

十月九日、十一日、十三日、十四日、十五日、十六日,公同诸大学士及学士在乾清门奏事议政。

按:据《康熙起居注》,十月十六日,是公最后一次上朝奏事议政。

十月十日,张若霖长女生。继配姚氏出。适姚范。(《桐城麻溪姚氏宗谱》卷一二,五四)

十月二十日,张英具疏乞致仕,蒙准。

《请恩乞休事》详见七月二十二日。(《文端集》卷三九;张廷玉《澄怀园文存》卷一五《先考行述》)

"十月乞休，得旨：'卿才品优长，宣力已久，及任机恪勤……准以原官致仕。'濒行，赐宴畅春园。"(《国史馆本传》；《国史贤良小传》；方苞撰《墓表》）

十月二十一日，旨准原官致仕。（《俞允致仕回籍调治旧疴田里之间得以少延视看息感颂》，《文端集》）

《康熙实录》云："冬十月甲寅朔，癸酉。上奉皇太后幸畅春园，经筵讲官文华殿大学士兼礼部尚书张英以衰病乞休，温旨慰谕，命以原官致仕。"（《康熙实录》卷二六〇）

命下之日，文端公随诣畅春园谢恩兼以内城住宅请旨。

上谕曰："此屋原系赐汝者，今汝虽去，尚有两子在京，即令其居住，朕见伊等与见汝同。"又问何时起身，府君对以次月下旬，上曰："此时天气正寒，尔身多病，难于远涉，当于开春就道。"

是时，作《引退偶吟五首》。

其一云："三十余年侍从臣，惭无文藻答枫宸。忽闻当宁传温语，惭杀冰衔感激人。"

冬，《渊鉴类函》四百五十卷编竣，公进之。（张廷玉《澄怀园文存》卷一五《先考行述》）

《澄怀主人自订年谱》："先文端公蒙恩予告，令侯春暖启行。先公奏请交还内城赐第，蒙恩谕曰：'此屋即赐卿两子居之，朕见卿子如见卿也。'"

乞归得允以后，于十一月作《得请》《将归》等诗，不禁畅想来春回乡时的快乐心情和归乡后愉快的生活情景。

《得请》诗云："衰年脱屣远纷埃，愿就空山养不才。少听邻鸡深夜起，闲看曙色纸窗来。经营温室将迎雪，检点寒花欲放梅。伫看黄河冰泮日，晴沙新柳暖烟开。"（《文端集》卷三五，九）

《将归》诗云："松叶青青草放芽，山童相报客还家。才过惊蛰无多日，犹有残梅晚著花。"（《文端集》卷三五，九）

是时，友人王顼龄作诗四首送之。

《送桐城张相国予告还里》其一："领袖蓬池三十年，全家常住五云边。密参庙画留温定，坐论豳风重讲筵。弘阁频开勤下士，鹰舟共泛羡登仙。扶阳济美元成在，未了经纶付后贤。"其二："宰相归田见史书，主恩终始叹谁如。俶装命待春风发，（上命相国至春和就道）赐第留为令子居（赐第即命嗣君居之）。洛社温公安瞿铄，香山白傅意高疏。也红亭下樱花满（先生园中有也红亭），不爱黄扉爱我庐。"

十二月二日，梅放数枝，却忆归途所见，作诗云："从此溪山无限好，芒鞋端许踏香尘。"（《文端集》卷三五，九）

是月，又作《寄溪上小园》《老梅作花》《置我》《题景峰皆山园图二首》等诗。

《寄溪上小园》云："圣恩垂老许抽簪，便可移家住碧岑。久置田园新入眼，旧栽松竹渐成林。庞公妻子同禅说，郑谷烟霞识素心。寄语壶觞风月道，常留清景助清吟。"

除夕，公分饷御赐荔酒、白鱼给王顼龄。王顼龄诗以谢之。

王顼龄《除夕桐城张相国分饷御赐荔洒白鱼赋谢》诗见《世恩堂诗集》(卷一九,一五)。

是冬,王顼龄作《和桐城张相国芙蓉溪诗韶韵》二十六首。

分别为《垂云汧》《芙蓉溪亭》《南庄》《观穫亭》、秋妍馆》《桂岩》《来鹤亭》《千岩万壑之楼》《传恭堂》《溪光岚翠亭》《双溪草堂》《曲廊》《垂竿石》《舣舟亭》《佳梦轩》《梅岗》《莲渚》《绿杨桥》《稻香亭》《桃花流水扁舟》《秋水轩》《鹤栈》《松堤》《竹圃》《放舟亭》《大溪》。(《世恩堂诗集》卷一九,一四)

是年,蒙恩诰授光禄大夫、经筵讲官、文化殿大学士兼礼部尚书加二级。妻姚氏封一品夫人,三代赠如其官。(《张氏宗谱》卷四,一六)

第七卷 康熙四十一年至康熙四十七年

康熙四十一年（壬午，1702年） 六十六岁

正月十日，特恩赐宴于畅春园。

"谕曰：'尔效力年久，今致政归，以此相劳。'十八日，府君复诣畅春园，奏闻南归之期，奉旨谕兵部：'张英在内供奉效力年久，兹乞休回籍，著给与驿递夫马，听其足用，不必拘定数。'复命不孝廷玉扶持回籍。东宫亲制《笃素堂记》并书欧阳修《画锦堂记》以赐，诸皇子皆赋诗赠缟为别。"（张廷玉《先考行述》）

皇四子胤禛赋诗二章，以宠其行。

《大学士张师傅归里赋诗二章赠别》诗，其一云："晓鼓宵钟禁御深，卅年趋直珥华簪。凌云早染相如札，拜衮才施傅说霖。黄阁新猷留鼎轴，赤松旧约在山林。赐归数异荣三接，清梦还余捧日心。"其二云："屡闻清论讲筵余，今日分襟白玉除。自为烟霞堪挂笏，非关岁月近悬车。午桥别墅来游履，春水扁舟载赐书。喜有凤毛皆五色，相将阿阁旧巢居。"署名：皇四子多罗贝勒并书。

按：雍正元年七月，张廷玉循例恭缴此诗时，雍正皇帝追念旧学，并嘉廷玉克绍家声，亲题数语，仍复颁赐，俾世守之。

正月二十六日，念及将归，作《壬午正月廿六日行有期矣》诗。

诗云："三千里外客还家，文杏霏烟柳簇芽。传语清溪南北岸，好教莺语唤桃花。"

二月六日，出都，邻舍居人遮道攀辕，举觞相祝。公卿祖道者冠盖相接，海宁查公江辑《辇下赠行诗》十卷。（张廷玉《先考行述》）

次子张廷玉随行。

门人陈元龙《传恭堂诗集》序云："吾师在内廷屡屡乞归，不得请。至辛巳冬，始荷予告，请以二世兄送归，而留先生以自代。"（《四库未收书辑刊》第七辑第二九册，四九）

门人张曾庆《送相国张敦复夫子予告归桐城二十四韵》。其一诗云："圣主崇元辅，我公冠缙绅。皋夔原自命，申甫迥非伦。礼乐声明著，岳川气角新。龙文开八代，凤彩焕三辰。艺苑经稽古，词林士返淳。西清披雨露，南省荷陶甄。望重疑丞相，功推柱石臣。荣旌来紫汉,赐第近丹宸。喜起歌云缦,赓扬霭日亲。笔推燕国手,风媲曲江神。秘阁时论道,玄台坐秉均。大名垂鼎彝,伟伐涣丝纶。端揆千秋肃,瑞徵五福臻。泰交咸有德,泽被浩无垠。白发乞旋里,苍生欲曳轮。"(《静庵草》卷七,一一;《清代诗文集汇编》第一三二册,一六六)

友人陈廷敬有《送桐城张相国还龙眠山歌》。(诗见《午亭文编》卷七,二)

《澄怀主人自订年谱》:"是岁二月,先文端公南归,廷玉奉旨随行侍奉,三月抵里,四月仍回京师。"

王士禛《蚕尾续集》(卷二)有《送张敦复相国致政归桐城四首》。张玉书有《壬午春送桐城先生归里》(《京江相公诗稿》);大司徒李振裕有《送桐城相国予告南归四首》(《百石山房集》卷一一),大宗伯韩菼有《送相国桐城公致政归里六首》(《有怀堂诗稿》卷六)及《送桐城公予告归序》(《文稿》卷二),大司空王鸿绪有《送相国桐城张公致政归里》五首(《横云山人集》卷二一),少司空许汝霖有《送桐城相国予告南旋四十韵》(《德星堂诗集》卷二),府丞王顼龄有《送桐城张相国予告还里》(《世恩堂诗集》卷一九),大司仆劳之辨有《送桐城相国张公予告还乡四首》(《静观堂诗集》卷一九);佐棘汪晋徵有《奉送桐城张相国予告南旋四首并序》(《双溪草堂诗集》卷八),学士揆叙有《送桐城公予告归里二首》(《益戒堂诗集》卷六),学士张廷枢有《恭送桐城相国予告南归六首》(《崇素堂诗稿》卷三),给谏汤右曾有《桐城相国致政归里赋呈四首》(《怀清堂诗集》卷九),司官汪文柏有《送桐城张相公予告归里二首》(《两浙輶轩录》卷六),编修史申义有《送相国桐城公予告归里四首》(《过江集》卷一),检讨周起渭有《奉送馆师桐城相公致政还山四首》(《稼雨轩近诗》),庶常孙致弥有《送桐城相公予告归里六首》(《秋左堂续集》卷三),孝廉吴廷桢有《送桐城相国予告归里五言古诗十首用高常侍迹与松乔合,心缘啟沃留为韵》(《古剑书屋诗钞》卷一),孝廉蒋仁锡有《送相国清河公予告归桐城四十韵》(《绿杨红杏轩诗续集》卷四),李恒烑有《张桐城阁师予告荣旋赠别》二首(《西清近草》),王廷灿有《张相国归桐城》(《似寿诗存》卷五)。陈至言有《相国桐城张夫子予告致政荣旋恭送四首》。(《菀青集》卷一二)

时,同里戴名世有《送张敦复相国师予告归里》以赠。

《戴名世先生年谱》云:"历二百年,尚存人间,稿藏同里马其昶家,陈衍尝见而跋之,今不知所归。诗五言律八章,陈衍掇录其十之三,曰:'一朝远引去,谁得系鳞羽?万族纷皇皇,怅然缅宗主。飘然不回顾,竟还旧居处。'首章。'疏逖万里身,清切千门地。譬陟嵩华颠,跬步虞失坠。洪涛履忠信,浮云视名利。息机任其真,当轴奚所累。'三章(从此诗最后一句来看,这其中似有隐情)'不知恩宠专,岂恋台衡贵?正延东阁宾,忽入东门画。'四章。'苍发初未改,玉颜况无衰。縶维亦奚为?公去久剋期。五年遂前请,放骋如脱羁。'五章。陈衍以为先生之言,太无顾忌,其评跋曰:'首章隐言其去之得计,不必枉己济人。三章言不去之将得祸,弃不义富贵,乃以履险如夷。四章言见几不俟。五章明致仕之不因衰耄。'"(《戴名世先生年谱》五四一)

按:顾图河(1655—1706年),康熙三十三年(1694年)一甲二名进士。江南扬州府江都县人,字书宣,一字花田,号花翁。官编修,累官至湖北学政。工诗。有《雄雉斋

集》。(《清史列传》卷七一)

二月十七日,宿沙河,早起,烟景清旷,有诗。

二月二十二日,渡黄河。

> 诗云:"戏马台前春草生,驱车路入古彭城。谩言故园天涯远,人到江南第一程。"(《文端集》卷三五,一〇)

三月三日,抵里,亲串友朋暨闾邑耆庶,郊迎数十里。黄童白叟,环聚而观者数千人,皆藉藉叹息。

抵里后,公谨捧御笔"笃素堂"匾额悬揭中庭,又以历年所赐御书及法帖陈列,恭设香案,率子孙叩首谢恩。作《为恭谢天恩事》。(《文端集》卷三九,三四)

之后,日与兄张杰相左右,或在城中,或往来龙眠双溪社坛。(《张氏宗谱》卷三〇《列传》七)

三月十五日,张若霈继配苗氏生,曾孙曾政母。(《张氏宗谱》卷五)

归里后,春夏间作《小园诗》《山中观农夫雨中力田之苦》《赋得负杖阅岩耕》《阴雨竟日小溪不能渡》《北园荷花初开》《小园阴雨浃旬》《小圃》《兰初开》《兰开日闲居》《鹤》《避暑三首》《夏日》《入山》《五亩园长夏》《溪中课具小艇》《长廊落成二首》《幽栖》等诗。(《文端集》卷三五,一五)

五月,张廷玉入都。

> 文端公谕曰:"予以衰病蒙恩赐归,从此杜门养疴,偕井田凿井之民优游尧天舜日之下,惟期汝兄弟恪恭勤慎……以报高厚于万一。汝其识之并以语汝兄。"(张廷玉《先考行述》)

六月七日,长婿姚士簧卒。公甚哀,为作祭文。

> 公《祭长婿孝廉姚东膠文》云:"呜呼!吾悲夫东膠之遇也,则以其才之卓荦不群,行谊之纯诚无间,然其遇而仍不遇也。为乌衣子弟而贫,举南宫而复不售。逾强仕而早逝,以潦倒挫抑,坎壈困苦终其身,是则重可悲也。"(《笃素堂文集》卷一〇,《张英全书》上册,四二八)

> 据《麻溪姚氏宗谱》:"姚士簧,峡江公第一子,字东胶,号鹤山,治《易》,邑廪生。康熙庚午举人。以孝行上闻,钦旌孝子,入祠崇祀。赠文林郎,翰林院编修,累赠中大夫。顺治戊戌八月二日生,康熙壬午六月二十七日卒,葬白沙岭蔡庄,行义载《县志》及《先德传》。"

秋,隐居龙眠山中,作《五亩园池种荷至秋始发》《出西郭视田禾》《盆兰先后作花恰满五十日》《种柳成阴当秋益密三首》《溪中小艇成二首》《桂花十数株中置一石台》《初凉》《入山泛舟》《灯下阅雁湖〈听雪集〉有作即赠雁湖》《日暮看溪上芙蓉》《勺园招游社坛》等诗。历记节气变化,和自己在家乡生活点滴。(《文端集》卷三五,一八)

> 《初凉》诗云:"正是初凉落叶天,絺衣新卸薄装绵。三秋桂雨兰香里,尽日无人手

一编。"

按：季节变化，已经到了穿薄棉衣的时候，文端公在这"三秋桂雨兰香里"，在读书中享受着闲暇生活。

《勺园招游社坛》云："河流曲曲绕深松，乡岭雕崖一万重。八十老翁犹壮健，深秋携我一扶筇。"(《文端集》卷三五，一八)

八月十八日，姚范生。姚鼐伯父。

按：姚范，姚孔锳长子。姚孔锳为姚文然第四子姚士基之子。姚士基见《道光续修桐城县志》(卷一二，六八)，《桐旧集》(卷五)录其诗十七首。

姚范，原名兴涑，字南青，号巳铜，学者称姜坞先生。治《易》，邑廪生。雍正乙卯拔贡，乾隆丙辰顺天南元壬戌第三名进士，翰林院庶吉士，授编修。甲子顺天乡试同考官，充三礼纂修官，著《援鹑堂文集》五卷、《诗集》六卷、《笔记》五十卷。事载《国史文苑传》《省志》《县志》及《先德传》。以子羲轮贵例赠奉政大夫，以曾孙莹贵貤赠通奉大夫。康熙壬午八月十八日生，乾隆辛卯正月八日卒。道光十年祀乡贤祠。娶庠生赠内阁侍读张若霖女，例赠宜人，貤赠夫人。康熙辛巳十月十日生，乾隆甲午正月三日卒。合葬三芝庵。生五子：昭宇、羲轮、登、劝隆、斠元。一女，适马应炜。(《麻溪姚氏宗谱》卷一二，五四)

又按：《桐旧集》(卷五)录姚范诗三十六首。

八月，三子张廷璐中乡试副榜第一名。

主考陈汝弥，山东福山人。黄鼎楣，直隶宣化人。同考周振举，河南祥符人。(《张氏宗谱》卷四)

是秋，廷瓒在京抱恙。公每有手谕，必诫以安心调摄，劼副圣恩。(《澄怀主人自订年谱》)

九月二十日，廷瓒随御出视河工，途中发疾。

陈元龙有《九月二十日扈从圣驾南巡启行》，张廷瓒此次出京，当在九月二十日启行。(《爱日堂诗》卷一一，七)

张英《子廷瓒行略》云："今秋车驾出视河工，叨命扈从，已束车秣马以从，至霸州，旧疾微发。蒙上特赐温语，谓离家未远，可以遄还。从村庄乘小舆而归。天颜温霭，彼方愧谢不遑。回京两旬余，药饵调摄，渐次平复，及念六日，圣驾还宫，犹诣内廷请安，步履神气如常。至念七日，无病而逝。生平颂念世戴深恩，感不容口，闻易箦时，执廷玉手，无一语及私，惟以未报君恩为恨。呜呼恸哉！余生平不延幕客，所藉以翻闻载籍，稽考旧章，寒暑不辍，则廷瓒左右之功居多。与朋友素悫慎谦和，未尝雌黄人物，尤不敢急于进取。每有迁除，则逊谢不安。……娶吴氏明经式昭公女，赠宜人；继娶顾氏内阁学士兼礼部侍郎培园公女，封宜人。子四，长若霖，岁贡生；次若霈，郡廪生吴出。次若霡、次霂，俱幼殇，顾出。孙曾绍。孙女二人。英哀恸之馀，所述荒陋失序。伏惟采择，锡以宠光，存殁不朽。"

陈元龙《传恭堂诗集序》云："吾师在内廷，屡屡乞归不得请。至辛巳冬，始荷予告请，以二世兄送归，而留先生以自代。先生瞻恋庭闱既深，孺慕而又恋世受国恩，期尽瘁以仰报文章职业，虽多病体羸，不自宽假。壬午之秋，车驾将南发，凡在讲筵，例请扈行。时先生方抱病，同官劝先生勿署名，先生以主眷深重，力疾固请，勉策马以从。越三程而先生病甚，上命以肩舆送归，先生以不终事为隐疚，郁郁竟至不起，盖先生笃于至性而于忠孝大伦，真挚过人，虽抱负未竟而遗编尚在，读先生之诗，可想见先生之为人矣。"（《四库未收书辑刊》第七辑第二九册，四九）

十月二十七日，长子廷瓒卒，公哀痛不已。

据《张氏宗谱》："廷瓒生顺治乙未年正月十一日巳时，康熙壬午年十月二十七日酉时卒于官。配吴氏明经赠胶莱分司运判讳德音女，顺治癸巳年闰六月二十三日丑时卒。继配浙江仁和顾氏，康熙癸丑进士内阁学士兼礼部侍郎讳祖荣女，诰封宜人，累封太恭人，生康熙丙午年八月二十八日寅时，卒雍正戊申年四月初十日申时。侧室周氏生康熙戊午年十一月二十六日辰时，卒康熙己亥年十二月初二日辰时，守节十八年，雍正甲辰年，奉旨建坊旌表崇祀节孝祠。三子：若霖、若需，吴太君出。若霑，顾太君出。"（《张氏宗谱》卷四，一五）

《澄怀主人自订年谱》云："十月，先兄竟不起，府君既痛惜其亡，而尤以受恩最深，涓埃未报为憾。"

"温旨慰问，自后依宫詹兄居笃素堂研究清书，几忘寝食，馆师每试辄取第一。盖庭训严切，且得清书奥妙，同习之人实无出余右者。十月宫詹公捐馆舍，兄弟相依为命，一旦遭此惨变，五内摧裂。时两侄俱在南，未至。余忍痛经纪丧事，幸无缺憾，然心力殚竭矣。"（《四库全书存目丛书》集部第二六二册，四七九）

是冬，有《夕归》诗。

诗云："路冻无行迹，樵归老衲从。阴云迷石凳，积雪耀寒松。"（后略）（《文端集》卷三五，一九）

是年，戴名世弟子尤云鹗把自己抄录的戴氏古文百余篇刊刻行世。由于戴氏居南山冈，遂命名为《南山集偶抄》，即著名的《南山集》。此书一经问世，即风行江南各省，其发行量之大，流传之广，在当时同类私家著作中实为罕见。

是年，营双溪草堂，去赐金园里许。三男张廷璐陪侍在侧。

张廷璐作《家大人卜筑双溪落成》及《雪中侍家大人步溪上》诗。（《咏花轩诗》卷一，一〇）

双溪草堂建成后，尝招戴名世往游。

戴名世有诗二律《题张相国招饮双溪》，诗云："勇退英雄事，闲居旷达心。风湍流百折，百壁耸千寻。船动四山活，莺啼万鸟瘖。投簪成宿专，总荷国恩深。""四围山绕舍，两派水当门。出入疑无路，烟云宿满轩。素琴明月榻，归鸟夕阳村。我有林泉志，桃花今得源。"（《潜虚补遗》）

按：赐金园、双溪堂，相国之别墅也，其入城，则西南隅有宅，其园曰："五亩"，其堂曰："笃素""六经"，其轩曰："咏花""日涉"。见张英《文端集》（卷一二），《石谷为予画赐金园图卷》(卷二三)、《赐金园十二咏》(卷三四)、《双溪诗二十六首》(卷四二)及《香雪草堂记》《五亩园记》《芙蓉溪记》《御笔书双溪恭记》《桃花流扁舟记》,张廷玉《澄怀园文存》(卷一五)《先考行述》录之。

十二月三日,友人潘江卒于里,公为老友题碑。

  《木山潘氏宗谱》:"潘江以是年某月日卒,寿八十有四,葬桐城石井铺之史家冲。"公题碑曰:"大诗伯河墅先生潘公之墓。"

冬,戴名世归隐桐城之南山岗。

  南山岗在县之北乡,离城二十五里,土田列下侧。(《康熙邑志》卷二)

是年,七弟张夔升大名广平府管河同知,诰授奉政大夫。妻刘氏封宜人,生母吕氏赠宜人。(《张氏宗谱》卷三,一六)

是年,桐城义学始创,公颜其堂曰:"无斁。"(张廷玉《桐城义学记》)

是年,武仕弟升四川嘉定州知州。(《张氏宗谱》卷四,三三)

康熙四十二年(癸未,1703年)　　六十七岁

郑又蘧九十寿,公作诗以贺。(《文端集》卷三六,一)

园中有腊梅二十树,自去年十月开至今年正月,题曰"古香十旬",纪之以诗。(《文端集》卷三六,一)

正月上旬,应好友芮君乃功之请,为其家谱作序。

  《陈氏宗谱二修序》云:"芮君乃功与予深相契,今春家谱成,问序于予。乃功之谱……直叙始迁桐太侍公,以次相传,自元及今,鳌然有徵,使祖、父之相因,云礽之相承,鱼贯蚁续,累累不紊,洵为修谱者之正鹄矣,予故不惮繙阅,于退朝之暇,谨裁数言,以冀其端焉。康熙癸未孟春上浣之吉,赐进士出身、光禄大夫、文华殿大学士兼礼部尚书加二级,年家眷侍教生张英顿首拜撰。"(《张英全书》下册《陈氏宗谱二修序》,三〇四)

正月十六日,圣祖仁皇帝南巡阅视河工。

  "上以巡阅南河,省风问俗,察访吏治。"(《康熙起居注(标点全本)》第七册,九八;《康熙实录》卷二一一)

公从里中往淮安府迎驾。途中展转经过盱眙,信宿玻璃泉。

  《宿盱眙玻璃泉》诗云:"转徙堪殊悯,应邀圣主怜。"(《文端集》卷三六,二)

后宿金山寺。

  诗云:"千古山川丽,孤峰景物幽。乾坤劳砥柱,日夜拥江流。树色云中塔,春风石上楼。我来叩扃跸,灯火满汀洲。"(《文端集》卷三六,二)

二月五日,张英迎驾于淮安府。

  "二月庚辰,致仕大学士张英来朝。"(《康熙实录》卷二一一)

"先公迎驾于淮安,三月随入京师,恭祝万寿。旋里之日,上召入面语良久,因见府君颜色清癯,知以先兄故,忧郁未释,谕曰:'家庭之间,岂能事事如意?当旷怀达观,以娱晚景。'是日,赐御用袍帽……阅二日,又赐人参三斤。"(张廷玉《先考行述》;《澄怀主人自订年谱》)

二月八日,会试天下士。

考官为大学士熊赐履、吏部尚书陈廷敬、吏部侍郎吴涵、礼部侍郎许汝霖。(《康熙实录》卷二一一辛巳日;《会试录》)

二月十六日,会试讫。

二月二十六日,上驻江宁府城内,赐张英御书匾额、对联。

"是日,上自京口由陆路临幸江宁府,驻防官兵及阖郡绅衿士庶跪迎圣驾。上驻跸江宁府城内,赐致仕在籍大学士张英御书匾额、对联。"(《康熙实录》卷二一一;《康熙起居注(标点全本)》第七册,一〇七)

按《文端集》(卷三六)有:"三月初二日,蒙恩赐御书'双溪''秋水轩''种花处'扁额恭纪。"知此事在是年三月二日,与《康熙实录》所纪不符。

公《御笔书双溪恭纪》云:"癸未春,圣驾阅视河工,巡历江南。予时迎驾之金陵,恭求御笔书'双溪',又书'秋水轩'二匾额。蒙圣慈问:'汝在家好种树?'又书'种花处'一匾赐之。夫穷荒僻壤之中,一丘一壑,老臣衰病,藉以养疴避嚣,如秋虫之抱寸壤,鹪鹩之栖一枝,荒陋僻野,乃致劳圣人之赐额,宝翰焜煌,炳如星日,将使山灵有复旦之光,野人被尧舜之泽。"(《文端集》卷四二)

《桐城耆旧传》云:"四十二年,圣祖南巡,迎谒行在至江宁。上将返跸,为公留再宿。是时,总督阿山欲加钱粮、耗银供南巡,江宁知府陈公鹏年持不可。总督既积怒,知府素强项,欲因是以罪供张故不办,扈从王大臣及侍卫多言知府诽谤巡游,罪不赦。及公见上,盛称鹏年。总督意沮,陈公得免罪,反以是见知,竟为名臣。"(《桐城耆旧传》,二二七)

时,东宫太子允礽为书"日涉轩"、"兰丛"二额。

《睿笔书日步轩兰丛恭记》云:"癸未年春,驾临河干,复幸姑苏,以二月二十六日旋跸至金陵,皇太子朝夕侍起居,晨昏定省之暇,游心翰墨,遇名山水,皆有吟咏,题匾额。臣英随至金陵,灵雨如澍。蒙青宫恩礼眷注,为书'日涉轩'、'兰丛'二额。"(《笃素堂文集》卷八)

二月二十八日,圣驾发金陵回宫。公随驾进京。

《圣祖仁皇帝实录》云:"上自江宁府回銮。"卷二百十一癸卯日。(《康熙起居注(标点全本)》第七册,一〇七)

二月二十九日,龙榜发,王式丹、张自超、吴廷桢、薄有德、朱书、汪文炯、钱名世、查慎行、刘岩等同举礼部。

赵吉士有《癸未二月廿九日南宫榜发儿景行下第即午予有赈荒山东之役赋三十二律志慨》、王士禛《香祖笔记》卷二均记是日发榜日。

方苞、蒋廷锡、王源、顾嗣立、张大受均落第。

是月,七弟张奱有穆家口会勘之役。(《张氏宗谱》卷三〇)

三月二日,次子张廷玉长女生。

三月二十九日,随驾进京,叩祝万寿。

"甲戌。致仕在籍大学士张英,随驾进京,叩祝万寿。至是,陛辞回里。赐衣帽、鞾袜、人参。"(《康熙实录》卷二一一)

桐城方苞来谒。

方苞《祭张文端公文》云:"岁在协洽,苍龙南御。公来长干,获侍旅寓。"

考:方苞在康熙帝南巡,张英迎驾时,拜见过张英。方苞康熙四十五年中试礼部,在这之前,张英有两次迎驾活动。分别是康熙四十二年和康熙四十四年。康熙四十二年正月十六日康熙皇帝"以巡阅南河,省风问俗,察访吏治。巳时,由畅春园启行"。(《康熙起居注(标点全本)》第七册,九八)时已告归的张英,从里中出发,经盱眙,到淮安府迎驾。二月五日张英迎驾于淮安府,后随驾一起到江宁,二月二十六日,圣驾驻跸江宁府城内,二十八日,圣驾回銮,时张英随驾入京。在这期间,方苞拜见了张英,因为方苞在《祭张文端公文》中提到他拜见张英的时间,"岁在协洽"。《淮南子·天文训》云:"太阳在未,岁名曰协洽。"据此知,"协洽"之年是康熙四十二年癸未。方苞之所以在祭文中提到这次见面,说明这次见面对于方苞来说,印象深刻,意义重大。这次见面应当是方苞和张英交往关系的一个重要转折点。

公见到方苞之后,很愿意推荐他。

方苞《祭张文端公文》云:"谓国得贤,如室有木。子果能驾,吾推子毂。"(《方苞集》卷一六)

方苞诉说母老疾病在身,不能没有人照顾的难处。

"余谓公已,小人有母。衰疾相依,独身无辅。"(《祭张文端公文》)

公甚感遗憾。

"公鉴其诚,悄然不怡。谓子固尔,我心则违。"(《祭张文端公文》)

方苞非常感念公的一番知遇之恩,心感惭愧。

"感公拳拳,中如有物。余岂能贤,公知恐辱。"(《祭张文端公文》)

三月,张廷玉御试清书一等第一名,授翰林院检讨。(《张氏宗谱》卷四)

四月,公陛辞南归,时庶吉士散馆届期,次子廷玉蒙御试清书一等第一,授翰林院检讨。(《澄怀主人自订年谱》)

归里后,夏日,作《田间野花》诗。

诗云:"村边麦浪影交加,陌上驱车日欲斜。红白枝枝偏近水,野田蔓草夕阳花。"(《文端集》卷三六,三)

六月间,广平大雨,七弟张奱救灾时疾作。

"六月间,广平大雨连绵,河堤漫溢,吾弟冲涉层涛,冒雨往勘,目击心焦,血呕如注,而尤力疾勤劳，躬亲堵筑，更不忍被灾之黎庶颠连，典质衣币，捐粟给赈，民获甦者六百七十余家。"(《张氏宗谱》卷三〇《张夔传》)

秋日，在里，独步长廊，作《独乐吟》诗。

诗云："秋水何沦漪，茂树临清池。喜无人迹到，鸣鸟集高枝。间关弄好音，使我心自怡。静日步长廊，独乐良不疑。"(《文端集》卷三六，三)

又作《建兰作花》《兰开经旬未得入山》《泛舟》《入山观荷花初放》等诗。(《文端集》卷三六，四)

八月十一日，见山中荷花尚开数十朵，作诗。(《文端集》卷三六，四)

八月十五日，时七弟犹经理家事，并有家书托刘仲芳带回。

传云："至中秋日，犹经理家事，刘仲芳回桐，犹作家信数函，寄伯叔兄弟。古塘有山庄，绘图为园，作诗四章，楷书，便面以赠仲芳，复作七言绝句三章，推敲字句，期于稳妥。"(《张氏宗谱》卷三〇《列传》)

八月二十三日，同姚士封、张廷璐游浮山。

《癸未秋游浮山记》云："余以丙申始从勺园先生游浮山。是时年少精壮，颇穷登蹑搜探之奇。后癸亥同山足和尚一游，遂拈出浮山十坐处。是时，余四十有六，年始衰，奇险处足迹不能至。今六十有七，以八月二十三日到浮山，从游者玉笥、三子廷璐。"(《笃素堂文集》卷八)

按：姚士封(1670—1720年)，同里姚文熊第三子。字玉笥，号湘门。治《易》，邑庠生，以子孔銮贵，赠承德郎、湖广沅州府通判；以子鋐贵，诰赠朝议大夫、长芦盐运史，司青州分司运司。康熙庚戌二月十七日生，康熙庚子四月十四日卒。娶康熙丁未进士文化殿大学士晋赠太傅谥文端张英女，封安人，晋封恭人，著有《蠹窗诗集》《锦囊冰鉴》行世，康熙戊申十一月十一日生，乾隆壬申九月八日卒。生二子，孔銮、鋐。一女，适监生张若楷。(民国十年姚联奎修，姚国祯纂《桐城麻溪姚氏宗谱》卷九)

八月二十四日，饭于浮渡山庄，继续游浮山。

《癸未秋游浮山记》云："从报亲庵经楷山而南，报亲庵后奇石如屏，群峰攒立如云，佛母岩、啸月岩、张公岩皆在望。至华严寺约宗录和尚同行，至双桂下小憩，礼无可大师及山足塔，松竹深翠中望藏经、凌宵诸岩。"

是日，七弟张夔又呕血不起，遂卒于官。享年四十有九。(《张氏宗谱》卷三〇《列传》)

文端公有《张夔传》云："七弟讳夔，字次皋，号一斋。弟为先君幼子，少奉先君暨庶母色笑，温清定省，俱能先意承志。恂谨以事诸兄，友于以笃少弟。而于卑幼，尤曲加慈爱，一切以恬让自居。年十三，罹先君忧，伤毁骨立。阅四载，始娶于刘，室家粗立，百计经营，甫一载而庶母见背，哀痛迫切，拮据治丧，巨细周至。服阕，补博士弟子员，有声黉序。每试辄前列，与八弟奋志显扬，下帷攻苦，砥砺文行，以诸兄为楷模。与予同宅而居，奉提命尤谨。偕吾长子廷瓒同就外傅，相与切劘讲习，三入棘闱，几售复踬。嗣以明经对策大廷。丙寅岁，司铎靖江。首荐寒毡，雅非吾弟素志，居官尽职，丹膡学宫,聿新俎豆,刊刻卧碑讲义。课暇,犹继晷焚膏,治举子业。当事诸公嘉其茂绩,谓大江南北无与为偶,列牍入告,膺锡蟒服。学官膺卓异之典,自吾弟始。佐治楚之蕲黄,左右图书,不改儒官之旧,而于民瘼政事,深功讲究。邑有邓姓疑狱,令不能决,送鞫于弟。是夕,淋浴斋戒,梦神告语,醒喻其意,片语立剖,阖邑诵神君焉。湖北抚军泌州吴公廉知吾弟贤名,欲特疏题请。因历俸未满,格于成例,不果。比以竹山委署,吾弟力辞,面谒时,吴公深为嘉许,进以'淡泊明志,宁静致远'八字,吾弟铭之座右,以志不忘。楚中诸上台深悉其贤,复得膺卓异之典。六年之内,蟒衣叠锡,异数频加,吾弟益以清白自励。擢宰直隶平山时,值军兴旁午,饥馑洊臻,羽檄纷驰,供应繁剧。吾弟目击时艰,咄嗟立办,计费千金,丝毫不以累民,捐米赈粥,于四门设立棚厂,命平尉率乡耆董其事,吾弟日必数至查视。平民多鹜身旅下,吾弟多方捐赎,间有藉投旅而肆行顽梗者,则申明督捕,绳之以法。畿抚于公以固安地旅民难处,吾弟善于抚绥,调莅兹土,甫下车,豪强闻风震摄。向有张姓民,其妇为势家所夺,阖邑含愤,吾弟立时断归,受者感恩,观者颂德。巡抚安溪李公特荐,奉旨调繁清苑,为九省通衢,冲繁要地,吾弟无日不戴星视事,于民之大利大害立为兴除。钦部重案,别属不能决者,悉属吾弟勘问。遇可矜可疑,必辗转思维,开以生路,即逾限参罚,亦不计。宛平有梁姓于谋杀案内已拟大辟,吾弟立摘疑窦十处,逐一剖悉,申请改拟,得蒙开释。以承审迟延,罚俸三月。吾弟色喜,以为吾捐升斗糈而得活民一命也。各省递解路经清邑,狱囚充满圜扉,尤加轸恤,计日给食,狱无瘐毙。民多借常平仓粮,贫不能偿者,吾弟不忍敲扑,悉为捐补。清邑修筑堤岸,例应使民,吾弟念地冲民苦,请行豁免。清邑地处高岗,无川流沟洫,吾弟画策开井,三千余口,一时辘轳之声,遍于四野。畿抚李公极为赞赏,下檄邻邑通行,敬宣上谕,刊刻注释,反复开导,俾家喻户晓,民俗益厚。单寒之士,广设义学,士林蒸变,革除火耗,以苏民困,常大书对联于仪门,有'受苞苴而虐民,阴遭天谴;听人情而枉法,显被王章'之誓。盖生平清廉仁恕,谨恪勤敏,无非以实心行实政。广平、大名当漳水之奔澜,素苦胥溺,李公忧之。且疏题荐,奉旨特授督司两郡河务。清之人叩阍请留,天颜温霁,驻跸咨询,乃以升任,非同罢斥,不允所请。吾弟莅任三日,即遍历河干,相度经营,倍极疏瀹,麦黄桃汛,底绩安澜,民得尽力于畚锸。罗雀门庭,清冷如冰,日用蔬食之费,一一取给于家,而河工仆仆,羸马驰驱,悉屏驱从。癸未岁二月,有穆家口会勘之役。六月间,广平大雨连绵,河堤漫溢。吾弟冲涉层涛,冒雨往勘,目击心焦,血呕如注,而尤力疾勤劳,躬亲堵筑,更不忍被灾之黎庶颠连,典质衣币,捐粟给赈,民获甦者六百七十余家,至中秋日犹经理家事。刘仲芳回桐,犹作家信数函,寄伯叔兄弟。古塘有山庄,绘图为园,作诗四章,楷书便面,以赠仲芳。复作七言绝句三章,推敲字句,期于稳妥。二十四日,忽呕血,遂不起。吾弟孝友著于门内,姻恤周于乡党。宅心仁厚,制行端方。三更畿辅剧邑,皆慈祥恺惠以嘉赖斯民,至今棠荫载道,称诵不喧云。"(《张氏宗谱》卷三〇《列传》一七、一八;事迹另见《张氏宗谱》卷三,一六)

"配刘氏,江西广昌县知县讳鸿都女,封孺人、宜人,累赠太恭人,生顺治癸巳年二月十三日,卒雍正甲辰年十一月十七日,享年七十有二。六子,廷琪、廷珮、廷璿、廷琳、廷琛、廷珑。三女,长殇;次适岁贡生方日嵩,国学讳来子;三适福建长泰县知县刘崇治,国学赠文林郎讳玉衡子。"(《张氏宗谱》卷四,二〇)

十二月,为同里缪山汪氏族谱作序。

《序》文云:"余以四十年小草,于故乡山川、人物皆不获览其梗概。去年叨荷圣恩,得归田里,始得涉棕川,望天柱,历杏花村,过凤凰桥,而其峙于风水之侧者,惟缪山最著。余因慨然曰:'昔龙眠山庄以李伯时得名,今缪山之胜不亚龙眠,意必有伯时其人者托迹其间。未几,而果得汪氏诸君子与之游。'……一日,汪子必联、必融辈谒予。……因请于余曰:'小子修家谱适成,先生肯以一言弁其首,感荷岂独在联融哉?'……时康熙癸未季冬月之吉。"(《张英全书》下册,三一七)

是年冬,三子张廷璐因思念先兄张廷瓒,作《西华第中哭大兄四首》。

诗中有"可怜一岁幽明隔,忍泪从容慰老亲"语,当作于此时。(《四库未收书辑刊》第八辑第二五册,六九二;《咏花轩诗》卷一)

是年,从弟菁补河南开封府郑州州判。(《张氏宗谱》卷四,二四)

康熙四十三年(甲申,1704 年)　　六十八岁

正月二十七日,宿山中,夜大雪,晓起作诗。

诗云:"晓起推窗见玉龙,梅花尽被白云封。平生漫说琼瑶岛,谁见松梢雪万峰?"(《文端集》卷三六,四)

三男廷璐入山来见。

作诗云:"积素连空失涧阿,寥寥山路断樵蓑。玉峰千尺琼为树,竟有人冲雪栈过。"(《文端集》卷三六,四)

三兄张杰过双溪,与公同游,并作诗以示,公喜而赋诗。

《西渠先生侵晨至景麟堂复过双溪日未亭午约行四十余里成一律示予喜而赋之》。

按:张杰,字如三、如山,号西渠。康熙初以明经授苏州府训导,后隐居龙眠山中,享年七十九岁。有《东畲集》和《家居琐言》二卷、《桐城张氏语录》三卷。《笃素堂文集》(卷五)有《东畲集序》。(见《张英全书》本,《四库全书》本未载)

三月十五日,作《文端集自序》。

按:该序在《四库全书》本《文端集》中为《文端集自序》,实际是康熙年间所刻的《存诚堂诗集》二十五卷本自序。

文云:"余自束发学为诗,今自顺治己亥年以迄于康熙壬申,约略凡三十四年,存其诗若干首,为二十五卷。自幼至老,多好言山林农圃耕凿之事,即与人赠答往来,游历之所至,亦不能离乎此。迨年五十以后,山林之思益迫,引退之思愈急,每不惮其言之重复,而恒苦出于不自觉。殆欧阳子所谓年益加老,病益加衰,而其心渐迫,其言愈多欤?余自弱冠即抱此志,每见才俊之士,著作非不多,当其言廊庙,则志耽轩冕;言山林则志耽邱壑。一卷之中,忽而慕夔、龙,忽而慕巢、许,乍浓乍淡,倏近而倏远,情随

境迁，心与物移，令人读之而茫然不知其志之所在，夫诗以言志，虽中更出处进退，而无中变其志之事，洵如此，则其诗可知矣，则其人可知矣。余诗谫鄙，固多重复，而自少至老止言其志之所在，而无暇计论工拙，聊可以免于读其诗不知其志之所在云尔，敢云望古人堂奥哉！既又辑癸酉以后诗，以年月为次序，为《笃素堂诗》若干卷。康熙甲申年三月望日双溪英自序。"（《影印文渊阁四库全书》集部第一三一九册，二七六）

按：是《序》原载康熙四十三年刻本《存诚堂诗集》前，原系《存诚堂诗集自序》。

四月，张廷玉被招至畅春园，询问张英情形。

张廷玉云："是年四月，张廷玉蒙恩招至畅春园，询问臣父家居近况，廷玉一一奏对。命赋诗，廷玉赋七言律二首进呈，蒙恩嘉奖，命交与大学士陈廷敬载入《皇清文颖》中。本日奉旨侍直南书房。自后，辰入戌出以为常，御馔颁赐无虚日。又奉特旨带数珠，此四品官服色也。"（《澄怀主人自订年谱》）

夏，张廷玉入直南书房。

"甲申夏，廷玉蒙恩入直南书房。十二月，充日讲起居注官。府君（按：张英）两具奏折谢恩。复手谕曰：'予侍从内廷三十余年，无事不仰荷圣明教诲指示，得以不致陨越，今汝复承命直庐讲筵地，皆亲切，益宜小心谨慎，以报主知。'"（张廷玉《先考行述》）

八月二十九日，三兄张杰卒，享年七十有九，葬浮山。（《张氏宗谱》卷三，一〇）

张英为传云："（兄）为里门矜式者数十年，易箦时以不作佛事议私谥为戒，识见卓越，可谓醇德君子矣。生平书无所不读，而尤长于史。每举一事，必洞悉源委，谈论娓娓不倦。少年举业之外，复工为诗，著《读史诗》《义斋集》行于世。以所以教子孙者，辑其语为一篇，名曰《家居琐言》，皆深切身心之要。"（《张氏宗谱》卷三〇《列传》七）

按：张杰，字如三，号西渠，治《诗》经，廪贡生。康熙丙辰，选授苏州府学训导。辛酉遇覃恩勅授徵仕郎，丙寅告休回籍，庚辰举乡饮大宾。以子廷琰贵，诰赠中宪大夫，山西汾州府知府，崇祀乡贤祠。生明天启丙寅年五月初八日，卒康熙甲申年八月二十九日，享年七十有九。葬浮山。配潘氏，文学讳映室女，累赠孺人，诰赠恭人。生明崇祯己巳年七月初八日，卒康熙壬寅年五月二十日。（《张氏宗谱》卷三，一〇）

秋日，闲中行吟。有"小圃秋阴暑渐凉，紫薇花发照鱼梁。何人领取闲中趣，团扇行吟百步廊"。（《文端集》卷三六，五）

冬，赐《御制诗集》一函，御书对联二副，松花石砚一方，付二子廷玉遣人赍回。

对联曰："白鸟忘机，看天外云舒云卷；青山不老，任庭前花落花开。""远处尘埃少，闲中日月长。"府君祗领之下拜手稽首曰："圣主垂念衰颓，远颁宸翰，青山不老，日月方长，颂天语之春温，感圣怀之期望，从此草木余年，逍遥林壑，莫非九霄雨露之所长养也。"

十二月，二男张廷玉充日讲起居注官。

文端公《寄廷玉》诗下自注云："予以癸丑岁充日讲起居注官，时玉甫一龄，廷瓒复继予后,今廷玉新有是命,前后凡三次矣。"

除夕夜,有《除夕赋得十韵》。(《文端集》卷三六,五)

是年,八弟张芳,升西安延安两府督捕同知。(《张氏宗谱》卷三,一七)

是年,张英整理出版张廷瓒生前所作诗集《传恭堂诗集》,并贻书门生海宁陈元龙,请为作序。

> 《传恭堂诗集》序末云:"康熙甲申冬日海宁年世侍生陈元龙顿首拜书。"(《四库未收书辑刊》第七辑第二九册,四九)
>
> 按:陈元龙(1652—1736年),康熙二十四年乙丑科进士及第,此科会试开始施行殿试十本进呈之制。此前,进士无十本进呈之例,这一科会试总裁官是刑部尚书张士甄。此科以前十本恭呈皇帝钦定。康熙帝拔陆肯堂进士第一人,陈元龙第二。著有《爱日堂文集》《爱日堂诗集》《格致镜原》等。

康熙四十四年(乙酉,1705年)　六十九岁

新春入山,葺旧馆成。

> 《新春入山》诗云:"野田黄雀啄柴篱,节近青阳草色知。人到小亭耽徙倚,梅花昨夜放南枝。"(《文端集》卷三六,六)
>
> 《葺旧馆成》诗云:"旧业荒芜长绿苔,经营手自剪蒿莱。城头纵览偏宜月,屋角开窗恰见梅。深院杏花围小阁,隔溪柳色入平台。西山翠霭看朝暮,山雨山烟次第来。"(《文端集》卷三六,六)

正月,为同里陈氏作《陈氏续修宗谱序》。(《张英全集》下册,三〇五)

二月九日,上南巡,命皇太子允礽、皇十三子胤祥随驾。次子张廷玉扈从。是日启行,驻跸南苑。(《康熙实录》二一九)

从里中往淮安府迎驾。

> 张廷玉《先考行述》云:"是岁二月,扈从南巡,阅视河工,先公迎驾于清江浦,得见慈颜,比时纪恩诗有:'今朝大慰晨昏愿,御舸前头拜老亲'之句。侍直扬州行宫,蒙恩面谕曰:'汝父远来迎驾,不久便归,汝当随侍左右以尽家人之欢,不必频入内直也。'驾幸天宁寺,命赋诗于御榻前。称旨。"

是月,李光地亦迎驾。

> 《李光地年谱》:"春二月,南巡迎驾,官署火。公扈从于外,家人妇不戒于火,凡公平生编著,盈累箱箧,至是悉毁。今存者,多晚年作。"按:李光地素与公交好,但其现存集中赠答作品不多,当是此次署火之故。

三月三日,迎驾途中,宿山东花家庄。

> 《宿花家庄》诗云:"淮河宿雾转尘沙,上巳春风苦忆家。尽日荒村茅屋里,西园辜负海棠花。"(《文端集》卷三六,九)

时三女张令仪有诗《大人迎驾之淮上》纪之。(《蠹窗诗集》卷五,五)

三月九日，公迎驾于淮安府内。
  "癸卯。上驻跸淮安府城内，致仕在籍大学士张英、原任礼部尚书王泽弘、原任工部尚书熊一潇、杭州将军宗室诺罗布、副都统阿喇纳胡什布陈廷璋来朝。"（《康熙实录》卷二一九）
  《康熙实录》云："乙卯。赐致仕在籍大学士张英御书'谦益堂'三大字匾额、'葆静'二大字匾额、对联二、手卷一。"（卷二一九）
此次迎驾还有弟子陈元龙。扈从途中，公时与陈元龙见面，请其为张廷瓒《传恭堂诗集》作序。
  《爱日堂诗》有："桐城相国馆师自癸未春相见，后别去，又二载矣，兹渡淮迎銮，得瞻风采。每逢行宫驻跸，辄陪坐末，感旧书怀，率成四律。"（卷一三，一）
  其一云："吾师雅量绝追攀，千顷澄波万仞山。自是功高能勇退，非关位极却思闲。怡情烟雨观元化，养素林泉得大还。今日行宫陪杖履，神仙暂领旧仙班。"
  其二云："横经忆昔立书堂，中禁常依几研旁。披拂春风今尚暖，徘徊水镜意难忘。侯生渐老辜磨砺，马帐长违叹面墙。进退不知何处是，君恩师训两徬徨。"
  其三云："长公投分最情深，形影相依比断金。抱志未酬千载恨，遗诗犹见平生心。"（按：长公：指张廷瓒。诗下注云："时师方刻长公少詹先生诗集嘱予作序。"）幸陪爱弟趋丹禁，还见贤郎起艺林。（诗下注云：时次公衡臣编修亦以供奉扈从且闻少詹公诸郎皆能文继起）他日韦平夸盛事，沙痕好在不须寻。"
  其四云："廿年迂拙负师门，将父归田荷主恩。子舍若成终隐地，薄踪便是早归根。经营剞劂当趋走，汗漫篇章愧讨论。（自注云：时予方奉勅在家校刻《历代赋汇》。）遥望龙眠千里近，担簦愿侍笑言温。"（《爱日堂诗》卷一三，二）
  据毛庆耆《新发现赠曹楝亭诗一首》①云："平山少门行昱所著《晴空阁诗集》中有《三月初九日清江浦接驾》《十一日驻跸高桥》《恭和御制赐高旻寺僧纪荫诗原韵》《乙酉闰四月初一日銮回驻跸高旻寺御前应制赋得龙出晓堂云》《初二日御赐澄旷二字恭颂》，在呈赠诗之后还有《恭和御制塔湾行宫诗原韵》《初六日恭送圣驾谢恩》。从前后诗题可知康熙此次乙酉南巡，足迹所至有清江浦、高桥、高旻寺和塔湾行宫，时间从三月初九至四月初六，几近一月。
三月十一日，驻跸高桥。
三月十七日，上驻跸苏州府城内。是日，阖郡文武官员及绅衿军民等夹道跪迎，瞻仰天颜，欢声腾沸。
三月十八日，万寿节，赐领侍卫内大臣公福善、宗室鄂飞和硕额驸尚之隆、大学士张玉书、陈廷敬、致仕在籍大学士张英白金各千两。（《康熙实录》卷二一九）
  "三月，至苏州，特恩赐白金千两，御笔书'谦益堂'、'葆静'扁额及诗扇、对联、长幅计数十种。翌日，又赐内制玻璃器具十余件。"（张廷玉《先考行述》）

---

① 毛庆耆《新发现赠曹楝亭诗一首》，《文教资料》，1997年02期。

三月二十一日，赐致仕在籍大学士张英御书"谦益堂"三大字匾额、"葆静"二大字匾额、对联二、手卷一。(《康熙实录》二一九)

四月八日，张廷玉侧室施氏生。

"施氏以子若澐贵，诰封淑人，晋赠一品太夫人，卒于乾隆庚子年三月初九日。"(《张氏宗谱》卷四，二三)

四月二十一日，上登陆，幸江宁府。是日，驻跸龙潭地方。(《康熙实录》卷二二〇)

四月二十二日，上至江宁府。阖郡文武官员及绅衿军民等，沿途数万，欢迎圣驾。是日，驻跸江宁府城内。(《康熙实录》二二〇)

四月二十四日，赐致仕在籍大学士张英御书二幅。

"是日，上命翰林院掌院学士揆叙考试江宁等府举贡生监等诗字。会同大学士陈廷敬阅卷呈览，以钱荣世等五人记名。上谕明日启行。江宁文武官员、绅衿军民跪祈再留数日。得上旨：'因尔众恳请，再留一日，后日启行。'致仕在籍大学士张英奏曰：'臣忝任大学士，受恩最重。因年老乞休。今幸获睹天颜，祈俯念老臣依恋之意，再留数日。'得上旨：'念老臣恳求谆切，准再留一日启行。'"(《康熙实录》卷二二〇)

闰四月一日，銮回，驻跸高旻寺，上御赐高旻寺主持诗，张英等有和。

《恭和御制赐高旻寺僧纪荫诗原韵》。(《文端集》卷三六，六)

平山沙门行昱《晴空阁诗集》有《乙酉闰四月初一日銮回驻跸高旻寺御前应制赋得龙出晓堂云》。陈元龙《爱日堂诗》(卷一二)《恭和御制赐高旻寺僧纪荫诗》录于是年五月。(《爱日堂诗》卷一三，一)

按：高旻寺，为扬州八大名刹之一。清顺治八年，南河总督吴惟华念维扬黎庶频遭水患，在三汊河创建一座七级浮屠，名"天中塔"，借以镇锁风水，纾缓水患。顺治十一年(1654年)秋，塔成。又在塔的左偏营建梵宇三进，名曰"塔庙"。康熙三十八年(1699年)，康熙第三次南巡至扬州，见天中塔岁久倾圮，欲略加修葺，为皇太后祝釐祈福。两淮盐商得到消息，在江宁织造曹寅、苏州织造李煦倡导下，争相捐金，修缮天中塔并扩建塔庙。康熙四十二年(1703年)第四次南巡，皇帝亲临降香，见旧刹式廓鼎新，庄严宏敞，凭高远眺，旻天清凉，玄气高朗，因赠额"高旻寺"。次年又御制《高旻寺碑记》，颁赐内宫药师如来脱沙泥金佛一尊。其后，曹寅等又在寺院西侧建行宫，规模数倍于寺。康熙第五、六次南巡及以后乾隆帝的六次南巡，均曾驻跸于高旻寺行宫。

据江苏扬州邗江档案馆发现一份清朝康熙年间的奏折《江宁织造曹寅奏以僧纪荫主持高旻寺折》，据此奏折记载扬州高旻寺第一任住持纪荫法师是由曹雪芹祖父曹寅等推荐，并得到康熙皇帝恩准。奏折全文如下："康熙四十三年十二月初十日，江宁织造、郎中臣曹寅谨奏：恭请圣安。高旻寺伏蒙皇上钦赐金佛，梵宇光隆，永垂不朽。但寺内无僧主持。臣寅到任后，访得马迹山有僧纪荫，避世梵修，可以胜任。臣寅会同臣李煦率扬州文武官员商民人等，具启延请，臣僧纪荫再三固辞。随又敦致高旻寺乃皇上临幸之地,且赐有金佛,关系重大,主持必须得人,此正和尚报恩之时等语。臣僧纪荫遂欣然就道。臣寅同臣李煦遴于十二月初八日,率领文武官员商民人等,迎请入院。晨钟暮鼓,顶礼金佛,虔心上为皇太后保釐,庆祝皇上圣寿无疆,以慰中外臣民之愿。今臣僧纪荫具折谢恩,据云昔曾见驾,蒙恩准其具折奏闻。臣寅不敢壅于上闻,理合奏达天听,伏乞睿鉴施行。"(《江宁织造曹寅奏以僧纪荫主持高旻寺折》)

纪荫法师,字湘雨,号宙亭,又号损园。少通儒术,善文工诗。来扬州前,在太湖马山岛中的千年古刹祥符禅寺避世梵修。

闰四月五日,驻跸扬州,赐人参二斤,御用袍帽五件。

"蒙恩谕曰:'汝历朝三十余年,日侍左右,从无过失。今闻居乡亦极简静,可谓善到极地,所赐人参果饵,可留为颐老之需。俟口外有鲜果,再从江南织造处颁赐,汝子力薄,恐不能远臻也。'次日,送驾扬州城外,不孝廷玉随府君跪岸侧。上启船窗,亲谕曰:'尔回去,善自调摄。'又谕廷玉曰:'可善送汝父登舆。'"(《四库全书存目丛书》集部第二六二册,四八〇)

闰四月六日,圣驾回銮。

行昱《晴空阁诗集》有《初六日恭送圣驾谢恩》诗,则回銮在闰四月六日。

张廷玉云:"四月回銮,先公恭送于扬州三汊河之东岸上。上在御舟遥见,温语慰劳,复呼廷玉曰:'可善送汝父登舆。'"

《先考行述》:"上慰谕曰:'汝老年只宜到江宁,何必渡河远来。'遂命登御舟,问家居近况及地方风景。时御制皇船说悬宝座后,上命府君观之,恐遥见未真,上起侧坐,令就屏间细读,见未утверж处上亲为指示,府君奏对时或跪或立,上曰:'汝年老,已谢事,一切礼节可以脱略,不必拘常仪。'府君谢不敢,随以《御制诗》一册,命皇太子同登别舟细看。嗣后凡驻跸处俱入直房,赐御馔时,廷玉亦叨扈从,上面谕曰:'汝父年老,汝可随侍左右,出入必扶掖之。'"

期间,公扈跸登金山寺,作《金山寺》诗。

诗云:"我来扈跸登高阁,遥望烟光接海门。"(《文端集》卷三六,七)

闰四月二十九日,公抵里,具折谢恩。

《为恭请圣躬万安事》云:"天语温谕静养,特赐御用帽一顶、袍一领、套一领,天香异锦,内制辉煌,臣谨奉以留示子孙。又蒙赐人参三斤,灵药珍品,于臣贱体甚宜,从此仰荷圣慈,得以少延残喘,皆天恩之所赐也。臣以四月二十九日抵里,犬马依恋之忱,不能自已,徬徨感愧,惟有涕零。"(《文端集》卷三九,三八)

五月八日,孙张若溭生。

《张氏宗谱》云:"张若溭,张廷璩长子,字珊骨,号饕芋。治《书经》,附贡生,中雍正乙卯科江南乡试第九十六名,候选知县。以侄曾敩贵,嘉庆元年丙辰貤赠朝议大夫,广西庆远府知府。"(《张氏宗谱》卷五,四二)

五月九日,五兄张嘉卒于里。

《张氏宗谱》云:"张嘉,字子发,号西来,治《诗》经,监生,考授州同知。以子廷瑚贵,雍正乙卯貤赠修职郎江西建昌府泸溪县县丞,生明崇祯庚午年十月十六日,卒康熙乙酉年五月初九日,享年七十有六。配李氏,明经讳在公女,貤赠孺人。生明崇祯辛未年十二月二十五日,卒康熙己卯年六月二十九日。"(《张氏宗谱》卷三,一〇)

七月一日,应里中陈君子和之孙畏瞻之请,为作《陈氏续修宗谱序》。

> 序云:"昔人云,本深者枝茂,德厚者流光。祖世之显懿盛业,为后人者可一日忘所自乎?古之道,尊祖莫如敬宗,敬宗莫如收族,此谱牒之所由作也。余居常以此告余族人,冀与仁人孝子共敦古道焉。乙酉之秋,陈君子和次孙畏瞻持谱牒一帙谒吾。而请曰:'此吾陈氏家乘,先叔曾大父宾合公所手辑也。先大父屡欲修明,苦家贫未获卒业。今不佞聊录初稿,愿先生其为我序之。'呜呼!宾合公、子和公暨畏瞻之于仁孝至矣。(后略)余既以怀想子和,而又重畏瞻之是请也,爰为之拜手以序。时皇清康熙四十四年岁在乙酉孟秋之吉,文华殿大学士兼礼部尚书双溪张英拜撰。"(《张英全书》下册,三〇六)

八月,戴名世年已五十二岁,赴顺天乡试,中第五十七名举人。

是月,三子张廷璐应试不举。

> 张廷璐《乙酉放归》云:"天衢未许逐骅骝,愁绝归来拥敝裘。孤馆倦听桃渡雨,扁舟空泛秣陵秋。贪将幻梦寻蕉鹿,赢得闲身对水鸥。一笑劳生成底事,糟床且复问新篘。"(《咏花轩诗集》卷一,一一;《四库未收书辑刊》第八辑第二五册,六九三)

九月九日,重阳节,休居赐金园,有同里金姓子来请序,为作《金氏宗谱序》。

> 文云:"乙酉重九之吉,居赐金园,偕二三老人看菊篱下,适有茂才造门请谒,询之,则金姓卜蒸子也,陈族谱数帙问叙于余,以冠诸首。"(《张英全书》下册,三一三)

秋,作《即事》《兰开二番移盆入庭中》《夜坐》等诗。(《文端集》卷三六,七)

十一月,友人李光地拜文渊阁大学士。(《李光地年谱》)

是冬或下一年冬,公里居山中闲居,日与三十株梅花为伍,自烹绿茶,安享清逸。有《入山看梅花》《岁尽闲居》《除夕》等诗。(《文端集》卷三六,八)

康熙四十五年(丙戌,1706年)　七十岁

二月八日,方苞、戴名世入试礼闱。

> 二月十六日,放牌出闱,方苞、吴士玉、熊本、刘青藜等中式贡士。戴名世落第。(《三祖年谱》;《戴名世先生年谱》)
>
> 法式善《清秘述闻》:"是科考官:吏部侍郎李录予字山公,顺天大兴人,庚戌进士。工部侍郎彭会淇字四如,江南溧阳人,丙辰进士。题'子曰不知命'全章,'唯天下至参矣','设为庠序'二节。会元尚居易字坦然,陕西临潼人。"(《清秘述闻》卷三)
>
> 王士禛《古夫于亭杂录》:"康熙四十五年丙戌会试,总裁官止用二员:吏部左侍郎李录予、工部右侍郎彭会淇。房考皆新差直省督学科道官,余止部属二人。盖所以杜揣摩之弊也。会试总裁,近例用四人,正考皆大学士、尚书为之,变例自是科始。"

同考有:"谕德魏学诚字伪,山西蔚州人,壬戌进士。谕德彭始搏字直上,河南邓州人,戊辰进士。中允吴昺字永年,江南全椒人,辛未进士。编修顾图河字书宣,江南江都人,甲戌进士。编修张逸少字天门,江南丹徒人,甲戌进士。编修赵申乔字行瞻,江南武进人,丁丑进士。编修陈至言字山堂,浙江萧山人,丁丑进士。编修季愈字退如,江南宝应人,庚辰进士。检讨张廷玉字衡臣,江南桐城人,庚辰进士。户科给事中汤右曾字西崖,浙江仁和人,戊辰进士。御史李绅字牧癯,河南延津人,戊辰进士。吏部郎中谢藩字芝原,广东海阳人,己未进士。礼部郎中洗国干字三山,广东南海人,壬戌进士。刑部郎中江鼎金字紫九,湖广荆门人,乙丑进士。"(《清秘述闻》卷一四;《清秘述闻三种》上册,四一五)

按:是年同考官当中,辛未、甲戌、癸丑,丁丑科进士共八人,都出自张英门下。外加张廷玉共九人。方苞所言"由顾与陈",查是年考官中姓顾与陈的,是顾图河和陈至言。一是甲戌科,一是丁丑科。

是年,知贡举王顼龄,为张英同门弟,与张英、张廷瓒的关系都非常好。

王顼龄有《丙戌春日礼闱知贡即事呈同事诸公》。(《世恩堂诗集》卷二三,一)

是科中式举人,共三百十五名。会元临潼人尚居易,蔡学洙居二名,方苞四名,宫鸿历二十五名,汤之旭三十九名,乔崇烈四十六名,吴士玉七十八名,熊本一百一名,张鸣皋一百四名,郑亦邹一百五十四名,傅王雯一百七十名,齐方起二百名,刘菁藜二百二十二名,何煜二百二十五名,徐恕二百三十二名。(《登科录》)

戴名世《忧庵集》有云:"一满洲巨公家,有一仆曰四十七者,年二十余,略通文墨。平生之志,但一识戴、方之面足矣。戴谓余,方谓灵皋也。丙戌会试,来效仆役之劳,凡数日,私谓两家从者曰:'吾观若等事主人不尽心,不知吾瘩瘵中固愿事之而不得者也。'"(五六)

先数日,榜未发,方苞闻母病,遽归侍。

考《登科录》,方苞未赴殿试。门生雷鋐曰:"榜未发,闻母疾,遽驰归。"(《经笥堂文钞》卷下《方望溪先生行状》)新大学士李光地,驰使留之,不得。(《桐城桂林方氏家谱》卷五二)

三月二十三日,传胪。吴士玉、乔崇烈、蔡学洙、熊本、宫鸿历、汤之旭,齐方起、傅王雯、刘青藜、徐恕成进士。(详《进士题名碑录》;《康熙实录》卷一九八)

六月十九日,从弟张佑卒,享年四十有五。(《张氏宗谱》卷四,八)

十一月八日,起居注官满保、张廷玉。(《康熙起居注》,二〇四一)

十二月二十一日,起居注官阿尔法、张廷玉。(《康熙起居注》,二〇六〇)

十二月二十二日,起居注官满保、张廷玉。(《康熙起居注》,二〇六〇)

十二月二十三日,起居注官阿尔法、张廷玉。(《康熙起居注》,二〇六一)

十二月十六日,公七十寿,东宫赐诗。

张廷玉《先考行述》云:"丙戌嘉平月,府君晋七袠觞,东宫赋诗以赐。"

是年,公续纂《张氏宗谱》。

张廷玉《先考行述》云："丙戌复加纂辑（宗谱），撰家传、编世纪，焚膏继晷，至今（按：四十七年戊子）岁八月始成。"

康熙四十六年（丁亥，1707年）　七十一岁

正月，圣驾南巡阅视河工，命廷玉扈从。廷玉因奏请先归觐省，于正月初七日起程。（《澄怀主人自订年谱》、《张文和行述》）

陈廷敬有诗赠张廷玉，诗中言及春暖花开之时，与公相见江南。（诗见《午亭文编》卷二〇，六）

　　《张衡臣编修以扈从先归觐省赠别》诗云："也红亭远柳毵毵，我去君来春正酣。试向亭前传一语，樱桃时节到江南。"

正月七日，次子张廷玉从京师起程回里。

正月，方苞谒公于里第。

　　方苞《祭张文端公文》云："余既南还，谒公里第。北面升堂，始正大义。"
　　据《桐城派三祖年谱》，方苞于康熙四十六年春，归桐城省墓。（孟醒仁，《桐城派三祖年谱》，三四）《祭文》中所言"谒公里第"当是康熙四十六年春。又张廷玉于是月二十一日抵家，据张廷玉《跋王篛林为方望溪书韩子五箴》文，张廷玉此次并未见到方苞。而从是日起，直到四月二十九日，张廷玉一直和张英一起。那就是夏天以后的事了。据此推测，方苞往谒张英在正月二十一日张廷玉抵家前。

时文端公虽身在林泉，但心系国家天下。

　　《祭文》又云："公在林泉，亹亹翼翼。至忠体国，心怀宸极。"

方苞与公相见，见其状态不错，甚感欣慰。

　　《祭文》云："私为世喜，公志未衰。孰期逾岁，遂乘东维。"（《方苞集》，四六八至四六九）

正月二十一日，张廷玉抵家拜见两大人。廷玉不忍去，母趣令就道。

　　公《诰封一品夫人亡室姚氏行实》云："予请假归里，屡蒙圣恩高厚，东宫恩赐优渥，有加无已。去年南巡时，廷玉先归谒母，留里门十日，眷恋不忍去，夫人趣令就道。"（《张英全书》上册，四四一）

正月二十二日，上南巡，启行。命皇太子允礽、皇长子多罗直郡王允禔、皇十三子胤祥、皇十五子允禑、皇十六子允禄随驾。自畅春园启行。（《康熙实录》二二八）

二月六日，陈廷敬扈从，途中作《寄桐城先生》诗。

　　该诗后第二首诗题为《二月十二日晓发济宁作》，则该诗作于二月六日至十二日之间。（《午亭文编》卷二〇，一〇）

二月十九日，与张廷玉一起迎驾于清江浦。

按：顾汧《风池园诗集》(卷三)有《扈从南巡奉命先行抵家数日即赴清江浦接驾四首》，此次康熙南巡扈从者尚有长洲顾汧。

期间，作《恭赋南巡颂德诗》。

诗中有句云："圣怀周八宇，宵旰切维寅。"

二月二十三日，上至清江浦。公与次子张廷玉赶往迎驾。上询问张廷玉母亲的情况，太子书《心经》一幅以赠。

"丙午。御舟泊淮安府清江浦。致仕在籍大学士张英来朝。"(《康熙实录》卷二二九)
公《诰封一品夫人亡室姚氏行实》云："去年南巡时，廷玉先归谒母，留里门十日，眷恋不忍去，夫人趣令就道。后随余迎驾至清江浦，上面问廷玉曰：'汝母今年多少年纪？'廷玉对以'六十八岁，然素多病'。予对曰：'今蒙圣恩垂问，其病自当愈矣。'东宫睿笔书《心经》一幅，面谕廷玉曰：'知汝母家居奉佛，可以此寄归供养。'"(《张英全书》上册，四四一)

二月二十七日，御舟泊扬州府。是日扬州绅衿商民等跪迎圣驾，上赐匾额及对联、书籍、人参。

"赐致仕大学士张英御书'世恩堂'匾额及对联、书籍、人参。"(《康熙实录》卷二二八)
"是岁正月，圣驾南巡，阅视河工，命廷玉扈从，因奏请先归觐省，于正月初七日起程，二十一日抵家拜见两大人。二月十九日随先公迎驾于清江浦，召登御舟，询问先公及先妣年齿若干？有子几人？桐城距此路几何？三月驾至扬州，府君入内直，蒙赐松花石砚一方、玻璃水盛一具，砚有铭曰：'静寿之则，坚润之德。阅几研磨，惟一贞实。'上谕曰：'研铭系朕自制，特以赐尔，细玩当悉朕意。'盖以况府君之为人也。府君逊谢不敢当，而在廷诸公，莫不交口称羡，以为知臣莫如君云。又赐御笔'世恩堂'扁额并对联一副，各种内刻书籍，人参二斤、羊四只、乳饼果饵十数种。"(张廷玉《先考行述》)

三月九日，张英率江宁百姓跪奏恳请圣驾多留数日，上遂多留两日。

"上诣明太祖陵，乘步辇，由东石桥至大门。下辇，由东门升殿，行礼毕，回行宫。致仕大学士张英率江宁百姓跪奏，恳请圣驾多留数日。上曰：'朕原欲明日启行，因张英及众百姓谆请，留一日。后日往燕子矶，再留一日。'"(《康熙实录》卷二二九)

四月一日，御舟泊仁和县武林头地方。四月二日，御舟至杭州府。陈廷敬扈从，作《发武林寄桐城先生维扬》。(《午亭文编》卷二〇，二二)

诗云："湖水盈盈照白头，谢公东阁在扬州。谁期洛下三年别，重作江南两地留。风雨连宵如昔梦，云山今日是归舟。相思不逐春光老，明月长江万古流。"

四月二十三日之前，陈廷敬又作《长水道中又题二绝句寄桐城先生》。

其一云："绿萝烟草芰荷衣，曾约青溪共息机。卜筑江南吾已老，桐山空望白云归。"
其二云："忆昨扬舲下楚州，相邀明月宿江楼。只今人在江南北，况复前期两白头。"
(《午亭文编》卷二〇，七；《清代诗文集汇编》第一五三册)

四月二十三日，御舟泊丹徒镇。(《康熙实录》卷二二九)

四月二十九日，先公乘渔艇送驾于扬州瓦窑厂，蒙天语慰劳，复遣内侍九功送回本舟。

是时,公与次子廷玉最后一别,遂成永诀。

> 张廷玉《先考行述》云:"廷玉即于舟中拜别,洒泪牵衣,不忍遽去,府君急遣之。岂知河干拜辞之日,即为此生永诀之时。呜呼痛哉!"

五月四日,从兄张伊卒。张秉成三子。享年八十有二。

> 按:张伊,"字尧仙,号苍崖,治《诗》经。生明天启丙寅年八月十一日。卒康熙丁亥年五月初四日。"(《张氏宗谱》卷四,二六)

五月,张廷玉一行抵京。

公返里,扬州左太守赠鹤二只,以笼置舟中载归。(《文端集》卷三六,一二)

是夏,有《夏日居五亩园》《移兰》《溪上看芙蓉》等诗。(《文端集》卷三六,一三)

是夏,第二女亡,夫人姚氏疾加重。

> 公《诰赠一品夫人亡室姚氏行实》云:"夫人之病起于廷瓒之丧,当食而气隔,调治半岁稍愈。旧夏又以二女之亡,疾复发。至春加剧,病笃时,犹每日晨起盥漱栉縰,肃衣端坐,未尝偃卧。"(《张英全书》上册,四四二)

八月十三日,侧室刘氏卒,享年五十有六。以孙若霍贵,驰赠太孺人。(《张氏宗谱》卷四,一八)

八月,应姚甥律元之请,为同里江氏国士作《重修江氏宗谱序》。

> 文云:"迩者,天子眷顾老臣,赐归田里,得优游泉石以自娱,与太平草木齋沾圣朝之雨露,而一切人事之酬应谢不与焉。乃姚甥律元有江氏谱序之请,嘻嘻!余之不事此也久矣。……康熙丁亥年仲秋月、赐进士第、予告光禄大夫、经筵讲官、文华殿大学士兼礼部尚书加三级、眷侍生张英撰。"(《张英全书》下册,三一二)

十一月一日,公为戴名世作《戴氏宗谱》序。

> 文云:"余少与戴公孔曼同见知于学使蓝公,因得与孔曼交,朋从讲习,嘉言懿行,皆可师法。……厥后余居馆阁数十年,岁丁卯贡诸生,入太学。孔曼长公田有至京师,以才名冠江南,京师贵公巨卿,无不敬礼田有。余以乡戚故,延至家课子廷璐等,因又悉田有之品与学,一本诸孔曼。……田有之叔祖五周,亦以文行名乡里,余侄孙若昶辈,俱从游其门。……戴氏以孝弟世其家,而其子孙益以孝弟风示一门,则田有、五周辈,可不谓戴氏之伟人耶?"(《戴氏宗谱》卷首;戴廷杰《戴名世先生年谱》七四六;《张英全书》下册,三四〇)

> 按:该文《文端集》中不载,因《南山集》案之故。从此《序》文来看,公及公子与戴氏来往甚密,但在张氏父子的传世作品中未有一字与戴名世有关。可见张氏父子在这点上是相当谨慎的。他们很可能谨慎地将与戴名世有关的文字进行了处理,使后人从传世作品集中看不出张戴二字之间的任何关系。

十一月十一日,三女张令仪四十岁,作《四十自寿诗》。颇有困穷艰难之感。

诗云:"先世遗清白,回头往事非。湿烟炊破甑,霜月照寒机。疾痛人空老,蹉跎愿总违。那堪逢歉岁,八口苦啼饥。"(《蠹窗诗集》卷五,七)

十一月二十一日,孙张若霈侧室林氏生。未育。(《张氏宗谱》卷五)

康熙四十七年(戊子,1708年)　七十二岁

春,姚夫人疾加剧。

正月十五元宵夜,三女张令仪有《戊子元夕》诗。

  诗云:"独拥红炉倦不胜,喧腾厌煞上元灯。愁多无怪心情恶,睡早偏招儿女憎。"(后略)(《蠹窗诗集》卷五,七)

又有《题木兰从军图》《上巳后一日补修禊于双溪》《感怀》(四十过头鬓欲摧,何时方许两眉开。米盐更比官租急,婚嫁翻从歉岁催)等诗,表达了她在生活上的艰难。(《蠹窗诗集》卷五,七)

正月二十四日,次子张廷玉侧室李氏卒。李氏,苏州常熟人,第二女生母也。

二月一日,侄姚士齬卒。

  按《麻溪姚氏宗谱》,是年某月日,姚士齬逝世,享年六十有一,葬于桐之陶冲驿。

  尤珍有《哭姚绥仲宫赞二首》。(《沧湄诗钞》卷六)

三月,作《紫阳朱氏谱序》。

  文云:"吾桐世族,其由他地迁来者,或由江右,或由新安,数传后,率辑有谱牒。此尊祖敬宗收族之大义也。吾族自豫章徙桐,先大参公始编谱牒一帙,至先大夫增世纪以后若干卷付诸梓人,予于丙午岁复重修之,不敢忘先人爱族之谊也。自辛巳归田,而后得与宗老子姓劝侑一堂,陈说祖宗以来懿美轶事,以训勉后生。暇辄与朋好亲戚修旧欢,悦情话,时造朱子志堂之藕塘而游憩焉。志堂之宗祖峍崖先生,我之所自出先大父中表昆弟也。其先世由新安迁桐,始祖成一公为徽国文公之六世孙,迄志堂,历十三世矣。……一日志堂因其族姓日蕃,散而无纪,将举其峍崖先生所辑世谱增订而编次之,乞余为序。余嘉其木本水源之思,与予有同志也,遂乐为序之。康熙戊子年季春吉旦,赐进士出身、诰授光禄大夫、经筵讲官,文华殿大学士兼礼部尚书、姻侍生张英拜手书。"(《张英全书》下册,三一八)

三月十六日,为黄华许方氏宗谱作序。

  末云:"康熙四十七年三月既望,赐进士第、予告光禄大夫、经筵讲官、文华殿大学士兼礼部尚书加二级双溪张英拜撰。"(《张英全书》下册,三二一)

夏日,次子张廷玉奉命出,复致书曰:"汝能尽瘁勿懈,正所以养志。我病已全愈,毋以为念。"(《诰赠一品夫人亡室姚氏行实》,《笃素堂文集》卷一一;《张英全书》上册,四四〇)

六月九日,姚夫人病笃。

六月十日，姚夫人病卒。享年六十九。公身有小恙。

《诰赠一品夫人亡室姚氏行实》云："夫人之病起于廷瓒之丧，当食而气隔，调治半岁稍愈。旧夏又以二女之亡，疾复发。至春加剧，病笃时，犹每日晨起盥漱栉縰，肃衣端坐，未尝偃卧。"（《张英全书》上册，四四二）

《清史稿列传（七）》："张英妻姚氏，桐城人。英初官翰林，贫甚，或馈之千金，英勿受也。故以语姚，姚曰：'贫家或馈十金、五金，童仆皆喜相告。今无故得千金，人问所从来，能勿惭乎？'居恒质衣贳米，英禄稍丰，姚不改其俭，一青衫数年不易。英即相，弥自谦下。戚党或使婢起居，姚方补故衣，不识也。问：'夫人安在？'姚逡巡起应，婢大惭沮。英年六十，姚制棉衣贷寒才。子廷玉继入翰林，直南书房。圣祖尝顾左右曰：'张廷玉兄弟，母教之有素，不独父训也！'卒年六十九。有《含章阁诗》。女令仪，为同县姚士封妻，好学，有《蠹窗集》。"（《清史稿》卷五〇八，一四〇二二；《清代传记丛刊》第九五册，五七四）

《重修安徽通志》："张英妻姚氏桐城人。英位至台辅，姚已为一品夫人，谦谨朴俭如寒门素风，居第京师二十余年，比邻孺妇称为老佛，教子廷瓒、廷玉、廷璐、廷㻞，继登华显，廷瓘、廷瑾文学早卒，诸孙亦掇科第为大官，并以名检自持，一门禀承慈训，家风莫尚焉，卒年六十有九。"（《江南通志》；《重修安徽通志》卷二六六《人物志列女贤淑》六）

《桐城耆旧传》云："张文端公配姚夫人，龙泉学博珠树公女。文端初以翰林官京师，贫甚，或私馈千金，文端弗受也，故人言之夫人。夫人曰：'贫家或馈十金、五金，则童仆皆欣相告，今无端获此，人问所由来，将无惭乎？'文端笑而却之。每典质以办朝餐。后禄入稍丰，夫人率初不改。居常茹素，不事珠玉纨绮。衣浣濯，躬自补缀，一青缣旧衫，数岁不易。文端既为辅相，诸子先后入翰林，屡膺崇封，以象服偕老，家门贵盛。而夫人弥自谦抑，下至臧获、仆妾，皆恤其艰苦。尝有戚党遣婢候问，夫人方补故衣，不识也，问：'太夫人安在？'夫人逡巡起应，婢大惊，惭沮而退。文端寿六十，夫人为礼佛。忽念：人家生日，例召优设宴；今既不尔，胡不移此费以利济乎？即制棉衣百领，施道路饥寒者。其节己好行德类如此。卒年六十九。子文和公尝直南书房，圣祖一日顾左右语曰：'张廷玉兄弟，母教之有素，不独父训也。'盖夫人居京师久，故贤声彻宫壶焉。女令仪，字柔嘉，适姚湘门士封。中年丧偶，习静一室，图史插架，颜曰：蠹窗。好辨析古今事，援笔歌赋，动逾千言。二子皆登仕籍。晚筑南园别墅，池榭亭馆，皆胸中邱壑所营构。著《蠹窗集》十四卷。马其昶曰：夫人能为诗，有《含章阁诗钞》，间与文端酬唱闺中，不以才自矜炫也。《洪范》：'五福。'一曰：'攸好德'，有德而福，其福乃永。夫人之行，是敬姜之遗风也，而福荣过之，其殆可谓'攸好德'者矣！"（毛伯舟点校，马其昶《桐城耆旧传·列女第八》，黄山书社，一九九九年，四一三；《康熙安庆府志》卷二三《慈孝》一三四有传）

三女张令仪《慈大人见背触处伤心杂言六章用以当哭》，叙述了其母病逝前后的一些细节。

其一诗云："云拥幢幡疾似飞,(自注云:是日薄暮,邻近父老见云拥幡旌香车法驾从城上而去,已而先慈上仙矣。)长捐儿女竟西归。割慈忍爱犹闲事,当案总餐老泪挥。"

其二云："分明梦里悟前因,妙像庄严现后身。偶向红尘邀翟茀,蕊宫重证散花人。"

诗下注云："六月朔日,先慈梦妙像庄严,星冠霞帔,缨络缤纷,南面而坐,以为是诸神佛谛视之,乃自身也。醒后即语女辈,自知不祥,岂意甫十日即升天矣。"

其三诗下自注云："殓时著赐衣一袭。"其四下云："予乙酉冬一病垂死,先慈午夜犹祷佛前,遂获痊可。"(《蠹窗诗集》卷五,九)

后姚夫人与张英合葬龙眠山许家圩之双溪。(《张氏宗谱》卷四,一八)

七月,仆音至京师,时次子廷玉正病中,闻之悲恸。

公手谕廷玉:"七月间服药调摄,近已获痊",告诫张廷玉安心养病。"闻汝病,必须调理全痊,方可就道,不必匆遽言归。"并手撰先妣行实寄至都门,委曲纤密,述旧事如在目前,绝不似病中笔墨,廷玉私心为之稍宽。

是月,里人刘辉祖卒,刘辉祖与张廷瓒友善。

方苞《刘北固哀辞》云:"康熙四十七年秋七月,吾友北固归自广东,余与其弟古塘,溯江候于桐,过期不至,而得凶问。"(《望溪集》卷一六)

八月,公续修《张氏宗谱》成。

张廷玉《先考行述》云:"丙戌复加纂辑(宗谱),撰家传、编世纪,焚膏继晷,至今岁(按:四十七年戊子)八月始成。"

八月,孙张若霈中江南乡试第八十名。(《张氏宗谱》卷五)

八月杪,张廷玉在都受吊,粗毕。

九月六日,从兄张克位卒。享年七十有八。

按:张克位,张秉宪四子,字子靖,号萝轩。治《诗经》,邑庠生。生明崇祯辛未(1631)年七月二十七日,卒康熙戊子年九月初六日。配夏氏,湖广黄陂县县丞讳统春女,生明崇祯辛未年六月十八日,卒康熙甲寅年二月初十日。继配齐氏,江西南安同知讳登辅女。生康熙壬寅年十月十六日,卒雍正戊申年正月初二日。一子:圣功。四女:长适刑部郎中姚士暨崇祯癸未进士刑部尚书谥端恪讳文然子;次适廪生童鋐远文学讳奇珍子;三适康熙壬子举人湖广罗田县知县姚士基,崇祯癸未进士刑部尚书谥端恪讳文然子;四适康熙癸酉举人姚士陛,康熙丁未进士陕西阶州知州讳文熊子,俱夏太君出。(《张氏宗谱》卷四,二四)

九月上旬,为同里《许氏宗谱作序》。

文云:"洎十一世伊蒿先生,由岁贡举邳州学博,既升东瓯瑞安之左堂兼摄县篆,靡不叹其贤且廉焉。今先生虽往,而余恒不忘累世交好。因忆许之先代,或仕、或处,或以德业闻于乡里,或以经济著于宗邦,以及孝友劳烈载在史氏,记者难以枚举,而谨纪其绪传之显著,用光于谱牒,且以卜许氏之将兴云。皇清康熙四十七年岁次戊子菊月上浣之吉,赐进士第、光禄大夫、经筵讲官、文华殿大学士兼礼悦尚书加二级、年家眷弟

张英拜撰。"(《张英全书》下册,三一六)

九月中旬,公身体浮肿兼患脾泄。

九月十六日,午后,沉睡不醒。

九月十七日,薨于里第,享年七十有二。

张廷玉《先考行述》云:"九月初三日,(张廷玉)力疾戒程,途次遇南来人辄问府君近况,皆云体已平复,眠食如常。收到二侄若霈乡荐信,益谓府君可藉以加餐饭,岂料九月中旬,府君肢体浮肿,兼患脾泄。十六日午后,沉卧不醒。十七日清晨,元气益觉耗散,府君自知不能起,感念圣恩睿泽未由仰报,伏枕涕泣,口授遗疏遗折,令不孝廷璐缮写,并命不孝廷玉暨诸子孙,时念高厚之国恩,殚竭驽骀之微力,以继生平未尽之忱悃。至未刻,端坐瞑目而逝。呜呼痛哉!不孝廷玉晓夜奔驰,于二十四日抵里,相距仅八日,竟抱终天之恨。是府君无刻不以不孝为念,既恐不孝之死,且忧不孝之疾,所以怜恤安慰之者,无所不至,而不孝荒迷痛苦中,竟不知府君之疾,且不料府君之疾遂至于此也。百日之中,叠遭大故,摧心裂肝,殒身莫赎,呜呼痛哉!府君居官四十余年,朴诚敬慎,表里无间,忠于公家,无毫发私,以故受知圣主,推心置腹,朝夕侍左右,凡国家机密重政,皆蒙清问,下及府君,尽志竭诚,虔共匪懈,一心惟知有社稷,不知有身。退直之时,不语于同列,不告于家人,素性耿介廉静,内刚外和。每廷议时侃侃正论,无所瞻顾。自趋承禁近,历卿班、登政府,位望崇显,而门无私谒。间有以私干渎者,正色拒之而不言其人。生平不沽誉、不市恩,无矫异之行,无表襮之迹。惟勉其职之所当尽,而行其心之所安。上尝语执政曰:'张英有古大臣风。'圣天子哲于知人,无微不照,自非府君忠尽纯诚,端方直亮,安能上膺帝眷,默契天心,忠信交孚,明良一德,初终进退,恩礼兼隆如此哉?处事无一苟且,而于抡才尤慎。当癸丑会试也,府君资在前列,或有问津者,严词屏绝。与先妣相语曰:'贫士家有人赠三金、五金,则童仆欣相告,薪米充然盈庖廪下,至婴儿孺子皆有喜色。今入闱而忽有千金之获,后将何面目对家人孺子?'入闱后,家中经旬乏食,搜得面数斗,遂举家食面汤将一月。不孝廷玉妻父姚端恪公闻之,为咨嗟叹服不置。后遇内廷考教习,每岁承命与静海励公杜讷司其事,府君与励公信誓旦旦,闻者皆为悚惕,诫先兄廷瓒及不孝廷玉曰:'词臣无多任事,所恃以酬主恩、育人才者,惟在试事耳。汝等当勉之慎之,以毋忝家声。'不孝等拜而谨佩之。

至性纯孝,幼失先王母,事先王父柔色下气,先意承志。寒家自大参公以来,代有闻人。巳卯先伯祖钟阳公殉难山左,既而先叔祖大司马坤庵公、孝廉公相继即世,家道中微,先王父意忽忽不乐。府君遂发愤攻苦,冀博一第,为老亲欢。后历清班、登显要,先王父已不及见。风木之悲无时少释,每于焚黄告庙之际,愈亦凄怆。立家庙三楹于厅事之东,遇伏腊祠祭,必竭诚致慎。……著作已成者,有《易经参解》六卷、《易经衷论》二卷、《书经衷论》四卷、《笃素堂文集》十六卷、《讲筵应制集》二卷、《内廷应制集》三卷、《存诚堂诗集》二十五卷、《笃素堂诗集》六卷,其未付梓者有《南书房记注》《学圃斋诗话》《笃素堂诗文后集》若干卷藏于家。尤工书法,行楷皆冠绝一时。

……府君生于崇祯丁丑十二月十六日亥时，卒于康熙四十七年戊子九月十七日未时，享年七十有二。"

《澄怀主人自订年谱》云："先公于七八月间常有小恙，时作时止，每有信至京，皆不令廷玉知，但言眠食如旧。至九月中旬，忽添脾泄之症，数日元气大耗，至十七日未刻，遂捐馆舍。时廷玉方在途次，于二十四日抵里，竟抱终天之恨，泪尽血枯，殒身莫赎，勉偷视息，经理丧事，遣家人至京，赍送先公遗本，并廷玉谢恩奏折。奏到之日，圣心震悼，恩恤有加，并询问廷玉病状，谕令加意调摄。"（《澄怀主人自订年谱》卷一）

老友陈廷敬为作挽诗四十韵并序。

陈廷敬《桐城先生挽诗四十韵并序》序云："桐城先生初以史官特擢长直内庐，阅数载，予始由翰林学士掌院事被宣召，间日月一至，至或更岁时复出，与公联事最久。公洊历院部及参大政，入侍帷幄，出践台阁，予前后在官，未尝与公不相从也。公既予告归，予实忝继公后。公和而不屈，约而能通，口无言过，动为行表，拟量挈德，予多愧焉。典型犹在，哲人云亡。终始之际，得无怆怀。衔恸致词，毕虑情志。"（《午亭文编》卷二〇；《影印文渊阁四库全书》集部第一三一六册，三〇二）

同天游复旦，惟岳降生申。世向百年老，公为千载人。台阶环斗极，箕尾上钩陈。达命元通化，登仙竟若神。龙眠腾赤道，鹏运绝苍旻。时论归前辈，斯文起后尘。过门伤赐第，为位哭霑巾。令德今长在，流徽久不泯。魏征多妩媚，子寿更清醇。履坎平如水，经冬暖似春。共知经术美，直取性情真。有犯心何校，忘机物自驯。罢琴声断咽，别鹤唳频呻。贱子衰庸日，恭承明圣辰。追陪纷感激，迟暮易逡巡。弱植依温树，非材忝积薪。凄凉饱韩菽，潇洒想吴尊。饯宴樽罍盛，班僚祖席匀。湖山疏沼榭，雨露滴松筠。最悭幽栖志，高标独立身。寒更待漏院，羸马子城闉。萧飒惊从众，乖离失所亲。冰兢趋阁道，惶恐接麻纶。往事看调鼎，余波欲问津。酒炉约犀首，卜肆谢严遵。自拔形骸累，宁由禄命屯。且容行坦坦，不觉走踆踆。指口翻成错，摧眉敢效颦。徘徊深殿路，邂逅大江滨。聚散逾三纪，逢迎再浃旬。先生怜故旧，后死痛沉沦。何处青囊药，堪扶涸辙鳞。还丹应有术，冲举岂无因。沟壑叹填委，云霄讶屈伸。葛公泉味洌，苦县李尝新。帝所升贤哲，朝家念旧臣。浮生投净域，上宰佐鸿均。幽赞参轩岐，神功迈渭莘。精诚仍报国，灵爽必殊伦。明月清风夜，无辞入梦频。（《午亭文编》卷二〇，三八）

方苞为作祭文并墓表。

《祭张文端公文》："呜呼我公，为国宗臣。终始一节，帝用忱恂。公如元气，运物无迹。审机正轴，功无与匹。其志其事，异世可知。寸心耿耿，独承恩私。

余幼泥古，孤行自尚。病俗流从，误矫以亢。伊余先世，与公有连。众附恐后，余避不前。北试京兆，牒过礼部。公比群士，谓宜独步。凡在列者，奏公称师。余独自外，接以常仪。谓公余弃，公心以倾。始脱文貌，喻以平生。

岁在协洽，苍龙南御。公来长干，获侍旅寓。谓'国得贤，如室有木。子果能驾，吾推子毂'。余谓'公已，小人有母。衰疾相依，独身无辅。'公鉴其诚，悄然不怡。谓"子固尔,我心则违。"感公拳拳,中如有物。余岂能贤,公知恐辱。

余籍春官,由顾与陈。陈成进士,实出公门。余既南还,谒公里第。北面升堂,始正大义。公在林泉,亹亹翼翼。至忠体国,心怀宸极。私为世喜,公志未衰。孰期逾岁,遂乘东维。公自禁密,经体赞元。明农待老,人无间言。于人无愧,在天曲全。先儒所称,公实应正。在公何悲,邦国之瘝。况于知故,能无心刿?呜呼哀哉!"(《方苞集》四六八—四六九)

《张氏宗谱》云:"葬龙眠山许家圩之双溪"。

许汝霖有《祭桐城张相国》。(《德星堂文集》卷五)王士禛有《闻张相国敦复之讣二首》(《蚕尾后集》卷二);《桐城相国张公挽诗四首》(《南畇诗稿戊子集》),尤珍有《桐城相国张公挽诗四首》(《沧湄诗钞》卷六)。

《重修安徽通志》(卷五九)《舆地志陵墓》:"赠大学士张秉彝墓在桐城县仓基墩。奉旨谕葬。""大学士张英墓在桐城县龙眠山双溪。奉旨谕葬。"

《康熙安庆府志》(卷四)《陵墓》(八三)云:"张英墓在县北西龙眠双溪,与夫人合葬于此。"又云:"少詹事张廷瓒墓在桐城县北峡关。大学士张廷玉墓在桐城县龙眠山双溪,奉旨谕葬。"

附录一　身后事

康熙四十七年（戊子，1708年）

九月二十四日，公当年受命教习的皇太子允礽被废，诏告天下。

"允礽自立为皇太子，时勤教谕，并简名望大臣，为之讲明性理。历有年所，顾秉性乖戾，罔体朕心，违背朕训。虽愆尤日积，尚冀其悔悟自新。屡次南巡江、浙，西巡秦、晋，皆命允礽随行。原望其谙习地方风俗、民间疾苦，乃辄强勒督抚大吏，及所在官司索取财贿。所用宵小匪类，尤恣意诛求，肆行攘夺。夫地方物力，皆属小民脂膏，朕屡谕允礽，宜加节俭。伊乃穷奢纵欲，逞恶不悛。既已苛索外吏，复夺取外藩入贡马匹等物。私用内外库帑，为数甚多，流毒臣民，安所厎极。迩来暴虐慆淫，过端弥著。自诸王以及大臣官员，悉被非礼凌辱，横加捶挞。向因索额图、常泰交通设谋。朕洞觉其情，置索额图于死，而允礽时蓄忿于心，近复有逼近幔城，裂缝窥伺，中怀叵测之状，凡此举动，类为鬼物所凭，狂易成疾。书曰：'天视自我民视，天听自我民听。'人心所恶，天必厌之。宗社事重，何以承祧？朕图维再三，万不获已，于康熙四十七年九月十八日，奉皇太后慈命，告祭天地、太庙、社稷，特废黜拘禁，所以仰安宗祐、俯慰臣民也。兹历指废黜之由，宣示中外。又因允礽贪暴纵恣，被累者多，深切轸念。爰敷宽恤之深仁，并布普施之德意，用弘怀保，丕被寰区。于戏！澄清国本，谨万年久远之图。诞沛恩膏，涣九重惇大之诏。布告天下，咸使闻知。"（《康熙实录》卷二三四丁酉日）

九月二十九日，皇八子被告谋害皇太子，被锁拿。

《康熙实录》云："壬寅。上召诸皇子入乾清宫。谕曰：'当废允礽之时。朕已有旨，诸阿哥中，如有钻营谋为皇太子者，即国之贼，法断不容。废皇太子后，允禔曾奏称允禩好。春秋之义，人臣无将将则必诛，大宝岂人可妄行窥伺者耶？允禩柔奸性成，妄蓄大志，朕素所深知。其党羽早相要结，谋害允礽。今其事皆已败露，著将允禩锁拏，交与议政处审理。皇九子允禟语皇十四子允禵云：'尔我此时不言何待？'允禵奏云：'八阿哥无此心，臣等愿保之。'上震怒，出所佩刀欲诛允禵。皇五子允祺，跪抱劝止。诸皇子叩首恳求，上怒少解，命诸皇子挞允禵，将允禟、允禵逐出。"（卷二三四）

按：邓方诚《清诗纪事初编》中将公之死与皇宫之乱联系起来。

邓之诚《清诗纪事初编》云:"张英,字敦复,桐城人。康熙六年进士,入翰林。官至文华殿大学士,四十年予告归。四十七年卒。年七十二。谥文端。事具《清史列传·大臣传》。撰《双溪集》。为《存诚堂诗》二十五卷、《应制诗》五卷、《笃素堂诗》七卷、文十六卷。《四库全书》改称《张文端公集》四十六卷。误《应制诗》四卷。文为十卷。时文虽未能工,而雍容大雅,颇耽田园之乐。纪事之文,足备参稽。《饭有十二合说》《恒产琐言》《聪训斋语》,语多退让。盖康熙十二年,英首以文学入直南斋,兼日讲,傅东宫,以至台阁。同时徐乾学、叶方蔼、高士奇诸人,立党相竞,多所凌忽。英与陈廷敬甘心自下,始得保全。英乞假家居者五年,未及仗朝,遽以引退,以不与翻覆之局为幸。然许志进《谨斋诗稿》有《桐城相国挽诗》四章,作于太子再废之时,盖追挽也。其次章云:'往者□□祸,株连尽老成。呼冤填北寺,谪戍走边城。牛李终相怨,圜绮去亦轻。仙人衡岳里,导气失长生。'明明谓英之去国,由于党争,其没也,由于恐惧。英没于是年九月,与太子之废几于同时,虽非严谴,而忧危震憾,殆有不得其生者矣。阅两月,恤典始下,亦非故事。"(《清代传记丛刊》第二〇册,五八一至五八二)

戴廷杰也依据戴名世送别诗(详见本谱康熙四十一年二月六日)、近代诗人陈衍的评说及许世进的挽诗,认为公之归田及去世似有隐情。(详见《戴名世先生年谱》四七一)笔者认为,公解甲归田,一心想离开宫廷,当然与远离政治斗争和名利追逐的心里有关。但其谢世情况,笔者以为主要还是缘于四十七年六月妻姚氏的病逝,对他影响甚大,使其失去生活的精神依托,遂于不久疾发而逝,似于皇室之乱并无大关系。

十一月七日,予故致仕文华殿大学士张英祭葬,又加祭一次,谥文端。(《康熙实录》二三五)

十一月十一日,三女张令仪作《戊子生日》诗,表达了对双亲的思念之情。
  诗云:"今朝设帨思依依,太息回头万事非。双佛难追伤后死,断鸿无恙幸南飞。(诗中自注云:二弟抱病初愈,近自北归。)升沉自譬身如梦,俯仰空余泪满衣。华发萧疏看已矣,寸心何处报春晖。"(《蠹窗诗集》卷五,九)

张令仪又有《双溪感旧》诗。
  其四云:"苦谢华簪事耦耕,七年花木费经营。伤心永断龙眠路,亭子秋妍始落成。"
  诗下自注云:"先大人成秋妍亭后即抱病不起。"(《蠹窗诗集》卷五,一〇)

康熙四十八年(己丑,1709年)

二月,谕赐经筵讲官文华殿大学士兼礼部尚书加二级予告谥文端张英碑文:
  国家慎简良弼,所以赞治化之隆;优恤老成,所以昭恩礼之厚。其有公忠矢节,位益显而弥勤;恪慎持身,岁历久而匪懈。其生也,克副委任;其殁也,宜示褒崇。以励臣工,以光史册,典至巨也。尔张英学术醇粹,器宇弘深。自入词垣,早登讲幄。初启直庐于殿侧,即令珥笔于禁中。清秩频加,爰作翰詹之长;崇阶洊历,旋为典礼之宗。总三署之清华,籍一官之兼摄。遂乃命襄机务,简任纶扉。三十余年,常承顾问于左右;百尔庶职,具瞻德望之端凝。本缜密以居衷,始终不易;殚靖共以宣力,表里无惭。待物有容,允矣休休之度;守官惟敬,凛哉翼翼之心。如止水之常澄,素怀淡定;若春风之自蔼,善气冲和。公尔忘私,真一心而一德;清而不矫,洵无倚而无偏。正藉老成,共襄上理。乃以年齿渐迈,屡疏陈怀,因念劳瘁既深,勉从厥志,许安车而旋里,俾娱老于故园。前者省方莅止,尔犹扶杖来迎,即宠赉之有加,期大年之克享。忽闻溘逝,深切悯伤。旧德久彰,新恩载沛。锡"文端"之嘉谥,备典礼以酬庸。呜呼!风度犹存,念谟猷于往昔;丝纶重布,贲荣宠于无穷。永峙丰碑,昭垂奕世,不亦休欤?(《康熙安庆府志》卷二四《诰勒》一五)

康熙四十九年(庚寅,1710 年)

十月二十四日,上遣马逸姿前往谕祭。

皇帝遣江南安徽宁池太庐风滁和广等处承宣布政使司布政使加四级马逸姿谕祭予告经筵讲官、文华殿大学士兼礼部尚书加二级谥文端张英之灵曰:"国家慎简良弼,翼赞鸿猷。其有受知最深、历试咸称、夙夜匪解、久暂无渝者,则必生沐宠荣,殁加优恤,用备饰终之典,以弘惠下之仁。尔张英秉性冲和,居心醇谨。早登甲第,即践清华;继侍起居,实殚勤慎。表典型于艺苑,播誉望于卿班。简置纶扉,用襄机务。宠而知戒,弥存翼翼之小心;公尔忘私,咸美休休之大度。侍禁廷者垂三十年,守素履者常如一日。正资启沃,长佐升平。乃以衰病乞休,情词恳切,爰命原官致仕,乘传归乡。每当南幸而来迎,时垂存问以眷顾,备加锡赉,用示优隆。顷因尔室云殂,亟命尔子宣慰,岂意忽婴疢疾,遽至沦亡。深切哀恫,载稽典礼,赐以祭葬,谥曰'文端'。呜呼!贲纶綍于重泉,仪型已邈;垂鼎钟于奕祀,令问长昭。灵其有知,尚克歆享。"

按:马逸姿(1662—1722 年),字隽伯,又字骏伯,又字紫岩,陕西武功人,马瑈嗣子。二十三年,筮仕直隶霸州,旋擢刑部副郎,迁兵部郎中。二十九年,司榷浒墅,迁逝江驿传道。三十一年秋,丁内难,服阕,补湖广岳常道,调江南苏、常督粮道,升江苏按察使。四十八年冬,迁安徽布政使,逾三载罢归。又七年,特命督理子牙河。六十一年,卒于位。得年六十有一。

十月二十六日,上遣马逸姿前往谕祭。

皇帝遣江南安徽宁池太庐风滁和广等处承宣布政使司布政使加四级马逸姿谕祭予告经筵讲官文华殿大学士兼礼部尚书加二级谥文端张英之灵曰:"眷怀旧辅,饰终既举于彝章,笃念前劳,优恤宜加夫异数。爰被哀荣之典,用酬翊赞之勤。尔张英学术醇正,品行端凝。自讲幄而长词垣,由月卿而升纶阁。服官既久,敭历不离于内廷;内务克襄,敬慎益彰于晚节。虽引年而求退,恒注念而不忘时问兴居,屡颁赐赉,方期寿考,以乐林泉。遗奏忽陈,轸怀弥切,特申加祭,用示殊恩。呜呼!风度如存,想遗芳于黄阁;勤劳不泯,永著美于青编。惟尔有灵,尚其来格。"(《康熙安庆府志》卷二四《诰勒》一六)

十二月一日，公葬于龙眠山之双溪，元配姚夫人祔焉。见张鹏翮《清诰授光禄大夫经筵讲官文华殿大学士兼礼部尚书致仕文端张公墓志铭》。(《张氏宗谱》卷二八,四〇)

康熙五十年(辛卯,1711 年)

五月十九日，康熙皇帝表达了对张英等老臣的思念之情。
"丁未。谕大学士等曰：'朕自幼读书，见大臣多不能保其初终，故立志待大臣如手足。不论满汉蒙古，非大奸大恶、法不可容者皆务保全之。五十年来，如大学士蒋赫德、卫周祚、李霨、杜立德、冯溥、黄机、吴正治、王熙、李之芳、宋德宜、梁清标、李天馥、张英、熊赐履、吴琠、陈廷敬皆以年老告辞。林下怡养，保全名节。朕亦未尝少忘，常使人存问，始终如此。凡在朝诸臣，朕待之甚厚，伊等亦矢忠尽力。历数十年之久，与朕同须发皤然矣。朕念宿学老臣，辞世者辞世，告退者告退。每每伤心痛哭，今又有大学士张玉书之事，朕悲悼不已，故援笔作挽诗一首，令尔等知之。'"(《康熙实录》卷二四六)

康熙五十一年(壬辰,1712 年)

四月二十日，传谕优待老臣之子张廷玉。
"壬申。谕吏部："原任大学士熊赐履，宿学老臣，历任多年。朕初立讲官，熊赐履早夜惟谨，未尝不以内圣外王之道，正心修身之本，直言讲论，务得至理而后已。况品行清正，学问优长。身殁以后，朕屡加赐恤，至今犹轸于怀。原任大学士张英、张玉书，朕因眷念旧劳，伊等之子，俱已擢用优升。熊赐履之子，虽未中式，但伊只有一子长成，应照张英、张玉书之子，一例推恩，著调取来京，酌量录用，以示朕不忘耆旧至意。"
(《康熙实录》卷二五〇)

好友大学士陈廷敬故。上遣皇三子允祉及大臣侍卫等往奠茶酒，命各部院满汉大臣往吊。

十月二十七日，上命禁执皇太子党羽大司寇齐世武等。
"壬午。上御畅春园大西门内箭厅。召诸王、贝勒、贝子、公、文武大臣、谕曰：'今国家大臣，有为皇太子而援结朋党者。诸大臣皆朕擢用之人，受恩五十年矣，其附皇太子者，意将何为也？此事惟鄂缮知之。'遂召出都统鄂缮及尚书耿额、齐世武，问之。鄂缮叩首奏曰：'臣蒙皇上豢养擢用厚恩，若果知此，岂敢隐讳？'耿额奏曰：'臣实不知，知之敢不陈奏。'齐世武奏曰：'臣于各处并不行走，此事诚不知也。'上曰：'朕闻之久矣，因访询未得其实，故遣人追问都图云：今有人首告，供出尔党，尔据实奏闻。不然，将尔族诛。所以都图俱开写陈奏矣。'遂出都图所奏折，又将包衣达张伯良缚出，令其在副都统内认看，召出副都统悟礼，问张伯良曰：'实有此人乎？'张伯良奏曰：'是实。'上问诸臣曰：'苏满已查边去，杨岱为何不来？'诸臣奏曰：'因病未来。'上问张伯良曰：'有杨岱乎？'张伯良奏曰：'有一年老都统。'上问都统迓图曰：'尔知鄂缮行事否？'迓图奏曰：'鄂缮在众前，常言感激皇恩，欲行效力。其暧昧事，臣不得知。'又问曰：'有汝否？'迓图奏曰：'无。'上顾鄂缮等曰：'朕不得实据，岂肯屈无辜之人？尔等谓朕年高，邀结党与，肆行无忌。今在朕前，尔等能行何事？且有何颜面，仰视天日？诸臣内不入尔党者甚多，尔等视之，宁不愧乎？'悟礼奏曰：'臣蒙皇恩，授为副都统。又身系宗室，岂肯行此等事？臣居宅与鄂缮宅近，鄂缮曾具酒食延臣是实，并无与伊等结党之处。'齐世武奏曰：'臣性不能取悦于人，素无朋友，久在皇上洞鉴之中。不知都图为何仇恨扳臣？此等之事，臣并不知。惟有鄂缮延臣用饭一次，臣亦延鄂缮用饭一次。若果结朋党，自当族诛。'上曰：'尔云各处俱不行走，为何又供出彼此延请之事。'齐世武奏曰：'鄂缮之母系佟氏，以舅呼臣，故有彼此延请之事。'上曰：'齐世武乃最无用之人，犬豕不如，伊等将如此龌龊之人，援入党内，有何益处？'又指耿额曰：'耿额，乃索额图家奴，在乌喇时，谄媚索额图，馈送礼物。于索额图案内，即应诛戮，朕特宥之。今乃负恩，造谋结党，伊等所行，皆由于耿额。'耿额叩首奏曰：'臣蒙皇上隆恩，苟有此事，即当凌迟。'上曰：'索额图之党，竟不断绝，俱欲为索额图报复。岂伊等祖父，皆索额图之奴仆乎？此事，正黄旗大臣无不知之。'又指鄂缮，顾诸王曰：'曩者鄂缮自谓为郭尔罗氏，欲入朕之旗分内。朕不俞允，隐之至今，未一明言，伊并不思朕之恩德，反结朋党妄行，洵不肖之人也。'又谕曰：'凡人有所甚爱之子，亦有所不甚爱之子。奴仆中有亲近用之者，亦有不亲近用之者。为人子，为人奴仆，岂可不安分而妄行乎？以酒食会友，有何妨碍，此不足言。伊等所行者，不在乎此。夫效力者，在行间用命，方可谓之效力。如都统能操练旗兵，护军统领能训练护军，前锋统领能训练前锋，文臣能洁己办事，此可谓之效力。伊等欲因皇太子而结党者，何也？皇太子，朕之子。朕父子之间，并无他故，皆伊等在其间生事耳。此辈小人，若不惩治，将为国之乱阶矣。伊等著监禁在宗人府。都图不久即到，俟其到时，即行质审。鄂善、耿额、齐世武、悟礼著锁拏。'"（《康熙实录》二五一）

康熙五十四年（乙未，1715年）

正月二十七日，上叨念。

甲子，又谕："朕前日考试翰林，竟有不能诗文之人，诗中有用习坎等字者，此因朕素讲《易经》，故皆滥用，不计切题与否。彼皆以荒疏已久为辞，部院司官有办理之事，犹可云荒疎，翰林理应读书，亦云荒疏可乎？今之翰林，迥不如昔，如熊赐履、张玉书、张英、陈廷敬、徐乾学、徐元文、徐秉义、王士禎等学问俱佳。又如内廷行走，及武英殿修书翰林，亦较在外翰林不同，诗文皆大方，总由每日纂修校对之故也。"（《康熙实录》卷二六二）

康熙五十六年（丁酉，1717 年）

四月十三日，上议政时又提及张英。

> 丁酉。谕大学士、九卿等曰："近来米价，必不能如往年之贱。昔大学士张英，曾奏桐城县米价，银一两可得三石。现今四川米价亦复如此。云南、广西、贵州米价亦不甚贵。大抵户口稀少，则米价自贱。今太平日久，生齿蕃息，安能比数十年前之米价乎？户口殷繁，固是美事，然当预筹安养之策。今将米石运送各处，或平粜、或赈济，不过仅可糊口，未必即能充裕。张伯行曾奏于永平府设立社仓。永平知府，近日行之甚苦。社仓之法，既属难行，通仓米石有余，不如运送各州县为便。"（《康熙实录》卷二七二）

康熙六十一年（壬寅，1722 年）

十一月十三日，龙驭上宾，普天哀恸。

> "廷玉匍匐乾清宫，号泣累日，夜则斋宿于吏部。世宗宪皇帝缵承大统。"（《澄怀主人自订年谱》，张若澄《张文和行述》）

十一月十五日，赠太子太傅。时雍正帝登基，次子张廷玉受到重视。

> 特颁恩旨："大事典礼繁多，文章关系紧要。侍郎张廷玉为人老成，着兼学士衔，协同掌院学士阿克敦、励廷仪办理翰林院文章之事。"是时，梓宫在乾清宫，上以东厢为苫次，席地而坐，晨夕涕泣，群臣入奏事，则忍泪裁断。凡有诏旨，则命廷玉入内，口授大意，或于御前伏地以书，或隔帘授几，稿就即呈御览，每日不下十数次，皆称旨。蒙恩谕曰："朕在藩邸时，不欲与廷臣相接，是以未识汝面。曩者奉皇考命，会同大学士办理公事，汝以学士趋跄其间，朕见汝气度端凝，应对明晰，心甚器重之。询之旁人，知为吾张师傅之子，朕心喜曰：'吾师有子矣。'后闻汝官刑部、吏部，皆有令名，更为喜慰。今见汝居心忠赤，办事敬诚，益知为天祖所笃生，皇考所教养，成兹伟器，以辅翊朕躬也。汝其勉之。"廷玉感激叩谢，涕泗不能止。阅数日，奉特旨，以臣父宣力先朝，教读皇子，恪勤端谨，历久不渝，着追赠太子太傅，以示恩眷。廷玉叩谢天恩。蒙谕曰："此朕仰体皇考圣心也，尔可至梓宫前叩谢。"（《澄怀主人自订年谱》；张若澄《张文和行述》）
>
> 按：奉旨之日当为十一月十八日，《澄怀园诗选》有《纪恩诗并序》记当日之事云："上嗣位之初，特隆谕旨：念臣父宣力先朝，公忠勤慎，敕部议赠宫保，并谕臣曰：此体皇考圣心也，应至梓宫前申谢。臣闻命之下，感激涕零，伏地不能起。"（《澄怀园诗选》卷一一，一）
>
> 又《国朝先正事略》云："世宗御极，有甘盘旧学之思，赠太子太傅。赐额曰：'师模如在。'又曰：'忠纯贻范。'雍正八年，诏入祀贤良祠。"（《国朝先正事略》卷七名臣二四《张文端公事略》二四—二七）

雍正十一年(癸丑,1733年)

九月十六日,谕祭于本籍。

"九月十六日,奉上谕:'朕已降旨,谕祭贤良祠大学士张英于本籍,大学士张廷玉著给假数月,于十月十三日起身回家,举行典礼。张若霭著随去,其族中子弟若有在京闲散职衔可以暂假者,准其随回襄事。江苏学政张廷璐亦著给假暂回本县,其学政印务,照例交与督臣代管,俟事竣仍回本任。'随具奏:'族中子弟在京居闲散之职者,有刑部司务张若宣,又有新授广西永安州知州张若矩,恳恩给假,随回本籍,赞襄祀事,奉旨俞允。本月,赐白金一万两,为祠宇祭祀及长途资斧之用。'"(张廷玉《澄怀主人自订年谱》)

乾隆四十年(乙未,1775年)

七月,姚鼐同左一青、张应宿同入北山,游双溪,有《游双溪记》。

《记》云:"乾隆四十年丁巳,余邀左世瑏一青、张若兆应宿。同入北山,观乎双溪。一青之弟仲孚,与邀而疾作不果来。一青又先返,余与应宿宿张太傅文端墓舍。大雨溪涨,留之累日。盖龙溪水西北来,将入两崖之口,又受椒园之水,故其会曰:双溪。松堤内绕,碧岩外交,势若重环。处于环中以四望,烟雨之所合散,树石之所拥露,其状万变。夜共一灯,凭几默听,众响皆入,人意萧然。

当文端遭遇仁皇帝,登为辅相,一旦退老,御书'双溪'以赐,归悬之于此楣,优游自适于此者,数年乃薨,天下谓之盛事。而余以不肖,不堪世用。亟去,早匿于岩窦,从故人于风雨之夕,远思文端之风,邈不可及,而又未知余今者之所自得,与昔文端之所娱乐于山水间者,其尚有同乎耶? 其无有同乎耶?"(《惜抱轩诗文集》卷一四,二二四)

按:姚鼐(1731—1815年),字姬传,一字梦谷,世称惜抱先生、姚惜抱,安徽桐城人。清代著名散文家,与方苞、刘大櫆并称"桐城派三祖"。乾隆二十八年(1763年)中进士,任礼部主事、《四库全书》纂修官等。年才四十,辞官南归,先后主讲于扬州梅花、江南紫阳、南京钟山等地书院四十多年。著有《惜抱轩全集》等,曾编选《古文辞类纂》《五七言近体诗钞》。

乾隆四十七年(壬寅,1782年)

十月,姚鼐游文端晚居双溪,缅怀之。

附录二　行述、传记

先考予告光禄大夫文华殿大学士兼礼部尚书谥文端敦复府君行述

　　呜呼痛哉！府君竟舍不孝廷玉等而长逝耶！府君素善颐养，自乞休以来，虽神气渐弱，而视听不衰。不孝廷玉远宦京华，不获侍膝下。今夏六月扈从口外，抱病月余，七月十七日闻先妣讣音，五内迸裂，几频于死。仰蒙圣恩矜恤，温谕周详，令节哀调理，以慰府君之望。不孝勉强偷生，匍匐就道，尚冀归而奉晨昏，侍色笑，岂意遽罹大故，抱恨终天，呼抢无从，泪枯血尽，奄奄视息，死且无期，尚何能执笔为文述府君行事哉！且府君三十余年以来，侍从禁廷，参与机务，嘉谟谠论，夙夜赞襄者，皆在密勿深严之地，人之所不及知，退食时从无一语及公事。不孝等虽日侍左右，亦不敢请问所为。今纵欲为文追述，而见闻有限，挂漏良多，又乌足以道府君万一哉！然窃念府君遭逢圣主，受知最深，异数殊荣，皆史册之所罕见，倘不及今日粗陈梗概，志鸿恩于不朽，且令府君一生忠孝大节，嘉言懿行，或至隐而弗彰，不孝等死不足塞责，谨和血吮墨，就不孝等稍有知识以来所亲见闻，苦块昏愦中，所仅能记忆者，略为诠述。伏冀当代大人先生垂鉴焉。

　　府君讳英，字敦复，号圃翁。先世自豫章迁桐，六世而高王父怀琴公，成隆庆戊辰进士，筮仕永康令，举循良第一，所至廉能著闻，历官至大中大夫、陕西布政使司左参政。曾王父恂所公，以文学封中宪大夫，抚州府知府，赠正议大夫、广东按察使。先王父拙庵公，以明经考授别驾，封文林郎、内弘文院庶吉士，加一级。三世俱以府君贵，累诰赠光禄大夫、经筵讲官、文华殿大学士兼礼部尚书，加二级。高王母尹太君、曾王母齐太君、王母吴太君，俱累诰赠一品夫人。先王父生子七子：长，先伯文学子敬公，讳克俨。次二，先伯文学桃村公，讳载。次三，先伯苏州学博西渠公，讳杰。次五，先伯国学授州司马西来公，讳嘉。次七，先叔奉政大夫、直隶大名广平郡丞一斋公，讳夔。次八，叔父奉政大夫、现任陕西西延郡丞秋圃公，讳芳。府君行六，生而天挺秀异。童子时即严毅庄重，不苟言笑。六岁出就外傅，四子五经书过目成诵，日记数千言。丙戌十岁，遭先王母之变，哀毁过成人。辛卯，从三先伯读书石门僧舍，专攻制举业，旁及词赋骈丽之学。癸巳，娶先妣姚太君。甲午，应童子试，学使者山左蓝公润深加赏识，拔置府庠第四，补博士弟子员。丁酉科试食饩，自是试辄高等，而禀气素弱，患疾历三载不愈。凡欲食药饵之属，皆先妣手自调治，衣裳簪珥典鬻殆尽。至庚子岁始痊，一切家事皆付先妣经理之，独肆其力于学，与三先伯读书家园中,相对手一卷不释。每当霜寒星落之时,一灯荧然,伊吾之声达于巷外。自"六经"《左》《国》以及《庄》《骚》、子、史、两汉、唐宋之文,靡不搜讨淹贯,为文根极理要,纯粹精深,与里中名俊建瑟玉堂文会,复与齐公邦直、许公来会,潘公江,暨三先伯为五子,《诗艺》至今脍炙人口,习《芑经》者奉为津梁焉。癸卯,举乡试第十二名,受知于同考即墨黄公贞麟,主考大兴王公勋、茌平王公曰高。甲辰,公车不第,归益专攻制策。丁未捷南宫第六十一名,受知于同考临汾蒋公道,主考三原王公宏祚、真定梁公清标、益都冯公溥、宛平刘公芳躅,殿试二甲第四名。时读卷为高阳李文勤公激赏不置,有"国士"之目。选内〔弘〕文院庶吉士,习清书,教习为帅公颜保、范公承谟。是冬,恭遇恩诏,加一级,敕封先王父如其官,赠先王母孺人。十一月,先王父卒于家,府君闻讣,哀号擗踊,几不欲生,奔丧归里。家故寒薄,至是生计益贫,至不能给朝夕,而府君悉安之。庚戌服阕,入都补原官,教习为折公库纳、张公凤仪、傅公达礼、熊公赐履。府君时习清书,尽心研究,每遇馆试,辄裒然居首。壬子秋散馆,钦定第二,授翰林院编修。癸丑,分校南宫,取岳君葱等十二人,皆一时名宿。三月京察一等,称职,诏试词臣于翰林院,试《河源考》《南苑赋》各一篇。《大阅恭纪诗》二十韵。府君名列第三。

　　是年春,上御讲筵,谕掌院学士傅公、熊公,选文学之臣醇谨通达者入侍左右,讲论经史。二公以名进者四人,为今大学士李光地及蔡公启傅、耿公愿鲁,而府君名在第一。遂有每日进讲之命。上每幸南苑,府君必珥笔以从。五月,充《孝经衍义》纂修官。七月,充日讲起居注官。尝扈从南苑,夜值风雨,上在行宫谕曰:"翰林官油幕未具,得无有沾湿之苦。"时漏下三鼓,命中使至学士傅公达礼帐中传谕,移于五店皇庄安宿。傅公回奏曰:"臣已为料理,何敢烦圣虑。"时府君已就枕。翌日,傅公传上谕,因赋纪恩诗以进。十月,上于讲筵谕学士曰:"翰林官清贫,巡行扈从,所以备顾问资讲论也,无令艰于资装。"嗣后帐幕、饮食、马匹、器具,皆给于内府,著为令,以示优眷。是冬,赐貂皮朝衣一袭,貂裘一袭,白金五十两。自是图书、翰墨、丰貂、紫绮之赐岁数至焉。乙卯十二月,恩诏加一级。丙辰,升左春坊左谕德兼翰林院修撰,奉命同崐山叶文敏公为《孝经衍义》总裁官。丁巳,擢翰林院侍讲学士,赐御书"清慎勤""格物""忠孝""存诚"扁额。十一月,特旨以侍讲学士支正四品俸,入直南书房,赐第于西安门内瀛台之西。词臣赐居内城者,自府君始。自是以后,日直南书房,戴星出入。饮馔给于大官,笔墨侧理之属皆取于尚方,珍果膳馐之撤自御筵者,无时无之。每日,上御乾清门听政后,则召至懋勤殿。辰巳前讲经书,午后论史。皇上以天纵神圣,虚怀向学,披览典籍,殚究义理,日有程课,不自暇逸。

　　当是时,滇黔寇贼未平,皇上方宵旰殷忧,而将帅之四征者,咸待庙谟指示,九重之措兵筹饷,殆无虚晷。犹日御讲筵,与儒臣讨论古昔。府君仰圣德之渊深,庆遭逢之不偶,备竭其底蕴以敷陈于黼座之前。而皇上仁覆海内,念切民依,讲诵之余,恒咨询及穷檐疾苦。府君仰承德意,凡民生之利弊,年谷之丰歉,知无不言,皆蒙嘉纳,详载《南书房记注》中。故《秋日咏怀》诗云:"幸遇细旃清暇日,时将水旱达岩廊。"可以见当时对扬之大略矣。十二月二十三日,赐《书经大全》《四书集注》《文献通考》,皆内府藏板,册首各识御玺,用给宝藏。阅四日,又赐猞猁狲裘一袭,狐裘一袭,羔裘一袭。嗣后每除夕、元旦、上元,皆侍宴养心殿。戊午闰三月,特颁手敕赐五台山新贡天花,又赐御用衣帽、靴袜及罗葛表里。四月初八日，奉旨许于禁中乘马。十八日，赐御笔临苏轼书一卷，草书唐诗二幅。五月，侍从景山，上赋《登景山诗》以赐，复扈从至西山，遍游诸名胜。上恐府君未习驰驱，命内侍同行，并给内厩良马，幸龙湫亭，御书"激湍"二大字，命府君书"听泉"二字，加奖赏焉。己未，转翰林院侍读学士。二月，先兄廷瓒成进士，钦选翰林院庶吉士。时府君在直庐未知之也。上驻辇，命中使传语之。六月，命供奉周君道写府君像，上亲为指示，改易再三，务令宛肖，装潢成轴以赐。府君《纪恩》诗云："三毫颊上频添取，都在天颜指顾时"，真异数也。是年冬，赐御用貂裘一袭。庚申二月，进讲《书经》毕。上谕曰："尔历年进讲《书》理明畅，克有俾益。"府君奏曰："《书经》义蕴宏深，臣仅粗解章句。历年侍从讲席，伏睹我皇上讲论精贯，探讨深微，迥非恒见所及。臣窃思《书经》所载，其文则典谟训诰。尧、舜、禹、汤、文、武之所以为君，皋、夔、益、伊尹、傅说、周公、召公之所以为臣，皆备于此。皇上万几之暇，讲贯是书，治统道统之要兼备无遗，实万世无疆之庆也。"进呈《书经衷论》四卷。三月，进讲《易经》，进呈《易经参解》六卷。四月，上谕吏部："侍读学士张英供奉内廷，日侍左右，恪恭匪懈，勤慎可嘉，尔部从优议叙，具奏。"五月，特擢翰林院学士兼礼部侍郎。八月，内厩鞍马，嗣后每除夕、元旦、上元，俱侍宴乾清宫。辛酉三月，临幸遵化汤泉，出喜峰口，府君皆扈从。七月二十一日，宴群臣于瀛台，命府君同内大臣主席。是年，充《易经讲义》总裁官。壬戌，上元节，上以滇黔荡平，四海宁谧，特召公卿词臣侍宴内殿，赋升平嘉宴诗，效柏梁体，御音首唱，群臣赓和。府君献"身依云汉赓天章"之句。自癸丑以来，出则扈法驾，入则侍经帏。夙夜在公，寒暑无间，于兹十年矣。

　　幸值海宇清宴，乃人臣可以言情之时，因具疏请假回籍，为先王父营葬事。二十八日，奉旨："张英自简侍讲幄以来，朝夕勤劳，敬慎素著，览奏伊父未葬，情词恳切，准给假前往安葬，事竣速回供职。"二月十四日，复于内廷特颁手敕曰："谕张英：'尔素性醇朴，侍从有年，朝夕讲筵，恪恭尽职，兹因尔父未葬，具疏请假，朕念人子至情，忠孝皆出一理，准假南还，特赐白金五百两，表里二十匹，既旌尔之勤劳，兼资墓田之用。尔其钦悉惓惓至意。特谕'。"是月，车驾幸盛京，府君于郭外拜送，上面谕曰："期尔途次平安"。遂以三月登舟南归，七月抵里。五月十四日，蒙赐宫纱二端，命励公杜讷赍付先兄廷瓒，寄回江南。府君抵家之日即闻恩命，益感圣天子衣被之仁，不以远迩间也。九月，赐升平嘉宴诗石刻。癸亥四月，特恩谕祭先王父于家。先王父捐馆时，府君方为庶常，至是特颁谕祭，褒纶焜耀，光贲重泉。其文有曰："尔子内廷供事，讲幄论思，敬慎勤劳，用称厥职，良由父教，宜贲纶章。"府君感激涕零。颁锡类之宏慈，惊非常之旷典。一时闻者，以为圣朝礼下之恩，与人子显亲之孝，至是而无以复加云。十二月，葬先王父于仓基墩。事竣，拟束装还朝，而体中疾作，盖以经营丘垄之故，蒙犯霜露，跋涉山泽者逾年，哀感劳瘁，旧恙复萌，因具疏展假。甲子冬，恭遇圣驾南巡，府君趋迎于秦淮。蒙天语慰问，并赐御书，屡召至内阁与政府商榷公事。是冬，复赐羊酒、鹿雉、鲜鱼、鹿尾诸食物，如昔年在南书房例，付先兄廷瓒祗领。乙丑春，特召先兄廷瓒至御前，而询府君近状，并起程日期。先兄廷瓒对以病体渐愈，秋间可以起程。府君遂于七月入都，补原官，充日讲起居注官如故。

　　丙寅三月，升翰林院掌院学士兼礼部侍郎，教习乙丑科庶吉士，充《政治典训》总裁官。七月，赐宴于西苑秋云亭，并赐法琅炉瓶、匙箸香盒各一具。十二月，升兵部右侍郎。丁卯三月，刑部汉堂官俱缺员，上命府君署理，谕政府曰："张英谨厚慈祥，朕所深知，必无滥枉杀人之事"。府君受事后，一以钦慎平恕为主，昼供奉内廷，张灯后退直，即秉烛阅招册至夜半，不少休。诸所平反，悉当圣意。署事五十日，全活者百余人。盖府君自与会议之班，其于每年秋审持议，务期明允，不独署刑部时为然也。六月，调礼部右侍郎，兼翰林院学士，奉旨充经筵讲官。九月，转礼部左侍郎兼翰林院学士，兼管詹事府詹事事。承命侍从东宫，朝夕进讲经书。是冬，进呈《孝经衍义》一百卷。戊辰，奉旨充文武殿试读卷官。乙巳，扈从南巡，至山东巡抚署，观珍珠泉，上书"作霖"二大字，因令从官分书。府君恭写"澄怀"二字，上回顾诸王子曰："看他用笔"。至今勒石泉亭。遂随至江、浙间，时被恩赐。十二月，升工部尚书兼管詹事府詹事事。庚午六月，奉旨兼管翰林院掌院学士事，充《大清一统志》《礼记日讲解义》总裁官。七月，调礼部尚书，仍兼管翰林院詹事府事。容台宫尹词曹，为国家礼乐文章之府。府君以一人绾三绶，入宏弼亮之谟，出典寅清之任，润色鸿业，黼藻升平，一时典礼仪制，皆由斟酌裁定，而庙堂制诰之词，播于逖陬、勒诸琬琰者，胥出府君之手。北海云："阶莫重于尚书，选莫荣于学士。"府君以一身兼之。论者以为宠眷之极致焉。府君益感圣主委寄之重，力图报称，端尹职任甚巨，府君趋承鹤禁，所以讲说经义，开陈善道者，一本之以恪慎真诚，小心黾勉，十余年如一日。院长为玉堂领袖，府君培护善类，奖掖惟恐不至，上加意甄拔，时勤咨访，府君凡所引举皆恬退暗修，读书自好，不汲汲于仕进者。造膝陈言，惟知以人事君之义，而退一不以闻于人，即受荐者终身不知也。上尝谕曰："张英每有荐举，从不令人知。"煌煌天语，可谓知府君之深矣。

其在秩宗也，凡郊祀禋宗之典，朝会宴享之仪，恪恭将事，罔敢弗虔。造士兴贤，主持风化，固府君素志，而各省学使者出都时，尤以鉴拔真才，表扬节孝，培士气，正文体为拳拳。屡年磨勘乡试卷，悉心披阅，系以确评，间有指摘瑕疵，务期精核允当，不徇不苛。司中或有刻求者，府君语之曰："士子寒窗，辛苦幸博一第，风檐寸晷之间，岂能免于微纇小失，但当合观三场，果平顺条畅，便不必于一字一句间拘以绳墨。至于主司考成，当论其声名之贤否，亦不可执试卷一二语之纯疵以为优劣，负朝廷爱惜人才之意。"中外皆谓得大体焉。辛未、甲戌两科庶吉士，皆奉命教习。两科文武殿试读卷，府君皆与焉。甲戌夏，御试诸词臣，每日命府君引见四人于乾清宫。闰五月初五日，赐御书"笃素堂"扁额及临米芾书一卷。是年充《渊鉴类函》总裁官。乙亥六月二十五日，赐宴于畅春园，泛舟观荷。复赐御笔书扇，并池莲珍果，同被召者十人。府君与先兄廷瓒皆与，尤千载罕遇也。丙子，赐《渊鉴斋法贴》二部、《古文渊鉴》二部。丁丑，奉命为会试总裁，取汪君士鋐等一百五十九名，多知名士，撤棘后，众论翕然。三月，充《明史》总裁官。是年荡平噶尔丹，奉旨编次《北征方略》，日直畅春园韵松轩，辰入酉出为常。七月具疏，引病求退，蒙温语慰留。己卯十一月，奉旨授文华殿大学士兼礼部尚书，仍命兼经筵讲官，奉敕充《三朝国史》监修官。庚辰，奉命代祭文庙。是年，不孝廷玉成进士，钦选翰林院庶吉士。时先兄廷瓒官少詹事，父子兄弟同受特达之知，并与清华之选，府君益感激悚惶，不知所报。辛巳七月，办事内阁，忽抱恙，言语舛错，应对不真，作字多遗忘，医家以为心血虚耗所致，后服药调治，渐次痊可。八月，奉命代祭文庙。九月，驾自口外回，闻府君病，召至乾清宫面问，府君具陈年来衰惫之状。纶扉重地,深以旷瘝为惧,恳恩赐归田里,以全始终。蒙上慰劳者久之。十月,具疏乞休,奉旨:"卿才品优长,效力已久,及任机务,恪慎益励,文辞充练,倚眷方殷。览奏以衰病乞休,情词恳切,著以原官致仕。"命下之日,府君随诣畅春园谢恩,兼以内城住宅请旨,上谕曰:"此屋原系赐汝者,今汝虽去,尚有两子在京,即令其居住,朕见伊等,与见汝同。"又问何时起身,府君对以次月下旬,上曰:"此时天气正寒,尔身多病,难于远涉,当于开春就道。"睿虑周详,天语温蔼。府君益感激圣慈,泣数行下。是冬,进呈《渊鉴类函》四百五十卷。壬午正月初十日,特恩赐宴于畅春园,谕曰:"尔效力年久,今致政归,以此相劳。"十八日,府君复诣畅春园,奏闻南归之期,奉旨谕兵部:"张英在内供奉,效力年久,兹乞休回籍,著给与驿递夫马,听其足用,不必拘定数。"复命不孝廷玉扶持回籍,东宫亲制《笃素堂记》,并书欧阳修《昼锦堂记》以赐。诸皇子皆赋诗赠缟为别。于二月初六日出都,邻舍居人遮道攀辕,举觞相视,公卿祖道者冠盖相接,海宁查公升汇辑辇下赠行诗为十卷。

三月初三日,抵里门,亲串友朋暨阖邑耆庶郊迎数十里,黄童白叟环聚而观者数千人,皆藉藉叹息,以为有二疏遗风焉。五月,不孝廷玉入都,府君谕曰:"予以衰病蒙恩赐归,从此杜门养疴,偕耕田凿井之民,优游于尧天舜日之下,惟期汝兄弟恪恭勤慎,竭蹷尽瘁,以报高厚于万一,汝其识之!并以语汝兄。"是秋,先兄廷瓒在京抱恙,府君每有手谕,必诫以安心调摄,勉副圣恩。十月,先兄竟不起。府君既痛惜其亡,而尤以受恩最深,涓埃未报为憾。癸未正月,恭遇圣驾南巡,阅视河工,府君迎至宿迁。蒙温谕垂问,赐御笔"双溪"、"秋水轩"、"种花处"扁额,并对联长卷大幅,谕曰:"尔侍从多年,可谓醇谨老成之善人。"随扈从至京师,恭祝万寿。拜辞旋里之日,上召入,面语良久,因见府君颜色清癯,知以先兄故,忧郁未释,谕曰:"家庭之间,岂能事事如意,当旷怀达观,以娱晚景。"是日,赐御用袍帽靴袜。阅二日,又赐人参三斤。甲申夏,不孝廷玉蒙恩入直南书房。十二月,充日讲起居注官。府君两具奏折谢恩,复手谕不孝曰:"予侍从内廷三十余年,无事不仰荷圣明教诲指示,得以不致陨越。今汝复承恩命,直庐讲筵地,皆亲切,益宜小心谨慎,以报主知。"是冬,赐御制诗集一函,御书对联二副,松花石砚一方,付不孝廷玉,遣人赍回。对联曰:"白鸟忘机,看天外云舒云卷;青山不老,任庭前花落花开。""远处尘埃少,闲中日月长。"府君祗领之下,拜手稽首曰:"圣主垂念衰颓,远颁宸翰,青山不老,日月方长,颂天语之春温,感圣怀之期望。从此草木余年,逍遥林壑,莫非九霄雨露之所长养也。"乙酉二月,诣清江浦,渡黄河迎驾。上慰谕曰:"汝老年,只宜到江宁。何必渡河远来。"遂命登御舟,问家居近况及地方风景。时御制《皇船说》悬宝座后,上命府君观之,恐遥见未真,上起侧坐,令就屏间细读,见未真处,上亲为指示。府君奏对时,或跪,或立。上曰:"汝年老已谢事,一切礼节可以脱略,不必拘常仪。"府君谢不敢,随以御制诗一册,命皇太子同登别舟细看。嗣后,凡驻跸处,俱入直房,赐御馔时,不孝廷玉亦叨扈从。上面谕曰:"汝父年老,汝可随侍左右,出入必扶掖之。"三月,至苏州,特恩赐白金千两,御笔书"谦益堂"、"葆静"扁额及诗扇、对联长幅,计数十种。翌日,又赐内制玻璃器具十余件。闰四月初五日,驻跸扬州,赐人参二斤,御用袍帽五件。蒙恩谕曰:"汝历朝三十余年,日侍左右,从无过失。今闻居乡亦极简静,可谓善到极地。所赐人参果饵,可留为颐老之需。俟口外有鲜果,再从江南织造处颁赐，汝子力薄，恐不能远致也。"次日，送驾扬州城外，不孝廷玉随府君跪岸侧，上启船窗，亲谕曰："尔回去，善自调摄。"又谕不孝廷玉曰："可善送汝父登舆。"是冬，赐口外榛子、松子各一囊。丙戌嘉平月，府君晋七秩觞，东宫赋诗以赐。丁亥正月，圣驾南巡，阅视溜淮套，不孝廷玉复叨扈从，恩允先期至家省觐。二月十九日，随府君迎驾于御示闸。是日，驻跸清口，召府君及不孝廷玉登御舟，问府君及先妣年齿若干，有子几人，桐城距此路几何？睿颜温语，宛如家人父子。三月，驾至扬州，府君入内直，蒙赐松花砚一方，玻璃水盛一具，砚有铭曰："静寿之则，坚润之德。阅几研磨，惟一贞实。"上谕曰："研铭系朕自制，特以赐尔。细玩当悉朕意。"盖以况府君之为人也。府君逊谢不敢当，而在廷诸公莫不交口称羡，以为知臣莫如君云。又赐御笔"世恩堂"扁额，并对联一副，各种内刻书籍，人参二斤、羊四只、乳饼果饵十数种。四月二十九日，乘渔艇送驾于扬州瓦窑厂，蒙天语慰劳，复遣梁内侍九功送回本舟。是时不孝廷玉即于舟中拜别洒泪，牵衣不忍遽去。府君急遣之，岂知河干拜辞之日，即为此生永诀之时，呜呼痛哉！

　　自是以后，凡遇里人入都，问两大人起居，皆云健饭如昔。府君同先妣手谕至京，亦必云："近日身体粗安，毋以为念，汝能殚心供职，尽瘁勿懈，正所以养志也。"今夏不孝廷玉扈从出口避暑，至热河，抱病甚笃。七月，接先妣讣音，蒙圣恩垂念，体恤深至，特命李内侍玉至私寓，传谕曰："汝到家问汝父亲好，年逾七旬，可善自调养，不可过于伤感。闻汝有弟三人，可以在家侍奉。汝于一年后仍来京师，在内行走，照励廷仪例，不算俸，不与朝会。"不孝廷玉闻命之下，涕泗交颐，莫知所措。月杪徒跣回都，将戴星南奔，适弱疾侵寻，支体尩羸，动履辄虞颠仆。而府君手谕复至曰："痛汝母溘逝，予以失贤内助伤悼无已。六月以来，身有小恙。七月间服药调摄，近已获痊。闻汝患病，必须调理全愈，方可就道，不必匆遽言归。"又手撰先妣行实，寄至都门，委曲纤密，述旧事如在目前，绝不似病中笔墨，私心为之稍宽。八月杪，不孝在都受吊粗毕，于九月初三日力疾戒程途次，遇南来人辄问府君近况，皆云体已平复，眠食如常，得二侄若霈乡荐信，益谓府君可藉以加餐饭，岂料九月中旬，府君肢体浮肿，兼患脾泄。十六日午后，沉卧不醒。十七日清晨，元气益觉耗散。府君自知不能起，感念圣恩睿泽，未由仰报，伏枕涕泣，口授遗疏遗折，令不孝廷璐缮写，并命不孝廷玉暨诸子孙，时念高厚之国恩，殚竭驽骀之微力，以继生平未尽之忱悃。至未刻端坐瞑目而逝。呜呼痛哉！不孝廷玉晓夜奔驰，于二十四日抵里，相距仅八日，竟抱终天之恨。是府君无刻不以不孝为念，既恐不孝之死，且忧不孝之疾，所以怜恤安慰之者，无所不至。而不孝荒迷痛苦中，竟不知府君之疾，且不料府君之疾遂至于此也。百日之中，叠遭大故，摧心裂肝，殒身莫赎。呜呼痛哉！

　　府君居官四十余年，朴诚敬慎，表里无间，忠于公家，无毫发私，以故受知圣主，推心置腹，朝夕侍左右。凡国家机密重政，皆蒙清问，下及府君，尽志竭诚，虔共匪懈，一心惟知有社稷，不知有身。退直之时，不语于同列，不告于家人，素性耿介廉静，内刚外和。每廷议时，侃侃正论，无所瞻顾。自趋承禁近，历卿班，登政府，位望崇显而门无私谒。间有以私干渎者，正色拒之，而不言其人。生平不沽誉，不市恩，无矫异之行，无表襮之迹，惟勉其职之所当尽，而行其心之所安。上尝语执政曰："张英有古大臣风。"圣天子哲于知人，无微不照。自非府君忠尽纯诚，端方直亮，安能上膺帝眷，默契天心，忠信交孚，明良一德，初终进退,恩礼兼隆如此哉!

处事无一苟且,而于抡才尤慎。当癸丑会试也,府君资在前列,或有问津者,严词屏绝,与先妣相语曰:"贫士家有人赠三金五金,则童仆欣相告,薪米充然,盈庖禀下,至婴儿孺子皆有喜色。今入闱而忽有千金之获,后将何面目对家人孺子?"入闱后,家中经旬乏食,搜得麪数斗,遂举家食麪汤将一月。不孝廷玉妻父姚端恪公闻之,为咨嗟叹服不置。后遇内廷考教习,每岁承命与静海励公杜讷司其事,府君与励公信誓旦旦,闻者皆为悚惕,诫先兄廷瓒及不孝廷玉曰:"词臣无多任事,所恃以酬主恩育人才者,惟在试事耳。汝等当勉之慎之。以毋忝家声。"不孝等拜而谨佩之。

至性纯孝,幼失先王母,事先王父柔色下气,先意承志,寒家自大参公以来,代有闻人,已卯先伯祖钟阳公殉难山左,既而先叔祖大司马坤庵公、孝廉蔚庵公相继即世,家道中微。先王父意忽忽不乐,府君遂发愤攻苦,冀博一第,为老亲欢。后历清班,登显要,先王父已不及见。风木之悲,无时少释。每于焚黄告庙之际,愈益凄怆,立家庙三楹于厅事之东,遇伏腊祠祭,必竭诚致慎,忾慕尽哀。春若秋,则躬至祖墓展拜,瞻视松楸,周览兆域,虽风雨霜雪弗避。建享堂,竖碑碣,置墓田,凡祖茔之当修举者,靡不殚心竭力,为宗族先。甲辰冬,先王父重修家谱,府君实左右之。历四十余年,生齿益繁,昨丙戌岁复加纂辑。撰家传,编世纪,焚膏继晷,至今岁八月始成。事伯叔以恭谨,处兄弟以友敬。长先伯早逝,遗孤长兄思耀家计中落,府君抚爱之甚周。诸伯叔中年或游宦,或隐居,天各一方,不能共姜被,对床风雨之思,时时形诸篇什。姑母三人:长适士桓方公谷,次适式昭吴公德音,三适渊如吴公彻。府君手足之爱至笃,视诸甥犹子,族党姻戚中有婚嫁丧葬之礼,必勉力助所不足。虽室中无余资,而岁时馈遗不少缺。置公田百余亩,岁收谷三百余石,以赡族人之贫乏者。待诸弟侄恩谊肫挚,暇时招集,谈笑甚欢,然语及植品制行,必正色直言相规勉。曩时,七先叔历任畿辅,及今八叔父为西延郡丞,雪岑叔父为嘉州牧,梓一叔父为郑州判,承先弟为胶莱运判,有孚弟为南川令,每有家邮往来,必勉以慈惠廉洁,毋忘累世清白之训。凡子弟之醇谨向学与颖慧秀发者,必教诲之,辅翼之,惓惓加惠,玉之于成,遇朋友以信,待桑梓以恩。见人之急,心戚然不安,必思有以解之。自少时同笔砚,以及立朝以来所称投契者,皆一代端人正士,断金之约久而益坚。遇故人子皆缱绻存恤无已时,而渊源之谊,弥加笃厚。齐公古愚,府君业师也,事之尽礼,殁后为营兆宅。太师母晚年乡居,每岁时必致馈问。即墨黄公,府君乡试房师也,官农部为同事所累,几被祸,府君殚力区划,始得脱然以归。黄公长君大中以孝廉令武康,甫半载而殁,因公挪用仓谷不能偿,告急于府君,时府君已请告家居,百计措办以应之。

自通籍以后,不以纤私干有司,遇郡邑大利弊,则不惮委曲言之。向者,邑中有鱼课采买一项,例以渔户当之,奉行已久。忽有思变成法者,请于当事,欲归之丁地项下,纷更加派,民将重受其困。府君为力恳于中丞杨公,得中止。邑中钱粮,旧有区头里长之害,姚端恪公既力除之,而排年粮长犹存。庚申年,府君屡致书中丞徐公,始行永革,勒碑县署前。嗣后,凡遇台司莅任,府君必举此中利弊相告,故数十年来遵守良规,不致复蹈前辙,里人便之。中丞刘公抚皖,加惠斯民,恐征收钱粮,胥役不无苛索,欲行滚单木皂之法。府君念桐邑自革粮里长以来,花户各自输纳,上不至误公赋,下不至累闾阎,上下相安,公私无扰,是滚单之设便于他邑，而于桐则不若仍旧为宜。为之请于中丞公，得循旧例，里人颂中丞之德，而并称府君之功于不衰。桐邑四境多山，田庐坟墓相望，素非产矿之地，数年前，忽有他郡宵小妄希重利，创为开矿之说。里中一二无藉者，争先附和，彼此煽惑，人情震恐不安。府君为致书中丞刘公，力言其害，且言大江南北并非产矿之地，向来从无开采之事，刘公亦深悉其病民，委曲维持而此事得寝。寻蒙圣洞察，特降纶音，永行禁止。府君闻之，举手加额，为宇内苍生幸，不仅为皖江黎庶庆安堵也。江南省试号舍，向来仅几千间，国家教化渐摩，人才日盛，每科应试者多至一万三四千人，砖号不足，则以竹舆席棚补之，风雨骤至，沾湿泥泞，士子往往束手傍徨，至有不能终卷者。府君屡言于上下江中丞，每年增设砖号，近已多至一万有奇，士子至今感颂。至于宜兴宜革之事，凡可以为吾邑利者，无不筹划精详，谋及久远，不为旦夕苟且之计，而且消弥于未事之前，转移于将行之际，不动声色，而利益无穷，故丙戌嘉平月，里人立颂德祝寿之碑于郭外，其文有曰："恩周桑梓，宏胞与以无私；念切枌榆，运神明而独至。"足见舆论之公云。

生平恬静淡泊，不与人竞进退。以早年攻苦抱羸疾，中年又有失血之症，恐以衰耄误官守，故乙丑再入都门后，每岁于内廷具折乞休，虽未即蒙恩允，而知止思归之意，时时见之诗歌中。居常训不孝等，惟以读书立品，安分守拙，戒诈伪，绝奔竞，故书室对联曰："万类相感以诚，造物最忌者巧。"又曰："境无甘苦，乐现在者为福；人无愚智，断妄想者为难。"此府君一生之学，而圣贤所谓素位而行，不欺其志者，俱统括于此数言矣。疾恶若浼，而口不言人过。和平坦易，对之者如坐春风，饮醇醪，久而自化。邻居坊曲，悉接以礼，故所至皆衔感之。御臧获下隶，严而不苛。居家极俭约，每以惜物力、留有余为训，故于华靡声色珍玩之类，绝无所嗜，惟耽山水花木。壬戌，乞假归，以上赐之金，构山园于西龙眠，名曰："赐金"，以铭圣眷。壬午，复营双溪草堂，去赐金园里许，望衡对宇，竹木交映，时往来其间，云岚烟霭之中，脱帽扶筇，超然物外。风日晴和，则乘小艇，循山溪之曲，载笔床，理钓具，一切人世荣利得失之事，无所系怀。入城，则憩息于宅前之五亩园，招二三老友觞咏为欢，谈农圃树艺，山林清静之乐。客去，则焚香鼓琴，或课小僮，灌花艺兰，饲鱼调鹤以自适。平生手不释卷，于书无所不读。自入侍内直，益精研博讨，搜览无遗。应制诗文无不俄顷立就，每奏一篇，必蒙嘉赏。著作已成者，有《易经参解》六卷、《易经衷论》二卷、《书经衷论》四卷，《笃素堂文集》十六卷，《讲筵应制集》二卷，《内廷应制集》三卷，《存诚堂诗集》二十五卷，《笃素堂诗集》六卷，其未付剞劂者，有《南书房记注》、《学圃斋诗话》、《笃素堂诗文后集》若干卷藏于家。尤工书法，行楷皆冠绝一时。上集历代名人书为懋勤殿法帖，特命府君书《豳风》及陶诗，入本朝集中。宇内士大夫得片楮寸缣，无不奉为拱璧焉。

府君生于明崇祯丁丑十二月十六日亥时，卒于康熙四十七年戊子九月十七日未时，享年七十有二。康熙癸卯举人，丁未进士，由内弘文院庶吉士，历官光禄大夫、经筵讲官、文华殿大学士兼礼部尚书，加二级，蒙恩予告。元配先妣姚太君，前丁未进士、湖广湘潭令渥源公讳之骐孙女、明经龙泉学博赠文林郎珠树公讳孙森女，累诰封一品夫人。庶母刘氏。子六人：廷瓒、廷玉、廷璐、廷瑑、廷琢、廷瑾。女四人。孙八人：若霖、若霈、若潭、若震、若霶、若泌、若霍、若霱。孙女九人，曾孙一人：曾启。曾孙女三人。

不孝廷玉等草土余生，荒迷椿昧，追维诠述，语无伦次。伏冀大人先生俯赐采择，锡之诔铭,以光泉壤。不孝廷玉等世世子孙,感且不朽!

(张廷玉《澄怀园文存》卷一五,一至二七)

张 英 传

　　太傅讳英,字敦复,号圃翁。康熙丁未进士,授翰林院编修,癸丑充会试同考官,充日讲起居注官。丙辰,升授左春坊左谕德兼翰林院修撰。丁巳,超授翰林院侍讲学士,奉旨以侍讲学士支正四品俸,入直南书房,赐第于西安门内之蚕池。御书"清慎勤"、"忠孝"、"存诚"、"格物"四扁额颁赐。奉特旨著于禁中乘马。奉旨充《孝经衍义》总裁官。己未,转翰林院侍读学士,庚申奉旨特授翰林院学士兼礼部侍郎,充《易经讲义》总裁官。壬戌,特疏请假葬亲,上特书手谕赐白金五百两,表里二十端。丙寅,授翰林院掌院学士兼礼部侍郎,教习乙丑科庶吉士,升授兵部右侍郎。丁卯,调礼部右侍郎,兼翰林院学士,转礼部左侍郎兼翰林院学士兼詹事府事,充经筵日讲起居注官。戊辰,充文武殿试读卷官,《一统志》总裁官。己巳,升授工部尚书兼管翰林院掌院学士,詹事府詹事事,充《明史》总裁官。庚午,转礼部尚书,仍兼官如故。旋罢礼部尚书,仍授翰林院掌院学士,兼礼部侍郎,兼管詹事府詹事事。辛未,充文武殿试读卷官,教习辛未科庶吉士,充《三朝国史》副总裁官,《礼记讲义》总裁官。癸酉,复授礼部尚书兼管翰林院詹事府事。甲戌,充文武殿试读卷官,教习甲戌科庶吉士,御书"笃素堂"扁额颁赐。丁丑,奉命充会试正考官。己卯,拜文华殿大学士兼礼部尚书,充《三朝国史》监修官,《明史》、《一统志》监修官。庚辰、辛巳两奉恩命代祭文庙。十月,具疏乞休,奉旨:"卿才品优长,效力已久,及任机务,恪慎益勤,文辞充练,倚眷方殷,览奏以衰病乞休,情词恳切,著以原官致仕。"寻奉旨:"天气寒冷,尔身又多病,当于新正回南。"是年,进《渊鉴类函》四百卷。癸未,车驾南巡,迎于清江浦,御书"秋水轩"、"双溪"、"种花"扁额颁赐,并帑金千两。丁亥,车驾南巡,迎于清江浦,御书"世恩堂"扁额颁赐。凡三迎车驾,赐赉优渥。御书手卷、大幅对联各数十幅、袍帽、人参、内府书籍、珍玩种种,不可胪纪。戊子,病薨。遗疏上闻,蒙恩轸恤,赐祭,加祭一次,谥文端。庚寅,遣布政司堂上官致祭二次。辛卯,崇祀贤良祠。壬寅,特赐太子太傅。雍正庚戌,特旨崇祀京师贤良祠。癸丑,本籍祠宇成,御书扁额、对联以赐。特命安徽巡抚徐本亲行致祭,给银建碑。子六人:廷瓒,康熙己未进士,内廷供奉,日讲起居注官,詹事府少詹事。廷玉,康熙庚辰进士,经筵日讲起居注官,太保兼太子太保,保和殿大学士兼吏部尚书、翰林院掌院学士事,三等伯,谥文和。钦赐祭葬,配享太庙。廷璐,戊戌进士,榜眼及第,内廷供奉,礼部左侍郎,提督江苏学政。廷瑑,岁贡生,以子若潭贵,赠翰林院检讨。廷瑑,雍正癸卯进士,工部左侍郎提督江苏学政。廷瓘,恩贡生,以子若霍贵,赠国子监助教。

(张曾虔《讲筵四世诗钞》卷一,嘉庆三年刻本)

张文端公事略

　　公讳英,字敦复,号乐圃,安徽桐城人。父秉彝,字孩之,明季诸生。为文一本经术,以兄秉文，官山东左布政。二亲年老，遂绝意仕进，家居侍养，能为孺子欢。秉文殉难山东，泣走数千里，携孤扶亲归，及亲丧，庐于墓上，墓树交花，人以为孝感云。公以康熙六年进士入馆选，丁父忧归。十二年，以编修充日讲起居注官，累迁侍读学士。十六年九月上以公及掌院学士陈公廷敬，每日进讲，甚有裨益，天渐寒，特赐貂皮各五十张，表里缎各二十疋。十月，谕阁臣曰："朕不时观书习字，欲得文学之臣，朝夕置左右，讲究文义，给内庐居之，不令与外事。"遂设南书房，命公入直，赐第西安门内。赐居内城自公始。当是时，逆藩播乱，三方征讨，凡出师运饷，发谋制胜，无一不断自圣心。而上益孜孜于经史之学，公首供奉南书房。故事，经宴有常期。而上日御乾清门，听政后即适懋勤殿，召公入讲，辰而进，终酉而退。暂退，辄复宣召，或当食吐哺，趋宫门，漏下十许刻乃归。公小心慎密，久之上益器重。每幸南苑及巡行四方，未尝不以公从。公立朝数十年，未尝一日去上左右。一时典诰之文，多出其手。十九年，晋翰林学士兼礼部侍郎衔。明年以葬父乞假，优诏许之。特赐白金五百两，表里二十疋，资墓田之用。又特予公父秉彝卹如阶。

　　二十五年，教习庶吉士，迁兵部右侍郎。明年，调礼部，充经筵讲官。二十七年，给事中陈世安劾公遇孝庄章皇后大丧，一切典礼不详慎参稽，不与满堂官面商疏稿，部议降五级调用。特旨留任。明年，擢工部尚书。又明年，调礼部。公自跻卿贰，至典秩宗，皆兼掌院学士并管詹事府，盖二职上所甚重，难其人，以为非公莫属也。寻以编修杨瑄撰拟谕祭都统佟国纲文，引用悖谬，公坐不详审更正，议降调。得旨：罢礼部尚书，兼管翰詹如故。先后充《国史》《方略》《一统志》《渊鉴类函》《政治典训》总裁官。三十六年，与熊尚书赐履同为会试正考官。寻乞休，温旨慰留。疏辞兼官翰詹，允之。三十八年，拜文华殿大学士兼礼部尚书。公少清贫，癸丑分校礼闱，家人犹经旬乏食，……作芙蓉双溪图记，屡见诸诗歌，往往流连不已。上亦曲鉴焉。四十年冬，请告，优诏许致仕。濒行，赐宴畅春园，谕部令沿途驰驿毋限常额。公致政后啸咏于林泉者凡七年。自言生平无他嗜好，唯酷好看山及种树。著《恒产琐言》《聪训斋语》，谆谆以务本力田、随分知足为戒。先是御书"笃素堂"额赐公，名所著曰《笃素堂文集》，又著《易书衷论》二十卷。四十四年，圣祖南巡，迎驾淮安，叠拜御书"谦益堂"、"葆静"匾额，并联幅、书卷、白金之赐。随驾至江宁，上将返跸，公复奏请，得旨，念老臣恳求谆切，许再留一日启行。四十六年，迎驾清江浦仍扈跸江宁。赐御书对联世恩堂额及书籍，亦允公奏请，留一日。四十七年九月薨，年七十有二。遗疏至，上震悼，赐祭葬加等，谥曰文端。世宗御极，有甘盘旧学之思，赠太子太傅。赐额曰："师模如在"。又曰："忠纯贻范"。雍正八年，诏入祀贤良祠。

（《国朝先正事略》卷七名臣二四
《清代传记丛刊》第一九二册，二四至二七）

清史稿列传·张英传

　　张英，字敦复，江南桐城人。康熙六年进士，选庶吉士。父忧归，服阕，授编修，充日讲起居注官，累迁侍读学士。十六年，圣祖择词臣谆谨有学者日侍左右，设南书房。命英入直,赐第西安门内。词臣赐居禁城自此始。时方讨三藩,军书旁午,上日御乾清门听政后,即幸懋勤殿,与儒臣讲论经义。英率辰入暮出,退或复宣召,辍食趋宫门,慎密恪勤,上益器之。幸南苑及巡行四方,必以英从。一时制诰,多出其手。

迁翰林院学士,兼礼部侍郎。二十年,以葬父乞假,优诏允之,赐白金五百、表里缎二十,予其父秉彝恤典视英官。英归,筑室龙眠山中,居四年,起故官。迁兵部侍郎,调礼部,兼官詹事府。充经筵讲官,奏进《孝经衍义》,命刊布。二十八年,擢工部尚书,兼翰林院掌院学士,仍管詹事府。调礼部,兼官如故。编修杨瑄撰都统一等公佟国纲祭文失辞,坐夺官流徙,斥英不详审,罢尚书,仍管翰林院、詹事府,教习庶吉士。寻复官,充《国史》、《一统志》《渊鉴类函》《政治典训》《平定朔漠方略》总裁官。三十六年,典会试,寻以疾乞休,不允。三十八年,拜文华殿大学士,兼礼部。

英性和易,不务表襮,有所荐举,终不使其人知。所居无赫赫名。在讲筵,民生利病,四方水旱,知无不言。圣祖尝语执政:"张英始终敬慎,有古大臣风。"四十年,以衰病求罢,诏许致仕。濒行,赐宴畅春园,敕部驰驿如制。四十四年,上南巡,英迎驾淮安,赐御书榜额、白金千。随至江宁,上将旋跸,以英恳奏,允留一日。时总督阿山欲加钱粮耗银供南巡费,江宁知府陈鹏年持不可,阿山怒鹏年,欲因是罪之,供张故不办,左右又中以蜚语,祸将不测。及英入见,上问江南廉吏,首举鹏年,阿山意为沮,鹏年以是受知于上,为名臣。四十六年,上复南巡,英迎驾于清江浦,仍随至江宁,赐赉有加。

英自壮岁即有田园之思,致政后,优游林下者七年。为《聪训斋语》《恒产琐言》,以务本力田、随分知足诫子弟。四十七年,卒,谥文端。世宗读书乾清宫,英尝侍讲经书,及即位,追念旧学,赠太子太傅,赐御书榜额,揭诸祠宇。雍正八年,入祀贤良祠。高宗立,加赠太傅。

廷璐,字宝臣,康熙五十七年,殿试一甲第二名进士,授编修,直南书房,迁侍讲学士。雍正元年,督学河南,坐事夺职。寻起侍讲,迁詹事。两督江苏学政。武进刘纶、长洲沈德潜皆出其门,并致通显,有名于时。进礼部侍郎,予告归,卒。

廷瑑,字桓臣,雍正元年进士,自编修累官工部侍郎,充日讲官。起居注初无条例,廷瑑编载详赡得体。既擢侍郎,兼职如故。终清世,已出翰林而仍职记注者惟廷瑑。乾隆九年,改补内阁学士,兼礼部侍郎。典试江西,移疾归。廷瑑性诚笃,细微必慎。既归,刻苦砥行,耿介不妄取。三十九年,卒,年八十四。上闻,顾左右曰:"张廷瑑兄弟皆旧臣贤者,今尽矣,安可得也?"因叹息久之。

廷璐子若需,进士,官侍讲。若需子曾敞,进士,官少詹事。

自英后,以科第世其家,四世皆为讲官。

(《清史稿列传》卷五四,九九六五——九九六七;
《清代传记丛刊》第九〇册,四六一)

汉名臣传·张英列传

张英,江南桐城人,圣祖仁皇帝康熙六年进士。改庶吉士旋丁父忧,回籍。十一年,授编修。十二年,充日讲起居注官。十五年,迁左春坊左谕德。十六年二月,迁翰林院侍讲学士,九月,同掌院学士喇沙里、陈廷敬奉谕曰:"尔等每日进讲,启导朕心,甚有裨益。嗣后天气渐寒,特赐尔等貂皮各五十张,表里缎各二十匹。"十月,谕大学士等曰:"朕不时观书写字,欲选择翰林侍左右,讲究文义,伊等在外城宣召,难以即至。着于城内拨给闲房,在内侍从。"寻命英直南书房,赐第西安门内。十八年,转侍读学士。十九年四月,谕吏部曰:"朕万几之暇,留心经史。虽逊志时敏,夙夜孜孜,而研究阐发,良资讲幄之功,日讲起居注各官俱以学行优长简备顾问。所纂讲义,典确精详,深裨治理。侍读学士张英供奉内廷,日侍左右,恪恭匪懈,勤慎有嘉,尔部从优议叙。"寻允部议,讲官叶芳蔼、沈荃等加衔有差。英授翰林院学士兼礼部侍郎衔。二十年二月,以葬父乞假。谕曰:"尔素性醇朴,侍从有年。朝夕讲筵,恪恭尽职。兹因尔父未葬,具疏请假。朕念人子至情,忠孝一理,准假南旋,特赐白金五百两,表里二十疋,既旌尔勤劳,兼资墓田之用,尔其钦悉朕倦倦至意。"又谕礼部,如英品级予具父秉彝恤典。二十五年三月,授翰林院学士兼礼部侍郎衔。四月,命教习庶吉士。闰四月,与内阁学士徐乾学并谕称:"学问淹通,宜留办文章之事,令吏部勿开列巡抚。"十二月,迁兵部右侍郎。二十六年正月,同内阁学士韩菼奏进纂成《孝经衍义》。得旨:颁发。六月,调礼部右侍郎兼翰林院学士衔。九月,转左仍兼翰林院学士衔,又兼管詹事府詹事。十一月,充经筵讲官。二十七年正月,给事中陈世安疏劾英与礼部尚书张士甄、侍郎王颺昌遇孝庄章皇后大丧,不亲督司员,检阅旧章一切典礼。令司员具稿赍送满堂官起奏,不会同详慎参订,或屡请不至,即至亦默无一言。间有朝臣造问恭祭时日、跪送仪文、斋宿旧例,茫然辄谢不知,偷安自便,阘冗无能,请严加处分,以警瘝旷。命自行回奏。寻奏:"臣士甄、颺昌每日在午门前齐集,臣英朝夕在永康门外兼有奉旨与翰林院同办之事,俱未敢偷安。凡典礼有应稽旧章者,亲率司员检阅。有应满汉堂官公同商酌者,未曾摧诿。并无屡请不至之事,至恭祭日期、跪送仪文及斋宿之例,一经奉旨即知会所司,俱遵行无误,亦未曾有朝臣相问,对以未知也。惟是臣等素无才能,乞赐处分为不职者戒。"疏下吏部察议,以未与满堂官同在一处商稿起奏,应各降五级调用,得旨从宽留任。二十八年二月,擢工部尚书仍兼管詹事府。二十九年六月,兼翰林院掌院学士并管詹事府。七月,调礼部尚书仍兼翰林院掌院学士。十月,以编修杨瑄撰拟常书同奉命教习庶吉士。三十五年,上亲征噶尔丹至拖诺山,凯旋。英同常书奏请赐观《御制亲征朔漠纪略》,俾得敬慎编摹,垂诸简册,从之。先后充《国史》《一统志》《渊鉴类函》《平定朔漠方略》总裁官。三十六年三月,同尚书熊赐履为会试正考官,七月以老乞休,得旨慰留。十月,辞兼管翰林院詹事府。允之。三十八年十一月,授文华殿大学士兼礼部尚书。四十年十月,乞休,得旨:"卿才品优长,宣力已久,及任机务,恪勤益励,眷倚方殷。览奏,以衰病乞休,情词恳切,准以原官致仕。"濒行,赐宴畅春园,谕部令沿途驿递应付,毋限常额。先是御书"笃素堂"匾额以赐。英名其所著为《笃素堂文集》。四十四年,逢上南巡,迎驾淮安,叠奉御书"谦益堂"、"葆静"匾额,并联幅画卷、银千两以赐。随至江宁,上将旋跸,以在籍臣庶吁请旨留一日,英复奉请,得旨:"念老臣恳求谆切,准再留一日启行。"四十六年,迎驾清江浦。仍随至江宁,赐御书对联、"世恩堂"匾额及书籍人参,亦允英奏请,多留一日。四十七年九月,卒于家,七十有二。遗疏至。得旨:"英久侍讲幄,简任机密。老成勤慎,始终不渝。予告后，朕念其衰年，屡谕旨，令勉加调摄，忽闻病逝，深切轸悼！下部议恤。赐祭葬加等。"谥曰：文端。世宗宪皇帝御极，赠太子太傅，雍正八年，入祀贤良祠。今上御极者，赠太傅，子廷玉官至大学士，别有传。

（《汉名臣传·张英列传》卷七
《清代传记丛刊》第三八册，八一六至八一九）

张 英 传

先太傅文端公讳英，字敦复，号学圃，晚更号圃翁，幼沉毅，有伟度，读书日记千言。十岁，遭先王母之丧，执礼过成人。年十八，补博士弟子员。未几，廪于学官。时与伯父吴门公读书远峰亭中，昼夜讲贯，三年而学大成。癸卯，举于乡。丁未，成进士。选内弘文院庶吉士，以先王父忧归。庚戌，起原官。壬子，授编修。癸丑，分校南宫得士十二人。是年春，圣祖御讲筵，命择词臣醇谨通达者入侍左右，备顾问，先公首被选，遂日进讲上前，每幸南苑辄从，帐幕饮食鞍马之属，皆取给大官。丙辰，迁谕德。丁巳，擢侍讲学士。是时，始立南书房，命先公领其事，赐第于瀛台之西，词臣赐居禁城自此始。圣祖既日御乾清门听政，退则召先公至懋勤殿，辰巳前讲经，午后论史，当是时滇黔寇贼未平，上方宵旰忧劳。而将帅之西征者咸秉庙算九重之上，措兵筹饷无虚晷，顾讲学不少辍。日进儒臣讨论古昔，先公益感激自奋，敷陈正学，务积诚以资启益。讲诵之余，一切民生利病及四方水旱，无不恻恳入告，皆蒙嘉纳，事详《南书房记注》，自是圣祖益器重之，以为可大用矣。己未转侍读学士，上特命供奉周道画像以赐，上亲为指示，改易再三，务令宛肖。先公纪恩诗云："三毫颊上频添取，多在天颜指顾中"，盖实录云。庚申特擢翰林院学士兼礼部侍郎，圣祖特设是官以先公处之，国家官制未尝有也。及先公迁去，其职亦罢。壬戌，特疏请假为先王父营葬事。得旨。濒行，特降手敕予金。于是谢病家居三年，朝命敦迫，乙丑乃赴阙，仍官学士。丙寅，迁掌院学士，寻擢兵部侍郎，摄刑部事。丁卯，转礼部侍郎，充经筵讲官。己巳，晋工部尚书兼院长、詹事。庚午，转礼部尚书。顷之，以事罢，仍官院长兼詹事。癸酉，复任礼部尚书兼官如故。时先公身绾三绶，兼领史馆书局，端凝清粹，为朝廷仪表，一时典礼制作及庙堂制诰之文，皆出手定。搜讨典籍，折中群言，笔削所加，罔不精当。为院长，奖掖后进，多所成就，或密有荐达，退不以闻于人，即受荐者，亦终身不知也。丁丑，主会试，得汪君士铉等一百五十九人，多知名士。己卯，拜文华殿大学士兼礼部尚书，恭赞机务，庶绩咸理。居位二年，辛巳十月，疏请致仕，蒙温旨予告。自庚辰以来，引年之章再上，造膝陈情，岁至再三，至是始得请，上念笃老恐不任风寒，命春和始行。壬午正月，赐宴畅春园以祖之，命廷玉扶侍归里后，圣祖车驾幸江南，先公凡三迎銮江淮间，一扈跸还京，恩礼逾等，赐赉不可胜纪。戊子，以痛先太夫人，遂遘疾。九月十七日，薨于里第，享年七十有二。遗疏闻，圣祖震悼辍朝，温纶褒恤。予祭葬加等，谥文端。先公立朝四十余年，忠敬诚直，表里若一，受知圣祖，推心置腹，久而不替，迨参大政，凡军国重事，悉倚裁决。先公竭诚尽慎，赞襄匪懈,从容坐论,动移晷刻。一心知有社稷,不为身家荣禄之计,而利害毁誉卒不能撼。耿介廉静,外和而内刚。廷议侃侃不挠,佥邪虽侧目,终莫能媒蘖其短。绝远权势,门无私谒,或渎以私,辄正色拒之,而绝口不言其人。临政处事不为表襮之迹,一行其心之所安,故圣祖常谓有古大臣风云。幼失先王母,事先王父至孝,每以禄不逮养为戚。与先太夫人白首偕老,终身雍肃无间。友于兄弟,厚于族亲,法范文正公,义田以赡贫乏及婚丧不举者,立家庙,表邱垄,广祭田,修族谱,所以尊祖收族之事,无不举焉。竿牍不涉于有司,而遇地方大利弊,必委曲言之,得当而后止。生平恬静淡泊不与人竞进退。虽承圣明眷注,时怀止足之义。五十以后,求退益切,时时形之歌咏。训子孙以忠孝廉让、素位居易之学。自奉尤俭约,饮食服御略如寒素。性耽山林卉木,始构赐金园于龙眠。予告后,复营双溪草堂,衡宇相望,竹树交映,云岚窨霭之中,脱帽抚笻,萧然独往。间乘小艇循溪曲,钓轮茶竈,泳游终日。宅前为五亩园,亭池略具,时焚香鼓琴其中,或课童子,灌花调荷以自适。于书无所不窥,久侍禁近,研究益博,应制为诗文,俄顷立就,每奏一章,上未尝不称善也。然吟咏性情,则山林鱼鸟之什为多,所著有《易经参解》六卷、《易经衷论》二卷、《书经衷论》四卷、《笃素堂文集》十六卷、《存诚堂诗集》二十五卷、《笃素堂诗集》七卷、《讲筵内廷应制集》五卷、《南书房记注》八卷,先公薨之十六年,世宗宪皇帝嗣统,特赠太子太傅。往时世宗为皇子读书乾清宫,先公常预讲说,及即位,追念旧学,故有是命。雍正庚戌,世宗以本朝名臣良弼勋德合祭法者,特勅建祠以祭,首举八人,先公与焉。既立庙京师,赐额贤良,仍各赐祭于其家。癸丑,里中祠宇成,廷玉请假归,行祀事。特锡御书联额,揭诸祠中。今上即位,推大祖宗之意,晋赠太傅,赐祭如初,赞曰:惟圣祖仁皇帝在位六十一年,功德比隆尧舜,实初政缉熙典学之功基之。先公在帝左右,历三十载,启心沃心,既久且密,虽天下不见施为之迹,而辅仁导义以裕万世无疆之休者,勋业为至巨也。廷玉忝厕政府,论思密勿,亦垂二纪。子孙先后登朝,克举厥职,无有失坠,先公之庭训懋焉。功在社稷,祭与大烝,为国宗臣,庆流后裔,呜呼懿哉!
(《张氏宗谱》卷三一,三至六)

张　英　传

张英,字敦复,号圃翁,康熙癸卯举人,丁未进士。由翰林院编修充日讲起居注官,历擢侍读学士。康熙十六年,谕掌院学士取择醇谨通达者四人入侍,英名居首。由是每日进讲,赐第西安门内。十九年授翰林院学士兼礼部侍郎,自癸丑后五六年间,滇黔未平,将帅之西征者咸待庙谟指示,措兵筹饷,殆无虚日,然宵旰殷忧,时与儒臣讨论古昔,谘及穷檐疾苦,英竭其悃忱,敷陈无隐,屡蒙优旨,故有是命。二十一年,给假归葬,赐白金五百资墓田之用,并予父秉彝恤。二十五年,授翰林院掌院学士,与徐乾学并谕称文理淹通,宜留办文章之事,令吏部勿开列巡抚。旋擢兵部右侍郎,与内阁学士韩菼奏进纂成《孝经衍义》,得旨刊刻颁发。旋充经筵讲官,历擢工部礼部尚书,先后充《国史》《一统志》《渊鉴类函》《政治典训》总裁官。三十六年,与尚书熊赐履同为会试正考官,嗣以老病乞休。得旨慰留。三十八年,授文华殿大学士。四十年乞休,得旨准以原官致仕。濒行,赐宴畅春园,谕令沿途驿递应付无限常额。英自入直以来，即以文章经济佐佑启沃，感激知遇，益自恪谨。综理庶务，持重平恕，不为苛急之行。进则论思密勿，退则倡率郡僚，不动声色，而百事就理，士大夫叹以为难。上结主知，久而益信，尝称其有古大臣风。为人外宽内介，遇有不可，未尝依违。而培护善类，奖掖后进，惟恐不及，所引举皆恬静闇修之士，退不以闻于人。先是，御书"笃素堂文集"以赐，名其所著为《笃素堂文集》，告归后，四十四年、四十六年，叠遇南巡，屡拜匾联画卷书籍金币之赐。四十七年卒于里第，年七十有二。遗疏入，赐祭葬加等，谥文端。雍正初，赠太子太傅。八年，入祀贤良祠。乾隆初，赠太傅。（《道光续修桐城县志》卷一二，五六至五七）

张英，字敦复，桐城人，康熙丁未进士。入翰林，侍讲幄。敷陈经义，民生吏治，悉心献纳，知无不言。圣朝初设南书房，俾每日侍直，以资讲论，词臣赐第内城自此始。及佐枢部，掌邦礼，恪慎清粹，一时典章义制、庙廷制诰之文多其手定。洎登相位，忠尽纯诚，佐佑启沃，历任三十余年，未尝一日离内直。圣祖称其老成敬慎，终始不渝，有古大臣风。尝命工写像以赐。生平多隐德，外和内刚，一私不染。荐拔贤俊如不及，未尝使其人知。又广义田以赡宗族，肃家范以率子孙，一门感励名节，温恭谦谨，称江左第一家风。学问醇博，所著有《易书衷论》及《存诚堂》《笃素堂文集》。康熙四十年冬，予告回籍，四十七年卒于家。年七十二，御祭恤葬逾恒制，谥曰："文端"。世宗宪皇帝御极之初，有甘盘旧学之思，赠太子太傅，崇祀京城贤良祠。复赐祭于本籍，又御书祠宇扁额，有"忠纯诒范、师模如在"之褒。恩礼之渥，罕有伦比。（按：原文注：《一统志》《江南通志》《旧志》。）（《重修安徽通志》卷一七七《人物志·名宦》一六）

张英，字敦复，号圃翁。康熙癸卯举乡试魁。丁未成进士，选入翰林。癸丑，天子御讲筵，谕掌院学士取醇谨通达者四人入侍，英名居首。由是每日进讲，扈从南苑，累迁翰林院学士。自癸丑后五六间，滇黔未平，将帅西征者咸侍庙谟指示，措兵筹饷，殆无虚日。上宵旰殷忧，犹时与儒臣讨论古昔，说及穷檐疾苦，英时竭其底蕴，以敷陈于黼座之前，而民生利弊、年谷丰歉，知无不言，皆蒙嘉纳，感激知遇，益以恪谨自持。爱自翰林历卿贰践政府，恩宠之隆，未有伦比。英理部务，持重平恕，不为苛急。及任宗伯，身绾三绶，进则论思密勿，退则倡率群僚，一时典礼仪制及庙堂制诰之文，皆出其手定。又监修史局，总裁群书，兼领数十职，不动声色，百事就理，士大夫赞叹以为难，英在相位不久，然其赞元经体，自入直以来，即以文章学问佐佑启沃。上久而益信之，尝称其有古大臣风。英为人外宽内介，遇有不可，未尝依违。而培植善类，奖掖惟恐不力。凡所引举，皆恬静闇修之士，退不以闻于人，学通经术义理于微茫，所进呈《书经衷论》及《易经参解》，备治统道法之要，一时读中秘书，多未能窥其阃域。其拜爵受赐，常得朝臣所未尝有，如特擢翰林院学士及赐第瀛台之西皆异数也，致政日年六十有五，盘憩于林泉者凡七年。洎其终也，讣闻京师，上震悼，予赙恤祭葬加等，赐谥曰：文端。崇祀乡贤。

张廷瓒，字卣臣，号随斋，弱冠中戊午顺天乡试。己未成进士，以二甲第二人选入翰苑。洊登宫尹，趋承讲幄。屡膺纂修之命，悉心编集。每遇廷推，廷瓒所荐举必才品兼优、清勤素著者。圣驾北征，沙漠三临绝塞，廷瓒以儒臣得与扈从之列，既被殊恩，务益恪慎厥职。乙丑，分校礼闱，公慎自文，所取皆知名士，房首则俞长城也。己卯，复命典试山左，衡鉴公明,风清弊绝,中试七十余人,率皆单寒续学之士。尝随相国俱奉召赐宴□春苑,时同召者八人,而廷瓒父子并沐殊恩,为千载盛事。廷瓒熟于掌故,朝廷大著作多出其手。性喜赈济贫乏,惆恤姻亲子弟读书立品者,多方玉之于成。官二十余年,不以纤私干当世,洵无忝相国家教云。崇祀乡贤。(《安庆府志》卷一五《事业》八六)

张文端公传

　　张公讳英,字敦复,康熙六年进士,丁父忧归。十二年,以编修充日讲起居注官,累迁侍读学士。十六年,上始选儒臣置左右,设南书房,命公入直,赐第西安门内。当是时,三藩扰乱,凡战阵兵饷方略,一皆取断宸衷。而上尤勤学问,故事:经筵有常期,上日御乾清门听政后,即适懋勤殿,召儒臣讲论经谊无期时。公率晨入暮出,暂退辄复宣召,或辍食趋宫门,小心慎密。久之,上益器重,每巡幸,辄以公从。一时典诰之文,多出公手。

　　迁翰林学士,乞假归,筑室龙眠山中。居四年,特召起,授兵部侍郎。调礼部,充经筵讲官。坐事降级,优旨留任。俄迁工部尚书,再调礼部。公自跻卿贰,至典秩宗,皆兼掌院学士,并管詹事府。寻坐不详审编修撰拟谕祭都统佟国纲文,引用悖谬,罢尚书,仍管詹事,教习庶吉士。三十一年复职,先后充国史馆《方略》《一统志》《渊鉴类函》《政治典训》总裁官。三十六年,会试正考官。再乞休,不允。三十八年,拜文华殿大学士,兼礼部尚书。

　　圣祖在位久,天下治安。一时宰辅诸臣如公及李公光地、熊公赐履、魏公象枢、陈公廷敬、张公玉书类皆敦崇宽大。而公尤以勤慎结主知,立朝数十年,未尝一日去上左右。介特内含,绝远权势,虽异趣者莫能媒蘖其短。上尝语执政:"张英始终敬慎,有古大臣风也。"公为人淡静寡欲,喜读白傅、苏、陆三家诗,喜佳著。公退,日手一编,蒔花鼓琴,杂宾自远。自其壮盛,即有山林之思,作《芙蓉双溪图记》见志,时时行诸咏歌。四十年冬,遂请告归。濒行,赐宴畅春园。公既归里,冬日城居,自余三时多在龙眠双溪间。自是徜徉山中者凡七年,为《聪训斋语》《恒产琐言》。教子弟以务本力田、随分知足之义,而于择交积德尤谆谆焉。其书世多有,故不具。四十二年,圣祖南巡,迎谒行在至江宁。上将返跸,为公留再宿。是时,总督阿山欲加钱粮耗银供南巡,江宁知府陈公鹏年持不可。总督既怒知府素强项,欲因是以罪供张故不办;扈从王大臣及侍卫多言知府诽谤巡游,罪不赦。及公见上,盛称鹏年,总督意沮。陈公得免罪,反以是见知,竟为名臣。四十六年,再迎驾清江浦,扈跸江宁,逾年薨。年七十有二。赐祭葬,谥文端。世宗即位,赠太子太傅。雍正八年,祀贤良祠,又祀乡贤。著《易经衷论》二卷、《书经衷论》四卷、《四库》著录。又《笃素堂集》《存诚堂集》共六十卷。子六:廷瓒、廷玉、廷璐、廷瑑、廷瑑、廷瑾。廷瑑,附贡生;瑾,候选训导。余皆至大官,自有传。附贡生若潭,官检讨。训导若霍、若霁,皆举人。若霁孙元宰,编修。

　　马其昶曰:予幼时,大人授以《聪训斋语》,谓读之可淡荣利、就本实。因益为言张氏当隆盛时,其子弟无不谨敕谦约,可为大臣家法。其后恭读世宗《庭训格言》,乃知圣人之言,其远如天,其近如地。公之书切近敦笃,殆本其所陶淑于圣教者以垂训欤?曾文正公亦尝举二书教人,而番禺梁按察鼎芬言:"张公书不善读,乃为乡愿。"余谓立朝与居乡异节,公之书,所以诫家也。其保全陈公事,余得之《湘潭志》,为表著之。

(马其昶《桐城耆旧传》,黄山书社二〇一五年版,二二五)

张英廷玉传

　　张英,字梦敦,一字敦复,桐城人也。康熙丁未进士,改内弘文院庶吉士,授翰林院编修。癸丑,圣祖选词臣入侍帷幄,备顾问,英为首。丁巳,以侍读学士领南书房事。丙寅,擢翰林院掌院学士,寻迁兵部侍郎。丁卯,调礼部,充经筵讲官兼管翰林院詹事府事。庚午,晋礼部尚书。己卯,拜文华殿大学士。辛巳,予告归。越七年,戊子卒。年七十有二,赐谥文端。自英通籍后七年,三藩倡乱,天子方从事征讨,凡出师运饷,制谋决胜,无一不断自宸衷,而上于是时益孜孜于经史之学。英首被日讲起居注官之命,旋直南书房,自昔经筵有常期。而上日御乾清门听政后,即适懋勤殿,召英等入讲。辰而进,终酉而退,率以为常,因赐第瀛台之西,词臣赐居内城自英始。英以小心慎密结主知,上每幸南苑及巡四方,未尝不以英从。英自翰林历卿贰、践政府,虽任他职,未尝一日去上左右。既为礼部尚书,仍掌翰林院及詹事府,盖二职上所甚重,难其人,以为非英莫属也。英莅官,随地自尽,不务表襮,以是所居无赫赫之名。及观《南书房记注》,然后知英在讲筵,凡生民利害,四方水旱,知无不言。上尝语执政:英有古大臣风。用是立朝数十年,君臣之间以恩礼终始。英为人忠实无畛域,自同官及后进之士,皆倾心相向。王士祯诗名满天下,而困于郎署,英延誉于上,得召试,改词林。而英亦著有《笃素堂诗文集》,粹然盛世之元音焉。他所著《周易表论》《周易参解》,皆以经解经,坦易不务艰棘。福德冠当世,内外完好,身名泰然。英既告归,日徜徉于龙眠双溪间。越二年而上南巡,英迎谒至江宁,上将返跸,为英留再宿,时总督阿山欲加钱粮耗银,供南巡费。江宁知府陈鹏年持不可,总督既积怒知府强项,扈从王大臣及侍卫多言知府诽谤巡游,罪不赦。及英见上,盛称鹏年为良二千石,总督意沮,鹏年反以是见知,竟为名臣。英殁十有七年,而子廷玉复为大学士。(按:原文下注:《国史馆列传》《国史贤良小传》《清史稿》《桐城耆旧传》,方苞撰《墓表》《国朝学案小识》《啸亭杂录》)(《安徽通志稿列传稿》之《列传九》,一七)

※相关文献记载

一

　　张英,江南桐城人,康熙六年进士,改内宏文院庶吉士,授翰林院编修。十二年,充日讲,上命择词臣醇谨有学者入侍左右,备顾问,英首被选。十六年,始立南书房,迁英翰林院侍讲学士领其事。辰入酉出以为常。赐第西安门外,上每日听政后,即幸懋勤殿,召英讲论经史,寒暑靡间。幸南苑及巡行四方必以英从。二十五年,授翰林院掌院学士兼礼部侍郎衔。与内阁学士徐乾学并谕称：学问淹通，宜留办文章之事，勿开列巡抚。二十九年，擢礼部尚书。三十八年，授文华殿大学士。四十年，乞休，以原官致仕。濒行，赐宴畅春园，御书"笃素堂"以赐，英名其所著为《笃素堂集》。四十四年，上南巡，迎驾淮安，叠奉御书"谦益堂""葆静"扁额，并联幅、画卷、银千两以赐。随至江宁，上将旋跸，以在籍诸臣呼请允留一日，英复奏请，得旨："念老臣恳求谆切，准再留一日启行。四十六年，迎驾清江浦，仍随至江宁，赐御书对联、"世恩堂"扁额及书籍、人参，亦允英奏请，多留一日。四十七年卒，年七十二。赐祭葬加等。谥文端。六十一年，赠太子太傅。雍正八年，入祀贤良祠。

（《从政观法录》清，朱方增辑，《清代传记丛刊》第五二册，三一四至三一八）

二 《国朝耆献类徵初编》（清）李桓辑

1.《国史本传》，内容同上《汉名传本传》。略。（《清代传记丛刊》第一三七册，二九一至二九七）

2.《国史贤良小传·张英传》内容同《从政观法录》。略。（《清代传记丛刊》二九七至二九九）

3. 方苞撰《张文端公墓表》。（《清代传记丛刊》二九九至三〇一）

4. 唐鑑《学案小识》。（《清代传记丛刊》三〇一至三〇二）

张先生著《周易衷论》二卷，专释六十四卦之旨，而不及《系辞》《说卦》《序》，每卦象各为一篇，每篇诠解大意而不列经文，大抵以朱子本义为宗，然于坎卦之"贰用缶"句，又以本义为未安，而从程传以"樽酒簋贰"为句，则固未尝如胡炳文等胶执门户之见也。其立说主于坦易明白，不务艰深。故解《乾象》"元亨利贞"云："文王系辞，本与诸卦一例。"解《乾坤文言》云："圣人举乾坤两卦，示人以读易之法。"如此扩充体要，盖以经释经，一扫纷纭缪辑之见，大旨具见矣。（《清代传记丛刊》第一三七册，三〇一至三〇二）

5. 王文简公士禛，诗名重于当时，浮沉粉署，无所施展。张文端公英时直南书房代为延誉，仁皇帝亦素闻其名，因召渔洋入内，出题面试之，渔洋诗思本迟滞，加以部曹小臣乍觐天颜，战慄操觚，竟不能成一字。文端公代作诗草，撮为墨丸，置案侧，渔洋得以完卷，上阅之，笑曰："人言王某诗为丰神妙悟，何以整洁殊似卿笔？"文端公曰："王某诗人之笔，定当胜臣多许。"文简改官词林，因之得致高位。渔洋感激文端终身，曰："是日微张公，余几作曳白人矣。"文后注云：右录宗室昭梿撰。（《清代传记丛刊》第一三七册，三〇二至三〇三）

三

张英，字敦复，号梦敦，安徽桐城人，康熙六年进士。历官大学士，赠太子太傅，谥文端。有《存诚堂、笃素堂诗文集》《易书衷论》。《江南通志》："英侍讲幄，敷陈经义，民生吏治，悉心献纳，知无不言。圣祖初设南书房，俾每日侍直，以资讲论。词臣赐第内城自此始。及佐枢部，掌邦礼，勤慎清粹，一时典章仪制，庙廷制诰之文，多其手定。登相位，忠荩纯诚，佐佑启沃，历任三十余年，未尝一日离内直，圣祖称其'老成敬慎，终始不渝，有古大臣风'，命工写象以赐。生平多隐德，外和内刚，一私不染，荐拔贤俊如不及，从不使人知。广义田以赡宗族，肃家范以率子第。一门咸励名节，温恭谦谨，称江左第一。年七十二，卒于家，御祭恤葬逾恒制。世宗御极，有甘盘旧学之思，赠太子太傅。崇祀京城贤良祠，赐祭于本籍。御书匾联，有'忠纯贻范'、'师模如在'之褒。"

（《颜氏家藏尺牍·姓氏考》，《清代传记丛刊》第二九册，八二〇至八二一）

四

张英，字敦复，桐城人。康熙六年进士，入翰林，官到文华殿大学士。四十年予告归。四十七年卒，年七十二。谥文端。事具《清史列传·大臣传》。撰《双溪集》。为《存诚堂诗》二十五卷、《应制诗》五卷、《笃素堂诗》七卷、文十六卷。《四库全书》改称《张文端公集》四十六卷，误《应制诗》四卷，文为十卷。时文虽未能工，而雍容大雅，颇耽田园之乐。纪事之文，足备参稽。《饭有十二合说》《恒产琐言》《聪训斋语》，语多退让。盖康熙十二年，英首以文学入直南斋，兼日讲，傅东宫，以至台阁。同时徐乾学、叶方蔼、高士奇诸人，立党相竞，多所凌忽。英与陈廷敬甘心自下，始得保全。英乞假家居者五年。未及仗朝，遽以引退，以不与翻覆之局为幸。然许志进《谨斋诗稿》有《桐城相国挽诗》四章，作于太子再废之时，盖追逸也。其次章云："往者□□祸，株连尽老成。呼冤填北寺，谪戍走边城。牛李终相怨，园绮去亦轻。仙人衡岳里，导气失长生。"明明谓英之去国，由于党争。其没也，由于恐惧。英没于是年九月，与太子之废几于同时，虽非严谴，而忧危震憾，殆有不得其生者矣。阅两月，恤典始下，亦非故事。

按：其摘录《拟白乐天秦中吟》原文略

（邓之诚，《清诗纪事初编》，《清代人物传记丛刊》第二〇册，五八一至五八二）

五

1. 张敦复，忠实无畦畛，外和内刚，一私不染。同官及后进，皆倾心相向。退食惟手一编，莳花鼓琴，杂宾不敢至其门。其对族党乡邻，下逮臧获，胥得其和。虽奸金小人，无所寄怨恶，用此知与不知，皆推为巨德长者。（清，易宗夔撰，《易世说》，民国十一年春季再版）

2. 张英，字敦复，一字梦敦，号乐圃，又号圃翁，载弟。康熙六年进士，官文华殿大学士，谥文端。（清，李放纂辑，《皇清书史》，《清代传记丛刊》第八三册，四八四）

3. 康熙三十六年丁丑科会试：考官：吏部尚书熊赐履，字素九，湖北孝感人，戊戌进士。礼部尚书张英，字敦复，江南桐城人，丁未进士。左都御史吴琠，字铜川，山西沁州人，己亥进士。刑部侍郎田雯，字纶霞，山东德州人，甲辰进士。是科会元汪士鋐。状元李蟠，字仙李,江南徐州人。榜眼严虞惇,字宝臣,江南华亭人。探花姜宸英,字西溟,浙江慈溪人。(法式善,《清秘述闻》卷三;《清秘述闻三种》,八三)

4. 张英,字敦复,桐城人,康熙丁未进士,官至文华殿大学士,有《存诚堂诗集》。(《历代名人尺牍小传》卷六,《清代传记丛刊》第三〇册,二八七)

5. 张英,江南桐城人,少清贫。癸丑分校礼闱,家人经旬乏食,夫人搜得面数斗,遂举家食面汤,其居官随地自尽,不务表襮,不列密事,不讦人过失,荐举不使人知。故所居无赫赫名,官至大学士。(《词林辑略》卷二,《清代传记丛刊》第一六册,三七)

6. 《静照轩笔记》:"张文端公世系。公先世由鄱阳迁桐城,曾祖淳,字怀琴,明隆庆二年进士,授浙江永康令,官至陕西临巩道参政,祀乡贤。子四:士维、士缙、士绣、士絅。士维,字恂所,县学生,举乡饮大宾,文端祖也。有子四,长秉文,明山东布政,谥忠节,三秉彝,字拙庵,县学生,赠光禄大夫,文端父也。有子七,长克俨,明诸生;次载;三杰;四某,早卒;五即文端;六夔;七某早卒。克俨玄孙裕莘,乾隆戊辰进士,官至国子监祭酒。予家与张氏姻戚,先太高祖蒟池廉访公第三女,适公曾孙曾敞之子元裕,诸生能文,未详其号。迨咸丰洪杨之乱,先大父菊生公方宦粤东,文端之裔有从昆弟二人违难来奔,长曰同福,字子履;次曰百祥,字子和,皆年逾冠,乃先大父中表兄弟行。子履先生得姻娅之助,纳粟入宦。子和先生贫甚,先大父延课先叔景堂公、先从叔介堂公二人。子和先生旋以番禺籍入泮。先大父为荐至臬司舒城孙公观署中,课其公子明廉(字仲隅,后登光绪乙酉贤书,诗之表舅父也)。于同治癸酉科登广东榜,后选封川教谕,光绪季年六十余卒。子履先生官广东同知,光绪戊子己丑间,署澄迈县知县,盖皆裕公之孙也。(引自《皖雅集》卷二,八)

附录三 《南书房记注》

康熙十六年

十二月十七日,上命日讲官起居注、翰林院侍讲学士、支正四品俸臣张英,内阁撰文中书、支正六品俸臣高士奇于南书房侍从。

辰时,上召臣英、臣士奇至懋勤殿。谕曰:"朕于《书经》《四书》讲读已久,常于宫中复诵,大义皆能晓畅(朱笔将畅删去,于晓前加略字。)但圣贤义理无穷,今更欲细加讨论。"臣英等奏曰:"皇上圣学高深,经书义理贯彻精熟,犹孜孜讲论不已,真古帝王逊志典学之盛心也。"上因亲讲《大学》圣经至右传之六章,阐发义蕴详备精微,臣等恭听,不胜欣幸之至。

未时,上召臣英至懋勤殿。谕云:"《通鉴》备古今法戒,朕向已览过。朱子《纲目》托始于周烈王,而《纲目前编》肇自伏羲。今讲阅《通鉴》,必始于五帝,方有源委。臣英奏曰:'诚如圣谕。'上因阅《通鉴纲目前编》,自《伏羲帝纪》至《黄帝纪》共三十三条。"

酉时,上召臣士奇至懋勤殿。上正翻阅唐诗,因谕曰:"杜诗对仗精严,李诗风致流丽,诚为唐诗绝调。"臣士奇奏曰:"诚如圣谕。"

是日,于常餐外,赐御前肴馔、果品各一次,鲜炰三只,臣英等谢恩退。

十八日,辰时,上召臣英至懋勤殿。上亲复诵《大学》圣经至右传之六章,臣英等恭听毕,奏曰:"皇上于《四书》精熟已极,顷刻诵千言,臣从来目所未睹,良由天亶聪明,而又加以时敏之功也。"上复亲讲"所谓修身"章起,至右传之九章止。

巳时,上召臣士奇至懋勤殿。上正临摹草书,臣士奇得侍观宸翰,因奏曰:"皇上运笔圆劲纵横,深得古人之意。"上曰:"朕朝夕临摹,常恐未合古法耳。"

未时,上召臣英至懋勤殿。上阅《通鉴纲目·前编·黄帝纪》三条。时懋勤殿有古干梅花,发红白二种,臣英、臣士奇各恭赋七言律诗一章,进呈御览。是日,赐上用毫笔三十枝,于常餐外,赐御前肴馔、果品各一次。

十九日，辰时，上召臣英至懋勤殿。上亲复诵"所谓修身"章起，至右传之九章止，复诵"所谓平天下"章。上曰："《大学》一书，言明德新民，诚修己治人之要道也。千古君道之隆，莫过于尧舜。观克明峻德，以亲九族，平章百姓，协和万邦，此正《大学》修身教家，由家及国，由国及天下之理。然必己德即明，而后可推以及人，故《大学》以慎德为本。"臣英对曰："诚如圣谕。所以先儒有言《大学》者，治天下之律令格式也。内圣外王不出于此。又细观全书中，大约归重好恶，如恶恶臭，如好好色，是诚意莫切于好恶也。好而知其恶，恶而知其美，是齐家莫切于好恶也。民之所好好之，民之所恶恶之，是治天下莫切于好恶也。惟仁能爱人，能恶人，是好恶之得者也；好人之所恶，恶人之所好，是好恶之失者也。反复申明，皆是此意。"上曰："好恶所系诚重，宜乎谆切言之也。"上又问曰："经权之义若何？"臣英对曰："古人有言反经合道谓之权"。上曰："此言昔人已有论其非者，天下止有一经常不易之理，权衡轻重，随时斟酌，而不失乎经常之理。此即所谓权也，岂有反经而可以行权者乎！"臣英对曰："皇上此言真千古不易之论也。"

未时，上召臣英至懋勤殿。上亲讲"所谓平天下"一章，复阅《通鉴纲目·前编·黄帝纪》至《颛顼帝纪》共二十条。

申时，上召臣英至懋勤殿。上阅《通鉴前编·颛顼帝纪》至《唐尧帝纪》共十一条，至"庆都感赤龙之祥，孕十有四月生尧"，上曰："此等事，先儒常疑之。正孟子所谓'尽信书，不如无书。'之义也。盖圣人不语怪，以垂戒于世，而后人犹有矫诬上天、侈言祥瑞之事，况敢从而启之乎？臣英对曰："圣言真得古人立教范世之意。读书必具此识，然后不至于拘泥也。"

二十日，辰时，上召臣英至懋勤殿。上亲复诵"所谓平天下"一章。

巳时，上召臣英至懋勤殿。上阅《通鉴纲目·前编·唐尧帝纪》十条。

未时，上召臣士奇至懋勤殿。谕曰："朕于经史之暇，时阅唐诗。前代帝王，惟唐太宗诗律高华，朕亦常于宫中即景命题，以涵咏性情。（常恐古人之意深远，未能即得。）"臣士奇奏曰："从来政治文翰难以相兼，今皇上勤民听政，日理万机，又于经史词翰无不究心，诚前代之罕见也。"

二十一日，上召臣英、臣士奇至懋勤殿。上亲诵《大学》全部。臣英等恭听，知皇上圣学精深，于经书一字不忘，真度越古今之盛事矣。上阅《通鉴前编·唐尧帝纪》七条，阅至"鲧治水"节，上曰："前代治河，皆以为宜疏决而放之海，则永无河患。但今运道自淮以北，必由黄河一百八十里而后达于运河，与古形势不同，则古说亦何可尽行也"。臣英对曰："前代治河，但除其患，今运道攸关，并资其利，故治之为尤难耳。"上阅至"程子论四凶"一条，因曰："论才，则必以德为本,故德胜才,谓之君子;才胜德,谓之小人。司马光曾有此语。"臣英对曰:"诚如圣谕。"巳时,上召臣英至懋勤殿,上亲讲《中庸》"天命之谓性"起,至"子曰天下国家可均也"节止。因阅《讲章》至"隐恶扬善"句,上曰:"宽宏容纳,正所以开敢言之路,而使人得尽其言,舜之大智全在于此。"臣英对曰:"诚如圣谕。"

午时,上赐观内府珍藏王羲之真迹三轴、怀素真迹二轴、苏轼真迹二轴、蔡襄真迹一轴、黄庭坚真迹一轴、米芾真迹一轴、朱熹真迹一轴、赵孟𫖯真迹二轴、周矩画、董其昌字共一轴,宋初拓淳化阁贴全部。臣等恭睹天府希世之宝,满目琳琅,见所罕见,真千载之奇遇也。

二十二日,辰时,上召臣英至懋勤殿。上亲复诵"天命之谓性"起,至"天下国家可均也"章止。

午时,上召臣英至懋勤殿。上亲讲"子路问强"章起,至"君子之道,辟如行远"章止。上讲"君子之道,费而隐"章毕,因命臣英敷陈此章大义。臣英对曰:"此章言匹妇之知能,圣人天地之不能,尽皆所以见道之费。盖中庸之道,近言之则不外子臣弟友之间,广言之则贯于天地鬼神之际,极平淡却极神奇,极高远又极切实,然其所以然之故最隐而难知,故说'费而隐'。"上曰:"上天之载,无声无臭,《中庸》引此语结之,正此意也。"臣英对曰:"圣言深得《中庸》首尾一贯之理。"上讲"君子之道,辟如远行"章毕,臣英奏曰:"此正孔子所谓下学上达之意也。"上曰:"从来有生知,有学知,有困知,而及其成功则一,未有下学既久而不可以上达者。诚者天道,诚之者人道,理本一致,义亦如此。"臣英对曰:"诚如圣谕。"上又曰:"功夫固不可躐等而进,尤不可半途而止。为山九仞,功亏一篑,此正谓半途而废者也。"臣英对曰:"皇上所言此二端,为学功夫尽在是矣。"

酉时,上召臣士奇至懋勤殿。上阅唐诗十首。

二十三日,辰时,上召臣英至懋勤殿。上亲复诵"子路问强"章起,至"君子之道,辟如行远"章止。

午时,上召臣士奇至懋勤殿。上临摹王羲之《乐毅论》小楷。臣士奇奏曰:"昔人论书谓右军《乐毅论》有端人正士之概。今皇上临摹,备得其神采,非寻常摹仿形似者所可及也。"

未时,上召臣英至懋勤殿。上亲讲"子曰:鬼神之为德"章起,至"武王、周公,其达孝矣乎"章止。讲毕,臣英奏曰:"《中庸》在四书中,道理最为精微。皇上所讲,贯彻无比。"上曰:"《性理》一书,其原亦出于此。朕尝阅《性理大全》,其文乃宋人之言,较之《中庸》犹为易晓。"臣英对曰:"诚如圣谕。"

是日，上命侍卫传谕臣英、臣士奇曰："尔等朝夕侍从，今赐尔等《书经大全》《四书集注》《文献通考》等书。"臣英、臣士奇跪领，奏曰："臣等弇陋愚鲁，学问浅薄，侍从左右，未能报效涓埃，蒙恩赐内府秘书，每卷首皆有御玺，臣等恭奉为子孙世世之宝。侍从之暇，当潜心翻阅，冀少有寸进，以仰副皇上高厚至意。谨奏，谢恩。"奉旨于懋勤殿行礼。

申时，上召臣英至懋勤殿，上阅《通鉴纲目·前编·唐尧帝纪》一条。

二十四日，辰时，上召臣英至懋勤殿。上亲复诵："子曰：'鬼神之为德'"章起，至"子曰：'武王、周公，其达孝矣乎'"章止。午时，上召臣英至懋勤殿。上亲讲"哀公问政"一章，讲至"仁者，人也"节。上曰："孟子所谓'仁也者，人也'亦即此意。《孟子》一书，言仁义最为亲切，最为详尽，为功于后学不浅。"臣英对曰："诚如圣谕。"讲全章毕。上曰："此章广大精微，可谓悉备。"臣英对曰："此章在《中庸》中条绪最为繁多，皇上所讲，前后贯彻，深得圣贤之精义。"

未时，上召臣士奇至养心殿。上宸翰金书《御制元旦进衣太皇太后前表文》，命臣士奇侍观，因奏曰："皇上楷书深得《乐毅论》兼黄庭坚笔法。"上曰："朕向来作书，若一字结构未妥，必连书数十字，然后取古人法帖证之，豁（朱笔改为'偶'）然有（朱笔改为'少'）会。"臣士奇对曰："皇上读书作字，惟常自见不足，所以益造精深，正古人日新不已之意也。"

二十五日，辰时，上召臣英至懋勤殿。上亲复诵"哀公问政"一章。

巳时，上召臣士奇至养心殿。上宸翰亲书表文毕，臣士奇奏曰："皇上天性仁孝，于太皇太后前致尽诚敬，故御书更与平日不同，真足垂训万世，不独宸翰可宝也。"臣英复蒙恩赐观，谨奏曰："皇上楷法媲美钟、王，真超越前古。太皇太后德福之尊隆，皇上孝敬之纯笃，皆于此可见。臣英得睹天章鸿宝，曷胜忭忭。"

申时，上召臣英至懋勤殿。上亲讲《中庸》"自诚明谓之性"至"大哉！圣人之道"章止。讲至"其次致曲"章，上曰："由致曲而到于至诚能化，岂易言哉！"臣英对曰："上章所谓至诚，即尧舜性之之圣也。当日于变时雍，四方风动，便是赞化育参天地功业。此章所谓致曲，即汤武反之之圣也。成汤之九围式化，武王之垂拱而治，亦已到至诚能化地位。所谓先圣后圣，其揆一也。"讲至"故至诚无息"句，上曰："此即《易》所言'天行健，君子以自强不息'之意。"臣英对曰："诚如圣谕。"

酉时，上召臣士奇至懋勤殿。上阅唐诗七首。

二十六日，辰时，上召臣士奇至懋勤殿。上亲复诵"自诚明谓之性"章起，至"大哉！圣人之道"章止。午时，上召臣英至懋勤殿。上亲讲"子曰：'愚而好自用'"章起,至"诗曰:'衣锦尚絅'"章止。上曰:"此数章言至诚至圣、赞化育参天地,制度考文之盛,声名洋溢之远,可谓费矣。而究竟则上天之载无声无臭,何其隐也。《中庸》之旨,大约不外于费隐。"臣英对曰:"诚如圣谕。《中庸》说至诚功业至三十二章神圣功化,无以复加矣。恐人驰骛高远,故'衣锦尚絅'章,又从下学立心之始,示人以入德之门,而造乎其极,则至于笃恭而天下平,无异道也。"上曰:"行远自迩,登高自卑,意正如此。"臣英奏曰:"性与天道,当日圣门如子贡犹以为不可得闻,而子思独阐明其旨,故其言天人处,洪纤悉备。皇上于微言奥义发挥无遗,知圣学所得者深矣!"

酉时,上召臣士奇至懋勤殿。上亲阅唐诗六首。

二十七日,辰时,上召臣英至懋勤殿。上亲诵"子曰:'愚而好自用'"章起,至"诗曰'衣锦尚絅'"章止。臣英奏曰:"皇上勤于典学,数日内将《大学》《中庸》全部讲解复诵数次,恐劳圣躬。"上曰:"朕于宫中每日如此,未尝自以为劳。"臣英对曰:"皇上圣心笃好,遂不自觉其劳耳。"

未时,上召臣士奇至懋勤殿。上以御制《咏雪》七言绝句诗一首、《景山看雪》五言绝句诗一首示臣士奇,因奏曰:"臣得恭睹圣制二章,气象宏伟,词语高华,深得帝王立言之体,即偶然词翰,可以仰观圣度矣。"

申时,上阅唐诗六首。是日,上赐臣英猞猁狲外套一件、狐腋外套一件、羔裘一件。臣士奇猞猁狲外套一件。

二十八日,上召臣英、臣士奇至懋勤殿,上亲诵《中庸》全部。俄顷诵毕三十三章,自首至尾一字不遗。臣等恭听,因知天亶聪明原自超越,而圣功纯熟更异寻常也。

申时,上召臣士奇至懋勤殿。上阅唐诗七首。

三十日,酉时,上命臣英、臣士奇于养心殿侍宴,恭纪七言律诗各一章,进呈御览。

康熙十七年

正月一日,上召臣英、臣士奇于养心殿侍宴,各恭纪七言律诗应制。

十五日,赐宴于南书房,各恭纪五言律诗应制。

十六日,臣英与臣士奇观鳌山灯于养心殿,各赋七言律诗二章进呈。

二十三日,上御制诗十章赐观。臣英、臣士奇谨奏曰:"臣等恭睹皇上圣制,命意高超,修词宏丽,有包罗八荒,函盖一世之象,不独诗法精工,度越今古也。"因各恭纪七言诗四首,进呈御览。

二十八日,辰时,上召臣英至懋勤殿。上亲讲《书经·尧典》"曰若稽古,帝尧"

四章。

二十九日，巳时，上召臣英至懋勤殿。上亲复诵《尧典》"曰若稽古帝尧"四节。

二月一日，辰时，上召臣英至懋勤殿。上亲复诵"申命羲叔"四节等。又亲讲"帝曰：'畴，咨，若时登庸'"四节。

二日，辰时，上召臣英至懋勤殿。上亲复诵"帝曰：'畴咨若时？登庸'"四节，上曰："《书经》曾于往年讲读，今非不可多诵，因欲细阅《讲章》，期于通晓，未可率略看过耳。"臣英对曰："诚如圣谕，《尚书》乃二帝三王传心之要典，皇上诵读必期精熟，讲论必字字辨析，真足见圣学之大矣。"

三日，辰时，上召臣英至懋勤殿。上亲复诵《尧典》全篇，又亲讲《舜典》"曰若稽古帝舜"四节。

四日，辰时，上召臣英至懋勤殿。上亲复诵"曰若稽古帝舜"四节。又亲讲"在璇玑玉衡"四节。

五日，巳时，上召臣英至懋勤殿。上亲复诵"在璇玑玉衡"四节。上曰："前代所造浑天仪未尝不善，但世久法湮，交食错乱，不能枚举。朕曾讲究古法新法，故知其概。古法推算冬至及日月交食，多用积数，因数多奇零，盈缩虚实之难明，不能合于天。新法多用余数及濛气差之数，又验之于测景，故较之古法，仅能与天象相合。"臣英对曰："汉唐交食，常多不验，至有晦日日食之事。惟本朝历法，交食毫无差爽，可谓至密。皇上留心于此，所言皆极精微，益见圣学渊广，尤得'钦若昊天'、'敬授人时'之意也。"上亲讲"肇十有二州"四节。

六日，巳时，上召臣英至懋勤殿。上亲复诵"肇十有二州"四节。

七日，巳时，上召臣英至懋勤殿。上亲讲"二十有八载"五节。

八日，巳时，上召臣英至懋勤殿。上亲复诵"二十有八载"五节，又阅《讲章》至"询于四岳"节，有"好问好察，乃大知之本"语。上曰："咨询固宜广揽，而众好之必察焉，众恶之必察焉，又不可不详加审辨也。"臣英对曰："诚如圣谕。"上又曰："朕自八岁笃好读书，至今更觉旨趣无穷。甚矣，书之不可不读也。"臣英奏曰："前代帝王读书，经筵、日讲间时举行，仅成故事。皇上圣学勤敏，极意精研，经筵、日讲既已寒暑无间，深宫之中，手不释卷，诵读讨论，每至夜分，求之书史，诚所罕睹。臣得侍从左右，曷胜忻幸。"上又亲讲"弃，黎民阻饥"四节。

九日，巳时，上召臣英至懋勤殿。上复诵"黎民阻饥"四节，又亲讲"帝曰：'畴若予上下草木鸟兽？'"三节。

十日，巳时，上召臣英至懋勤殿。上亲复诵"帝曰：'畴若予上下草木鸟兽'"三节。

十二日，巳时，上召臣英至懋勤殿。上复诵"二十有八载"十二节，又亲讲"帝曰：'龙，朕堲谗说殄行'"四节。又亲讲"《大禹谟》曰：'若稽古，大禹'"四节。
十三日，巳时，上召臣英至懋勤殿。上亲复诵"曰'若稽古，大禹'"四节。
十七日，巳时，上召臣英至懋勤殿。上谕曰："因目偶恙，今已大愈，当仍前讲诵。"因亲讲"禹曰：'惠迪吉'"三节。
十八日，巳时，上召臣英至懋勤殿。上复诵"禹曰：'惠迪吉'"三节。
十九日，巳时，上召臣英至懋勤殿。上复诵"帝曰：'龙，朕堲谗说殄行'"十一节。午时，臣士奇恭捧御制世祖皇帝御笔大字后跋语至南书房赐观。时侍读学士臣叶方蔼奉召在内，同诸臣敬观。臣方蔼等奏曰："伏睹御制跋文，简练高古，真典谟之笔，一字不可增减，显扬世祖章皇帝圣德圣学，孝思不忘，垂之万世，作述同光。臣等躬逢盛世事，欣庆无比。"未时，上召臣士奇至懋勤殿。研讨唐诗。
二十日，巳时，上召臣英至懋勤殿。上亲讲"帝曰：'俞，地平天成'"四节。上讲至"刑期于无"句，因曰："古来任人而不任法，故常原情轻重，未尝胶于一定，所以宥过无大，刑故无小，后世人情巧伪日滋，轻重大小，不得不断之一定之法，此亦势不得已也。"臣英对曰："后世法有一定，所以使人不得任情高下，以防法吏之私，但亦须人与法相辅而行，然后能施法中之仁，而得古帝王钦恤之意也。"
二十一日，巳时，上召臣英至懋勤殿。上复诵"帝曰：'俞，地平天成'"四节。又亲讲"皋陶曰：'帝德罔愆'"三节。上曰："'帝德罔愆'一节，朕常涵泳理会，其赞帝舜如天之仁，该括已尽。如'与其杀不辜，宁失不经'二语，觉圣人慈爱恻怛之意，千载如见。"臣英对曰："此一节书正是圣人与天地合德处。盖天地生物为德，圣人以体天为心，皇上涵泳此数语，便是仰契天心，上符古圣也。"
二十二日，巳时，上召臣英至懋勤殿。上复诵"皋陶曰：'帝德罔愆'"三节。亲讲"人心惟危"三节。
二十三日，巳时，上召臣英至懋勤殿。上复诵"人心惟危"三节。
二十四日，巳时，上召臣英至懋勤殿。上复诵"帝曰：'俞，地平天成'"十节，亲讲"禹曰：'枚卜功臣'"四节。
二十五日，巳时，上召臣英至懋勤殿。上复诵"禹曰：'枚卜功臣'"四节。
闰三月一日，辰时，臣英于内侍前转奏曰："臣一月以来侍从皇上左右，伏睹圣衷因大行皇后之丧，哀悼勤劳已极，臣心忧惶。五中如刺，伏愿皇上自节哀劳，调理圣躬。臣不甚拳切。"随传谕曰："尔言是，朕已知之。"
四月一日，辰时，上召臣英至懋勤殿。上复诵"禹曰：'俞哉！帝光天之下'"二节，亲讲"夔曰：'戛击鸣球'"三节。午时，上召臣英至懋勤殿。上阅古文一卷,因阅至《论守令篇》。上曰:"廉吏之风,何近代之难也。"臣英奏曰:"廉生于俭,人于居处服饰,事事侈靡,用之无节,则取之安能有道?虽欲廉而势有所不能。古人云:'其惟廉士寡欲易足。'由此观之,则寡欲,正廉之本也。然欲人崇俭,又以风俗为本,俗尚既侈,则转相效慕,中才之人,罕能自立,虽欲俭而势有所不能也。"上曰:"俭以成廉,侈以致贪,此诚理势之必然耳。"

二日,辰时,上召臣英至懋勤殿。上复诵"夔曰:'戛击鸣球'"三节。申时,上召臣士奇至懋勤殿。上阅古文一卷,至《论慎刑》篇,上曰:"国家刑法之制,原非得已,然惩警奸匿,又不可无。朕每于刑法,必反复详慎,期于至当,未尝一事有所轻忽。"臣士奇奏曰:"皇上秉天地好生之心,民知慕化,年来秋决不过数人,几致刑措。近复特命更定律例,斟酌损益,诚为万世成宪。"上曰:"现行律例尚虑过严,全在临时审察得宜也。"

四日,辰时,上召臣英至懋勤殿。上复诵"禹曰:'俞哉!帝光天之下。'"五节。亲讲《禹贡》"禹敷土"十一节。巳时,上召臣士奇至懋勤殿。上阅古文一卷,至《论纳谏》篇,上曰:"人臣进言,固当直切无隐;人君纳谏,尤当虚怀悦从。若勉听其言,后复厌弃其人,则人怀顾忌,不敢尽言矣。朕每阅唐太宗、魏征之事,叹君臣遇合之际,千古为难。魏征对太宗之言:'臣愿为良臣,毋为忠臣。'朕尝思忠良原无二理,惟在人君善处之,以成其始终耳。"臣士奇奏:"皇上至德弘深,无微不鉴,为臣者自当竭匪躬之节,仰报圣衷,以成都俞吁咈之治也。"上阅至"治河"一条,曰:"朕每有巡幸,即留心访察民间利弊、政治得失,如河工一事,屡年冲决。虽由水势泛滥,亦间有不肖小吏利于兴工,往往为此旋修旋决,遂成河患,若竟听之入海,则运道淤塞不通。近简命河臣董理,辨其水势,疏其故道,严察下吏,重其考成,果能实心行之,庶或一劳永逸。"臣士奇奏曰:"皇上励精图治,规划详尽,务使天下永受其益,即治河一事可见矣。"

五日,辰时,上召臣英至懋勤殿。上复诵"禹敷土"十一节,亲讲"济、河惟兖州"九节。上曰:"朕阅《注》中所释九河诸说纷纭,亦无确见。大约书史经秦火以来,上古事已难于考证,后人以意求之,岂能吻合。"臣英对曰:"如九河故道,汉去古未远,止知其三,历数百年,唐更得其六,所以易启后人之疑。三代以上之事,六经而外,多汉、魏、六朝诸儒附会之说,传疑者甚多。读古人书,当以六经为断也。"

六日,辰时,上召臣英至懋勤殿。上复诵"济河惟兖州"九节,亲讲"海、岱惟青州"七节。申时,上召臣士奇至懋勤殿。上因阅书中有舍利塔事。上曰:"朕曩巡幸蓟州盘山,侍臣奏盘山佛寺有佛骨、佛牙,因言佛牙阔二寸许,长过之。朕谕之曰:'古所谓圣贤,皆与人无异,故学尧则可至尧,学舜则可至于舜,能忠则为忠臣，能孝则为孝子，此圣贤所以可贵也。若尔所言，佛牙之大如此，则佛本天地间奇异之人，生来便不可学，又何用尊奉为哉？'言者无以对。"臣士奇奏曰："皇上此言，真足解从来之惑，历代帝王所不能道也。"

七日，上召臣英至懋勤殿，上复诵"海、岱惟青州"七节。

八日，上召臣英至懋勤殿。上复诵"禹敷土"二十七节，亲讲"海、岱及淮惟徐州"九节。戌时，上召臣英至懋勤殿。上复诵"海、岱及淮惟徐州"九节，亲讲"淮海惟扬州"九节。是日，上御制《喜雨》诗，臣廷敬、臣英、臣士祯、臣士奇各依韵恭和一章，呈御览。午时，上传谕臣英、臣士奇曰："朕因尔等在内侍从，许于禁城内乘马出入。"臣英、臣士奇奏曰："臣等蒙皇上恩遇隆渥，事事上厪圣衷，特颁温谕，许于禁中乘马。感高厚之殊荣，愧涓埃之难报。"各恭赋纪恩诗进呈御览。

十日，辰时，上召臣英至懋勤殿。上复诵"淮、海惟扬州"九节，亲讲"荆及衡阳惟荆州"八节。上谕臣英曰："《书经》讲解甚明，如此讨论，当有裨益。"臣英奏曰："《书经》文义最为古奥，皇上于典谟之言潜心玩味，讲论精详，古帝心传，昭然星日，于《禹贡》一篇，征考九州地势，今古相参，极其融彻。臣自愧经学精浅，不能窥古人万一。伏睹圣学高深，曷胜欣忭。"

十一日，辰时，上召臣英至懋勤殿。上复诵"荆及衡阳惟荆州"八节。

十二日，辰时，上召臣英至懋勤殿。上复诵"海、岱及淮徐州"二十六节，亲讲"荆、河惟豫州"八节。

十三日，辰时，上召臣英至懋勤殿。上复诵"荆、河惟豫州"八节，亲讲"华阳、黑水惟梁州"九节。

十四日，辰时，上召臣英至懋勤殿。上复诵"华阳、黑水惟梁州"九节，亲讲"黑水、西河惟雍州"十二节。

十五日，辰时，上召臣英至懋勤殿。上复诵"黑水、西河惟雍州"十二节。戌时，上召臣英至懋勤殿。上复诵"荆、河惟豫州"二十九节，亲讲"导岍及岐"四节，因论古雍州极西之地，上详言边外形势，灿如指掌。因曰："西北之地，古称沙漠，向来人迹罕通，是以纪载所传，多未详确，今皆奉车书往来，故知之独详。大约甘肃之西，从长城外至四川松潘止，十余日可达，导江虽始于岷山，其实江源尚在茂州之西，至岷山始大耳。黄河自积石北流，为河套之地，至延安府入陕西境，其地亦不甚远，今阿尔多斯固山之地即是也。"臣英对曰："古所谓弱水流沙，皆传闻荒忽，书史所罕载。《禹贡》'导河积石，至于龙门'，由此观之，上古贡道且经河套而行。又《禹贡》所谓'析支渠搜'，皆在河套之内，此皆遐方远域，今尽入版图，益见本朝德威之所及者远也。"上又曰："元代陵墓久湮，本朝访之三十年,今始得其故迹。"臣英奏曰:"本朝优恤前代,于元代陵墓,加意寻访,于故明诸陵,遣人守护,真超越古今之盛德事也。"

十七日,辰时,上召臣英至懋勤殿。上复诵"导岍及歧"四节。亲讲"导弱水"三节,因论治河之道。上曰:"从来言治河者,谓宜顺其入海之性,不宜障塞以与之争。此但言其理耳。今河决在七里沟,去海止四十余里,若听其顺流入海,既可不劳人功,亦且永无河患,岂不甚便?但淮以北二百里之运道遂成枯渠,国计所关,故不得不使其迂回而入淮河之故道,此由时势与古不同也。"臣英对曰:"黄河自古为患。今日藉为运道,故治河之事,较古更难,圣言真可谓洞悉矣。"

十八日,辰时,上召臣英至懋勤殿。上复诵"导弱水"三节。亲讲"嶓冢导漾"四节。是日,上以御笔仿苏轼《月夜泛舟》诗一轴,草书唐诗二幅赐臣英,以御笔仿赵孟頫书《秋兴赋》一轴,草书唐诗二幅赐臣士奇。臣英、臣士奇奏曰:"臣等日侍天颜,得睹亲洒宸翰,大书真草,众妙兼该,造极精微,形容莫罄。今特蒙恩赐,真古今稀世之宝,臣子遭遇之奇。"谨于南书房御座前谢恩,各赋诗进呈御览。

十九日,辰时,上召臣英至懋勤殿。上复诵"嶓冢导漾"四节。

二十日,辰时,上召臣英至懋勤殿。上复诵"导岍及歧"十一节。亲讲"导渭自鸟鼠同穴"四节。

二十一日,辰时,上召臣英至懋勤殿。上复诵"导渭自鸟鼠同穴"四节。亲讲"锡土姓"四节。

二十二日,辰时,上召臣英至懋勤殿。上复诵"锡土姓"四节。亲讲"五百里要服"三节。

二十三日,辰时,上召臣英至懋勤殿。上复诵"五百里要服"三节。

戌时,上召臣英至懋勤殿。上复诵"导渭自鸟鼠同穴"十一节。亲讲《甘誓》一篇。

二十六日,辰时,上召臣英至懋勤殿。上复诵《甘誓》十一节。亲讲《五子之歌》"太康尸位"五节。上曰:"古人所谓民可近,不可下者,即孟子所谓民为贵之意,盖天视自我民视,天听自我民听,斯岂非邦本之谓乎?"臣英对曰:"诚如圣谕。"

是日,上赐臣英、臣士奇新贡珍茗各二瓶,各赋纪恩诗进呈御览。

二十七日,辰时,上召臣英至懋勤殿。上复诵"太康尸位"五节。亲讲"其二曰:训有之"四节。上曰:"临民以主敬为本。昔人有言,一念不敬,或贻四海之忧;一日不敬,或以致千百年之患。《礼记》首言'毋不敬',《五之子歌》始终皆言'敬慎',大抵诚与敬,千圣相传之学,不越乎此。"臣英对曰:"诚与敬相因,而诚又为敬之本,此心纯然不杂,则常能主敬,稍有二三,则怠忽乘之。圣言真得其要领矣。"上曰:"《论峻宇雕墙》曰,古人谏象箸玉杯,亦是此意。萧何治未央宫,以壮丽为威重,先儒讥之当矣。"臣英对曰:"大凡嗜好,当防其渐,恐启人窥伺之端,所以象箸必谏,虑其渐也。萧何反以宫室壮丽启之,难语于大臣之识矣。"上因论人才器使之道。臣英对曰:"材有所长,则必有所短。古人云:'取人不求备',但当于各取所长之中,又观其本末以重耳。"上曰:"今人沿明季陋习,积渐日深,清操洁己难言之矣。职守亦多至旷怠,罕能恪勤。朝廷良法美意,往往施行未久,即为业弊之地。朕常欲化导转移,每患积习难去。"臣英对曰:"人心风俗乃国家根本,但习染既非一朝,则转移亦自不易,惟在我皇上事事常用鼓舞之法,以潜移默化之,则人心自能丕变。臣尝闻古人有言:人君之心,与斗枢相似。一东指,则天下熙然而春;一西指,则天下肃然而秋。发之者只在几微,应之者捷于影响。今使天下之人皆晓然于皇上意指之所在,争趋而应之,于以转移天下,如风行海流,虽积习不足为虑也。"

二十八日,辰时,上召臣英至懋勤殿。上复诵"其二曰:训有之"四节。是日,上赐臣英、臣士奇人参各一斤,各恭纪诗一章,呈御览。

三十日,辰时,上召臣英至懋勤殿。上复诵《甘誓》《五子之歌》二篇,亲讲《胤征》"维仲康肇位四海"三节。

五月一日,辰时,上召臣英至懋勤殿。上复诵"维仲康肇位四海"三节,亲讲"惟时羲和"一节。

二日,辰时,上召臣英至懋勤殿。上复诵"惟时羲和"二节,亲讲"今予以尔有众"三节。

三日,辰时,上召臣英至懋勤殿。上复诵"今予以尔有众"三节。

四日,辰时,上召臣英至懋勤殿。上复诵《胤征》全篇,亲讲《汤誓》"王曰:格尔众庶"二节。

五日,辰时,上召臣英至懋勤殿。上复诵"王曰:格尔众庶"二节,亲讲"今汝其曰"二节。戌时,上召臣英至懋勤殿。上复诵"今汝其曰"二节。

八日,辰时,上召臣英至懋勤殿。上复诵《汤誓》全篇,亲讲《仲虺之诰》"成汤放桀于南巢"三节。

九日,辰时,上召臣英至懋勤殿。上复诵"成汤放桀于南巢"三节。亲讲"简贤附势"三节。

十日,辰时,上召臣英至懋勤殿。上复诵"简贤附势"三节,亲讲"佑贤辅德"三节。讲至"推亡固存"句,上曰"此正《中庸》所云:'因材而笃,栽培倾覆'之意。

王者,体天心以为赏罚,正宜如是。"讲至"能自得师者王"二句,上曰:"孔子所谓'三人行,必有我师',但在于能自得耳。谓人莫己若,正孟子所谓'訑訑之声音颜色'也。"讲至"好问则裕"二句,上曰:"人君以天下之耳目为耳目,以天下之心思为心思,何患闻见之不广。观舜以好问好察而称大智,则知自用则小者,正与之相反矣。"臣英对曰:"诚如圣谕。"讲毕,上曰:"《书》理讲解甚明。"臣英对曰:"臣于圣贤大义,不能推广发挥,但诠解字句,深愧浅陋,每聆圣论超越,恒出意表。"上曰:"书中义理,原自完备,惟在诠解明白,加以反复玩味,自然旨趣无穷。若多为援引,反致《书》理不能豁然也。"是日,恭睹御制诗四章。臣英等奏曰:"伏读圣制浑然太和元气,虽吟咏性情,而念民间之隐微,观物情之熙皞,真帝王之宏构也。"各依韵敬和,进呈御览。

巳时,上手敕谕臣士奇:"尔在内办事有年,凡密谕及朕所览讲章、诗文等件,纂辑书写甚多,实为可嘉,特赐表里十匹,银百两,以旌尔之勤劳。特谕。"臣士奇奏曰:"臣草莽书生,沐皇上天恩优异,得以日侍龙颜,时蒙颁赐,凡所办诸事,俱职分之所当,但恐樗散之材,不能称职,有负皇上深仁,时怀警惕。乃荷皇上手敕褒嘉,宠锡隆渥。臣不胜惶悚感激,犬马之效,总难报覆载之恩也。"谨于御前谢恩。

申时,上召臣士奇至懋勤殿。侍上书"五台圣境"四大字,落笔苍劲,结构严密,真足藏之名山,昭垂不朽。

十一日,辰时,上召臣英至懋勤殿。上复诵"佑贤辅德"三节。是日,上幸景山,命臣英、臣士奇扈从,各赋诗进呈御览,圣制《登景山》诗赐观,臣英等奏曰:"臣等叨侍清燕,备聆天语之温,获捧宸章,弥见圣恩之渥。千秋奇遇,臣子殊荣,感愧交增,惶悚无地。"

十二日,辰时,上召臣英至懋勤殿。上复诵《仲虺之诰》全篇,亲讲《汤诰》"王归自克复"四节。

十三日,辰时,上召臣英至懋勤殿。上复诵"王归自克复"四节。亲讲"上天孚佑下民"五节。

十五日,上幸黑龙潭,命臣英、臣士奇扈从。上于马上御制《同大学士明珠侍卫等幸黑龙潭途中》诗一首,赐臣英、臣士奇敬观。臣英等奏曰:"皇上御制诗,声调乃盛唐元音,而悯念农人,形于歌咏,益见皇上不忘稼穑艰难之意也。"

申时,上幸卧佛寺,召臣英、臣士奇至御前,赐观御制游览诗三首。情景天然,气格高古,于前代帝王中比之唐太宗更为精拔。上又《题卧佛寺大树》一首,因命臣英、臣士奇各赋诗进呈御览。

是日,上由卧佛寺至碧云寺。上于马上顾大学士明珠及侍卫等并臣英、臣士奇曰："朕观古来帝王，如唐虞之都俞吁咈，唐太宗之听言纳谏，君臣上下如家人父子，情谊浃洽，故能陈善闭邪，各尽所怀，登于至治。明朝末世，君臣隔越，以致四方疾苦、生民利弊无由上闻。我太祖、太宗、世祖相传以来，上下一心，满汉文武皆为一体。情谊常令周通，隐微无有间隔。一游一豫，体恤民情，创作艰难，立万世不易之法。朕虽凉德，上慕前王之盛事，凛遵祖宗之家法，思与天下贤才共图治理，常以家人父子之谊相待，臣僚罔不兢业，以前代为明鉴也。"大学士明珠对曰："皇上所行，事事上追圣帝，仰法祖宗，宵旰勤政，日御宫门，亲理万机，与大臣讲论治道，民情隐微，洞悉圣衷。臣等滥叨隆遇，或掌机密，或侍左右，日见皇上留心政治，虽游幸之际，未尝不以天下为念。更愿乾行不息，慎始慎终，超汉唐之君，鉴明末之弊。臣等虽驽劣不堪，敢不勉思往代良臣，以尽愚荩，仰副圣明孜孜求治之心也。"

酉时，上驻跸碧云寺山亭，命臣英与臣士奇和《龙湫石上韵》各一首，进呈御览。十六日，上于碧云寺山亭御笔题"激湍"二字，命臣英书"听泉"二字，臣士奇书"枕流"二字。御制游览诗三章。从碧云寺至弘光寺，御制《盘道诗》一章，命臣英、臣士奇各赋诗。上幸香山寺来青轩，御诗一章。臣英、臣士奇恭睹"来青轩"御笔，各赋一章。上幸圣感寺，至法海寺恭睹世祖章皇帝御笔"敬佛"二字，御制诗一章，命臣英、臣士奇各恭纪。上幸灵感寺，登宝珠洞，御制诗一章，书"制毒龙"三字，赐僧海岫，命臣英、臣士奇各赋诗赠海岫。是日，驻跸石景山。

十七日，上自石景山幸戒坛，臣士奇扈从，上于途次行围。命臣士奇登山顶侍观，诸侍卫登陟，上下如履平地，顷刻获二麃，进御前。臣士奇因奏曰："皇上神武天授，侍臣骁勇绝伦，虽偶尔游豫，仰见我朝号令森严，队伍整练，非前代可及。"巳时，至戒坛，上题"清戒"二字，命臣士奇书"空界"二字，御制诗一章。午时，自戒坛幸潭柘寺，上于马上赋诗，命臣士奇联句二首。至潭柘寺，上赋游览诗三章赐观，极弘深秀宕之气。申时，上回石景山，道经村落，山民扶老挈幼，观于道左，上命勿禁，时有民人进鲜李一盘，上驻马受之。臣士奇奏曰："穷乡愚氓，享皇上太平之福，鼓腹含哺，浑忘帝力，臣幸叨扈跸，得睹唐、虞三代之风，不胜欣忭。上因顾大学士明珠、侍卫等及臣士奇曰："人君出入警跸，固宜严肃。朕见明朝之君，高居深宫，过于安逸，凡郊祀偶出，所乘之辇，皆铁丝作帏，以防不测。人君临御天下，以四海为一家，当使遐迩上下，倾心归慕，若刀矢可加于辇幄之中，则人心离二，虽铁壁何益！故古来贤圣之君，尚德不尚威也。"大学士明珠等奏曰："皇上推心置腹以待臣民，海澨山陬，尽仰王化，因时顺动，无非省问民间疾苦，圣谕所云，真可为万世人君法也。"

是日，驻跸石景山。

酉时，臣英进呈恭纪诗三章，扈跸纪事诗六章。

十八日，上登石景山顶，俯视浑河，御制诗一章。巳时，从石景山至南苑阅马，因行围，命臣英、臣士奇从观。卫士分两翼齐进，开阖变化，进退整严，即田猎之中，而见兵法之善。上亲射野猎及麋，矢无虚发，应弦而倒。臣等初侍行围，叨观圣武，荣幸非常。是日，驻跸南苑。

十九日，上驻跸南苑。是日，幸元灵宫，亲率温郡王行围，王甫九龄，上教以骑射，亲爱敦笃，观者称为盛事。

二十日，上驻跸南苑。

二十一日，上驻跸南苑。是日，恭睹上御制游览诗共二十五章。

二十二日，上回宫，臣英、臣士奇各赋扈从恭纪诗，进呈御览。

六月一日，辰时，上召臣英至懋勤殿。上复诵"王惟庸罔念闻"七节。

午时，上召臣英至懋勤殿。上阅《通鉴纲目·前编·商纪》十六条。

二日，辰时，上召臣英至懋勤殿。上复诵《太甲上》全篇。亲讲《太甲中》"惟三祀"三节，又阅汉诏三篇。

午时，上召臣英至懋勤殿。上阅《商纪》十条。

未时，上召臣英至懋勤殿。上阅唐诗，因谕曰："诗以吟咏性灵，如唐太宗诸篇，未有不以天下黎民为念者。"因复诵其诗至三十三首，一字不遗。

三日，辰时，上召臣英至懋勤殿。上复诵"惟三祀"三节。亲讲"伊尹拜手稽首曰"四节。午时，上召臣英至懋勤殿。上阅《商纪》十三条。戌时，上召臣英至懋勤殿。上复诵《太甲中》全篇。

五日，辰时，上召臣英至乾清宫。上亲讲《太甲下》"伊尹申诰于王曰"三节。又阅《商纪》三十条。

六日，辰时，上召臣英至乾清宫。上复诵"伊尹申诰于王曰"三节，亲讲"若升高必自下"六节。讲至"有言逆于汝心"节，上曰："古人所谓'忠言逆耳利于行'，其意亦本于此。"臣英对曰："朱熹尝谓此节于听言之道已尽，良不虚也。"

七日，辰时，上召臣英至乾清宫。上复诵"若升高必自下"六节。

八日，辰时，上召臣英至乾清宫。上复诵《太甲下》全篇。臣英奏曰："盛夏酷暑，皇上圣学弥勤，日午夜分，孜孜不辍。臣愚以为宜暂停诵读之劳，思古人休夏之义。"上因命暂停《书经》讲诵数日。

十日，辰时，上召臣英至乾清宫。上阅《商纪》十八条。

十二日，未时，上召臣士奇至乾清宫，上阅唐诗五首，因论唐宋文曰："欧阳修憎苍蝇，赋题虽小，喻谗人乱国，意极深长，朕故喜读之。"遂复诵终篇。

十四日,巳时,上召臣英至乾清宫。上阅《汉诏》十六篇。

未时,上召臣士奇至乾清宫。上阅古文九篇,唐诗五首。

十五日,上召臣士奇至乾清宫。上阅古文十篇,唐诗五首。

十六日,巳时,上召臣英至乾清宫。上阅《汉诏》二十一篇。

申时,上召臣士奇至乾清宫。上阅古文四篇,唐诗四首。

十九日,申时,上召臣士奇至乾清宫,上阅古文二篇,唐诗三首,因阅至贾山《至言》,上曰:"君臣之际,当使情谊浃洽,则下志得以上通。孔子所谓'君使臣以礼',孟子所谓'君之视臣如手足',皆此义也。贾山之言可谓至论。"臣士奇对曰:"诚如圣谕。"

二十日,巳时,上召臣士奇至乾清宫。上阅古文一篇,唐诗四首。

二十一日,巳时,上召臣士奇至乾清宫。上阅古文三篇,唐诗四首。上因天时亢旱,于十八日斋戒,亲祷南郊。次日,灵雨如注,上赋《喜雨诗》一章。是日,臣英、臣士奇各撰《喜雨赋》一篇,臣杜讷恭赋《喜雨》诗一章,进呈御览。

二十二日,巳时,上召臣士奇至乾清宫。上阅古文四篇,唐诗四首。

二十三日,巳时,上召臣士奇至乾清宫。上阅唐诗八首。

二十四日,巳时,上召臣士奇至乾清宫,上阅古文六篇。

二十八日,辰时,上召臣英至懋勤殿。上亲讲《咸有一德》"伊尹既复政厥辟"六节。

二十九日,辰时,上召臣英至懋勤殿。上复诵"伊尹既复政厥辟"六节。亲讲"任官惟贤才"五节,讲至"德无常师"节,上曰:"此节大旨不外博约之义,朕尝阅《直解》有云:圣人之取善,如冶人之炼金,或取之于沙,或取之于水,曾无定在,所谓'德无常师'也。迨既熔炼之后,沙者忘其为沙,水者忘其为水,但见其为精纯之金,所谓'协于克一'也。此喻可谓明切。"臣英对曰:"先儒谓此节乃惟精惟一之传,皇上引论之语最为精当,真足与《书》理相发明也。"

七月一日,巳时,上召臣英至懋勤殿。上复诵"任官惟贤才"五节。未时,上召臣士奇至懋勤殿。上阅古文三篇。

二日,巳时,上召臣英至懋勤殿。"上复诵《咸有一德》全篇,亲讲《盘庚上》'盘庚迁于殷'八节"。

三日,巳时,上召臣英至懋勤殿。"上复诵'盘庚迁于殷'八节,亲讲'若网在纲'七节"。

五日,巳时,上召臣英至懋勤殿。"上复诵'若网在纲'七节,亲讲'无有远迩'七节"。

六日,巳时,上召臣英至懋勤殿。上复诵"无有远迩"七节,亲讲"今予将试以汝迁"六节。上曰:"古人诏诰之体,与后人迥别如此。"臣英对曰:"《盘庚》三篇,语意近乎重复,但细味其言,犹见古人君民上下一体之谊。其诰诫臣民,如父之于子,反复不厌,必使其心开悟而后止。此盘庚所以为贤,而孔子亦有取于此书也。"

未时,上召臣士奇至懋勤殿。上阅古文二篇。

七日,巳时,上召臣英至懋勤殿。"上复诵'今予将试以汝迁'六节,亲讲'予万民乃不生生'六节"。

八日,巳时,上召臣英至懋勤殿。"上复诵'汝万民乃不生生'六节,亲讲《盘庚下》'盘庚既迁'七节"。

九日,巳时,上召臣英至懋勤殿。上复诵"盘庚既迁"七节,亲讲"邦伯师长"六节,因论"无总于货宝"句。上曰:"世风浇漓,人皆不能洁己自爱,故今日求操守廉介之人甚难,或仅能自守,而其才不克有为。当理繁治剧之时,又苦于不能肆应。"臣英对曰:"古人尝有言,惟廉生公,惟公生明。国家固欲得才守兼全之人,然后可以应事,二者难兼,而守为尤要。若操守不足而小有才,更足为百姓累也。"

十日,巳时,上召臣英至懋勤殿。上复诵"邦伯师长"六节,亲讲《说命上》"王宅忧"五节。因论高宗相傅说事。上曰:"昔人曾有论高宗以旧劳于外,幼居民间,当必久知傅说之贤,而思用之,恐臣民未信,而托为帝赉之言。此论甚是,盖恐后人藉口神奇,以开矫诬之渐也。"因讲"朝夕纳诲",上曰:"端人正士,当与之日亲,自有启沃开陈之益,此古人所以重朝夕之纳谏也。若小人日近,则不觉其损而自损矣。"臣英对曰:"诚如圣谕。"

十一日,上召臣英至懋勤殿。"上复诵'王宅忧'五节,亲讲'若金用汝作砺'六节"。

十二日,巳时,上召臣英至懋勤殿。上复诵"若金用汝作砺"六节。

十三日,巳时,上召臣英至懋勤殿。上复诵《说命上》全篇。亲讲《说命中》"惟说命总百官"六节,讲毕。上曰:"讲书以明理为要,理既明,则与古人之说无往不合,此所谓一本散为万殊,万殊归于一本,博约兼资之道也。"臣英对曰:"古人载籍繁多,而其理则一。六经者,四书之渊源;四书者,六经之门户。无非反复申明此理而已。故博以收之,尤贵约以贯之,圣言真可立为学之准。"

十六日,巳时,上召臣英至懋勤殿。上复诵"惟说命总百官"六节,亲讲"有其善"七节。

十七日,巳时,上召臣英至懋勤殿。上复诵"有其善"七节。

十八日,巳时,上召臣英至懋勤殿。上复诵《说命中》全篇。亲讲《说命下》"王曰：'来，汝说'"三节。未时，上召臣士奇至懋勤殿。上阅唐诗二首，因复诵唐人五言律诗六十七首，姓名、题诗一字不遗。臣士奇奏曰："皇上一日万机，广搜博览，偶一翻阅，皆能成诵，从来实所未见。"上曰："朕自幼读书，凡一字未明，必加寻绎，期无自欺。不特读书为然，治天下国家亦不外是也。"

十九日，巳时，上召臣英至懋勤殿。上复诵"王曰：'来，汝说'"三节，亲讲"惟学逊志"六节。讲至"惟教学半"，上曰："此句昔有二说，一说自学与教人，功居其半；一说教者之指授，仅示以半，其余必侍学者之自悟。《直解》亦主后说。《注》以其近于禅家解悟机锋而辟之，是也。"臣英对曰："《大全》中，朱子详论此二说，亦主前说。盖古人论学之言不尚新巧，且古人教人惟恐不尽，亦无仅示以半之意，故《注》与《讲义》皆主前说也。"

是日，御笔书《夏日登景山》诗赐臣英、臣士奇各一幅，恭赋纪恩诗八韵进呈御览。

申时，上召臣士奇至懋勤殿。上阅唐诗四首。

二十日，巳时，上召臣英至懋勤殿。上复诵"惟学逊志"六节，亲讲"昔先正保衡"二节。申时，上召士奇至懋勤殿，上阅唐诗三首。

二十一日，巳时，上召臣英至懋勤殿。上复诵"昔先正保衡"二节。申时，上召臣士奇至懋勤殿，上阅唐诗三首。

二十二日，巳时，上召臣英至懋勤殿。上复诵《说命下》全篇，亲讲《高宗肜日》全篇。申时，上召士奇至懋勤殿，上阅唐诗四首。

二十三日，巳时，上召臣英至懋勤殿。上复诵《高宗肜日》全篇，亲讲《西伯戡黎》全篇。申时，上召士奇至懋勤殿，上阅唐诗四首。

二十六日，巳时，上召臣英至懋勤殿。上复诵《西伯戡黎》全篇。申时，上召士奇至懋勤殿，上阅唐诗二首。

二十八日，巳时，上召臣英至懋勤殿。上复诵"微子若曰"五节，亲讲"今殷民乃攘窃神祇之牺牷牲"四节。讲毕，上曰："殷有三仁，于此可见。篇末须说明比干不言之隐，于《书》理始为完备。"臣英对曰："诚如圣谕。孔子三仁之说，全从自靖、自献中看出。所谓其事不同，而其心同也。"

二十九日，巳时，上复诵"今殷民乃攘窃神祇之牺牷牲"四节。申时，上召臣士奇至懋勤殿，上阅唐诗四首，古文一篇。

三十日，上召臣英至懋勤殿。上复诵《微子》全篇，又诵《商书》全卷。亲讲《泰誓》"惟十有三年春"五节。

八月一日，巳时，上召臣英至懋勤殿。上复诵"惟十有三年春"五节，亲讲"肆予小子发"六节。讲毕，上曰："古所谓元后君师之任，必仰不愧于天，俯不怍于人,方能无忝斯位。"臣英对曰:"诚如圣谕。"上又曰:"汤武之师,虽称应天顺人,然汤有惭德之惧。孔子有谓'武未尽善'之叹,孟子亦有'《武成》取二三策'之语,盖以其处时势之变也。"臣英对曰:"先儒每疑'泰誓'为后人所附会,意盖谓其绝无含蓄,而近于不恭,视《汤誓》气象不同矣。苏轼亦有'武王非圣人'论,意亦指《泰誓》《武成》诸篇也。"申时,上召臣士奇至懋勤殿,上阅唐诗二首。

二日,巳时,上召臣英至懋勤殿,上复诵"肆予小子发"六节。

三日,巳时,上召臣英至懋勤殿。上复诵《泰誓上》全篇,亲讲《泰誓中》"惟戊午,王次于河朔"五节。申时,上召臣士奇至懋勤殿,上阅唐诗二首。

五日,巳时,上召臣英至懋勤殿。上复诵"惟戊午,王次于河朔"五节,亲讲"受有亿兆夷人"四节。时西洋狮子至,臣陈廷敬、臣叶方蔼奉旨在内编纂,因同臣英、臣士奇、臣杜讷各赋《西洋贡狮子歌》,进呈御览。酉时,上召臣士奇至懋勤殿,上曰:"异兽珍禽,虽古人所不尚,但西洋远贡来京,跋涉艰阻,多历岁月,诚心慕化,良为可嘉,却之,非柔远之德,故留畜上林,非侈苑囿之观也。"臣士奇奏曰:"皇上盛德所被,化及遐荒,海外之人通尽賨阙下。诚为希觏,恭闻天语,仰瞻皇上心在怀柔,不以异物为宝,超越前代远矣。"

六日,辰时,上召臣英至懋勤殿。上复诵"受有亿兆夷人"四节。巳时,上召臣士奇至懋勤殿,上阅唐诗三首。

是日,奉旨臣廷敬等五人同观西洋所贡狮子于神武门内,因各赋七言律诗一章,进呈御览。

七日,巳时,上召臣英至懋勤殿。上复诵《泰誓中》全篇,亲讲《泰誓下》"时厥明"三节。申时,上召臣士奇至懋勤殿,上阅唐诗三首。

八日,巳时,上召臣英至懋勤殿。上复诵"时厥明"三节。亲讲"古人有言曰"三节。申时,上召臣士奇至懋勤殿,上阅唐诗三首。

九日,巳时,上召臣英至懋勤殿。上复诵"古人有言曰"三节。酉时,上召臣英至懋勤殿。上复诵《泰誓下》全篇。上曰:"读书以有恒为主,积累滋灌,则义蕴日新,每见人期效于旦夕,常致精神误用,究归无益也。"臣英对曰:"古人之学,日计不足,月计有余,盖无旦夕猝见之效。因贞恒不息,其益自大,《易》所谓'日进无疆'也。"

十五日,巳时,上召臣士奇至懋勤殿。上阅唐诗二首。赐观《南苑北红门雨后行围》七言律诗一首,典丽精工,迥出新意。臣士奇伏读,不胜欣幸。

十六日,巳时,上召臣英至懋勤殿。上复诵《牧誓》"惟甲子昧爽"五节。未时,上召臣士奇至懋勤殿。上阅唐诗四首。

酉时，上召臣英至懋勤殿，上复诵"惟甲子昧爽"五节，亲讲"今商王受"五节。

十八日，巳时，上召臣英至懋勤殿。上复诵"今商王受"五节。

十九日，巳时，上召臣英至懋勤殿。上复诵《牧誓》全篇，亲讲《武成》"惟一月壬辰"四节。

二十日，巳时，上召臣英至懋勤殿。上复诵"惟一月壬辰"四节，亲讲"既生魄"五节。是日，臣廷敬、臣方蔼、臣英、臣士禛、臣士奇、臣讷各赋《恭睹御制诗集》五言诗十六韵，进呈御览。酉时，召臣士奇至懋勤殿，上曰："朕尝详览古人诗文，造语精微，才学兼到，阅之似易，效之甚难，故云读书万卷方能下笔有神，更须善运古人于笔底，化陈腐为清新，斯为尽善。"臣士奇对曰："每见皇上圣制敕谕，词语古劲，意象弘深，极得帝王之体。昨蒙赐读《秋日晚景》诗中一联云：'衷情静里无人识，外象闲中有物寻'，如'太和宇宙，鱼跃鸢飞'二句中，涵存养省察之义，而又出之蕴藉自然，真得性情之正，综列圣之传，非臣浅学所能窥测也。"

二十一日，巳时，上召臣英至懋勤殿。上复诵"既生魄"五节。是日，上以内大臣、辅国将军俄启侍从禁廷，勤劳善射，御制诗赐之，命臣廷敬、臣方蔼、臣英、臣士禛、臣士奇依韵和诗一章，各书一幅，进呈御览。

二十二日，巳时，上召臣英至懋勤殿。上复诵《武成》全篇，亲讲《洪范》"惟十有三祀"三节。上曰："《洪范》，朕久留意，今更细加研讨，必期有益。"臣英对曰："帝王治世之大经大法，备于此篇，诚皇上所宜深加穷究者也。"

二十三日，上召臣英至懋勤殿。上复诵"惟十有三祀"三节，亲讲"初一曰五行"二节。

二十五日，未时，上召臣英至懋勤殿。上复诵"初一曰五行"二节，亲讲"二五事"三节。

二十六日，巳时，上召臣英至懋勤殿。上复诵"二五事"三节。

二十七日，巳时，上召臣英至懋勤殿。上复诵"惟十有三祀"八节，亲讲"五皇极"三节。

二十八日，巳时，上召臣英至懋勤殿。上复诵"五皇极"三节，亲讲"无虐茕独"三节。

二十九日，巳时，上召臣英至懋勤殿。上复诵"无虐茕独"三节，亲讲"曰皇极之敷言"三节。

三十日，巳时，上召臣英至懋勤殿。上复诵"曰皇极之敷言"三节。

九月一日，巳时，上召臣英至懋勤殿。上复诵"五皇极"九节，亲讲"惟辟作福"六节。酉时，上召臣士奇至懋勤殿，上阅唐诗三首。

二日,巳时,上召臣英至懋勤殿。上复诵"惟辟作福"六节,亲讲"立时人作卜筮"二节。酉时,上召臣士奇至懋勤殿,上阅唐诗三首。

五日,巳时,上召臣英至懋勤殿。上复诵"立时人作卜筮"二节。

六日,巳时,上召臣英至懋勤殿。上复诵"惟辟作福"八节,亲讲"八庶徵"三节。讲"曰休徵"节毕。臣英奏曰:"五事庶徵,虽古人相配以立言,亦不过大义如此,若拘拘牵合,一时偶有不应,反滋后人之疑。"上曰:"人君惟敬修其德,以与天意相感孚,不必指何事为何德之应。总之,和气致祥,乖风致戾,乃古今不易之恒理。遇灾知儆,乃人群应天之实事,亦无时不致其谨凛而已。"臣英对曰:"诚如圣谕。"

七日,巳时,上召臣英至懋勤殿。上复诵"八庶徵"三节,亲讲"曰王省惟岁"三节。酉时,上召臣士奇至懋勤殿,上阅唐诗四首。

八日,巳时,上召臣英至懋勤殿。上复诵"曰王省惟岁"三节,亲讲"庶民惟星"三节。酉时,上召臣士奇至懋勤殿,上阅唐诗四首。

九日,巳时,上召臣英至懋勤殿。上复诵"八庶徵"三节。

十二月十日,酉时,上召臣英至懋勤殿。上阅《通鉴纲目·前编·周纪》二十四条。阅毕,上曰:"《通鉴前编》所引诸说,虽皆古人遗书,但不若朱子《纲目》切要纯正。"臣英对曰:"唐、虞、三代之书,曾经圣人笔削。而后世传信者,则有六经。《前编》乃于经外别立三代之史,不得不博采诸书,以广闻见。其中之疑而失据、诞而难信者甚多,视朱子《纲目》褒贬谨严,相去远矣。"

十一日,酉时,上召臣英至懋勤殿。上阅《通鉴纲目·前编·周纪》十三条。

十二日,酉时,上召臣英至懋勤殿。上阅《通鉴纲目·前编·周纪》十九条。

十三日,酉时,上召臣英至懋勤殿。上阅《通鉴纲目·前编·周纪》二十三条。阅毕,上曰:"《左》《史》中,如黄帝鼎湖乘龙及周穆三宴于瑶池之事,皆非正史所传,虽文章中尝采用之,不过资其华藻以新耳目,其实不足信也。"臣英对曰:"诚如圣谕。臣愚,窃以为读史有三:一则观其所纪之事,次则观古人论断其事之是非。三则观其文字之古雅,其不必留意者稍略之,则纲举而目张矣。"

十四日,酉时,上召臣英至懋勤殿。上阅《通鉴纲目·前编·周纪》十三条。

十六日,酉时,上召臣英至懋勤殿。上阅《通鉴纲目·前编·周纪》四十条。

十七日,酉时,上召臣英至懋勤殿。上阅《通鉴纲目·前编·周纪》二十条。

二十五日,酉时,上召臣英至懋勤殿。上阅《通鉴纲目·前编·周纪》十二条。

二十六日,未时,上召臣士奇至懋勤殿。上阅古文三篇。酉时,上召臣英至懋勤殿。上阅《通鉴纲目·前编·周纪》十三条。

二十七日,酉时,上召臣英至懋勤殿。上阅《通鉴纲目·前编·周纪》四十三条。

二十八日，未时，上召臣士奇至懋勤殿。上阅古文三篇。

二十九日，酉时，上召臣英至懋勤殿。上阅《通鉴纲目·前编·周纪》三十七条。

康熙十八年

正月四日，酉时，上召臣英至懋勤殿。上阅《通鉴纲目·前编·周纪》十五条。

正月五日，酉时，上召臣英至懋勤殿。上阅《通鉴纲目·前编·周纪》二十三条。

六日，酉时，上召臣英至懋勤殿。上阅《通鉴纲目·前编·周纪》二十四条。

七日，酉时，上召臣英至懋勤殿。上阅《通鉴纲目·前编·周纪》三十八条。

八日，未时，上召臣士奇至懋勤殿。上阅古文八篇。酉时，上召臣英至懋勤殿。上阅古文八篇。

十日，酉时，上召臣英至懋勤殿。上阅《通鉴纲目·前编·周纪》三十三条。

十一日，酉时，上召臣英至懋勤殿。上阅《通鉴纲目·前编·周纪》二十七条。是日，上因太皇太后仲春圣诞，御书"万寿无疆"四大字，蒙恩赐观，雄整苍劲，结构天然。臣等不胜欣幸。

十二日，未时，上召臣士奇至懋勤殿。上阅古文六篇。酉时，上召臣英至懋勤殿。上阅《通鉴纲目·前编·周纪》四十七条。

十三日，巳时，上召臣英至懋勤殿。上阅《通鉴纲目·前编·周纪》四十条。阅毕，因论经史之学。上曰："经学在于切实通明，折衷诸说；史学在于始末淹贯，论定是非。二者皆确有证据，难于支离其说，故必由积累之功，涵泳之久，较之词章之学，其难易固不同也。"臣英对曰："诚如圣谕。"

十七日，巳时，上召臣士奇至懋勤殿。上阅古文五篇。酉时，上召臣英至懋勤殿。上阅《通鉴纲目·前编·周纪》四十一条。

十八日，辰时，上召臣英至懋勤殿。上亲讲《书经·旅獒篇》"惟克商"六节。讲至"不役耳目"节，上曰："孟子所谓'耳目之官不思而蔽于物，物交物，则引之而已'，正心思为耳目所役之意也。始为所引，渐为所役，势有必然。"臣英对曰："圣谕所引孟子之说，深发此书之蕴，'不役耳目'及'志以道宁'，皆此章极精要之语也。"未时，上召臣英至懋勤殿。上阅《通鉴纲目·前编·周纪》二十七条。

是日，上御制《恭祝太皇太后万寿诗》二章，蒙恩赐观，伏睹圣孝诚笃，天藻高华，历览往籍所载，未有兼斯美者，洵我国家文明之盛事也。

正月十九日，巳时，上召臣英至懋勤殿。上复诵"惟克商"六节，亲讲"志以道宁"四节。

二十日,辰时,上召臣英至懋勤殿。上复诵"志以道宁"四节。

二十一日,辰时,上召臣英至懋勤殿。上复诵《旅獒》全篇,亲讲《金縢》"既克商二年"七节。

二十二日,辰时,上召臣英至懋勤殿。上复诵"既克商二年"七节,亲讲"今我即命于元龟"七节。

二十三日,辰时,上召臣英至懋勤殿。上复诵"今我即命于元龟"六节,亲讲"周公居东二年"六节。未时,上召臣英至懋勤殿。上阅《通鉴纲目·前编·周纪》三十条。

是日,上召学士臣叶方蔼至南书房,令同臣等观御制《太皇太后万寿表》文。臣方蔼等恭读讫,奏曰:"皇上大孝性成,奉事两宫备极诚敬。今当太皇太后万寿之期,恭制表文上献,赐臣等捧读。伏睹圣制,体裁端重,词语高深,臣等虽愚暗无知,然见此鸿文典册,正如日月中天,凡庶皆能瞻仰。窃谓太皇太后之福德,为古今母后中第一,皇上之圣孝与皇上之文章,为古今帝王中第一,洵本朝之盛事,可以照耀无穷,不甚欣幸之至。"

二十四日,辰时,上召臣英至懋勤殿。上复诵"周公居东二年"六节。

二十五日,臣英、臣士奇、臣讷因恢复岳州奏捷,各恭纪五言诗十二韵,进呈御览。

二十六日,辰时,上召臣英至懋勤殿。上复诵《金縢》全篇,亲讲《大诰》篇"王若曰:'猷,大诰多尔邦'"三节。

二十七日,辰时,上召臣英至懋勤殿。上复诵"王若曰:'猷,大诰多尔邦'"三节,亲讲"殷小腆"三节。

二十八日,辰时,上召臣英至懋勤殿。上复诵"殷小腆"三节,亲讲"尔庶邦君"三节。

二十九日,辰时,上召臣英至懋勤殿。上复诵"尔庶邦君"三节。

是日,臣英因蒙恩转侍读学士,恭纪七言律诗二章,进呈御览。

二月二日,臣士奇侍从懋勤殿,上阅学士叶方蔼所进册庋八箴。上曰:"此癸丑年叶方蔼为编修时所进,朕存之几案,时时翻阅,其中多寓规谏,深得人臣立言之体。"臣士奇奏曰:"臣子忠爱之心,形于献纳,皇上深宫清燕,鉴照及此,不遗葑菲之忱,从来君德所难也。"

四日,辰时,上召臣英至懋勤殿。上复诵"王若曰:'猷,大诰多尔邦'"九节,亲讲"王曰:'尔惟旧人'"三节。

是日,学士叶方蔼恭进翰林院官编纂《皇舆表》十六卷。上命臣英传谕方蔼曰:"尔衙门官所进《皇舆表》,朕已翻阅大概。专注精详,殊为可嘉。书留览。"

五日,辰时,上召臣英至懋勤殿。上复诵"王曰:'尔惟旧人'"三节,亲讲"王曰:'呜呼,肆哉!'"三节。

六日,辰时,上召臣英至懋勤殿。上复诵"王曰:'呜呼,肆哉!'"三节。

是日,臣方蔼、臣士奇、臣讷各赋《恭纪太皇太后万寿诗》一章,进呈御览。

七日,辰时,上召臣英至懋勤殿。上复诵"王曰:'尔惟旧人'"九节,亲讲《微子之命》"王若曰:'猷,殷王元子'"二节。

九日,辰时,上召臣英至懋勤殿。上复诵"王若曰:'猷,殷王元子'"二节,亲讲"尔惟践修厥猷"三节。

十二日,辰时,上召臣英至懋勤殿。上复诵《微子之命》全篇。

是日,左都御史魏象枢奏事懋勤殿。上赐以御笔手卷一轴,"清慎勤"大字墨刻一幅,"格物"草书墨刻一幅,命臣英、臣士奇传谕魏象枢曰:"尔居官勤慎,生当敷奏,剀切详明,不负言职。今因尔奏事内殿,适当朕操翰之时,故以御笔赐汝,正在学习,非自谓书法已臻古人也。"臣象枢奏曰:"臣草莽微贱,荷皇上知遇隆恩,自愧职分不能稍尽万一。蒙天语奖励,赐以御笔,臣恭捧瞻仰,凤翥龙翔,银钩铁画,真如泰山北斗之巍焕。臣谨奉为子孙世宝,不胜感激荣幸之至。"随于懋勤殿前谢恩。

十三日,辰时,上召臣英至懋勤殿。上复诵《大壮卦》全篇。

十四日,辰时,上召臣英至懋勤殿。上复诵《遯卦》《大壮卦》二篇。

十八日,辰时,上召臣英至懋勤殿。上亲讲《康诰》"王若曰:'孟侯'"三节。

十九日,辰时,上召臣英至懋勤殿。上复诵"王若曰:'孟侯'"三节,亲讲"王曰:'呜呼!封汝念哉'"二节。讲毕,上曰"《康诰》一篇,言修德保民之要,极为详备,如'明德'、'新民'、'如保赤子'、'惟命不于常'等语,《大学》多引用之。今绎观其训谕谆切,文词古奥,具见三代圣贤咨儆之意。"公对曰:"《大学》三纲领,皆从《尚书》中提出,'明德'、'新民',具见此篇。'止至善'即'安汝止'、'钦厥止'之意。古人穷经之学,融会贯通,得其要领,于此可见矣。"

二十日,辰时,上召臣英至懋勤殿。上复诵"王曰:'呜呼!封汝念哉'"二节,亲讲"已,汝惟小子"三节,讲"敬明乃罚"节。上曰:"此所谓法中之权也。经以守常,权以达变;经以立体,权以济用。古今断无经外之权,故曰:'反经行权者非也。'"臣英对曰:"诚如圣谕。"

二十一日,辰时,上召臣英到懋勤殿。上复诵"已,汝惟小子"三节。

二十七日,辰时,上召臣英至懋勤殿。上复诵"王若曰:'孟侯'"八节。亲讲"非汝封刑人杀人"三节,讲"服念五六日,至于旬时"句。上曰:"古人称:'再斯可矣。若断狱而至旬时不决,固慎重之意,又恐狱久淹则易滋弊。'古人之意,惟求其真知灼见,而无疑狱之为难也。"臣英对曰:"古人言'再斯可矣'者,应事贵于明敏,言'服念五六日,至于旬时'者,谳狱贵于详慎。圣言所谓真知灼见,甚得古人钦恤之意矣。"

二十八日,辰时,上召臣英至懋勤殿。上复诵"非汝封刑人杀人"三节,亲讲"王曰:'汝陈时臬事'"三节。

二十九日,辰时,上召臣英至懋勤殿。上复诵"王曰:'汝陈时臬事'"三节,亲讲"王曰:'封元恶大憝'"二节。是日,上传谕臣英、臣士奇、臣讷曰:"尔等在内侍从,今风日晴和,特命尔等游于西苑,赐宴泛舟。"臣英等欣沐殊恩,各恭纪诗四章,进呈御览。

三月一日,上以《璿玑玉衡赋》《省耕诗》五言十二韵,亲试荐举诸臣,因命臣英、臣士奇、臣讷同作。是日进呈御览。

十八日,恭遇皇上万寿节,臣英等于内殿前行庆贺礼,恭纪诗二章,进呈御览。

十九日,臣英、臣士奇、臣讷因前扈从时随谒孝陵,复蒙恩赐游温泉,各赋恭谒孝陵诗及温泉诗进呈御览。

二十六日,辰时,上召臣英至懋勤殿。上亲讲"王曰:'封元恶大憝'"三节。

二十七日,辰时,上召臣英至懋勤殿。上复诵"王曰:'封元恶大憝'"三节,亲讲"汝亦罔不克敬典"三节。

二十八日,辰时,上召臣英至懋勤殿。上复诵"汝亦罔不克敬典"三节。亲讲"王曰:'呜呼!封敬哉'"三节。

二十九日,辰时,上召臣英至懋勤殿。上复诵"王曰:'呜呼!封敬哉'"三节。

四月一日,辰时,上召臣英至懋勤殿。上复诵"王曰:'封元恶大憝'"三节,亲讲《酒诰》"王若曰:'明大命于妹邦'"四节。

三日,辰时,上召臣英至懋勤殿。上复诵"王若曰:'明大命于妹邦'"四节,亲讲"惟曰:'我民迪小子'"二节。

四日,辰时,上召臣英至懋勤殿。上复诵"惟曰:'我民迪小子'"二节,亲讲"庶士有正"二节。讲毕,上曰:"《酒诰》此数节,似宽而实严,正古人治世之微权也",臣英对曰:"古人宽严相济,方能成治。圣谕'微权'二字,深得圣贤维世之意。"

五日,辰时,上召臣英至懋勤殿。上复诵"庶士有正"二节。

六日,辰时,上召臣英至懋勤殿。上复诵"王若曰:'明大命于妹邦'"八节,亲讲"王曰:封我闻惟曰"二节。

七日,辰时,上召臣英至懋勤殿。上复诵"王曰:封我闻惟曰"二节,亲讲"我闻亦惟曰"二节。

八日,辰时,上召臣英至懋勤殿。上复诵"我闻亦惟曰"二节。

十日,辰时,上召臣英至懋勤殿。上复诵"王曰:'封我闻惟曰'"四节,亲讲"予惟曰:'汝劼毖殷献臣'"二节。

十一日,辰时,上召臣英至懋勤殿。上复诵"予惟曰:'汝劼毖殷献臣'"二节,亲讲"又惟殷之迪诸臣惟工"三节。

十二日,辰时,上召臣英至懋勤殿。上复诵"又惟殷之迪诸臣惟工"三节。

十三日,辰时,上召臣英至懋勤殿。上复诵"予惟曰:汝劼毖殷献臣"五节,亲讲《梓材》"王曰:'封,以厥庶民'"二节。

十四日,辰时,上召臣英至懋勤殿。上复诵"王曰:'封,以厥庶民'"二节,亲讲"王启监"二节。

十五日,巳时,上召臣英至懋勤殿。上复诵"王启监"二节,亲讲"今王惟曰:'先王既勤用明德'"四节。

是日,臣英、臣士奇奏曰:"皇上以天时亢旱,斋心虔祷。今日至郊坛行礼时,甫读祝版,甘雨应时而注,自旦至暮,土膏沾渥。从古书史所载,未有感召如此之速者,皆由我皇上勤劳万民之心,以至诚昭格上帝,故休徵协应,近在呼吸间。此诚国家盛事,古不多观者也。"上曰:"朕因畿辅雨泽愆期,兼闻江南、山东诸处皆然,深为轸念。祗行祈祷,幸蒙天心垂佑,降兹灵雨,此皆万民之福。"臣英等奏曰:"臣等侍从禁庭,伏见皇上致斋严肃,减膳恭己,所谓与百姓同忧;今日亲行雨中,天颜豫悦,所谓与百姓同乐。皇上复不自有其功,而归福于兆民,益见圣德谦冲之至也。"上又曰:"近日小民蓄积匮乏,一遇水旱,遂尔捐瘠莫支,几填沟壑。此皆丰稔之年粒米狼戾,不能储备之故也。"臣英对曰:"臣闻山东自二年以前谷价甚贱,可称丰稔。去年一经荒旱,而百姓困迫,至以草根树皮为食,可见闾阎蓄积真如悬罄,皆由丰稔之岁贱粜以应目前,是以年虽丰而蓄则寡,正古所谓'谷贱伤农'之谓也。"上曰:"古人常云:'三年耕,必有一年之积;九年耕,必有三年之通。'此先事预防之至计,所当讲求于平日者。"臣英对曰:"诚如圣谕。"臣英、臣士奇、臣讷各恭赋《喜雨》诗进呈御览。

十六日,辰时,(下缺)懋勤殿,上复诵"今王惟曰"四节。

十九日,辰时,上召臣英至懋勤殿。上复诵《梓材》全篇,亲讲《召诰》"惟二月既望"四节。

二十日,辰时,上召臣英至懋勤殿。上复诵"惟二月既望"四节,亲讲"越七日甲子"三节。

二十一日,辰时,上召臣英至懋勤殿。上复诵"越七日甲子"三节,

二十二日,辰时,上召臣英至懋勤殿。上复诵"惟二月既望"四节,亲讲"呜呼!

皇天上帝"二节。

二十三日,辰时,上召臣英至懋勤殿。上复诵"呜呼!皇天上帝"二节,亲讲"相古先民有夏"二节。

二十四日,辰时,上召臣英至懋勤殿。上复诵"相古先民有夏"二节,亲讲"呜呼!有王虽小,元子哉"三节。

二十七日,辰时,上召臣英至懋勤殿。上复诵"呜呼!有王虽小,元子哉"三节。

二十八日,辰时,上召臣英至懋勤殿。上复诵"呜呼!皇天上帝"九节,亲讲"王敬所作"三节。

二十九日,辰时,上召臣英至懋勤殿。上复诵"王敬所作"三节,亲讲"呜呼!若生子,罔不在厥初生"三节。讲毕,上曰:"近日南方报至,此月十五日雨泽甚广,湖广至襄阳,江西至南昌,皆同日沾足,今岁当可冀有秋矣。"臣英对曰:"皇上留心民事若此,诚从来帝王所难也。"

五月一日,辰时,上召臣英至懋勤殿。上复诵"呜呼!若生子,罔不在厥初生"三节,亲讲"其惟王位在德元"三节。

五日,上命臣英、臣士奇、臣讷于西苑泛舟侍宴,臣英等各恭赋纪恩诗四章,进呈御览。

十二日,辰时,上召臣英至懋勤殿。上复诵"其惟王位在德元"三节。

十三日,辰时,上召臣英至懋勤殿。上复诵"王敬作所"九节,亲讲《洛诰》"惟三月哉生魄"四节。

十五日,辰时,上召臣英至懋勤殿。上复诵"惟三月哉生魄"四节,亲讲"王拜手稽首曰:'公不敢不敬天之休'"四节。

十六日,辰时,上召臣英至懋勤殿。上复诵"王拜手稽首曰:'公不敢不敬天之休'"四节,亲讲"丕视功载"三节。

十七日,辰时,上召臣英至懋勤殿。上复诵"丕视功载"三节。

十八日,辰时,上召臣英至懋勤殿。上复诵"惟三月哉生魄"十一节,亲讲"公曰:'已,汝惟冲子惟终'"三节。

二十日,辰时,上召臣英至懋勤殿。上复诵"公曰:'已,汝惟冲子惟终'"三节,亲讲"王若曰:'公明保予冲子'"三节。

二十一日,上避暑西苑。辰时,召臣英至瀛台便殿。上复诵"王若曰:'公明保予冲子'"三节,亲讲"王曰:'公功棐迪笃'"五节。

二十三日,辰时,上召臣英至瀛台便殿。上复诵"王曰:'公功棐迪笃'"五节。

二十四日,辰时,上召臣英至瀛台便殿。上复诵"公曰:'已,汝惟冲子惟终'"十一节,亲讲"周公拜手稽首曰:'王命予来'"三节。

二十六日，辰时，上召臣英至懋勤殿。上复诵"周公拜手稽首曰：'王命予来'"三节，亲讲"伻来毖殷"三节。

二十七日，上召臣英至瀛台便殿。上复诵"伻来毖殷"三节，亲讲"王伻殷"四节。

二十八日，辰时，上召臣英至瀛台便殿。上复诵"王伻殷"四节。

六月二日，辰时，上召臣英至懋勤殿。上复诵"周公拜手稽首曰，'王命予来'"十节，亲讲《多士》"惟三月，周公初于新邑洛"四节。

四日，辰时，上召臣英至瀛台便殿。上复诵"惟三月，周公初于新邑洛"四节。

五日，辰时，上召臣英至瀛台便殿。上复诵"我闻曰：'上帝引逸'"四节，亲讲"在今后嗣王"七节。是日，臣英恭纪西苑侍从诗四章，进呈御览。

六日，辰时，上召臣英至瀛台便殿。上复诵"在今后嗣王"七节。

七日，辰时，上召臣英至瀛台便殿。上复诵"惟三月，周公初于新邑洛"十五节，亲讲"予其曰：'惟尔洪无度'"三节。

八日，辰时，上召臣英至懋勤殿。上复诵"予其曰：'惟尔洪无度'"三节，亲讲"惟尔知，惟殷先人，有册有典"三节。讲毕，上曰："近闻江南、浙江田禾甚美，大江以北，畿辅、河南、山东诸郡，麦秋亦好，朕心甚为欣慰。迩年百姓艰食，今岁秋成所关甚巨。朕自春夏以来，深厪忧虑，故常谆切询之。"臣英对曰："臣每侍从讲筵，伏睹圣虑屡以四方雨泽农田为问，我皇上勤民重本之心，可谓至矣！天人相感，宜乎致大有之庆也。"

十日，辰时，上召臣英至瀛台便殿。上复诵"惟尔知，【惟】殷先人，有册有典"三节，亲讲"王曰：'告尔殷多士'"四节。

十三日，辰时，上召臣英至瀛台便殿。上复诵"王曰：'告尔殷多士'"四节。

十五日，辰时，上召臣英至懋勤殿。上复诵"王曰：'惟尔洪无度'十节，亲讲《无逸》"周公曰：'呜呼！君子所其无逸'"三节。

十六日，辰时，上召臣英至瀛台便殿。上复诵"周公曰：'呜呼！君子所其无逸'"三节，亲讲"周公曰：'呜呼！我闻曰，在昔殷王'"三节，亲讲"其在祖甲"二节。因讲殷三宗无逸之效，上曰："自古帝王崇信方士以求神仙者，不可胜数，如唐之宪宗、武宗、宣宗，皆饵金石之药以求寿考，而不知反以自戕其生，覆辙相寻而不知悔，昔人每深叹其愚。此皆未知无逸可以致寿，圣贤原有切实可信之理也。"臣英对曰："圣言及此，足破前代之惑。臣每思常人之言，惟知安逸可以致寿。至周公独发明无逸寿考之理，义蕴深长，洵非圣人不能道也。"

十八日，辰时，上召臣英至瀛台便殿。上复诵"其在祖甲"二节。

十九日，辰时，上召臣英至瀛台便殿。上复诵"周公曰：'呜呼！君子所其无逸，"八节，亲讲"周公曰：'呜呼！厥亦惟我太王王季'"四节。

是日，传谕："因天气炎热，暂停进讲。"

七月十五日，纯亲王有疾，上亲幸王府视问。

是日，纯亲王薨逝，上哀悼不已，减膳素服，日夜侍太皇太后、皇太后前安慰。

七月二十二日，臣英、臣士奇、臣讷恭请圣躬万安。上传谕曰："朕因悼念亲王，数日以来，体中违和。"臣英等奏曰："皇上孝友纯笃，出乎天性。今因亲王奄逝，过于悲悼，兼之日侍两宫，安慰慈颜，晨昏劳瘁，以致圣躬违和。臣等更望皇上节哀节劳，勉加调摄，臣等幸甚。"

二十八日，巳时地震，上御便殿修省，减膳斋居，特诏在廷三品以上及科道官，各直言无隐，凡京城被灾人民，厚加优恤。

二十九日，上亲制诏谕六条，颁示内外大小诸臣，各加洗心涤虑，同修实政，以勉思上天垂戒至意。

八月一日，臣英、臣士奇、杜讷恭请圣躬万安。上传谕曰："地震灾变，人民荼苦，朕心昼夜不宁，寝食俱废，思所以挽回天心，以消灾警。"臣英等对曰："古人有言：'遇灾知警，则灾可转而之祥。'董仲舒亦曰：'灾异者，天心之仁爱仁君，而欲止其乱也。'臣等伏睹我皇上敬天勤民之心一刻不懈，今遇此变异，忧形于色，斋居减膳，求直言以通民隐，发帑金以恤民灾，虚己求治，可谓治矣。又伏读圣谕谆恳，洞见天下弊源，痛切诫励，无微不晰，人臣苟有知识，能不愧汗无地？如果大小臣工皆能以皇上之心为心，从此大破积习，各殚实心，何灾变之不可弭，而休祥之不可致乎？'"

十日，酉时，上传谕曰："自二十八日以后，常觉震动，今犹未止，朕心甚为不安。"臣英、臣士奇对曰："臣等渺闻寡见，未能深烛其理，但据史书所载：'地者，阴象也。阴气过盛，阳气伏于下而不能伸，则有震动之灾。故久雨则震，久旱则震，皆阴阳不和之所致也。在京师根本之地，尤不宜屡见。'伏睹皇上数时忧勤惕厉之心，挽回天变可谓至矣。今或宜虔祷郊坛，为万民请命，至诚所动，上格穹苍，当亦饵灾之一端也。"上传谕曰："所奏已知。祈祷事已遣官行礼。"

十七日，上传谕问曰："数日京城内外小民庐舍已各整理否？"臣英等对曰："小民蒙皇上优恤之恩，庐舍已渐次完整。臣英近闻通州一路各被灾之地，人民压死者甚众，其有亲故者，已各自掩瘗；其行道之人，无亲故识认者，尚填压于街市城垣瓦砾之间，日久腐坏，秽气远闻。道殣之人既为可悯，况今深秋，尚尔炎暑，天道亢阳，诚恐秽气薰蒸，人民露处者，不免沾染疾病之虑，存者、殁者皆未得其所。伏乞皇上传谕地方官速加掩埋，亦安恤灾黎之一端也。"上传谕曰："所奏是。已谕部速行。"

二十八日，上谕臣英、臣士奇曰："朕自冲年临御以来，民间疾苦及贪吏弊窦留心体察已久，其中情弊，知之素矣。但念君德莫大于有容，治道莫尚于能宽。故每事务存矜恕，其有自罹于法者，尚不忍置之重典，诚恐近于苛刻，有乖体恤臣工之至意也。朝廷设立科道官，原寄以耳目重任。迩来民生困苦，朝廷之德泽不能下究，科道各官于国计民生之大，实心讲究确切敷陈者，寥寥无几，但将六部现行之事指摘纷更，希图塞责，冀免春秋年例处分。其在朕前所奏，皆若至廉至公，及考其行事，狥私自利者不可胜数。所谓耳目之官，风纪之任，岂不大负厥职哉。近日贪私之弊，满汉皆然。满人聚处京城，形迹尚为易见，汉人散处外郡，往往有田宅弥连州县，挟其富厚之势，侵凌小民，有司莫敢诘其非者，科道官宁不知之？而不闻有所纠参举发，此皆言官溺职，民生失所之由也。"臣英等奏曰："臣等数年以来，得朝夕侍从皇上左右，伏睹圣心优劳，起居寝食，无时不以天下苍生为念，闻一夫之失所，则悯恻于宸衷，允恭克俭，约己厚下，虽盛古帝王，何以加兹？宜乎天下之大，含生之众，无不尽被皇上之德泽而歌舞太平矣。乃今日民生疾苦，诚有如圣谕所云者。臣窃以为，皇上爱民之心，与小民望恩之心，皆可谓极至。而有扞格于其中而使之不能通者，则皆今日贪官污吏之所为也。伏闻圣谕，洞晰贪风，切责言路，王言炳如日星，肃若雷霆，使诸臣果能改心易虑，此真天下万民之大庆矣。"

九月七日，辰时，上召臣英至懋勤殿。上复诵"周公曰：'呜呼！厥亦惟我周太王王季文王"四节，亲讲"周公曰：'呜呼！继自今嗣王'"四节。

八日，辰时，上召臣英至懋勤殿。上复诵"周公曰：'呜呼！继自今嗣王'"四节，亲讲"周公曰：'呜呼！自殷王中宗"四节。讲毕，上曰："朕于政务悉心讲究，务求其当，前曾面谕诸臣及言官，使各加警励。汝闻之乎？"臣英对曰："臣窃闻诏谕，仰见圣心忧劳。"上曰："天下国家事，莫不有大小重轻之势，故凡事当权衡折衷，必务从其大者、重者。今言官论事论人，多指摘瑕疵，但见及一偏，而于大局全体所关，不能审度其轻重。即如用兵之地，督抚大吏职任至重，至其制备鞍马、招募技勇、激赏将士以及供馈官兵之费，势与内地不同。倘复事事苛责，恐隳其任事之心，亦将何以展布其手足？若兵兴时用之，兵休时速黜之，亦非所以慰劝劳臣。且言官每事惟知推诿，独不思身在会议会推之列，何不可直陈于事前，而必待推过于事后乎？若其始，或知而不言，或有所畏而不言，皆非实心任事之道也。"臣英对曰："言官或持其一节之见，而于军国大计未能深知，且疆场戎马之间，与平居无事之地不同，自难以一概论也。"上曰："近日外吏可谓极难，营私者固不免于纠参，即有守正者，又多不为人所容。若因一时之弹核〔劾〕而速置于重典，常恐有冤抑可矜，故每兢兢然慎之。"臣英对曰："外吏之苦甚,至有自戕其生者。人非至愚,岂肯甘心于此。皇上洞悉外吏之情形,可谓切矣。虽古所称廉吏,亦孰无身家妻子之念,故从来州县有存留钱粮,稍有余地,此非以宽吏也,正以宽民也。自用兵以来,存留尽入兵饷,州县之支用无几,如驿递、胥役诸费,又决不可缺,官安能自给哉？究竟取之百姓耳。臣愿四海荡平、兵饷稍裕之时,存留钱粮尚宜少加酌议,以为恤官、恤民之地也。"上曰："近日民生贫困,家给人足之乐远不及于古,而风俗之奢靡日甚。向严加禁止,渐有规模,自兵兴以来,稍弛其禁,诚恐奉行不善,或至扰民。每思足民良法,终无逾于此。"臣英对曰："自古婚嫁、埋葬、宫室、衣服、宴会之制,皆有一定,宁俭无奢。今日风俗侈靡,此倡彼效,正贾谊所谓'贫富相耀'也。古人比百姓于婴儿、赤子,彼安知饥饱之节哉,全在为父母者为之节之制之。彼初但觉其苦,而后乃知其益。所以古人云：'百姓可与乐成,不可与虑始也。'返奢为俭,则可以防吏之贪,止民之盗。辩贵贱,正名分,美风俗,皆在于此。惟在皇上渐以行之而已。"

九日,辰时,上召臣英至懋勤殿。上复诵"周公曰：'呜呼！自殷王中宗'"四节。

十日,辰时,上召臣英至懋勤殿。上复诵"周公曰：'呜呼！厥亦惟我周太王王季'"十二节,亲讲《君奭》篇"周公若曰：'君奭'"四节。

十一日,辰时,上召臣英至懋勤殿。上复诵"周公若曰：'君奭'"四节,亲讲"在今予小子旦"四节。

十二日,辰时,上召臣英至懋勤殿。上复诵"在今予小子旦"四节,亲讲"天惟纯佑命"三节。

十三日,辰时,上召臣英至懋勤殿。上复诵"天惟纯佑命"三节。

十四日,辰时,上召臣英至懋勤殿。上复诵"周公若曰：'君奭'"十一节,亲讲"惟文王尚克修和我有夏"五节。讲毕,上曰："朕闻江北及湖广诸郡,夏秋以来久旱,禾稼不登,地方官奏闻,朕心深为轸念。"臣英对曰："臣乡自六月以后不雨,闻秋成不及一分。臣乡素称产米之地,比年以来,谷价不过数钱,而百姓尚有艰食者。今当秋收之始,谷价踊贵,已与京师相等。民间素无蓄聚,不知冬春之际,百姓何以聊生,恐捐瘠定不能免。圣心轸念及此,真万民之福也。"

十五日,辰时,上召臣英至懋勤殿。上复诵"惟文王尚克修和我有夏"五节,亲讲"公曰：'呜呼！君肆其监于兹'"三节。

是日,上将躬祷南郊,先期致斋三日。

十六日,辰时,上召臣英至懋勤殿。上复诵"公曰：'呜呼！君肆其监于兹'"三节,亲讲"予不允惟若兹诰"四节。

十七日，辰时，上召臣英至懋勤殿。上复诵"予不允惟若兹诰"四节。

十八日，寅时，上亲诣南郊行礼。是日，上阅明仁宗、武宗《实录》。

十九日，辰时，上召臣英至懋勤殿。上复诵"惟文王尚克修和我有夏"十二节，亲讲"蔡仲之命，惟周公位冢宰"三节。讲毕，上曰："朕偶阅《明武宗实录》，见其废弛游佚，非复人君之体，就中数条悖礼尤甚，不但不可形诸事，亦并不可萌诸心者，当日皆肆然为之，真足贻笑后世。"臣英对曰："武宗洵为有明失德之主，由其天性轻浮愚暗，好昵比小人，为其所蛊惑也。"上曰："明神宗时之废弛，亦正相类。"臣英对曰："神宗时之政事废坏，酿患丛奸，似较武宗更甚。但以其深居简出，不至如武宗失德过举之昭人耳目耳。"

二十日，辰时，上召臣英至懋勤殿。上复诵"惟周公位冢宰"三节，亲讲"皇天无亲"五节。讲毕，上曰："朕阅《明仁宗实录》，其君臣问答之言，皆有可观，文亦醇雅有体，较别朝者为胜。正德年间，章疏有极痛切而简当者，往往付之不报，良可惜也。"臣英对曰："诚如圣谕。"是日，上阅《明宣宗实录》。

二十二日，辰时，上召臣英至懋勤殿。上复诵"皇天无亲"五节。讲毕，上曰："朕阅《明宣宗实录》，其奉事母后和敬有礼，至今览之，犹足令人感慕。朕常思先王以孝治天下，故夫子称'至德要道，莫加于此'。自唐宋以来，人君往往疏于定省，有经年不一见者，独不思朝夕承欢乃家庭之常礼，且天伦至性，何尝以贵贱殊也。"臣英对曰："诚如圣谕。臣历观前代克尽孝道者难，而求之于帝王家尤难，惟本朝家法，超轶前古。我皇上孝养两宫，问安视膳，必躬必亲，克诚克敬。寝门之外，或日一至焉，或日数至焉，先意承志，孺慕纯笃。臣侍从起居以来，备见其详，寸心感悦，莫罄赓扬，真从古帝王不多见之盛事也。"

是日，上阅《明英宗实录》。

二十三日，辰时，上召臣英至懋勤殿。上复诵《蔡仲之命》全篇，亲讲《多方》"惟五月丁亥"五节。

二十四日，辰时，上召臣英至懋勤殿。上复诵"惟五月丁亥"五节，亲讲"天惟时求民主"四节。讲毕，上曰："朕观古废兴之际，如夏、商之桀、纣，周之幽、厉，所以坠失天命，皆其自取。后世亦有无大失德而陨覆其家国者，如明之崇祯年间是也，皆由其臣子背公徇私，处言路者，变易是非，淆乱可否，曾无实心体国之人，故至此耳。"臣英对曰："明季自万历以后，积弊大坏已久。至崇祯时，如既蠹之木，将绝之绳，适逢其会，天运、人心皆去，已处无可如何之势矣。臣愚观明末之弊，莫大于朋党。彼此各立门户，互相倾轧，置国事于度外，以致溃决不可收拾也。"上又曰："朕观明仁宗、宣宗时，用法皆极宽平。每思人君承天子民，时育万物，自当以宽厚为根本，始可成敦裕之治，但不可过于纵弛，所贵乎宽而有制耳。"臣英对曰："圣论深当治体。明仁宗、宣宗处太祖、成祖之后,当日洪武、永乐间法度往往伤于严切,故仁宗、宣宗以宽济之。从来宽严相济,乃致治之要道也。"

二十六日,辰时,上召臣英至懋勤殿。上复诵"天惟时求民主"四节,亲讲"以至于帝乙"六节。

二十七日,辰时,上召臣英至懋勤殿。上复诵"以至于帝乙"六节。

二十八日,辰时,上召臣英至东便殿。上复诵"惟五月丁亥"十五节,亲讲"惟圣,罔念作狂"三节。

二十九日,辰时,上召臣英至东便殿。上复诵"惟圣,罔念作狂"三节,亲讲"今曷我敢多诰"三节。

十月一日,辰时,上召臣英至东便殿。上复诵"今曷我敢多诰"三节,亲讲"我惟时其教告之"三节。

二日,辰时,上召臣英至东便殿。上复诵"我惟时其教告之"三节。

三日,辰时,上召臣英至东便殿。上复诵"惟圣,罔念作狂"九节,亲讲"自作不和"三节。是日,上阅《明宪宗实录》。

四日,辰时,上召臣英至东便殿。上复诵"自作不和"三节,亲讲"王曰:'呜呼!多士,尔不克劝忱我命'"三节。讲毕,上曰:"朕阅《明宪宗实录》中,章疏有剀切详明者,亦有征引冗泛者。又如言官所劾正一真人张元吉罪甚当,彼既凶恶显著,当时何不因此而停其世袭封号乎?"臣英对曰:"元吉稔恶,能于此时停其封号甚善,当时崇信其术,不能毅然行之。且元吉终未止法,亦失刑之大者也。"

五日,辰时,上召臣英至东便殿。上复诵"王曰:'呜呼!多士,尔不克劝忱我命'"三节。

六日,辰时,上召臣英至东便殿。上复诵"自作不和"六节,亲讲《立政》"周公若曰:'拜手稽首'"三节。是日,上御东便殿,臣士奇侍。上曰:"国家财赋出于民,民力有限,当思撙节爱养,则国家常见其有余。朕见明季诸君,奢侈无度,宫中服食及创造寺观,动至数十万。我朝崇尚朴质,较之当时,仅百之一、二耳。"臣士奇对曰:"我皇上御极以来,节用爱人,事事务从俭约。至于赈荒恤灾及有益于民生之事,又必发内帑、蠲租赋,真所谓俭于自奉而丰于养民。昔汉文帝惜露台之费,天下享其丰亨。今皇上深宫燕闲,时存此念,诚四海万民之福也。"

七日,辰时,上召臣英至东便殿。上复诵"周公若曰:'拜手稽首'"三节,亲讲"亦越成汤"二节。是日,上御东便殿,臣士奇侍。上曰:"朕阅历代史册,见开创之初及守成之主政简治约，上下臣民有所遵守。末世君臣，变乱成法，朝夕纷更，终无补益。所谓天下本无事，庸人自扰之耳。"臣士奇对曰："诚如圣谕。"

十一日，辰时，上召臣英至东便殿。上复诵"亦越成汤"二节，亲讲"亦越文王、武王"七节。

十二日，辰时，上召臣英至东便殿。上复诵"亦越文王、武王"七节。讲毕，上曰："朕阅《明宪宗实录》，其行事已不逮于仁宗、宣宗，且当日赏赉修建，浮费甚多，而国用何以不匮。"臣英对曰："当由承平日久、蓄积充裕故也。"上曰："明季征敛于百姓者，正赋而外，如练饷及临清烧造、四川采木诸费，名项甚多，我世祖章皇帝入关以来，尽行革除，所以宫中经费务从简约，诚不欲轻取民力而糜之于无用之地也。"臣英对曰："此祖宗仁民首政，所以为承天子民之本，乃万世子孙之法宪也。"

十三日，辰时，上召臣英至东便殿。上复诵"周公若曰：'拜手稽首'"十二节，亲讲"文王罔攸兼于庶言、庶狱、庶慎"四节。

十四日，辰时，上召臣英至东便殿。上复诵"文王周彼罔攸兼于庶言、庶狱、庶慎"四节，亲讲"自一话一言"四节。

十五日，辰时，上召臣英至懋勤殿。上复诵"自一话一言"四节，亲讲"今文子文孙"四节。

十六日，辰时，上召臣英至懋勤殿。上复诵"今文子文孙"四节。讲毕，上曰："读古人书，当审其大义之所在，所谓一以贯之也。若其字句之间，即古人亦互有同异，不必指摘辨驳，以务求伸一己之说。"臣英对曰："诚如圣谕。"上又曰："圣人立言，必浑沦切实，后人求其说而过之，每蹈虚寂之弊。如释老之书，朕向亦曾流览，深知其虚幻，无益于政治。《易》曰：'有君臣、父子、上下，然后礼义有所措。'今释道之教，弃绝五伦，根本既失，其余言论更何着落。《易》曰：'天地之大德曰生，天地人并列而为三。'今释道之教，生生之理已绝，是使三才且有时而穷，此皆其大体错谬，不待辨而自明者也。"臣英对曰："皇上论二氏之失，真可谓深得要领矣。"

十七日，辰时，上召臣英至懋勤殿。上复诵"文王罔攸兼于庶言、庶狱、庶慎"十二节，亲讲《周官》"惟周王抚万邦"四节。

十八日，辰时，上召臣英至懋勤殿。上复诵"惟周王抚万邦"四节，亲讲"立太师、太傅、太保"六节。

十九日，辰时，上召臣英至懋勤殿。上复诵"立太师、太傅、太保"六节，亲讲"司寇掌邦禁"五节。

二十日,辰时,上召臣英至懋勤殿。上复诵"司寇掌邦禁"五节。

二十一日,辰时,上召臣英至懋勤殿。上复诵"惟周王抚万邦"十五节,亲讲"学古入官"三节。

二十二日,辰时,上召臣英至懋勤殿。上复诵"学古入官"三节,亲讲"居宠思危"三节。

二十三日,上召臣英至懋勤殿。上复诵"居宠思危"三节。

二十四日,辰时,上召臣英至懋勤殿。上复诵"学古入官"六节,亲讲《君陈》"王若曰:'君陈,惟尔令德孝恭'"四节。

二十六日,辰时,上召臣英至懋勤殿。上复诵"王若曰:'君陈,惟尔令德孝恭'"四节,亲讲"图厥政,莫或不艰"三节。

二十七日,辰时,上召臣英至懋勤殿。上复诵"图厥政,莫或不艰"三节,亲讲"殷民在辟"七节。

二十八日,辰时,上召臣英至懋勤殿。上复诵"殷民在辟"七节。

二十九日,辰时,上召臣英至懋勤殿。上复诵《君陈》全篇,亲讲《顾命》"惟四月哉生魄"六节。是日,上阅《明孝宗实录》。

十一月一日,辰时,上召臣英至懋勤殿。上复诵"惟四月哉生魄"六节,亲讲"今天降疾"五节。是日,上检阅内府书籍,臣士奇侍。上曰:"前代内府刊刻诸书,有极精工者,亦有极讹谬草率者,良由彼时帝王好学与不好学之故耳。"臣士奇奏曰:"皇上御极以来,修补内库《五经大全》《性理大全》《文献通考》诸书,校正甚详。近日翰林院所刻《四书讲义》《书经讲义》,益加精确,实为当代盛事。"上曰:"朕意欲将五经次第进讲。"臣士奇奏曰:"曾闻前朝日讲,一月止行数次,亦有终岁止三四次者。今皇上日御讲筵,寒暑无间,《四书》《书经》讲贯精彻,他经俱已洞悉大义,圣心犹孜孜无已,诚帝王之所难能。然治平之理及古圣贤相传心法,实不外此二书矣。"

二日,辰时,上召臣英至懋勤殿。上复诵"惟天降疾"五节,亲讲"丁卯,命作册度"七节。

三日,辰时,上召臣英至懋勤殿。上复诵"丁卯,命作册度"七节。讲毕,上曰:"朕阅《明孝宗实录》中,如当日崇王请入朝,既奉太皇太后之命,而诸臣争之不已,卒不获入朝,于亲亲之谊恐未允协。且观其章疏,所言皆失之太过,亦非所以垂示永久也。"臣英对曰:"诚如圣谕。"是日,上检阅内府书籍,臣士奇侍。因阅武备诸书。上曰:"自十二年用兵以来,尝取前人《韬略》《武备》等书阅之,亦皆纸上谈兵,无益于事。间有用符咒法术者,尤属不经。我朝用兵,自有调度,且号令严明,人人具勇敢之气,即公卿大夫,皆娴戎马,故所向多能成功。

王者之师,行之以正,岂藉诡谲之术哉。"臣士奇奏曰:"历代以来,养兵之法,惟本朝为尽善。皇上庙算神武,指画有方,真古所谓'折冲樽俎间'也。"

四日,上召臣英至懋勤殿。上复诵"惟四月哉生魄"十八节,亲讲"越玉五重"二节。

五日,上召臣英至懋勤殿。上复诵"越玉五重"二节,亲讲"二人雀弁执惠"三节。讲毕,上曰:"朕尝闻明宫闱中食御浩繁,糜费不赀,掖庭宫人几至数千,此皆可为深鉴。朕思人主惟能自检束恭谨,则贵者益贵,《易》所谓'谦尊而光也'。若惟知侈纵,反不觉其可贵矣。我祖宗相传,以此为训,朕恒用是凛凛。"臣英对曰:"兢兢业业,尧舜之所以为尧舜,全在于此。钦聆天语,列圣相传心学,于此益见矣。"是日,上谓臣英等曰:"明孝宗时,如大学士徐溥《谏修炼服食疏》、大学士刘健《论天下事有重轻缓急疏》、礼部尚书傅瀚《论玉玺疏》,皆正大剀切,深识治体。又行人司行人王雄《谏用将疏》,所言亦当。内臣何鼎以言事获罪,当日诸大臣力救之,惜未知其所言何事。其召阁臣面决机务,仅于弘治十年后一见耳。且明季章疏,以烦冗相尚,亦殊非政贵体要之意。"臣英等对曰:"伏闻圣谕,仰见读书论古之识卓越寻常也。"申时,上检阅内府书籍。

六日,辰时,上召臣英至懋勤殿。上复诵"二人雀弁执惠"三节,亲讲"曰:'皇后凭玉几'"六节。是日,上检阅内府书籍。

七日,辰时,上召臣英至懋勤殿。上复诵"曰:'皇后凭玉几'"六节。

八日,辰时,上召臣英至懋勤殿。上复诵"越玉五重"十一节,亲讲《康王之诰》"王出在应门之内"三节。讲毕,因论前代宫闱制度,上曰:"朕每闻明宫掖中人数甚多,往往饥寒不恤,鞭笞无度,因而致毙者亦甚众。小有营建,动费巨万。以本朝各宫计之,尚不及当时妃嫔一宫所用之数。本朝自入关定鼎以来,外廷军国之费,与明代略相仿佛。至宫中服用,则三十六年之间,尚不及当时一年所用之数,盖深念民力艰难。国储至重,鉴彼侈靡之失,弘昭敦朴之风。古人云:'以一人治天下,不以天下奉一人。'常思此言而不敢过也。"臣英对曰:"臣自侍从内庭,窃见宫闱中经费俭约,体统清肃,从古人君之俭德,即书史所载,未有盛于今日者。若非臣得自目击,亦不知富有四海而躬自节省若斯之至也。语云:'人君知俭,则天下足养。'成君德,为万民,惜福莫大于此。"上曰:"自祖宗以来,累代相传,家法如此,朕惟恪遵之耳。即如巡幸所至,尤以劳费为虑。我太宗皇帝时,每车驾所历,一切御用之物,皆办自宫中,凡扈从之人,丝毫不以扰民。朕偶有巡幸,惟守成宪,诚恐驻跸之地侵扰官民也。"臣英对曰:"此实万世子孙之法。"

九日,辰时,上召臣英至懋勤殿。上复诵"王出在应门之内"三节,亲讲"惟新陟王"三节。

十日,辰时,上召臣英至懋勤殿。上复诵"惟新陟王"三节,亲讲"乃命建侯树屏"二节。是日,上谓臣英等曰:"朕阅《明孝宗实录》中,每岁御膳进素一百余日,亦殊非人君正大之体。此由当日崇信佛教故耳。又如,给事中倪议言《崇俭疏》,其理则是,而词语稍失之太过。"臣英等对曰:"诚如圣谕。"

十一日,辰时,上召臣英至懋勤殿。上复诵"乃命建侯树屏"二节。是日,上谓臣英等曰:"朕阅弘治间大学士刘健斌《谏修塔疏》,言甚明切。又,当时大臣屡以早朝为请,皆书曰'嘉纳之',而言者犹不已,当由未实见施行故耳。"臣英等对曰:"此正所谓'悦而不绎,从而不改'也。"

十二日,上因召大臣面议秋决事,是日停讲。

十三日,辰时,上召臣英至懋勤殿。上复诵《康王之诰》全篇,亲讲《毕命》"惟十有二年"四节。

十四日,辰时,上召臣英至懋勤殿。上复诵"惟十有二年"四节,亲讲"惟公懋德"四节。是日,上阅《明世宗实录》。

十五日,辰时,上召臣英至懋勤殿。上复诵"惟公懋德"四节,亲讲"我闻曰:'世禄之家'"四节。

十六日,辰时,上召臣英至懋勤殿。上复诵"我闻曰:'世禄之家'"四节。讲毕,上曰:"朕观明世宗时,廷臣争执者,莫如议礼一事。然兹事折衷最难,总由世宗为兴献王长子,而兴献王又别无子嗣,则世宗尊崇之议,未为不当。父子天性至恩,恐难尽以义屈情也。"臣英对曰:"大统大伦,古今并重,兹事两有妨碍,折衷诚难。臣愚不能灼见其是非,窃意称孝宗为皇考,称兴献帝为本生皇考,似乎犹得两全之道也。"

十七日,上召臣英至懋勤殿。上复诵"惟十有二年"十节,亲讲"惟周公克慎厥始"三节。

上检阅内府书籍。

十八日,辰时,上召臣英至懋勤殿。上复诵"惟周公克慎厥始"三节,亲讲《君牙》篇"王若曰:'呜呼!君牙'"四节。

十九日,辰时,上召臣英至懋勤殿。上复诵"王若曰:'呜呼!君牙'"四节,亲讲"夏暑雨"三节。

二十日,辰时,上召臣英至懋勤殿。上复诵"夏暑雨"三节。

二十一日,辰时,上召臣英至懋勤殿。上复诵"惟周公克慎厥始"及《君牙》全篇,亲讲《冏命》"王若曰:'伯冏'"三节。

二十二日,辰时,上召臣英至懋勤殿。上复诵"王若曰:'伯冏'"三节,亲讲"今予命汝作大正"六节。

十二月六日，臣英等谨奏曰："恭闻皇上因殿廷火灾传谕在廷诸臣之言：'惟以天下乂安、生民乐业为心，饥馑荐臻、寇盗未息为虑。念殿廷犹为一己临御之所，不以为重于民生治理，引古人茅茨土阶之风，以自宽慰。'大哉王言！仰见我皇上睿识高明，圣度弘远，爱民望治之心，无时不然，迥非寻常意见所及。古之人君，曾有一言之善而即挽回天变者，况圣谕炳如日星，四海臣民闻之，感激之忱未有不沦肌浃髓者，即人心以合天心，则弭灾迁福之本端，在乎此矣。"

十九日，辰时，上召臣英至懋勤殿。上复诵"今予命汝作大正"六节。

二十日，辰时，上召臣英至懋勤殿。上复诵《冏命》全篇，亲讲《吕刑》"惟吕命"三节。讲毕，臣英奏曰："日前圣体偶然违和，今甫初愈，诵读可劳心神，似宜从简。"上谕："已知之。"

二十五日，辰时，上召臣英至懋勤殿。上复诵"惟吕命"三节，亲讲"民兴胥渐"三节。

二十六日，辰时，上召臣英至懋勤殿。上复诵"民兴胥渐"三节，亲讲"皇帝清问下民"四节。

二十七日，辰时，上召臣英至懋勤殿。上复诵"皇帝清问下民"四节。戌时，复召臣英至懋勤殿。上复诵"惟吕命，王享国百年"十节。

康熙十九年

正月八日，辰时，上召臣英至懋勤殿。上亲讲"典狱非讫于威"二节。

九日，辰时，上召臣英至懋勤殿。上复诵"典狱非讫于威"二节，亲讲"王曰：'呜呼！念之哉'"三节。

十日，辰时，上召臣英至懋勤殿。上复诵"王曰：'呜呼！念之哉'"二节，亲讲"两造具备"三节。

十一日，辰时，上召臣英至懋勤殿。上复诵"两造具备"三节。

十二日，辰时，上召臣英至懋勤殿。上复诵"典狱非讫于威"七节，亲讲"墨辟疑赦"一节。讲毕，上曰："江南庐、凤各府赈济之事何如？"臣英对曰："臣闻去年冬巡抚亲至凤阳赈饥，各处人民沾沐皇仁，当有起色矣。"上曰："尔乡安庆谷价近日何如？"臣英对曰："闻臣乡米价，每一石银一两五六钱，臣乡十年以来，米价大约六七钱一石，今价至此，可谓腾贵矣。总由从前有收之年民贫谷贱，全无蓄积，故两载旱灾，而民力遂至于不支。"上曰："朕闻凤阳向来每多荒歉，何也？"臣英对曰："当由凤阳各县地广人稀，兼且土瘠之故耳。"

十九日，辰时，上召臣英至懋勤殿。上复诵"墨辟疑赦"一节，亲讲"上刑适轻，下服"二节。

二十日，辰时，上召臣英至懋勤殿。上复诵"上刑适轻,下服"二节,亲讲"王曰：'呜呼！敬之哉！官伯族姓'"二节。

二十七日，辰时，上召臣英至懋勤殿。上复诵"王曰：'呜呼！敬之哉！官伯族姓'"二节。是日，喜闻西川大捷，贼帅就擒，全蜀底定。臣英等奏："逆贼窃据四川，凭险负固，藉其资粮。贼巢虽在滇黔，而命实悬于西蜀。今仰仗天威，克复于旬日之间，从此扫除残孽，势如破竹，滇黔荡平即在指日，中外欢跃非常。"臣等各恭纪诗二章进呈御览。

二十九日，辰时，上召臣英至懋勤殿。上复诵"墨辟疑赦"五节，亲讲《文侯之命》"王若曰：'父义和，丕显文武'"二节。

三十日，辰时，上召臣英至懋勤殿。上复诵"王若曰：'父义和，丕显文武'"二节，亲讲"父义和，汝克昭乃显祖"二节。

二月一日，辰时，上召臣英至懋勤殿。上复诵"父义和，汝克昭乃显祖"二节。

二日，辰时，上召臣英至懋勤殿。上复诵《文侯之命》全篇，亲讲《费誓》"公曰：'嗟，人无哗，听命'"三节。

三日，辰时，上召臣英至懋勤殿。上复诵"公曰：'嗟，人无哗，听命'"三节，亲讲"马牛其风"二节。

四日，辰时，上召臣英至懋勤殿。上复诵"马牛其风"二节。

五日，辰时，上召臣英至懋勤殿。上复诵《费誓》全篇，亲讲《秦誓》"公曰：嗟，我士听，无哗"四节。

六日，辰时，上召臣英至懋勤殿。上复诵"嗟，我士听，无哗"四节，亲讲"番番良士"四节。

七日，辰时，上召臣英至懋勤殿。上复诵《秦誓》全篇。上曰："《书经》今已讲毕。尔历年所讲，书理明畅，克有裨益。"臣英奏曰："《书经》义蕴宏深，臣仅能粗解章句。历年侍从讲席，伏睹我皇上讲论精贯，探讨深微，迥非恒见所及。臣窃思，《书经》所载，其文则典、模、训、诰、尧、舜、禹、汤、文、武之所以为君，皋、夔、稷、益、伊尹、傅说、周公、召公之所以为臣，皆备于此。皇上万几之暇，讲贯是书，治统、道统之要兼备无遗矣。"

二十七日，辰时，上召臣英至懋勤殿。上亲讲《易经》"乾，元亨利贞"三节。

二十八日，辰时，上召臣英至懋勤殿。上复诵"乾，元亨利贞"三节，亲讲"九三，君子终日乾乾"三节，复温诵《书经·尧典》"曰若稽古，帝尧"八节。

二十九日，辰时，上召臣英至懋勤殿。上复诵"九三，君子终日乾乾"三节，亲讲"上九，曰'亢龙有悔'"七节，复温诵《书经》"帝曰：畴咨若时？登庸'"四节。

三月一日，辰时，上召臣英至懋勤殿。上复诵"上九，曰'亢龙有悔'七节"，温诵《书经·舜典》："曰若稽古，帝舜七节。"

二日，辰时，上召臣英至懋勤殿。上复诵"乾，元亨利贞"十三节，亲讲"象曰：'天行健'"八节，温诵《书经·尧典》全篇及《舜典》"曰若稽古，帝舜"七节。

六日，辰时，上召臣英至懋勤殿。上复诵"象曰：天行健"八节，亲讲"君子体仁，足以长人"三节。

七日，辰时，上召臣英至懋勤殿。上复诵"君子体仁，足以长人"三节，亲讲"九二，曰'见龙在田'"二节。

八日，辰时，上召臣英至懋勤殿。上复诵"九二，曰'见龙在田'"二节。

十日，辰时，上召臣英至懋勤殿。上复诵"象曰：天行健"十四节，亲讲"九四，曰'或跃在渊'"三节，温诵《书经》"岁二月，东巡守"九节。

十一日，辰时，上召臣英至懋勤殿。上复诵"九四，曰'或跃在渊'"三节，亲讲"潜龙勿用下也"十四节，温诵《书经》"舜曰：'咨四岳，有能奋庸熙帝之载'"六节。

十二日，辰时，上召臣英至懋勤殿。上复诵"潜龙勿用下也"十四节，温诵《书经》"帝曰：'咨四岳，有能典朕三礼'"六节。

十三日，辰时，上召臣英至懋勤殿。上复诵"九四，曰'或跃在渊'"十七节，亲讲"乾元者，始而亨者也"七节。

十四日，辰时，上召臣英至懋勤殿。上复诵"乾元者，始而亨者也"七节，亲讲"君子学以聚之"三节，温诵"岁二月，东巡守"二十节。臣英奏曰："伏睹皇上讲论《尧典》《舜典》，上接二帝之精微，于典谟古奥处，识解贯彻，臣等累辞所不能明畅者，皇上以一二语发挥之，顿然明豁，于此见天纵睿哲，迥异恒常也。圣功缉熙，反复讲诵，经学之纯，洵自古所罕见者矣。"

十五日，辰时，上召臣英至懋勤殿。上复诵"君子学以聚之"三节，亲讲"夫大人者，与夫天地合其德"三节，温诵《书经·大禹谟》"曰若稽古，大禹"十节。

十六日，辰时，上召臣英至懋勤殿。上复诵"夫大人者，与天地合其德"三节，温诵"帝曰：'皋陶惟兹臣庶'"七节。上曰："《易经》义蕴弘深，正宜反复玩味，期于每卦精熟，然后再读后篇，方为有益。"臣英对曰："诚如圣谕。古人常有言曰：'《易经》乃义理之宗。'而乾坤二卦，又为全易之纲领，更所当寻绎者也。"

十七日，辰时，上召臣英至懋勤殿。上复诵"乾元者，始而亨者也"十三节，温诵"禹曰：'枚卜功臣'"四节。

二十日，辰时，上召臣英至懋勤殿。上复诵"乾，元亨利贞"二十一节，温诵《书经·大禹谟》全篇。

二十一日，辰时，上召臣英至懋勤殿。上复诵"文言曰：'元者，善之长也'"九节,温诵《书经·皋陶谟》"曰若稽古,皋陶"三节。

二十二日,辰时,上召臣英至懋勤殿。上复诵"潜龙勿用下也"二十七节,温诵《书经》"日宣三德"五节。

二十三日,辰时,上召臣英至懋勤殿。上复诵《乾卦》全篇,亲讲"坤,元亨,利牝马之贞"六节,温诵《书经·皋陶谟》全篇。

二十四日,辰时,上召臣英至懋勤殿。上复诵"坤,元亨,利牝马之贞"六节,亲讲"象曰:地势坤"七节。

二十五日,辰时,上召臣英至懋勤殿。上复诵"象曰:地势坤"七节,亲讲"六四,括囊"八节。

二十六日,辰时,上召臣英至懋勤殿。上复诵"六四,括囊"八节。

二十八日,辰时,上召臣英至懋勤殿。上复诵"坤,元亨利贞"二十一节,亲讲"文言曰:'坤至柔而动也刚'"六节。

二十九日,辰时,上召臣英至懋勤殿。上复诵"文言曰:'坤至柔而动也刚'"六节,亲讲"阴虽有美"六节。上曰:"'履霜坚冰'之喻,可谓切至。司马光作《通鉴》,托始于周,以三晋为诸侯,而首发论断,极言防微杜渐之宜谨,正阐明此爻之义。千古治乱,不能出其范围。后世如莽、操之祸,总皆由辨之不早耳。"臣英对曰:"诚如圣谕。"

三十日,辰时,上召臣英至懋勤殿。上复诵"阴虽有美"六节。

四月一日,辰时,上召臣英至懋勤殿。上复诵"文言曰:'坤至柔而动也刚'"十二节。

二日,辰时,上召臣英至懋勤殿。上复诵"坤,元亨利贞"九节,温诵《书经·益稷》"帝曰:'来禹,汝亦昌言'"四节。

三日,辰时,上召臣英至懋勤殿。上复诵"六二,直方大"十二节,温诵《书经》"予违汝弼"三节。

四日,辰时,上召臣英至懋勤殿。上复诵"文言曰:'坤至柔而动也刚'"十二节,温诵《书经》"无若丹朱傲"二节。讲毕,上问曰:"江南今岁雨泽何如?"臣英对曰:"臣乡有人至,言今春雨泽霑渥,惟谷价尚未减也。"

五日,辰时,上召臣英至懋勤殿。上复诵《坤卦》全篇,亲讲"屯,元亨利贞"五节,温诵《书经》"夔曰:'予击石拊石'"二节。

六日,辰时,上召臣英至懋勤殿。上复诵"屯,元亨利贞"五节,亲讲"初九,磐桓"四节。

七日,辰时,上召臣英至懋勤殿。上复诵"初九,磐桓"四节,亲讲"六三,即鹿,无虞"八节,温诵《书经·益稷》全篇。上曰:"朕览尔所进《易经参解》,纂辑古说,于易理可谓明晰。"臣英奏曰:"臣因质性愚鲁,故纂辑《易经大全》及《直解》诸书,藉以自备遗忘。又因在内廷修辑之书不敢不上呈皇上御览,恭承天语优奖,不胜惶悚之至。"

八日,辰时,上召臣英至懋勤殿。上复诵"六三,即鹿无虞"八节,温诵《书经·禹贡》"禹敷土"二十节。上曰:"外廷讲官每日进讲《书经》,故尔《通鉴》暂停。今朕欲于宫中午后讲阅《通鉴》,乃为经史并进之学。"臣英对曰:"经以明理,史以征事,二者相为表里,而考鉴古今史学,尤为裨益。臣伏闻圣谕,益见孜孜无已之盛心也。"是日,上谕吏部:"朕万几之暇,留心经史,虽逊志时敏,夙夜孜孜,而研究阐发,良资讲幄之功。日讲起居注各官,俱以学行优长简备顾问,讲解明晰,奉职勤劳。所纂讲义,典确精详,深裨治理。侍读学士张英,供奉内庭,日侍左右,恪恭匪懈,勤慎可嘉。高士奇、杜讷学问渊通,居职勤慎,供奉有年,应授为翰林官。尔部俱一并从优议叙具奏。以后,著益殚心职业,佐助典学,以副朕崇儒重道、稽古右文至意。特谕。"因命传谕臣英、臣士奇、臣讷等。臣英等奏曰:"臣等叨恩入侍禁庭,伏睹我皇上圣学高深,稽古之勤,寒暑靡间,臣等不能仰窥涯际,更何能效涓埃万一之助,以草野樗栎之材,深叨异数,抚衷自愧,惟切冰兢。今复惊闻皇上特沛温纶,褒嘉逾量,捧读之下,惶恧无地,敢不益竭驽骀,矢勤矢慎,以报鸿恩之高厚也。"

九日,辰时,上召臣英至懋勤殿。上复诵《屯卦》全篇,亲讲"蒙,亨,匪我求童蒙"四节,温诵《书经》"海、岱惟青州"十七节。

十日,辰时,上召臣英至懋勤殿。上复诵"蒙,亨,匪我求童蒙"四节,亲讲"初六,发蒙"六节,温诵《书经》"淮、海惟扬州"九节。

十一日,辰时,上召臣英至懋勤殿。上复诵"初六,发蒙"六节,亲讲"六四,困蒙,吝"六节,温诵"禹敷土"四十六节。

十二日,辰时,上召臣英至懋勤殿。上复诵"六四,困蒙,吝"六节,温诵《书经》"荆及衡阳惟荆州"八节。

十三日,辰时,上召臣英至懋勤殿。上复诵《蒙卦》全篇,温诵《书经》"荆河惟豫州"十七节。

十四日,辰时,上召臣英至懋勤殿。上复诵"屯,元亨利贞"九节,温诵"墨水、西河惟雍州"十三节。

十五日,辰时,上召臣英至懋勤殿。上复诵"六三,即鹿,无虞"十二节,温诵《书经》"荆及衡阳惟荆州"三十八节。上曰:"《易》理虽变化无穷,而历观诸卦,实有一贯之义,大约审爻位之阴阳,辨刚柔之中正,而吉凶悔吝之数,即不外乎此矣。"臣英对曰:"诚如圣谕。孔子作《系辞》以赞《易》,反复详说,总不出于阴阳、消长、刚柔、进退之道。朱子集诸家之说,著为本义,先儒极称其简严精密,前后诸儒皆不能出其范围。《系辞》又云:'居则观其象而玩其辞,动则观其变而玩其占。'故注解止能陈说大义,而在读之者寻绎玩味也。"

十六日,辰时,上召臣英至懋勤殿。上复诵"初六,发蒙"十二节,温诵《书经》"导岍及岐"七节。

十七日,辰时,上召臣英至懋勤殿。上复诵《屯》《蒙》二卦全篇,亲讲"需,有孚光亨"四节。

十八日,辰时,上召臣英至懋勤殿。上复诵"需,有孚光亨"四节,亲讲"初九,需于郊"六节,温诵"嶓冢导漾"三节。讲毕,上曰:"近闻河南一路至畿南各府麦田有秋,复问大学士冯溥,知山东今岁麦田甚佳,朕心深为喜悦。此二省幅员既广,且地接畿辅,今麦秋伊迩,谷价当可渐减矣。"臣英对曰:"皇上深恤民依,念念不忘。海隅苍生,日在宵旰忧勤之内。近因天时亢旱,减膳致斋,宸衷肃穆,将行虔祷之礼,雨泽应期而降,益见至诚,上格天人感孚之盛。"上曰:"此皆天心佑助下民也。"

十九日,辰时,上召臣英至懋勤殿。上复诵"初九,需于郊"六节,亲讲"六四,需于血"六节,温诵《书经》"导岍及岐"十节。

二十日,辰时,上召臣英至懋勤殿。上复诵"六四,需于血"六节,温诵《书经》"导淮自桐柏"一七节。

二十一日,辰时,上召臣英至懋勤殿。上复诵《需卦》全篇,亲讲"讼有孚,窒"四节,温诵《书经》"五百里甸服"六节。

二十二日,辰时,上召臣英至懋勤殿。上复诵"讼有孚,窒"四节,亲讲"初六,不永所事"六节,温诵《书经》"导淮自桐柏"十三节。

二十三日,辰时,上召臣英至懋勤殿。上复诵"初六,不永所事"六节,亲讲"九四,不克讼"六节,温诵《书经》"禹敷土"二十七节。

二十四日,辰时,上召臣英至懋勤殿。上复诵"九四,不克讼"六节。

二十六日,辰时,上召臣英至懋勤殿。上复诵《讼卦》全篇,温诵《书经》"海岱及淮惟徐州"二十六节。

二十七日,辰时,上召臣英至懋勤殿。上复诵"需,有孚光亨"十一节,温诵《书经》"荆河惟豫州"三十节。

二十八日,辰时,上召臣英至懋勤殿。上复诵"六四,需于血"十节,温诵《书经》"禹敷土"八十三节。

二十九日,辰时,上召臣英至懋勤殿。上复诵"初六,不永所事"十二节,温诵《书经》"导岍及岐"十节。

五月一日，辰时，上召臣英至懋勤殿。上复诵《需卦》《讼卦》全篇，亲讲"师，贞，丈人吉"四节，温诵《书经》"导渭自鸟鼠同穴"十二节。讲毕，上曰："《易》卦中大象言简义赅，独扼一篇之要，如乾之自强不息，坤之厚德载物，蒙之果行育德，师之容民畜众，全卦之义蕴，不越乎此。此尤当寻绎。"臣英对曰："诚如圣谕。"上又曰："三代井田之法，寓兵于农，正《易》所谓'容民畜众'也。自兵农既分，势难复合，后世有欲于旷闲之壤仿古行井田之法者，不惟无补于民，正恐益滋烦扰。天下事，兴一利不如去一弊之为愈，增一事不如省一事之为得也。"臣英对曰："圣言深切治体，兵农既难复合，但在养兵得其道，不致病国病民，斯为得古人遗意耳。"

二日，辰时，上召臣英至懋勤殿。上复诵，"师，贞，丈人吉"四节，亲讲"初六，师出以律"六节，温诵《书经》"导岍及岐"二十二节。

四日，辰时，上召臣英至懋勤殿。上复诵"初六，师出以律"六节，亲讲"六四，师左次"六节，温诵《禹贡》全篇。臣英奏曰："《禹贡》词语古奥，叙次繁多，记诵讲贯甚难，圣学精彻至此，诚由天纵，亦因用功纯密无间，反复深至也。"

五日，辰时，上召臣英至懋勤殿。上复诵"六四，师左次"六节。

六日，辰时，上召臣英至懋勤殿。上复诵《师卦》全篇，温诵《书经·甘誓》全篇及"太康尸位"六节。上曰："古车战之法，其废已久。由今思之，不独山林原隰，难于驰驱，即平衍之地，亦不易用。盖一车之中，左主射，右主击刺，居中者主御。或有一人不用命，则胜负所关不小。此后世所以难行也。"臣英对曰："恭听圣言，慎重师旅之盛心，即于此可见矣。"

七日，辰时，上召公至懋勤殿。上亲讲"比，吉；原筮，元永贞，无咎"四节。

是日，蒙恩擢授臣英翰林院学士兼礼部侍郎、臣士奇擢翰林院侍讲、臣讷擢翰林院编修。臣英等谨奏曰："臣等日侍内庭，叨蒙圣恩隆渥，迥异恒常，自愧驽骀，不能报答万一。愚鲁疏野，愆过丛集，蒙圣度优容，奖以温纶，锡以显秩，悚惶感激交切于中。复以成命自天下，不敢逊辞，惟有殚竭愚诚，仰报高厚。"上传谕："因尔等侍从左右，朝夕进讲，克矢勤慎，故有是命，若非能称其职，恩命亦不轻畀也。"臣英等恭请谢恩，奉旨于懋勤殿行礼。

八日，辰时，上召臣英至懋勤殿。上复诵"比，吉，原筮，元永贞，无咎"四节，亲讲"初六，有孚比之"六节，温诵《书经》"其三曰：'惟彼陶唐'"三节及"惟仲康肇位四海"三节。

九日，辰时，上召臣英至懋勤殿。上复诵"初六，有孚比之"六节，亲讲"六四，外比之，贞吉"六节，温诵《书经》"惟时羲和"四节。未时，上召臣英、臣士奇至懋勤殿。上亲讲《通鉴》"燕人立太子平为君"一章，"秦甘茂伐韩宜阳"一章。

上曰："古人纪一事,当观其要旨所在。如郭隗市骏之语,见求士不可以不诚;甘茂投杼之言,见任人不可以不信。此要领处,尤不可不知也。"臣英等对曰:"圣言真读史之法。"

十日,辰时,上召臣英至懋勤殿。上复诵"六四,外比之,贞吉"六节。未时,上召臣英、臣士奇至懋勤殿。上亲讲《通鉴》"赵使蔺相如献璧于秦"一章、"燕君平卒"一章。是日,臣英、臣士奇、臣讷因迁除之命,各恭撰表一道及纪恩诗,进呈御览。

十一日,辰时,上召臣英至懋勤殿。上复诵《比卦》全篇,温诵《书经》"甘誓""五子之歌""胤征"三篇。未时,上召臣英、臣士奇至懋勤殿。上亲讲《通鉴》"秦王龁攻赵上党"一章、"楚以荀况为兰陵令"一章。

十二日,辰时,上召臣英至懋勤殿。上复诵"师,贞,丈人吉'十节,温诵《书经·汤誓》全篇。未时,上召臣英、臣士奇至懋勤殿。上亲讲《通鉴》"秦始皇帝初并天下"一章、"分天下为三十六郡"一章。

十三日,辰时,上召臣英至懋勤殿。上复诵"师左次无咎"十节。未时,上召臣英、臣士奇至至懋勤殿。上亲讲《通鉴》"烧诗书百家语"一章、"除直道"一章、"坑诸生四百六十余人"一章。

十四日,辰时,上召臣英至懋勤殿。上复诵"初六,有孚比之"十二节。未时,上召臣英、臣士奇至懋勤殿。上亲讲《通鉴》"帝东巡"一章、"楚人陈胜、吴广起兵于蕲"一章。

十五日,辰时,上召臣英至懋勤殿。上复诵《师卦》《比卦》二篇,亲讲"小畜,亨"四节,温诵《书经》"乃葛伯仇饷"四节。

十六日,辰时,上召臣英至懋勤殿。上复诵"小畜,亨"四节,亲讲"初九,复自道"六节。未时,上召臣英、臣士奇至懋勤殿。上亲讲《通鉴》"秦下右承相冯去疾"一章、"章邯击赵"一章。

十七日,辰时,上召臣英至懋勤殿。上复诵"初九,复自道"六节,亲讲"六四,有孚,血去惕出"六节,温诵《书经》《汤誓》《仲虺之诰》二篇。未时,上召臣英、臣士奇至懋勤殿。上亲讲《通鉴》"八月,沛公入武关"一章、"沛公至霸上"一章。上曰:"久乱之民思治。秦民日在汤火之中,沛公入关,首行宽大之政,与父老约法三章,民心既归,王业根本已定于此。"臣英等对曰:"诚如圣谕。汉高祖虽与项羽百战得天下,而其固结民心之本,全在于入关之始。当日君臣气象,与秦楚大不侔矣。"

十八日,辰时,上召臣英至懋勤殿。上复诵"六四,有孚,血去惕出"六节,温诵《书经·汤论》"王归自克夏"四节。未时,上召臣英、臣士奇至懋勤殿。上亲讲《通鉴》"沛公遣兵守函谷关"一章、"项藉〔籍〕自立为西楚霸王"一章。

十九日，辰时，上召臣英至懋勤殿。上复诵《小畜》全篇，亲讲"履虎尾，不咥人，亨"五节，温诵《书经》"上天孚佑下民"五节。未时，上召臣英、臣士奇至懋勤殿。上亲讲《通鉴》"汉王以韩信为大将"一章、"汉王至洛阳"一章。

二十日，辰时，上召臣英至懋勤殿。上复诵"履虎尾，不咥人，亨"五节，亲讲"初九，素履往"六节，温诵《书经·汤诰》全篇。未时，上召臣英、臣士奇至懋勤殿。上亲讲《通鉴》"汉王率五诸侯伐楚"一章、"魏王豹叛汉"一章。

二十一日，辰时，上召臣英至懋勤殿。上复诵"初九，素履往"六节，亲讲"九四，履虎尾"六节。未时，上召臣英、臣士奇至懋勤殿。上亲讲《通鉴》"韩信大破赵军"一章、"随何以九江王布归汉"一章。

二十二日，辰时，上召臣英至懋勤殿。上复诵"九四，履虎尾"六节，温诵《书经》"惟元祀十有二月"四节。

二十三日，辰时，上召臣英至懋勤殿。上复诵《履卦》全篇，温诵《书经》"呜呼！先王肇修人纪"四节。

二十四日，辰时，上召臣英至懋勤殿。上复诵"小畜，亨"十一节，温诵《书经·伊训》全篇。

二十五日，辰时，上召臣英至懋勤殿。上复诵"六四，有孚，血去惕出"十一节，温诵《书经》"惟嗣王不惠于阿衡"六节。

二十六日，辰时，上召臣英至懋勤殿。上复诵"初九，素履往，无咎"十二节，温诵《书经》"若虞机张"四节。

二十八日，辰时，上召臣英至懋勤殿。上复诵《小畜卦》《履卦》二篇，亲讲"泰，小往大来，吉亨"三节。未时，上召臣英、臣士奇至懋勤殿。上亲讲"王追项羽至固陵"一章、"王即皇帝位"一章。

二十九日，辰时，上召臣英至懋勤殿。上复诵"泰，小往大来，吉亨"三节，温诵《书经·太甲中》全篇。

六月一日，辰时，上召臣英至懋勤殿。上亲讲"初九，拔茅茹"六节，温诵《书经》"太甲上、中"二篇。未时，上召臣英、臣士奇至懋勤殿。上亲讲《通鉴》"以季布为郎中"一章、"帝西都关中"一章。

二日，辰时，上召臣英至懋勤殿。上复诵"初九，拔茅茹"六节，亲讲"六四，翩翩，不富以其邻"六节，温诵《书经》"伊尹申诰于王曰"七节。未时，上召臣英、臣士奇至懋勤殿。上亲讲《通鉴》"帝会诸侯于陈"一章、"始剖符封功臣"一章。上曰："汉高帝之待韩信，不能如汉光武、宋太祖之待功臣者，亦时势不同也。光武、宋祖之时，功臣归于京师，无握兵之权，无震主之势，故保全之尚易。

韩信居楚,兵柄在握,天下初平,人心未定,高帝收之,亦非得已。总由所遇之时不同,故所行亦各异耳。"臣英等对曰:"诚如圣谕。窃思人臣事君,惟在至诚无伪,有功不伐。古人有言,虽功盖天壤,不过自尽臣子分内之事。韩信定齐而即请为齐王,及破楚之时,会期不至,必待分以楚地而后发兵。当高帝危急之时,明有所要求于上,虽后日告变之诚伪未可知,而已失人臣事君之礼,宜乎功名之不克终也。"

三日,辰时,上召臣英至懋勤殿。上复诵"六四,翩翩,不富以其邻"六节,温诵《书经》"呜呼!弗虑胡获"六节。未时,上召臣英、臣士奇至懋勤殿。上亲讲《通鉴》"封雍齿为什方侯"一章、"诏定元功位次"一章。

四日,辰时,上召公至懋勤殿。上复诵《泰卦》全篇,亲讲"否之匪人"三节,温诵《书经》"德惟一动,罔不吉"七节。未时,上召臣英、臣士奇至懋勤殿。上亲讲《通鉴》"令博士叔孙通起朝仪"一章、"帝至长安"一章。

五日,辰时,上召臣英至懋勤殿。上复诵"否之匪人"三节,亲讲"初六,拔茅茹"六节。未时,上召臣英、臣士奇至懋勤殿。上亲讲《通鉴》"以周昌为赵相"一章、"冬破豨军"一章。

六日,辰时,上召臣英至懋勤殿。上复诵"初六,拔茅茹"六节,亲讲"九四,有命无咎"六节,温诵《书经·咸有一德》全篇。未时,上召臣英、臣士奇至懋勤殿。上亲讲《通鉴》"诏郡国求遗贤"一章、"立故秦南海尉赵佗"一章。因讲至"诏郡国求遗贤",臣英曰:"三代用乡举、里选以取士,汉初行郡国荐举,其后或举贤良方正,或举直言极谏,晋魏犹行九品中正之法,皆以德义名节为重。至隋唐以来,始专以科举取士,所尚者文辞。自此,而士之藏修者少,干进者多矣。"上曰:"此亦古今时势使然。上古人心淳朴,故乡举、里选之法尚可以得真才。后世人心日漓,奔竞日多,若行古法于后世,恐益滋其伪势,不得不以科举为重耳。"臣英等对曰:"诚如圣谕。"

七日,辰时,上召臣英至懋勤殿。上复诵"九四,有命无咎"六节,温诵《书经》"太甲下"、"咸有一德"二篇。未时,上召臣英、臣士奇至懋勤殿。上亲讲《通鉴》"帝还过沛"一章、"过鲁以太牢祠孔子"一章、"上还长安"一章。上曰:"汉高帝过沛,复其民,《纲目》于此讥其君天下而私一邑。先儒之言,朕何可别有论断?但心之所疑,不得不为之辨晰。夫为帝王者,固当以天下为一家,万物为一体,岂有私于一邑之理。然高帝既定天下,过沛之际,叙亲戚旧情,慷慨伤怀,泣数行下者,乃回归父母之故乡,不忘布衣穷困之时,亦人情之常,故恩泽有加也。复其民,正见其敦笃根本之处。《大学》所谓'本末先后',《孟子》所谓'亲亲而仁民',皆由近以及远,由亲以及疏,似未可讥其为沾沾之小惠。史臣亦不免过为求全责备之论耳。"臣英等对曰："圣谕以仁孝为本,以亲疏为序,识解宏远,又超出诸儒之上矣。"

八日,辰时,上召臣英至懋勤殿。上复诵《否卦》全篇。未时,上召臣英、臣士奇至懋勤殿。上亲讲《通鉴》"下相国何廷尉狱"一章、"相国酂侯萧何卒"一章。因讲至"下相国何廷尉狱",上曰："古有八议之法,议贤、议贵、议功、议能,正以养大臣之廉耻,而不轻加以戮辱。古云'刑不上大夫',固所以敬大臣,亦所以尊重国体也。"臣英等对曰："诚如圣谕。"

九日,辰时,上召臣英至懋勤殿。上复诵"泰,小往大来,吉,亨"九节。

十日,辰时,上召臣英至瀛台便殿。上复诵"六四,翩翩,不富以其邻"九节。未时,上召臣英、臣士奇至瀛台便殿。上亲讲《通鉴》"立原庙"一章、"太后以王陵为帝太傅"一章。因讲"叔孙通请立原庙",上曰："人臣之义,以责难于君、陈善闭邪为正。叔孙通以为天子无过举,因而成之,是欲饰其君以无过之名,而反陷其君于文过之实,宜为后世所讥也。"臣英等对曰："此与史所传成王剪桐以封虞叔,周太史以为天子无戏言,即因而劝成之,均为后世所讥。盖以其涉于掩过,而非纠谬绳愆之正耳。"又因讲"王陵、陈平、周勃对吕后封诸吕"之言,上曰："后人谓陈平、周勃之对吕后,若能与王陵同持正论,未必吕后之意不可回。此盖事后论人,恒见其易耳。吕后以悍鸷之威,当称制之日,欲王诸吕,气凌群臣,此岂平、勃诸人口舌之所能争乎？是以君子论事,又当观其世也。"臣英等对曰："诚如圣谕。"

十一日,辰时,上召臣英至瀛台便殿。上复诵"初六,拔茅茹"十二节。未时,上召臣英、臣士奇至瀛台便殿。上亲讲《通鉴》"太后徙梁王恢为赵王"一章、"陈平常燕居深念"一章。

十二日,辰时,上召臣英至瀛台便殿。上复诵《泰卦》《否卦》二篇,亲讲"同人于野,亨"四节。未时,上召臣英、臣士奇至瀛台便殿。上亲讲《通鉴》"齐王襄发兵讨诸吕"一章、"诸大臣迎立代王恒"一章。

十四日,辰时,上召臣英至瀛台便殿。上复诵"同人于野,亨"四节,亲讲"初九,同人于门"六节。未时,上召臣英、臣士奇至瀛台便殿。上亲讲《通鉴》"除收始孥相坐律令"一章、"诏定振穷养老之令"一章。

十五日,辰时,上召臣英至瀛台便殿。上复诵"初九,同人于门"六节,亲讲"九四,乘其墉"六节。未时,上召臣英、臣士奇至瀛台便殿。上亲讲《通鉴》"令四方毋来献"一章、"右丞相周勃免"一章。上曰："朕观文帝以断狱钱谷之数问宰相,固为未当。而陈平对以一切有主者,亦为未善。二者乃国家之大务,宰相自宜振举其纲领,岂可云专责于所主乎？"臣英等对曰："臣观陈平之言,亦一时权宜以对。但以其所言,有合于宰相之体。故史臣记之也。"

十六日,辰时,上召臣英至瀛台便殿。上复诵"九四,乘其墉"六节。未时,上召臣英、臣士奇至瀛台便殿。上亲讲《通鉴》"召河南守吴公为廷尉"一章、"日食,诏举贤良方正"一章。

十七日,辰时,上召臣英至懋勤殿。上复诵《同人卦》全篇,亲讲"大有元亨"四节。未时,上召臣英、臣士奇至懋勤殿。上亲讲《通鉴》"帝从霸陵上"一章、"亲耕耤田"一章。上曰:"古者,田以井授,人皆自耕其田,故室家殷阜而鲜失业游食之民。后世富室之田跨连阡陌,贫民代为耕褥,是以素无盖藏,一遇水旱,遂至游食四方,流亡载道,亦势使然也。"臣英等对曰:"自汉以来,董仲舒有限民田之议,卒不能行。唐初有口分世业之法,旋亦废坏。故宋臣苏轼有言:'田非耕者之所有,而有田者不耕。'此弊相沿既久,难于变更。惟在水旱灾伤赈恤有道,使农民不至于重困耳。"

十八日,辰时,上召臣英至瀛台便殿。上复诵"大有,元亨"四节,亲讲"初九,无交害,匪咎"六节。未时,上召臣英、臣士奇至瀛台便殿。上亲讲《通鉴》"除诽谤妖言法"一章、"赐天下今年田租之半"一章。

十九日,辰时,上召臣英至瀛台便殿。上复诵"初九,无交害,匪咎"六节,亲讲"九四,匪其彭"七节。未时,上召臣英、臣士奇至瀛台便殿。上亲讲《通鉴》"以张释之为廷尉"一章、"张释之为廷尉"一章。上曰:"朕自幼阅《通鉴》,于张释之论犯跸、盗环二事,深喜其用法平允,不愧廷尉之职。"臣英等对曰:"于此见皇上慎刑之心同符古帝也。"

二十日,辰时,上召臣英至瀛台便殿。上复诵"九四,匪其彭"七节。

二十一日,辰时,上召臣英至瀛台便殿。上复诵《大有卦》全篇。

二十二日,辰时,上召臣英至瀛台便殿。上复诵"同人于野,亨"十节。

二十三日,辰时,上召臣英至瀛台便殿。上复诵"九四,乘其墉"十节。

二十四日,辰时,上召臣英至瀛台便殿。上复诵"初九,无交害,匪咎"十三节。

二十五日,辰时,上召臣英至懋勤殿。上复诵《同人》《大有》二篇,亲讲"谦,亨,君子有终"四节。

二十六日,辰时,上召臣英至瀛台便殿。上复诵"谦,亨,君子有终"四节,亲讲"初六,谦谦君子"六节。

二十七日,辰时,上召臣英至瀛台便殿。上复诵"初六,谦谦君子"六节,亲讲"六四,无不利㧑谦"六节。是日,上赐臣英、臣士奇、臣讷御笔字各一轴。

二十八日,辰时,上召臣英至瀛台便殿。上复诵"六四,无不利㧑谦"六节。

二十九日,辰时,上召臣英至瀛台便殿。上复诵《谦卦》全篇,亲讲"豫,利建侯、行师"五节。

三十日，辰时，上召臣英至懋勤殿。上复诵"豫，利建侯、行师"五节，亲讲"初六，鸣豫"六节。

七月一日，辰时，上召臣英至懋勤殿。上复诵"初六，鸣豫"六节，亲讲"九四，由豫，大有得"六节。

二日，辰时，上召臣英至瀛台便殿。上复诵"九四，由豫，大有得"六节。

三日，辰时，上召臣英至瀛台便殿。上复诵《豫卦》全篇。

四日，辰时，上召臣英至瀛台便殿。上复诵"谦，亨，君子有终"十节。

五日，辰时，上召臣英至东便殿。上复诵"六四，无不利，撝谦"十一节。

六日，辰时，上召臣英至瀛台便殿。上复诵"初六，鸣豫"十二节。

七日，辰时，上召臣英至瀛台便殿。上复诵《谦卦》《豫卦》二篇。是日，因天暑暂辍讲数日。

八月六日，辰时，上召臣英至南便殿。上亲讲"随，元亨利贞"五节。

七日，辰时，上召臣英至瀛台便殿。上复诵"随，元亨利贞"五节，亲讲"初九，官有渝"六节。

八日，辰时，上召臣英至瀛台便殿。上复诵"初九，官有渝"六节，亲讲"九四，随有获"六节。

九日，辰时，上召臣英至瀛台便殿。上复诵"九四，随有获"六节。

十日，辰时，上召臣英至南便殿。上复诵《随卦》全篇，亲讲"蛊，元亨"四节。上曰："《易》之理虽无所不该，下至士庶，人皆可用。而圣人立经垂训之大义，则为有天下国家者而发，一辞一语，皆可通于政治。故《系辞》有曰：'其称名也小，其取类也大。'此所以为万世法程也。"臣英对曰："诚如圣谕。"

十一日，辰时，上召臣英至瀛台便殿。上复诵"蛊，元亨"四节，亲讲"初六，幹父之蛊"六节。

十二日，辰时，上召臣英至南便殿。上复诵"初六，幹父之蛊"六节，亲讲"六四，裕父之蛊"六节。

十三日，辰时，上召臣英至瀛台便殿。上复诵"六四，幹父之蛊"六节。

十五日，辰时，上召臣英至南便殿。上复诵《蛊卦》全篇。

十六日，辰时，上召臣英至瀛台便殿。上复诵"随，元亨利贞"十一节。

十七日，辰时，上召臣英至瀛台便殿。上复诵"九四，随有获"十节。未时，上召臣英、臣士奇至瀛台便殿。上亲讲《通鉴》"以贾谊为梁王太傅"一章、"今帝之身"一章。

十八日，辰时，上召臣英至瀛台便殿。上复诵"初六，裕父之蛊"十二节。未时，上召臣英、臣士奇至瀛台便殿。上亲讲《通鉴》"夏、殷、周为天子"一章、"凡人之智"一章。

十九日，辰时，上召臣英至南便殿。上复诵《随卦》《蛊卦》二篇，亲讲"临，元亨利贞"六节。

二十日，辰时，上召臣英至瀛台便殿。上复诵"临，元亨利贞"六节，亲讲"初九，咸临贞吉"六节。未时，上召臣英、臣士奇至瀛台便殿。上亲讲《通鉴》"人主之尊"一章、"将军薄昭有罪自杀"一章。

二十一日，辰时，上召臣英至瀛台便殿。上复诵"初九，咸临贞吉"六节，亲讲"六四，至临，无咎"六节。

二十二日，辰时，上召臣英至南便殿。上复诵"六四，至临，无咎"六节。

二十三日，辰时，上召臣英至瀛台便殿。上复诵《临卦》全篇，亲讲"观，盥而不荐"五节。未时，上召臣英、臣士奇至瀛台便殿。上亲讲《通鉴》"诏民入粟边"一章、"除肉刑"一章。因讲"除肉刑"，臣英曰："按五刑，自唐虞三代以来，相传至汉文帝始除肉刑三。岂上古圣人皆忍于用肉刑，至文帝而始不忍耶？臣愚，窃谓上古之世，教化修明，人心淳朴，其时犯法者少，况其间可疑者，又有流宥五刑之法，则五刑之名虽设，而不轻用可知。至秦汉之后，教化日衰，人心日漓，禁网日密，犯法者日益多，其中刻肌肤，断肢体者，未必尽当其罪，故不得不思变更其法。文帝独毅然除之，其不忍人之心，真令万世皆蒙其泽也。"上曰："尔所论良然。"

二十六日，辰时，上召臣英至瀛台便殿。上复诵"观，盥而不荐"五节，亲讲"初六，童观"六节。未时，上召臣英、臣士奇至瀛台便殿。上亲讲《通鉴》"除田之租税"一章、"赦作徒魏尚"一章。

二十七日，辰时，上召臣英至南便殿。上复诵"初六，童观"六节，亲讲"六四，观国之光"六节。未时，上召臣英、臣士奇至南便殿。上亲讲《通鉴》"增诸祀坛场珪币"一章、"丞相苍免"一章。

二十八日，辰时，上召臣英至瀛台便殿。上复诵"六四，观国之光"六节。未时，上召臣英、臣士奇至瀛台便殿。上亲讲《通鉴》"匈奴寇上郡、云中"一节、"葬霸陵"一章。

二十九日，辰时，上召臣英至瀛台便殿。上复诵《观卦》全局。

三十日，辰时，上召臣英至南便殿。上复诵"临，元亨利贞"十二节。

闰八月一日，辰时，上召臣英至瀛台便殿。上复诵"六四，至临，无咎"十一节。未时，上召臣英、臣士奇至瀛台便殿。上亲讲《通鉴》"梁王武来朝"一章。

二日，辰时，上召臣英至瀛台便殿。上复诵"初六，童观"十二节。未时，上召臣英、臣士奇至瀛台便殿。上亲讲《通鉴》"吴王濞"一章、"初,楚元王好书"一章。上曰:"晁错论吴王濞曰:'削之亦反,不削亦反。削之,其反亟而祸小;不削,其反迟而祸大。'晁错审当日时势,其论本确,后世不得而议之也。"臣英对曰:"诚如圣论。"

三日,辰时,上召臣英至瀛台便殿。上复诵《临卦)《观卦》二篇,亲讲"噬磕,亨"四节。未时,上召臣英、臣士奇至瀛台便殿。上亲讲《通鉴》"初,错更令"一章。

四日,辰时,上召臣英至瀛台便殿。上复诵"噬磕,亨"四节,亲讲"初九,屦校灭趾"六节。未时,上召臣英、臣士奇至瀛台便殿。上亲讲《通鉴》"周亚夫言于上曰"一章、"梁王武使人杀袁盎"一章。

五日,辰时,上召臣英至南便殿。上复诵"初九,履校灭趾"六节,亲讲"九四,噬乾胏"六节。

六日,辰时,上召臣英至瀛台便殿。上复诵"九四,噬乾胏"六节。未时,上召臣英、士奇至瀛台便殿。上亲讲《通鉴》"承相亚夫免"一章、"诏治狱者务先宽"一章。

七日,辰时,上召臣英至瀛台便殿。上复诵《噬磕卦》全篇,亲讲"贲,亨,小利有攸往"六节。未时,上召臣英、臣士奇至瀛台便殿。上亲讲《通鉴》"诏戒二千石修职事"一章。

八日,辰时,上召臣英至瀛台便殿。上复诵"贲,亨,小利有攸往"六节,亲讲"初九,贲其趾"六节。未时,上召臣英、臣士奇至瀛台便殿。上亲讲《通鉴》"举贤良方正、直言极谏之士"一章。

九日,辰时,上召臣英至南便殿。上复诵"初九,贲其趾"六节,亲讲"六四,贲如皤如"六节。未时,上召臣英、臣士奇至南便殿。上亲讲《通鉴》"上复策之"一章。

十日,辰时,上召臣英至南便殿。上复诵"六四,贲如皤如"六节。未时,上召臣英、臣士奇至南便殿。上亲讲《通鉴》"上三策之"一章。

二十七日,辰时,上召臣英至懋勤殿。上复诵《贲卦》全篇。未时,上召臣英、臣士奇至懋勤殿。上亲讲《通鉴》"仲舒少治春秋"一章、"丞相绾免"一章。

二十八日,辰时,上召臣英至懋勤殿。上复诵"噬嗑,亨"十节。未时,上召臣英、臣士奇至懋勤殿。上亲讲《通鉴》"赵绾、王臧下吏自杀"一章、"闽越击东瓯"一章。

二十九日,辰时,上召臣英至懋勤殿。上复诵"九四,噬乾胏"十二节。

九月一日,辰时,上召臣英至懋勤殿。上复诵"初九,贲其趾"十二节。

二日，辰时，上召臣英至懋勤殿。上复诵《噬嗑卦》《贲卦》二篇，亲讲"剥，不利有攸往"四节。

三日，辰时，上召臣英至懋勤殿。上复诵"剥，不利有攸往"四节，亲讲"初六，剥床以足"六节。未时，上召臣英、臣士奇至懋勤殿。上亲讲《通鉴》"帝始为微行"一章。

四日，辰时，上召臣英至懋勤殿。上复诵"初六，剥床以足"六节，亲讲"六四，剥床以肤"六节。

五日，辰时，上召臣英至懋勤殿。上复诵"六四，剥床以肤"六节。

六日，辰时，上召臣英至懋勤殿。上复诵《剥卦》全篇，亲讲"复，亨，出入无疾"六节，亲讲"初九，不远复"六节。

八日，辰时，上召臣英至懋勤殿。上复诵"初九，不远复"六节，亲讲"六四，中行独复"六节。

十日，辰时，上召臣英至懋勤殿。上复诵《复卦》全篇。

十一日，辰时，上召臣英至懋勤殿。上复诵"剥，不利有攸往"十节。

十二日，辰时，上召臣英至懋勤殿。上复诵"六四，剥床以肤"十三节。

十三日，辰时，上召臣英至懋勤殿。上复诵"初九，不远复"十二节。

十四日，辰时，上召臣英至懋勤殿。上复诵《剥卦》《复卦》二篇，亲讲"无妄，元亨利贞"三节。未时，上召臣英、臣士奇至懋勤殿。上亲讲《通鉴》"以田蚡为丞相"一章、"闽越击南越"一章。

十五日，辰时，上召臣英至懋勤殿。上复诵"无妄，元亨利贞"三节，亲讲"初九，无妄往吉"六节。

十六日，辰时，上召臣英至懋勤殿。上复诵"初九，无妄往吉"六节，亲讲"九四，可贞，无咎"六节。

十七日，辰时，上召臣英至懋勤殿。上复诵"九四，可贞，无咎"六节。未时，上召臣英、臣士奇至懋勤殿。上亲讲《通鉴》"以汲黯为主爵都尉"一章，"遣将军李广、程不识将兵屯北边"一章。

十八日，辰时，上召臣英至懋勤殿。上复诵《无妄》全篇，亲讲"大畜，利贞"六节。

十九日，辰时，上召臣英至懋勤殿。上复诵"大畜，利贞"六节，亲讲"初九，有厉利已"六节。

二十日，辰时，上召臣英至懋勤殿。上复诵"初九，有厉，利已"六节，亲讲"六四，童牛之牿"六节。

二十一日，辰时，上召臣英至懋勤殿。上复诵"六四，童牛之牿"六节。

二十二日，辰时，上召臣英至懋勤殿。上复诵《大畜卦》全篇。
二十三日，辰时，上召臣英至懋勤殿。上复诵"无妄，元亨利贞"九节。
二十四日，辰时，上召臣英至懋勤殿。上复诵"九四，可贞无咎"十二节。
二十六日，辰时，上召臣英至懋勤殿。上复诵"初九，有厉，利已"十二节。
二十八日，辰时，上召臣英至懋勤殿。上复诵《无妄》《大畜》二篇，亲讲"颐，贞吉"四节。
二十九日，辰时，上召臣英至懋勤殿。上复诵"颐，贞吉"四节，亲讲"初九，舍尔灵龟"六节。
三十日，辰时，上召臣英至懋勤殿。上复诵"初九，舍尔灵龟"六节，亲讲"六四，颠颐"六节。
十月一日，辰时，上召臣英至懋勤殿。上复诵"六四，颠颐"六节。
二日，辰时，上召臣英至懋勤殿。上复诵《颐卦》全篇。
十二日，辰时，上召臣英至懋勤殿。上亲讲"大过，栋桡"六节。
十三日，辰时，上召臣英至懋勤殿。上复诵"大过，栋桡"六节，亲讲"初六，藉用白茅"六节。
十四日，辰时，上召臣英至懋勤殿。上复诵"初六，藉用白茅"六节，亲讲"九四，栋隆，吉"六节。
十五日，辰时，上召臣英至懋勤殿。上复诵"九四，栋隆，吉"六节。
十六日，辰时，上召臣英至懋勤殿。上复诵《大过》全篇。
十九日，辰时，上召臣英至懋勤殿。上复诵"颐，贞吉"十节。
二十日，辰时，上召臣英至懋勤殿。上复诵"六四，颠颐，吉"十二节。
二十一日，辰时，上召臣英至懋勤殿。上复诵"初六，藉用白茅"十二节。
二十二日，辰时，上召臣英至懋勤殿。上复诵《颐》《大过》二篇，亲讲"习坎，有孚"六节。
二十三日，辰时，上召臣英至懋勤殿。上复诵"习坎，有孚"六节，亲讲"初六，习坎"六节。
二十六日，辰时，上召臣英至懋勤殿。上复诵"初六，习坎"六节，亲讲"六四，樽酒，簋"六节。
二十七日，辰时，上召臣英至懋勤殿。上复诵"六四，樽酒，簋"六节。
二十八日，辰时，上召臣英至懋勤殿。上复诵《坎卦》全篇，亲讲"离，利贞，亨"四节。
二十九日，辰时，上召臣英至懋勤殿。上复诵"离，利贞，亨"四节，亲讲"初九，履错然"六节。

三十日,辰时,上召臣英至懋勤殿。上复诵"初九,履错然"六节,亲讲"九四,突如其来如"六节。

十一月一日,辰时,上召臣英至懋勤殿。上复诵"九四,突如其来如"六节。

二日,辰时,上召臣英至懋勤殿。上复诵《离卦》全篇。

三日,辰时,上召臣英至懋勤殿。上复诵"习坎,有孚"十二节。

四日,辰时,上召臣英至懋勤殿。上复诵"六四,樽酒,簋"十节。

五日,辰时,上召臣英至懋勤殿。上复诵"初九,履错然"十二节。因圣躬违和,暂停讲诵。

附录四　诗文评

1. 张英自己的诗歌观点

《文端集原序》：余自束发学为诗，今自顺治己亥年以迄于康熙壬申约略凡三十四年，存其诗若干首为二十五卷。自幼至老，多好言山林农圃耕凿之事，即与人赠答往来游历之所至，亦不能离乎此。迨年五十以后，山林之思益迫，引退之思愈急，每不惮其言之重复而恒苦出于不自觉，殆欧阳子所谓年益加老、病益加衰而其心渐迫、其言愈多者欤？余自弱冠即抱此志，每见才俊之士，著作非不多，当其言廊庙则志耽轩冕，言山林则志耽邱壑，一卷之中，忽而慕夔龙，忽而慕巢许。乍浓乍淡，倏近而倏远，情随境迁，心与物移，令人读之而茫然不知其志之所在。夫诗以言志，虽中更出处进退，而无中变其志之事，洵如此，则其诗可知矣，则其人可知矣。余诗谫鄙，固多重复，而自少至老止言其志之所在，而无暇计论工拙，聊可以免于读其诗不知其志之所在云尔，敢云望古人堂奥哉。既又辑癸酉以后诗以年月为次序，为《笃素堂诗》若干卷。康熙甲申年三月望日双溪英自序。（《文端集》，《影印文渊阁四库全书》，集部第一三一九册，二七六）

2. 张廷玉评

张廷玉在《先考行述》中言：自《六经》《左》《国》以及《庄》《骚》、子、史、两汉、唐宋之文，靡不搜讨淹贯。为文根极理要，纯粹精深。与里中名俊建瑟玉堂文会，复与齐公邦直、许公来会、潘公江暨三先伯为五子诗艺，至今脍炙人口。习《葩经》者奉为津梁焉。（江小角、杨怀志点校，《张英全书》下册，四七六，安徽大学出版社二〇一三年版）

3. 沈德潜对张英诗歌的评价

张英，字敦复，江南桐城人。康熙丁未进士，官至大学士，谥文端。著有《存诚堂诗集》。本朝应制诗共推文端，入词馆者，奉为枕中秘，而风格性灵不系此也。特取高旷数篇，以著公之风概。（沈德潜，《清诗别裁集》）

4.《四库全书总目提要》评《文端集》

国朝张英撰《易经衷论》已著，此乃其诗文全集，凡《存诚堂应制诗》四卷、《存诚堂诗集》二十五卷、《笃素堂诗集》七卷、《笃素堂文集》十卷。英遭际昌辰，仰蒙圣祖仁皇帝擢侍讲幄，入直禁廷，攒笔雍容，极儒臣之荣遇，矢音赓唱篇什最多。其间鼓吹升平，黼黻廊庙，无不典雅和平。至于言情赋景之作，又多清微淡远，抒写性灵。台阁、山林二体，英乃兼而有之。其散体诸文，称心而出，不事粉饰，虽未能直追古人，而原本经术，词旨温厚，亦无忝于作者焉。（《文端集提要》，《四库全书》集部第一三一九册，二七五）

5.《花间谈录》

　　桐城张文端公,以山水为性情,自称圃翁,尝以水衡钱构园居之,名"赐金园"。所著《爱吾庐诗》及《山居杂诗》。"放屐从泥滑,欹冠爱树低""鸟语残朝睡,鸡声杂午春""篱根喧野省,花影聚文鱼""林光经雨变,山色过溪深""梧桐半窗叶,菡萏一池花""秋潭明镜澈,霜树锦屏张"皆五言妙句。又"桐叶阴中藏白板,梅花疏处见青山""松竹许酬三径愿,溪山不负十年心""牵树乌萝千种绿,倚松乌桕一枝红""爱对岭云吟竟日,为临溪水坐移时"皆七言妙句。

附录五 佚 文

一世贵四公二世永贵公传略

吾族之始迁也，源自豫章鄱阳，相传其地名瓦屑壩，其迁也，在洪永年间，贵四公同弟贵五公自豫章迁于芜湖，自芜湖迁于桐之东北乡。地名土桐山，去城三十余里，因爱其风土朴茂，遂居焉。贵四公犹往来芜桐之间，至今莫得其坟墓所在。公之子永贵公始渐殷繁，子五人，葬站嘴头，配李太君葬庐之兔儿园，相传其冢，岁加高大，或亦吉阡与？
赞曰：天之大其人之家也，必有所以致之，其积之也，非一人矣。贵四公、永贵公之行事，迄今已莫可考。然公之始迁也，干戈甫定，鸿雁在郊，或不无流离琐尾之困，乃再传而东川公遂以殷阜著于闾里，又一传而琴川公遂膺纶命，后先相望未百年，同堂兄弟且数十人，孙近百人，比屋而居，阡陌鳞次，土人遂以所居地名张家塝焉。奕世簪缨，后先接武，使非隐德隆盛，乌能俾昌炽若是之速且远哉？

三世铎公传

讳铎公，逸其字，永贵公之五子。生而颖异，既长，笃于孝友，乡间称长者，儿时戏陇上，见堪舆，与其徒相顾曰："吾步山水数十里，始得此，诚吉穴也。葬此，当贵盛累世"。因为徒指其处，公阴识之，归以语诸兄。时永贵公在殡，遂葬焉。越数年，公复见前堪舆与其徒至，骇愕曰："此地遂为人所识耶？"徘徊久之，曰："惜稍下耳。"后公易箦时，语诸子曰："我死当附于父之墓后，即今站嘴头是也。山势蟠结，穴法隐隆，非恒近人所能识。公甫在髫稚之后，偶然相值，遂获佳城，岂非天授耶？葬之日，梦墓上树，旌旗袍笏而拜者数十人，然则吉地固自有兆矣。享其泽者尚无忘所自焉。

四世东叟公、东川公传

东叟公讳凤，讳铎公之四子。豪气俊迈，雅好济人困。为府掾吏，多隐德。每岁暮必捐货数百金，自数两至数钱，为小函若干。辇而致诸府城，尝曰："岁暮而争者，小则反唇，大则抵狱，皆为阿堵物耳。吾视其所争多寡与之，解纷止讼，莫善于此"。尤念伏腊时，惟狱中人最苦，岁出数千缗，嘱谨厚狱吏为之经营衣荐灯火酒食之费。晚年家居，夜则有二童子扶掖直宿床下，呼辄应，如是者屡岁，始以为诸孙也，一日询之，举家骇然，殆亦阴德所致与。年九十有三，司徒古泉盛公为诗赠之。

东川公讳鹏，字腾霄，讳铎公之五子。公时际承平，家道殷裕。性豪侠自喜，乡里有缓急，辄济之。乡人罔不德公。公泊如也。将卒，谓子琴川公曰："吾地固非沃土，先人田庐坟墓之所在也。恐为势家所夺，其葬我于东园，庶其无觊觎乎？"今之祖居左侧，东川公之墓在焉。噫！保世滋大，实自公始，而职思其外且如是，后有贤子孙，独不长虑却顾，师公之瞿瞿也哉！

五世琴川公传

高祖赠奉政大夫琴川公，讳木，字惟乔，一号前琴，东川公之子。席丰履厚，少厉志经史，未尝干仕进。醇谨姻睦，事东川公、胡太君以孝闻。治家肃然以法，与人煦然以和，宗族姻党无间言，惜年不逮志，以三十有七卒。遗怀琴公、思琴公资最厚，以故怀琴公得不问家人事，殚力于学，成隆庆戊辰进士。万历三年乙亥，怀琴公政成，朝廷赠公为承德郎、礼部祠祭司主事。母余太君为安人，万历十年壬午，加赠奉政大夫、礼部精膳司郎中。母为宜人，合葬仓基墩。

赞曰：吾家自东川公始大，诞膺封爵，实自高王父始。大参公筮仕以来，每以公早世不逮养，春雨秋露，未尝不涕零也。然公捐馆时，大参公甫十有七龄耳，席先人业，惴惴焉。为豪右所伺，未十年而丕振家声，纶綍之光，荣于既没，大参公仁声直节著海内，仰风烈者，并诵赠大夫之德不衰。噫！天之报施善人不于其身，于其子孙，信夫！

六世大参公张淳传

曾王父大参公讳淳，字希古，号怀琴。高祖琴川公长子，幼而敏慧殊绝，读书一经目，辄终身不忘，常之书肆中，翻阅移晷，遇佳文即能覆诵。鸡林贾客至，相谓曰："文勿令张秀才见，见即不复购矣。"二十有二，试邑诸生。越三年，丁余宜人艰，服阕时，录科必经郡试。二千石黄公，葵阳先生父也，见曾王父文，奇之曰："此卷云蒸霞蔚，行且飞骞矣，何目中素未见此？"询之，知从起服来也。时楚侗耿公为学使者，录以冠六皖。是年丁卯，领南京乡荐。明年戊辰，捷南宫，筮仕浙江永康令。永康素称犷悍难治。今初莅，吏辄抱陈案充栋以疲之。数阅月，莫能尽。曾王父目数行下，举其领要，旬日而毕。俗尤健讼，遇受状，日无虑千人，曾王父裁决如流，署其名于堂壁，事之曲直悉注之。有渎告者，即举前事以征，永俗顿易。任二年，决疑狱数十事，劝农兴学，抚之以仁，裁之以义，吏摘城社之奸盗，绝萑苻之聚，仰之如神明，爱之如父母。朝廷廉其治状，以行取第一，赴内召，永民扳辕流涕，肖像创祠而俎豆之，岁时不绝。先是，将去，永有老人年逾七十求见，曰："草野之人无知，窃有所请。"问之，曰："吾母年百几十矣，兄年且九十矣。吾为其幼子，母素闻神君名，欲得一见，而目盲废疾，不获至公堂，肯为屈车驾数武乎？"许之。轻骑至蔀屋，迎者皆苍颜白发，俄而掖老妪出，再拜曰："好官，好官，永康百年来，无如公者。"因探怀袖，出丝一缕，献曰："此老婢自缫者，藏之久矣。愿公缝裳以为公寿。"风化之醇至于如此。入觐，携一役一仆，乘驴车旅食萧寺，不事干谒。考选例授铨部，竟以忤时宰意，授礼部主事。逾年迁本部郎中。时辅臣张江陵母疾，廷臣咸设醮以禳。孙月峰先生时在吏部，劲直有声，曾王父谓之曰："为相母醮脱，国母违和，当若何？故吏礼二部不醮。江陵母卒，欲得名士属词以奠。或以为无逾张郎中者，江陵密使人谓之，且曰："即是晋京堂矣。"曾王父谢以疾，江陵曰："未见有病疏也。"次日，即以疾请假，居家七年，起建宁太守。治郡惟崇敦大，不事苛屑，尝语人曰："治郡与治邑不同，犹祖之与父母也，以八属事还之八属，足矣。"又曰："建宁为诸先贤梓里，吾叨莅兹土，务先教化而后刑名。"为郡五载，政简民安，治醇俗厚，所拔士如邹希贤、杨伯鹏、魏濬、陈圭辈，皆后先掇巍科，事载《建宁志传》。建人至今祠之，升湖广荆岳兵备副使。时楚大祲多盗，曾王父曰："盗繁率由民饥，不赈之，盗未易止也。"因捐俸为富室倡，籴谷数千石以赈，全活万亿，随申明约束，盗多解散。又出公费千金为百姓偿积逋，楚人赖以安堵。寻以病乞休二年，荐起杭严道。未期，升陕西临巩道参政，辞疾甚力。时年五十，抚按荐疏凡十四次，不起。居乡，以讲学化俗为己任。端方镇静，廉隅截然，尤谙习典故，洞达机宜，邑之士大夫奉为典型者数十年。民家有妖，惑其妇，妇问以所畏，曰："独畏张参政，其人正直不可犯也。"明日，其夫书状以请，曾王父笑曰："吾安能治此？"于纸尾书数语，其人奉以归，妖遂绝。年七十有三卒，时壬子正月也。先是六月间，语家人曰："吾将行矣，当在半年后"。卒之前数日，乡人见坠星如斗。越四年，乙卯，邑之士大夫奉而祠诸謇宗，学使者表其行曰："古行古心，有容有执。历仕清贞不染，居乡孝友可仪。"赞曰：君子之仕有二，何以观其泽民？以其政也；何以观其政？以民之去而思祠而祝也；何以观其立朝？以其节也；何以观其节，以抗志不阿不希援而倖进也。立身行己之大，尽此矣。有两无憾如吾曾王父者哉！其治永也，甫两祀耳，何所施而使民尸祝之，历数十年而更新至于今不替？其治建也又然。何建与永之民多遗思也？抑感之者深也。其由永康而内召也，以忤时宰，仅获仪部。其为仪部郎也。又以忤时宰而称疾乞休，至十年为郎而出为太守，仕进亦多迍矣，而大节愈自凛然。五十而勇退，垂范于乡，为政于家，俾礼教之风，沦洽至今。嗟乎！其积厚者，其报长，吾曾王父功德在生民，勋业在国史，俎豆在里社，教泽在子孙，百余年间，振振绳绳，得以不陨家声，皆食曾王父赐也。释褐而起田间，玉简金章，荣及父母，蝉联鹊起，启我后昆，岂偶也哉？

（《张氏宗谱》卷二九，八）

思琴公传

思琴公讳渐，高祖琴川公幼子。生五岁，琴川公即世，从曾王父怀琴公学，师事之惟谨。曾王父既筮仕，公家居以礼义自亲，遇人接物，谦和周慎，即采儒稚子弗慢也。性澹泊寡营，一椽一亩，皆守琴川公之遗。曾王父历宦二十余年，公家计亦未尝益厚，以故里闬称善人。邑宰黎公讳道炤举为乡饮大宾，旌之曰："善著乡邦"。晚年援例补太医院判官。

会岁大祲，尽出仓粟为粥与饥者，凡数阅月，所全活甚众。公将殁前三日云："有人持请启至。"命童子取历，择正月朔日辰时命驾，若之官者然。家人犹未之信也。届期复云："仆命至矣。"命给酒食，遂沐浴更衣，端坐而逝。生为正人，殁为明神，于公益信焉。

耕野公汲传

耕野公，讳汲，前溪公长子。循循谨饬而有治事才，誉重乡曲间。人有曲直，莫能相下，则诣公求平。谕以理，教以让，竞者自息。时吾族渐大，欲得端悫练达之士，夙负重望者以长一族，咸以为无逾公者。持家政数十年，肃然有章，邑令陈公讳赞化，举为乡饮大宾，表其门曰："盛世迈轴"，盖绰然隐君子焉。

七世张士维传

王父，讳士维，字立甫，号恂所，曾王父大参公长子。幼而端伟宏硕，朗慧天成。十有二龄，曾王父释褐，王父愈自翼翼。十四补邑庠，试辄为有司所激赏。时曾王父宦游四方，王父总持家政。里中贵公子或华靡相耀，王父谢之若浼。终岁一布袍，键户诵读，萧然如寒素，偕弟通甫公以文名里。曾王父遗之书有云："闻汝兄弟居家敦朴，且勤读书，足慰。可以养德，亦可以惜福。语云：'盛极衰来，福过灾生'，造物之定理，古人之明训，近世儒者若司马君实、邵康节两先生，惓惓言此，思深而虑远矣。"噫，非曾王父不能为斯言，非王父不能当斯言也。曾王母尹宜人从宦京华，卒于徐州，王父千里扶榇，劳（贯力）哀毁，每以不逮养为恸。曰："吾母少食贫，椎髻荆布，躬亲奋汲，追大人稍致通显而北堂告殒矣。"旅次含殓，皆从俭啬，愿终身不御纨绮，以志吾憾。遇佳辰晦朔，必号于曾王母之灵。数十年无间，时学使者求敦行之士，佥论咸推王父，以行优特受上赏。曾王父即既乞休，王父年且强仕矣。承欢定省，无异孺子时。黻卿公、锦卿公方就塾，王父友爱笃至，择贤师友提命之。曾王父析产为三，田宅取其窊者，曰："吾已成立，若固幼弱也。"五十有四，长伯钟阳公成进士，乡人咸以为世德之报。万历四十六年，戊午元年辛酉，钟阳公守抚州，封王父中宪大夫抚州府知府，再举乡饮大宾。性简淡渊静，无他嗜好，惟多积隐德，不欲令人知。周恤姻党，赈给贫乏，佐人婚丧，虽屡请无倦容。尤恂恂善下人。十三为贵介，五十膺纶封，骄贵之色未尝几微见于颜面，食不兼味，衣不文绣，以俭故常裕，因无妄营，训子孙以孝谨醇笃，屏谢宾客，闭门扫轨，尝曰："吾六十年来未尝走尺牍以干有司。"乡射礼行之日，观者如堵墙，咸欲一识其面以为荣。时雅望比之"祥麟威凤"、"景星庆云"焉。卒年六十有七。崇祯三年庚午，钟阳公平粤寇有功，赠王父正议大夫广东按察司使。辛未，邑之士大夫请祝诸乡贤。曰："微公，则祀典不光。"学使者蔡公讳国用，赞曰："孝友天植，文行世传。作述重光，后先济美。"先是，乙卯，曾王父崇祀于前，相距十六年，踵武泽宫之地，偕登俎豆之旁，猗与休哉。

赞曰：士之能以清白吏世其家也，岂偶哉！曾王父之仕也，历登华膴而饮泉酌水，不问家人生产，以吾王父为之子也。方伯公之仕也，又克以清慎廉洁，重光祖武，以吾王父为之父也。吾王父惟宝俭德，遂以成大参方伯之廉，俾得为名公卿，所裨顾不重哉。早岁，虽困举场，服官之后，再膺宠命，方伯公得之无异王父之自得之也。窃闻诸长老曰："而王父敦庞浑厚，嶷然如山如岳，挹其风度，可以挽浇振颓。"噫！际隆遇，备景福，生为乡先生，没而可祭于社。微王父，其孰与归？

通甫公讳士缙传

通甫公，讳士缙，曾王父大参公次子。少警敏，长益嗜学，为邑诸生。文淹通伟丽，洒洒千言不倦，大参公以为能子，尝目之曰："吾家渥洼驹也。"竟以二十有六终，配盛太君，勋卿菊泉公女，娶未久，无出。大参公恸之，以伯父钦之公为之嗣。遗训曰："士缙贤且才，邑君子咸惜焉。缙所不足者，数耳。文行已负大人望，安忍其祀弗传，以次孙秉成继，分产半诸子，发乎情止乎义，以斟酌其间，庶心安而理得也。"公尤邃于数学，叩以休咎，纤细必验，有人以年卜，为之布算，曰："尔寿尽今年五月，其人怏怏曰："公胡不自卜？"公复布算，大惊曰："吾年亦行尽矣，但后一月耳。"其人以五月终，公以六月终。孰谓今时无管郭哉？

泰岩公讳士绣传

泰岩公，讳士绣，字黻卿，曾王父大参公第三子。温恭天植，孝友性成，曾王父在告，公甫就塾，谨率趋庭之训，肆力于学。弱冠补博士弟子员，旁搜博采，有声诸生间。寻入太学，性恬澹寡营，不迩纷华，不近名誉，惟兢兢择贤师友以训子，所与游者，皆极一时之俊，席丰履厚，周人急、济人困，皇皇如不及。年三十有九，丁卯，司马公举于乡。越四年，辛未成进士，授户部主事，即报绩朝廷，封公如其官。寻以备兵蕲黄有平寇功，封公官亦如之。时江北苦流寇，桐蕞尔孤城，寇率乌合之众围且数匝矣，里中缙绅先生聚而画保障之策，以公镇静，负民望。南城锁钥，一以听公。每际危迫，公从容指示，悉皆万全。守陴者众，日给酒食以慰劳之。且夕巡视，以故人无懈志，城以获安，桐人至今德之。为人丰颐广额，雅度冲襟，绍前麻，昌后裔。盖遭遇之极盛者也。五十有二卒。后司马公历登枢辅，屡有纶命，生膺显秩，没晋崇阶。至今称积累之盛，享报之隆，莫与京焉。

锦卿公讳士綗传

锦卿公，讳士綗，曾王父大参公第四子。少有俊才，大参公笃爱之。二十补博士弟子，大参公捐馆，公尚幼，事母程太君笃孝，处诸兄间称友爱，绝不知有异母之嫌。博综群书，为文才思飚发，年二十有九就试华阳，梦大参公谓之曰："尔数尽矣，可若何？当速归耳。"公未之信。翼日，复梦见之，言益力。公归，甫一月而卒。士林咸异惜之。子蔚庵公，甲午举于乡。

曲成公讳士绳传

曲成公讳士绳，字直甫，思琴公长子。邑诸生，嗜读书，兼有勇力，善矛戟。时四方多事，朝廷需异才急，公每欲以身许国，尝慨然曰："丈夫际此时为国家捍患难，为封疆御侮之臣，安能郁郁老诸生乎？"丁丑，公居鲁𪩘山，流寇卒至，率家人力拒之，曰："岂吾辈而效鼠窜乎？吾老矣，当前驱。"遂持矛挺身而前，杀数人，贼势披靡。次日，率众至，精锐伏山下，数人挑之。公大呼曰："死贼，吾平居切齿，恨不碎汝万段。今遇吾，吾提矛在此以待，尔速来战。"贼遗以一矢，故不中。公怒起逐贼，乘忿疾走，遂追逾十丈许，犹杀数人，贼伏起，以挺中公死焉。子秉鑑、秉铉、秉鎗、秉鈛痛父死，率众奔救，力不能支，皆死焉。长子秉镜，字郎之，时避寇大凹山，贼至，方宽衣广袖，遂徒手搏贼，夺其刀，杀数人，贼众至，亦死焉。呜呼！明季荒疫频仍，关陇无赖之众，揭竿而起，转徙吴楚荆豫间，秉节钺者养寇要上，遂成巨麂，孰知草泽诸生有挺身任义，出死力以杀贼如公父子者乎？可以风矣。事载邑乘贞义列传中。

龙舒公讳士纪传

龙舒公讳士纪，字正甫，思琴公次子。循谨朴茂，为邑诸生，再困棘闱。思琴公性简淡，不治家人事，故遗赀不厚。公敦尚节俭，持筹握算，产业冠诸子。时黉宫射圃地为豪右所侵，公倡义诸生，力争之得复。故一时觇丰采焉。晚年隐松山，足迹不至城市。所居披山带湖，烟艇出没，渔歌往来。公放浪其间，左持曲蘖，右握图史，秋初登则饮醇，终日以乐天年，殆有得于养生之学者欤？

梅城公讳士绅传

梅城公讳士绅，思琴公第四子。负性刚直而能容下，以此富贵人常惮之，贫贱者乐为之用。读书了大义，落笔成文，一语不寄人篱下。数奇，不能博弟子员，后援例当得县尉，值东阿尉缺，遂除授。公莅东阿三载，绝不以职微少自贬损，刚直如故也。时齐鲁妖贼白莲教聚众扰民，潜踞龟蒙凫绎间，为地巨患，公慨然以歼剿为己任，率民兵四路捕之。渠魁就擒，协从者望风解散，抚军嘉其能，首荐之。邑人为勒石纪功，至今东阿父老，思念不谖云。

澹岩公讳士绾传

澹岩公讳士绾，字素卿，思琴公第五子。生时伯叔兄已析居，仅受思琴公赡老田数亩。是以清河子弟，公独食贫。赋性磊落，慷慨有大志，生平行事，每不为寻常尺幅所拘，随其缓急难易，莫不委曲成就，以故里之人有贫不能嫁娶，冤不能诉理者多赖之。公少读书，过目辄记忆，淹贯百家，下笔常数千言，后仅援例补闽海参军，少得以措其经术，多惠政焉。任二年，归里，值流氛犯境，公挈家居龙山之隈，复徙枞江之罗塘洲，放怀诗酒，与老农圃量晴较雨，不复向尘嚣中争名利。辛巳、壬午间，饥疫频仍，公全家获无恙，虽公之才致之，实公之德酿之也。公殁之先，著《自序》一篇，侍御三山左公为文状其行事，胪列详尽，公其不朽矣。

伯父方伯公张秉文传

伯父方伯公张秉文，字含之，号钟阳。生而魁梧朗秀，发未燥时，曾王父即许为远器。既长，授之书，经目辄不忘，解悟超绝。十三补邑诸生，涉猎艺林，时号腹笥。为文端雅醇茂，后复揣摩为简练之篇，日构数艺，未移晷而脱稿。曾王父见之辄曰："福泽之气迎人矣，是必售。"果以己酉领乡荐，明年成进士，授归安令，以繁剧辞。改徽州教授，倡明正学，奖励多方，所简士皆一时名俊。二年，擢国学助教，寻升户部山东清吏司主事，督榷临清关。时河水久涸，伯斟酌调剂，下不病商，上无缩额，廉能之誉溢于口碑。历任本部员外郎中，出守抚州。为政务崇敦大，廉明镇静，称卧治焉。所得士如艾千子、陈大士、吴仲升、罗文止、王清原诸先生，后皆文章冠一时。治抚三年，抚人怀之，为创祠，肖像勒石纪功，至今不替。丁王父艰，服阕，起湖广荆襄道。逾年，升福建建宁兵巡道。时汀寇流突，海氛告警，漳澄之间无宁宇，惟伯所部安枕，盖防御绥理之略实优焉。且为转饷募士以佐军实，邻郡赖之，当时比诸冠河内云。升广东按察使司巡海道。粤滨海苦寇，海酋李之奇，自闽犯粤，攻城掠邑，虔刘吏民势甚张。时抚军退保羊城，命将出守，以伯为监军，新募之众，不习波涛，驻节虎头门，檄各路修战艦，训练水师，激励士卒。战之日，躬甲胄以倡，亲犯矢石。时海雾四塞，飓风大起，疑有神助，我师贾勇百倍，生获李之奇，平海寇数万，经营措置，全粤获安。功成饮至，粤之士大夫，咸属文以贺。谓壮猷如方叔，饬宪贞度如尹吉甫，甲兵如韩范，敦诗说礼如郤縠，铃阁优亲如叔羊子。身兼数器而屡建巨勋，有以哉。是年，升福建右藩，以病乞休。越四年，起江西右藩。

赞曰：卿大夫际承平之日，庙堂耻言武备，闻兵事则退缩色变。或且为三窟之谋，此国所以弱也。吾伯起家名进士，宦游所历，具有武功。方其巡视粤海，提新练之卒，剪方炽之寇，成功于烟波瘴海、重屿复岛之间。一鼓而歼渠魁，以报绩于天子，比诸横海楼船之烈为尤茂焉。继宦山左，事许国之义，允无憾矣。树勋抗节，焜耀人寰，虽与日星争光、河岳等寿可也。

张秉成传

伯父钦之公讳秉成，王父次子，继于通甫公。早擅英敏之誉，为方伯公难弟，文纵横辨，洋洋洒洒，力摹古大家，不屑拘方幅，屡试辄困于有司，伯为大参公介孙，时外家曾城叶公已为少宗伯，公耻言缘藉。二十有九始补邑诸生，后试辄高等。博极群书，自六经暨百家诸子史，手自雠校者万余卷。尤酷嗜濂洛之学，纂辑《性理四书大全》，数易稿，尝语人曰："此圣贤相传精义，其他皆糟粕耳。"读书日有定程，诵若干篇，录若干篇。鸡初鸣即起，盥栉毕，出就外舍，咿唔达丙夜，数十年如一日。故晚岁为文，根极理要，从绚烂而造平淡。时方伯公既致通显，伯落落自异，耻人以介弟称。严气正性，遇人有过，则面折之，不以私干人，人亦不敢干以私。日以亢宗绳武为己任。时五十有五，食饩二十余年。是年，应列明经而卒。生平欲为天下倡明绝学，而造物者若忌之，既啬其遇，又夺其年，亦斯道之不幸耶？晚工诗，所著古今体浑沦磅礴，其绝笔则《吊方正学先生》诗也。词义慷慨，足见一斑。将卒，为遗训数千言，皆切近身心，戒子弟勿信浮屠学，亦可觇积学之力矣。尤严于督子，时子牧、子猷已补邑博士，课之犹如课童子。拈题角艺，佳则色喜，否则诃责从之。若子猷之早世而不克观其成，天也。如伯之教，岂复有遗憾耶？

张秉宪传

叔清庵公讳秉宪，字淑之，号清庵公，生于世族，少席丰膴，幼有长厚谦冲之德，和蔼敦硕，孝友静穆，出于性成。早年为文，即有时誉。补博士学子，屡试棘闱，以明经试县令，时际鼎革，不乐仕进。故园流寇纷扰，移家金陵。及乱稍定，公挈家居潜之深山，避世隐遁，足迹不入城邑，与山农野老酬酢数十年，泉石烟霞，盖其素性然也。性最俭素，生平无贵介纨绮之习，而言方行轨，虽居山中，而瞻视岸异，不与俗人为伍，人咸敬惮之。少通释典，于空门无生之学，大有领悟。布衣蔬食，履之如常。素不与有司通姓字，养高习静，教其子孙以读书力行，醇重谨饬。年八十余，须髯皆如漆，步履视听不衰，寿至九十余，须始间白，杖履翩然，人瞻望之，如天竺古先生。九十之辰，郡太守刘公特遣使为文以致贺，羡为人瑞。邑之人皆登堂相祝，公犹矍铄趋拜如常。予适归里，称觞献寿。逾年，无病而卒。(《张氏宗谱》卷二九)

大司马公张秉贞传

大司马公张秉贞，字元之，号坤安，黻卿公长子，生而伟秀英异，瞻视非常。曾王父大参公笃爱焉，命之小字曰文。是时，钟阳公二十有三矣，尚未领乡荐。曾王父每曰："振吾家者长孙，继长孙而起者此子也。"即以长孙名名之，以为他日券。既长，就学，敏悟超轶，为文朗秀灵快，标新领异，不屑支言。三十补邑庠，与大谏光汝盛讳时亨同首拔于学使者。丁卯，登贤书，初拟发解，遂以蓺经冠本房。辛未，登陈于泰榜进士，廷对二甲，除户部主事。督仓临清，所规画悉中利弊，斟酌盈缩，因条上便宜数十事，部议悉举行之。稍迁本部饷司，与史公道邻讳可法殚心筹画，以佐军储，同以清慎闻焉。寻授蕲黄河防道，时流寇扰中原，叔素抱经济大略，志在澄清，适寇踞楚中，叔不辞艰险，躬擐甲胄，昼夜视师筑城浚濠，贼不敢近蕲黄者数年，楚人赖以安堵。举卓异，内召父老，拥车环泣，伐石纪功，以志不朽。陛见疏陈户曹七事，先是任度支日久，朝廷需财赋急，因留习会计，洞悉漏也。所言皆达大体，不事苛细，上皆嘉纳焉。赐宴有加礼，擢广顺道，朝廷廉其御楚寇有功，故以京畿重地藉为保障。叔从容定策，刻日而伍马贼平。时所掠妇女甚众，贼既溃，流离奔窜，因聚而廪诸公所，悉访其家还之，全活以千计。辛巳四月，黻卿公、太恭人同时卒，丁外艰，苫次骨立。桐城为流寇张献忠攻围甚急，山城孤注，时推叔为知兵，群奉指画，议兵筹饷，建敌楼，修火器，讲求防御之法。时人情汹汹，贼往来如织，或且哗曰："南城已下"。一日数惊，守者几无固志。叔一处以镇静，桐人恃为长城，焦心劳心者数阅月，贼退，而危疆获安。既而兵疫频仍，岁大祲，饥民嗷嗷待哺。叔与侍御潜夫公孔昭倡义举，发廪，人给一升。嗣是，流民日众，因广设粥糜赈之。服阕，起南瑞兵备副使。逾年，晋两浙巡抚，所至具有勋伐。顺治二年，起补仪部，寻进银台，历冏卿。时上重枢密之寄，传谕在廷大臣，佥议可任尚书侍郎者。大学士范公讳文程、陈公讳名夏荐拜兵部左侍郎，阅月，除刑部尚书。叔夙谙典故，善推情隐，而宅心仁恕，故治狱号称平允。时上以刑曹关民命，视诸曹尤重，屡降温纶。叔仰承德意，解枉释滞，有大事则数加平反，不当者争之。出冤狱数千人，囹圄顿空，一时比汉之于张焉。拜兵部尚书，锡三子官荫。时枢府繁剧，叔运筹军国，综理中外，夙夜不遑，寝食俱废，以劳瘁卒于官，年四十有九。朝廷震悼，命二大行护榇视丧，驰驿还里，谕赐祭葬，谥曰：僖和。一时恩遇之隆，莫与加焉。叔端凝郑重，湛于经术。立朝以来，讦谋硕画，仰赞庙堂者甚多。但出则焚草故章疏，所存仅吉光片羽耳。勤慎廉静，鸡初鸣即起，秉烛盥栉以为常，饮泉茹蘗数十年。有以私干者，则深拒固绝之，以故历宦大司马而冰蘗萧然。官京华时，敝车羸马，经费俭约，皆取给于田畴，内院范公疏云："服官清慎，素性冲和，内外勤劳，口不言功"，盖实录也。屡与枚卜将大拜，竟以尽瘁王事，不获大年，朝论惜之。早年邃于禅理，晚嗜程朱之学。古文辞雄劲明快，切中事情，长于牋奏。所著《即心即佛说》及《石林问答》《石林漫语》等书藏于家。

赞曰："君子之于世也，抱伟略际隆遇，兼之者难矣。吾叔自弱冠释褐，即为国家管财赋，且麾旄秉钺，历宦豫楚燕越间。又值四方多事，得以试其盘根错节之才，既而典掌枢要。银台则喉舌之司也，大司寇则刑狱之平也，大司马则军国之寄也。虽曰端委庙堂，而仔肩巨任，非宏猷重望，安能胜此而愉快乎？故荣命膺于既殁，声名留于政府，匪独家之祯，盖亦国之干已"。(《张氏宗谱》卷二九)

蔚庵公张秉哲传

叔孝廉蔚庵公讳秉哲，字潜之。锦卿公早世，叔甫四龄。事母范太君称纯孝，太君常召而谓之曰："而父多才而啬于寿，未亡人自甘荼苦，所藉手以报者惟尔，藐孤尚无荒于嬉，以克绍而父志。"涕泣拜受教，下帷修堂中，户外无履迹。研贯经史，旁搜百家。为文典雅沉郁，力大而思深。十九补郡庠，逾年而食饩。试辄高等，虽数困棘闱，揣摩益力，文体遒上，穆然先秦两汉之遗。故为诸生时，海内已啧啧有文誉。己丑，太君卒，哀号踊擗，体素丰腴，顿成骨立。甲午，以葩经登贤书，桐人士咸贺。叔怆然曰："吾既不逮养吾父，数十年来孜孜忾忾，欲少自树立，以慰吾母。今又不及见矣。虽叨一第，而不能博两大人一日之欢，将何贺焉？"因自号曰蔚庵，匪莪之恸亦可以知其志之悲矣。再试春官，不第，以四十有二卒。生平自负远大，慨然以天下为己任。端凝伟卓，简默严重，瞻视不苟，与人言文章道德，则娓娓忘倦，上下古今，论人成败当否，则议论飙发。读书再过，纤悉皆能记忆。训子弟以谨饬,一措足失长幼序,即严词正色以督之。尤笃于友谊,从之游者,必以行谊相砥砺,与之语终日,未尝见其有惰容。每以茕茕寡兄弟。一妹适何令远,亦丧;生一女,叔请字其长子,曰:"太孺人惟此一女,吾妹亦惟此弱息。今以太孺人外孙,为太孺人冢妇,庶以慰吾妹者慰太孺人乎?"其友爱如此。素苦痰疾,亦随发随愈,未足深虞。壬寅春,疾顿发,遂笃。叔母方孺人,宫詹坦庵公讳拱乾女也,刲股以救,弗获,号恸,誓以身殉。以家政委诸子,再拜嘱诸姻戚,佯遣婢子,遂投环,家人惊救之。复从层楼坠,息已微,随而少甦,诸族属请曰"未亡人胡自苦?曷不以抚诸孤者报夫子乎?"孺人领之。再阅月,始渐起,茹蔬食,持家政焉。叔著诗古文辞最富,遗稿藏于家。(《张氏宗谱》卷二九《列传》二九)

张秉观传

叔宾王讳秉观,号白沙,司马公季弟。早年补博士弟子员,旋入北雍。以援例授江西新淦县佐,治新淦有贤声。佐有督理粮务之责,鳌奸涤蠹,尽革除诸弊政,淦民便之。治数年,政声腾茂,遂迁河南镇平县令。镇平号称冲疲,道路往来,驿骑不绝,吾叔抚以慈爱,为百姓筹纾缓急,驿务赖以周给,而闾阎不扰。治邑未逾年,而疾作,遂殁于镇平。叔素性节俭,入仕后益躬自省约,不挈家累,萧然寒素。殁之日一无所藏,邑之人感其德,为经理其丧。吾叔生平可谓过于俭约,要不失为廉吏之本,可为糜费朘民者下一针砭也。(《张氏宗谱》卷二九《列传》三〇)

张秉鑑传

叔宇望,讳秉鑑。郡诸生,有隽才。岁试,学使者亟赏其文,拔以冠多士。案未发,而当事以忧去。犹出其卷示诸学博,惋惜置焉。丁丑,从父曲成公居鲁崄山,流寇卒至,曲成公死于贼。公兄弟五人,戮力杀贼,皆遇害,嗟乎!痛父之亡,身歼锋镝而不顾,孝也,非勇而不义者流也。(《张氏宗谱》卷二九)

张秉豸传

叔执之,讳秉豸,号觕庵。性明敏强直,遇人有过,则以正言规之;遇公事,则力辨其是非,不少回曲。壮年补博士弟子,丰采凝然,里党之间,咸为矜式。家素贫而自奉俭约,晏如也。居家孝友,犹见先辈典型。(《张氏宗谱》卷二九)

张秉谦传

叔六皆,讳秉谦,自幼读书,多博涉,于经史无不窥。与人谈,援古证今,皆有根据。是时吾宗人,多自江宁回田亩,总为一乡,吾叔为之区划,皆有次第。是时,兵燹初定,册籍淆乱,粮重役繁,正赋而外耗且数倍,吾叔为之经理,家人得以少纾。素重气谊,朋友有以缓急请者,辄应之不少懈,而其后辄不问。平昔宾客满坐,其后宾客多负之,而吾叔绝不计。盖生平重然诺,笃友谊,而不以人之相负为嫌也。遇事饶有经济,为有用之才,而不克展布设施,惜哉！(《张氏宗谱》卷二九)

张晓传

叔宣之,讳晓。少工文,与予同受知督学使者即墨蓝公,为博士弟子员,屡试而文益老成简练。庚子年,学使者王公讳同春拔取为郡学第一。数困棘围不售,叔负性慧悟绝人,事父母诚笃,处兄弟友爱,教子孙以勤苦读书,皆克绳先志云。(《张氏宗谱》卷二九)

张克俨传

长兄讳克俨,字子敬,幼而魁梧端悫,天姿隽朗。稍长,大人授之书,日诵千言。童子时,屹然如成人,两大人笃爱之。十五补邑庠生,益攻苦。读书西山别业,与仲兄相师友,经月不入城市。为文温雅醇茂,桐人士争传之。性笃孝,承两大人之欢者无弗至。时两大人日以亢宗望诸子,子敬手一编弗辍,虽由此而致赢疾,勿止也。其与诸弟同就外傅也,质疑问难称家督焉。入则彩衣相耀,姜被共欢,十余年无间。人对之如饮醇,恂恂然如不胜衣。遇人有缓急若身受,必捐己以济之。如吾长兄者,无一不寿理,乃竟以二十有四卒。疾既笃,两大人忧形于色,犹强起以慰之。徐而泣曰："吾虽不获侍两大人,吾弟众且贤,勿吾念也。"生平笃交谊,所与游,皆一时知名士。吊之日,抚棺而呼,且流涕有失声者。少攻举子业,未尝为诗,养疾数年,涉笔为之,辄窥阃域。所著《古训集》一卷,石城李仁止讳居中序而行之,谓其古体沉郁顿挫,今体流丽风华,格律韵调不愧一代诗人云。长嫂姚孺人孝廉梦弧公女也,先是兄疾笃,嫂哀吁于天,刲股和药遂脱然愈。越七年,疾复作,再刲股以进,不能救。呜呼！可为者人也,不可为者,天也。七年之救,则人而造乎天者也,嫂茹荼蘖,训藐孤,秉家政,致孝养,苦节三十年。故事,贞妇五十始得旌,今吾嫂五十有三矣,表章孝节不能不望于秉持风教者焉。(《张氏宗谱》卷三〇,一)

张克佐传

子猷,讳克佐,伯钦之公次子。早岁有才名,磊落英多。十七补邑庠,为文朗秀超越,不假思索。课文日,或与友人剧谈,童子报日已亥者再,始伸纸疾书,文不加点,而自然合度。外王父为大宗伯曾城叶公,尤爱其文。伯父常搜罗时艺数千篇,欲为不朽之业,子猷文佳者多载集中。尝曰："吾儿文遇合作,亦不愧古人。"一时名满艺林,至今读之,犹如初日芙蓉,无隔宿不鲜之叹,可谓俊才矣。以二十有五卒,相传其眼光如电,直视则夺人目,荐绅先生,无不许为远器,乃修文遽赴,玉树早摧。悲夫！(《张氏宗谱》卷三〇,三)

张载传

　　二兄讳载,字子容,少倜傥,负气节。读书好奇,不屑屑章句,幼补博士弟子,年四十辄弃去,隐居于松湖之隈。先大夫授滨湖田数十亩,宅一区,门临大泊,可以畜鱼。岁发荷花数万挺,泊之外为长堤,左右接山麓,榆柳枫榴之属掩映堤上。堤之外为大湖,烟波浩渺,帆樯出没。绕湖则群峰矗立,黛色横亘。先生率妻子隐于其间,家才足稻粱布衣蔬食,宴如也。与五兄同居湖上三十余年,足迹不履城市,往还惟田夫野老,经年不见宾客,或婚嫁将会姻亲,前数日辄作恶曰,予岂耐衣冠而与人拱揖?故当疏节阔目,略见大意而已。晚年以田产付诸子而自以渔为业,鲜鳞日给于笭箵,未尝乏绝,鸡豚蔬果菱藕之类无算,悉素所艺畜。客至亦罗列灿然,而未尝取给于市。

　　于宅之左别构一墅,去湖岸数十步,以便网罟。柳径柴门,绕土楼植桃千树木槿芙蓉称是,号曰:桃村。尝曰:"吾为园,只数斛桃核足矣。"凿池架桥,结草亭于其中,从湖网得佳鱼,则畜于池,以供不时之需。每岁十月后,湖水稍退,则纠集邻里庄农,各具舟楫,结罾网以备取鱼,即以鱼为雇值,先期大设酒馔以劳之。吾嫂治具于内,僮仆持壶觞,先生劝酬于茅檐之下,谈笑移时,各尽欢而去。予曾睥睨其间,亦甚乐矣。嫂笑谓予曰:"田家生计多在春夏,汝兄生计则在秋冬",似此风景,三十余年矣。噫!熙恬乐易之风,廉淡高雅之致,宁不于今日见古人哉?先生秉性纯孝友爱。慈大人早世,遗手绣观音像,构一亭,事之惟谨。有僧诣门募施,先生笑曰:"彼以我为佞佛耶?此吾亲也,吾故事之。"性不能多饮,而嗜酒,晨起饮一瓯,每饭则先啜数杯,故常微曛。体貌颀然,而长髭微白,丰神散朗,无求于人,无羡于世,无时不旷然天真,盖居然海鸥云鹤之趣矣。作字早岁学钟繇,至老目力不衰,常著舆图,博采沿革故事,汇书于图中,方寸作数百字,小于蝇头,予时年五十,不能辨也。居乡以德感人,人咸化之。松湖数十年无盗,有县令泊舟湖上,请与先生见,辞以疾不往。贻予书,辄劝以引退,年七十有八,与嫂同时卒。予每与公卿间述先生行事,莫不低徊欣羡者久之。大司农泽州陈公赠以诗:"平生最爱江南客,晚岁心怜湖上翁。"叔兄曾官吴门,请老归,高致相颉颃,当时咸知吾家有湖上先生、吴门先生云。吾曾作《湖上先生传》,今观其行谊高致已略备,遂入于世纪中。(《张氏宗谱》卷三〇)

张克伟传

　　子亮,讳克伟,叔清庵公次子。至性醇笃,谦谨和易。十九补郡庠,二十有三食饩。每试辄前茅,文典丽缜密,楷书工智永体,屡困场屋,志益厉,焚膏继晷,子夜不辍。所录书,几于等身,以故取材甚博,文体工练。丁酉,应试长干,既落魄而归,资装罄然,郁郁不得志,遂感疾。以是年十月卒。性孝友,奉两尊人,婉颜愉色,委曲承顺,内外无间言,疾既笃,惟以不能奉堂上而涕泗滂沱者累日,闻者痛焉。少承华膴,既长而中落,处之泊如,未尝少介于颜色。惟手一编,虽朝夕不谋,若罔闻知者。遇以非礼,怡然置之,终身不见其喜愠。为郡学生二十年,次年应列明经矣,而卒。呜呼!文谊如子,亮可谓两无憾矣。拾青

紫易易耳，即不然，明经起家亦分内事。乃天夺之速，廿年苦志，抱痛九原，孰谓天道有知耶？(《张氏宗谱》卷三〇)

张杰传

　　三兄讳杰，字如三，号西渠。生而天挺秀异，纯孝性成。五岁出就外傅，聪颖过人。甲戌里门之变，仓皇出城，举家星散。时兄方九岁，与先君先母相失，昏夜只影无依，哀号道左，恍惚闻先母长唶声，疾趋而前，果遇先君先母，盖天性之真，有以感动于仓卒之际也。明年流寇困桐，先君挈家避乱金陵。丙子，复归里门。戊寅，长先兄遘疾不起，兄哀恸几绝。己卯，伯父钟阳公殉难山左逾月，而先祖母又辞世。时值流氛扇虐，先君流离转徙，又值数大丧，经营拮据。吾兄赞襄其间，尽诚备物无遗憾焉。甲申，侍先君先母回桐，隐居西山，虽播迁琐尾而学业不废。乙酉就童子试，学使者极赏吾兄之文，拔冠一军。五月，先母不幸见背，兄哀毁骨立。予时方九岁，先君命从学焉。于是，益肆力于制业之学，自六经、左、国、子、史、两汉、八家之文，靡不搜探淹贯，为文洋洋洒洒，顷刻千言。与里中名俊立瑟玉堂文会，复与予同读书于石门僧舍，既又迁城南心远楼，中夜手一编不辍。每当严城击柝，霜寒星落之时，咿唔之声达于邻舍。所著毛诗文最多，与潘子蜀藻、许子绥人、齐师古愚及予为《五子诗义》行于世。丙午科试高等，食饩，予以癸卯举于乡及丁未成进士，兄不以不遇为悲，而顾为予喜曰："余虽潦倒诸生，不获一第为老亲欢；赖吾弟显扬，足酬吾父暮年期望之怀，慰吾母于九泉矣。"是年十月，先君遘疾，日夜侍汤药，衣不解带，不幸即世，哀毁尽礼。壬子，里中岁大饥，吾兄恻然鸠集同人，共捐谷数百石，赈粥西郊，全活者无算。里人至今称道弗衰。丙辰，需次明经，得授吴门学博，吾兄曰："广文一官，无簿书期会之劳，而有表率化导之责，且茂苑为人文之区，安定胡公教泽所遗，非易任也。"至则董训诸生，正己律物，兴行讲艺，月有课，季有试，一时文教振兴，彬彬乎咸有安定弟子之风焉。学官日就倾圮，吾兄慨然为请当道，鸠工庀材，重加修葺，至今庙貌一新。岁己未，吴门大饥，中丞静宁慕公设粥赈济，命诸广文董其事，同事者咸以未经谙练，莫得其要领。吾兄以向之赈里门者行之，男女异厂，日给二次，躬自检视，不辞劳励，饥民得受实惠，胥吏不致侵渔。慕公大加奖赏，云："慎密周详，措置均当，可以觇子经济矣。"命同事者咸以为法，吴人亦全活无算。慕公与制府三韩阿公先后疏章奖荐，慕公欲特疏举为县令，吾兄力辞，慕公亦雅不欲违吾兄意事，遂寝。中丞睢州汤公以吾兄教士有方，不愧师表，特疏荐举。吴中诸名公皆折节交吾兄为荣，暇时则携罇挈杯，与同人逍遥于锦帆、虎阜、支硎、邓尉之间，旷然自适。在吴门盖十年而且年六十矣，慨然乞休，拂衣归里，复理勺园旧业，于龙眠社坛山中结屋数椽，以为游息之所，与故乡诸故人结花会，觞咏终日。邑人咸推吾兄为乡饮大宾，先君以七十五岁为大宾，吾兄亦以是年，后先济美。壬午岁，吾致政归里，朝夕与吾相左右，或在城中，或往来龙眠、双溪社坛。吾兄素健，咸谓百年可致，乃以七十九岁而逝。吾兄孝友之德，足配古人；方正之操，式型里社。以至敦宗睦族，慈爱兄弟，惠恤里党，无一不出于至诚。先君先母前后即世，吾兄亲觅宅兆，遍历山川，虽祁寒盛暑无间。高岭山仓基墩皆为佳城，复捐高岭山田租三十余石以为祭田。性素俭约，于声色华丽之物，绝无所嗜好。方严端谅，遇人无所委曲回护，稍有过失，必面斥之。风规岳岳，为里门矜式者数十年。易篑时，以不作佛事、议私谥为戒。识见卓越，可谓醇德君子矣。生平书无所不读，而尤长于史。每举一事，必洞悉源委，谈论娓娓不倦。少年举业之外，复工为诗。著《读史诗》、著《义斋集》行于世。以所以教子孙者，辑其语为一篇，名曰《家居琐言》，皆深切身心之要。(《张氏宗谱》卷三〇)

张克仔传

兄晳如，讳克仔，方伯公次子。自少补博士弟子员，儒雅文采，居常拥图书字画以自娱乐，盖所称翩翩佳公子也。屡试棘闱不第。晚年隐居于掛车河山庄，营半圃，莳花竹，先方伯公墓在焉。于此以耕牧挈妻子，以诗书教子孙。深山大泽之中，有高人之迹焉。古所云"遁世而无闷者"，其在斯人欤？(《张氏宗谱》卷三〇)

张伊传

兄尧仙，讳伊。天资明敏，读书一过辄能成诵。伯父博学淹贯于经史，皆手自批阅。所选时文，其帙可等身。自幼教尧仙兄最严。今古文皆令背诵一过，即不忘，兄弟中咸推许之。为文敏捷，每题至则伸纸疾书，顷刻而就。其所作四六文尤工致委曲，能尽情事，生平之不遇，天也而非人也。负性醇朴长厚，恂恂礼法，不为过高之行，里党之中咸钦重。年介大耋而矍铄康宁，视听不衰，读书赋诗不少倦。洪范以寿五福之先，造物不轻予人以寿，为醇厚者多能享之，造物殆以啬于遇者丰于年，亦报施之道然也。

五兄张嘉传

五兄讳嘉，字子毅，号西来。治《诗经》，生而谨厚沉挚，有至性。就傅，为文落笔，便有矩矱，多篇皆立就。同予入京师，遂入北雍。壬子，同廷瓒赴北闱，未售。部试高等，授职州司马，归而隐居湖上。松峰当户，湖水环绕，极烟波耕获之乐。与仲兄桃村相去咫尺，兄弟友爱，诸侄过从。处乡里，谦光醇厚，虽田夫野老皆待之以礼。盛德感人，人咸化之。每有所称贷，见人贫不能偿，即折券而全无德色。存心至厚，素不雌黄人物，而遇人有过，则又正辞以匡之。性素俭约，居恒蔬食布袍，绝无纨绮之习。奉先大人训，守先畴田亩惟谨，享年七十有七。素康健，徒步可行数里。忽痰喘觉，疾笃，遂捡笥箧，出平昔逋欠故纸，尽焚之，戒吾侄勿复问，可谓积善诒谋以垂教子孙者矣。予致政归里，三兄、五兄皆七十余。每入城，则一堂欢聚，共相友爱。予自念老年兄弟，聚首甚难，同气怡乐，人皆羡之。不数年而两兄见背，能无恸夫？

张茂稷传

　　弟芸圃,讳茂稷,字子艺。为大司马冢嗣,天才俊迈,自幼勤苦读书,虽为贵公子而铅黄著作不下于寒士。以大司马荫,不欲就仕,而读书励志不辍。司马公以贤劳卒于官,请恤典,赐祭葬,扶榇还里。事母夫人孝养备至,承膝下欢者十年。母病笃,刲股以进汤药,必手奉,衣不解带者累月。后遂绝意仕进,沉酣六艺,博极群书,其为学甚富,而尤以诗名,钱子雁湖序之曰:"何人得似张公子,千首诗轻万户侯。"予尝序之曰:"康熙辛酉春,弟怡斋以补国子官来京师,携弟子艺诗一卷致于予,将以索予序而藏之。今古体诗凡二百篇,题曰《芸圃集》。子艺年来诗甚夥,乃刻自芟削,其涉于艳绮悲愤之辞者,皆不具焉。予既展诵数过,因辑近年诗亦二百篇以报之,题曰《学圃集》。大抵皆赠行怀归、感物凭吊之言,其涉于廊庙酬酢者皆不具焉。书既成,因述所见而为之序曰:'今之为诗者最众,必先辨其为诗人之诗,而后诗可论也。诗人之言,思曲而语新,词近而趣远。状难名之景,若接于耳目之前;述难言之情,如见其欣戚之貌。脱唇离吻,浏漓顿挫。经营于一字之间,而曲折乎万物之表。故古今人有以一篇一韵而千载传之,以为不可及者,其言则诗人之言也。有连篇累牍而经宿不鲜者,其言非诗人之言也。其气味缠绵于篇什之中,不可得而名状,如兰蕙之芳泽,名泉之清冽,奇石之肌理,物各得于其天,不可得而强也。予不敢轻以许人,独于吾弟之诗云然。吾弟为族叔父大司马公家嗣,早年不仕进,而沉酣刻励于诗学者三十年,其亦得于天者,在此而不彼耶? 古之骚人,类以所遇不偶,发为激楚慷慨之音。又以其幽居多暇,故得穷极物态,摹写情状。吾弟幼失怙恃,多见艰虞。故其思愈苦而辞愈工,有类乎骚人之言,亦无足怪者耶? 予长子艺一岁,子艺诗中每自言老,予之衰急益甚。迩年以来,梦寐家园,每与家人语他事辄不应,语农圃树艺之事,则絮絮不能自休。试观予所寄二百篇者,辞虽不文,意绪亦大概可知矣。异时得息肩南亩,与芸圃倘佯乎泉石之间,服前畴,训后昆,咏歌太平之盛,追述先人之泽,幸门内之有诗人,而同堂可以赓和,岂不快哉?'"

张佑传

　　弟南汀,讳佑,字吉如,号南汀。自幼才华茂美,早年补博士弟子,其制举艺极精工醇秀,试南闱不售。吾弟少多病,凡有所好,久则弃之。亦素好奕,乃未久辄弃去,独至于诗,则自少至老沉酣其中,数十年不衰。予序之曰:"余家有二公子,一则叔父大司马公之子芸圃,一则伯父方伯公之子南汀,皆为诰赠光禄大夫、先曾祖怀琴公之曾孙,二子皆赋俊才,聪明特达,少有不羁之志,而皆以诗名,予既序芸圃之诗矣,南汀诗续出,实能先后相辉映。芸圃诗以密丽感慨胜,而南汀诗则陶写性灵发抒天籁。其言山居幽寂,与朋侪往还之诗,磊磊落落,有全首绝类放翁而读之不能辨者。余官京师,南汀寄诗一册,予寝处其间者数阅月,出而与泽洲陈说岩先生、新城王阮亭先生相商榷。说岩持归,细加评定,亦深以余言为然,共加游赏,因作诗寄南汀。阮亭亦称许不置。余谓唐宋人诗皆出于性灵,而其气味风格不能不少变者,唐诗多浑融,而意常含于言外;宋诗多刻露,而意必尽于言中。究之放翁,源流多本于少陵,其沉挚处亦不相远也。南汀性尤卓荦不群,每自放浪于山巅水涯之间,如鸿鹄高举,不可罗致,故宜其诗亦淡泊自喜。然性本温克谨重,故所处虽困陁,而其言亦醇厚而无焦急促迫之音也。"是可以传南汀矣。

张洵传

弟怡斋,讳洵,字子岐。自幼醇谨沉笃,步趋不离矩矱。叔父蔚庵公即世,哀毁如成人。稍长,事太宜人极孝,以光大先业为心。弟兄友爱胹至,相勉以读书。其和气醇粹,吾目中之所仅见。补博士弟子,旋以明经授崇明县教谕。吾弟泛家海上,而老母家居,弟兄相依,致孝尽养。吾弟训导有方,克尽师表之责,崇明人至今感之。后升大理寺司务,母太宜人就养于京,吾弟先意承志,出奉板舆,承欢致爱,务得其欢。既而归家终养,遘疾而卒,赍志以没,悲夫!

张竑传

弟禹仲,讳竑。少读书发愤,兄弟自相切劘,尤有干理材。蔚庵叔即世,家政咸听之,太宜人总其大纲,而细微曲折,则禹仲经理,是时未析箸,而吾弟为家督,文质得宜,张弛有道。就北雍,未几而殁。生平学业既工,而理烦治剧,兼有其长,《易》称"子克家",禹仲有焉。

张仲华传

弟玉叔,讳仲华,长兄及武仕弟仕宦于外,以发奋显扬家事,则有禹仲经理于中。吾弟专力读书为文,工制举义,醇茂昌明,皆中程式。屡困棘闱不售,早年赍志。生平温醇孝友,仪貌俊伟。人视之如良金美玉,共知其宝而蕙折兰摧,深为恸悼。兄弟孝爱,至性无与为比,邑人咸共推之。

七弟张夔传

七弟讳夔,字次皋,号一斋。弟为先君幼子,少奉先君暨庶母,色笑温清定省,俱能先意承志。恂谨以事诸兄,友于以笃少弟。而于卑幼,尤曲加慈爱,一切以恬让自居。年十三罹先君忧,伤毁骨立。阅四载,始娶于刘。室家粗立,百计经营。甫一载而庶母见背,哀痛迫切,拮据治丧,巨细周至。服阕,补博士弟子员,有声黉序。每试辄前列,与八弟奋志显扬,下帷攻苦,砥砺文行,以诸兄为楷模。与予同宅而居,奉提命尤谨。偕吾长子廷瓒同就外傅,相与切劘讲习。三入棘闱,几售复踬。嗣以明经对策大廷。丙寅岁,司铎靖江。首稽寒毡,雅非吾弟素志,居官尽职,丹臒学宫,聿新俎豆,刊刻卧碑讲义。课暇,犹继晷焚膏,治举子业。当事诸公嘉其茂绩,谓大江南北无与为偶,列牍入告,膺锡蟒服。学官膺卓异之典,自吾弟始,佐治楚之蕲黄,左右图书,不改儒官之旧,而于民瘼政事,深功讲究。邑有邓姓疑狱,令不能决,送鞫于弟。是夕,淋浴斋戒,梦神告语,醒喻其意,片语立剖,阖邑诵神君焉。湖北抚军泌州吴公廉,知吾弟贤名,欲特疏题请,因历俸未满,格于成例,不果。比以竹山委署,吾弟力辞。面谒时,吴公深为嘉许,进以"淡泊明志,宁静致远"八字。吾弟铭之座右,以志不忘。楚中诸上台深悉其贤,复得膺卓异之典。六年之内,蟒衣叠锡,异数频加,吾弟益以清白自励,擢宰直隶平山时,值军兴旁午,饥馑洊臻,羽檄纷驰,供应繁剧。吾弟目击时艰,咄嗟立办,计费千金,丝毫不以累民。捐米赈粥,于四门设立棚厂,命平尉率乡耆董其事,吾弟日必数至查视。平民多鬻身旂下,吾弟多方捐赎。间有藉投旂而肆行顽梗者,则申明督捕,绳之以法。畿抚于公,以固安地旂民难处,吾弟善于抚绥,调蒞兹土。甫下车,豪强闻风震摄。向有张姓民,其妇为势家所夺,阖邑含愤,吾弟立时断归。受者感恩,观者颂德。巡抚安溪李公特荐,奉旨调繁清苑,为九省通衢,冲繁要地,吾弟无日不戴星视事,于民之大利大害立为兴除。钦部重案,别属不能决者,悉属吾弟勘问。遇可矜可疑,必辗转思维,开以生路,即逾限参罚,亦不计。宛平有梁姓,于谋杀案内已拟大辟,吾弟立摘疑窦十处,逐一剖悉,申请改拟,得蒙开释,以承审迟延,罚俸三月。吾弟色喜,以为吾捐升斗糈而得活民一命也。各省递解路经清邑,狱囚充满圜扉,尤加轸恤,计日给食,狱无瘦毙。民多借常平仓粮,贫不能偿者,吾弟不忍敲扑,悉为捐补。清邑修筑堤岸,例应使民,吾弟念地冲民苦,请行豁免。清邑地处高岗,无川流沟洫,吾弟画策开井三千余口,一时辘轳之声,遍于四野。畿抚李公极为赞赏,下檄邻邑通行,敬宣上谕,刊刻注释,反复开导,俾家喻户晓,民俗益厚。单寒之士,广设义学,士林蒸变。革除火耗,以苏民困。常大书对联于仪门,有"受苞苴而虐民,阴遭天谴;听人情而枉法,显被王章"之誓。盖生平清廉仁恕,谨恪勤敏,无非以实心行实政。广平、大名当漳水之奔澜,素若胥溺,李公忧之,且疏题荐。奉旨特授督司两郡河务,清之人叩阍请留,天颜温霁,驻跸咨询,乃以升任,非同罢斥,不允所请。吾弟蒞任三日,即遍历河干,相度经营,倍极疏瀹,麦黄桃汛,底绩安澜,民得尽力于畚钟锸,罗雀门庭,清冷如冰,日用蔬食之费,一一取给于家。而河工仆仆,羸马驰驱,悉屏驱从。癸未岁二月,有穆家口会勘之役。六月间,广平大雨连绵,河堤漫溢,吾弟冲涉层涛,冒雨往勘,目击心焦,血呕如注,而尤力疾勤劳,躬亲堵筑。更不忍被灾之黎庶颠连,典质衣币,捐粟给赈,民获甦者六百七十余家。至中秋日犹经理家事,刘仲芳回桐,犹作家信数函,寄伯叔兄弟。古塘有山庄,绘图为园,作诗四章,楷书便面以赠仲芳,复作七言绝句三章,推敲字句期于稳妥。二十四日,忽呕血,遂不起。吾弟孝友著于门内,姻恤周于乡党。宅心仁厚,制行端方。三更畿辅剧邑,皆慈祥恺惠以嘉赖斯民,至今棠荫载道,称诵不喧云。(《张氏宗谱》卷三〇,一七)

张留传

圮孺,名留,伯兄子牧子。风仪修伟,姿性颖特。少与予同执经读书,目十行下,常晨起诵数千言,仅一过,问之不爽一字。文敏捷如飞,才思宏朗。庚寅,补郡庠。二十有七,

齋志早卒。娶潘氏太学九茎公女,苦节训子,持门户,称贤妇焉。(《张氏宗谱》卷三〇)

张思耀传

侄思耀,字德远,长先兄之子。生七岁而孤,长嫂自幼鞠育,先君尤笃爱之。七岁就外傅,为文敏慧。吾桐是时,流寇纷扰,随长嫂侨寓白下。乱甫定,先归里门。是时,侄已娶妇,子媳同事孀母,克尽诚孝。当艰难转徙之际,桐又有驻兵作祟,人心汹汹,殆无宁宇。侄奉母家居,一以安静宁谧,门庭宴然。生平倜傥,仪表瞻仰不群,事诸叔皆孝谨。甲午,与予同受知于即墨蓝公,补博士弟子,屡试南闱不售,旋入北雍,部试授州司马,未仕,继娶翁氏。吾侄与妇事孀母日久,同心敬爱,得慈母欢心,吾嫂卒,致哀尽礼。早岁能为诗,时时与朋友倡和,尤笃气谊,与朋友交,重然诺,敦信义,金石不渝。遇事有经济才,侃然议论,不阿人。有缓急,尤周给之,故多得其力云。(《张氏宗谱》卷三〇)

张祁度传

侄祁度,字我思,方伯公冢孙。少聪慧,颀然修伟,风度翩然。入学有文名,入北雍,援例授国子监典簿,以亲老不愿仕。居家以克绳先业为己任,城南有涉园,有心远楼,皆方伯公旧时读书处,庭榭圮废,竹树荒芜,我思力为垦辟之。向时扁额皆肃落,我思力为新之;其对联多名公旧迹,我思求其语别加丹黄,人见之如入当时庭户。东皋为伯父伯母纫兰阁旧址,河柳依然,台榭全无,我思力搜故迹,修堤种树,杰阁高厂,竹树葱蒨,予作一联赠之曰:"鱼鸟喜窥新户牖,烟霞犹护旧琴书。"又赠之以诗曰:"跨磵平桥古,东皋俯一川。稻花吹柳陌,山翠接城烟。蕴藉推前辈,风流倚后贤。路人谈往事,池馆似当年。"盖深喜我思之克绳先业,而光大之也。相如兄卒于顺治已亥年,其嫂亦先亡。至康熙庚辰年,我思追念相如无嗣,立吉如少子陶五为相如后,以己五里铺田种十二石,与陶五为祭扫之资,复给宅一区。继宗祧于四十余年之后,可谓笃孝友之谊矣。(《张氏宗谱》卷三〇)

内传第九序

读《思齐》一篇,古人于女德,盖兢兢焉。夫神圣之兴,率由内助相与以有成,况保世承家之士乎?吾宗自胡太君慈寿作范以来,缔姻世族士女淑媛,珠辉玉映,踵武闺门之内。以显荣著者,身被天章;以节烈称者,誉擅青史。茹荼而造家,无忝妇职;画荻而训子,爰仰母仪。属在子孙,即彤管飚徽,尚未足以报春晖于万一,敢令其幽閟而不彰与?(《张氏宗谱》卷三三)

三贞姑传

三贞姑相传为讳永贵公之妹。长姊嫁数年而孀,遂结茅大凹山之半,栖心禅寂,躬薪蔬以自给。二妹未字，慕姊贞义，矢志清修，从之游，遂不归。后皆得证道。因于其地建三圣庵，遗像俨然，苍松奇石，曲径幽泉，方伯公题为"小园净土"。石中有穴，圆如镜，三姑藏骸处也。居人有所祈，辄验。丁丑，流寇至，妇女悉窜庵中，欲凭以为险。寇至山下，见绯衣妇人三，往来林莽间，寇踪迹之，至庵门，见三姑像，亦衣绯，睇视之，则林莽间妇也。投刀而拜曰："神告我矣。"相戒勿犯，庵中士女，咸赖以免，至今春秋祀事不绝。（《张氏宗谱》卷三三）

胡太君传

胡太君，东川公配，大参公王母。琴川公、余宜人俱早世，鞠育训诲，惟王母是依。洎成进士，太君提命之惟谨。大参公素能饮，饮且数斗，将之官永康，请于王母，曰："何以教孙？"太君曰："尔明敏仁慈，吾无复虑，但虑汝饮酒过多，或误笞人耳。"大参公曰："请从今日一醉，敬受王母教。"太君出醇醪一甕，饮之立尽，嗣是终身不复近麴蘖。历官仪部时，太君卒，年八十有四，葬松山。呜呼！高王父母既背，大参公茕茕一孤矣。太君以母教而兼父教，以大母而兼慈母，卒护乳雏成抟风之翼，寿臻耄耋，身享其荣，吾宗女德，卓然以太君为冠。（《张氏宗谱》卷三三）

余太君传

高王母余太君，琴川公配。温恭淑慎，事姑胡太君笃孝。琴川公既世，大参公未弱冠，太君勉之以学，二十有二，补博士弟子，而太君卒，疾既笃，涕泣以不能养老姑为恨，谓大参公曰："尔当奋励，以大尔家，勿坠尔志。虔事王母，补吾妇职之不逮。"万历三年乙亥，大参公以礼部报政，朝廷赠太君为安人。越七年，壬午，加赠宜人。玉音涣汗，畀于九原。诞育哲眉，为吾宗发祥之祖。生也有涯，殁且不朽，信哉。（《张氏宗谱》卷三三）

周太君传

周太君，琴川公侧室。族本庐江，十九归琴川公。柔顺婉娈，二十有四而琴川公卒。太君偕余宜人，冰操自矢，时大参公方髫，太君之子思琴公且在襁褓，茕茕两孤，与余宜人形影相吊，未亡人何所甘而守此荼蓼也。居数年，余宜人又卒，老姑暨大参公惟太君是依，总持家乘，内外井然。后大参公既成进士，阃政犹听之太君，事之无异于事宜人。每语人曰，周母苦节训孤，抚两子不畛域，为人所难。淳非周母不有今日，念之未尝不于悒也。年六十有五卒。邑令陈公、黎公皆旌之。事载邑乘及《桐彝》中。（《张氏宗谱》卷三三）

曾王母尹太君

曾王母尹太君，双河乐庄公女。公讳彻，字良法，祖以明经为广昌令。太君生有淑德，东庄公非名家不字。双河与祖居近,遂缔姻。及长而嫔,端令柔恭。曾王父嗜学,性豪迈,不问阿堵物,太君椎髻荆布,黾勉有无,以佐膏火。琴川公早世,胡太君在堂,太君事姑暨祖姑称孝谨。越数年,余太君卒。高堂耄耋,惟冢孙妇是依。太君躬涤瀡饮膳,既敬且勤,事庶姑周太君咸尽礼。曾王父既贵,管钥犹周太君总持;太君请命,虔恪冲然如子妇。既而从宦四方,力崇俭约,不独珠玉翡翠文绮之属无所好,且衣必大布,饭脱粟以自甘,笥箧萧然,泊如也。万历三年,朝廷封太君为安人。越七年,加封宜人。以四十有三卒于徐州。时从曾王父之宦京华也。

柯太君传

柯太君,耕野公继配,公晚年家稍落,太君躬操作以奉。四子皆元配所出,太君抚之如己子。享年九十有九。乡里至今称慈孝无逾太君者,克跻上寿,岂偶也哉?

祖母齐太君传

祖母齐太君,大谏蓉川公孙女,赠中宪大夫爱容公女,太守越石公姊也。夙娴阃训,早著令仪,及笄,归王父。虽系出名门,无骄贵习,折节务为恭顺。事尹太君孝悫,性俭素无华,尤好织纴。日课诸婢子,机杼相和,太君躬督之,尝曰:"吾爱听纺绩声,深闺永昼,可当鼓吹,子妇勿厌其聒也。"七旬后,犹手自辟纑,缕缕不倦。或谓其劳苦,太君笑曰:"吾为此未尝觉劳,去之反无所措耳。"每自恸事尹宜人未久,时宜人妹张孺人方苦贫窭,太君迎养之。躬问寝膳,终其身,殡葬咸尽礼焉。课诸父力学甚谨。伯父钟阳公历宦以来,太君偕王父居梓里,经理田畴,力崇省约。每曰:"吾藉此以养吾子之廉,俾得为清白吏,所得不较多乎?"伯父历宦粤齐楚,未尝敢以官物遗太君,教素严也。万历戊午,伯父以权政报绩,封太君为宜人,逾年封恭人,累封淑人。伯父以枭宪巡视粤东,时粤寇猖獗,伯驻师瘴海,擐甲枕戈,太君未尝少减眠食,曰:"王事艰虞,固其职也。何以忧为?"伯父殉难山左,先是奉书太君,誓死封疆,人或为太君恸之,太君曰:"吾子肩国家重任,城存与存,城亡与亡,忠也。有子而为忠臣,亦复何憾?"伯父母三榇偕至,不胜悲悼。遂感疾,享年八十卒。

赞曰:太君以名家之女,大夫之配,于大参公称冢妇,诞生贤胤,复为名公巨卿,叠膺荣命,寿近期颐,景福备矣,可不谓隆与?而徽柔懿恭,孝谨顺悫,遇事能审大义,不牵于私爱。方伯公之仕也,居官励以清洁,临难勖以致身,养廉以俭,移孝作忠,巾帼中有此识哉?

方太君传

方太君,泰岩公元配,孝廉司理振宇公女。生而贤淑,长归泰严公,温恭端默,一嚬笑不苟。处妯娣间,柔顺和蔼。既育司马公,即为泰岩公广置媵妾。太君虽生长名阀,履厚度丰,而赋性俭约,生平不近纨绮。洎司马公既贵,历宦京华,备兵燕楚。太君兢兢勖以廉慎,偕泰岩公家居。每曰:"吾不以鼎养烦吾子,俾得殚力王事,勿分心甘旨也。"晨起盥杼，必亲治机杼，轧轧之声达于户外，盛寒暑不辍，以是终其身。时泰岩公倘佯林泉，杯斝自适，而太君以勤且俭佐之，以故家道优裕，而司马公得终为廉吏。甲戌，司马公户部绩成，朝廷封太君安人，屡封恭人，虽叠膺荣命，而太君深自戢抑。辛巳四月，泰岩公卒。太君哀毁得疾，亦以次日卒。赠淑人。

余太君传

余太君，泰岩公侧室，伯兄文若为应天诸生。太君早年失怙，恃兄是依。幼贞静，娴女史，读书晓大义，以故文若慎所字，泰岩公应试南闱，闻太君贤，时方太君急欲为公广嗣，遂备礼娶焉。肃慎和柔，委曲承顺。典中馈，接卑幼，咸有礼。方太君爱重之，司马公既贵，貤赠晋锡，四方宾客毕至，家务益剧，太君代之综理，一切当方太君意。泰岩公、方太君先后即世，司马公以边才特简备兵广平，太君经理殡殓，哭泣废寝食，数日不能起。二女在襁褓，子甫九龄，值流氛压境，太君携子女避乱秋浦，旋徙白门，两女皆字名阀，厚奁嫁之。挈子还桐，延名下士授之经，宾王早岁补博士弟子员，卓然成均，亦太君之教成之也。

锦卿公配范太君传

范太君，锦卿公配，孝廉鸣皋公女。端重贞静，备有女德。锦卿公三十而早逝，时尊章咸没，子蔚庵公甫四龄，太君欲为杵臼氏而不可得。强视息，旦夕抱孤哭于锦卿公之灵，曰："未亡人上无公姑，藐孤下无兄弟，势不能从夫子于地下，愿茹荼以俟孤之成，以报夫子。"时席锦卿公赀赕颇裕，操持拮据，延师课子之外，他费悉从省约，以故一孀妇持家数十年，不独无中落之伤，而产业较倍于曩时，阃政肃然，僮仆非受职业不得至堂上。蔚庵公入而定省，则必问所读书、所交士。谆谆训勉，或且泣下，故师友皆极一时之选，弱冠名噪诸生。既壮，登贤书，太君之教肃也。事姑程太君笃孝。姑得疾，几不起，太君祷于神，刲股以进，疾顿瘳。久之，姑悉其故，每语及，辄下泪，年五十有二卒。事载邑乘《列女传》中。

龙太君传

龙太君，澹岩公配，华宇公次子。生而慈孝勤俭，思琴公闻其贤，丐媒为澹岩公往来求之，华宇公筮，得吉，许觊焉。适思琴公病剧，计乘其未即世迎太君，于归年尚未笄，即能佐姑王太君侍汤药。思琴公卒不讳，王太君绣佛茹斋，悉以家政授太君。勤纺绩，亲中馈，以故澹岩公喜宾客，虽门多长者车，而盘匜无少缺。明之季，岁荒贼扰。太君相澹岩公奉王太君，挈子若媳，一徙龙山之隈，一徙棕水之湄，即艰辛倍至，而所以承事孀姑，早夜织纴者，未尝或懈。且性乐济人，凡谷食酒浆之类，每有剩余，即以给闾里之贫窭。是以饥馑洊臻，与澹岩公游者多得无恙。后澹岩公殁，太君凡十九年，教育其子若媳者，一如澹岩公生时。今子五人，触庵、莲峰叔誉重胶庠。孙甫九人，曾孙甫二人，皆循循能读书继家世，亦王太君与太君之德泽有以致之也夫。

章太君

　　章太君,仁所公配,家土铜山。壬午,流寇至,居人鸟兽散。太君奉姑仓皇奔窜,姑为贼所执,将杀之,太君哀号以请,弗获。姑既死,遂逼太君。太君曰:"姑死矣,茕茕少妇,将何之?且夕为君妇耳。但念姑死尸暴露,若为多运薪草以焚,从汝未晚也。贼信之,运稻梗如山,积太君四布园中,仅留一径,移尸纳其内,诱贼人,与举火,风起火骤。太君持田器截小径,贼几不免,大呼而遁。太君挺身跃入火中,抱姑尸而死。嗟乎!太君之烈,盖智勇俱者也,始欲以女子制健儿,借烈焰为利刃,绐以甘言,何其智?跃身赴火,何其勇?岂不赫然如生哉?

方伯公元配方孟氏传

　　方太君,讳孟式,字如耀,伯父方伯公元配,廷尉鲁岳公长女。幼娴书史,备有四德。既笄,归方伯公,谨事齐太淑人。徽令柔恭,慈惠姻睦。尤工诗,偕公宦游四方,官舍唱酬,所著有《纫兰阁集》十二卷行于世。素明大义,与公饮泉相勖,以故历宦有声,文绣书画皆致绝伦。所图大士罗汉像,睇视如毫发,无笔墨蹊径,而神采奕然,至今藏之者如拱璧,钱牧斋先生所谓得'慈悲三昧者'此也。

　　公少艰嗣,太君为多置妾媵,随举数子,笃爱如己出。万历戊午年,公以户部报绩朝廷,封太君为宜人。后守抚州,封恭人。庚午巡视粤海,有平寇功,封淑人。戊寅,公为山东左方伯,警至济南,太君语公曰:"夫子之死生惟社稷,妾之死生惟夫子。今幸二儿归就试,庶足慭后患,他无虑耳。"家人曰:"事急矣,夫人宜行。"太君正色谕之曰:"举室尽行,人将谓夫子志不固,且吾何忍夫子独危我独安?城陷之日必死。"己卯正月朔二日,公死于城上。先是太君戒侍婢曰;"事急则推我入湖水中。"城已陷,临湖恸哭,趣侍婢曰:"推我,推我。"遂坠湖水而死。义婢感而殉者数十人。朝廷赠太君一品夫人,与祭一坛,事载邑志《列女传》。钱牧斋先生选《纫兰阁集》入《列朝诗》,作传纪其事。

　　赞曰:太君秀毓桂林,才侔班谢。牛衣克相夫子,樛木乃育佳儿。望重女师,仪标闺范,彤管为有光矣。迨方伯公以忠名,太君复以烈显。传之国史,播之诗歌,益叹明善先生之风教为不泯焉。

方伯公侧室陈太君传

　　陈太君,广陵人,方伯公侧室。淑慧端凝,博通书史,方伯公暨方夫人闻其贤,备礼娶焉。处上下间,和柔姻睦,事齐太淑人尤孝谨,以故淑人笃爱之。己卯,山东之变,方伯公矢志封疆,方夫人暨太君、陈太君皆誓以身殉。城溃,相率赴湖水,方夫人遽瞿然泣,回视太君曰:"尔无死,茕茕藐孤甫五龄,弱女甫一龄,使吾辈俱死,戎马倥偬之出没无常,谁与抚此二孤,将以畀婢子乎?二陈之中,惟尔优于才,且尔有身矣。其尚无遽死,善护子女,以报夫子。吾辈亦得瞑目于地下矣。"太君涕泣再辞,誓必死,方夫人号曰:"事急矣,汝速行,迟则无及。"太君仓皇率老婢数人,挈子女逃入尼舍,得免。数日事平,残黎渐归,太君抱子若女号于市,求伯父母、庶伯母尸,得之残黎,感太君义,且素沐公惠政,见者无不泣下,敛钱市棺衾。三丧悉太君手自含殓,仓卒中措置,咸尽礼焉。时道殣相望,村市为墟,太君扶三榇,挈两孤走二千里返江南,大人偕兄倬仔迎之滕县,太淑人方侨寓白下,迎之长干寺中,哭而曰:"贤妇哉!微尔则谁与招异地之魂,谁与哺坠巢之雏,存者殁者皆当无忘尔德。"太君泣曰:"吾仓卒中殡殓未能惬吾愿,请易之。"于是尽出笥箧千金,市美棺衾,三丧又悉太君手自含殓。四方宾客,吊者千余,皆啧啧称太君之贤。治丧毕,举生平储蓄,拮据之具,诸子均析之。曰:"此清白吏之遗,吾何敢私。"秋九月,太淑人卒,太君号呼欲绝。次日生子佑,亦未尝以此稍自节哀毁也。时先妣吴太君从太淑人避地金陵,太君每事必请以行,先妣于姒娣中亦雅善太君,先妣之丧,太君哭独痛,拊膺曰:"失吾门内师矣。"既而还桐,持家训子,皆有礼法,姻宗中奉为母仪者二十余年。为兄倬、俩营婚娶,绝无畛域,抚爱不衰,每与人言及山左事,则泪盈沾衣袂,以故二十余年,茹蔬食,衣大布,虽栖心禅寂,而尤恸方伯公即世之惨,不欲稍以毫末自奉。享年六十有七卒。惓惓训诸子,孝友相承,亦可谓始终不渝者矣。

克俩母陈太君传

陈太君,亦广陵人,方伯公侧室,柔恭贞顺,山左之变,方太君赴湖水死,太君从焉。时幼子克俩,甫五龄,出诸怀,涕泣付陈太君,亦跃入湖水中死,朝廷赠陈亚一品夫人,与祭一坛。旌之曰:一忠二烈。勅有司建祠造坊。

叔父大司马公元配吴太君传

吴太君,叔父大司马公元配,大方伯棐庵公孙女,赠君畏江公女。幼而贤淑,畏江公口授《毛诗》《孝经》《论语》,皆能晓大意。及笄而归司马公,端令温恭,孝谨顺愨。公方攻苦制举业,闭户传餐。太君曰:"夫子其勉学,养舅姑吾职也。"甘毳涤灑,必以躬亲,不敢委诸婢子,为公具馈食膏火之具,靡不修洁。司马公既贵,官户曹,忠勤廉慎,太君实佐之。政成,封安人,旋备兵蕲黄、广平。时流寇纷突,太君不辞艰险,从之行,以纾公内顾忧。故屡建勋伐,绩成,封恭人。公后以起补仪部宦京华,太君居梓里,督理先畴。时兵燹后,田在草间,征轮孔亟。加之食指繁多,子女幼弱,太君拮据劳瘁,输租税,营婚稼,延师友,黾勉有无,不啻贫家妇。公虽历任枢要,宦署萧然,不独官物无所遗,太君间以赢余寄京邸,以佐公饮冰之操。以故公无家室虑,尽瘁王事,清白之誉,至今噪于政府,太君之力多也。封淑人。乙未,公捐馆京师,太君闻讣,哭几绝,有顷而甦,号呼以终日。族人请曰:"今丧榇远在数千里外,茕茕诸子皆稚,夫人不稍自慰解,脱有不虞,如此门何?"太君领之,子茂稷自京师扶榇归,太君哭泣过恸,素有羸疾,至是而剧,然诸经费皆太君自为措置,司马公惟携冰橐归耳。公少艰嗣,太君为择侧室数人,而长子为太君出,侧室各有子女,而太君抚育之，教诲之，经纪其嫁娶，无异于己出。治家肃然，动中礼法，简静端默，不苟言笑。虽为贵夫人而赋性俭素，珠玉纨绮之属绝无所好，周恤姻党，赈济乏绝，训子以读书敦品，行为兢兢焉。故能克相夫子为熙朝巨公，屡荷鸾章，备具五福。闺门之内，所当承奉为钟仪郝法者也。享年五十有四。

叔父孝廉蔚庵公元配方太君

方太君，叔父孝廉蔚庵公元配，本朝少詹事坦庵公次女。明崇祯丙子，归叔父孝廉公，时年十五。至甲申，流寇扰乱，邑无宁宇，孝廉公奉范太夫人避兵白下，尽弃辎重，长物皆不能携。是时，太安人生子，不育，遂曰："承祧大事也。"脱簪珥置一侍女，孝廉公不欲纳，太安人强之再四。留三月，终不纳，范太夫人曰："子有德，妇极贤，异日必生贵子。此女既不纳，还母家别适。"乙酉，归里门，辎重化为灰烬，田地荒芜，屋宇颓折，邑人率多贫乏。惟太安人变衣服幕帐，令僮仆买牛耕田，躬率侍婢织纴，奉范太夫人晨餐夕膳，颇若有余之家。孝廉公读书自若，皆不以苦境相闻。纺绩之余，诵经拜斗以求子，时有老衲元伯顾孝廉公云："君日后有四子，余取四名，来殿、来焕、来智、来珏，乃老僧夜间梦得者，非诳语也。"己丑，范太夫人以痰疾告终，太安人痛泣悲号，不可方状。后待范氏诸亲无不周恤尽厚。甲午，孝廉公登贤书，由是家道益昌，而生子有四，如元伯之言，不幸壬寅夏初，孝廉公即世。太安人哭泣过伤，坠楼吞金欲死，为家人救之，复甦。先君劝曰："汝有四子尚幼，藉母以成人，倘母有故，孝廉之后将安属哉？"由是，进三棱莪术之剂调摄，获愈。遂延师以教，节俭以治家，尝授诸子经于机杼间。四子皆能文，太安人教之最严，治家理产皆有法度，子孙济济，孝友成风。戊辰，武仕任武昌通守，署府篆，迎养至鄂，时值兵讧，武仕已出外，太安人惟持印携媳及孙出署，至杯器衣服之类，皆化为乌有，武仕得印恢复，皆太安人之力也。太安人生于名门，长归望族，无纨绮之习，终身如贫家妇，已有不可及者；而临大事决大疑，确然不可夺，明于理，达于义，巍然孑立，岂非女中丈夫哉！卒于丙子初春，时年七十有五。略举其梗概，以垂示后人，俾知所取法焉。

长嫂姚氏传

长嫂姚氏，孟弧公女，少有令仪，归吾长兄，事公姑孝谨。长兄素有疾，吾嫂言于神前，刲股以救，疾遂愈。又七年，疾复作，复刲股以救，不愈，哀毁泣号，吾母再四慰之。子甫九龄，衔恤以诲育其子，克有成立。是时，流寇纷忧，吾家侨寄江宁，流离转徙，艰难困苦，卒保其家。诸孙成立，皆吾嫂教育之泽有以涵育之也。治家慈爱，年逾六十，将以节孝旌，而萱闱见背，称女德母仪者咸取法焉。

附录六 友朋赠答作品

一、马教思

赠张敦复

世人作书多爱肉,张子作书能疗俗。醉中喷墨两三升,早起临池千百幅。鲁公善书纸背穿,智永嗜草笔头秃。羲之之后有献之,张芝之后复张旭。钟繇索靖非等伦,世南怀素皆钦服。君家古帖满绳床,每日坐观常闭目。我有尺素雪涛笺,乞君数字光茅屋。开窗对坐看君书,笔墨淋漓饶起伏。纵如归猿攀故枝,瘦如孤鹤凌群鹜。微如石涧泻清流,振如秋风扫林麓。媚如美女临风整素衣,勇如铁骑当关独驰逐。古钗屋漏俱有情,见者都忘寒与燠。书罢不知春草绿,嫋嫋余风动新竹。(《龙眠风雅》卷六一)

二、陈廷敬

存诚堂集序(此文四库本《存诚堂集》书中不载)

儒者以道德文章蒙知遇、被显擢,在密勿论思之地,书日三接,夕漏不休;造膝之谋,同列不闻;伏蒲之语,外庭不知;推贤与能,庆流朝著;横经讲义,泽及生民;弥及岁年,延登受策。于斯时也,当大有为之日,赞不世见之功,休休乎,济济乎! 骏声鸿业,与五曜三阶争光映采可也。岂犹舆夫庭墀郎署,备官散秩,以及穷巷布衣韦带之士,览秀摘华,角一字句之胜负,蕲荣名于虫书蠹简之中也哉! 虽然,学术之不明久矣! 古之儒者穷经研义,文礼诗乐,治性理物,罔可阙如。况辅翊化成,经纬群伦而妄弃大雅,其谓之何? 此一代伟人神明寄托,高标霞举,添辉成文,有不蕲其然而然者,非夫人之可仰而测其津涯者也。予于相国桐城先生得斯义焉。先生湛深经学,执德不渝,非道不处,解巾释褐,仕为史官,其时已有终焉之志。会禁林建直,隆学进贤,自是以来,先生早夜侍焉,积二十年馀而枋用。所云儒者以道德文章蒙知遇被显擢,论思延登,济济休休者,公皆有焉而不以自居。神明寄托,顾尝在丘中田间,野云流泉,岑寂闲旷之地。既操笔内庐,暨均衡台席,以经术润色廊庙,泱汒幽邈,时以其意,发为咏歌。高文清思,孤行独赏,田家渔父、樵夫牧童,则储公之格高调逸、趣远情深也。在泉成珠,著壁成画,则辋川之秀词雅韵、意惬理精也;以至香山之挺出于长庆,苏陆之各擅于南北,迹其流风,会其神解,皆超然于自得之余。此其有意焉览秀摘华,角一定句之荣名者哉?盖先生之所蓄积者然也。穷达不异其操,约乐不改其度,故其得于心而溢于辞者,有不蕲然而然者矣。先生之诗必传于后,宜择可传之人而序以传之。余忝从先生后,时在直庐,先生每以兹事相属,余逊谢不遑,于今十余年所矣。而先生督之不辍。余以先生之文,铺陈鸿业,鼓吹斯文,敷为典诰,伸为雅颂者,能言之士必将诵说而传之。而独取其于斯者,是亦先生之志也夫。(《午亭文编》卷三七,二)

送张敦复学士还桐城二首

诏恩相见慰浮沉,往事分明思不禁。朝退常陪经席早,内中初设直庐深。蓬山地近天人别,温树春归岁月侵。我去三年君宛在,重来还对欲分襟。诗下注云:辛酉还阙,命学士慰问于宫门。

门外桐陂水驿通,樱桃初熟落帆风。别来客须愁先白,到日江亭问也红。(诗中注:也红,敦复亭,予为作记)偕隐已悲绵岭上,耦耕终约五湖东。我来君去如相避,解道人生是转蓬。(《午亭文编》卷一三,一〇)

敦复澹人二学士见和除夕元日诗叠前韵二首(丙寅)

春色蓬门取次还,总无过客也须关。休辞白堕频倾盏,颇却青钱忘买山。爆竹谁家方竞胜,桃符昨夜暂投闲。椒花满眼纷相映,笑煞顽夫老更顽。

粗治文书久拒门,年光几度向朝元。残经独抱时开卷,岁酒将阑已合樽。闷遣苇桃驱路鬼,戏从鱼鼠问长恩。春寒切忆鹡鸰侣,身在凌霄气象温。(《午亭文编》卷一四,一)

张尚书赐金园图

鸾坡凤阁画沉沉,画里龙眠著意寻。田宅漫成归老计,江湖频有托居心。买山不比千秋观,置酒何须太傅金。直使君恩满岩壑,流传胜事纪园林。(《午亭文编》卷一四,三)

寄湖上翁呈敦复翁敦复兄也(康熙二十六年春)

久向烟波拟钓筒,移家有约竟成空。平生解爱江南客,晚岁心知湖上翁。香草旧蓑闲卧月,芦花小艇不惊风。眼明细写乌丝字,寄与东华问秋红。(《午亭文编》卷一四,八)

张敦复尚书属书斋额仙人好楼居

元龙百尺意横秋,湖海平生已白头。青鸟近传天上信,果然人在玉华楼。

和敦复悼马诗二首

憔悴金坡躞蹀行,三发剪出欲平明。青丝送老横门道,不尽黄云万里情。

惊雷骤雨识危途,电火光中跃的卢。不为锦障泥暂惜,报恩珍重在斯须。

(《午亭文编》卷一五,五(二十八年夏至之夕))

冬官署中南亭，敦复所葺。兹予再至，实承乏公后，而敦复权领翰林，夏至之夕，斋居有怀。

乾坤荡漾两浮萍，岁月樊笼意渺冥。再到冬曹新燕垒，百年乔木旧槐庭。

吟成白雪人难和，梦续黄粱客半醒。惆怅玉堂明月夜，柯亭刘井几回经。

（《午亭文编》卷一五，六）

和张尚书芙蓉岛新题十韵

松　堤

草铺绿群腰，水系青罗带。何以苍松鳞，十万森羽旆。

芙蓉岸

灼灼拒霜花，风前颜色久。萧森苏公堤，应悔树桃柳。

青槐陌

紫陌红尘路，常时共往来。迷花倚石处，犹见旧宫槐。

莲　溪

木莲欲作花，水莲半著子。将花比人面，两两皆相似。

杏　圃

塞北山杏多，江梅藏花坞。江南野梅多，文杏栽于圃。

桂　丛

昔我山中室，其名亦桂丛。幽香在何许，到处逐秋蓬。

枫　亭

枫亭名转佳，丹林交叶露。借问金闺人，何年此中住。

兰　皋

东皋被香兰，不异在空谷。风吹无人时，芳意抱幽独。

竹　坨

纱帽烟梢冒，山衣露蒛霭。万竿须截去，风月可平添。

薇　馆

紫薇百日花，温室万年树。君坐黄昏时，试咏白公句。

（《午亭文编》卷一五，一三）

叠前韵邀张敦复尚书励近公通政游西堤

愁处花迎笑，眠时鸟唤醒。泉流银浦白，山入缭墙青。

瑶草三霄路，香茅四照亭。欲邀湖畔去，弄月泛空冥。

（《午亭文编》卷一五，一七）

题张吉如南汀诗后并呈敦复宗伯卣臣翰林

浮山高望历山城，风马云车帝遣迎。湖水清波旧时月，春来七十二峰明。诗下注云：吉如父讳秉文，山东布政使，崇祯己卯守济南死于围中，赠太常卿，二夫人投明湖以殉，皆赠一品夫人。

(《午亭文编》卷一七,三)

珮环声里水潺湲,芳草罗裙隐杜鹃。一首新诗万行泪,不须苦废蓼莪篇。
诗下注:吉如生母与嫂方夫人合墓。
太傅风高未老时,尚书邬畔有清辉。香名已播鸡林远,不羡他家野鹜飞。
王风南雅气雄哉,骚赋张华小谢才。怪底西堂新句好,也应曾梦惠连来。

(《午亭文编》卷一七,四)(三十五年))

自五月廿日直苑中敦复尚书有诗次其韵得十首

长日东华拂软尘,眼明流水照游鳞。苍颜白发吾曹老,冠者输他五六人。
斧扆丹青接后亭,绛霄楼阁在沧溟。六龙南幸归来日,画取江山上玉屏。
半夜传呼向玉津,赏花往事隔前春。红云终日笼丹地,回首凌霄记不真。
旧日春游共往回,东风依约野棠开。黄尘影事看清海,曾到龙王庙里来。
四卷朱帘照碧淙,松风五月在羲窗。眼前万物各相命,鸂鶒鸳鹅时一双。
梧桐疏雨早秋时,一夜新凉几鬓丝。野草花边溪柳路,等闲常过水仙祠。
听彻西洋五刻钟,晚霞明镜写天容。池西不种新杨柳,留取青山三两峰。
秋花锦石路迢遥,银汉无声泻玉霄。日暮水晶帘下坐,不知何处御香飘。
草槁孙郎墨气清,横斜点笔石栏晴。天人秀出华亭老,万岁传来燕喜声。
翰苑文章愧大家,枋榆影里日西斜。归来牢记支机石,曾附天边博望槎。

(《午亭文编》卷一七,六)

苑中次敦复韵(康熙三十五年)

宝床食罢凤团清,绝胜仙人白石铛。除却进书帘下语,神霄肃穆不闻声。

(《午亭文编》卷一七,六)

南至微雪斋居怀同直敦复近公(三十六年冬)

阳琯初回采线微,层阴连夜满皇畿。梅含绮阁花先放,柳暗龙池絮已飞。
省署漏随银烛换,烟霄人向玉阶归。相思为报瑶台客,明日占云在禁闱。

(《午亭文编》卷一七,一四)

夜宿野亭晤桐城相公话旧有作

野宿林亭意惘然,风光依约似当年。相过步屧过残夜,怕说江湖未泊船。
杏子生仁留燕乳,柳花著眼对人眠。槐根不比松风梦,莫遗春阴过八砖。

(《午亭文编》卷一八,七)

河上遇桐城先生二首

也红亭子近如何,归路樱桃应渐多。不似黄柑三百颗,封题远寄洞庭波。
连日春阴雨满河,河边相遇日晴和。却看云散归无事,犹作烟峦水上多。

(《午亭文编》卷一九,一二)

寄桐城先生

泰岳日边出,黄河天际流。我行千里远,迢递下南洲。
遥忆龙眠处,长随云去留。相期明月夜,同宿大江楼。

(《午亭文编》卷二〇,一五)

发武林寄桐城先生维扬

湖水盈盈照白头,谢公东阁在扬州。谁期洛下三年别,重作江南两地留。
风雨连宵如昔梦,云山今日是归舟。相思不遂春光老,明月长江万古流。

(《午亭文编》卷二〇,二三)

长水道中又题二绝句寄桐城先生

绿萝烟草芰荷衣,曾约青溪共息机。卜筑江南吾已老,桐山空望白云归。
忆昨扬舲下楚州,相邀明月宿江楼。只今人在江南北,况复前期两白头。

(《午亭文编》卷二〇,二四)

桐城先生挽诗四十韵并序

　　桐城先生初以史官特擢长直内庐,阅数载予始由翰林学士掌院事被宣召,间日月一至,至或更岁时复出。与公联事最久,公洊历院部及参大政,入侍帷幄,出践台阁,予前后在官未与公不相从也。公既予告归,予实忝继公后。公和而不屈,约而能通,口无言过,动为行表,拟量系德,予多愧焉。典型犹在,哲人云亡,终始之际,得无怆怀,衔恸致词,毕摅情志。(《午亭文编》卷二〇,三八)

　　同天游复旦,惟岳降生申。世向百年老,公为千载人。台阶环斗极,箕尾上钩陈。达命元通化,登仙竟若神。龙眠腾赤道,鹏运绝苍旻。时论归前辈,斯文起后尘。过门伤赐第,为位哭霑巾。令德今长在,流徽久不泯。魏征多妩媚,子寿更清醇。履坎平如水,经冬暖似春。共知经术美,直取性情真。有犯心何校,忘机物自驯。罢琴声断咽,别鹤唳频呻。贱子衰庸日,恭承明圣辰。追陪纷感激,迟暮易逡巡。弱植依温树,非材忝积薪。凄凉饱韩菽,潇洒想吴蓴。饯宴樽罍盛,班僚祖席匀。湖山疏沼榭,雨露滴松筠。最悭幽栖志,高标独立身。寒更待漏院,羸马子城闉。萧飒惊从众,乖离失所亲。冰兢趋阁道,惶恐接麻纶。往事看调鼎,余波欲问津。酒炉约犀首,卜肆谢严遵。自拨形骸累,宁由禄命屯。且容行坦坦,不觉走踆踆。指口翻成错,摧眉敢效颦。徘徊深殿路,邂逅大江滨。聚散逾三绝,逢迎再浃旬。先生怜故旧,后死痛沉沦。何处青囊药,堪扶涸辙鳞。还丹应有术,冲举岂无因。沟壑嗟填委,云霄讶屈伸。葛公泉味冽,苦县李尝新。帝所升贤哲,朝家念旧臣。浮生投净域,上宰佐鸿钧。幽辇参轩姒,神功迈渭莘。精诚仍报国,灵爽必殊伦。明月清风夜,无辞入梦频。(《午亭文编》卷二〇,三八)

三、李光地

答桐城相国书

素蒙挚爱,所得于前辈先生如冰□弥永者,平生一人而已。独是语嘿出处之间,心仪之而不能步其后尘为愧。此则气质学问为之疵累,虽承先生终始不弃,然而一龙一豕,固不待后世品题定矣。

新恩洊惊,晚节滋惧,又不得先生者朝夕瞻仰于班行之末,以观型而寡过,鸿逵益高,小子方厉,先生岂可徒喜其一日之遭而不锡之训辞,以觉悟其终身也?近又新有亡儿之痛,今所抚者茕茕诸孙而已。诵王荆国诗所谓"梦事中千变生涯老百罹"者,不知涕泗之零落也。因思厚德如先生,亦复经此荼毒,矧行负神明者耶?独羡世兄言行。悉禀家法,群望翕然,此深为先生喜者,惟先生知其发于真悃而非谀词耳。远惟为吾党自爱。(李光地《榕村全集》卷三二,一一)

感别赋送张敦复假归

繄今晨之何日,群鸟啾其嘤鸣。胡余怀之怅荡,之子浩而南征。纷先生之纯茂,俨古人之所服。矧种学而好修,日孜孜其犹未足。斐圣皇之休运,慨梦寐乎世之贤。谓学古之不可无辅,噫乎孰为余之说盘。毚凌爽而趋跄,夕赐第焉游息。洵不懈而益恭,赞巍巍之乾德。判先生之雅尚,邈独慕乎槃之宽。虽执经于帝者之前,每绘事于故山。当三徼之用兵,羽檄飞而论艺。惟恃从之多功,盖庶几于陆贽。逮世室之歌铙,首归路而急流。跪掩涕以陈词曰,臣有私事于松楸。感先生之所历,极民生之大顺。毕所效于君亲,卓季叶之所仅。宵龙眠之邱涧,擅南服之佳居。莳芳菲以环围,信孤贞之所庐。荃睊睊其不可忘,兰幽幽其不可以久。佩行止浑而无心,抑先生其冥容意。忽返顾以自照,超鸿冥之先我。进报恩以无由,欲从先生而不可。昔先生之知余,曰澹泊其有同调。尝赠言之琅琅,闵报章之不耀。河长流以浩浩,风吹舟以飓飓。阻天南而独处,余何以焉淹留?怅离合之不可常,心謇产而弗释。逝委珮于江皋,复夫子之余迹。(《榕村续集》卷七,六)

四、张曾庆

送相国张敦复夫子予告归桐城二十四韵

圣主崇元辅,我公冠缙绅。皋夔原自命,申甫迥非伦。礼乐声明著,岳川气角新。龙文开八代,凤彩焕三辰。艺苑经稽古,词林士返淳。西清披雨露,南省荷陶甄。望重疑丞相，功推柱石臣。荣旌来紫汉，赐第近丹宸。喜起歌云缦，赓扬霭日亲。笔推燕国手，风媲曲江神。秘阁时论道，玄台坐秉均。大名垂鼎鼐，伟伐汉丝纶。端揆千秋肃，瑞徵五福臻。泰交咸有德，泽被浩无垠。白发乞旋里，苍生欲曳轮。（张曾庆，《静庵草》卷七，一一）

五、归允肃

张敦复《梅花诗》序

　　诗之为道，本乎性情。古今才有不同而性情皆有以自见。惟抱负过人者，命意深而托兴远，固非若骚人韵士，匡坐支颐，对床觅句，祇以标新领异，矜艳一时也。张子敦复为风雅宗盟，为词坛鼓吹，才擅雕龙，学窥全豹，其抱负洵有过人者。乙巳春，与余同谒黄夫子，旅食招提，乐数晨夕，出所著《梅花三十韵》示余。讽诵之下，顿觉寒香沁人肺腑，秀骨凌然，幽韵独绝，乃益叹张子之命意深而托兴远也。夫张子以研京练都之才，敷扬藻绘，笔吐星汉之华，气含风雨之润，异日者簪象管以润色鸿猷，称燕许巨工于是乎在。而独于梅花乎讽咏之不置，何哉？吾谓诗以言志，张子之诗，非拘于诗以为诗也。当其性情所寄，而讽咏形焉。故其油然之光，苍然之色，溢于笔墨之表，见之者以为姑射神姿，非复人间烟火。古云："冰雪净聪明"，又云："骨重神寒天庙器"，张子兼而有之矣。宋广平作梅花赋，古人谓公端方直谅，而为文正复娟娟方尔。不知其幽姿劲质，不辞霜雪，独挺寒岩，正可于此见立朝之节，岂仅疏影横斜、暗香浮动争胜于孤山浅水之间已哉！故读张子之诗者，当思其命意托兴之所在。嘻！此九龄之丰度，非同张绪之风流也。则谓今日之张子即当日之广平可也。（《归宫詹集》卷二，一）

六、刘统勋

　　刘统勋，字尔钝，号延清，诸城人。雍正甲辰进士，改庶吉士，授编修，官至东阁大学士。赠太傅，谥文正。有《刘文正公集》。

题桐城张相国赐园泛舟图

龙眠山对赐金园，管领烟霞荷厚恩。今日重开休沐地，白沙翠竹宛江村。
碧流如带隔红尘，画舫兰桡荡绿蘋。未便一竿江海去，波分太液足垂纶。
凤雏绕膝彩衣斑，问字传经得暂闲。谷口锦茵花冉冉，林间歌管鸟关关。
石坚水净同标格，丽景秾华信化工。自喜平泉随草树，年来长是坐春风。

（《晚晴簃诗汇》卷六六）

七、沈叔埏

　　沈叔埏，字埴为，号带湖，秀水人。乾隆丁未进士，官吏部主事。有《颐彩堂集》。

寄题寒山旧庐追次桐城张文端韵为钱唐陆(森)作

吴山佳处占斯丘,雅称闲居与客游。竹笕分泉仍入户,松梢挂月自当楼。
无端石势千寻耸,不尽江声一片流。莫问南园谁作记,到来肯为古人愁。

(《晚晴簃诗汇》卷六六)

八、朱衍绪(访张家故第)

朱衍绪,字镇夫,余姚人。同治丁卯举人。有《大椿山房诗集》。

桐城访张相国故第

槃戟销沈石兽蹲,黦墙凉雨蚀苔痕。诸郎官亦登清省,过客今犹识相门。
乱后沙隄残劫尽,生前华屋几人存。莱公自有非常业,不筑楼台庇子孙。

(《晚晴簃诗汇》卷六六)

附录七　张英著作及其刊刻流传考

张英（1637—1708 年），字敦复，号乐圃，安徽桐城人。康熙六年进士，选庶吉士，康熙十二年（1673 年），以编修充日讲起居注，累迁侍读学士。康熙十六年冬，入值内廷。康熙三十八年，拜文华殿大学士，兼礼部尚书。康熙四十一年二月，予告归里。张英是清代前期一位重要历史人物，他是继熊赐履之后，深得康熙皇帝信任和喜爱的一位学者官员。他的一生不仅官做得很成功，而且书读得很成功。他不仅是清代以来官员心目中的楷模，而且在读书、做人诸多方面都堪称典范。他一生手不释卷，勤奋读书，精研学问，在经学研究和诗文创作方面都取得了丰硕成果。近年来，随着清代文史研究的逐步深入和桐城派研究的繁荣，以张英为代表的清代桐城张氏家族也逐渐进入研究者的视野。中共十八大以来，随着新政府对反腐倡廉工作和传统文化的重视，清代名臣张英成功的育人、为官之道及其"六尺巷"精神，再度成为世人关注的热点。了解张英，从了解他的著作开始。从某种意义上来说，一个人的作品出版流传史，就是一个人影响史，也是世人对他的关注史。本文写作的主要目的，就是历考张英生平著作大要，以作品产生的时间先后为序，细考其著作各部分内容的形成及其出版流传过程，让大家从文献出版的角度来了解张英。

一、康熙十五年，自辑早年诗歌作品，有诗集，未刊

王士禛言："桐城相国张公英为谕德时，以诗集属予评次。予见其《梅花》诗有云：'嘉名他日传调鼎，记取蟠根在草茅。'曰：宰相语也。今果验。"（《居易录》卷三一）考张英本年迁左春坊太子左谕德，明年二月迁翰林院侍读学士，公为评次其诗当在本年。（《王渔洋事迹征略》，二二二）

从王士禛记录中，知康熙十五年时，张英就自辑过自己早年诗歌作品，请王士禛评次。令王士禛印象深刻的是他的《梅花诗》，张英的《梅花诗三十首》，作于早年。康熙四年秋，张英曾将其给同门归允肃评看，归允肃为其写《〈梅花诗〉序》。（归允肃，《归宫詹集》卷二，一，清嘉庆十年玉铃堂刻本）

张英从早年开始就开始写作，对自己的作品也留心收辑。但都未曾刊刻，可能是一直在内廷侍直，很少经营外界事务，遂无暇顾及。康熙四十三年，张英在退休回乡后，总其早年所有诗歌都为《存诚堂诗集》二十五卷，此处所言的《梅花诗》即收录在《存诚堂诗集》卷九中。

二、康熙十九年,《书经衷论》四卷

张英《南书房记注》云:"康熙十九年二月初七日,《书经》讲解完毕,上谕曰:'尔历年进讲,《书》理明畅,克有裨益。'张英奏曰:'书经义蕴宏深,臣仅粗解章句,历年侍从讲席,伏见我皇上讲论精贯,探讨深微,迥非恒见所及,臣窃思《书经》所载,其文则典谟训诰、尧、舜、禹、汤、文、武之所以为君,……皇上万机之暇,讲贯是书,治统道统之要,兼备无遗,实万世无疆之庆也'。"张英遂将其历年讲学成果纂成《书经衷论》四卷进呈。(张英《南书房记注》、张廷玉《先考行述》。)此书在康熙四十年和康熙四十三年分别刊刻出版。后光绪二十三年张绍文等重刻《张英全书》,及二〇一三年安徽大学出版者出版《张英全书》都收录有该书。

三、康熙十九年,《易经参解》六卷,未考见其刊刻情况

康熙十九年四月初六日,张英进呈《易经参解》六卷,深得康熙帝嘉奖。张英在《南书房记注》中说明了是书编纂的原因和经过。《南书房记注》云:"初七日,上曰:'朕览尔所进《易经参解》,纂辑古说,于《易》理可谓明晰。臣奏曰:'臣因质性愚鲁,故纂辑《易经大全》及《直解》诸书,藉以自备遗忘。又因在内廷修辑之书,不敢不上呈皇上御览'。"《易经参解》是张英进讲过程中研究各种《易经》著作成果所得。(《张英全书》下册,四四二)

四、康熙十九年冬,《南书房记注》成,未刊

作为一个学者,张英很重视创作。《南书房记注》是张英康熙十六年冬侍直内廷时开始写作的。起始时间是"康熙十六年十一月十七日",最后时间是"康熙十九年十一月初五日",张英将其每天南书房进讲内容及其所见主要情况非常具体地记录下来,由于所记内容为南书房活动,有康熙皇帝的读书学习活动,也有君臣之间的关系大政的对话。该部分内容未见有刊本流传,但对于认识清代前期历史具有非常重要的史料价值。今第一历史档案馆有藏。二〇一三年六月,新版《张英全书》将第一历史档案馆整理的《南书房记注》收入附录之中,以广流传,该集的刊行,有利于后人更加深刻地认识张英在清代前期历史中的影响作用。

五、康熙二十年,自辑《学圃集》,未考见其刊刻

康熙二十年春,公《芸圃诗序》云:"弟怡斋以补国子官来京师,携弟子艺诗一卷致于予,将以索予序而藏之。今古体凡二百篇,题曰《芸圃集》。子艺年来诗甚夥,乃刻自斐削,其涉于艳绮悲愤之辞者,皆不具焉。予既展诵数过,因辑近年诗亦二百篇以报之,题曰《学圃集》。大抵皆赠行怀归、感物凭吊之言,其涉于廊庙酬酢者皆不具焉。书既成,因述

所见而为之序"。(《笃素堂文集》卷四)

从该《芸圃诗序》来看,张英于康熙二十年春时,自辑其近年所作诗歌二百篇,为《学圃集》,送给其弟子艺。该《学圃集》的内容"大抵皆赠行怀归,感归凭吊之言,其涉于廊庙酬酢者皆不具焉。"也就是说张英近年讲筵侍直内廷所作的《应制诗》并未录入其中,后张英将其单独成集,为《应制诗》四卷。该《学圃集》的内容后来没有单独流传,康熙四十三年,张英刊刻《存诚堂诗集》时,将其辑入《存诚堂诗集》二十五卷之中。

六、康熙二十二年,《日讲易经解义》(《易经讲义》)刊成

《日讲易经解义》,其主要内容是根据牛钮、孙在丰、张英等人给康熙皇帝的讲疏整理而成。时因张英请假在里,未列名,故以总裁官署之。张廷玉《先考行述》云:"康熙二十年,受命为《易经讲义》总裁官"。其实具体情况并不是这样。张英康熙二十三年秋,写信给三兄张杰,有诗名《寄吴门学博三兄以复此对床眠为韵》,在第二首诗末自注中他提到此事,文云:"刊《易经讲义》,英以假归未列名,特命增入总裁内。"(《文端集》卷九,九,《四库全书》本)因为该书中确有不少成果是张英的,不能抹煞。故令将其挂名于总裁官内,此书后来一直是宫廷讲经的标准读本。

七、康熙二十八年,《南巡扈从纪略》写成

康熙二十八年正月初八至三月二十日,张英随康熙帝南巡,作《南巡扈从纪略》。该成果收录于《笃素堂文集》十六卷本中,随文集流传而流传。另外,清人杨复吉辑,道光十三年刊,《昭代丛书》戊集续编四十三卷中亦录有《南巡扈从纪略》一卷。《南巡扈从纪略》主要依赖这两套书传播流行。

八、康熙四十三年,《存诚堂诗集》二十五卷刻成

张英《存诚堂诗集自序》云:"余自束发学为诗,今自顺治己亥年以迨于康熙壬申约略凡三十四年,有其诗若干首,为二十五卷。"(《清代诗文集汇编》第一五〇册,一)张英一生勤于创作,笔耕不辍。从该《序》文看,《存诚堂诗集》二十五卷是张英本人亲自审定的,收录了顺治十六年到康熙三十一年的诗歌。由于该集第一次刊刻时已经相当成熟,所以该集内容基本定型,后来出现的各种新版,在内容上都未作更改。

可考主要流传版本有《双溪集》本,《四库全书》本,光绪二十三年《张英全书》本,民国十六年重刻本,《四库全书》影印本,《清代诗文集汇编》一五〇册,二〇一三年重刻《张英全书》本。诸本所录《存诚堂诗集》二十五卷,内容无篇目差异。

九、《应制诗》四卷本、五卷本

关于《应制诗》，现存《应制诗》五卷本，附于《存诚堂诗集》二十五卷后，卷首有张英《讲筵应制诗自序》。其具体内容编排如下：卷一《讲筵应制诗》五十三首，卷二《内廷应制》一百首、卷三《内廷应制诗》九十七首，卷四为《应制诗》，卷五为《内廷应制诗》。

张英有自制《讲筵应制诗序》和《内廷应制诗序》两篇序文载于《笃素堂文集》卷五中，说明了《讲筵应制诗》和《内廷应制诗》写作和编纂过程。据张英序文知，《讲筵应制诗》二卷收录张英自康熙十二年春至康熙十六冬入直内廷之前的应制诗。《内廷应制诗》二卷，收录其康熙十六年冬至康熙二十一年春侍直内廷期间所作的应制诗。《内廷应制诗序》云："二十一年壬戌春，请假归葬先大夫，屡绛温纶，渥被恩赐，俾得暂休沐于乡里，因辑四年以来诗，为《内廷应制集》二卷。其中词句粗疏浅劣，当时多不暇点窜，今皆悉仍旧稿，存其实也。昔欧阳公既老，归淮、颍之间，辑内外制而序之，因念平生仕宦出处，且谓瞻玉堂如在天上。臣今得奉恩筑室于龙眠山中，与田夫野老称说圣天子盛德，儒臣宠遇，抚今思昔，感激咏唶，更复何能自已哉！"从这一段文字来看，《内廷应制诗》是张英在康熙二十一年请假归里后所辑。康熙四十一年三月，张英告归龙眠后将前辑刊刻，内容"一仍其旧"，未作任何更改，保留了当年的面目。据张英《讲筵应制诗序》和《内廷应制诗序》内容来看，其应制诗收录范围是康熙十二年至康熙二十一年春期间所作的应制诗。《讲筵应制诗》二卷，《内廷应制诗》二卷，共四卷。且其序文中只字未提现存《应制诗》卷四中所录的康熙二十四年赴阙之后至康熙三十一年期间所作应制诗。据此笔者以为张英康熙四十一年予告归里后第一次刊刻的《应制诗》，应是收录康熙十二年至康熙二十一年期间的作品的四卷本。而非现在读者所看到的五卷本。

康熙四十七年张英去世后，次子张廷玉为作《先考行述》，述其生平及其著作情况，云其有："《讲筵应制集》二卷、《内廷应制集》三卷"，此《内廷应制集》中之多出的一卷，即读者现在所见的"《应制诗》卷四"部分，所录系康熙二十四年张英回朝后至康熙三十一年讲学东宫期间的应制诗。笔者认为，这部分作品很可能是四卷本初刻之后，再作补辑而成，最终形成我们今天所看到的五卷本《应制诗》。

细考历史，笔者认为，在康乾时期，张英的《应制诗》，应有初刻"四卷本"和增刻"五卷本"两个版本流传。《四库全书》中《文端集》四十六卷中收录《应制诗》四卷，且与初刻四卷本内容完全相同，说明《四库全书》编纂时，纂修官们得到的很可能是初刻"四卷本"，而非后来增刻的"五卷本"。这正好是张英《应制诗》当时有"四卷本"和"五卷本"两个不同版本流传的证明。

现可考见的《应制诗》主要有乾隆时期《四库全书》本《应制诗》四卷；光绪二十三年重刻《张英全书》本《应制诗》五卷；民国十六年刊《存诚堂诗集》二十五卷后附《应制诗》五卷。《文渊阁四库全书》影印本与乾隆时期《四库全书》本同。《清代诗文集汇编》本与民国十六年重刻本相同。二〇一三年刊《张英全书》本，与光绪二十三年张绍文点校重刻本相同。

十、康熙三十九年，《饭有十二合说》一卷刊成

《饭有十二合说》具体写作过程难以确考，《王渔洋事迹征略》中有一段文字，提到："七月，王士禛得张潮书，复书告以悼亡之戚，寄张英《饭有十二合说》，嘱刊入丛书。张潮《友声新集》卷一载王士禛《与张山来》其四。"（蒋寅著，《王渔洋事迹征略》，人民文学出版社二○○一年版，四六八）此事系在康熙三十八年七月下旬，据此知张英《饭有十二合说》最迟在康熙三十八年七月完成。据考，《饭有十二合说》的刊刻流传主要有两个系统。

第一，张潮所辑的《昭代丛书》本《饭有十合说》一卷

康熙三十九年，《昭代丛书》乙集刻成，收录张英《饭有十二合说》一卷。（刘和文，《张潮年谱简编》，《安徽师范大学学报（人文社会科学版）》，二○○三年第十一期，七三三）"康熙四十年正月，张潮致书王士禛贺岁，道去岁林佶过扬州相访之情，谢其眷念之意。告所索《檀几》《昭代丛书四集》合装一部，已托谢尔鏊寄达。并上张英书一通，托王士禛转达"。（张潮《尺牍友声偶存》卷七《寄王阮亭先生》）（《王渔洋事迹征略》，四九二）从以上材料来看，康熙四十年正月，张潮曾写信给张英，所谈当有《饭有十二合说》之事。而据《王渔洋事迹征略》：是年"四月下旬，张英托王士禛转致张潮答函及谢币"。（《王渔洋事迹征略》，四九五）这里的"谢币"，应该是当时张英付给张潮的刊刻费用。

第二，《笃素堂文集》十六卷本

《笃素堂文集》十六卷本，始刻康熙年间，据周中孚道光年间的《郑堂读书志》记载："《笃素堂文集》十六卷，原刊本，国朝张英撰，《四库全书》著录有《文端集》四十六卷，凡《存诚堂应制诗》四卷、《诗集》二十五卷、《笃素堂诗集》七卷、《文集》十卷。此本止文集而有十六卷，计赋、颂各一卷，表、疏一卷，序三卷，论、记、杂著各一卷，祭文、行状、墓志铭各一卷，又有杂著为《南巡扈从纪略》一卷、《恒产琐言》及《饭有十二合说》一卷、《聪训斋语》二卷，未知《文端集》中何以止有十卷也"。（周中孚《郑堂读书记》卷七○，二十七）据周中孚《郑堂读书志》来看，该书是原刊，应当与张廷玉《先考行述》中所言《笃素堂文集》十六卷内容一致。其中《恒产琐言》与《饭有十二合说》合为一卷，光绪二十三年张绍华重刻之《笃素堂文集》十六卷本、二○一○年版《清代诗文集汇编》之《笃素堂文集》十六卷、以及二○一三年安徽大学出版社出版的《张英全书》本之《笃素堂文集》中都是《恒产琐言》与《饭有十二合说》合为一卷，属于同一个系统。《四库全书》本《笃素堂文集》虽只有十卷，但其卷八部分也是由《恒产琐言》和《饭有十二合说》两部分合刻而成。

第三，《笃素堂文集》四卷本

该集以嘉庆十八张曾虡重刻本为底本，具体包括《聪训斋语》二卷、《恒产琐言》一卷、《饭有十二合说》一卷，每半页十行，每行十九字。该集为光绪六年张绍文重镌本。《笃素堂文集》四卷本包括《聪训斋语》二卷、《恒产琐言》一卷、《饭有十二合说》一卷。

光绪十七年有《申报馆丛书》，清尊闻阁主编，正集，讲武类之六十六为《笃素堂文集》四卷，内容基本相同。

第四，《桐城张文端公聪训斋语》四卷本

《聪训斋语》原本二卷，嘉庆十八年张曾虔将其与《恒产琐言》一卷、《饭有十二合说》一卷合为一册出版。后有湖南学库谷氏重刊本及同治五年春二月重刊本，同治五年《桐城张文端公聪训斋语》四卷本为六世孙鹤龄重镌。

第五，光绪三十年《桐城两相国语录》本

该集分为二册，收录张英和张廷玉杂著四种，由七世孙张绍文重镌。上册为《聪训斋语》四卷，卷一、卷二为《聪训斋语》；卷三为《恒产琐言》；卷四为《饭有十二合说》。版心处有"《笃素堂文集》卷一"、"《笃素堂文集》卷二"字样。首有嘉庆年间张曾虔序。下册为《澄怀园语》四卷。《两相国语录》后有七世孙张绍华跋。云："光绪乙巳，绍华承乏晋藩，先集所藏者携带无多，而同人索观，远不应给，因从何直牧锡禔之请，用西法排印数百部，庶可藉广流传，益垂久远耳。"按：光绪乙巳为光绪三十（1905）年。

第六，民国六年《桐城张氏语录》本

《桐城张氏语录》为民国六年（1917年）二月九世孙瑞麟合印。卷首有张英康熙四十七年撰《张杰传》，继有张杰《家居琐言》上下卷，其次《聪训斋语》上下卷、《恒产琐言》一卷、《饭有十二合说》一卷。

第七，民国十八年《聪训斋语评注》四卷，上海文瑞楼石印本

该书以光绪六年张绍文镌本为底本。评点者为杭县王有宗；音注者为梁溪周承煦。前面保留吴仁杰序为序一，张曾虔序为序三，序一与序三中间加入音注者梁溪周承煦序文一篇。版心鱼尾部分刻有："评注笃素堂杂著"字样，后面版权页有"中华民国十八孟夏初版"字样。该四卷本包括：《评注聪训斋语》二卷、《评注恒产琐言》一卷、《评注饭有十二合说》一卷，共四卷。

十一、《笃素堂诗集》六卷、七卷本

据张廷玉《先考行述》所云，张英生前为《笃素堂诗集》六卷，而非现存七卷。查所传《笃素堂诗集》七卷本，所录诗起自康熙三十二年癸酉，终至康熙四十七年张英去世前。据此《笃素堂诗集》前六卷当是生前所刻，其卷七及补遗部分诗歌，很可能是张英去世后，重刻《笃素堂诗集》时，将其晚年诗歌补辑收录，遂成《笃素堂诗集》七卷本。后《笃素堂诗集》基本以七卷本形式流传。今所见各版本《笃素堂诗集》均为七卷本。

十二、《聪训斋语》考

《清史稿列传》云："张英，字敦复，江南桐城人，……充经筵讲官，奏进《孝经衍义》，命刊布。……寻复官，充《一统志》《渊鉴类函》《政治典训》《平定逆漠方略》总裁官"。又云："英自壮岁即有田园之恩，致政后，优游林下者七年，为《聪训斋语》《恒产琐言》，以务本力田、随分知足诰诫子弟。"（赵尔巽，《清史稿列传》传二百六十七《张英传》，九九六六页，明文书局印行）这里称张英"致政后，优游林下者七年，为《聪训斋语》、《恒产琐言》，以务本力田、随分知足诰诫子弟。"其中关于《聪训斋语》的写作时间的表达是不准确的，因

为《聪训斋语》大部分是在京为官期间所作,不是致政后所作。具体考述如下:

1.《聪训斋语》写作时间考

《聪训斋语》的写作不是一时一地完成。从康熙三十六年春起直到张英予告归里后,每个时间段都有。具体说来:

第一部分,《聪训斋语》卷一全部内容,作于康熙三十六年春。依据是《聪训斋语》卷一后张廷瓒写的一段跋文。文云:"康熙三十六年丁丑春,大人退食之暇,随所欲言,取素笺书之,得八十四幅示长男廷瓒,装成二册,敬置座右,朝夕览诵,道心自生,传示子孙,永为世宝。廷瓒敬识"。(《张英全书》上册,五一六)据张廷瓒按语可知,《聪训斋语》卷一部分是康熙三十六年春,张英于退直之暇,随手将心得之言写在素纸上,示于张廷瓒等人。当时应该是毛笔写在宣纸上的大字,所以,份量较大,张廷瓒将其分装成二册,并"敬置座右,朝夕览诵"。

第二部分,从卷二首句之"圃翁曰:人生必厚重沉静而后为载福之器"起到"可与兄弟子侄言也"处,作于"康熙三十六年夏"。其前有句云"余行年六十有一",又云"暑中退休,稍有暇暑,遂举胸中所欲言者,笔之于此,语虽无文,然三十余年(笔者按:张英康熙六年通籍,到康熙三十六年正好六十一岁。)涉历仕途,多逢险阻,人情物理,知之颇熟,言之较亲。后人勿以予言为迂而远于事情也。"(《聪训斋语》卷二)结合上述两处文字,可知这部分内容当作于康熙三十六年夏间。

另《聪训斋语》卷二后面有一段文字是交待儿子回乡疏治溪潭之事,原文如下:

龙眠芙蓉溪,吾朝夕梦寐所在也。垂云沜,天然石壁,上倚青山,下临流水,当为吾度可亭之地,期于对石枕流。双溪草堂前,引南北二涧为两池,中一闸相通,一种莲,一种鱼。制扁舟,容五六人,朱栏翠楫,壮桨桂棹,从芙蓉溪亭登舟,至舣舟亭登岸,襟带吾庐。汝归当谋疏凿,阔处十二丈,窄处二三丈,但可以行舟。汝兄弟侄轮日督工,于九月杪从事,渠成以报吾。堂轩基址,预以绳定之,以俟异日。

临河有大石,土人名为玃洞,此地相度亭子。下临澄潭,四围岭岫,既旷然轩豁,亦窈然幽深。其旁当种梅柳以映带之,亦此时事也。向来梅杏桃梨之属,种植者,亦不少矣,使皆茂达,尽可自娱。此时浇溉、修治、扶植、去草为急。仆人纸上之树日增,园中之树日减,汝当为吾稽察之。树不活,与不种同。山中须三五日静坐经理,晨入幕归,不如其已也。可与兄弟侄言之。(《聪训斋语》卷二)

笔者认为,这段文字写于康熙三十六年夏,时张廷瓒、张廷玉、张廷璩及孙张若霖(廷瓒长子)俱在京师受教。廷玉于本年二月来京,准备参加康熙三十六年会试,因张英受命充会试总裁,例应回避,没能参加会试。八月,张廷玉遂带领六弟廷璩及侄汝霖返里。《笃素堂诗集》中有一处材料正好可以印证笔者的猜测。原诗如下:

《寄廷玉属山中疏治溪塘事》四首。

其一云:龙眠攒簇众峰幽,四面岚光抱绿畴。地胜总堪营别墅,滩高无计泛扁舟。须知双涧从云落,好引清溪绕屋流。制就木兰昼画舫,芙蓉深处狎轻鸥。

其二云:平生爱对碧潭空,幸有洪波别涧通。来自长松修竹外,经过石堰小桥东。芰荷铺处香风满,桃杏开时锦浪红。从此幽栖无憾事,清流曲折画屏中。

其四云:归计无端搅梦魂,十年心事北山园。松杉虽短堪围屋,榉柳犹存可荫门。移竹栽花忘岁月,看山弄水度朝昏。秋晴虽觅登临意,只盼南鸿数寄言。(《笃素堂诗集》卷三,《文端集》卷三二,八)

经研究,该诗写于康熙三十六年秋次子张廷玉归里后不久,从诗题来看,明确说明是嘱咐张廷玉疏治溪塘事,而诗中对龙眠山水的描画,与上引《聪训斋语》中文字对龙眠景色的描写完全一致。因此,可以确定包含上引文字的《聪训斋语》的第二部分内容,是"康熙三十六年夏",张英为交待即将返乡的张廷玉、廷瑑和汝霖等人而作。引文最后一句所谓"兄弟子侄"商量,指的就是张廷玉、廷瑑、汝霖(廷瓒子),和时在乡里的三子张廷璐。

第三部分,自《聪训斋语》卷二的"辛巳春分日,吾携大郎、二郎、六郎出西门"起,至"可不慎哉,可不畏哉!"句,这部分文字都是康熙四十年十月张英予告成功之前所作。时张英在京师为官,其中有句云:"余久历世涂,日在纷扰、荣辱、劳苦、忧患之中,静念解脱之法,成此八章,……辛巳春分前一日,积雪初融,霁色回暖,为三郎廷璐书此,远寄江乡,亦可知翁针砭气质之偏,流览造物之理。有些一知半见,当不至于汩没本来耳。"(《聪训斋语》卷二)这部分明确交待了写作时间为"辛巳春分前一日"即康熙四十年二月十九日,写作内容为八章,语意连贯,主要写给时在里中读书的三男廷璐。这"八章"内容划分,现在已经很难辨识,笔者也很难确定,该信是否还包含"可不慎哉,可不畏哉!"后面的内容。但后面文字中有"汝曹兄弟叔侄,自来岁正月为始,每三六九日一会,作文一篇,一月可得九篇"。"汝每月寄作九首来京,我看一会两会,则汝曹之用心不用心,务外不务外,瞭然矣。"等句,从其文字口气来看,时张英尚在京师为官。因此可以肯定,这些文字是作于康熙四十年十月张英请辞成功之前。

第四部分,即《聪训斋语》后面的剩下部分,当为张英予告归里后续作。其指导思想还是将书中之理与生活哲理结合起来,告诉儿孙们"立品"、"读书"、"择友"等为人大节。其中有句云:"居家治生之理,《恒产琐言》备之矣!"从这句话来看,这最后一部分文字肯定晚于其杂著《恒产琐言》的写作。(《聪训斋语》卷二)

总之,根据其写作时间和对象的不同,可以将其内容分为四个部分。第一部分是张英于康熙三十六年春,写给张廷瓒等人看的。第二部分写于康熙三十六年夏,时张廷玉等人将于八月返里,这部分是写给张廷玉等人,交待其回乡为治溪塘之事的。第三部分作于康熙四十年二月十九日,时长子张廷瓒、次子张廷玉、六子俱在京师,三子张廷璐在家乡读书。张英因挂念张廷璐,遂将自己指点迷津之言写成文字,远寄家乡,为述立品、修身、读书、作文、择友之人生大节。只有第四部分(结尾数段),是张英康熙四十一年予告归里后续补而成。

2.《聪训斋语》流传考
(1)《笃素堂文集》收录《聪训斋语》二卷本

康熙年间《笃素堂文集》十六卷本中的二卷《聪训斋语》。乾隆年间的《四库全书》本《文端集》四十六卷中有《笃素堂文集》十卷中《聪训斋语》二卷;嘉定道光年间周中孚《郑堂读书志》中记载《笃素堂文集》十六卷单行本中《聪训斋语》二卷及光绪年间七世孙重刻《张英全书》之《笃素堂文集》十六卷中《聪训斋语》二卷,新时期《父子宰相家训》中之《聪训斋语》二卷,《清代诗文集汇编》之《笃素堂文集》十六卷中《聪训斋语》二卷都属于同一个底本。

（2）嘉庆十八年,曾孙张曾虡合刻《聪训斋语》《澄怀园语》

清光绪六年刻本后附张曾虡跋云:"先曾祖太傅文端公伯祖太保文和公诗文集外杂著内有《聪训斋语》二卷、《恒产琐言》一卷、《合说》一卷、《澄怀园语》四卷,训示子孙,海内传之以久。凡通门故旧,索观者甚多。癸酉仲夏,虡于谱局修书之暇,捧读斯篇,爰合为一集,补缀蠹罅,装印成书,宣布后昆。"(《笃素堂文集》,清光绪六年张绍文重刊本)从该跋文知,孙张曾虡在谱局修书之暇,读到二公杂著,遂将其合为一集出版。该集《聪训斋语》四卷,包括《聪训斋语》二卷、《恒产琐言》一卷、《饭有十二合说》一卷。后来之湖南学库谷氏重刊本《桐城张文端公聪训斋语》四卷,该集里面又有《笃素堂文集》卷一、《笃素堂文集》卷二及卷三、卷四。卷一、卷二为《聪训斋语》,卷三为《恒产琐言》、卷四为《饭有十二合说》;以嘉庆十八年为底本,而清光绪六年张绍文庞山刻本《笃素堂文集》四卷显然与湖南学库之《聪训斋语》为同一底本。因为其所含内容都相同。湖南学库本与光绪六年本,都以嘉庆十八年杂著合本为底本重刻。

（3）同治五年《桐城张文端公聪训斋语》四卷

该集包括《聪训斋语》二卷、《恒产琐言》一卷、《饭有十二合说》一卷,合四卷一册。同治五年二月,六世孙鹤龄重刻本。前有张曾虡序。可见该集亦以嘉庆十八年张曾虡本为底本。

清末著名四大藏书家之一丁丙,在其《八千卷楼书目》中载:"《聪训斋语》四卷,国朝张英撰,刊本",(《八千卷楼书目》卷一二,二六,《续修四库全书》本)该四卷本《聪训斋语》包括《聪训斋语》二卷、《恒产琐言》一卷、《饭有十二合说》一卷。

（4）光绪二年冬葛元煦重刊《聪训斋语》

葛元煦《序》云:"余既重梓张文端公《聪训斋语》二卷,未竟,复得公子文和公《澄怀园语》一书,读之而叹世德相承,后先姚美之不可及也。文和以宰相之子,生长华腴,乃能一秉庭训,百行修举,尤为古今来难能可贵,宜接武黄扉,蜚声东阁。……光绪二年冬十一月仁和葛元煦理斋序。"(《澄怀园语》,光绪二年仁和葛元煦刻本)从此序文来看,葛元煦于光绪二年既刻有《聪训斋语》二卷,又刻有《澄怀园语》四卷。

（5）光绪六年,张绍文重校刊刻《聪训斋语》《澄怀园语录》《澄怀主人自订年谱》

一八五一年,太平天国起义爆发,张廷玉作品版藏家中,多毁于兵,七世孙张绍棠求之三十年,未得。光绪五年,六世孙张绍文令江苏震泽时,重校《澄怀主人自订年谱》《澄怀园语》,并文端公之《聪训斋语》三种。戴鸿义云:"《澄怀主人自订年谱》有《张氏家集本》《桐城两相国语录》本及《澄怀园全集》本等。"这次点校本底本依据是光绪六年(1880年)谱主六世孙张绍文的重校本。当时绍文任江苏震泽县令,他将张英的《聪训斋语》和张廷玉的《澄怀园语》及《自订年谱》加以重校合刻,前两种各为一册,年谱分上下册。这三种书的扉页都印有"光绪六年岁次庚辰冬十一月庞山"的印记,按庞山为震泽县城东南的一个地名,此处即指震泽而言。年谱的各卷开端处,还署有"六世孙绍文重校(二、三两卷作'重镌'字样")(戴鸿义《张廷玉年谱》,《中华书局》一九九二年版出版说明)。

又吴仁杰《笃素堂文集序》云："桐城张小蓉明府来宰吾邑,适余以养疴家居,明府之介弟为余齐年友,故备志其家世。岁在庚辰冬十二月重刊其先世文端公《聪训斋语》、文和公《澄怀园语》暨《年谱》若干卷,既成见示,嘱仁杰为之序。"又云："近时仁和葛氏所刊本字小,尤费目力,且未有以年谱并列者,今不可不志其缘起而详其岁月也。故以为请,余无以辞,为书数语而归之。"(《笃素堂文集》四卷,清光绪六年重刻本)光绪二年葛元煦本有《聪训斋语》、《澄怀园语》,而无《年谱》,且字小费力。《笃素堂文集》四卷是张英杂著《聪训斋语》二卷、《恒产琐言》一卷及《饭有十二合说》一卷,合四卷为一册。《澄怀园语》四卷为一册,《年谱》六卷分上下两册。

(6)光绪十四年湘乡蒋德钧刻《笃素堂集钞》三卷

该集是四川龙安知府蒋德钧刊刻。前有蒋《序》云："笃素堂者,圣祖皇帝御书赐张文端公扁额也。文端名所著曰《笃素堂集》。而《恒产琐言》《聪训斋语》列其中。同治壬戌,吾父手写《恒产琐言》藏之家塾,比岁,德钧守龙安郡,剑州李申夫方伯主讲超级大龙州书院,言在湖北臬司任时,曾刊《恒产琐言》《聪训斋语》二种,爰取而再刻之,仍名《笃素堂集钞》云。光绪十四年三月蒋德钧识。"由《序》文知,蒋德钧所刻系用剑州李榕同治年间在湖北按察史任上所刻为底本重刻而成。其内容依次为:卷一:《恒产琐言》;卷二、三为《聪训斋语》。

(7)光绪十七年湘乡陈湜刻《笃素堂集钞》三卷

光绪十七年,湘乡陈湜任江苏按察史,以光绪十四年湘乡蒋德钧所刻《笃素堂集钞》为底本重刻。该集前录有蒋《序》。后有陈湜《序》。《序》云："《恒产琐言》、《聪训斋语》三种乃桐城张文端公所著,本刻《笃素堂全集》中,后人或钞出单行,所言皆剀切详明,娓娓动听,裨益身心,良非浅鲜,爰重付剞劂,以广流传,光绪十七年孟夏湘乡陈湜识。"扉页有:"光绪辛卯七月江苏书局重刻"字样。

(5)光绪三十年《桐城两相国语录》本

该集分为二册,收录张英和张廷玉杂著四种,由七世孙张绍文重镌。上册为《聪训斋语》四卷,卷一、卷二:《聪训斋语》;卷三:《恒产琐言》;卷四:《饭有十二合说》。版心处有"《笃素堂文集》卷一、《笃素堂文集》卷二"字样。首有嘉庆年间张曾虔序。下册为《澄怀园语》四卷。《两相国语录》后有七世孙张绍华跋云："光绪乙巳,绍华承乏晋藩,先集所藏者携带无多,而同人索观,远不应给,因从何直牧锡褆之请,用西法排印数百部,庶可藉广流传,益垂久远耳。"按:光绪乙巳为光绪三十年(1905年)。

(6)民国六年《桐城张氏语录》本

《桐城张氏语录》为民国六年(1917年)年二月九世孙瑞麟合印。卷首有张英康熙四十七年撰《张杰传》,继有张杰《家居琐言》上、下卷,其次《聪训斋语》(上、下卷),《恒产琐言》一卷,《饭有十二合说》一卷。

(7)民国十八年《聪训斋语评注》四卷本(上海文瑞楼石印本)

该书以光绪六年张绍文镌本为底本,评点者为杭县王有宗;音注者为梁溪周承煦。前面保留吴仁杰序为序一,张曾虔序为序三,序一与序三中间加入音注者梁溪周承煦序文一篇。版心鱼尾部分刻有:"评注笃素堂杂著"字样,后面版权页有"中华民国十八孟夏初版"字样。该四卷本包括：《评注聪训斋语》二卷、《评注恒产琐言》一卷、《评注饭有十二合说》一卷，共四卷。

十三、《恒产琐言》考

1. 写作时间考

《恒产琐言》具体写作时间难已确考，《聪训斋语》卷二中有句云："居家治生之理，《恒产琐言》备之矣！"很显然《恒产琐言》完成早于《聪训斋语》成书。(《聪训斋语》卷二)《恒产琐言》最后有"此予晚年之见，与少年时绝不相同者也。是皆予三折肱之言，其思之毋忽！"(《张英全书》上册，四九二)

2.《恒产琐言》刊刻流传主要版本

(1)《笃素堂文集》四卷本。

各版本的《笃素堂文集》四卷本都收录《恒产琐言》，与《饭有十二合说》合为一卷。

(2) 嘉庆十八年，曾孙张曾虔将张英《聪训斋语》二卷、《恒产琐言》一卷、《饭有十二合说》一卷，同张廷玉《澄怀园语》四卷合刻印行。

(3)《艺海珠尘》本。

《艺海珠尘》丛书为清嘉庆年间吴省兰辑，凡八集，一百六十三种。省兰之婿钱熙辅又续集二集，四十二种。所收包括经学、小学、舆地、掌故、笔记、小说、天文、历法、诗文等著作。据清末著名藏书家丁丙《八千卷楼书目》载："《恒产琐言》一卷，张英撰，《艺海珠尘》本。"(《八千卷楼书目》卷一二，三六)可知《恒产琐言》在嘉庆年间被收入《艺海珠尘》丛书流传。

(4)《昭代丛书》本。

道光十三年清人杨复吉辑《昭代丛书》戊集续编四十三卷中收录《恒产琐言》一卷。

(5) 同治、光绪年间，与《聪训斋语》等合刻出版。见《聪训斋语》部分。

(6) 孙奇逢《孝友堂家规》本。

《恒产琐言》一卷、《聪训斋语》二卷，上海商务印书馆民国二十八年(1939年)据《艺海珠尘》本排印。

十四、《笃素堂文集》十六卷本刊刻流传考

1. 始刻时间考

《笃素堂文集》前有三篇序文，分别是康熙戊寅(三十七年)年春赵士麟《序》，康熙辛巳(四十年)七月二日陈廷敬《序》，及韩菼《序》。陈《序》云："余忝从先生后，时在直庐，先生每以兹事属余，余逊谢不遑，于今十余年所矣，而先生督之不辍。"(《笃素堂文集陈序》)从陈《序》来看，张英文集求序于陈廷敬有十余年之久，可见张英很早就有辑刊文集的打算。韩菼《序》文未标明具体写作时间，但其中提到张英乞归之事，文云："身在日月之傍，可以如市朝而所求物亡其中，则易退者，非公其谁？而犹请之数年，不可谓难。然如

公之退,真可以乐而忘老矣。公卿大夫以及山野之骚人羁客,盛为诗以祖行,诧为仅事。荧不文,亦踊跃不自体,赋诗六章,恨殊不尽,复钻仰道德之高深万一,以僭为之序"。(《张英全书》二一七)张英于康熙四十一年二月六日出都,诸友赠别诗当作于此时,而韩荧此序,应是作于此时而稍后。又据张廷玉《先考行述》云,其生前《笃素堂文集》十六卷已经付梓,且其中《聪训斋语》肯定为其休致后完成,则《笃素堂文集》十六卷始刻时间是:康熙四十一年二月至康熙四十七年九月间。

2. 康熙年间,《笃素堂文集》十六卷原刊本面貌

关于《笃素堂文集》十六卷的记载最早见于张廷玉《先考行述》中。但其未对该集具体内容进行描述。除此之外,现在见到最早记录《笃素堂文集》十六卷内容的当是生活在嘉庆道光年间的周中孚所写的《郑堂读书志》,原文云:

"《笃素堂文集》十六卷,原刊本,国朝张英撰。《四库全书》著录有《文端集》四十六卷,凡《存诚堂应制诗四卷》、《诗集》二十五卷、《笃素堂诗集》七卷、《文集》十卷。此本止文集而有十六卷,计赋、颂各一卷,表、疏一卷,序三卷,论、记、杂著各一卷,祭文、行状、墓志铭各一卷,又有杂著,为《南巡扈从纪略》一卷,《恒产琐言》及《饭有十二合说》一卷、《聪训斋语》二卷,未知《文端集》中何以止有十卷也。前有康熙壬午《睿制笃素堂记》,又有陈午亭廷敬,韩慕庐荧、赵玉峰士麟三序,玉峰称其'以六经为本根,史汉为波澜,诸子百家为奴隶,以修之身者而修辞,和之心者而和声,成之德者而成文'云。"(周中孚《郑堂读书记》卷七〇,二七)

据周中孚所言,该《笃素堂文集》十六卷原刊本,当即康熙年间张英去世前所刻之初刻本,经笔者研究,其初刻本面貌与后来各版本之间的区别主要有二点:第一是卷首东宫太子允礽所作《睿制笃素记》一篇,后来刊刻的各版本《笃素堂文集》(包括《四库全书》之十卷本与非《四库全书》的十六卷本)前都没有该文。第二是三篇序文的顺序。原刊本三篇序文的顺序依次是陈序、韩序和赵序。四库本《笃素堂文集》十卷前上述两项内容都缺。光绪二十三年张绍华校刻《张英全书》本之《笃素堂文集》缺《睿制笃素堂记》,三篇序文顺序和内容都相同。

3. 《四库全书》本《笃素堂文集》十卷

《笃素堂文集》十卷,未载十六卷本卷首之《睿制笃素堂记》及赵《序》、陈《序》和韩《序》。也无各卷具体篇目次序(目录部分)。与十六卷本比,前三卷篇目相同,从卷四开始,各卷都少篇目,具体如下:

卷四:四库本有序文十篇,十六卷本有序文十七篇。卷五:四库本卷五由十六卷本卷五中七篇、卷六后两篇共九篇构成,比十六卷本卷五卷六部分合少十五篇。四库本卷六合十六卷本之卷七卷八合为一卷,共十四篇(论六篇,记八篇)。四库本卷七合十六卷本之卷九和卷十一部分篇目而成。四库本之卷八为十六卷本之卷十四;四库本卷九、卷十为《聪训斋语》。详见后文中附表。

通过对比,可以看出《四库全书》本《文端集》之《笃素堂文集》十卷,是个不完整的本子,缺失内容相当多。出现这种情况有两种可能。第一是四库馆臣所见为不全之本,如果这种情况成立,那么乾隆时期,《笃素堂文集》当另有十卷本流传。第二种可能是四库馆

臣在抄录过程中人为略漏所致，如果是这种情况，那《四库全书》的编纂情况真是惊人。不管是哪一种情况，总之，《四库全书》本《笃素堂文集》显然不是善本。

4. 光绪二十三年重刻《张英全书》本之《笃素堂文集》十六卷

光绪二十三年，张英七世孙张绍华、张绍棠等人重新校刊《张英全书》，其中包括《笃素堂文集》十六卷。七世孙张绍华《先太傅文端公全书重刊本跋》云："先太傅公文端公所著《易经衷论》二卷、《书经衷论》四卷、《笃素堂文集》十六卷、《笃素堂诗集》七卷、《存诚堂应制诗集》五卷、《存诚堂古近体诗》二十五卷，均于康熙间刊板行世。乾隆间诏修《四库全书》均经进呈。仰蒙高宗纯皇帝深为嘉奖，命馆臣各为提要，分别著录于文渊阁。洎咸丰间，吾邑屡遭兵燹，板片无存，幸室家流离播迁之余，旧印本全部保守无恙。……太傅公诸书，虽经《钦定四库全书》著录，究非外间所能窥见，即康熙以后旧印本行世，亦日见其稀，亦不可不早为之计。……光绪二十三年岁在丁酉秋八月，七世孙绍华谨识于江西按察使署中。"

张绍棠云"今绍棠校刊先太傅诸书既成，或以太傅独无年谱，后人不能详其生平事业，及相圣祖仁皇帝君臣一体之盛，绍棠以为先太傅虽无年谱可考，……今特钞《国史列传》，恭刊于先太傅公文集卷首，太保公所为《行状》刊于文集卷后。考安溪李文贞公《墓表》，乃吾乡先达方灵皋少宗伯代作，今见邑人戴存庄所刊《望溪先生集外文补遗》中。方公少壮时固曾奉教于先太傅，又尝奉教于李文贞，且其通籍以后，又与先太保公同仕三朝，于先太傅公学习风节知之最深，今取此表亦附刊之。（中略）丁酉秋八月，七世孙绍棠谨识于金陵差次"。

从上述两篇跋文可知：

(1)据张绍华跋文知：张英各集因咸丰间，邑中"屡遭兵燹，板片无存"，光绪二十三年刊本，系依家藏"旧印本"重刻而成。

(2)据张绍棠跋文知：光绪二十三年刊本文集前增加了《国史列传张英传》的内容，文集后附张廷玉所写《先考行述》及方苞代作《张文端公墓表》。

(3)该刻本卷首缺原刊本《睿制笃素堂记》。

(4)文集前陈、韩、赵三篇《序》文、目录及各卷内容完全相同。

(5)后附绍华、绍棠跋文两篇。

但现存各光绪本《张英全书》中之《笃素堂文集》前未见《国史列传》中传记内容，文集后也未见张廷玉《先考行述》及方苞代作之《张文端公墓表》。可能是光绪本原本并未添加这些内容，也可能是流传过程中被删略修改，那么现存所谓光绪本显然已不是光绪刊本原貌，

5. 民国十六年丁卯《笃素堂文集》十六卷本

该本与其他十六卷本的不同：(1)该本卷首有《双溪集》字样。右侧有"民国十六年丁卯刘乾粹装订"字样。(2)无原刊本《睿制笃素堂记》。(3)三篇序文按《序》文写作时间先后顺序进行了重排，依次为赵《序》、陈《序》、韩《序》。(4)目录及各卷内容与原刊本同。

邓之诚《清诗纪事初编》云："张英，字敦复，桐城人。康熙六年进士，入翰林。官到文

华殿大学士。四十年予告归,四十七年卒,年七十二,谥文端。事具《清史列传·大臣传》。撰《双溪集》。为《存诚堂诗》二十五卷。《应制诗》五卷。《笃素堂诗》七卷;文十六卷。《四库全书》改称《张文端公集》四十六卷。误《应制诗》四卷。文为十卷。"(邓之诚《清诗纪事初编》,《清代人物传记丛刊》第二〇册,五八一至五八二)据邓之诚所言,《四库全书》本之《文端集》前有张英诗文合集,名《双溪集》,五十三卷。据此信息,民国十六年《笃素堂文集》十六卷所采用底本可能是四库全书本之前的《双溪集》。张廷玉生前作《先考行述》中,并未列述《双溪集》,则张英生前未有诗文合集出版。此诗文合集《双溪集》当为张英去世后结集出版。此处民国十六年重刻本《笃素堂文集》十六卷,依据底本当为康乾间所刻诗文合集《双溪集》。

	首序文4篇	目录	卷目	卷一	卷二	卷三	卷四	卷五	卷六	卷七	卷八	卷九	卷十	卷十一	卷十二	卷十三	卷十四	卷十五	卷十六
《笃素堂文集》十六卷原刊本	《睿制笃素堂记》、陈序、韩序、赵序	有	主要内容	赋8篇	颂7篇	表5疏9	序17篇	序18辞1篇	序5篇	论7篇	记15篇	17篇	祭文15篇	行状5篇	墓志铭6篇	南巡扈从纪略	恒产和《饭有十二合说》合	聪训斋语	聪训斋语
《四库全书》十卷本	缺	缺	卷目	卷一	卷二	卷三	卷四	卷五	卷六	卷七			卷八					卷九	卷十
			主要内容	赋8篇	颂7篇	表5疏9	序10篇	序9篇(卷五7篇与卷六后2篇合)	14篇(论6篇,记8篇)	卷九9篇与卷十一5篇合为卷七卷十祭文15篇缺			缺					卷九	卷十
光绪二十三年刻《笃素堂文集》十六卷本	序文三篇陈序、韩序、赵序	有	卷目	卷一	卷二	卷三	卷四	卷五	卷六	卷七	卷八	卷九	卷十	卷十一	卷十二	卷十三	卷十四	卷十五	卷十六
			主要内容	赋8篇	颂7篇	表5疏9	序17篇	序18辞1篇	序5篇	论7篇	记15篇	17篇	祭文15篇	行状5篇	墓志铭6篇	南巡扈从纪略	恒产和《饭有十二合说》合	聪训斋语	聪训斋语

民国十六年刘乾粹装订《笃素堂文集》十六卷本	序文三篇		卷目	卷一	卷二	卷三	卷四	卷五	卷六	卷七	卷八	卷九	卷十	卷十一	卷十二	卷十三	卷十四	卷十五	卷十六
	赵序、陈序、韩序	有	主要内容	赋8篇	颂7篇	表5疏9	序17篇	序18辞1篇	序5篇	论7篇	记15篇	17篇	祭文15篇	行状5篇	墓志铭6篇	南巡扈从纪略	恒产和《饭有十二合说》合	聪训斋语	聪训斋语

6. 一九七八年,《文渊阁四库全书》影印出版,其中有《笃素堂文集》十卷

详见《四库全书》本介绍,不述。

7. 二〇一〇年,《清代诗文集汇编》第一五〇册《笃素堂文集》十六卷本

该本采用民国十六年本《笃素堂文集》十六卷。卷首有《双溪集》及"民国十六年丁卯八月刘乾粹装订字样"。《清代诗文集汇编目录索引》中称该本为"清康熙刻本",不知何据。但笔者以为肯定不是张英生前初刻本,即周中孚所言原刊本。其他详见民国十六年本,不述。

8. 二〇一三年《张英全书》本之《笃素堂文集》十六卷

该集依光绪本为底本,与光绪本序文、卷目及内容相同,不述。

十五、康熙年间《易经衷论》二卷刊刻

《易经衷论》刊刻具体的时间不可考,该集于乾隆年间录入大型丛书《四库全书》经部。光绪二十三年,张氏七世孙重刻《张英全书》时,将其收录,新版《张英全书》亦照录。张绍华跋言《易经衷论》二卷在康熙朝已经刊刻。故列于此。

十六、其他未刻稿:《学圃斋诗话》、《笃素堂诗文后集》未刻

除上述作品外,张英生前所作作品,据张廷玉《先考行述》,尚有:"未付梓者,《南书房记注》、《学圃斋诗话》、《笃素堂诗文后集》若干卷藏于家"。《南书房记注》由新版《张英全书》收录出版,《学圃斋诗话》、《笃素堂诗文后集》未见刊刻流传,不述。

以上主要考察了张英生平著作的写作过程和各单本的版刻情况。

十七、张英作品合刻情况考述

1. 康乾时期之《双溪集》五十三卷

据邓之诚《清诗纪事初编》云："张英,字敦复,桐城人。康熙六年进士,入翰林。官到文华殿大学士,四十年予告归,四十七年卒,年七十二,谥文端。事具《清史列传·大臣传》。撰《双溪集》。为《存诚堂诗》二十五卷,《应制诗》五卷,《笃素堂诗》七卷,《文》十六卷。《四库全书》改称《张文端公集》四十六卷,误《应制诗》四卷,文为十卷。(邓之诚《清诗纪事初编》,《清代人物传记丛刊》第二十册,五八一——五八二)据邓之诚所言,《四库全书》《文端集》之前有张英有诗文合集名《双溪集》五十三卷刊刻流传。而其子张廷玉生前所作《先考行述》中,未列述《双溪集》,则此诗文合集《双溪集》当为张英去世后结集出版。另,此处所谓"《四库全书》改称《张文端公集》四十六卷",其书名实为《文端集》而非《张文端公集》。

从邓之诚所得目次来看,《双溪集》主要包括了当时可见的张英生平创作的所有诗文作品,(不包括《南书房记注》)为时人全面了解张英的诗文思想、特色和成就的重要窗口。

2. 乾隆时期《四库全书》本之《文端集》四十六卷

如上所述,《四库全书》本之《文端集》亦为张英诗文合集。乾隆四十六年五月,《四库全书总目提要》云："国朝张英撰《易经衷论》已著,此乃其诗文全集,凡《存诚堂应制诗》四卷、《存诚堂诗集》二十五卷、《笃素堂诗集》七卷、《笃素堂文集》十卷。"(《文端集提要》,《四库全书》集部一三一九册,二七五)

《四库全书》本《张文端公集》卷首有《文端集原序》,该《序》实际是原《存诚堂诗集自序》内容。其后内容与《四库提要》中所述顺序相同,为《应制诗》四卷、《存诚堂诗集》二十五卷、《笃素堂诗集》七卷、《笃素堂文集》十卷,合四十六卷。与其版本合集不同之处主要有三：一是序文与其他诗文合集不同。已如上述。其次是《应制诗》为四卷；再次是《笃素堂文集》只有十卷。后两者的具体情况如下：

首先,《应制诗》四卷。《应制诗》卷首的张英序文未载。卷一《讲筵应制》五十二首(经比对,实际上是五十三首),卷二《内廷应制诗》一百首。卷三《存诚堂应制诗集三》,卷四《存诚堂应制集四》(与康熙四十三年《应制四》内容相同。),缺康熙刻五卷本之卷五《内廷应制诗四十首》。

其次,《笃素堂文集》十卷,未载十六卷本卷首赵《序》、陈《序》和韩《序》,也无各卷具体篇目次序(目录部分)。与十六卷本比,前三卷篇目相同。从卷四开始,各卷都少篇目,具体如下：

卷四有序文十篇,少七篇。卷五：十六卷本之卷五中七篇、卷六后两篇共九篇构成。比十六卷本卷五卷六部分共少十五篇。四库本卷六合康熙本卷七、卷八合为一卷,共十四篇(论六篇,记八篇)；四库本卷七合十六卷本卷九和卷十一部分篇目而成。四库本卷八为康熙本卷十四；卷九、卷十为《聪训斋语》。

通过与《笃素堂文集》十六卷原刊本对比,可以看出《四库全书》本《文端集》之《笃素堂文集》十卷,是个不完整的本子,缺失内容相当多。通过对《四库全书》本之《文端集》内容的考察,可以让我们发现张英作品,早期流传的一些情况。如《应制诗》四卷与五卷之别和《笃素堂文集》之十卷与十六卷之别。并由此进一步全面正确地理解《四库全书》之文献价值和历史地位。《四库全书》所收文献是鱼龙混杂,并非都是精本善本,后世读者要慧眼鉴别，在选择研究资料时要尽量以全本精本善本为参考资料，以免让自己研究成果水平和价值受到影响。

另，《四库全书》收录张英主编的著作尚有四部：

(1)《易经衷论》二卷，经部第四十四册；

(2)《书经衷论》四卷，经部第六十八册；

(3)《御定孝经衍义》一百卷目录一卷卷首二卷，史部第七一八至七一九册。

(4)《御定渊鉴类函》四百五十卷目录四卷，子部第九八二至九九三册。

以上四种，前两种属于经学研究成果，且不是合刻，不述，后二种不过是领衔主编，并非个人学术研究成果，不述。

3. 光绪二十三年之《张英全书》五十九卷本

光绪二十三年张英七世孙张绍华、张绍棠等人重新校刊《张英全书》。七世孙张绍华《先太傅文端公全书重刊本跋》云："先太傅公文端公所著《易经衷论》二卷、《书经衷论》四卷、《笃素堂文集》十六卷、《笃素堂诗集》七卷、《存诚堂应制诗集》五卷、《存诚堂古近体诗》二十五卷，均于康熙间刊板行世。乾隆间诏修《四库全书》均经进呈。仰蒙高宗纯皇帝深为嘉奖，命馆臣各为提要，分为著录于文渊阁。洎咸丰间，吾邑屡遭兵燹，板片无存，幸室家流离播迁之余，旧印本全部保守无恙。……太傅公诸书，虽经《钦定四库全书》著录，究非外间所能窥见，即康熙以后旧印本行世，亦日见其稀，亦不可不早为之计。……光绪二十三年岁在丁酉秋八月，七世孙绍华谨识于江西按察使署中"。

从绍华跋文来看，该全集的形成在书目选择上，参照了《四库全书》著录的内容。收录《易经衷论》二卷、《书经衷论》四卷、《笃素堂文集》十六卷、《笃素堂诗集》七卷、《存诚堂应制诗集》五卷、《存诚堂诗集》二十五卷。但内容编排上依据自己的体系重新进行了安排，卷首收录《四库全书总目提要》，正文是《易经衷论》二卷、《书经衷论》四卷、《笃素堂文集》十六卷、《存诚堂诗集》二十五卷、《应制诗》五卷、《笃素堂诗集》七卷，在诗文顺序安排上与《四库全书》本诗文合集《文端集》大有不同。

张绍棠云"今绍棠校刊先太傅诸书既成，或以太傅独无年谱，后人不能详其生平事业，及相圣祖仁皇帝君臣一体之盛，绍棠以为先太傅虽无年谱可考，……今特钞《国史列传》恭刊于先太傅公《文集》卷首，太保公所为《行状》刊于文集卷后。考安溪李文贞公《墓表》，乃吾乡先达方灵皋少宗伯代作，今见邑人戴存庄所刊《望溪先生集外文补遗》中。方公少壮时固曾奉教于先太傅，又尝奉教于李文贞，且其通籍以后，又与先太保公同仕三朝，于先太傅公学习风节，知之最深，今取此表亦附刊之。（后略）丁酉秋八月，七世孙绍棠谨识于金陵差次。"

据张绍华跋文知：张英各集因咸丰间，邑中"屡遭兵燹，板片无存"，光绪二十三年刊本，系依家藏"旧印本"重刻而成。但现存各光绪本《张英全书》中之《笃素堂文集》前未见《国史列传》中传记内容，文集后也未见张廷玉《先考行述》及方苞代作之《张文端公墓表》，那么现存所谓光绪本显然已不是光绪刊本原貌，可能是光绪本原本并未添加这些内容，也可能是流传过程中被删略修改。

但总体来说，光绪本《张英全书》共二十册，是有史以来第一次将张英生平所作诗文、杂著等作品，及其平生在经学研究中的主要成果集中编排在一起，除《南书房记注》外，几乎所有成果都囊括在内，体现其"全书"宗旨。在其"旧本"流传日渐稀少，四库全书《文端集》极不全面的情况下，张氏后人积极点校重刊《张英全书》，比较全面地收集了张英在文艺、学术等各方面的成果，将一位才学识兼备的清代名臣创造出来的文化遗产，集中地展示于后人，为后人全面认识、理解和研究张英提供了重要的文献支持和保障，其文化、历史价值，不可估量。

4. 二〇一〇年《清代诗文集汇编》第一五〇册

该《汇编》将张英诗文作品均收录。依次顺序是：

《笃素堂文集》十六卷本，《双溪集》本，该版本与四库本、光绪本均不是一个版本。序文顺序不同，卷首有"《双溪集》"及"民国十六年丁卯八月刘乾粹装订字样"；《存诚堂诗集二十五卷附应制诗五卷》，清康熙四十三年刻本；《笃素堂诗集》七卷，清刻本。

是编主要是张英诗文著作全部作品，各集都选用了较好的版本影印，是研究张英诗文重要的参考文献资源。

5. 新版《张英全书》五十九卷及附录

二〇一三年六月，由安徽大学桐城派研究中心江小角教授主持整理出版《张英全书》，该集于二〇一三年六月由北京师范大学出版集团安徽大学出版社出版发行。江小角教授《张英全书前言》云："张英著述刻本较多，我们这次整理时，进行了广泛搜集，在底本选择时，兼顾完整性和准确性的原则，最终选择清光绪二十三年张氏重刻本作为底本，参校《四库全书》本、康熙三十七年、四十三年刻本和同治刻本等。"（《张英全书》上册，二九）该集以光绪二十三年张氏重刻本为底本，参辑其他众多版本，进行点校整理。《全书》分上、中、下三册，各分册分编本册内容详细目次。该集在主体内容安排上基本与光绪本一致。《全书》目次顺序为：前言（整理者新增），卷首《四库提要》，《易经衷论》二卷、《书经衷论》四卷、《笃素堂文集》十六卷（按：以上为上册内容）、《存诚堂诗集》二十五卷（中册），《存诚堂应制诗》五卷、《笃素堂诗集》七卷及附录（下册）。另各册卷首分别附有张英生前题画诗、书法题字及现存文物等珍贵图片数种。

附：

张英诗文集合刻不同版本之异同表

版　本	内　容　与　顺　序									
《双溪集》					《存诚堂诗》二十五卷	《应制诗》五卷	《笃素堂诗》七卷	《笃素堂文集》十六卷		
《四库全书》之《文端集》	《文端集》提要			《文端集自序》（实为《存诚堂诗集自序》）	《应制诗》四卷	《存诚堂诗集》二十五卷	《笃素堂诗集》七卷	《笃素堂文集》十卷		
光绪本《张英全书》	附《四库全书》之《文端集》提要	《易经衷论》二卷	《书经衷论》四卷		《笃素堂文集》十六卷	《存诚堂诗集》二十五卷	《存诚堂应制诗》五卷	《笃素堂诗集》七卷		
新版《张英全书》	前言	《四库全书》之《文端集》提要	《易经衷论》二卷	《书经衷论》四卷	《笃素堂文集》十六卷	《存诚堂诗集》二十五卷	《存诚堂应制诗》五卷	《笃素堂诗集》七卷	附录
清代诗文集汇编					《笃素堂文集》十六卷	《存誠堂詩集二十五卷附應制詩五卷》		《笃素堂詩集》七卷，		

主要参考文献

梁清标撰,《蕉林诗集》十八卷,清康熙十七年秋碧堂刻本

姚文然撰,《姚端恪公文集》十八卷、《诗集》十二卷、《外集》十八卷末一卷,清康熙二十二年姚士粦刻本

余国柱、徐国相等纂,《江南通志》,康熙二十二年刻本

熊赐履撰,《经义斋集》十八卷,清康熙二十九年刻本

熊赐履撰,《些餘集》八卷,清康熙二十九年刻本

徐乾学撰,《憺园文集》三十六卷,清康熙三十三年冠山堂刻乾隆五十四年改补本

徐釚撰,《南州草堂集》三十卷首一卷,清康熙三十四年刻本

李天馥撰,《容斋千首诗》七卷,清康熙三十六年刻本

陈维崧辑,《篋衍集》十二卷,康熙三十六年刻本

颜光猷撰,《水明楼诗》六卷,清康熙三十七年刻本

张曾庆撰,《静菴草》十二卷,清康熙四十一年刻本

韩菼撰,《有怀堂诗稿》六卷《有怀堂文稿》二十二卷,清康熙四十二年长洲韩氏刻本

熊赐履撰,《澡修堂集》十六卷,清康熙四十二年澡修堂刻本

张英撰,《存诚堂诗集》二十五卷附《应制诗》五卷,清康熙四十三年刻本

徐釚撰,《南州草堂续集》四卷,清康熙四十四年刻本

王熙撰,《王文靖公集》二十四卷《年谱》一卷《附録》一卷,清康熙四十六年王克昌刻本

陈廷敬撰,《午亭文编》五十卷,清康熙四十七年林佶写刻本

陈至言撰,《菀青集》二十一卷,清康熙四十八年芝泉堂刻乾隆二十六年重印本

王士禛撰,《带经堂集》九十二卷,清康熙四十九至五十年程哲七略书堂刻本

董讷撰,《柳村诗集》十二卷,清康熙五十年刻本

汪绎撰,《秋影楼诗集》九卷附《补遗》,清康熙五十二年查慎行刻光绪瞿氏补遗本

汪懋麟撰,《百尺梧桐阁遗稿》十卷,清康熙五十四年汪文蓍瞻芑堂刻本

张玉书撰,《张文贞公集》十二卷,清康熙五十七年松荫堂刻本

张楷纂修,《康熙安庆府志》,康熙六十年刻本

马之瑛撰,《秫庄诗集》十卷,清刻本

张潮撰,《心斋聊复集》,清康熙诒清堂刻本

宋琬撰，《安雅堂诗》八卷、《文集》二卷、《重刻安雅堂文集》二卷、《安雅堂书启》一卷《安雅堂未刻稿》八卷、《入蜀集》二卷，清康熙刻本

王顼龄撰，《世恩堂诗集》，清康熙刻本

王顼龄撰，《经进集三卷(世恩堂诗集附)》，清康熙刻本

陈至言撰，《菀青集》二十一卷，清康熙芝泉堂刻本

王士禛撰，《蜀道驿程记》，清康熙刻后印本

王士禛撰，《南来志》，清康熙刻本

王士禛撰，《北归志》，清康熙刻本

钱澄之撰，《田间文集》三十卷、《田间诗集》二十八卷，清康熙刻本

潘江撰，《木厓集》二十七卷，清康熙刻本

潘江撰，《木厓续集》二十四卷、《卷末》四卷，清康熙刻本

姚文然撰，《姚端恪公全集》四十八卷，清康熙桐城姚氏刻本

李霨撰，《心远堂诗集》十二卷《心远堂诗》二集四卷，清康熙刻本

姚文燮撰，《无异堂文集》十二卷，清康熙刻本

叶方蔼撰，《叶文敏公集》十三卷，抄本

徐元文撰，《含经堂集》三十卷《别集》二卷《附録》二卷，清康熙刻本

方中通撰，《陪集》十一卷，清康熙刻本

方中通撰，《续陪》四卷，清康熙刻本

曹贞吉撰，《鸿爪集》一卷《黄山纪游诗》一卷，清康熙刻安丘曹氏家集九种本

田雯撰，《古欢堂集》三十七卷，清康熙乾隆间刻德州田氏丛书本

叶方蔼撰，《叶文敏公集》十三卷，抄本

高士奇撰，《清吟堂全集》七十六卷，清康熙朗润堂刻本

乔莱撰，《石林集》九卷，清康熙刻刘宝楠抄补本

汪楫撰，《悔斋集》六卷、《山闻诗》一卷、《山闻续集》一卷、《京华诗》一卷、《观海集》一卷，清康熙刻本

汪懋麟撰，《百尺梧桐阁文集》八卷、《百尺梧桐阁诗集》十六卷、《锦瑟词》不分卷，清康熙刻本

梁允植撰，《藤坞诗集》九卷，清康熙间刻本

顾汧撰，《凤池园诗集》八卷《文集》八卷，清康熙间刻本

高士奇撰，《清吟堂集》九卷，清康熙间刻本

高士奇撰，《城北集》八卷，清康熙间刻本

高士奇撰，《苑西集》十二卷，清康熙间刻本

高士奇撰，《独旦集》八卷，清康熙间刻本

张廷瓒撰，《传恭堂诗集》五卷，清康熙间刻本

张英撰，《笃素堂文集》十六卷，清康熙刻本

爱新觉罗玄烨撰，《御制文集》四十卷、《御制文第二集》五十卷，清康熙雍正武英殿刻本

张令仪撰,《蠹窗诗集》,清雍正刻本
王曰高撰,《槐轩集》十卷(诗四卷文六卷),清雍正五年王念祖刻本
蔡世远撰,《二希堂文集》十一卷首一卷,清雍正十年刻本
陈以刚等辑,《国朝诗品》二十卷,雍正十二年棣华书屋刻本
张廷璐撰,《咏花轩诗集》六卷,清乾隆元年刻本
陈元龙撰,《爱日堂诗》二十八卷,清乾隆元年刻本
李光地撰,《榕村全集》四十卷《榕村别集》五卷,清乾隆元年刻本
张廷玉撰,《澄怀园诗选》,清乾隆二年刻本
陈廷敬撰,《午亭山人》第二集三卷,清乾隆七年刻本
张廷玉撰,《澄怀园语》,清乾隆十一年刻本
孙在丰撰,《孙司空诗钞》四卷首一卷,清乾隆十二年刻本
张廷玉撰,《澄怀园载赓集》,清乾隆十三年刻本
张廷玉撰,《澄怀主人自订年谱》,清乾隆十三年刻本
沈德潜撰,《沈归愚诗文全集》,清乾隆教忠堂刻本
爱新觉罗胤禛撰,《世宗宪皇帝御制文集》,清乾隆武英殿刻本
张英撰,《文端集》,《文渊阁四库全书》本
张英撰,《文端集》,《文渊阁四库全书》本集部第一三一九册
张廷枢撰,《崇素堂诗稿》四卷,清乾隆三十九年吉大泰刻本
查慎行撰,《敬业堂诗续集》六卷,清乾隆查学等刻本
甘汝来撰,《甘庄恪公全集》十六卷附一卷,清乾隆赐福堂刻本
张廷璐撰,《咏花轩诗集》六卷,清乾隆间刻本
钱陈群撰,《香树斋诗集》十八卷,清乾隆间刻本
陈兆崙撰,《紫竹山房文集》二十卷、《诗集》十二卷、附录一卷,清嘉庆间刻本
沈德潜撰,《沈归愚自订年谱》一卷,清乾隆间刻归愚全集本
爱新觉罗弘历撰,《御制诗初集》四十四卷、《御制诗二集》九十卷,清乾隆嘉庆武英殿刻本
鄂容安撰,《襄勤伯鄂文端公年谱》不分卷,清抄本
张英撰,《笃素堂诗集》七卷,清刻本
刘大櫆撰,《海峰文集》八卷《海峰诗集》十一卷,清刻本
姚鼐撰,《惜抱轩文集》十六卷、《惜抱轩文后集》十卷、《惜抱轩诗集》十卷、《惜抱轩诗后集》一卷、《惜抱轩外集》一卷,清嘉庆三年刻本
张英撰,《恒产琐言》,吴省兰辑,《艺海珠尘》本,清嘉庆刻本
归允肃撰,《归宫詹集》四卷,清嘉庆十年玉钥堂刻本
李光地撰,《榕村续集》七卷,清道光七年刻本
张英撰,《南巡扈从纪略》,杨复吉辑,《昭代丛书》戊集续编四十三卷,道光十三年刊
朱方增撰,《从政观法录》三十卷,清道光间刻本
方苞撰,《望溪先生全集》三十卷《年谱》二卷,清咸丰二年戴钧衡刻本

张英撰，《桐城张文端公聪训斋语》四卷，湖南学库谷氏重刊，清同治三年重刊本

张英撰，《桐城张文端公聪训斋语》四卷，同治五年重刊本，翼经堂藏版。六世孙张鹤龄重镌

徐璈辑，《桐旧集》，清同治七年刻本

郑福照撰，《姚惜抱先生年谱》一卷，清同治七年桐城姚浚昌刻本

张英撰，《笃素堂集钞》三卷，光绪十四年季春蒋氏求实斋刊

张英撰，《笃素堂文集》四卷，清光绪六年重刊本

张英撰，《笃素堂集钞》，光绪十七年七月江苏书局重刊

戴名世撰，《潜虚先生文集》十四卷附年谱一卷《潜虚先生遗集》一卷，清光绪十八年活字印本

张曾虔辑，《讲筵四世诗抄》十卷，清光绪十八年张氏刻本

张英、张廷玉撰，《桐城两相国语录》，光绪三十年张绍文重镌

张英撰，《张英全书》，光绪二十三年张绍文重刻本

张英、张杰撰，《桐城张氏语录》，民国六年仲春合印，九世孙瑞麟合刊

张廷玉撰，《澄怀主人自订年谱》，清光绪六年桐城张绍文庞山刻本

方传理主修，《桂林方氏宗谱》，光绪六年刻本

沈葆桢纂修，《重修安徽通志》，光绪七年校补刻本

张廷玉撰，《澄怀园文存》，清光绪十七年张绍文刻本

王晫撰，《今世说》，清道光光绪间刻粤雅堂丛书本

马其昶撰，《桐城耆旧传》，清宣统三年刻本

潘江撰，《木厓文集》二卷，民国元年梦华仙馆铅印本

《重修麻溪吴氏族谱》，民国二年（1913年）刻本

何荫松主修，《四修青山何氏宗谱》，民国三年（1914年）刻本

曾灿撰，《六松堂集》十四卷，民国四年南昌退庐刻豫章丛书本

戴名世撰，《南山集》十四卷，民国七年刻本

姚国桢纂修，《麻溪姚氏宗谱》，民国十年（1921年），木活字本

陈璃修，《民国杭州府志》，民国十一年排印本

程士杰等修，《程氏宗谱》，民国十三年（1924年）刻本

张英撰，《笃素堂文集》，民国十六年刻本

潘承勋等修，《木山潘氏宗谱》，民国十七年（1928年）德经堂木活字本

马其昶，《桐城扶风马氏族谱》，民国十八年桐城扶风马氏排印本

陈诗辑，《皖雅初集》，民国十八年（1929年）排印本

张英撰，《聪训斋语评注》，民国十八年刻本

张绍文、张绍华等修，《张氏宗谱》，民国二十二年刻本

安徽通志馆纂修，《民国安徽通志稿》，民国二十三年（1934年）铅印本

李清植撰，《李光地年谱》，民国嘉业堂本

姚文燮撰，《无异堂文集》十二卷，民国间五石斋钞本

《大清世宗宪（雍正）皇帝实录》，台湾新文丰出版公司，一九七八年版

《大清高宗纯（乾隆）皇帝实录》，台湾新文丰出版公司，一九七八年版

中国第一历史档案馆，《康熙起居注》，中华书局，一九八四年版

周骏富编辑，朱汝珍著《词林辑略》，《清代传记丛刊》，一八册，台北明文书局，一九八五年版

阎湘蕙辑，清张春龄增订，《国朝鼎甲徵信录》，《清代传记丛刊》一七册，台北明文书局，一九八五年版

邓之诚，《清诗纪事初编》，《清代传记丛刊》二〇册，台北明文书局，一九八五年版

张维屏，《国朝诗人徵略初编（一）》，《清代传记丛刊》二一册，台北明文书局，一九八五年版

吴修，《昭代名人尺牍小传》，《清代传记丛刊》三〇册，台北明文书局，一九八五年版

清国史馆，《汉名臣传》，《清代传记丛刊》三八册，台北明文书局，一九八五年版

清朱方增，《从政观法录（一）》，《清代传记丛刊》五二册，台北明文书局，一九八五年版

李放，《皇清书史（一）》，《清代传记丛刊》八三册，台北明文书局，一九八五年版

赵尔巽等，《清史稿列传（二）》，《清代传记丛刊》九〇册，台北明文书局，一九八五年版

清国史馆，《清史列传（二）》，《清代传记丛刊》九七册，台北明文书局，一九八五年版

清李桓，《国朝耆献类徵初编》，卷六至卷四八四，《清代传记丛刊》一三七册，台北明文书局，一九八五年版

清李元度，《国朝先正事略（一）》，《清代传记丛刊》一九二册，台北明文书局，一九八五年版

蔡冠洛，《清代七百名人传（一）》，《清代传记丛刊》一九四册，台北明文书局，一九八五年版

中国第一历史档案馆编，《康熙朝汉文硃批奏折汇编》，档案出版社，一九八五年版

中国第一历史档案馆编，《康熙朝汉文朱批奏折汇编》，档案出版社，一九八五年版

唐鉴，《国朝学案小识》，《清代传记丛刊》二册，台北明文书局，一九八五年版

胡必选纂修，《康熙桐城县志》，江苏古籍出版社，上海书店，巴蜀书社，一九九〇影印本

廖大闻等修，《续修桐城县志》，江苏古籍出版社，上海书店，巴蜀书社，一九九〇影印本

高纪言等辑，《中国地方志集成江苏府县志辑》，江苏古籍出版社，一九九一年版

张廷玉撰，《张廷玉年谱》，中华书局，一九九二年版

清内务府，《雍正起居注册》，中华书局，一九九三年版

张廷玉撰，《澄怀园文存》，四库全书存目丛书集部第二六二册，齐鲁书社，一九九七年版

张廷玉撰，《澄怀园诗选》，四库全书存目丛书集部第二六二册，齐鲁书社，一九九七

年版

张廷玉撰,《澄怀主人自订年谱》,四库全书存目丛书集部第二六二册,齐鲁书社,一九九七年版

祝祺撰,《朴巢诗集》八卷《续集》一卷,《四库禁毁书丛刊》集部第一四五册,北京出版社,一九九七年版

薛正兴等辑,《中国地方志集成安徽府县志辑》,南京江苏古籍出版社,一九九八年版

薛正兴等辑,《中国地方志集成浙江府县志辑》,上海书店出版社,二〇〇〇年版

蒋寅著,《王渔洋事迹征略》,人民文学出版社,二〇〇一年版

《中国地方志集成北京府县志辑》,上海书店出版社,二〇〇二年版

中国第一历史档案馆编,《乾隆帝起居注》,广西师范大学出版社,二〇〇二年版

清黄本骥编,《历代职官表》,上海古籍出版社,二〇〇五年版

高翔,《熊赐履述论》,《清史论丛》二〇〇六年号

李圣华著,《方文年谱》,人民文学出版社,二〇〇七年版

中国第一历史档案馆编,《清代官员履历档案全编》,华东师范大学出版社,二〇〇八年版

《清实录(1-60)》,中华书局,二〇〇八年版

清代诗文集汇编编纂委员会,《清代诗文集汇编》,第150册,上海古籍出版社,二〇一〇年版

江小角、杨怀志校点,《张英全书》,安徽大学出版社,二〇一三年版

徐尚定标点,《康熙起居注(标点全本)》,东方出版社,二〇一四年版

国家清史编纂委员会,《清代缙绅录集成》,大象出版社,二〇一五年版

后　记

　　斗转星移，经不住岁月匆匆。从当初构想这个课题，到今天《张英年谱》终于付梓，已近八年寒暑。且不问我的人生还有多少个八年，但面对过去的岁月，我的心充实而无憾，一切沉重和艰辛都将化作甘甜。感谢博大精深的桐城文化，感谢勤勉的桐城人，感谢为国家稳定繁荣耗尽全部心血的父子宰相。前赴后继，师模犹在，这是今日桐城人决然奋起的理由。铭记前人的家国情怀，做一个严于律己、励精图志、甘心为国赴难的人，仍将是今日桐城人的精神追求。通过这一课题的研究，使我得到了全面的成长，更增强了我对学术的认知和由衷的敬畏之情。这是我最重要的收获所在。

　　人生经不得细思，但仍然要真心感谢那些应该感谢的人，感谢父母给了我生命，抚养我长大，教育我成人；感谢众师友们给予我无私的帮助、带我走进学术的殿堂。

　　在我人生的低迷时期，感谢好友的帮助，让我在安大安心读了一年书。感谢上海教育学院周建国教授、湖南科技大学陶敏教授、王友胜教授曾给予我的帮助和指点。湘潭大学教授，业师蒋长栋先生至今仍不辞劳苦，为拙作写序，其高尚的师德尤其让我感动。感谢复旦大学中国语言文学系教授、博导周兴陆先生热情为拙作赐序。感谢汪茂荣老师在百忙之中抽出大量时间，花费大量心血帮忙审阅本书稿，提出诸多宝贵意见，大大提高了本书稿的质量。

　　在本课题研究过程中，承蒙安徽大学桐城派研究中心江小角教授提供相关资料，使本课题得以顺利完成。韩进教授在本年谱的出版过程中给予大力支持，安徽人民出版社蒋越林先生为本年谱的出版付出了大量心血。安徽大学桐城派研究中心给予出版资助。在此，一并表示感谢。

　　另外，还要感谢不论荣辱，始终跟我站在一起、关心我的亲人。他们默默忍受着我因工作忙碌而对他们的忽略。希望这本小书的出版，能给他们带来点点的欣慰！

　　桐城父子宰相不仅在安徽文化史上具有特殊的文化意义，而且在清代历史上，都是非常重要的历史人物，对清代政治、文化等各个方面都影响深远。笔者企图能在本年谱中，将张英的家世渊源、生平事迹、成长过程展示出来。同时，深度揭示张英在清代政治、经济、文化生活中所发挥的特殊作用和影响。

学术无涯而生知有限,我心怀惴惴。由于个人时间、精力和能力有限,在本谱制作上尚有诸多不尽如人意之处,只能恳请方家学者海涵。

最后,有感于周兴陆教授序文中精美的吟诵,笔者特和吟绝句二首,名曰《咏六尺巷主人》,以表对谱主文端公的敬意和缅怀。

（一）

耕读传家祖德隆,修身辅国赞公忠。
文章术业千秋在,风度长存史册中。

（二）

讲幄早登知恪慎,素怀淡定若春风。
当年巷址今犹在,器宇弘深数圃翁。

2016 年 9 月 6 日成稿
2017 年 3 月 28 日修改